"十二五"普通高等教育本科国家级规划教材

教育部"国家精品课程"
北京大学"实验心理学"课程配套教材

实验心理学（第四版）

Foundations of
Experimental
Psychology

朱滢 主编

北京大学出版社
PEKING UNIVERSITY PRESS

图书在版编目(CIP)数据

实验心理学/朱滢主编. —4版. —北京:北京大学出版社,2016.10
(北京大学心理学教材基础课部分)
ISBN 978-7-301-27612-9

Ⅰ. ①实… Ⅱ. ①朱… Ⅲ. ①实验心理学—高等学校—教材 Ⅳ. ①B841.4

中国版本图书馆 CIP 数据核字(2016)第 236988 号

书　　　名	实验心理学（第四版）
	SHIYAN XINLIXUE (DI-SI BAN)
著作责任者	朱　滢　主编
责 任 编 辑	刘　啸　赵晴雪
标 准 书 号	ISBN 978-7-301-27612-9
出 版 发 行	北京大学出版社
地　　　址	北京市海淀区成府路 205 号　100871
网　　　址	http://www.pup.cn
电 子 信 箱	zpup@pup.cn
新 浪 微 博	@北京大学出版社
电　　　话	邮购部 62752015　发行部 62750672　编辑部 62752021
印 　刷 　者	北京宏伟双华印刷有限公司
经 　销 　者	新华书店
	787 毫米×980 毫米　16 开本　29.75 印张　插页 3　650 千字
	2000 年 7 月第 1 版　2009 年 8 月第 2 版
	2014 年 1 月第 3 版
	2016 年 10 月第 4 版　2018 年 4 月第 3 次印刷(总第 30 次印刷)
印　　　数	169611—179610 册
定　　　价	66.00 元

未经许可，不得以任何方式复制或抄袭本书之部分或全部内容。
版权所有，侵权必究
举报电话: 010-62752024　电子信箱: fd@pup.pku.edu.cn
图书如有印装质量问题，请与出版部联系，电话: 010-62756370

借 用 的 图

图 3-8、3-26　引自 D. Laming, Psychophysics, In Andrew M. Colman (Ed.),《心理学百科全书》,Vol. 1,1994,Routledge 出版公司。出版者准许使用。

图 5-3、5-4、5-5、5-6、5-7、5-9、5-10、5-11、5-12、5-22、5-23、5-24、5-25、5-27　引自 H. R. Schiffman,《感觉和知觉》,1996,第三版,John Wiley & Sons 出版公司。出版者准许使用。

图 8-5　引自 A. J. Parkin,《记忆:现象、实验和理论》,1993,Psychology Press Limited, Hove, UK。出版者准许使用。

前　　言

《实验心理学》自 2000 年出版以来,这已是第三次修订,且本书于 2012 年被评为教育部"十二五"普通高等教育本科国家级规划教材。

《实验心理学》随着心理科学的发展不断地进行了修订。2009 年第二版时新写了第 7 章"注意"、第 9 章"心理语言学"、第 11 章"社会认知"和第 12 章"意识";2013 年第三版时新写了第 2 章"实验设计与准实验设计"、第 13 章"眼动实验法"和第 14 章"脑认知成像技术"等。还新增了 Science 两篇文章作为附录:《团体自我》和《学习的两种革命》。第 8 章"记忆"增加了互联网对记忆的影响等内容,同时也删除了一些过时的内容;2014 年重印时删除了附录中《道德的本源》一文,增加了新的附录《猴子的大脑调弦分享美味》,这是 Nature 上的一篇文章,介绍了人们首次使用两只猴子同时进行决策的研究。还增加了《检验"水稻理论"》一文,介绍了 Science 上关于中国南方人与北方人心理上的差别的研究报告。

本次 2016 年第四版新写了第 4 章"反应时",还对第 9 章"心理语言学"做了修改,第 11 章"社会认知"介绍了研究自我的新范式。附录中删除了《拓扑性质知觉理论》一文,增加了三篇文章:《〈科学〉和〈自然〉杂志 2015 年的两篇心理学文章》《心理学与人类学对恐怖主义的研究》和《随机序列生成中赌徒谬误的神经学习机制》。

2017 年本书重印时,附录增加了两篇文章。附录 6《集体记忆》一文介绍了互联网在群体水平上怎样影响着我们的记忆,以及美国人是怎样遗忘他们的总统的。附录 7《怎样面对来自人工智能的威胁?》一文介绍了认知科学家关于发展人工智能的建议;由于本书篇幅所限,我们删掉了原附录 1《团体自我》和附录 2《学习的两种革命》。

本书各章的执笔人如下:第 1 章、第 2 章、第 3 章、第 5 章视觉部分、第 10 章、第 11 章:朱滢(北京大学心理与认知科学学院);第 4 章:张明(苏州大学心理系);第 5 章听觉部分、第 9 章:杨玉芳(中国科学院心理研究所);第 6 章:吴艳红(北京大学心理与认知科学学院);第 7 章:范津(美国纽约 Mount Sinai 医学院);第 12 章:耿海燕(北京大学心理与认知科学学院);第 13 章:白学军(天津师范大学心理学院);第 14 章:刘嘉(北京师范大学心理学院);第 8 章:朱滢与吴艳红。另外,张天阳(北京大学心理与认知科学学院)协助修改第 2 章;顾晓思、刘勋(美国纽约 Mount Sinai 医学院)参与第 7 章写作;陈黎静、赵黎明、江爱世和刘文理(中国科学院心理研究所)参与第 9 章写作,张力(首都师范大学教育科学研究所)协助修改第 3 章。韩玉昌教授、卓彦教授、郭春彦教授与金志成教授曾为本书撰写过相关章节，我向他们表示衷心的感谢。

我有幸参加了1983年《实验心理学》的编写（赫葆源、张厚粲、陈舒永等编，北京大学出版社），后来主编《实验心理学》，至今已有30年了。我感到，《实验心理学》30年来的变化，从一个侧面折射了中国心理学发展的历程。1983年的《实验心理学》是"文革"之后教育战线百废待兴时期的产物，作为新中国成立后第一本《实验心理学》，其影响深远；2000年正值世纪之交，当年出版的《实验心理学》强调了生命科学是21世纪的带头学科，相应地，心理学已处在认知神经科学的发展阶段。我们在2000年的《实验心理学》中，不仅有一章介绍认知神经科学的重要技术手段——脑认知成像技术，而且许多章节均有介绍认知神经科学的内容；2009年第二版《实验心理学》，为适应中国心理学在2000—2009年的快速发展（例如，有心理学系的6所大学竞相建立功能磁共振成像中心），增加了"社会认知"一章，并在书后增设"附录"部分，或全文刊登Science上有关的文章，或介绍有关的重要问题，作为书中正文部分的有益补充。另外，2000年以来的《实验心理学》，逐步介绍了我国心理学家在知觉、社会认知方面开创性的研究；第三版的《实验心理学》作为"十二五"国家级教材，内容更加新颖，显示了中国心理学正与国际心理学同步前进的态势。

实验心理学的教学目的在于训练学生去理解心理学的研究，或者说为学生读懂心理学实验报告、学会做心理学实验打好基础。教师掌握了这一点在教学内容上就不会与其他心理学课程重复。学生逐渐领会了这一点，在学习上就会有所侧重，学得也更主动些。还有一点请教师注意：由于各个学校给予实验心理学的授课时间、实验条件各不相同，因此，教师应该从本书选取适当内容进行教学。

《实验心理学》(2000年版)问世以来，一些热心读者来信指出了书中一些印刷上或表述上的错误，使我们得以及时的修订，我向他们表示衷心的感谢。另外，吴艳红教授为组织书稿做了许多工作；王程、刘盼同学参与了书稿的录入；北京大学出版社的陈小红编辑一直为《实验心理学》的出版作出了巨大的努力，近年北京大学出版社的赵晴雪编辑也积极参加了本书的编辑工作，我向他们表示衷心的感谢。

诚恳欢迎读者对书中的错误和缺点批评指正。

朱　滢
于北京四季青望福园
2016年9月

目 录

1 引论 …………………………………………………………………… (1)
　一、实验与观察 ………………………………………………………… (2)
　二、心理学实验和它的各种变量 ……………………………………… (2)
　三、实验范式 …………………………………………………………… (6)
　四、心理学规律的性质 ………………………………………………… (7)

2 实验设计与准实验设计 …………………………………………… (10)
　一、实验设计 …………………………………………………………… (10)
　二、准实验设计 ………………………………………………………… (31)

3 心理物理学方法 …………………………………………………… (40)
　一、感觉阈限的测量 …………………………………………………… (40)
　二、信号检测论 ………………………………………………………… (57)
　三、心理量表 …………………………………………………………… (71)

4 反应时间 …………………………………………………………… (86)
　一、反应时间概述 ……………………………………………………… (86)
　二、反应时间的测量与分析 …………………………………………… (88)
　三、影响反应时间的因素 ……………………………………………… (100)

5 视觉与听觉 ………………………………………………………… (111)
　一、视觉系统 …………………………………………………………… (111)
　二、视觉的基本功能 …………………………………………………… (118)
　三、颜色视觉 …………………………………………………………… (127)
　四、听觉系统 …………………………………………………………… (133)
　五、响度与音高量表 …………………………………………………… (136)
　六、空间听觉 …………………………………………………………… (141)

6 知觉 (146)
一、知觉的基本问题 (146)
二、知觉组织的高级过程 (150)
三、运动知觉 (164)
四、单眼和双眼视觉 (166)
五、恒常性和错觉 (174)

7 注意 (183)
一、信息加工方法 (183)
二、认知神经科学方法 (189)

8 记忆 (202)
一、记忆过程：编码、存储与提取 (202)
二、启动效应与记忆系统 (221)
三、构建记忆及记忆抑制 (237)
四、五种长时记忆 (245)
五、互联网搜索怎样改变了我们的记忆 (246)

9 心理语言学 (255)
一、言语产生 (255)
二、语言理解 (266)
三、语言习得与发展 (278)

10 思维 (293)
一、问题解决 (294)
二、问题解决的计算机模拟 (297)
三、思维的计算机模拟的局限性 (299)
四、推理 (302)
五、决策 (309)

11 社会认知 (321)
一、理解他人 (321)
二、理解自我 (325)
三、合作 (341)
四、文化对知觉的影响 (344)

12 意识 (351)
一、意识的实验研究方法 (353)
二、意识的神经机制研究 (372)

13　眼动实验法 (381)
　　一、眼的结构及眼动 (381)
　　二、眼动记录方法 (384)
　　三、眼动记录与分析的指标 (387)
　　四、呈现随眼动变化范式 (393)
　　五、伴随言语范式 (402)
　　六、场景知觉的研究范式 (404)

14　脑认知成像技术 (409)
　　一、心理学研究的变革 (409)
　　二、脑认知成像技术一览 (412)
　　三、功能磁共振成像 (417)
　　四、fMRI 在心理学研究中的应用 (421)
　　五、多模态的磁共振成像 (424)
　　六、脑认知成像的未来发展方向 (426)

附录 1　猴子的大脑调弦分享美味
　　——博弈理论测验探索社会互动的神经回路 (432)

附录 2　检验"水稻理论" (435)

附录 3　《科学》和《自然》杂志 2015 年的两篇心理学文章 (439)

附录 4　心理学与人类学对恐怖主义的研究 (445)

附录 5　随机序列生成中赌徒谬误的神经学习机制 (447)

附录 6　集体记忆 (453)

附录 7　怎样面对来自人工智能的威胁？ (458)

附录 8　记忆测验可预测阿尔茨海默病
　　——医学杂志《柳叶刀》2018 年的一篇文章 (461)

1 引　论

在实验心理学建立之前,心理学附属于哲学,还不是一门独立的学问。实验心理学的建立使心理学成了一门独立的科学。实验方法在心理学中的应用为心理学提供了收集材料的新手段,迅速改变了心理学的面貌,使它的发展大为加快。从实验心理学的建立到现在仅百余年,心理学的发展超过了以往许多世纪。现在,从感觉、知觉、注意、表象、学习、记忆、思维、言语,到情绪、人格、意识各个专题,无一不应用实验方法进行着卓有成效的研究。在教育心理学、临床心理学、管理心理学中广泛应用的智力测验、能力倾向测验、成就测验、态度测验等,都应用了心理物理学的量表法。世界上第一本工程心理学的书就以《应用实验心理学》命名,《航空航天实验心理学》更是实验心理学在最复杂的劳动(操纵飞行器)中的具体应用。总之,可以说实验心理学乃是各门心理学的基础。

20 世纪 50 年代中期到 80 年代中期,认知心理学或信息加工心理学成为心理学中的主流。认知心理学把心理过程理解为一系列的信息加工过程,从机能上把人脑与计算机进行类比,因为计算机正是对信息做出一系列处理的加工系统。认知心理学强调心理学的研究对象就是人的内部心理过程。但是,人们不能直接观察内部的心理过程,只能依靠输入(刺激)和输出(反应)的东西推测内部发生的过程。因此,认知心理学特别依赖于实验方法,只有正确而巧妙的实验设计才能保证推测到的内部心理过程——信息加工过程的可靠性。

许多心理学家认为,20 世纪 80 年代中期至今,认知神经科学是心理学最有希望的发展方向。认知神经科学把心理与大脑的统一理解作为自己的目标,强调心理活动是大脑的功能这个简单的真理。它要求在具体的实验中,把心理过程与实时相应的神经过程联系起来。为满足这样的要求,研究者必须首先依靠实验设计来确认某种心理过程,只有在这样的前提下,通过仪器记录到的脑内变化过程才是有意义的,才是具有某种明确功能(心理活动)的脑活动。

综上所述我们可以说,心理现象是用自然科学的方法——实验的方法来研究的,也因为如此,心理学才能够不断地迅速发展。而且,使用实验心理学的实验方法获得的经验数据,对于评估关于人的智能的计算机模型,对于理解大脑永远是不可缺少的。

一、实验与观察

自然观察是许多科学分支的主要研究方法。天文学的发现是靠观察得到的,达尔文的进化论建立在对自然界周密的观察之上。儿童心理学、动物心理学也都依靠观察获得了重要的发现。在"文化大革命"期间,著名的心理学家荆其诚在干校养猪时,曾观察到非常有趣的母猪哺育幼仔的行为模式:母猪先后分娩仔猪以后,每一仔猪立即找到母猪身上的一个合适的乳头,而且从此以后始终从这一乳头吃奶。更有趣的是,母猪在喂奶时会发出一种特殊的呼噜鼾声,一旦它在喂奶中途入睡,停止发出呼噜声,其乳腺就会停止分泌乳汁;而这时正在吃奶的小猪中也必会有一头仔猪从侧卧的母猪背后绕到母猪的头部,用鼻子拱动母猪的鼻子,似乎在通知母猪继续放奶;于是母猪醒来继续发出呼噜声并分泌乳汁。这些行为模式在每一窝中都以完全相同的方式出现,以达到母猪哺育后代的目的(荆其诚,1990)。

实验方法是心理学研究的主要方法。自然观察只能等待所要观察的事物出现时才能进行,或只能对已有的事物进行观察;而实验方法则是研究者主动控制条件下对事物的观察,它能对所观察的现象做出因果性的说明。

实验方法有如下的一些特点或优点:

① 实验者总是带着特定的目的去进行实验。这样,他至少知道他将要观察行为的哪些方面,什么时候去观察它们。也就是说,实验者规定了他将要研究的事物。

② 实验者设置的实验条件为他的观察创造了最好的条件,他可以在做好去测量和记录的充分准备时开始实验。这样,通过控制某事件的发生,他就可以使它重复产生,以便确信某种现象是不是前后一致。

③ 实验者设定了明确的实验条件,别人就可以重复实验,对他的结果做独立的检验。

④ 实验者可以控制一切条件,使之恒定,只改变某一条件,看实验结果是否就是这个条件引起的(Kiling & Riggs,1975)。

简要地说,实验方法可以"产生"新的现象,这些现象是在自然状态下观察不到的。实验方法可以发现事物之间的因果关系。新的现象以及事物之间的因果关系都可以由不同的研究者各自做出检验。而且,实验是随时随地都可以进行的。

二、心理学实验和它的各种变量

一项心理学实验包含3种变量:自变量(independent variable)、因变量(dependent variable)和额外变量(extraneous variable)。那么,什么是心理学实验呢?心理学实验要求额外变量保持恒定,而仅仅操纵自变量去影响因变量。并且它还设定一个虚无假设(a null hypothesis):因变量的平均值在不同的实验条件下没有显著差异,如果所获得的实验数据拒绝(或否定)虚无假设,那么实验者就得到了一个可靠的结论,即一点有用的信息——因变量是明显地受自变量影响的(Simon,1974)。至今为止,心理学知识的累积基本上都是在这个框架内实现的。这样的心理学实验框架包括两部分内容:一是实验设计,即怎样操纵自变量去影响因变量;二是数据分析,即对虚无假设进行显著性检验的问题。实验设计与数据分析是下一章要讨论的内容,我们现在只对自变量、因变量与额外变量做一些介绍。

为了叙述方便,我们先介绍两个实验心理学中常用的名词:主试和被试。主试(experimenter)就是实验者,即主持实验的人,他发出刺激给被试,通过实验收集心理学的资料。被试(subject)就是实验对象,接受主试发出的刺激并做出反应。人与动物都可以作为被试。

下面我们介绍一个简单反应时间的实验。我们很熟悉这样的情景:在运动场上,裁判员喊"预备"口令不久,枪响了,百米赛跑的运动员一跃而起奔跑冲刺。从枪响的一刹那到运动员开始手离地面的这一段时间,心理学上称之为反应时间,简称反应时。一个人反应时间的长短可以用实验测量出来:让一个被试安静地坐在桌子旁边,主试说"预备"后,被试立即用右手轻轻压着一个反应键,大约2s后主试给出声音,被试一听到声音应尽快松开键。从声音出现到反应键松开的时间就是反应时间,它可以由一个电钟记录下来。为了准确地测得某个人的反应时间,测量应该进行几百次,然后求得这些数据的平均值(毫秒)即为该人的反应时间。以上进行的是对声音的反应时间实验,测得的是某人的听觉反应时间,如果把声音刺激换成灯光刺激,那么测得的反应时间就是视觉反应时间。

(一) 自变量

自变量即刺激变量,它是由主试选择、控制的变量,它决定着行为或心理的变化。在上面的实验中,声音和灯光就是自变量,它决定着反应时的长短。主试选择自变量的目的是用自变量来改变行为。例如,主试如果用声音作刺激,就测得听觉反应时;如果用灯光作刺激,那么测得的就是视觉反应时。而视觉反应时总是比听觉反应时长,这就是说,由灯光引起的行为反应与由声音引起的反应快慢是不同的。还有,如果主试增加声音的强度,反应时间就会缩短,这也是行为的变化。强的声音和弱的声音都叫作声音的自变量,但它们处在不同的水平;强的灯光与弱的灯光引起的反应时也不同,这两种灯光刺激也处在不同的水平。当自变量的水平(数量)有了变化并导致行为的变化,我们就说行为是处在自变量的控制之下,或者说,自变量是有效的。

自变量可以分为以下4种。

1. 刺激特点自变量

刺激的不同特性会引起被试不同的反应。例如,灯光与声音引起的反应时不同,强度不同的声音引起的反应时也不同,我们把这类自变量称为刺激特点自变量。在记忆实验中,主试要求被试学习50个单词,这些单词也许是常见的,也许很少见到,那么单词在书刊报纸中出现的频率就是它的一个特点,我们可以研究单词的频率对再认的影响。在心理语言学实验中,句子的不同类型,如肯定句与否定句、主动句与被动句,就是刺激特点自变量,它可能会影响用句子匹配相应图画的快慢。

2. 环境特点自变量

进行实验时环境的各种特点,如温度、是否有观众在场、是否有噪声、白天或夜晚等,都可以作为自变量。在记忆实验中,两组被试都在同一实验室学习,但在测验时,第一组被试在原来实验室进行,而第二组被试换一间实验室进行,研究者想要知道,不同的测验环境是否对记忆有影响。这可以说是典型的环境特点自变量。初学者常常忽视了时间这个环境特点自变量。在暗适应过程中,时间是一个最重要的自变量。正是随着时间的流逝,处在黑暗中的眼睛的感受性才逐渐提高了。时间这个自变量在记忆研究中是如此重要和无时不在,你甚至可以说,几乎没有不用时间作自变量的记忆实验。

3. 被试特点自变量

一个人的各种特点,如年龄、性别、职业、文化程度、内外倾个性特征、左手或右手为利手、自我评价高或低等,也都可以作为自变量。老年记忆的研究中常把老人的记忆与青年人的记忆作比较;在儿童心理学的研究中年龄、性别的选择十分重要。对于被试特点自变量,主试只作选择而不能改变它,这和主试可以任意调节声音刺激的强度是不同的。

4. 暂时造成的被试差别

当被试来到实验室时,他们在各方面都是大致相同的。但是当主试对被试进行分组时,一组被试与另一组被试的差别便产生了。例如,研究者对三种不同的学习方法是否对记忆有不同影响感兴趣。第一组被试对每次呈现的3个单字机械复述即死记硬背;第二组用每次呈现的3个单字造一句子;第三组对3个单字所代表的实物形象进行想象。例如,如果3个单字是狗、水、月,那么被试就可以想象一只狗对月亮汪汪叫的时候掉进水坑了。三组的学习的时间是相等的。这样,三组被试由于使用的学习方法不同而产生了差别。这种差别可以产生不同的记忆效果。应该注意的是,被试的暂时差别通常都是由主试给予不同的指导语而造成的。

(二) 因变量

因变量即被试的反应变量,它是自变量造成的结果,是主试观察或测量的行为变量。在刚才叙述的记忆实验中,三组被试学习完毕即进行再现和再认测验,能够再现和再认的单字在全部学过的单字中的百分比就是反应变量。在对声音和灯光的反应时实验中,测得的反应时的长短就是反应变量。对因变量的测量与选择有下面几个问题需要讨论。

1. 因变量的可靠性，即信度

信度是指一致性，同一被试在相同的实验条件下应该得到相近的结果。如果同一被试在相同的实验条件下有时（结果）得分很高，有时得分很低，那么我们就可以说，这种因变量（或测量被试反应的方法）是不可靠的，它缺乏一致性。

2. 因变量的有效性，即效度

当确是自变量而不是其他各种因素造成了因变量的变化时，我们就说这种因变量是有效的。例如，在问题解决的实验中，你规定的因变量（反应变量）是在一定时间内被试解决问题的多少。看来这是一个很有效的因变量。当要解决的问题很多而且是按困难程度越来越难排列时，解决问题的数目作为因变量是有效的；但是，如果问题很多但非常容易，那么解决问题的数目就不能说明或测量一个人解决问题的能力，而只不过是说明或测量他的阅读速度罢了。

如果因变量的变化不是由自变量造成的，而是由其他的因素造成的，我们就说这种因变量是无效的，或者说，产生了自变量的混淆（例如将阅读速度与解决问题的能力混淆了）。对这个问题下面我们还要专门讨论。

3. 因变量的敏感性

自变量发生变化可以引起相应的因变量的变化，这样的因变量是敏感的。如果自变量的变化不能引起相应的因变量的变化，我们就说这样的因变量是不敏感的。不敏感的因变量有两类典型的例子，一类叫高限效应(ceiling effect)。当要求被试完成的任务过于容易，所有不同水平（数量）的自变量都获得很好的结果，并且没有什么差别时，我们就说实验中出现了高限效应。例如，你要求被试学习 30 个单词，有些人读一遍，有些人读两遍，有些人读三遍。测验表明，三种情况下被试都能再认 90% 以上的单词。在这种情况下，不同的学习遍数（即自变量的不同水平）并未造成再认百分比（因变量）的变化。这时我们就说，在这种情况下再认这一指标（因变量）是不敏感的。另一类不敏感的因变量例子是低限效应(floor effect)。当要求被试完成的任务过于困难，所有不同水平的自变量都获得很差的结果，并且没有什么差别时，我们就说实验中出现了低限效应。在刚才的例子中，如果你要求被试学习 200 个单词而不是 30 个，测验又由再认改为再现，结果表明，三种情况下被试的再现百分比都不超过 20%。

如果你在实验中选择的因变量是不可靠的、无效的或不敏感的，那么你从实验结果中所得出的结论也就不能证实你的假设，而只是反映了实验方法的毛病而已。

（三）额外变量或自变量的混淆

当我们在一次实验中确定了自变量与因变量以后，就应该使实验的其他条件保持恒定，因为只有这样实验中的因果关系才能得到明确的说明。所以，额外变量就是在实验中应该保持恒定的变量。

例如，在听觉反应时的实验中，下列变量应保持恒定：声音的频率与强度、预备时间、反应方式(听到声音松开键,还是先松开键听到声音后去按压键)、用利手反应等。对任何一项实验来说,需要控制的变量都是极多的——它要比实际上能够控制的多得多,但是,只要我们把足以影响因变量的一些主要因素控制住,实验结果就是可靠的。我们怎样决定哪些因素必须控制住呢?这要参照别人有关的实验以及凭你自己的经验。

如果应该控制的变量没有控制好,那么它就会造成因变量的变化。在这种情况下,研究者选定的自变量与一些未控制好的因素共同造成了因变量的变化,这就叫自变量的混淆。因此我们也可以说,额外变量就是潜在的自变量。

例如,在对声音的反应时实验中,如果没有控制好预备时间,预备时间有时较长(如4s),使被试的准备松弛了;有时较短(如0.5s),又使被试来不及准备,这都会对反应时产生不利的影响。结果测出来的反应时的长短就不仅是由声音决定的,同时也是由预备时间决定的。这样,如果我们实验的目的是要考察声音强度对反应时的影响,但由于预备时间忽长忽短也造成了反应时的变化,那我们就不能得出关于声音强度与反应时关系的正确结论。

三、实 验 范 式

实验方法在各种心理过程以及各个心理学分支的研究中,具体表现为各种不同的实验范式(the experimental paradigms)。例如,研究言语过程的一种实验方法——斯楚普测验(stroop test)就是一种实验范式。在斯楚普测验中使用一系列颜色词(红、绿、黄等),但词义与书写该词的颜色不匹配。例如,"红"字用绿色写、"黄"字用红色写等。实验中当要求被试尽快说出字的颜色时,被试常常自动地首先把字读出来了,这就是颜色命名的过程与读字过程的竞争。由于阅读是一种自动化过程,因此人们倾向于先读字,这样,字义的自动加工过程就干扰了有意的颜色命名的过程。自从1935年斯楚普测验范式首次出现以来,在这几十年里与它有关的研究已经超过700篇文献,研究者通过将它稍作改动已将它广泛应用于个体差异、年龄差异、性别差异、大脑左右半球差异等领域(Macleod,1991)。近年来,人们又将斯楚普范式应用于记忆、无意识知觉的研究中(耿海燕,朱滢,1998)。记忆研究中的"加工水平效应"(the level effect of processing)也是一个能被用来说明什么是实验范式以及它的作用的恰当例子。在非随意学习(incidental learning)中,要求被试回答有关单字的各种问题,如这个单字是用大写字母写的吗?这个单字与某个字是否押韵?这个单字能否归为动物一类?回答这些问题要求进行不同水平的加工,而后来的记忆成绩也就是不同水平加工的函数。深层的有关意义的加工(如归类)导致最好的记忆保持,其次是语音的加工,最差的是字形的加工。应用加工水平的实验程序研究记忆曾风靡一时,至今,它仍然是各种记忆新概念的一块试金石。例如,到1992年为止已发表的关于内隐记忆(implicit memory)是否存在加工水平效应的实验研究就有将近 40 个(Challis & Broadbent, 1992)。

从上述两个例子可以看到,某种实验范式实际上就是相对固定的实验程序,它的设计一般有两种用途或目的。第一,为了使某种心理现象得到更清晰准确的描述和表达。第二,为了检验某种假设、新提出来的概念。有些实验范式只局限于某一领域,有些实验范式经改动可以适用于许多领域。实验范式还随着研究的扩展与深入不断地涌现出来。例如,为了研究启动效应(priming effect),Tulving 等人于 1982 年设计了补笔(word fragment completion)这一实验范式,如今这一范式已广泛运用于内隐记忆的研究中。另一方面,有些实验范式又随着研究内容的变化而逐渐被淘汰。例如,记忆研究中对偶联合范式(paired-associate procedures)从 20 世纪 60 年代以后已逐渐停止使用。

实验范式的出现多带有一定的理论背景。例如,Craik 和 Lockhart(1972)曾批评 Atkinson 和 Shiffrin(1968)的如下主张:信息由短时记忆传递到长时记忆依赖于信息在短时记忆中维持的时间长短。Craik 等人认为,这种看法是片面的,短时记忆中复述的性质才是决定性的因素。机械复述(即死记硬背)对回忆帮助不大,只有涉及意义的复述才会导致良好的记忆。而加工水平范式正是上述思想的体现。因此,我们要学会把抽象的观念变成可以具体操作的实验,从实验范式中学习是极为重要的。

四、心理学规律的性质

R. S. 武德沃斯和 H. 施洛斯贝格(1965)曾指出,虽然实验心理学注重实验研究的定量工作,但有一些重要的变量,它们的性质是质量的而不是数量的。例如,"感觉道"的差异就是性质的不同,不同的感觉器官在感知周围环境方面各有不同的功能。R. S. 武德沃斯等人认为,过于偏向定量的工作,就会给研究工作设置许多障碍,从而把许多基本的科学问题都给掩盖起来了。

几十年以后,人工智能和认知心理学的创始人之一 Simon,从心理学规律的性质的角度讨论了心理学研究中的定性与定量的问题。他认为,心理学不应当向物理学看齐,企图用几个基本公式来概括所有的心理现象是不切实际的。实际上,其他科学领域的规律也不一定都是定量的规律。生物学、化学、分子生物学、地球物理学,甚至物理学的一些规律就属于定性结构的规律。例如,帕斯特的"疾病是由病菌造成的"这个规律并不是一个定量的规律,但它对人们寻找疾病产生的原因却起了指导作用,并推动了医学的发展,因此人们承认它是基本规律。又例如,现代分子遗传学大致源于如下的概括:生物的遗传性状是由 4 种核苷酸排列成的长链决定的,这也属于定性结构的规律。心理学也有一些定量的规律,如短时记忆容量大约为 7。但心理学的规律现在和将来都是局限于一定范围内的,其普遍性是有限的,因而它主要是定性结构的规律。心理学的成功不是看它与物理学多么相像,而是看它描述和解释人的行为有多好。目前,心理学所提出的一些一般化的定理还不能给出精确的定性描述,还不属于定性结构的规律。

例如,"人类在问题解决过程中受着短时记忆的限制,受到计算能力的限制",这个理论并不那么确切,但它可以指导我们去分析问题,如它可以指导计算机的人—机界面设计(司马贺,1986;Simon,1990)。

为什么心理学的发展不能以物理学为标准呢?这不是一个容易回答的问题。让我们举认知心理学为例来做一点说明,认知心理学作为心理学的主要潮流曾大大推动了心理学的前进,但是认知心理学仅强调用计算机程序来类比人的心理过程,即仅仅从软件层次上来进行类比,而不涉及硬件,不涉及产生心理过程的大脑。这表明它遵循的是信息论的思想,即只强调信息本身,而认为信息的载体是无关紧要的。这是一种只强调形式而不重视物质本身的倾向或方法,这种方法在物理学中已获得成功,它对物理学中的一系列基本问题都可以用简单而漂亮的形式系统来给予统一的描述和解释。但是,几十年来,这种方法已使人工智能不时陷入困境,它应用于心理学的局限性也愈来愈明显。在知觉、注意、表象、记忆等基本过程中常常出现对立的观点和流派而看不到解决的前景。也许,心理学应当从生物学中得到启发。生物学的知识依赖于对千百万种微生物、植物和动物的研究,每种生物生存的环境又千差万别。因此,仅仅在最抽象的和质的水平上才能谈论生物学的最一般的规律,许多生物学的规律都只适用于单一的物种。由于人的心理活动既受自然环境与社会环境的制约,又受人的大脑的约束,因而人的心理活动也就可以说是世界上最复杂的过程。也许,比较而言,心理学的规律更类似于生物学的规律而不似物理学的规律(陈霖,朱滢,陈永明,1996)。

在我们学习实验心理学、想要使心理学有一番作为时,应当好好思考心理学规律的性质。

问　　题

1. 怎样理解实验心理学是各门心理学的基础?
2. 实验与观察有什么不同之处?
3. 什么叫作自变量的混淆?怎样避免自变量的混淆?
4. 举出几个实验范式的例子,并说明它们的应用,提出它们的理论设想。
5. 怎样理解心理学的规律更类似于生物学的规律而不似物理学的规律?

参 考 文 献

陈霖,朱滢,陈永明.(1996).心理学和认知科学//21世纪初科学发展趋势课题组著.21世纪初科学发展趋势.北京:科学出版社,100～110.

耿海燕.(1998).关于无意识知觉的研究.心理科学进展.16(1),14～19.

荆其诚.(1990).现代心理学发展趋势.北京:人民出版社,6.

司马贺著.张厚粲译.(1986).人类的认知:思维的信息加工理论.北京:科学出版社.

武德沃斯,施洛斯贝格著.曹日昌等译.(1965).实验心理学.北京:科学出版社,2～3.

Atkinson, R. C., & Shiffrin, R. M. (1968). Human memory: a proposed system and its control processes. Psychology of Learning & Motivation, 2, 89~195.

Challis, B. H., & Brodbeck, D. R. (1992). Level of processing affects priming in word fragment completion. Journal of Experimental Psychology Learning Memory & Cognition, 18(3), 595~607.

Fergus I. M. Craik, & Robert S. Lockhart. (1972). Levels of processing: a framework for memory research 1. Journal of Verbal Learning & Verbal Behavior, 11(6), 671~684.

Macleod, C. M. (1991). Half a century of research on the stroop effect: an integrative review. Psychological Bulletin, 109(2), 163~203.

Simon, H. A. (1974). How big is a chunk? Science, 183(4124), 482~487.

Simon, H. A. (1990). Invariants of human behavior. Annual Review of Psychology, 41(1), 1~19.

2

实验设计与准实验设计

一、实验设计

"由于历史的意外事件,解释数据资料的误差理论的发展与实验方法无关,因此,极为重要的原则被忽视了,这个原则是,实验的实际结果一定要制约统计程序对结果的解释(Plutchik,1983)。"几十年前,Fisher 提出了一条重要的原则,即实验结果本身、实验设计方法高于统计。在实验研究中我们选择实验设计方法时,所考虑的远不止统计的问题。而且,有时候现实生活提出的问题并没有统计模型可以模拟,但它的确是真实的问题。在讨论实验设计方法之前让我们认真思考并记住 Fisher 的原则。

实验设计可以看作是安排实验各种条件的方法,实验设计的目的在于消除或减少误差以便达到实验的目的,即确定某些变量、找出事件的原因。但实验设计不是死记硬背的公式,可以简单地把各实验组塞入公式而答案就由计算机给出。恰恰相反,在选择各种设计时通常会有许多困难的决策。

(一) 随机组设计

随机组设计(random groups design)属于组间设计,它把被试分为两组,随机组 1 和随机组 2,其程序如下:

随机组 1: 实验处理测验
随机组 2: 无处理测验

或者如表 2.1 所示:

表 2.1 随机组设计

实验前	自变量作用	测量
实验组(随机组 1)	有	因变量
控制组(随机组 2)	无	因变量

没有施加处理的随机组 2 通常叫作控制组,它代表着一种参考水平来决定实验组(实验处理)是否有效。但这种设计的前提是实验组与控制组在测验前各方面都一样,

这样,如果两组在测验上有差别,逻辑上就可以归结为是实验处理造成的。在实践中要随机挑选两个等组并不容易,因此,在应用随机组设计时一方面要尽可能做到随机挑选被试,另一方面还可以应用如下扩展了的随机组设计:

随机组 1：无处理——→测验
随机组 2：x 数量的处理——→测验
随机组 3：$2x$ 数量的处理——→测验
随机组 4：$3x$ 数量的处理——→测验
随机组 5：$4x$ 数量的处理——→测验

其中的 $x, 2x, 3x$ 等代表自变量的不同水平,并不一定是整倍数的关系。

Craik(1994)开展的一项关于老年记忆的研究就是应用了这种扩展的随机组设计。他挑选了三组特点各异的老年组与青年组匹配,如表 2.2。然后在各种实验条件下被试学习单词,学习完毕进行测验,测验结果如表 2.3。为了理解表 2.3,我们首先介绍 Craik(1990)关于老年记忆的基本观点。Craik 认为,像"晶态智力"在成年后并不减退而"液态智力"随年龄增长出现减退一样,某些记忆测验中年龄差异很大,而另一些记忆测验却没有年龄差异,这些不同记忆测验得到的结果应该由不同测验任务所要求的加工类型来说明。如果测验任务能得到强有力的环境线索的提示与支持,老年被试的记忆操作相对不受损害;如果测验任务无法得到环境(线索)的支持,而要求老年被试自己有意识地发动、组织有关的心理过程来完成,老年记忆的衰退就表现出来了。表 2.3 中的结果的基本特点是在组别与实验条件之间存在显著的交互作用。线索学习或线索回忆由于具有环境的支持因而能抵消老年化部分的消极影响。例如,在没有任何线索的自由学习-自由回忆条件下,老年 1 组与老年 2 组的成绩均不如青年组,但在线索学习-线索回忆条件下这两组的成绩与青年组一样好,甚至老年 3 组的成绩也相当好(5.5)。老年 1 组与 2 组的年龄、活跃程度相似,但社会经济状况不同,词语得分不同,表现在记忆成绩上 1 组比 2 组更好一些,例如,老年 1 组在②及③条件得分与青年组成绩接近。而老年 2 组只在②条件下与青年组成绩接近。总之,由于设立了三个老年组,他们在年龄、社会经济状况、词语能力与社会活跃程度各不相同,较好地代表了老年人群,因而实验结果具有较强的概括性。

表 2.2　四组被试各种特点

特　点	组　别			
	老年 3 组	老年 2 组	老年 1 组	青年组
平均年龄	76.2	73.5	73.3	19.7
社会经济状况	低	低	高	中等
词语得分*	31.2	35.0	52.2	48.1
社交程度	低	高	高	高

* 每组 70 个被试在《韦氏成人智力量表》上的语词平均分。

表 2.3　四组被试的回忆成绩*

实验条件	组别			
	老年 3 组	老年 2 组	老年 1 组	青年组
① 线索学习-线索回忆	5.5	7.3	8.1	7.8
② 线索学习-自由回忆	2.2	5.4	5.8	5.6
③ 自由学习-线索回忆	2.2	4.5	5.3	5.8
④ 自由学习-自由回忆	2.4	4.6	4.7	6.0

* 表中数字是 10 个单词正确回忆的平均数,相同灰度背景的分数彼此间无显著差异。

(二) 组内设计

组内设计(within-groups design)又称重复测量设计,其基本思想是一个被试或一组被试按一种顺序完成各实验条件,而另一个被试或另一组被试在另一种顺序中进行实验,而且,被试必须随机地分配到不同的顺序上。

组内设计中每一被试都以自己为对照条件,这是其优点。由于同一被试在几种实验任务中,或在同种任务的重复测量中的结果倾向于高度相关,因此显著性检验的标准差值(许多对样本平均数的差形成的样本分布的标准差,standard error)就减少了,从而导致易于检测出较小的效应。从这点看来,组内设计比随机组设计对统计检验更为敏感。组内设计也不需要事先对被试进行测验以在某一特点上平衡被试(而随机区组设计要求实验前进行测量),因为每一被试与自身相比已经完全平衡。

组内设计的缺点在于,一种实验条件下的操作将会影响另一种实验条件下的操作,也就是实验顺序造成了麻烦。因为组内设计的实验中每一被试轮流在各种实验条件下进行实验,因此会使自变量与"练习"或"疲劳"的因素混淆起来。为了消除实验顺序带来的缺点,一是随机地排出各实验条件下的顺序,二是采用抵消平衡的方法。

抵消平衡被试接受实验条件(自变量)的顺序,使每种实验条件以各种顺序出现的机会相同,以达到平衡由重复测量所产生的无关变量对因变量的混淆作用。表 2.4 给出了三种色光反应时实验的系统抵消平衡顺序的一个例子(黄一宁,1998)。

表 2.4　抵消平衡无关变量接受自变量的顺序*

被试	红光	绿光	黄光
S_1	1	2	3
S_2	1	3	2
S_3	2	3	1
S_4	2	1	3
S_5	3	1	2
S_6	3	2	1

* 1,2,3 表示接受测验的先后;S_1 至 S_6 为不同的被试;一共有 6 种顺序,每种顺序的被试数应该相同,因此,被试的总数应是 6 的倍数,如 6,12,18 等。

对同一问题的研究如果使用不同的实验设计方法可能会有不同的结果。Challis 和 Brodbeck(1992)在综述了大量文献之后发现,虽然流行的观点认为加工水平(levels of processing)对补笔测验不起作用,但仍有少数实验报告表明,加工水平的确影响了补笔效果。而且,普遍的情形是语义条件(深加工水平)比单词的物理特征条件(字形、发音等浅加工水平)的补笔效果要大,虽然两者达不到显著性差异,但这一现象反复出现也不应忽视。他们认为,实验设计是影响补笔测验中加工水平效应的一个重要因素,因而系统地进行了实验。结果表明,组内设计(交替,mixed)不存在加工水平效应,但随机组设计与组内设计(区组,blocked)存在加工水平效应。

上述 Challis 和 Brodbeck(1992)的研究表明,实验设计已成为影响因变量的自变量之一,这一点二十多年前 Plutchik(1983)也已经指出来了。当前,心理学研究正愈来愈多地应用脑成像技术,选择什么样的实验设计仍然是研究者关心的问题。例如,Kelley(2002)认为,区组设计不适于研究自我参照思考(self-referential thought),因为区组设计中有关自我的人格形容词是以区组(连续)的形式呈现的,因而激起的内侧前额叶的活动不仅与单个的人格形容词有关,也与由于连续要求被试参照自我来加工人格形容词引起的更一般的自我状态(a more global cognitive state)有关,这样,区组设计有可能混淆单个人格形容词(stimulus specificity)与任务要求(task specificity,即参照自我)。他们建议使用事件相关 fMRI 设计(event-related fMRI)。

(三) 随机区组设计

随机区组设计(randomized-block design)要求首先对被试作测验,然后按成绩分组,再把实验条件随机分配给各组中的被试。

假设我们做三种不同预备时间(200 ms,300 ms 和 400 ms)对反应时的影响的实验。按照随机区组设计,我们首先测量被试的反应时(预备时间设为 1.5 s),按照被试反应快慢排序分组(A 到 L),反应最快的前三名组成第一组,其次的三名构成第二组,等等(表 2.5)。

表 2.5 随机区组设计示例

第一组		第二组		第三组		第四组	
反应快慢	区组	反应快慢	区组	反应快慢	区组	反应快慢	区组
1	A	4	D	7	G	10	J
2	B	5	E	8	H	11	K
3	C	6	F	9	I	12	L

经过这样的分组(block),每组中被试的差别是很小的,换句话说,可以把每组看成一个人一样,然后,将实验条件 200 ms,300 ms 和 400 ms 随机分配到各组中(表 2.6):

表 2.6　各组随机分配示例

第一组		第二组		第三组		第四组	
A	200 ms	D	300 ms	G	400 ms	J	200 ms
B	400 ms	E	200 ms	H	200 ms	K	300 ms
C	300 ms	F	400 ms	I	300 ms	L	400 ms

这样,由于 A,B,C 被试之间的差别不大,第一组就是由类似的被试构成(头三名在反应时上类似),而每组内的差别就成了实验条件 200 ms,300 ms 与 400 ms 之间的差别。同理,第二组、第三组与第四组也是如此。因此,"区组"指设计中使用了区组,而不是单个的被试;"随机"指实验条件是随机分配到各区组的单个被试上的。

随机区组设计中的每个被试只在一种实验条件下进行实验,因而避免了不同实验条件顺序的影响,因此,它具有组间设计的优点。又因为随机区组设计要求在一个区组中的被试在某一特点上是类似的,这样,对各个实验条件来说,被试基本上是类似的,这一点又类似于组内设计,因此它又具有组内设计的优点。混合设计也具有组间设计与组内设计的优点,但随机区组设计把类似特点的被试安排在一个区组内的做法比混合设计中对被试的选择更好。随机区组设计也有它的局限性:第一,这种设计的价值依赖于实验前的预测验对正式实验的预测性,预测性愈高价值愈大。第二,它的有效性还取决于实验条件的多少。实验条件过多(比如 6 种实验条件),那么,每个区组就要有 6 名被试,应用到刚才叙述的例子中,我们就得假定反应时的第一名与第六名是类似的,这似乎不大合理。因此,3~4 种实验条件采用随机区组设计比较恰当。

(四) 拉丁方设计

拉丁方设计(Latin Square design)的要求是,每种条件在横行的顺序中只出现一次,在纵列中也只出现一次,如一项药物实验的安排见表 2.7。在表 2.7 中,被试分成 3 组。第 1 组先做安慰剂的实验,然后做高剂量药物的实验,最后做低剂量药物的实验;而第 2 组与第 3 组做实验的顺序则不同。由此可见,拉丁方设计的优点在于使用了完善的抵消误差的措施(不同的实验顺序),因而同时能测量多种变量(安慰剂、高剂量药物和低剂量药物)。

表 2.7　一项药物实验的拉丁方设计

实验组＼实验顺序	1	2	3
1 组	安慰剂	高剂量	低剂量
2 组	低剂量	安慰剂	高剂量
3 组	高剂量	低剂量	安慰剂

统计学图书中一般有已排列好的拉丁方供使用,例如(表 2.8):

2　实验设计与准实验设计

表 2.8　可供使用的拉丁方顺序示例

顺序 1	顺序 2	顺序 3	顺序 4
A	B	C	D
B	C	D	A
C	D	A	B
D	A	B	C

在表 2.8 的拉丁方中，A，B，C，D 代表四种实验条件，由于每种实验条件在横行与纵列中只出现一次，因此保证了整个实验中每种实验条件在顺序的各个位置都出现过，这就避免了由于顺序不同造成的混淆（order effect）。但上面的拉丁方中，B 总在 A 后面，D 总在 C 后面，等等。如果 A，B，C，D 是不同的解决问题的任务，而 A 含有一些线索有助于解决 B，结果在 A，B 的顺序中 B 的成绩要好于 B，C 顺序中 B 的成绩，这就是传递效应（carry-over effect）。为了避免传递效应，我们介绍一种安排拉丁方的方法。假设我们有几个自变量，那么，实验的第一种顺序就是：

$$1, 2, n, 3, n-1, 4, n-2, 5, n-3 \cdots$$

在这里，1 代表第一种自变量，2 代表第二种自变量，3 代表第三种自变量，等等。第二种顺序是依次在第一种顺序上加 1，第三种顺序是依次在第二种顺序上加 1，等等。而且，各顺序中遇到 n 时，改为 1。这样，第二种顺序就是：

$$2, 3, 1, 4, n, 5, n-1, 6, n-2 \cdots$$

当 $n=4$ 时，拉丁方的安排如下：

	顺　序		
1	2	4	3
2	3	1	4
3	4	2	1
4	1	3	2

当 $n=3$ 时，不能用拉丁方排除传递效应，只能用平衡方块设计（balanced square design）解决。设 A，B，C 为三种实验条件，有关的平衡方块如下：

	顺		序		
A	B	C	C	B	A
B	C	A	A	C	B
C	A	B	B	A	C

平衡方块的思想可以应用于一个组的被试（a single group）参与许多条件的实验而又要避免顺序效应。例如我们想要测年轻人的听觉敏感性，频率有 500，1000，2000，

5000 和 10000 Hz，那么，下列安排可以使用（A，B，C，D，E 代表不同的频率）：
A，B，C，D，E，　E，D，C，B，A

按这样上升（ascending）和下降（descending）的顺序多次重复实验，就可平衡掉任何顺序效应。

拉丁方设计最初应用在农业研究中以避免种植土壤的不同带来的变异。一片田野被分割成许多块，横排成行，纵列成行，每一块土地施加一种实验处理。这样，在一块土地上的实验处理与另一块土地上的实验处理并没有必然的联系，数学上这意味着块之间不存在交互作用。然而在心理学研究中，不同的实验条件在顺序中并不是彼此独立的，即存在交互作用。如果事先我们有理由相信，将要进行的实验会有交互作用，那么，我们应该选择别的设计方法，如随机区组设计。

（五）交互作用：多于一个自变量的实验[①]

心理学研究很少只用一个自变量进行实验，常常同时选用两个到四个自变量，这样做的优点很多。第一，做一项有三个自变量的实验比分别做三个实验的效率要高。第二，做一项实验比分别做三项实验易于保持控制变量恒定。第三，也是最重要的，在几个自变量同时并存的情形下所概括的实验结果比从几个单独实验所概括的结果更有价值，更接近生活实际。下面，以一项社会心理学实验研究为例，对多自变量实验设计与优点，进行说明。

在某大学校园的咖啡店里，主试耐心等待，当他看到小桌子（只供 2 个人用）或是大桌子（只供 4 人用）旁边坐着一个学生时，就来到他（她）跟前，有礼貌地询问能不能坐下，得到允许坐下后，这个主试弄来一份午饭。不久，主试离开桌子去买杯饮料，想象着留在座位的人会帮他照看午饭。这时，一位装束同咖啡店招待员一样的主试的同伙来到桌边，问这个学生，留在桌上的午饭是否是他（她）的，就在学生解释吃午饭的人很快就会回来以前，假招待员已经把午饭扫走，扔进垃圾桶内。当主试回来时，看见午饭没有了，就问这个学生是怎么回事，并且试图向这个学生借钱再买一份午饭。有时候，午饭不是由假招待员扫走，而是主试假装不小心弄掉在地上，然后向学生借钱。这样，这个实验的因变量就是，学生即被试愿意借多少钱给一位陌生人（主试）。由上述实验情节可以想见，影响借钱数量的因素有两个。第一，学生所在桌子大小。因为桌子大小会造成学生与主试的空间距离不同，从社会心理学的观点看来，这会影响到两人的亲密程度。第二，处理午饭的方式：午饭是被别人扫走还是自己弄掉的。不同的处理方式可能激起学生同情的程度是不一样的。午饭被扫走使学生感到自己有点责任，而午饭掉地则与己无关。上述两个因素也就是这个实验的两个自变量，每个自变量又各有两个水平：① 桌子：大或小；② 处理午饭方式：扫走或掉地。

---

① 参阅：B M Kanlowitz，M L Koediger. Experimental Psychology. 1978，60～70。

实验结果见图 2-1。图 2-1 表示，愿意借出较多的钱来帮助午饭被扫走的人只是坐在小桌子边上的学生；坐在大桌子边上的人对午饭被扫走或是掉地一视同仁，都只愿意借出少量的钱。在这里，我们想引出交互作用的概念（interaction）。一项实验中有两个或两个以上自变量，当一个自变量的效果在另外一个自变量的每一水平上不一样时，我们就说存在着（自变量的）交互作用。例如，仅仅坐在小桌子边上并不能保证让学生多借钱给陌生人，小桌子的作用大小要依赖午饭是怎样处理的，如果午饭是弄掉地的，学生只借出少量的钱，只有午饭被扫走，学生才肯借出较多的钱。换句话说，桌子大小这一个自变量的作用，受午饭处理方式的制约即在另一自变量不同水平上是不一样的，所以我们说，这项社会心理学实验显示了交互作用。

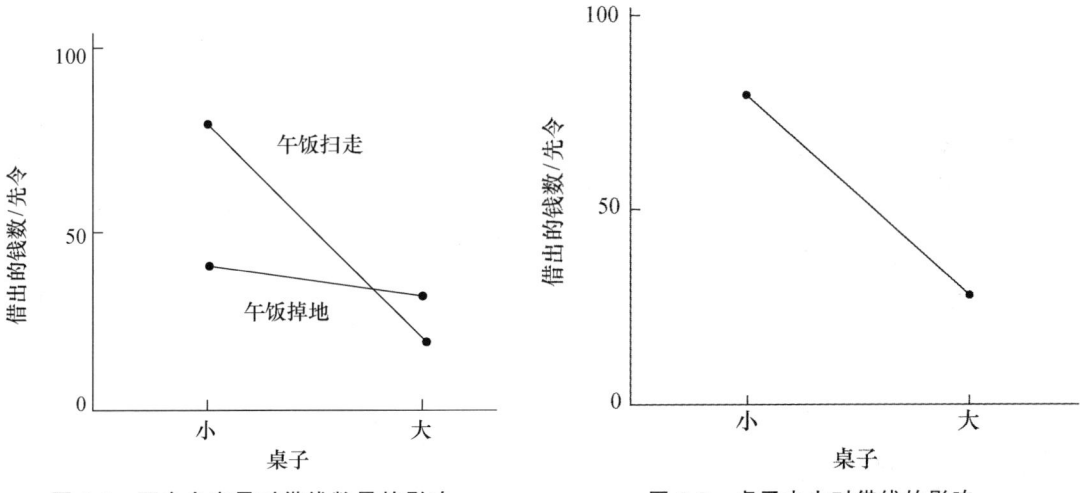

图 2-1　两个自变量对借钱数量的影响　　　图 2-2　桌子大小对借钱的影响

假设这项实验是两项单独的实验。第一项实验中，只有桌子的大小是唯一的自变量，而午饭的"遭遇"是控制变量、即午饭总是被扫走。那么实验结果将会如图 2-2 所示。图 2-2 表明，坐在小桌子边上的人会借出较多的钱。但是从这个实验结果，研究者不知道，要是午饭掉地，桌子的大小就不起什么作用。在第二项实验中，处理午饭的方法是自变量。桌子大小是控制变量，要是用大桌子来做实验（即把大桌子当作控制变量），将会获得没有意义的结果——不管午饭的"遭遇"怎样，人们只愿意借出大致相同数目的钱（见图 2-3）。但是从这个结果，研究者不知道，要是用小桌子做实验，借钱数量是有差别的。将图 2-1 与图 2-2、图 2-3 比较我们可以看到，分别做两个实验（即获得图 2-2 与图 2-3 的结果），我们会丧失许多信息，而在一项实验中包括两个或多个自变量，我们会获得较多的信息。

让我们再重复一下这项实验所显示的交互作用（参见图 2-1）：处理午饭方式这一自变量的效果在另一自变量的不同水平上（桌子大或小）不一样。当午饭被扫走，桌子大小导致借钱数目不同。如果午饭掉地，桌子的大小就无关紧要，换句话说，桌子大小这一自变量的效果在另一自变量——处理午饭方式的不同水平上(扫走或掉地)不一样(如果桌子小,处理午饭的不同方式导致借钱数目不同。如果桌子大,处理午饭的方式就无关紧要)。

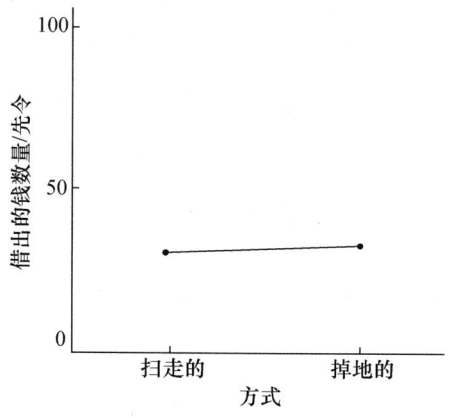

图 2-3　处理午饭的方式对借钱的影响

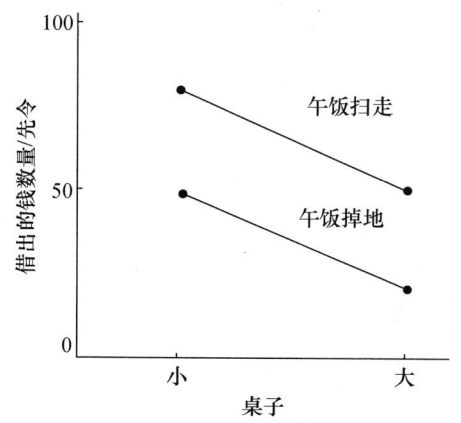

图 2-4　两个自变量对借钱数量的影响(无交互作用)

在这个社会心理学实验中我们还想补充三点：

(1) 自变量至少是以两种水平存在的,桌子作为一个自变量至少是大或小的,如果桌子只是大的,那么,桌子就不是自变量而是控制变量了(如图 2-3)。换句话说,自变量不能只有一个水平。午饭处理方式也是这样,它至少有两种方式(即两种水平),如果处理午饭的方式只是一种(都是被扫走的或都是掉地的),那它就不是自变量而是控制变量了(见图 2-2)。

(2) 当把实验结果作图表示时,只有一个自变量的实验,自变量总是用横坐标表示,因变量永远用纵坐标表示(见图 2-2、图 2-3)。如果实验包括两个以上的自变量,那么一个自变量用横坐标表示,其余自变量画在图上,因变量永远用纵坐标表示(见图 2-1)。

在任何情形下,控制变量都不出现在图中,但必须用文字在适当地方说明。

(3) 交互作用反映在图中,表现为图中的线是交叉的(见图 2-1)。如果图中的线是平行的,就说明该实验不存在交互作用。假设上述的社会心理学实验结果如图 2-4 所示,那就不存在交互作用。因为任何一个自变量的效果对于另一个自变量的两个水平来说都是相同的。这就是说,不管午饭是掉地或被扫走,坐在小桌子边上的人总是愿意借出更多的钱;还有,不管坐在小桌子或大桌子边上的人都愿意借出更多的钱给午饭被扫走的人,这就是图 2-4 说明的问题,平行线总是意味着没有交互作用发生。当然,图 2-4 是虚构的,图 2-1 才是真实的实验结果。

我们想强调一下,交互作用是本章中最重要的概念之一,我们还将在本书其他章节,也就是说在心理学几个最重要的领域中举例说明它。如果你能恰当地理解它,将会帮助你去理解各种心理学问题。

(六) 因素设计及其数据处理[①]

1. 因素设计

心理学实验一般都应用两个或两个以上的自变量。这是因为研究者通常想要对某一问题提出多种可能的解释,然后通过实验来排除某些解释。例如,一个小孩有一样心爱的玩具,这个玩具是有绒毛、彩色的,并且还会发出声音,如果你想知道小孩到底被玩具的什么特点所吸引,你可以把同样的玩具做成三种不同的样子:

A:有绒毛,无彩色,不会发出声音
B:无绒毛,有彩色,不会发出声音
C:无绒毛,无彩色,会发出声音

玩具 A 测试小孩对绒毛的喜爱,B 测彩色,C 测声音。A 与 B 都不会发声,所以它们控制了声音,类似地,A 与 C 控制彩色,B 与 C 控制绒毛,所以,为了检验三个假设,你必须有三种条件(即三种玩具)。每一种玩具都起到部分的控制条件的作用,而每一种玩具也包含一个自变量。这样,在这个实验中我们变化了三种自变量。

在一次实验中使用多个自变量的另一个重要理由是,一个自变量的作用可能依赖于另一个自变量的不同水平,即自变量之间很可能存在交互作用。例如,被试强烈的动机会改善容易任务上的操作,但遇到特别困难的问题时却会产生相反的效果,这就是说强烈动机的作用依问题的难易水平而不同。

因素设计(factorial design)是关于两个或多个变量(因素)的一种实验设计,它的特点是将实验中每一变量的各个水平都结合起来进行实验。因素设计的最简单形式就是实验中有两个自变量(因素),每个自变量各有两种水平。这就是人们熟知的 2×2 因素设计,2×2 的因素设计一共有 4 种可能的结合(见表 2.9),我们把不同因素按水平形成

---

① 这一节编译自 D H McBurney. Experimental Psychology. 1983,147~164。

的各种组合叫作处理。各种处理的总数是各因素所包括的水平数的乘积。这样 2×2 的因素设计就有 4 种处理。

表 2.9 2×2 因素设计

		A 因素	
		A_2	A_1
B 因素	B_1	$A_1 B_1$	$A_2 B_1$
	B_2	$A_1 B_2$	$A_2 B_2$

如果一个因素有两种水平,而另一种因素有三种水平,那么我们就叫这样的设计为 2×3 的因素设计,共有 6 种可能的处理(见表 2.10)。

表 2.10 2×3 因素设计

		A 因素		
		A_1	A_2	A_3
B 因素	B_1	$A_1 B_1$	$A_2 B_1$	$A_3 B_1$
	B_2	$A_1 B_2$	$A_2 B_2$	$A_3 B_2$

在刚才举的玩具的例子中,我们使用三个自变量:绒毛、彩色和声音。每个自变量各有两种水平:有或无(例如,有绒毛或无绒毛)。于是我们有一个 $2 \times 2 \times 2$ 的因素设计,共有 8 种处理(见表 2.11)。将这 8 种结合都实验以后,也许我们才知道,小孩最喜欢的不是玩具的某一种特点,而是这些特点的某种结合。例如,她最喜欢带彩色又有绒毛的玩具,但对于只有绒毛或只是彩色的玩具并不感兴趣。

因素设计一般使用两个或三个因素,每个因素有 2~6 种水平,因素再多或水平再多都将使实验变得十分复杂而难以进行,并且即使进行实验,其结果也很难解释。

表 2.11 $2 \times 2 \times 2$ 因素设计

A	A_1				A_2			
B	B_1		B_2		B_1		B_2	
C	C_1	C_2	C_1	C_2	C_1	C_2	C_1	C_2
8 种结合	$A_1 B_1 C_1$	$A_1 B_1 C_2$	$A_1 B_2 C_1$	$A_1 B_2 C_2$	$A_2 B_1 C_1$	$A_2 B_1 C_2$	$A_2 B_2 C_1$	$A_2 B_2 C_2$

因素设计既可以按组内设计也可以按组间设计进行,但组间的因素设计更常见。混合的因素设计至少有一个变量按组内设计、一个变量按组间设计。

如果表 2.9 的 2×2 因素设计是按组间设计安排的,那么,由于有 4 种结合,我们需要 4 个组来进行实验。如果对每种结合我们都使用 8 名被试的话,则可以采用像表

2.12 这样的分配方式。

表 2.12　2×2 因素设计(组间设计)

被试编号	组
1～8	A_1B_1
9～16	A_2B_2
17～24	A_2B_1
25～32	A_1B_2

如果表 2.9 中的 2×2 因素设计是按组内设计安排的,由于组内设计要求每个被试都在每一种实验条件下进行实验则一共有 4 种可能的实验条件,所以每个被试都需要进行 4 次实验。设 J 代表 A_1B_1 的实验条件,K 代表 A_2B_1,L 代表 A_1B_2,M 代表 A_2B_2,那么,可用拉丁方的方法排列实验顺序如下:

表 2.13　2×2 因素设计(组内设计)

被试编号	实验顺序			
	1	2	3	4
1～2	J	K	L	M
3～4	K	M	J	L
5～6	L	J	M	K
7～8	M	L	K	J

对比表 2.12 与表 2.13 可以看到,组内设计大大节省了被试数量。例如,在表 2.13 中,每名被试都参与 $K(A_2B_1)$ 的实验,8 名被试就获得对 A_2B_1 反应的 8 个数据;表 2.12 中被试 17～24 参与 A_2B_1 的实验,也有 8 名被试获得对 A_2B_1 反应的 8 个数据。但是就整体而言,组间设计需要 32 名被试,而组内设计则只需要 8 名。

如果表 2.9 中的 2×2 因素设计是按混合设计安排的,那么设变量 A 用组内设计安排,变量 B 用组间设计安排,则可以采取表 2.14 这样的分配方式。

表 2.14　2×2 因素设计(混合设计)

组	被试编号	实验顺序
B_1	1～4	先做 A_1B_1,再做 A_2B_1
	5～8	先做 A_2B_1,再做 A_1B_1
B_2	9～12	先做 A_1B_2,再做 A_2B_2
	13～16	先做 A_2B_2,再做 A_1B_2

2. 因素设计的数据处理

下面以举例的形式介绍两种典型的因素设计的数据处理方法。

(1) 2×2因素设计(组间设计)的方差分析

有一个关于互助行为的实验是这样的:把课堂笔记借给同班同学是一种互助行为,为了研究这一行为,研究者对两个因素进行了操控。一个因素是需要借笔记的原因,原因分两种水平,一是缺乏记笔记的能力,一是没有用心听讲;另一个因素是需要借笔记的频率,频率也分两种水平,一是经常需要借,一是偶尔需要借。这个实验按2×2因素设计(组间设计)进行,假设获得的数据如表2.15所示:

表 2.15 互助行为实验的假设数据

借笔记的频率	借笔记的原因	
	缺乏能力	不用心听
经常	4.4	3.6
	4.0	3.2
	4.5	3.7
	3.9	3.0
	4.6	3.8
	3.8	2.9
	4.7	3.9
	3.7	2.8
	4.8	4.0
	3.6	3.1
偶尔	3.7	2.9
	3.3	2.5
	3.8	3.0
	3.2	2.4
	3.9	3.1
	3.1	2.3
	4.0	3.2
	3.0	2.2
	4.1	3.3
	2.9	2.1

注:这些数据可按表2.12的分配方式获得

表2.16是进行方差分析计算的有关项目与公式,假设各小组的方差没有显著性差异。

为了按表2.16的方式进行计算,我们把表2.15改变成表2.17,并把40个数据合并成4个数据。

表 2.16 方差分析的项目与公式(组间设计)

变异来源	自由度 df	和方(平方和)SS	均方 MS	F
I 之间	$I-1$	$\dfrac{\sum\limits_{i} X_i^2}{JK} - \dfrac{X_{...}^2}{IJK}$	$\dfrac{\mathrm{SS}_I}{df_I}$	$\dfrac{\mathrm{MS}_I}{\mathrm{MS}_{\mathrm{err}}}$
J 之间	$J-1$	$\dfrac{\sum\limits_{j} X_j^2}{IK} - \dfrac{X_{...}^2}{IJK}$	$\dfrac{\mathrm{SS}_J}{df_J}$	$\dfrac{\mathrm{MS}_J}{\mathrm{MS}_{\mathrm{err}}}$
交互作用 $I\times J$	$(I-1)\times(J-1)$	$\dfrac{\sum\limits_{ij} X_{ij}^2}{K} - \dfrac{\sum\limits_{i} X_i^2}{JK} - \dfrac{\sum\limits_{j} X_j^2}{IK} + \dfrac{X_{...}^2}{IJK}$	$\dfrac{\mathrm{SS}_{I\times J}}{df_{I\times J}}$	$\dfrac{\mathrm{MS}_{I\times J}}{\mathrm{MS}_{\mathrm{err}}}$
误差	$IJ(K-1)$	$\sum\limits_{ijk} X_{ijk}^2 - \dfrac{\sum\limits_{ij} X_{ij}^2}{k}$	$\dfrac{\mathrm{SS}_{\mathrm{err}}}{df_{\mathrm{err}}}$	
总计	$IJK-1 = N-1$	$\sum\limits_{ijk}(X_{ijk}-\overline{X})^2$		

表 2.17 数据的重组

经常性 I	原因 J		
	1. 缺乏能力	2. 不用心听	
1. 经常	42	34	$X_1 = 76$
2. 偶尔	35	27	$X_2 = 62$
	$X_1 = 77$	$X_2 = 61$	$X_{...} = 138$

注:$X_{ij}=$每个单元中的数据,在这里,它们是 42,35,34,27。

$$\sum_{i} X_i = X_1 + X_2 = 76 + 62 = 138$$

$$\sum_{i} X_i^2 = X_1^2 + X_2^2 = 76^2 + 62^2 = 9620$$

$$X_{...} = \sum_{j}\sum_{i} X_{ij} = 42 + 35 + 34 + 27 = 138$$

$I=2$, $J=2$, $K=10$(表 2.15 中,每单元 10 个数据)
$N=40$(总共 40 个数据)

让我们把表 2.17 中的数据分别代入表 2.16 中各项目的公式:

① I 之间自由度:$I-1=2-1=1$

I 间和方:$\dfrac{\sum\limits_{i} X_{i...}^2}{JK} - \dfrac{X_{...}^2}{IJK} = \dfrac{76^2+62^2}{2\times 10} - \dfrac{138^2}{2\times 2\times 10} = 4.9$

I 间均方:$\dfrac{\mathrm{SS}_I}{df_I} = \dfrac{4.9}{1} = 4.9$

I 间 F：$\dfrac{\mathrm{MS}_I}{\mathrm{MS}_{\mathrm{err}}} = \dfrac{4.9}{0.2} = 24.5$

② J 之间自由度：$J - 1 = 2 - 1 = 1$

J 间和方：$\dfrac{\sum_j X_j^2}{IK} - \dfrac{X_{...}^2}{IJK} = \dfrac{77^2 + 61^2}{2 \times 10} - \dfrac{138^2}{2 \times 2 \times 10} = 6.4$

J 间均方：$\dfrac{\mathrm{SS}_j}{df_j} = \dfrac{6.4}{1} = 6.4$

J 间 F：$\dfrac{\mathrm{MS}_j}{\mathrm{MS}_{\mathrm{err}}} = \dfrac{6.4}{0.2} = 32.0$

③ 交互作用（$I \times J$）自由度：$(I-1)(J-1) = (2-1)(2-1) = 1$

$I \times J$ 的和方：$= \dfrac{\sum_{ij} X_{ij}^2}{K} - \dfrac{\sum_i X_{i..}^2}{JK} - \dfrac{\sum_j X_j^2}{IK} + \dfrac{X_{...}^2}{IJK}$

$= \dfrac{42^2 + 35^2 + 34^2 + 27^2}{10} - \dfrac{76^2 + 62^2}{2 \times 10} - \dfrac{77^2 + 61^2}{2 \times 10} + \dfrac{138^2}{2 \times 2 \times 10}$

$= 0$

④ 误差自由度：$IJ(K-1) = 2 \times 2 \times (10-1) = 36$

误差和方：$\sum_{ijk} X_{ijk}^2 - \dfrac{\sum_{ij} X_{ij}^2}{K} = 4.4^2 + 4.0 + 4.5^2 \cdots 2.2^2 + 3.3^2 + 2.1^2$

（即所有原始数据的平方和）$- \dfrac{42^2 + 35^2 + 34^2 + 27^2}{10} = 494.6 - 487.4 = 7.2$

误差均方：$\dfrac{\mathrm{SS}_{\mathrm{err}}}{df_{\mathrm{err}}} = \dfrac{7.2}{36} = 0.2$

⑤ 总计自由度：$IJK - 1 = N - 1 = 40 - 1 = 39$

总计和方：$\sum_{ijk}(X_{ijk} - \overline{X})^2 = \sum_{ijk} X_{ijk}^2 - \dfrac{X_{...}^2}{IJK} = 494.6 - \dfrac{138^2}{2 \times 2 \times 10} = 18.5$

将计算的结果排列成表 2.18。

表 2.18　方差分析组间设计的 2×2 的因素设计

变异来源	自由度 df	和方（平方和）SS	均方 MS	F
I 间	1	4.9	4.9	24.5*
J 间	1	6.4	6.4	32.0*
交互作用 $I \times J$	1	0		
误差	36	7.2	0.2	
总计	39	18.5		

* $p < 0.01$

F值的显著性水平表明:I间差别即频率的两种水平对互助行为的影响是有显著差异的;J间差别即原因的两种水平对互助行为的影响也是有显著差异的。同时我们还知道,在频率与原因之间不存在交互作用。

(2) 2×2因素设计(混合设计)的方差分析

这是一项关于心境对学习影响的实验,研究者假设,故事中的情节与读者的心境一致时,读者对某情节记得好;两者不一致时,则记得不好。通过一定办法造成不同被试高兴或不快的两种心境。然后让他们阅读关于两个人的故事,与A有关的故事都是高兴的,与B有关的故事都是不快的。读完故事后第二天,在被试处于平和心境时,要求被试尽可能回忆所读故事。结果发现,被试高兴时对故事中让人高兴的情节记得较好被试不快时对故事中让人不快的情节也记得较好。见表2.19及图2-5。本实验中被试心境是组间设计,即一组被试高兴,另一组被试不高兴;故事情节是组内设计,即每一被试读的故事既有高兴的情节也有不快的情节。

表 2.19 心境对学习影响结果

心 境	故事的情节	
	高 兴	不 快
高 兴	54	52
	56	51
	58	50
	60	49
	62	48
不 快	18	74
	19	77
	20	80
	21	83
	22	86

注:这些数据可按表2.14的程序获得。

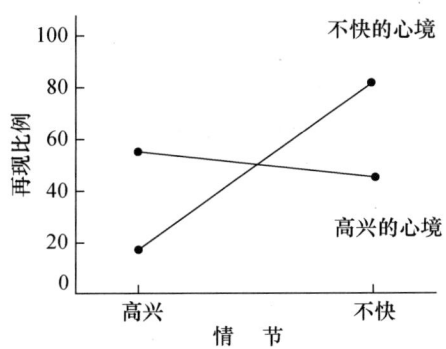

图 2-5 心境与情节对记忆的影响(参见表 2.19 数据)

表 2.20 是方差分析的各种公式。

表 2.20　方差分析的项目与公式(混合设计)

	df	SS	MS	F
组间				
1. 不同心境之间 (对高兴情节)	$I-1$	$\dfrac{\sum_i X_{i1}^2}{K} - \dfrac{X_1^2}{IK}$	$\dfrac{SS_1}{I-1}$	$\dfrac{MS_1}{MS_3}$
2. 不同心境之间 (对不快情节)	$I-1$	$\dfrac{\sum_i X_{i2}^2}{K} - \dfrac{X_2^2}{IK}$	$\dfrac{SS_2}{I-1}$	$\dfrac{MS_2}{MS_3}$
3. 单元	$IJ(K-1)$	$\sum_{ijk} X_{ijk}^2 - \dfrac{\sum_{ij} X_{ij}^2}{K}$	$\dfrac{SS_3}{IJ(K-1)}$	
组内				
4. 不同情节之间 (对高兴心境)	$J-1$	$\dfrac{\sum_j X_{1j}^2}{K} - \dfrac{X_1^2}{JK}$	$\dfrac{SS_4}{J-1}$	$\dfrac{MS_4}{MS_7}$
5. 不同情节之间 (对不快心境)	$J-1$	$\dfrac{\sum_j X_{2j}^2}{K} - \dfrac{X_2^2}{JK}$	$\dfrac{SS_5}{J-1}$	$\dfrac{MS_5}{MS_7}$
交互				
6. 交互作用 (情节×心境)	$(I-1)(J-1)$	$\dfrac{\sum_{ij} X_{ij}^2}{K} - \dfrac{\sum_i X_i^2}{JK} - \dfrac{\sum_j X_j^2}{IK} + \dfrac{X_{...}^2}{IJK}$	$\dfrac{SS_6}{(I-1)(J-1)}$	$\dfrac{MS_6}{MS_7}$
7. 交互作用 (情节×被试)	$I(J-1)(K-1)$	$\sum_{ijk} X_{ijk}^2 - \dfrac{\sum_{ij} X_{ij}^2}{K} - \dfrac{\sum_{ik} X_{ik}^2}{J} + \dfrac{\sum_i X_i^2}{JK}$	$\dfrac{SS_7}{I(J-1)(K-1)}$	

为了按表 2.20 的公式进行计算,我们把表 2.19 改变成表 2.21,并把 20 个数据合并成 4 个数据。

表 2.21　数据的重组

心境(I)	情节(J)		
	高兴	不快	
高兴	290	250	$X_1=540$
不快	100	400	$X_2=500$
	$X_1=390$	$X_2=650$	$X_{...}=1040$

注:$I=2, J=2, K=5$(表 2.19 中每单元 5 个数据),$N=20$(总共 20 个数据)。

2 实验设计与准实验设计

让我们把表 2.21 中的数据分别代入表 2.20 中各项目的公式：

组间

① 不同心境间（对高兴情节）

自由度：$I-1=2-1=1$

和方：$\dfrac{\sum\limits_{i} X_{i1}^2}{K} - \dfrac{X_1^2}{IK} = \dfrac{290^2 + 100^2}{5} - \dfrac{390^2}{2 \times 5} = 3610$

均方：$\dfrac{SS_1}{I-1} = \dfrac{3610}{2-1} = 3610$

$F(1,16)$：$\dfrac{MS_1}{MS_3} = \dfrac{3610}{9.375} = 385.1$

② 不同心境间（对不快情节）

自由度：$I-1=2-1=1$

和方：$\dfrac{\sum\limits_{i} X_{i2}^2}{K} - \dfrac{X_2^2}{IK} = \dfrac{250^2 + 400^2}{5} - \dfrac{650^2}{2 \times 5} = 2250$

均方：$\dfrac{SS_2}{I-1} = \dfrac{2250}{2-1} = 2250$

$F(1,16)$：$\dfrac{MS_2}{MS_3} = \dfrac{2250}{9.375} = 240$

③ 单元内

自由度：$IJ(K-1) = 2 \times 2 \times (5-1) = 16$

和方：$\sum\limits_{ijk} X_{ijk}^2 - \dfrac{\sum\limits_{ij} X_{ij}^2}{K} = (54^2 + 56^2 + 58^2 + \cdots + 80^2 + 83^2 + 86^2)$

$\qquad - \dfrac{290^2 + 100^2 + 250^2 + 400^2}{5}$

$\qquad = 63470 - 63320 = 150$

均方：$\dfrac{SS_3}{IJ(K-1)} = \dfrac{150}{2 \times 2 \times (5-1)} = 9.375$

组内

④ 不同情节间（对高兴心境）

自由度：$J-1=2-1=1$

和方：$\dfrac{\sum\limits_{j} X_{1j}^2}{K} - \dfrac{X_1^2}{JK} = \dfrac{290^2 + 250^2}{5} - \dfrac{540^2}{2 \times 5} = 160$

均方：$\dfrac{SS_4}{J-1} = \dfrac{160}{1} = 160$

$$F(1,8): \frac{MS_4}{MS_7} = \frac{160}{8.125} = 19.69$$

⑤ 不同情节间(对不快心境)

自由度：$J-1 = 2-1 = 1$

和方：$\dfrac{\sum_j X_{2j}^2}{K} - \dfrac{X_2^2}{JK} = \dfrac{100^2 + 400^2}{5} - \dfrac{500^2}{2 \times 5} = 9000$

均方：$\dfrac{SS_5}{J-1} = \dfrac{9000}{1} = 9000$

$F(1,8): \dfrac{MS_5}{MS_7} = \dfrac{9000}{8.125} = 1107.69$

交互

⑥ 交互作用(情节×心境)

自由度：$(I-1)(J-1) = (2-1)(2-1) = 1$

和方：$\dfrac{\sum_{ij} X_{ij}^2}{K} - \dfrac{\sum_i X_i^2}{JK} - \dfrac{\sum_j X_j^2}{IK} + \dfrac{X_{\cdots}^2}{IJK}$

$= \dfrac{290^2 + 100^2 + 250^2 + 400^2}{5} - \dfrac{540^2 + 500^2}{2 \times 5} - \dfrac{390^2 + 650^2}{2 \times 5}$

$\quad + \dfrac{1040^2}{2 \times 2 \times 5}$

$= 5780$

均方：$\dfrac{SS_6}{(I-1)(J-1)} = \dfrac{5780}{(2-1)(2-1)} = 5780$

$F: \dfrac{MS_6}{MS_7} = \dfrac{5780}{8.125} = 711.38$

⑦ 交互作用(情节×被试)

自由度：$I(J-1)(K-1) = 2(2-1)(5-1) = 8$

和方：

$\sum_{ijk} X_{ijk}^2 - \dfrac{\sum_{ij} X_{ij}^2}{K} - \dfrac{\sum_{ik} X_{ik}^2}{J} + \dfrac{\sum_i X_i^2}{JK}$

$= (54^2 + 56^2 + 58^2 + \cdots + 80^2 + 83^2 + 86^2)$(所有原始数据平方和)

$\quad - \dfrac{290^2 + 100^2 + 250^2 + 400^2}{5}$

$\quad - \dfrac{(54+52)^2 + (56+51)^2 + (58+50)^2 + (60+49)^2 + (62+48)^2}{2}$
$\qquad + (18+74)^2 + (19+77)^2 + (20+80)^2 + (21+83)^2 + (22+86)^2$

$\quad + \dfrac{540^2 + 500^2}{2 \times 5} = 65$

均方：$\dfrac{SS_7}{I(J-1)(K-1)} + \dfrac{65}{2(2-1)(5-1)} = 8.125$

将计算结果列表如下：

表 2.22 方差分析(混合设计的 2×2 因素设计)

变异来源	自由度 df	和方(平方和)SS	均方 MS	F
组间				
1. 不同心境之间(对高兴事件)	1	3610	3610	385.1*
2. 不同心境之间(对不快情节)	1	2250	2250	240*
3. 单元	16	150	9.375	
组内				
1. 不同情节之间(对高兴心境)	1	160	160	19.69*
2. 不同情节之间(对不快心境)	1	9000	9000	1107.69*
交互				
3. 交互作用(情节×心境)	1	5780	5780	711.38*
4. 交互作用(情节×被试)	8	65	8.125	

* $p<0.01$

让我们来看一看表 2.22 能告诉我们些什么。① 不同心境之间(对高兴情节)的回忆差异显著,说明被试高兴时对高兴情节的记忆远远超过被试不快时对高兴情节的回忆。② 不同心境间(对不快情节)的回忆差异显著,说明被试不快时对不快情节的记忆远远超过被试高兴时对不快情节的记忆。③ 不同情节之间(对高兴心境)：被试高兴时对高兴情节的记忆显著好于对不快情节的记忆。④ 不同情节之间(对不快心境)：被试不快时对不快情节的记忆显著好于对高兴情节的记忆。⑤ 交互作用(情节×心境)：被试的不快心境对记忆的影响依赖于要回忆的情节的性质,如果情节使人不快,记忆好；如果情节使人高兴,记忆差。即(不快的)心境这一自变量的效果在另一自变量(情节)的两种水平(使人高兴的或使人不快的)上是不一样的。换句话说,当存在交互作用时,某一自变量的影响不是绝对的。当被试高兴时的交互作用请读者自己分析；当情节是使人高兴的,那么也只是被试高兴时才记得好,而被试不快时,高兴的情节也记得不好。这就是说,(高兴的)情节这一自变量的效果在另一自变量(心境)的不同水平上是不一样的。当情节是使人不快时的交互作用请读者自己分析。

上述五点你可以从图 2-5 上看到。但方差分析的数据证实了你看的直观的结果。如果没有方差分析的数据作为依据,仅凭图 2-5,我们不能够得出上述五点结论。

(七) 被试样本的大小问题

在单个的实验中选用多少个被试合适？这个问题没有简单的答案,但可考虑以下几种因素来做决定。

(1) 某研究领域传统上使用多少被试。如感知觉的实验,一百多年来研究者在单个实验中只使用非常少的被试,甚至一到两名,而每个被试要求做大量的(如几千次)判断。动物实验通常也是一组约2~4只。社会心理学的研究通常要求几十名到几千名被试。

(2) 计划使用什么样的统计方法。如果是两个独立样本实验设计,并且计划使用 t 检验进行显著性检验。那么很明显,实验结果的差别愈大,愈容易通过 t 检验。因为 t 值与被试数目(n)成比例,n 愈大 t 就愈大(其他方面保持恒定)。所以,增加被试增大了通过 t 检验的概率。如果一个人仅仅关心 t 检验,在这种情况下,两个组之间的差别无论多小,只要不断增加被试总能通过 t 检验。这就意味着,除了统计显著性的标准外我们还需要其他的标准来判断实验结果的意义性。涉及统计的问题还有一点要注意,如果两组被试数相等比两组被试数不等要容易通过 t 检验,这是 t 检验的公式决定的。

(3) 如果预期在实验中变异会较大,那么,相应地需要多一些被试。还有,如果认为将要发现的差别有特别重要的意义,也需要多一些被试。这些都与研究者的研究经验有关。从研究经验的角度看,不同的实验需要数量不同的被试,而这就意味着,每个实验只是相关的系列实验中的一个部分,并不是孤立存在的。"如果一个人这样来考虑一项实验研究,那么在任何一项研究中该使用多少被试的问题就变得相对地不那么重要了。并且,对数据的信度而言,实验结果能加以重复比单个实验中获得的显著性水平是一项更令人满意的指标。"(Plutchik, 1983)

(4) 在脑成像(fMRI)研究中,Firstone(1999)认为,7个左右(不少于7个)被试的结果,宜用 Conjunction analyses 方法处理,而 12~30 个左右被试的结果,宜用 Random-effect analyses 方法处理。脑成像数据处理方法发展很快,研究者需要随时加以注意。

(八)使用一个被试的实验有意义吗?

对于这个问题,答案是肯定的。Ebbinghaus 1885 年前后以他自己为被试的记忆实验使他成了科学记忆研究的先驱。Watson 1920 年发表的关于条件性情绪反应(conditioned emotional response,教会儿童害怕)的著名研究只有一名幼儿被试。

有时候罕见的现象出现在一个人身上因而具有重要意义。如,极少的人生下来就没有疼痛感觉,一只眼色盲但另一只眼正常,情景记忆完全丧失,没有自我意识(autonoetic consciousness)但其他智力正常(Tulving, 2002)。对这样个案的详尽研究会给基本心理过程提供扎实可靠的资料。

1996 年 Klein 发表了题为《一个遗忘症病人的自我知识:走向人格与社会心理学的神经心理学》的实验研究报告。一名女大学生 W.J. 因摔倒导致脑部受伤,自述忘事。Klein 等人以两名正常女大学生作为控制组,与 W.J. 进行了对比研究。受伤期间让 W.J. 作大学时期自我人格判断,在记忆恢复后又进行第二次自我人格判断,两次测验的相关系数达到显著相关程度($r=0.74$, $p<0.05$),与控制组的两次测验的相关系数

几乎相等($r=0.78$，$p<0.05$)。在 W.J.受伤期间及记忆恢复后还对 W.J.及其控制组进行了情景记忆测验(见图 2-6)。

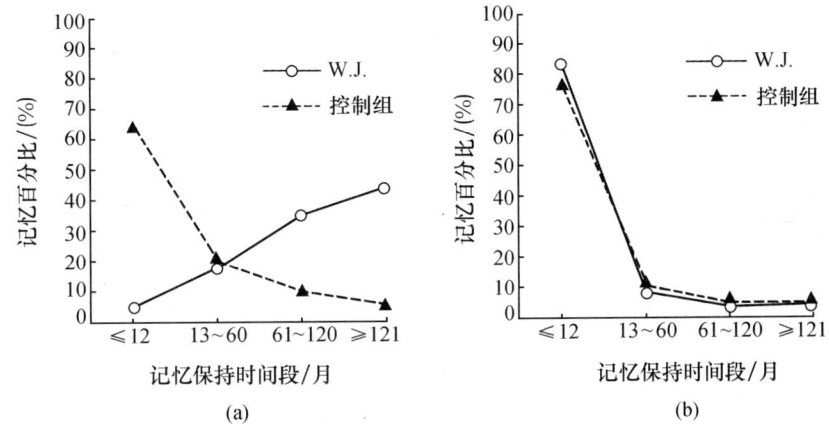

图 2-6　W.J.及控制组被试对四个时间段的情景记忆比较

(a)为 W.J.受伤期间的测验结果,而(b)为 W.J.恢复以后的测验结果。(引自 Klein et al.,1996)

从图 2-6a 可以看到,在 W.J.受伤期间她对近期(12 个月之内,即第一个时间段)发生的事情记得最少,约 5%左右。而对远期(10 年前,即第四个时间段)发生的事情记得较多,约 45%。与 W.J.相反,控制组的被试对近期发生的事情记得最多,约 65%。而对远期发生的事情记得最少,约 5%。在 W.J.记忆恢复后,从图 2-6b 可以看到她对各时间段事情的记忆百分比完全与控制组一致。上述结果表明,W.J.的情景记忆曾受到严重损伤。

比较上述结果与自我人格测验的结果使 Klein 得出结论:W.J.丧失了情景记忆并不影响她对自我人格作出判断;换句话说,一个人的情景记忆与一个自我的人格表征是分离的。这样,单个被试的实验研究得出了关于人类的普遍的结论。实际上这个普遍的结论,即一个人的情景记忆与一个人自我的人格表征是分离的,在后来的研究中得到了进一步的证实(Klein, et al, 2002)。

二、准实验设计

在现场进行的实验研究(如比较不同班级的学生或不同的学校)中,被试不可能随机地分配到实验条件中,我们把被试以非随机方式分配到实验处理上的设计,称为准实验设计(quasi-experimental design)。

讨论准实验通常涉及实验的内部(internal)和外部(external)效度的概念。一个"好"的实验就是在自变量与因变量之间证明有因果关系的联系,而且对实验结果的其他可能的解释均可排除，在这样的情况下这个实验被称为具有内部效度。如果一个实验的结果可以推广，概括到其他的被试和其他的场合，那么，我们说它具有外部效度。因此，评估外部效度主要根据随机样本成功选取的程度来进行的，这些样本包括被试、实验者、刺激和反应；评估内部效度主要是根据对实验结果的其他可能解释被排除的程度来进行的。

（一）准实验设计

准实验设计中实验组与控制组不是用随机的程序选出来的。因此，各个组的差别是不清楚的从而导致自变量的效果不能明确地决定。例如，学校的班级、公司的团队或医院的病人进行比较的时候，被试就不是随机选取的。准实验中，虽然被试样本、实验的其他条件的可比较性（comparability）不是很好，但还是有可能把它们安排恰当，以获得一定程度的因果关系的结论。这意味着准实验的"好"并不是全或无的，而是一种程度的问题，即竞争的假设被排除的程度问题。换句话说，准实验获得的因果关系的结论虽然不是十分明确，但却可能是合理的。下面介绍三种准实验设计的方法。

1. 不等组比较设计

不等组比较设计（nonequivalent comparison-group design 或 selection cohort design）对两个或更多自然形成的被试组进行研究。例如，在一个小学研究两个五年级班级，这些五年级学生并非以随机方法分成两个等组，所以任何一组都不是控制组，只是比较组或对照组。这种设计最简单的例子是，对一个组经过实验处理以后测量它的因变量，然后与一个对照组的因变量相比较（黄一宁，1998；董奇，2004）。Plutchik（1983）以评估美国学前儿童电视节目"芝麻街"（Sesame Street）为例，说明这类准实验是怎样进行的。"芝麻街"节目首次播出结束之后，对一组观看节目的学前儿童进行了一项阅读测验。作为对照，研究者使用这些学前儿童的哥哥姐姐几年前进行同一测验的现成数据，他们在同一幼儿园但没有看过"芝麻街"节目（因为在他们小时候还没有这个节目）。这些哥哥姐姐做阅读测验的时候，他们的年龄与看过节目的学前儿童一般大。这个实验之所以被称为准实验，是因为年龄大一点的哥哥姐姐与年龄小一点的弟弟妹妹不是等组。例如，年龄大一点的哥哥姐姐更可能是长子或长女（first-born child），而出生顺序的差别可能造成两组测验的差别。为要检验这种设想，可以将二胎出生的儿童与他们的三胎出生的弟弟妹妹的测验成绩分开，将三胎出生的儿童与四胎出生的弟弟妹妹的测验成绩分开，等等。这个准实验中，另一个可能的混淆是，年龄大一些的儿童的经历与年龄小一些的儿童的经历不同，而且还没有什么办法来评估这种差别造成的影响。为了排除这种混淆，可以把儿童分成多看节目的与少看节目的，分别与年龄大一些儿童随机分成的两组（设为A，B）作比较。由于多看节目小组与少看节目小组经历同一年代，多看节目小组与A组的差别同少看节目小组与B组的差别之间的任何不同，就有理由归结为是"芝麻街"教育电视节目的效果（参见图2-7）。这个例子表明，通过各种内部分析(internal analysis)可以减少准实验中可能的解释的数目,以强化实验结果的内部效度。

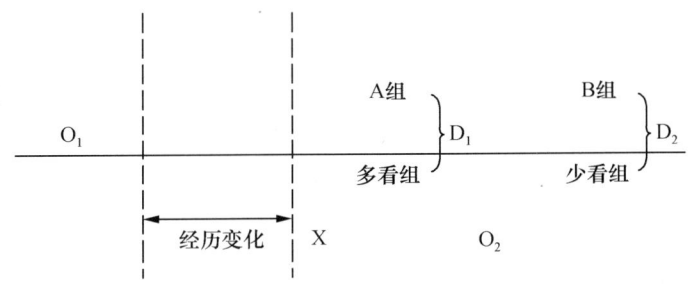

图 2-7 "芝麻街"节目的不等组比较设计

O_1 代表多年前已有的结果,用作对照,即事前测定。X 代表"芝麻街"节目,O_2 代表看过"芝麻街"之后的结果,即事后测定。将 O_1 的结果随机分成两组,即 A 组与 B 组;将 O_2 分成多看组与少看组。如果差别 $D_1=D_2$,表明 X 的实验处理不影响 O_2,事后测定成绩好是经历造成的;如果 $D_1>D_2$,表明 X 的实验处理影响了 O_2,事后测定成绩好是 X 造成的。

2. 间歇时间序列设计

间歇时间序列设计(interrupted time-series design)是在实施实验处理前后的一段时间里对某种效应进行多次重复测验。如果我们以 O_1,O_2,O_3 等代表在不同时间上的测量,而 X 代表实验处理,那么,一系列测量的不同结果可以由图 2-8 表示。从图上看出来,虽然每条线上从 O_4 到 O_5 的发展大致相同,但很明显的是,在 A,B,C 系列中 X 的效应最大,而在 D,E,F 系列中 X 的效应最小或不起作用。上述判断主要是基于 X 引入后变化的不连贯性做出的。如果说图 2-8 表示的是一种简单间歇时间序列设计,即从一个系列测量在施加实验处理前后的变化来探讨是否存在实验效果,经常使用于不能设置控制组的研究情形。例如,推行社会改革,所有的政府单位都要推行改革措施。由于这种设计缺乏一个适当的控制组,所以无法剔除无关因素的干扰作用。为了克服这一弱点,可采用复合间歇时间系列设计(这种设计基本上是简单间歇时间序列设计的延伸),即在研究设计中增加一个没有接受实验处理的比较组,来替代控制组的部分功能,以提高间歇时间序列设计的功能(黄一宁,1998)。

这种设计的模式如下:

O_1	O_2	O_3	O_4	O_5	X	O_6	O_7	O_8	O_9	O_{10}
O_1	O_2	O_3	O_4	O_5		O_6	O_7	O_8	O_9	O_{10}

时堪(1990)曾在北京手表厂进行过技工岗位培训的准实验研究,他用复合间歇时间系列设计考察心理模拟教学方法与常规培训方法是否在培训效果上存在差异。学员分两班接受岗位培训,在不影响生产线正常生产的情况下进行轮换培训。图 2-9 是实验结果图。从图 2-9 可以看到,培训前两班学员每日生产的合格产品数基本相当,培训

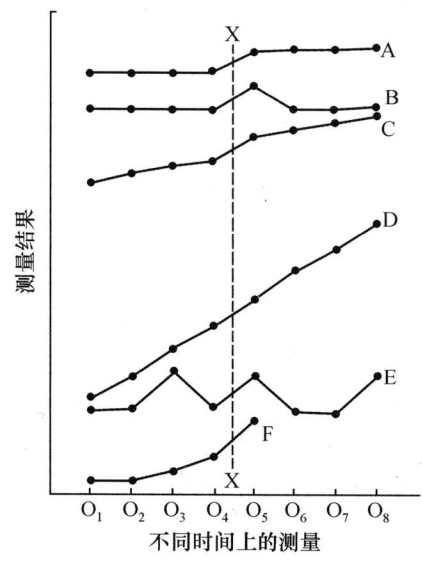

图 2-8 间歇时间序列设计图示(Plutchik,1983)

后(施加实验处理)两班学员的合格产品数都有增长,但实验班(心理模拟教学方法)的增长明显高于控制班(常规方法)。研究者不满足于此,而是接着让控制班也接受心理模拟教学方法培训,结果表明,培训后控制班在合格产品数方面也达到了实验班的水平。这说明,对实验班所采用的培训方法同样适用于控制班。这种结果还说明,高于常规方法的增长效果确实是实验处理带来的。

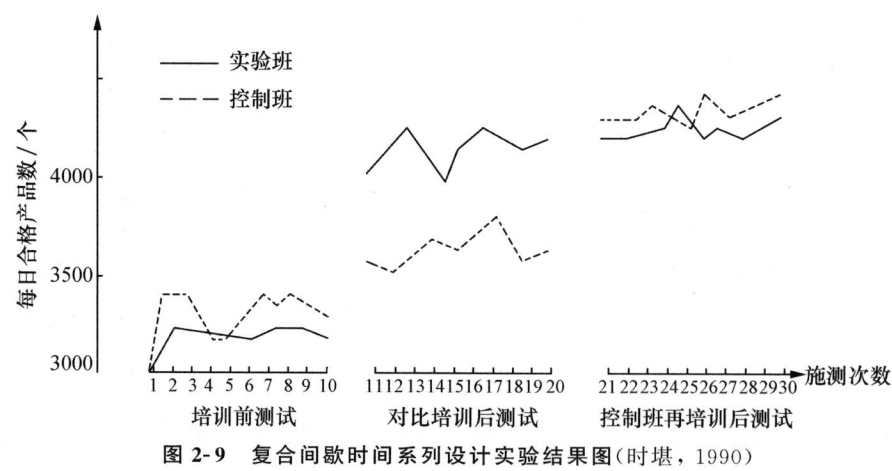

图 2-9 复合间歇时间系列设计实验结果图(时堪,1990)

3. 交叉滞后组相关设计

交叉滞后组相关设计(cross-lagged panel corelational design)要求在时间 1 对两个

变量的关系做出测定和相关分析,再在时间 2 做相似测定和分析,求得同步相关 r_{A1B1} 和 r_{A2B2}(见图 2-10),r_{A1A2} 和 r_{B1B2} 为稳定性相关,它们实际上是重测信度。

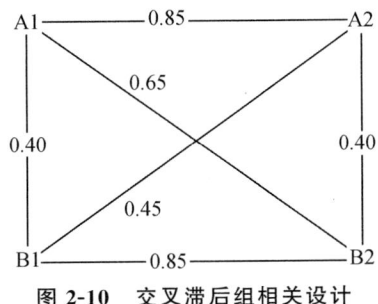

图 2-10 交叉滞后组相关设计

在同步相关稳定的情况下,如果 $r_{A1B2} > r_{B1A2}$,可以认为,与 B 引起 A 相比较 A 是 B 的更强的原因;反之,B 是 A 的更强的原因(王重鸣,1990)。

Eron 和他的研究小组应用交叉滞后组相关设计开展观看暴力电视节目是否导致犯罪行为的追踪研究是很著名的(Eron, et al., 1972)。美国社会持续增长的暴力犯罪使研究者猜想,充满暴力镜头的电视节目对青少年影响巨大,是导致犯罪行为的可能原因,因而提出如下假设:观看电视暴力节目造成犯罪。他们的一个典型结果如图 2-11 所示。

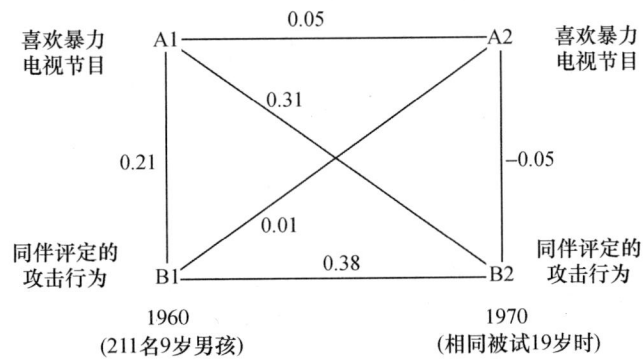

图 2-11 观看暴力电视与犯罪行为的追踪研究(Eron et al., 1972)

Eron 等人对 211 名三年级的男孩测量了其攻击行为,实施过程是让同班同学填写同伴-提名的攻击问卷(Peer-nominated aggression),问卷项目包括:谁不听老师的话?谁常常推撞别的同学?谁常编造故事或谎言?谁没事常找茬?等等。每个被试的得分是根据其他同学的某项目上的提名次数决定的。10 年之后,同样的被试再次回答同伴-提名的攻击问卷。研究者在控制了各种因素之后发现,喜欢看暴力电视节目的 9 岁男孩与其 19 岁时的攻击行为有密切的联系。他们控制的因素包括,测定了被试 9 岁时同伴评定的攻击行为,这样电视暴力对攻击行为变化所起的作用就有了一个起点,因而也就确立了这种作用的时间顺序。其他控制因素包括被试 9 岁时父亲的职业、父亲的攻击性、儿童的 IQ、母亲的攻击性、双亲对小孩的处罚、双亲的运动性取向、被试看电视的小时数以及被试 19 岁时父亲的职业、被试的志向、看电视的小时数,等等。

喜欢看电视暴力的 9 岁男孩与其 19 岁时的攻击行为密切相关,这一结论是怎样得出的呢?从图 2-11 看,实测结果不像假设预期的那么清楚。A1 与 B1 的相关 10 年前后由正的 0.21 变为负的 0.05;重测 A1 与 A2 为 0.05,B1 与 B2 为 0.38,都不算高,虽然 A1 与 B2 的相关 0.31 达到了显著水平,但 B1 与 A2 的相关很小(0.01),表示二者几乎无关。这样,B 导致 A 的可能性不能与 A 导致 B 的可能性竞争,因此削弱了它的可靠性。虽然目前的结果不能直接证明假设——观看暴力电视造成犯罪,但可以通过拒绝站不住脚的假设,即排除一些假设来限制可能的相互竞争的假设,这也是准实验的研究中常常遇到的情形。用路径分析(path analysis)在排除了四类可能的解释之后,作者认为,A1 导致 B1 与 B2 的可能性最大。A1 与 A2 相关低(0.05)可解释为,当被试 10 年后成长为青年时,他们更多地转向攻击行为(偷盗和斗殴)而不是仅仅从暴力电视节目寻找"刺激",这也能解释 A2 与 B2 相关低(−0.05)。

在 Eron 和他的研究小组 1960 年开创电视暴力与犯罪行为的关系研究四十多年以后,Savage(2004)从方法论的角度对观看暴力传媒(violent media)是否造成暴力犯罪的众多研究进行了全面而详尽的评估。其中 Savage(2004)对 Eron 等人一系列的研究的正面评述包括:① 在长期追踪研究的开始(被试 9 岁时)测定其攻击行为,即控制了攻击行为的初始水平(与 10 年后相比),这在众多的研究中是一个里程碑式的贡献。② 控制了许多其他因素。③ Eron 等人的发现是迄今此领域最重要的发现之一,提供了令人信服的证据来表明,观看电视暴力造成了暴力犯罪。Savage(2004)也指出 Eron 等人研究的不足包括:① 对电视暴力的最初测量仅局限于喜欢暴力节目,而不是测量看了多少暴力节目。② 对攻击行为的测量主要是一些令人生厌的行为而没有涉及严重的暴力,这就有可能漏掉一些儿童在家里欺侮弟弟妹妹但在攻击行为上得分低,而另一些儿童仅嘴巴厉害就得分高。因此推广到后来的暴力犯罪上就显得说服力不强。

(二)效度问题

Anderson(2001)对效度问题有系统而独到的看法,包括过程效度(process validity)与结果效度(outcome validity)的区分,以及这两种效度的内部水平(internal level)和外部水平(external level)的相互关系。图 2-12 是他关于效度的图解。

结果和过程的区分反映了研究者关注的焦点不同:是关注所观察到的实验结果本身还是关注实验结果背后的基本过程。可以认为,准实验一般是关心实验结果,而真实验(实验室实验)是关注基本心理过程。内部和外部的区分指概括性(generality)水平:是在某一特定的研究设置条件内(particular research setting)还是在超出特定设置条件的外部场合。还要注意,结果与过程、内部与外部都是用虚线连接,表明它们之间是一个连续体,不是非此即彼的关系。

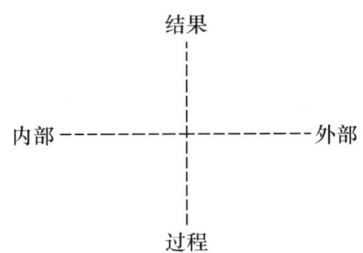

图 2-12　效度图解：两种连续效度的区别（Anderson，2001）

1. 过程效度与结果效度

在研究问题与研究方法这两方面，过程效度与结果效度是不同的。

结果效度是应用研究的目标，关注的是行为变化本身。例如，在预防交通事故的研究中，事故频率是关注的焦点。在学前教育的研究中，词汇量与社交技巧是关注的焦点；应用领域的研究者想要把在某一特定情景下获得的结果推广到更一般的场合。

过程效度是基础研究的目标，关注的是表面结果背后的基本心理过程，通常是研究极为基本的心理过程以便概括为普遍规律。例如，基于空间的注意或基于物体的注意的实验范式，分别对"空间"或"物体"做了严格的、清晰的规定。

结果效度与过程效度各有两个水平：内部水平与外部水平。内部水平指研究在某具体情景设置下的有效性，外部水平指超出该具体设置的概括化。内部效度是外部效度的必要条件（prerequisite）。

内部结果效度（internal outcome validity）的评估始于统计显著性检验，达到统计显著性水平意味着特定设置下的研究结果是有效的，而不是随机产生的；但外部结果效度（external outcome validity）的评估要求超越统计的推论，例如，当把动物实验的结果推广到人类时，这一点是不言而喻的。

内部过程效度（internal process validity）与外部过程效度（external process validity）的评估都依赖超越统计的推论，这是因为过程效度本质上不是数据、事实本身，而在概念。安德伍德和肖内西（1981）在评论因变量的可靠性时的一段话可供我们思考："更困难的情况是在概念上围绕这样一个事例，即两种反应测量值都有高度可靠性（因此也有敏感性），但是彼此之间没有相关。这种情况在根本上强迫得出这样的结论：两种反应测量标示两个相对独立的过程。如果自变量不是以同样方式影响两种反应测量，这个结论就特别肯定。在这点上我们只能作理论性的思考，因为资料不能提供给我们更多的东西了。"

Anderson（2001）强调，超越统计的推论是科学的脊柱，这既适用于实验室研究也适用于现场研究。但科学生活中的这一基本事实常常为关于统计的说教所掩盖，因而人们错误地认为，通过统计显著性检验的内部结果效度除了保证外部结果效度之外，也多少保证了内部过程效度。事实上主要的效度问题要求超越统计的推论。把统计的与超越统计的推论结合起来评估效度才是更有效的。

2. 过程效度与结果效度的不一致

科学研究中选择什么问题以及采用什么样的方法进行研究决定了研究的水平,这一点既适用于以追求过程效度为目标的基础研究,也适用于以追求结果效度为目标的应用研究。但是,过程效度与结果效度这两个目标是不一致的,不可能两者兼得,在外部效度水平上过程效度与结果效度的不一致表现得很清楚。实验设计和实验程序有利于结果效度,通常会削弱过程效度,反之亦然。企图同时实现两个目标,则可能一个目标也实现不了。

为了追求结果效度,特定的情景设置愈接近真实生活、愈能代表真实生活,这样,得到研究结果才容易推广,外部结果效度才会好。例如,教育心理学中教学方法的比较离开了真实的课堂教学就没有意义,但真实的课堂教学是很复杂的,决定学生学习成绩的因素很多,有些是不可测量的,有些甚至还不知道。

另外,追求过程效度要求相反的策略,即使研究情景尽量简化、明确,以便排除其他心理过程造成的混淆。获得的具体研究结果的推广不是过程效度取向所关心的,过程效度取向研究关心的是具体研究结果背后的基本心理过程。例如,巴甫洛夫关于唾液分泌的研究,兴趣不在狗或人的唾液分泌本身,研究结果也没有推广价值;他关心的是唾液分泌背后的头脑中神经过程的联系规律——条件反射规律。总之,像唾液分泌、小白鼠按压杠杆这些心理学中很出名的实验任务离开真实生活很远,但它们有利于研究基本心理过程。

这样,结果效度与过程效度不同的取向自然对实验设计、反应测量和数据分析有不同的强制的要求。要达到任何一种效度都很困难。那么,要同时追求两种效度必然会在研究问题和研究方法上折中,到头来在两种效度目标上折中。因此,Anderson(2001)强调,区分结果效度与过程效度是为了避免同时追求两者,避免在实验设计与实验程序上做出耗费心思但徒劳无益的折中。

问 题

1. 写出一项实验室研究的实验设计。
2. 写出一项现场研究的准实验设计。
3. 举例说明交互作用的概念。
4. 举例说明什么是过程效度?什么是结果效度?内部效度与外部效度的关系?
5. 用 2×2 因素设计(组间设计)设计一个实验,并写出该实验的实验程序(流程)。
6. 利用表 2.15 的数据,写出方差分析的项目与公式并进行计算。
7. 参考表 2.2 与表 2.3,讨论 Craik(1994)实验的优点。

参 考 文 献

安德伍德，肖内西著. 方俐洛，虞积生译.(1981). 心理学实验方法. 北京：科学出版社.

陈功香.(2004). 内外部线索在学习判断中的作用. 中国科学院心理研究所：博士研究生学位论文.

董奇.(2004). 心理与教育研究方法. 北京：北京师范大学出版社.

黄一宁.(1998). 实验心理学：原理，设计与数据处理. 西安：陕西人民教育出版社.

时勘.(1990). 现代技工培训的心理模拟教学研究. 北京：中国科学院心理研究所.

王重鸣.(1990). 心理学研究方法. 北京：人民教育出版社.

Anderson, N. H. (2001). Empirical direction in design and analysis. Empirical Direction in Design and Analysis. NJ, Mahwah: Lawrence Erlbaum Associates.

Challis, B. H., & Brodbeck, D. R. (1992). Level of processing affects priming in word fragment completion. Journal of Experimental Psychology Learning Memory & Cognition, 18(3), 595~607.

Craik, F. I. (1990). Changes in memory with normal aging: a functional view. Advances in Neurology, 51, 201~205.

Craik, F. I. M. (1994). Memory changes in normal aging. Current Directions in Psychological Science, 3(3), 155~158.

Eron, L. D., & Huesmann, L. R. (1972). Does television violence cause aggression? American Psychologist, 27(4), 253~263.

Friston, K. J., Holmes, A. P., & Worsley, K. J. (1999). How many subjects constitute a study? Neuroimage, 10(1), 1~5.

Klein, S. B., Loftus, J., & Kihlstrom, J. F. (1996). Self-knowledge of an amnesic patient: toward a neuropsychology of personality and social psychology. Journal of Experimental Psychology General, 125(3), 250~260.

Klein, S. B., Rozendal, K., & Cosmides, L. (2002). A social-cognitive neuroscience analysis of the self. Nature, 20(2), 105~135.

Plutchik, R. (1983). Foundations of Experimental Research. New York: Harper & Row.

Savage, J. (2004). Does viewing violent media really cause criminal violence? A methodological review. Aggression & Violent Behavior, 10(1), 99~128.

Tulving, E. (2004). Episodic memory: from mind to brain. Annual Review of Psychology, 53, 1~25.

3

心理物理学方法

心理物理学的先驱者是 G. T. Fechner(1801—1887)。作为一位哲学家,他始终关心心理与物理的关系问题,千方百计地企图在物理刺激与感觉之间发现某种定量的关系。据说,有一天他忽然发现,在日常生活中可以观察到这样一种数量关系,即感觉强度的增长同刺激的增长并不是 1∶1 的关系——也许可以说感觉强度按算术级数增长,而与此形成对照的刺激的增长则是以几何级数为特征。如果一只铃在响,增加第二只铃响对我们造成的印象要比 10 只已经在响的铃加添一只铃强烈得多;假如 4~5 根蜡烛正在发光,加添另一根只能造成微乎其微的差别,而如果原来只有 2 根蜡烛,它所造成的影响就相当大。刺激的作用不是绝对的,而是相对的;即同已经存在的感觉量相关。

Fechner 通过对感觉强度与刺激强度之间的数量关系的长期研究,发展出了测量感觉的基本方法。1860 年,他出版了《心理物理学纲要》一书,为心理物理学研究方法的发展奠定了基础。他给心理物理学下的定义是:一门研究心身之间或心物之间的函数关系的精密科学。它的范围包括感觉、知觉、感情、行为、注意等。

一百多年来,心理物理学方法不断发展,但它的中心问题仍然是物理量(对身体各感官的刺激)与心理量(各种感觉或主观印象)之间的数量关系问题。

本章讨论两个问题:感觉阈限的测量以及阈限以上感觉的测量。

一、感觉阈限的测量

在讨论感觉阈限的测量之前,我们首先应当区分感觉及其刺激。我们先举几个例子。第一,设想在北京 9 月中你跳进郊外小河游泳,入水一刹那你会感觉很凉,但过了一会儿,你就觉得不那么凉了。河水的物理温度刺激(例如 19℃)是一回事,你的主观感觉(温度感觉)又是另一回事。第二,如果有人问你,1kg 棉花重还是 1kg 铅重? 你也许会脱口说"铅重"。实际上它们的重量是一样的。但如果"重"是指重量感觉,那么,的确 1kg 铅会感觉比 1kg 棉花重些,这就是所谓形重错觉。有人曾在课堂上演示过,大学生通常把 720g 的枕头判断为与 30~225g 之间某种重量铅同样重。重量感觉与物体的重量是不一样的。第三,白天你去看电影稍迟了一会,电影厅灯光已关掉,刚进电影厅你会觉得什么都看不清,但1~2min后,你会看到座椅上的号码。在这里,电影厅残留的灯光(如出口的灯光等)亮度是一回事,你主观感觉到的明度又是一回事。

因此,我们必须把物理刺激及其引起的感觉区分开。物理刺激可以用仪器测量,如光线的亮度(luminance)用光度计(photometer)测;声音的强度或声压水平(sound pressure level)用声级计(sound level meters)测;物体的重量(weight)用秤(scale pans)测;物体的温度(temperature)用温度计(thermometer)测等。那么,对由上述物理刺激而分别引起的主观感觉即明度(brightness)、响度(loudness)、重量感觉(heaviness)以及温度觉(warmth)又该怎样测量呢?这可以说是整个心理物理学探讨的问题,这一节我们就来讨论感觉阈限的测量。

刚刚能引起感觉的最小刺激强度被叫作绝对阈限(absolute threshold),按照这种说法,低于绝对阈限的刺激强度我们是感觉不到的,而高于绝对阈限的刺激强度我们总是能感觉到的(见图3-1)。

图3-1表示,单位为4的某种刺激或4以上的刺激我们能100%地觉察。而低于4的刺激我们则永远也不能觉察。表3.1列出了某些近似的觉察阈限值。但是,这些觉察阈限值是否真的具有图3-1所示的性质呢?安静条件下,20ft*处的表声总是100%地能听到吗?不一定。实际情况是,由于测试环境的微小变化以及被试注意状态、情绪动机等的微小变化,20ft以外的表声有时仍能听到,而20ft以内的表声,有时却听不到,正好20ft处的表声有时能听到,有时不能听到。换句话说,绝对阈限并不是如图3-1所假设的那样,是一种100%地引起感觉,而低于它,则0%地引起感觉的刺激强度。实际上,从听到到听不到的感觉变化,对应于一系列强度由小到大的声音刺激,对强度小的声音刺激,我们听到的概率小些,对强度大的声音刺激,我们听到的概率大些,换句话来说,即绝对阈限不是一个单一强度的刺激,而是一系列强度不同的刺激。因此,人们就把绝对阈限定义为:有50%的次数能引起感觉;50%的次数不能引起感觉的那一种刺激强度。这种定义的图示见图3-2。

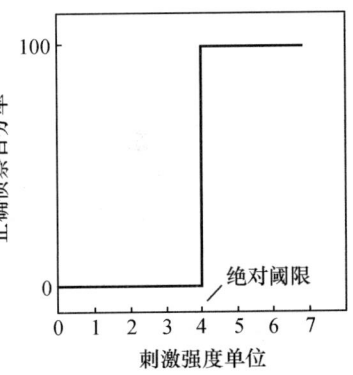

图3-1 绝对阈限示意图

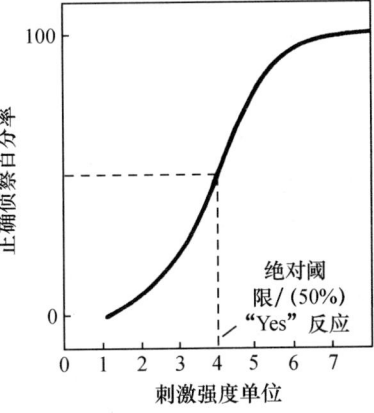

图3-2 实测绝对阈限示意图

---

* 1ft(英尺)=30.48cm,全书同。

表 3.1　某些近似的觉察阈限值*

感觉种类	觉察阈限值
视　觉	清晰无雾的夜晚 30 mile* 处看到的一支烛光
听　觉	安静条件下 20 ft 处表的嘀嗒声
味　觉	一茶匙糖溶于 8L 水中
嗅　觉	一滴香水扩散到三室一套的整个空间
触　觉	一只蜜蜂的翅膀从 1cm 高处落到你的背部

* 引自 Schiffman(1996)，这些阈限值仅作示意用。

从图 3-2 我们可以看到，同一个刺激有时能被感觉到，有时则不能被感觉到。例如，5 个单位的刺激被感觉到的概率为 75%，不被感觉到的概率为 25%。对同一刺激有不同反应这一事实意味着阈限值是时时变动的。同样的道理，差别阈限是有 50% 的次数能觉察出差别，50% 的次数不能觉察出差别的刺激强度的差别。例如，50g 重量放在手掌上我们得到某种重量感觉，当 50g 重量增加 1g 时，我们如果有 50% 的次数感觉到 51g 刚好比 50g 重些，50% 的次数感觉两者重量相同，那么 1g 就是差别阈限。差别阈限值也称最小可觉差(just noticeable difference，JND)。换句话来说，即 1g 重量是我们所能感觉到的最小的重量刺激增量。但是要注意，如果我们从 100g 重量开始，最小的刺激量增量就必须是 2g，我们才会觉得 100g 重量与 102g 重量引起的两个重量感觉是不同的。所以，最小可觉差依赖原来不同的重量刺激值而不同，但它总是原先重量或称标准重量的 2%。这个比例关系是由 E. H. Weber(1795～1878)指出的，因此它被叫作 Weber 定律。Weber 定律可以表示如下：$\Delta I/I = K$，其中 I 是原先的强度(或称标准强度)，ΔI 是刚能够引起"较强"感觉的刺激强度增量，K 为常数，不同感觉道的 K 值是不同的，请参见表 3.2。表 3.2 感觉道一栏下面的数字代表测定时所用的标准强度。

表 3.2　最优条件下各种感觉道的 Weber 比例

感觉道*	Weber 比例
音高/2000Hz	1/333
重压觉/400g	1/77
视明度/100 光子	1/62
举重/300g	1/52
响度/100dB，1000Hz	1/11
橡胶气味/200 嗅单位	1/10
皮肤压觉/(5g·mm^{-2})	1/7
咸味道/(3mol·L^{-1})	1/5

* 为便于实验，单位均以心理物理实验的常用方式表示。

---

* 1 mile(英里) = 1852 m，全书同。

（一）测量感觉阈限的方法

测量感觉阈限的方法有 3 种，它们是最小变化法、恒定刺激法和平均差误法。学习者应特别注意这 3 种方法的实验程序和实验结果的统计处理。

1. 最小变化法

表 3.3 的记录表格说明了最小变化法的实验程序和实验结果的计算方法。

表 3.3 用最小变化法测音高的感觉阈限

刺激/Hz	交替的递减和递增系列									
	（一）↓	（二）↑	（三）↓	（四）↑	（五）↓	（六）↑	（七）↓	（八）↑	（九）↓	（十）↑
24	+									
23	+									
22	+		+							
21	+		+							
20	+		+						+	
19	+		+				+		+	
18	+		+		+		+		+	
17	+		+		+		+		+	
16	+	?	+		+		+		+	
15	+		+	+	+	+	+	+	+	+
14	−	−	−	−	?	−	−	+	?	−
13	−	−	−	−		−			−	
12						−			−	
11									−	
10									−	
9										
8						−				
7										
阈限	14.5	15.5	14.5	14.5	14.5	14.5	14.5	13.5	14.5	14.5

总平均数＝14.5；总平均数的标准差＝0.45。

最小变化法的刺激由递减和递增两个系列组成，每次刺激后让被试报告他是否有感觉。刺激的增减应尽可能地小，目的是系统地探求被试由一类反应到另一类反应的转折点，即在多强刺激时，由有感觉变为无感觉，或由无感觉变为有感觉。例如，在第（一）个递减系列中，被试对 24 Hz 的声音到 15 Hz 的声音都报告有感觉，但是当刺激变为 14 Hz 时，被试报告无感觉。因此，在这个系列中被试有感觉和无感觉的转折点就是在 15 Hz 与 14 Hz 之间，即 14.5 Hz，这也就是第一个系列所求得的这个被试的绝对听觉阈限。表 3.3 实验由第（一）个递减系列开始，按顺序做完 10 个系列。注意，递减、递增系列是交替进行的；每个系列的起始点也不一样，以免被试形成定势；当被试报告有感觉,用"+"表示;报告无感觉用"—"表示;被试不能肯定有无感觉时用"?"表示,"?"的意义与其前一个反应相反,如在第(二)系列中,"?"表示有感觉。在第(五)与第(九)系列中,"?"表示无感觉(武德沃斯等,1965)。

如前所述,每个系列的转折点就是该系列的绝对阈限,最后求得的绝对阈限 14.5Hz 是 10 个系列绝对阈限的算数平均值。初学者也许会感到奇怪,世界上没有 14.5Hz 这样一个声音刺激呀。对此我们应该记住,阈限值是多次试验后的统计值。下面我们根据结果再来谈一下阈限的定义:在 50% 的试验中引起感觉的刺激。如果我们把 10 个系列的转折点连成一条线,我们就会看到,连线以上的 15Hz 有 8 次报告有感觉,显然 15Hz 不是绝对阈限,因为它引起感觉的次数超过 50%;连线以下的 14Hz 有 8 次报告无感觉,显然 14Hz 也不是绝对阈限,因为它引起感觉的次数达不到 50%。根据计算,我们推测 14.5Hz 是 50% 的试验中引起感觉的刺激。

用最小变化法来测量差别阈限的方法如下。每一次试验中比较两个刺激:一个是标准刺激;一个是比较刺激。被试可以有 3 类反应,表示为"+""=""—"。表 3.4 是用最小变化法测量视觉的长度差别阈限的结果。第(一)个递增系列我们从 57in* 开始,让被试比较 57in 与 64in(标准刺激),被试判断 57in 短,于是记为"—",逐个比较到 60in。当 61in 与 64in 比较时,被试判断两者相等即无法区分哪一个更长些,于是记为"="。这时我们就有了一个从"—"到"="的转折点,这个转折点被称为下限,继续逐个比较到 66in。当 67in 与 64in 比较时,被试报告 67in 长于 64in,于是记为"+"。这时我们就又有了一个从"="到"+"的转折点,这个转折点被称为上限。上限与下限之间叫作不肯定间距(IU)或相等地带,因为被试不能判断哪一个更长。差别阈限(DL)等于 1/2 的不肯定间距。不肯定间距的中点被称为主观相等点(PSE),它的含义是,被试在做比较时,实际上是以 62.75in 为标准刺激,而不是以规定的 64in 为标准刺激,所以叫作主观相等点。主观相等点的例子在射击活动中更为具体形象。我们规定靶心是射击目标,靶心就相当于标准刺激,如果打了 5 枪,5 枪都偏离靶心左边,那么我们可以说,对这个射手来说,标准刺激实际上不是靶心,而是离它左边某一点,这一点也就是这个射手的主观相等点,这个射手认为左边某一点就是实际的靶心。

差别阈限也是多次试验后的统计值。把 6 个系列的上限平均,下限平均,就可以求得差别阈限(见表 3.4)。

这样求得的差别阈限(2.25in)叫绝对差别阈限,它是以 64in 为标准刺激时测得的,如果标准刺激变了,那么相对应的绝对差别阈限也会改变。绝对差别阈限和标准刺激的比例叫作相对差别阈限,在表 3.4 的例子中,它等于 0.035(2.25/64),这也就是视觉长度的 Weber 比例(见表 3.4)。

---

* 1in(英寸)=2.54cm,全书同。

表 3.4 用最小变化法测定视觉长度的差别阈限

比较刺激/in	交替的递减和递增系列					
	(一)↑	(二)↓	(三)↑	(四)↓	(五)↑	(六)↓
74						
73						
72						
71		+				
70		+				+
69		+		+		+
68		+		+		+
67	+	+		+		+
66	=	+		+	+	+
65	=	+	+	+	=	=
64	=	=	=	+	=	=
63	=	=	=	=	=	=
62	=	=	=	=	=	=
61	=	=	=	=	=	=
60	=	=		=	=	=
59	−	−			−	
58	−				−	
57	−				−	
56					−	
55					−	
54					−	
上限	66.5	64.5	64.5	63.5	65.5	65.5
下限	60.5	59.5	62.5	60.5	60.5	59.5

(1) 平均上限＝65.0　　(2) 平均下限＝60.5

(3) 不肯定间距＝平均上限−平均下限＝65.0−60.5＝4.5

(4) 差别阈限＝1/2 不肯定间距＝2.25

(5) 主观相等点＝1/2(平均上限＋平均下限)＝62.75

(6) 64 为标准刺激

当用最小变化法来进行实验时，被试会产生习惯误差或期望误差。所谓习惯误差就是指被试因习惯于由原先的刺激所引起的感觉或感觉状态，而对新的刺激做了错误的判断。让我们结合图 3-3 来对此做一说明。在递增系列中，刺激由小变大，如果被试有习惯误差，他就会习惯于无感觉状态，所以当刺激增至 a 点时，他虽然已有感觉但仍

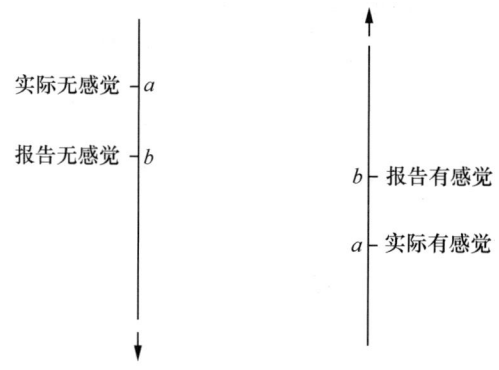

图 3-3　递增、递减系列中的习惯误差

认为无感觉,直至刺激增大至 b 点才报告有感觉,这样,习惯误差就导致递增系列的阈限增大;在递减系列中,刺激由大变小,如果被试有习惯误差,他就会习惯于有感觉状态,所以当刺激减至 a 点时,他虽然已无感觉但却仍认为有感觉,直到刺激减小到 b 点才报告无感觉,这样,习惯误差就导致递减系列的阈限变小。因此,当递增系列的阈限大于递减系列的阈限且差异显著时,我们就可以断定被试存在习惯误差。期望误差是指被试因过早期望将要来临的刺激而导致错误的判断。当递减系列的阈限大于递增系列的阈限且差异显著时,被试就有期望误差。为了消除习惯和期望误差,我们在用最小变化法来测阈限时,就不能只用一种系列的刺激,而必须同时应用递增和递减系列的刺激,而且二者的次数还应相等。

最小变化法是把有感觉与无感觉的转折点作为阈限,因此,它曾被认为很好地表达了感觉阈限的概念:在阈限以下人们一无所知。但是,阈下知觉(subliminal perception)的存在表明这种看法是不正确的,因而,最小变化法已被淘汰,现在人们使用 QUEST 法来进行感觉测量。

QUEST 法是一种基于贝叶斯原理的阈限测量程序,由 Watson 和 Pelli 在 1983 年首次提出。与传统的阈限测量方式不同,QUEST 法是一种"自适应"(adaptive)的阈限测量程序,它根据先前试验(trial)的刺激强度和被试判断的正确/错误情况来确定当前试验的刺激强度,因此具有较高的效率。

QUEST 法的原理是基于这样的发现,即在对数坐标下,心理测量函数在所有条件下都具有相同的形状,这使得我们将每一次试验的刺激量(基于贝叶斯原理)放在当前最可能的阈限估计值上成为可能。此外,QUEST 还假设:条件的变化只影响曲线在坐标轴上的位置,这个位置即为阈限(T,也用对数坐标表示),这个 T 作为心理测量函数的参数在整个试验过程中保持不变,每一次试验在统计上是独立的。QUEST 法的核心是确立及不断调整阈限的概率密度函数(probability density function,简称 p.d.f.),即总体分布中不同阈限的相对概率。

首先，我们需要依据先前的知识经验和研究假设确定一个初始的 p.d.f.，我们称其为先验 p.d.f.，一般来讲，这个函数应该符合 Weibull 函数分布[①]，其参数包括形状、尺度、位置等，它既包括分布形态的信息，也包括特定条件下阈限的信息，如函数分布的平均数，这个平均数可以理解为一个我们假想的阈限。然后，我们需要设置一系列试验的刺激强度，这一系列刺激强度是通过贝叶斯原理和先验 p.d.f. 信息的整合来确定的，确定后的新函数我们称为后验 p.d.f.。后验 p.d.f. 中包括关于阈限的全部信息：研究假设、先验估计值和数据（刺激强度和与其相对应的被试的反应），它既是估计阈限的基础，也是设置下一次试验刺激的基础。在此，QUEST 通常的做法是将下一次推荐刺激强度放在上一次 p.d.f. 峰值（即众数）的位置上，换句话说，当前的刺激强度，总是截止到目前阈限的估计值。实验按这样的顺序继续下去，直至达到一个先定的标准或先定的试验次数为止。当这个实验达到先定的标准或试验次数时，p.d.f. 的峰值所对应的测量值（众数，一说平均数）就是所求的阈限。

图 3-4(1) 描述了用 QUEST 法求得阈限的过程。我们截取了第 5 次、第 15 次、第 25 次和第 32 次（最后一次）试验后的图示进行说明：

第 5 次试验之后，Weibull 函数（即后验 p.d.f.）形成完整的形态，此时，我们可以从中读到当前的阈限值、偏斜度、误差项等信息。此时的阈限值为 0.41，这将是下一次试验的推荐刺激强度。15 次试验之后，Weibull 函数的分布有了很大的变化，阈限值也调整为 −1.98，同时形成基于被试正确反应的次数分布。25 次试验之后，Weibull 函数又有变化，阈值调整为 −0.23，基于被试正确反应的次数分布接近正态。32 次试验之后，实验完成，此时确立的最终阈限为 0.18。我们注意到，从第 25 次到第 32 次试验，QUEST 给出的刺激强度变化已经很小了，局限在图中两个灰色竖条之间的范围内 (95% 置信限度)，按照标准终止的规则，这应该是实验完成的标准。不过当前惯常采用的方法只是达到规定的次数，实验即可结束，这样做虽然牺牲了一定的精确性，但相对简便。我们还注意到，在整个实验过程中，Weibull 分布的偏斜度值是固定的，都是 3.5，这是我们在界定 Weibull 分布时规定的参数。

目前已有专门用于 QUEST 计算的工具包[②]，它可以根据反馈帮助我们确定每一次试验的刺激量并最终求得阈限。

让我们再来看一个实例：

图 3-4(2) 是用 QUEST 法测定听觉阈限所得的结果。图中纵坐标代表刺激的强度，以 dB（分贝）为单位，横坐标表示试验的次数，在这个例子中，我们做了 40 次试验。

实验者首先假想一个关于阈限的先验 p.d.f.，这个函数应该符合 Weibull 函数分

---

① 由瑞典物理学家 W. Weibull 首先阐述，是可靠性分析的理论基础，改变其形状参数可近似为其他分布，如正态分布。

② 这方面常用的如 Psychophysics Toolbox 中的 QUEST 模块（http://psych.nyu.edu/pelli/software.htm），基于 MATLAB 运行。

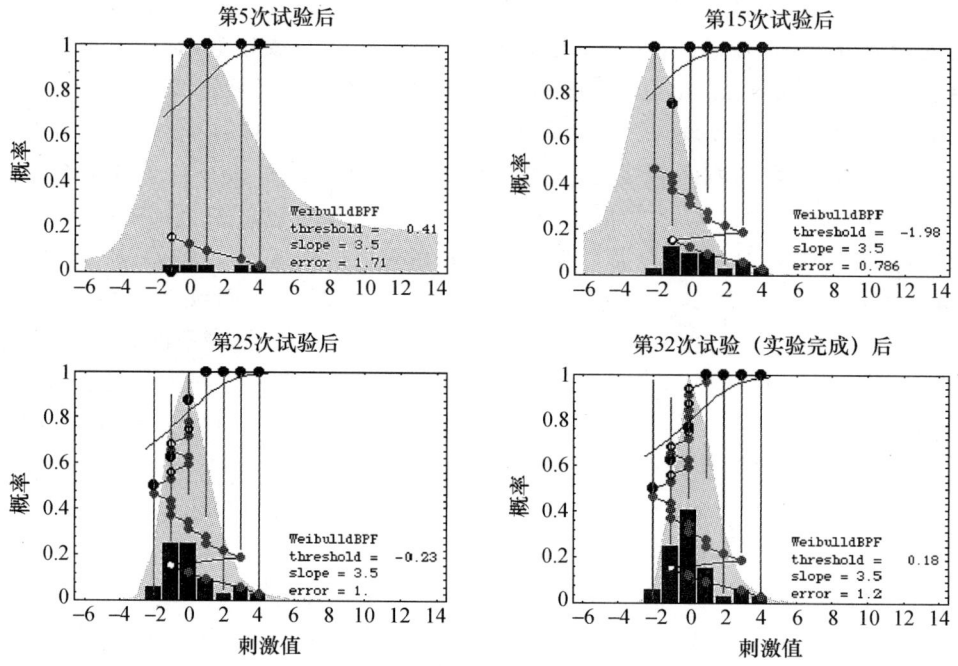

图 3-4(1) QUEST 的实验程序

每一次试验的值以及被试反应的结果(灰点为正确反应的结果,白点为错误反应的结果),黑色的靶图为基于不同刺激值被试正确反应次数的直方图,灰色背景部分为贝叶斯后验概率密度,黑点为反应正确的概率,灰色的竖条为95%置信限度。曲线为 Weibull 心理测量函数的最大可能性估计,图中的注表明当时的阈限等参数。

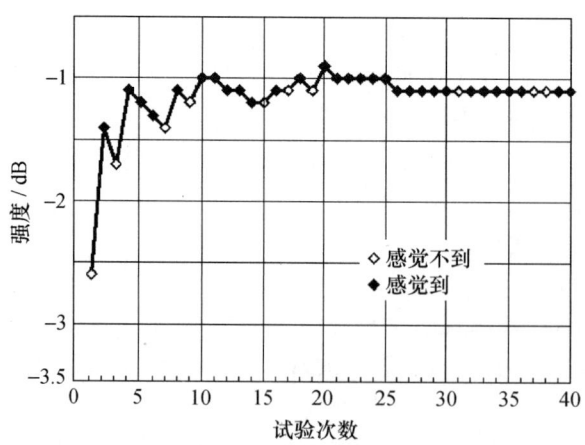

图 3-4(2) 用 QUEST 法测定听觉阈限的结果

布,包括平均数、标准差等信息。在图 3-4(2)中,我们首先假想的阈限为 -3dB,QUEST 程序首先给出一个 -2.6dB 的推荐强度,我们向被试呈现这个刺激,被试报告感觉不到,我们将这一结果反馈给 QUEST 程序,程序将"记住"这一反馈,并经过计算,调整了概率密度函数分布的位置,形成后验 p.d.f.,并给出下一个刺激强度的推荐值,即 -1.4dB,此时,被试报告感觉到了,我们再一次将被试的反应反馈给 QUEST 程序,程序再次结合刺激量和被试的反应计算出下一次试验的推荐刺激值,即 -1.7dB。按照这个程序进行下去,每一次程序都将根据新的反馈给出下一次试验的推荐刺激量,直到完成 40 次试验,此时,程序会告诉你最终的阈限结果,约为 -1.1dB。有时候你会发现程序推荐的强度你已经向被试呈现过了,此时,你应该报告新的数据,以便程序将其加入到数据库中。

从图 3-4(2)我们可以看出,开始几次试验的刺激强度波动很大,大约 10 次试验后,刺激的波动开始变小,20 次试验之后,刺激的强度基本达到平台,这个平台的值就是该条件下的阈限(参见表 3.5)。这种由大到小的波动形态是 QUEST 法的典型特征。

表 3.5 40 次试验中刺激强度的变化规律

试验次数	1~10	11~20	20~30	30~40
刺激范围/dB	(-2.6)~(-1)	(-1.2)~(-0.9)	(-1.1)~(-1)	(-1)~(-1)
刺激间距/dB	1.6	0.3	0.1	0

目前,QUEST 法可广泛用于有无法(yes/no method)、迫选法(force-choice method)的心理物理学实验中(Watson & Pelli,1983;蔡永春,2008)。

在对阈下知觉的研究中存在着许多争论,但有不少实验都已表明,在被试意识不到的情况下,阈下刺激(subliminal stimuli)的意思(meaning)还是为被试"得到"了。实验中单词(如 cook,烹调)飞快地闪现,以致被试不知道呈现了什么。接下来以正常速度呈现两个单词(bake,烤;view,观察),要求被试必须在这两个单词中,挑一个他认为最可能是刚才飞快闪现的词。结果表明,被试多半挑选 bake。这说明被试虽然不能觉察出 cook,但其意义还是得到了某种加工(Schiffman,1996)。在"意识"一章中,我们将对无意识知觉做详细的讨论。

2. 恒定刺激法

刺激通常都由 5~7 个组成,在实验过程中维持不变,因而这种方法叫作恒定刺激法。刺激的最大强度要大到它被感觉的概率达到 95% 左右,刺激的最小强度要小到它被感觉的概率只在 5% 左右。各个刺激之间的距离相等,与最小变化法不同的是,恒定刺激法的刺激是随机呈现的,每个刺激呈现的次数应相等。

下面以测定手掌的两点阈的例子来说明用恒定刺激法怎样测量绝对阈限。先选定最大和最小的刺激 12mm 和 8mm,然后按照距离 1mm 的大小确定其余的刺激为

9mm、10mm 和 11mm。每个刺激随机呈现 200 次。在每一刺激呈现后,要求被试回答是"两点"还是"一点"。实验结果见表 3.6。从表中可以看到,相距 10mm 的两点有 29%的次数被判断为两点,相距 11mm 的两点有 66%的次数被判断为两点,可以设想,50%次判断为两点的刺激必在 10mm 与 11mm 之间。

表 3.6 用恒定刺激法测两点阈的结果

刺激/mm	8	9	10	11	12
回答"两点"的次数	2	10	58	132	186
回答"两点"的比例	0.01	0.05	0.29	0.66	0.93

下面我们介绍几种计算恒定刺激法实验结果的方法。

直线内插法应用比例算式求绝对阈限。由于所求绝对阈限是得到 0.50 比例数的刺激值,设它为 X,则

$$\frac{11-10}{66-29} = \frac{X-10}{50-29}$$

$$X = 10.56 \text{mm}$$

如果把实验结果准确地画出来,也可以直接从图上读出两点阈的数值。以刺激大小为横坐标,以回答"两点"的比例为纵坐标,按表 3.6 数值作图 3-5。从纵坐标上的 0.50 处引与横轴的平行线,它与曲线相交于 a 点,再从 a 点作垂线相交于横轴 10.6mm 处,这个数值就是所求两点阈。直线内插法的优点是简单易算,但它不够精确,因为参与计算绝对阈限的只是邻近 0.50 比例的两个比例(在我们的例子中只是 0.29 与 0.66),其余比例虽然也是实验结果但都被废弃不用。另外,直线内插法的图示也不够精确,因为曲线是用眼睛配合手画出来的,会因人而异。

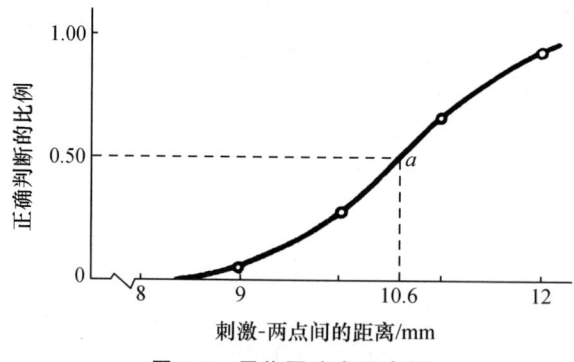

图 3-5 用作图法求两点阈

表 3.7 P-Z 转换表

P	01	02	03	04	05	06	07	08	09	10
Z	−2.33	−2.05	−1.88	−1.75	−1.64	−1.55	−1.48	−1.41	−1.34	−1.28
P	11	12	13	14	15	16	17	18	19	20
Z	−1.23	−1.18	−1.13	−1.08	−1.04	−0.99	−0.95	−0.92	−0.88	−0.84
P	21	22	23	24	25	26	27	28	29	30
Z	−0.81	−0.77	−0.74	−0.71	−0.67	−0.64	−0.61	−0.58	−0.55	−0.52
P	31	32	33	34	35	36	37	38	39	40
Z	−0.50	−0.47	−0.44	−0.41	−0.39	−0.36	−0.33	−0.31	−0.28	−0.25
P	41	42	43	44	45	46	47	48	49	50
Z	−0.23	−0.20	−0.18	−0.15	−0.13	−0.10	−0.08	−0.05	−0.03	00
P	51	52	53	54	55	56	57	58	59	60
Z	+0.03	+0.05	+0.08	+0.10	+0.13	+0.15	+0.18	+0.20	+0.23	+0.25
P	61	62	63	64	65	66	67	68	69	70
Z	+0.28	+0.31	+0.33	+0.36	+0.39	+0.41	+0.44	+0.47	+0.50	+0.52
P	71	72	73	74	75	76	77	78	79	80
Z	+0.55	+0.58	+0.61	+0.64	+0.67	+0.71	+0.74	+0.77	+0.81	+0.84
P	81	82	83	84	85	86	87	88	89	90
Z	+0.88	+0.92	+0.95	+0.99	+1.04	+1.08	+1.13	+1.18	+1.23	+1.28
P	91	92	93	94	95	96	97	98	99	99.5
Z	+1.34	+1.41	+1.48	+1.55	+1.64	+1.75	+1.88	+2.05	+2.33	+2.58

平均 Z 分数法可以避免直线内插法的缺点,因而提高了结果的精确度。这种方法首先要求把实验结果的 P 值比例转换为标准分数即 Z 分数,这可以通过查 P-Z 转换表来获得。

Z 分数是以标准差为单位所表示的原始分数与平均数的偏离,所以,9 对应 Z 分数 −1.51,意思就是 9 在平均数以下 1.51 个标准差(SD)处,而 11 对应 Z 分数 +0.45,就是 11 在平均数以上 0.45 标准差处。因此,从 9 到 11 的距离相应于 (1.51+0.45) 个标准差,即 1.96SD,所以,2=1.51SD+0.45SD。SD=1.02。

下面是表 3.6 结果的平均 Z 分数法的计算。

刺激 S/mm	P	Z 值	
8	1	-2.33	
9	5	-1.64	9 mm 的平均 Z，-1.51
10	29	-0.55	
10	29	-0.55	
11	66	$+0.41$	11 mm 的平均 Z，$+0.45$
12	93	$+1.48$	

又因为平均数位于 9 以上 1.51SD 处，所以平均数 $M=9+1.51\times1.02=10.54$，这就是所求的绝对阈限。

如果将上述数据作图，则也可以求得绝对阈限，见图 3-6。横坐标上的 9mm 对应于纵坐标上的 -1.51SD，得 a 点，横坐标上的 11mm 对应于纵坐标上的 $+0.45$，得 b 点，将 a 与 b 连成直线，再从纵坐标 0 处引与横坐标的平行线交 ab 线于 c 点，从 c 点引横坐标的垂线，交于 10.54 处，10.54mm 就是所求得的绝对阈限。

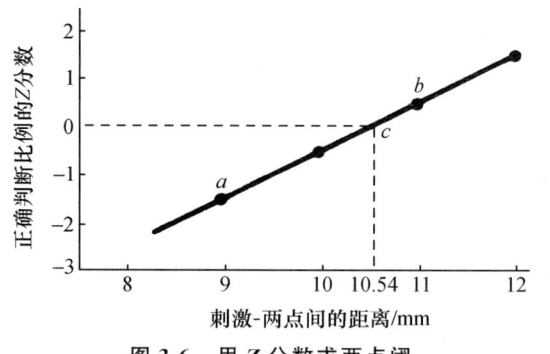

图 3-6 用 Z 分数求两点阈

直线内插法的图示图 3-5 被称为 S-P 作图，平均 Z 分数的图示图 3-6 被称为 S-Z 作图，S-Z 作图得到的是一条直线，由于它是根据实验数据确定的两点联结而成，所以它比 S-P 眼手配合作图所得到的曲线更能获得精确的结果；但是，最小二乘法是比平均 Z 分数法更为精确的方法。用最小二乘法作直线时，要先确定直线方程：$Y=a+bX$ 中的 a 和 b，有关的公式如下：

$$a=\frac{(\sum X^2)(\sum Y)-(\sum X)(\sum XY)}{N(\sum X^2)-(\sum X)^2} \tag{3.1}$$

$$b=\frac{N(\sum XY)-(\sum X)(\sum Y)}{N(\sum X^2)-(\sum X)^2} \tag{3.2}$$

在(3.1)和(3.2)两式中，X 和 Y 代表自变量和因变量的原始分数，N 代表 X 或 Y

的个数。公式中的 a 是直线的截距，b 是直线的斜率。在心理学中应用这两个公式时要作一点变化，即需将纵轴的 Y 值（即恒定刺激求得的 P 值）转化成对应的 Z 分数，使 X（恒定刺激法中的刺激即 S）与 Y 的关系转化为直线关系，因为最小二乘法只适于两个变量有线性关系的情况。这样，如果把直线方程中的 X 和 Y 代以 S 和 Z，则

$$Z = a + bS \tag{3.3}$$

当 $Z=0$ 时，

$$S = \frac{-a}{b} \tag{3.4}$$

因为在常态曲线上，$Z=0$ 时，$P=0.50$，所以（3.4）式中的 S 就是所求的两点阈。

如果用最小二乘法来处理表 3.6 的实验数据，则我们可得表 3.8。其中，X 代表刺激，Y 代表与回答"两点"的比例（P 值）相应的 Z 分数，$N=5$。

表 3.8 直线方程中 a 和 b 的计算

刺激(X)	X^2	Z 分数(Y)	XY
8	64	−2.33	−18.64
9	81	−1.64	−14.76
10	100	−0.55	−5.50
11	121	+0.41	+4.51
12	144	+1.48	+17.76
$\sum$ 50	510	−2.63	−16.63

把表 3.8 中的有关数据代入（3.1），（3.2）式，则

$$a = \frac{(510)(-2.63) - (50)(-16.63)}{(5)(510) - (50)^2} = -10.20$$

$$b = \frac{(5)(-16.63) - (50)(-2.63)}{(5)(510) - (50)^2} = 0.97$$

将 a 值与 b 值代入（3.4）式，则 $S=10.52$mm。

如果将 a 值和 b 值代入（3.3）式，则

$$Z = -10.20 + 0.97S \tag{3.5}$$

再把 8、9、10、11、12 五个刺激代入（3.5）式求出相应的 Z 分数，以刺激为横坐标，以 Z 分数为纵坐标，画出的直线方程图类似图 3-6。

由上面的叙述可以看到，同一实验结果因为处理方法不同而有差异，其中最小二乘法是最精确的。

下面以重量实验为例来说明怎样用恒定刺激法测量差别阈限。首先要确定标准刺激和比较刺激。我们选 80g 作为标准刺激，72、74、76、78、80、82、84、86、88g 为比较刺激。标准刺激与每一个比较刺激组成一对刺激。每对刺激按随机方式呈现，要求被试将比较刺激和标准刺激进行比较，只允许做两类回答："重"或"轻"。每个刺激都和标准刺激比较 100 次。标准和比较刺激相继呈现，其中 50 次标准刺激在前，50 次标准刺激

在后。实验结果见表 3.9。

表 3.9　用恒定刺激法测定重量差别阈限的结果

比较刺激/g	72	74	76	78	80	82	84	86	88
重于标准刺激的反应/(%)	2	10	11	19	46	69	82	90	97

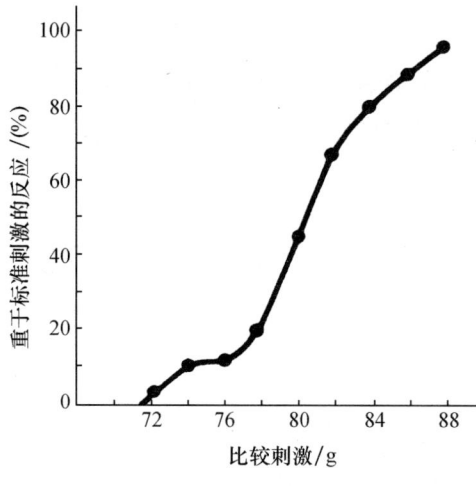

图 3-7　两类回答的提重实验结果

用 S-P 作图法,我们得图 3-7。

由表 3.9 或图 3-7 我们看到,88g 有 97% 次被感觉重于 80g,因而 88g 几乎是 100% 能与 80g 分辨的;72g 有 2% 被感觉重于 80g,就是说有 98% 次被感觉比 80g 轻,因而 72g 也几乎是 100% 能与 80g 分辨的。运用内插法,我们可以计算出 80.3g 有 50% 次被感觉重于 80g,按照差别阈限的定义,有 50% 次引起感觉差别的刺激增量就是差别阈限,那么 0.3g 是不是 80.3－80 所求的差别阈限呢? 我们说不是。原因在于,当要求被试只做"重"或"轻"两类回答时,有 50% 次感觉重于标准刺激(在我们的例子中是 80g)的比较刺激(80.3g),实际上得到的是不能与标准刺激区分的比较刺激。打个比方说,要是我问你,明天下雨不下雨? 如果你说,明天有 50% 的可能性下雨。那么我要说,你对于明天是否下雨是完全没有分辨能力的。所以,当要求被试只做两类回答时,只有 50% 次能与标准刺激区分的比较刺激,实际上是不能与标准刺激相区分的比较刺激。在这种情况下,我们就取 75% 次感觉重于标准刺激的比较刺激来作为相等地带的上限,因为它处在 50% 次与 100% 次感觉重于标准刺激的比较刺激之间的中点;同理,我们取 25% 次感觉重于标准刺激的比较刺激来作为相等地带的下限,因为它处在 0 次与 50% 次感觉重于标准刺激之间的中点。有了上限与下限我们就可以计算出差别阈限了。根据表 3.9 的数据,用直线内插法求得的相等地带的上限和下限分别为 82.9g 和 78.4g。差别阈限为 1/2(82.9－78.4)＝2.25g。这样求得的差别阈限与前面规定的阈限的操作定义并不相符,所以称之为 75% 的差别阈限。因为 25% 次感觉重于标准刺激的比较刺激也就是 75% 次感觉轻于标准刺激,这样,上限和下限与标准刺激比较就都有 75% 的次数可以辨别。在这里 2.25g 为绝对差别阈限,其相对差别阈限为 2.25/80＝1/36。主观相等点等于 50% 次重于标准刺激的比较刺激,即等于 80.3g。

下面我们举 75% 的差别阈限的另一个例子。

如图 3-8 所示,当标准刺激分别为 50g、100g 和 150g 时,重量增量为标准刺激的

5%、10%和15%时,被试正确判断比较刺激更重的百分比(见纵坐标)。每一个数据点都表示某一比较刺激与标准刺激比较200次的结果。图形纵坐标是从0.5开始的。由这条平滑的曲线我们可以再次看到,随着比较刺激重量增加,正确判断比较刺激更重的百分比逐渐升高。这意味着并没有单一的、精确的增量就是最小可觉差。实际上,最小可觉差或差别阈限只能定义为一个统计值,在这里它是有75%次觉察出两个重量有差别的最小增量(Laming,1994)。

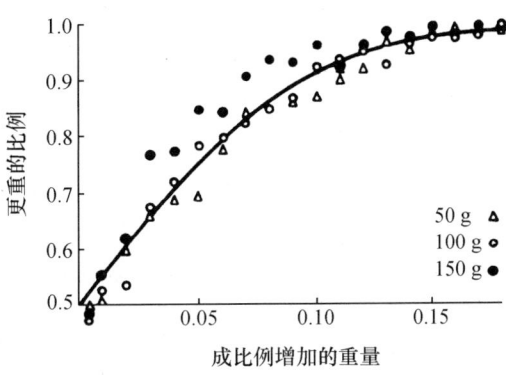

图3-8 恒定刺激法的结果

表3.9中的数据可以用平均Z分数方法和最小二乘法处理求差别阈限。其中,"重于标准刺激的反应比例"就是P值,将P值转换为Z分数后就可以按公式来进行各种计算。

如果用恒定刺激法测量差别阈限时,允许被试做三种回答,即比较刺激与标准刺激进行比较时,被试可以回答"重""轻"和"相等"时,我们怎样求差别阈限呢?这时相等地带的上限定为50%次重于标准刺激的比较刺激,相等地带的下限定为50%次轻于标准刺激的比较刺激,有了上限、下限就可以求差别阈限。但是,在允许三类回答的实验中,被试的态度会大大地影响相等地带的大小。如果被试十分自信,说相等的次数就很少,结果相等地带也就很小,从而导致差别阈限(1/2的相等地带)也小;反之,如果被试十分谨慎,则说相等的次数就很多,结果则会导致差别阈限较大。这样看来,三类回答的实验易受被试个性的影响,因而人们一般更偏爱两类回答的实验方法。

在用恒定刺激法来测量差别阈限时,标准刺激和比较刺激是继时呈现的,这可能会产生时间误差。如主观相等点小于标准刺激,就产生负的时间误差。反之,就产生正的时间误差。时间误差最鲜明的例子莫过于先后比较相同的刺激(比如100g重量),但被试常常觉得后面的刺激引起的感觉强(即觉得后面的100g比前面的100g重)。客观上两次提的重量都是100g,但由于时间先后造成了误差,而觉得后一个100g比前一个100g重。

3. 平均误差法

这个方法的典型实验程序是,实验者规定以某一刺激为标准刺激,然后要求被试调节另一比较刺激,使后者在感觉上与标准刺激相等。客观上一般不可能使比较刺激与标准刺激完全一样,于是每一次比较就都会得到一个误差,把多次比较的误差平均起来就可得到平均误差。因为平均误差与差别阈限成正比,所以可以用平均误差来表示差别感受性。求平均误差的方法有两种:

(1)把每次调节的结果(或每次的判断)与标准刺激之差的绝对值平均起来作为差

别阈限。

(2)把每次调节的结果与主观相等点之差的绝对值平均起来作为差别阈限。在这里,主观相等点是相等地带的中点,它等于各比较刺激的平均数。

下面我们以视觉的长度辨别为例来说明如何以平均差误法测量差别阈限。在表3.10中,X代表被调节为与标准刺激相等的长度,ST代表标准刺激,M代表各次调节的平均数,AE代表平均误差,PSE代表主观相等点,CE代表常误,n代表调节的次数。

表 3.10 用平均差误法测量长度差别阈限的结果

顺序	X	$X-ST$	$X-M$	
1	148	-2	-0.2	
2	143	-7	-5.2	$ST=150\text{mm}$
3	145	-5	-3.2	$M=\text{PSE}=\dfrac{\sum X}{10}$
4	147	-3	-1.2	$=148.2\text{mm}$
5	151	1	2.8	
6	154	4	5.8	$\text{AE}_{ST}=\sum\lvert X-ST\rvert/n$
7	144	-6	-4.2	$=0.8\text{mm}$
8	145	-5	-3.2	$\text{AE}_M=\sum\lvert X-M\rvert/n$
9	154	4	5.8	$=3.4\text{mm}$
10	151	1	2.8	$\text{CE}=148.2-150$
				$=-1.8\text{mm}$

在上述实验中,为了消除空间误差,标准刺激在左边和右边的次数应各占一半。为了消除动作误差,被试从长于和短于标准刺激处开始调节的次数也各占一半。

在平均差误法中除了平均误差外,标准差、四分位差也可以表示差别阈限。下面我们说明怎样用标准差来表示差别阈限。

在平均差误法的实验中,被试调节的比较刺激特别大于标准刺激的不多,特别小于标准刺激的也不多。多数的调节结果都是围绕着标准刺激的,如果实验次数很多,实验结果的次数分配就会接近于一个常态分配。分配的中点即调节的刺激本身的平均数为主观相等点。图 3-9 中的两条分配曲线代表两名被试的结果。

虚线的分配较实线的分配更集中,其

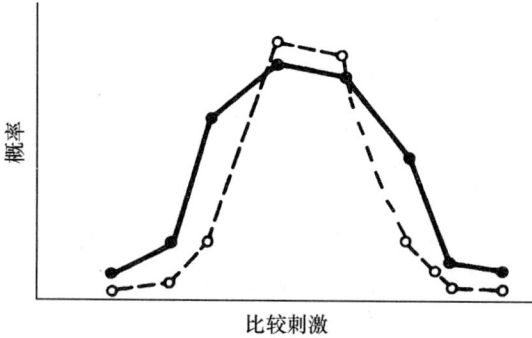

图 3-9 用标准差表示差别阈限图示

实验结果也更加密集于标准刺激。显而易见,分配集中的被试的辨别力好,而分配分散的被试的辨别力差。因此,测量分配的离散程度的标准差就可以作为对差别阈限的估计。标准差大(见实线),说明被试对相距甚远的两个刺激(标准刺激与比较刺激)感觉是相等的,因而表示他的辨别能力差;反之,如果被试辨别力强,那么相距很近的两种刺激他感觉是相等的,结果标准差就小。直接从实验结果计算标准差的公式是:

$$\sigma = \frac{1}{n}\sqrt{n\sum X^2 - (\sum X)^2} \tag{3.6}$$

其中,X是实验得数据,n是实验次数。

平均差误法的优点是可以让被试自己动手调整刺激,因此,被试在整个实验中可以保持高水平的积极性,不觉厌烦。当然这优点同时也带来了一个缺点,因为比较刺激是由被试调节的,所以严格说来实验条件就不那么恒定了。另外,如果刺激不能连续地变化,而有些间隔的话,用这种方法测得的差别阈限就不精确了。

用平均差误法求绝对阈限时,只要设想标准刺激的强度为零来调节比较刺激,使比较刺激的大小变化到刚刚觉察不到或刚刚觉察到,然后平均比较刺激(即每次调节的强度)就是绝对阈限。

以上三种古典心理物理学方法各有自己的特点。最小变化法的实验程序和计算过程都具体地说明了感觉阈限的含义,但它会因其渐增和渐减的刺激系列而产生习惯误差与期望误差。恒定刺激法的实验结果可以应用各种数学方法加以处理,因而便于与其他测定感受性的方法进行比较。在应用三类反应的实验程序时,被试的态度会对差别阈限值有较大影响。平均差误法的特点是求等值,它的实验程序容易引起被试的兴趣,但对不能连续变化的刺激则不能用平均差误法来测其差别阈限。

二、信号检测论

信号检测论是信息论的一个重要分支,1954年,美国心理学家 W. P. Tanner 和 J. A. Swets 把它应用于人的知觉过程,使心理物理学方法发展到一个新的阶段。知觉过程中的信号检测论是怎么一回事呢?

假设甲、乙正在家里看电视,外面有人敲门。甲说:"有人敲门。"乙说:"我没听见。"我们能不能说甲的听觉更敏锐些呢?从古典心理物理学方法的角度来看,我们是可以这么说的。但是,从信号检测论的角度来看,我们不能这样说。可能甲、乙有着同等的听觉感受性,但他们判断是否听到声音的标准不一样。甲也许较冒进,他心里想只要听到似乎有声音我就说"有人敲门",这样,每次有人敲门我都能正确报告,不会漏报;乙也许较保守,他心里想除非有百分之百把握我不说"听见了",这样,没有敲门时我绝不会虚报有人敲门。这是生活中的实际情形,人的感觉知觉过程不仅涉及感受性,同时又涉及判断标准。古典心理物理学方法把感受性与判断标准混在一起而不能区分它们,例如,用恒定刺激法测差别阈限时,允许三类反应,就会使差别阈限受到自信或谨慎态度的很大影响。信号检测论的优点就是能够把人的感受性与他的判断标准区分开,并以独立的数据来分别表达它们。它之所以能够做到这一点,就在于它不仅考察人对信号刺激的反应(上例中敲门声就是信号刺激),还同时考察人对噪声刺激的反应(上例中电视的声音就是噪声刺激)。下面我们以色子游戏为例来说明人们对信号与噪声这两类刺激做反应的一般规则是怎样的(林赛和诺曼,1987)。

(一) 色子游戏

你的伙伴一次掷三颗色子,两颗是正常的,即每个面有一个数字,依次是 1 到 6。第三颗是特殊的,三面写 0,另三面写 3。你的任务是猜测,特殊色子的哪一面朝天? 是写有 0 的一面,还是写有 3 的一面? 在猜以前,伙伴告诉你三颗色子朝天的数目的总和。很明显,当数目总和是 2、3、4 的时候,特殊色子一定是 0。当数目总和是 13、14、15 时,特殊色子一定是 3。当数目总和为 5~12 时,特殊色子是 0 还是 3 的可能性都有,你不能保证猜得绝对正确。那么,你怎样猜,对的把握才更大些呢? 让我们把三颗色子的数目总和为 8 的各种可能性排列如下来做说明。

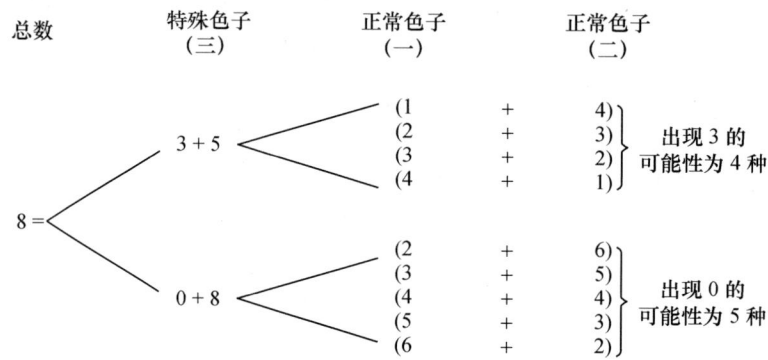

由排列可知,8 由 3+5 构成的可能性为 4 种,也就是说,当总和为 8 时,3 出现的可能性为 4 次;8 由 0+8 构成的可能性为 5 种,也就是说,0 出现的可能性为 5 次。所以,平均而言,扔 9 次色子,而色子数目总和都是 8 时,有 4 次特殊色子可能是 3(44%),有 5 次特殊色子可能是 0(56%)。根据这种测算,每当色子总数为 8 时,你猜 0,对的机会就会多些。

根据三颗色子数目构成 8 的各种可能性排列的道理,我们可以把 2~15 的色子数目由 3 或由 0 构成的可能性列成表 3.11。

表 3.11　色子数目总数与特殊色子出现概率的关系

三颗色子数目总和	0 出现次数	3 出现次数	3 出现概率/(%)
2	1	0	0
3	2	0	0
4	3	0	0
5	4	1	1/5=20
6	5	2	2/7=29
7	6	3	3/9=33
8	5	4	4/9=44
9	4	5	5/9=56
10	3	6	6/9=67
11	2	5	5/7=71
12	1	4	4/5=80
13	0	3	3/3=100
14	0	2	2/2=100
15	0	1	1/1=100
总和	36	36	

从表 3.11 中可以看出,当色子数目变大时,特殊色子朝天的一面为 3 的概率逐渐上升。例如,当总数为 9 时,你猜 3 对的概率会超过 50%。

玩色子游戏时,猜对猜错一共有 4 种情况,下面我们结合表 3.12 来做一说明。

表 3.12　色子游戏的 4 种情形

		猜	
		3	0
特殊色子	3	击中	漏报
	0	虚报	正确否定

当色子总数是由 3 构成(即特殊色子是 3 时),而你事先也是猜特殊色子是 3,那么你就猜对了,这叫击中;如果你猜特殊色子是 0,那么你把 3 漏掉了,这叫漏报。当色子总数是由 0 构成(即特殊色子是 0 时),而你事先猜特殊色子是 3,那么你是把 0 当作 3,这叫虚报;如果你事先猜特殊色子是 0,那么你就猜对了,这叫正确否定。

1. 击中与漏报

玩色子游戏时,如果你心目中定下一个标准:凡色子数目总数等于 9 或大于 9 时,我就说特殊色子是 3;凡色子数目总数小于 9 时,就说特殊色子是 0。那么,你的击中概率为 26/36＝72％。这个概率可以从表 3.11 中看出来。当特殊色子是 3 时,2～15 之间各个总点数出现的可能次数的总和为 36(见 3 出现次数一栏),总数等于 9 或大于 9 时,特殊色子是 3 的可能次数为 26,所以按照刚才的标准,你的击中概率就为 26/36＝72％。但是,有 10 次特殊色子为 3 时,你漏掉了,所以你漏报的概率就为 10/36＝28％。因为按照刚才的标准,小于 9 的总数你都猜 0,但小于 9 的总数一共有 10 次可能是 3,所以你漏掉了。击中率我们用符号 $P(Y/3)$ 表示,即 $P(Y/3)=72\%$。漏报率我们用符号 $P(N/3)$ 表示,即 $P(N/3)=28\%$。

2. 虚报与正确否定

当色子数目总数等于 9 或大于 9 时,特殊色子是 0 的可能次数为 10(见 0 出现次数一栏),按照刚才 9 的标准,你都说特殊色子是 3,所以,你虚报了,虚报概率等于 10/36＝28％,虚报率我们用 $P(Y/0)$ 来表示,即 $P(Y/0)=28\%$。当总数小于 9 时,特殊色子是 0 的可能次数为 26(见 0 出现次数一栏),按照 9 的标准,你都说特殊色子是 0,你说对了。正确否定概率用 $P(n/0)$ 表示,即 $P(n/0)=72\%$。为了使大家对击中、漏报、虚报、正确否定等几个概念更加清楚,我们把以 9 为标准的各种概率按表 3.11 来加以说明,见表 3.13。

我们以 9 为标准时,当色子总数等于 9 或大于 9,我们都说特殊色子是 3,结果我们击中 26/36(见 3 出现次数一栏),虚报 10/36(见 0 出现次数一栏);当色子总数小于 9 时,我们都说特殊色子是 0,结果我们漏报 10/36(见 3 出现次数一栏),正确否定 26/36(见 0 出现次数一栏)。

表 3.13　以 9 为标准时的各种概率

色子数目总数	0 出现次数		3 出现次数	
2	1		0	
3	2		0	
4	3	正确否定	0	漏报
5	4		1	
6	5		2	
7	6		3	
8	5		4	
9	4		5	
10	3	虚报	6	
11	2		5	击中
12	1		4	
13	0		3	
14	0		2	
15	0		1	
总和	36		36	

3. 标准的移动

当我们判断特殊色子是 3 或 0 的标准发生变化时,击中率、虚报率等就会发生相应的变化。例如,我们以 10 为标准时(请读者用铅笔在表 3.13 中色子数目总数一栏的 10 上面轻轻画一条线),相应的击中率就是 $21/36=58\%$,虚报率就是 $6/36=17\%$,漏报率等于 $15/36=42\%$,正确否定率等于 $30/36=83\%$。尝试一下,当标准是 8 时,各种概率是多少。由于击中率+漏报率=100%,虚报率+正确否定率=100%,今后我们只要用击中率与虚报率来说明问题就够了。因标准的变化而导致击中率、虚报率的相应变化,可参看表 3.14。

表 3.14 各标准下的击中率与虚报率

标准	虚报率		击中率	
	分数	%	分数	%
1	36/36	100	36/36	100
2	36/36	100	36/36	100
3	35/36	97	36/36	100
4	33/36	92	36/36	100
5	30/36	83	36/36	100
6	26/36	72	35/36	97
7	21/36	58	33/36	92
8	15/36	42	30/36	83
9	10/36	28	26/36	72
10	6/36	17	21/36	58
11	3/36	8	15/36	42
12	1/36	3	10/36	28
13	0/36	0	6/36	17
14	0/36	0	3/36	8
15	0/36	0	1/36	0

只是请注意,表中标准一栏实际上是色子数目总数,如果标准定为 5,它的确切含义是:当三颗色子朝天的数目加起来等于 5 或大于 5 时,我猜第三颗特殊色子朝天的一面必定是 3;总数小于 5 时,我猜特殊色子是 0。从表中可以看出,随着标准愈来愈高(数目变大)击中率愈来愈小,但虚报率也愈来愈小。另外,同一标准下的击中率与虚报率之和也不等于 100%。

4. 操作特征曲线

当我们把表 3.14 的虚报率作为横坐标,击中率作为纵坐标作图时,我们就可以形象地看到随着标准的变化,击中率与虚报率也相应地发生变化的情形(见图 3-10)。我们称这个图为操作者特征曲线。

另一种表示标准的变化怎样引起击中率与虚报率变化的直观方法,是根据表 3.11 画曲线(见图 3-11)。为了理解图 3-11 的含义,让我们重新看一看表 3.11。从表中可以看到,当色子数目总和为 2、3、4 时,特殊色子为 3 的次数为 0(见 3 出现次数一栏)。对

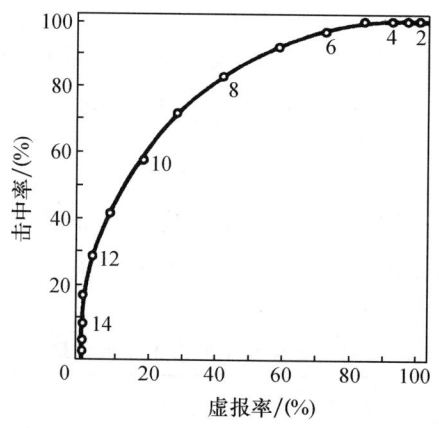

图 3-10 标准变化引起的击中率、虚报率的变化

此,我们可以理解为:当特殊色子出现 3 时,三个色子数目总和为 2、3、4 是不可能的,也就是说,它们出现的概率为 0。那么当特殊色子是 3 时,色子数目总和为 9 出现的概率是多大呢?因为在 2～15 之间各个色子数出现的可能次数的总和为 36,而色子数目总和为 9 时,特殊色子 3 出现的次数为 5 次,所以,当特殊色子是 3 时,色子数目总和为 9 出现的概率为 5/36＝14％。当特殊色子出现 3 时,其余色子数目总和出现的概率也照此计算;当色子数目总和为 13、14、15 时,特殊色子为 0 的次数为 0(见 0 出现次数一栏)。对此,我们同样可以理解为:当特殊色子出现 0 时,三个色子数目总和为 13、14、15 是不可能的,也就是说它们出现的概率为 0。当特殊色子为 0 时,色子数目总和为 9 出现的概率是多大呢?按照上面的计算方法,其概率等于 4/36＝11％。表 3.15 是特殊色子为 3 或 0 时,各色子数目总和出现的概率。

表 3.15 特殊色子为 3 或 0 的条件下各色子数目总和出现的概率

三个色子数目总和	三个色子数目总和出现的概率	
	特殊色子为 0 时	特殊色子为 3 时
2	1/36	0/36
3	2/36	0/36
4	3/36	0/36
5	4/36	1/36
6	5/36	2/36
7	6/36	3/36
8	5/36	4/36
9	4/36	5/36
10	3/36	6/36
11	2/36	5/36
12	1/36	4/36
13	0/36	3/36
14	0/36	2/36
15	0/36	1/36

根据表 3.15 所列数据,以色子数目总和为横坐标,以它们出现的概率为纵坐标画出的曲线如图 3-11。

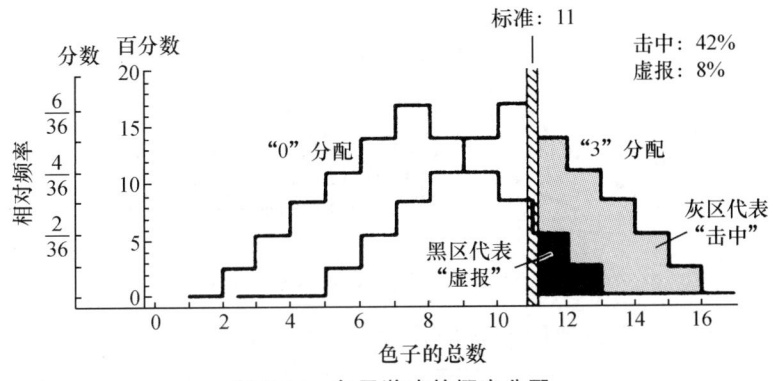

图 3-11　色子游戏的概率分配

两条曲线有重合之处,它表明这些色子数目总和既可能由特殊色子的 3 构成,也可能由特殊色子的 0 构成。横坐标的 11 处是标准线,即当色子数目总和等于 11 或大于 11 时,我们说特殊色子是 3。当我们使用 11 来做标准时,击中率就可由 11 的标准线右边的灰区(包括黑区)的面积来代表,这部分面积属于特殊色子 3 的分布曲线;虚报率则可用 11 的标准线右边的黑区的面积来代表,这部分面积属于特殊色子 0 的分布曲线。当标准线移动时,灰区面积和黑区面积的相应变化就代表击中率与虚报率的相应变化。这些情形与图 3-10 表示的意思是完全一致的。

(二) 人对信号刺激的觉察

玩色子游戏的过程就是根据某些信息做判断的过程,人对信号刺激的觉察也是如此,下面是它们的类比:

$$
\text{色子游戏} \qquad\qquad \text{信号觉察}
$$
$$
\text{已知色子数目总和,判断}\begin{cases}3 & ? \\ 0 & ?\end{cases} \qquad \text{获得某种感觉,判断}\begin{cases}\text{信号} & ? \\ \text{噪声} & ?\end{cases}
$$

玩色子游戏时,已知色子数目总和,要求判断这一总和是由 3 或 0 构成;人对信号的觉察与此类似,当人获得某种感觉(比如听到某种声音),要求判断这种声音是由信号刺激(敲门)引起,或是由噪声刺激(电视节目)引起。

与色子游戏一样,人们对信号的觉察也在内心设有标准,当感觉到达某种程度或超过那种程度就说感觉是信号引起的,否则,就说是由噪声引起的。

因此,上面对色子游戏的分析也就完全适用于人对信号的觉察过程。即人对信号的觉察也有击中、虚报等4种情形;随着标准的变化,其击中率与虚报率也在变化;也同样可以绘制其操作者特征曲线和分布曲线(图3-12)。

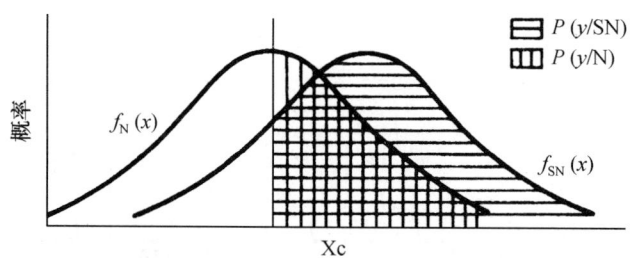

图3-12　SN分配和N分配以及判断标准 Xc

图3-12与图3-11是类似的。只是后者作为判断根据的信息是间断的,前者的信息假设为连续的而已。图3-12代表感觉的正态分布。左边的曲线是由噪声(相当于0)引起的感觉分布,右边的曲线是由信号(相当于3)引起的感觉分布。横坐标是感觉的连续体(相当于色子数目的总和),纵坐标是信号引起的感觉出现的概率(右边曲线)以及噪声引起的感觉出现的概率(左边曲线)。标准线右边的横线部分代表击中率的大小,它属于由信号引起的感觉分布,标准线右边的竖线部分代表虚报率的大小,它属于由噪声引起的感觉分布。在信号检测论的实验中,击中率用 $P(y/SN)$ 表示,SN 代表信号,类似于色子游戏中的3;虚报率用 $P(y/N)$ 表示,N 代表噪声,类似于色子游戏中的0。

信号检测论到底是怎样把人的感受性与其判断标准区分开,并分别用独立的数据来表示它们的呢?下面我们就通过介绍信号检测实验的两种方法——有无法和评价法来回答这些问题。

(三) 信号检测论的实验方法

1. 有无法

这个方法要求事先选定 SN 刺激和 N 刺激,并规定 SN 和 N 出现的概率,然后以随机方式呈现 SN 或 N,要求被试回答,刚才的刺激是 SN 还是 N。根据被试对呈现刺激的判断的结果来估计 $P(y/SN)$ 和 $P(y/N)$,如表3.16所示。

表3.16　根据判断结果对 $P(y/SN)$ 和 $P(y/N)$ 的估计

	反应		
	y	n	
刺 SN	击中 f_1	漏报 f_2	$P(y/SN)=f_1/(f_1+f_2)$
激 N	虚报 f_3	正确否定 f_4	$P(y/N)=f_3/(f_3+f_4)$

假设我们的实验是在白噪声的背景上检测一个纯音信号。以随机方式呈现给一个被试 100 次信号和 100 次噪声,呈现 200 次后,我们发现:呈现 100 次信号被试回答说是信号的有 16 次,呈现 100 次噪声被试回答说是信号的有 2 次。因此

$$P(y/SN) = \frac{16}{100} = 0.16$$

$$P(y/N) = \frac{2}{100} = 0.02$$

这些结果可以用图 3-13 来说明。

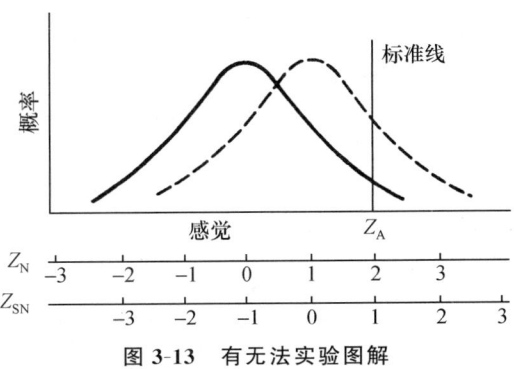

图 3-13 有无法实验图解

首先我们来谈一下该怎样计算判断标准的大小。图中横坐标上的 Z_A 点就是判断标准。当获得的听感觉等于 Z_A 感觉或大于 Z_A 感觉时,被试就说获得的感觉是由信号引起的。在色子游戏中,我们说过,当标准变化时就会引起击中率和虚报率相应的变化,它们之间有固定的关系。因此,反过来我们已知击中率和虚报率也就可以推知标准的大小。在信号检测论中,判断标准 β 是由下面的公式来计算的:

$$\beta = \frac{\text{击中率的纵坐标}}{\text{虚报率的纵坐标}} \tag{3.7}$$

在信号检测论中击中率的纵坐标就是指与击中率相应的 Z 分数上正态曲线的高度,从正态曲线表上可以查到,$P=0.16$ 相应的纵坐标为 0.242;类似地,虚报率的纵坐标也就是指与虚报率相应的 Z 分数上正态曲线的高度,从正态曲线上可以查到,$P=0.02$ 相应的纵坐标为 0.048。因此,这轮实验中的 $\beta = 0.242/0.048 = 5.042$。

信号检测论中感受性的高低又是怎样表示的呢?由于信号检测论实验不仅测被试对信号刺激的反应,而且也测被试对噪声刺激的反应,因此,由信号引起的感觉就形成了一个正态分布曲线;由噪声引起的感觉也形成了一个正态分布曲线,如果被试 A 感受性高即分辨能力强,那么他对信号与噪声就会区分得很清楚,实验结果也就会得到两个相距较远的正态曲线;当信号与噪声的强度不变,如果被试 B 感受性低,那么他对信号与噪声的区分就不如 A 清楚,实验结果就会得到两个距离较近的正态曲线,即两个正态曲线重合部分较大。如果被试 C 对同样的信号与噪声根本分辨不出来,那么,实

验结果就是两个正态曲线完全重合,即两个正态曲线的距离为0。因此,我们就可以用两个正态曲线的距离即两个正态分配的平均数之间的距离来作为感受性的指标。为了便于在不同条件下进行比较,这个距离是以标准差为单位来表示的,常称 d',实际上它也就是击中率 P 对应的 Z 分数与虚报率 P 对应的 Z 分数之差,用公式表示如下:

$$d' = Z_N - Z_{SN} \tag{3.8}$$

关于 d' 的概念及其计算可参看图 3-13。图中有一点要引起注意,即当 $P>50\%$ 时,查出的 Z 分数值为负;当 $P<50\%$ 时,查出的 Z 分数值为正。

通过查正态曲线表,可以得到击中率 $P=0.16$ 的 Z 分数为1,而虚报率 $P=0.02$ 的 Z 分数为2。将之代入 d' 的公式,则在这轮实验中 $d'=2-1=1$。

一般来说,人的分辨能力在短时间内不会变化,是恒定的;但人的判断标准却可以时刻变化。影响判断标准变化的原因主要有:信号出现的概率 $P(SN)$ 和对被试回答的奖惩办法。

当奖惩办法固定时,信号出现的概率将会怎样影响判断标准的变化呢?让我们结合表 3.17 的假设的实验结果来对其做一说明。

表 3.17　$P(SN)$ 与 β 的关系

实验	信号出现概率		结果			
			y	n		
A	0.20	SN	0.16	0.84	$\beta=4.481$	$d'=1.0$
		N	0.02	0.98		
B	0.50	SN	0.50	0.50	$\beta=1.649$	$d'=1.0$
		N	0.16	0.84		
C	0.80	SN	0.93	0.07	$\beta=0.369$	$d'=1.0$
		N	0.69	0.31		

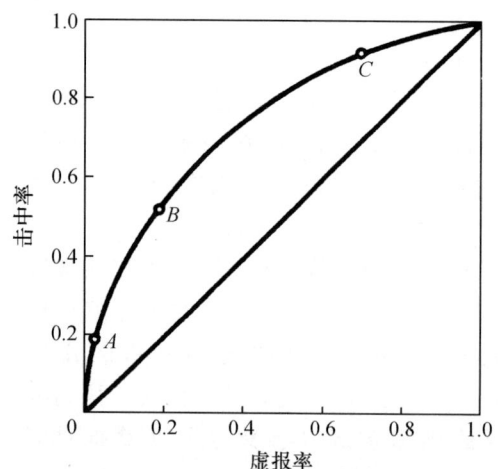

图 3-14　根据表 3.17 的数据画的 ROC 曲线

当信号出现概率低时,被试不轻易回答说有信号,表明被试的判断标准高,见 A 轮实验结果。当信号出现概率高时,被试只有倾向于多说有信号,表明被试的判断标准低,见 C 轮实验结果。换句话说,即当信号不经常出现时,被试获得很强的感觉才说有信号;而当信号频频发生时,被试获得轻微的感觉就说有信号了。但是在几轮实验中分辨能力 d' 都保持恒定,这说明判断标准的变化是由于被试不同的预期产生的,与信号本身无关。根据表 3.17 的数据可以作图 3-14。

图 3-14 与色子游戏中的图 3-10 是类似的。当判断标准变化时,击中率与虚报率都相

应地发生变化,但分辨能力 d' 保持不变,因此,图 3-14 中的操作者特征曲线(ROC 曲线)又叫作等感受性曲线。

在信号出现的概率保持恒定的情形下,奖惩办法导致被试不同的动机水平,最后影响 β。让我们结合表 3.18 的假想的实验结果来对比做一说明。

表 3.18　奖惩办法与 β 的关系

实验	奖惩办法			结果		
		y	n		y	n
D	SN	+1	−1	SN	0.31	0.69
	N	−2	+2	N	0.07	0.93
					$d'=1.0, \beta=4.481$	
E	SN	+1	−1	SN	0.69	0.31
	N	−1	+1	N	0.31	0.69
					$d'=1.0, \beta=1.000$	
F	SN	+3	−3	SN	0.98	0.02
	N	−1	+1	N	0.84	0.16
					$d'=1.0, \beta=0.223$	

注:$P(SN)=0.50$

当奖惩办法是鼓励多说信号时(如 F 轮实验中,平均而言,不管对错只要说有信号就会获 +2 的奖励,而说无信号却导致 −2 的惩罚,因此被试倾向于多说有信号),β 偏低;当奖惩办法是鼓励少说信号时(如 D 轮实验中,平均而言,不管对错只要说无信号就会得 +1 的奖励,而说有信号却导致 −1 的惩罚,因此被试倾向于少说有信号),β 偏高。上述情况可参看图 3-14。

将具有不同分辨能力的被试的实验结果画在一起,便可得到一组 d' 不同的操作者特征曲线,见图 3-15。图中连接(0,0)和(1.0,1.0)的 45°对角线是代表被试的辨别力等于 0 的一条线,也可以说是击中率等于虚报率的一条线。ROC 曲线离这条线愈远,表明被试的辨别力愈强。

ROC 曲线的基本特征还可以用图 3-16 来表示。

图 3-16 说明,ROC 曲线的曲率怎样代表着被试对信号的感受性以及他(她)的反应标准。当信号本身的强度很大时,它容易被觉察,因此 ROC 曲线向左边弯得更高;当信号变弱,ROC 曲线就向 45°对角线靠拢。换句话说,即 ROC 曲线的曲率是由信号强度来决定的,而与被试的判断标准无关。当然,信号强度增强也就保证了信号能更多地被觉察,因此,ROC 曲线的曲率是由被试的感受性和信号强度所共同决定的。当被试的判断标准高时,他倾向于少说信号,这就是图 3-14 中 A 点的情形。当被试的判断标准低时,他倾向于多说信号,这就是 C 点的情形,45°对角线上的描述就是指的这些情

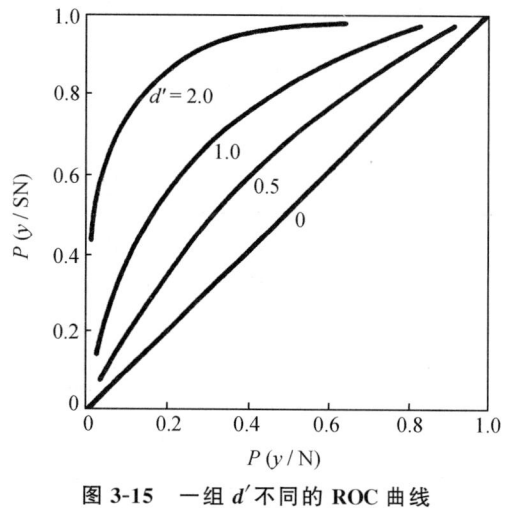

图 3-15 一组 d' 不同的 ROC 曲线

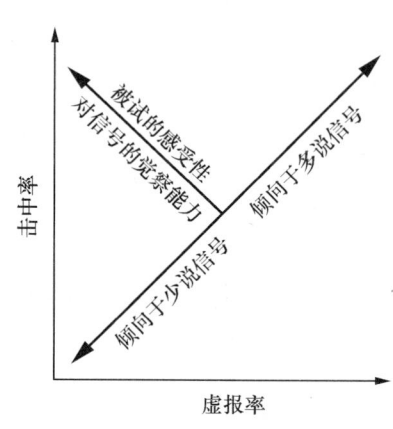

图 3-16 ROC 曲线特征图

形。我们知道,$d'=2.0$ 和 $d'=1.0$ 的 ROC 曲线都有少说信号和多说信号的情形,即都有高判断标准和低判断标准的情形,也就是说,感受性 d' 与判断标准 β 是彼此分离的(Schiffman,1996)。

2. 评价法

在有无法实验中,当定下判断标准以后,凡等于或大于标准的感觉都说是信号引起的。

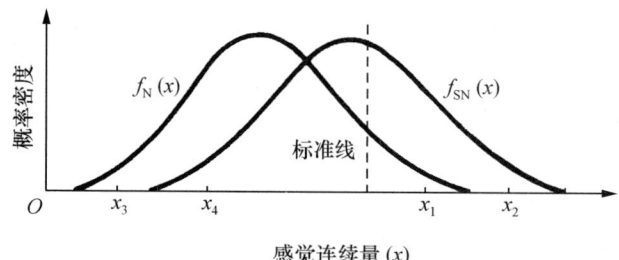

图 3-17 有无法反应图示

例如,在图 3-17 中当 x_1 或 x_2 感觉出现时,被试都说是信号引起的,但是 x_1 和 x_2 的感觉强度是不一样的这一点却被忽略了。也就是说,当 x_2 出现时,被试反应是信号的把握大于当 x_1 出现时反应的把握,但有无法只要求被试回答是信号就够了。类似地,当 x_3 出现时,被试反应是噪声的把握大于当 x_4 出现时反应的把握,但有无法只要求被试回答是噪声就够了。这样,由于有无法是把感觉连续体分为两部分,故它从被试的反应中所能知道的就只是某一感觉在标准以上或以下,至于这种感觉离开标准多远则不知道,即反应的把握程度反映不出来。从而也就丧失掉了许多信息。

那么,有没有办法把某一感觉离标准多远表达出来呢?办法是有的,让我们回到色子游戏上来。

当色子数目多的时候,如13、14、15,我们有百分之百的把握说,特殊色子是3;当色子数目少的时候,如2、3、4,我们也有百分之百的把握说,特殊色子是0。但是当色子数目不多不少,恰在5～12时,我们多半猜测,确信的程度将会小于百分之百。这样,模仿色子游戏的情形,在信号检测论的实验中我们可以首先回答有信号或无信号,然后说明我们对回答的确信程度(或用概率来表达确信程度),这就是评价法的实验。用这样的办法,我们就可以把信号或噪声引起的感觉离标准多远表达出来(参见图3-18)。

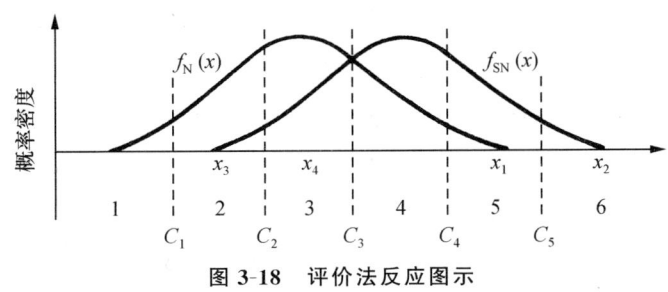

图 3-18　评价法反应图示

图3-18中的C_1、C_2、C_3、C_4和C_5是感觉连续体上从左到右的5个标准。1、2、3、4、5和6代表确信程度,即评价等级。在有无法中一种信号概率或一种奖励办法只允许被试使用一个判断标准,而在评价法中,同一轮实验被试实际上使用几个判断标准,如图3-18所示,允许使用6个等级的确信程度,被试就可以使用5个判断标准。这样,当x_2感觉出现时,由于它在C_5标准以上,被试用第6等级来反应,当x_1感觉出现时,由于它在C_4标准以上,被试用第5等级来反应,余类推(6个等级的含义如表3.19所示)。结果,强度不同的感觉就分属于不同的评价等级,反应的把握程度就可以表达出来,从而也就避免了有无法中感觉强度不同,只用有信号或无信号来反应的简单做法,进而保留了较多的信息。由于评价法在一轮实验中使用了多个标准,故它可以获得有无法多轮实验才能得到的结果。

表 3.19　各个确信程度的含义

确信程度	含　义	相应的概率判断
第6等	十分肯定有信号出现	100%有信号出现
第5等	肯定有信号出现	80%有信号出现
第4等	可能有信号出现	60%有信号出现
第3等	可能没有信号出现	40%有信号出现
第2等	肯定没有信号出现	20%有信号出现
第1等	十分肯定没有信号出现	0%有信号出现

在一个信号检测实验中,SN和N各呈现600次,用评价法得到的实验结果如下:

表 3.20　评价法的实验结果

(1) 确信程度	6	5	4	3	2	1
(2) $f(SN, Ri)$	176	154	101	66	59	44
(3) $f(N, Ri)$	24	54	66	96	162	198
(4) $P(Ri|SN)$	0.29	0.26	0.17	0.11	0.10	0.01
(5) $P(Ri|N)$	0.04	0.09	0.11	0.16	0.27	0.33

表 3.20 中的第(2)、第(3)两行分别为 SN 和 N 与各确信程度结合的次数。例如，当 SN 呈现时被试评价为 6 等的有 176 次，当 N 呈现时评价为 6 等的有 24 次等。第(4)、第(5)两行分别为 SN 和 N 呈现时被试评价为各等级的概率。例如，SN 共呈现 600 次，评价为 6 等的概率为 0.29(=176/600)；N 也是共呈现 600 次，评价为 6 等的概率为 0.04(24/600)。

如果要根据表 3.20 的数据来计算被试在各种标准下的 d' 与 β，则需要将 C_5 以下的各标准的击中率与虚报率进行累加，如表 3.21 所示。

表 3.21　各标准下的击中率和虚报率

判断标准	C_5	C_4	C_3	C_2	C_1
$P(y|SN)$	0.29	0.55	0.72	0.83	0.93
$P(y|N)$	0.04	0.13	0.24	0.40	0.67

为什么对于 C_5 以下的各标准来说，击中率都应该是累积概率呢？让我们结合图 3-18 来进行说明。当 x_2 感觉出现时，由于它在 C_5 标准以上，故被试以第 6 级作反应；当 x_1 感觉出现时，由于它在 C_5 标准以下，故不能以第 6 等级反应，但它在 C_4 标准以上，所以以第 5 等级反应。现在我们要计算 C_4 标准的击中率，那就不仅要包括第 5 等级的反应，还应当包括第 6 等级的反应。因为 C_5 标准比 C_4 标准高，在 C_5 标准以上可以肯定 x_2 感觉是由信号引起，那么在比 C_5 低的任何标准下，当然也可以肯定 x_2 感觉是由信号引起的。所以 C_4 标准的击中率，就是信号呈现时第 6 等级和第 5 等级的反应之和。因此，对于 C_5 以下的各标准来说，击中率都应该是累计概率。各标准下的虚报率也应以类似的方法来计算。

根据表 3.21 所列数据可以计算出各标准下相应的 d' 和 β，见表 3.22。如果以虚报率的 Z 分数为横坐标，以击中率的 Z 分数为纵坐标，则画出的 ROC 曲线就是一条直线，这条直线与机遇线的距离就是 d' 的值，见图 3-19 所示。

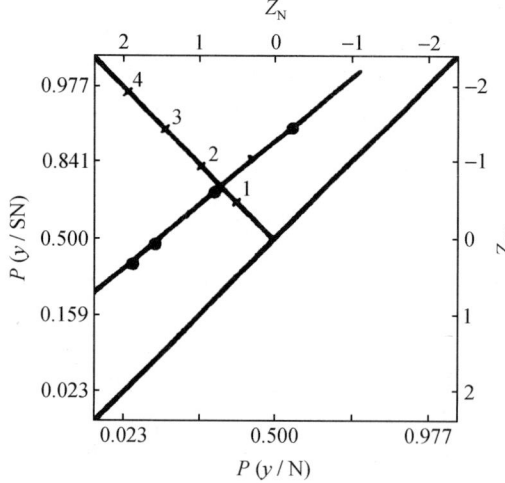

图 3-19　双常态坐标上的 ROC 曲线

由图 3-19 确定的 d' 约为 1.2,它与表 3.22 所计算出来的 5 个 d' 的平均值 1.198 十分接近(赫保源等,1983)。

表 3.22 各种标准下的 d' 和 β

判断标准	C_5	C_4	C_3	C_2	C_1
$P(y|N)$	0.04	0.13	0.24	0.40	0.67
$P(y|SN)$	0.29	0.55	0.72	0.83	0.93
Z_N	+1.75	+1.13	+0.71	+0.25	−0.44
Z_{SN}	0.55	−0.13	−0.58	−0.95	−1.48
虚报率纵坐标	0.0863	0.2107	0.3101	0.3867	0.3621
击中率纵坐标	0.3429	0.3956	0.3372	0.2541	0.1334
d'	1.20	1.26	1.29	1.20	1.04
β	3.97	1.87	1.09	0.66	0.37

三、心 理 量 表

物理刺激可由物理量表来测量。例如,一个西瓜的重量,我们用千克来量,一张桌子的长度我们用米来量。但是,心理量的大小却不能用物理量表来测量。首先,这是因为刺激的物理值的变化不一定会引起心理上相应的一对一的变化。例如,实验证明声音的频率从 1000 Hz 到 3000 Hz 增加了两倍,但作为心理量的音高却只增加了一倍,因此,我们不能用频率的增加(这是物理量表测量的)来量心理量音高的增加。其次,有一些物理刺激本身就难以用物理量表来测量。因此,由这些物理刺激引起的心理量的变化当然也就不能用物理量表来测量。例如,一幅山水画、书法作品就不好用什么物理量表来度量,因而,由它们引起的我们心理上的美感、喜爱程度也就不是物理量表所能测量的。因此,心理量的大小只能用心理量表来度量。

心理量表与物理量表一样,也有顺序量表、等距量表和比例量表 3 类。下面我们先介绍这 3 类量表的一般特点,然后谈谈该怎样制作心理量表。

顺序量表是将对象的某一属性排出顺序。例如,1500 m 赛跑的第一名、第二名、第三名等。这种量表没有相等单位,也没有绝对零。例如,如果知道第一名比第二名快 1 min,但由于没有相等单位,所以我们不能推测第二名比第三名也快 1 min。由于没有绝对零,更不能说第一名速度是第三名的几倍。因此,顺序量表是一种比较粗糙的测量表。

等距量表有相等单位,可以测量对象之间的差别,但没有绝对零。例如,1500 m 赛跑第一名到达时间 2∶01;第二名 2∶02;第三 2∶04。我们可以知道前三名之间的差距是多少,但仍然不知道第一名比第三名快多少倍,例如,我们不能说 2∶01 比 2∶04 快多少倍。

比例量表与上述量表相比,既有绝对零又有相等单位,因此它除了可以测量对象之间的差别,还可以确定它们之间的比例。例如,1500m赛跑第一名跑了4min,第二名5min,第三名6min。这样我们既知道第三名比第一名慢了2min(两者差别等于6减4),又知道第三名跑的时间是第一名的1.5倍(6/4)。换句话说,即对比例量表的数据我们既可以用加减法来处理也可以用乘除法来处理。比例量表是一种较理想的量表。

(一) 差别阈限法、等距量表与Fechner定律

在这个标题下我们想要说明的是,如果你运用差别阈限的方法来制作等距量表,那么实验结果是支持Fechner定律的。

Fechner提出,差别阈限(ΔI)造成了最小可觉差(JND),因而JND可以用作单位来测量感觉量的大小。Fechner试图制作一个心理量表,主观经验的感觉以JND为单位,客观的刺激强度以ΔI为单位,看看刺激强度的变化怎样引起相应的感觉的变化。他还假定强弱不同水平上的感觉单位JND都是相等的,即所有的JND都代表着主观上同样的感觉单位。这样的假定是必要的,因为物理量表中有着类似的要求。例如,当我们测量长度时,第一个1km的长度应当与1000km长度中最后1km的长度相等。如果假定所有的JND都相等,那就意味着,不管刺激的强度是高或是低,ΔI造成的感觉差别都是相同的。例如,手在0℃冰水中,然后把高于0℃的温水倒入冰水,手刚刚感觉到的差别与手在40℃温水中,把高于40℃的温水倒入后刚刚感觉到的差别是一样的。

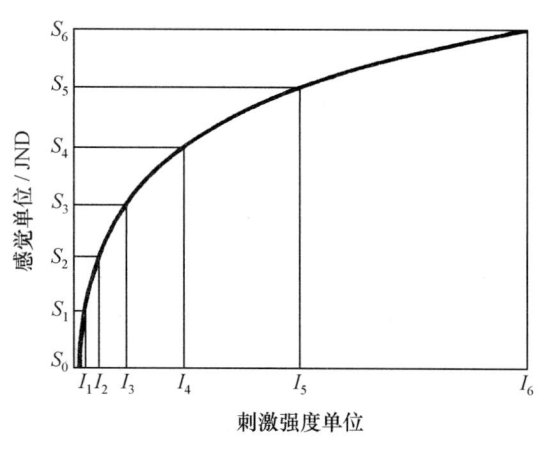

图 3-20 JND 与 ΔI 关系图

根据Weber比例,当刺激强度I增大时,ΔI也必须相应地增大,才能使主观感觉的增量保持恒定,即仍然保持着最小可觉差,反过来说,即一个给定的JND总是对应于刺激强度恒定比例的变化。这样,当刺激强度低时,产生一个JND所必需的绝对变化增量就小;而当刺激强度高时,产生一个JND所必需的绝对变化增量就大。也就是说,在刺激强度表低的一头,两刺激强度差别很小(或十分接近时),就能为一个JND所分辨;而在刺激强度量表高的一头,两刺激强度差别很大(或相距甚远时),才能为一个JND所分辨。感觉与刺激之间的这种关系见图3-20。

假定所有的JND在心理上都是相等的话,那么,感觉量表(纵坐标)上等距的增长,就必然会要求刺激强度量表上愈来愈大的增加。也就是说,当感觉单位(JND)的数目以算术级数增长时,刺激强度则以几何级数增长。刺激强度量表上的几何增长与感觉量表上的算术增长表现为一种对数关系。

下面我们用具体的数据来说明这种对数关系并推导出Fechner定律的公式。

Fechner 假定,高于绝对阈限的心理量的大小可以用绝对阈限以上的最小可觉差(JND)的数目来表示。例如,在绝对阈限和某刺激之间有 3 个最小可觉差,那么这个刺激强度所引起的感觉就是 3。这样,Fechner 就将差别阈限作为心理量表的单位,而将绝对阈限作为心理量表上的 0 点。因此,为了制作理论上的等距量表,我们只需要知道绝对阈限与 Weber 比例就够了。例如,设想某种感觉的绝对阈限为 10 个单位,Weber 比例为 $\frac{1}{5}$;每一个新的最小可觉差的刺激值为前一个刺激值的 $1\frac{1}{5}$。请参看表 3.23 中前两列数字。从表上看得很清楚,随着最小可觉差数目变大,所需要的物理刺激值也愈来愈大,因此,用对数形式来表示刺激值就方便多了。相应的对数值写在表的第(三)列。表的第(四)列是对数的增量,它是恒定的。表的第(五)列是对第(二)列数据稍作处理后的形式,目的是使读者便于理解第(六)列的数据。

表 3.23 理论上的 Fechner 量表(等距量表)

(一) JND 数目	(二) 物理量	(三) 物理量对数	(四) 对数的增量	(五) (二)项数据之整理	(六) (五)的对数形式
0(绝对阈限)	10.0	1			
1	$12=10.0+\frac{1}{5}(10.0)$	1.08	0.08	$12=10.0\left(1+\frac{1}{5}\right)$	$\lg 12=\lg 10+\lg\left(1+\frac{1}{5}\right)$
2	$14.4=12.0+\frac{1}{5}(12.0)$	1.16	0.08	$14.4=10.0\left(1+\frac{1}{5}\right)^2$	$\lg 14.4=\lg 10+2\lg\left(1+\frac{1}{5}\right)$
3	$17.3=14.4+\frac{1}{5}(14.4)$	1.24	0.08	$17.3=10.0\left(1+\frac{1}{5}\right)^3$	$\lg 17.3=\lg 10+3\lg\left(1+\frac{1}{5}\right)$
⋮	⋮	⋮	⋮	⋮	⋮
10	$62.2=51.8+\frac{1}{5}(51.8)$	1.79	0.08	$62.2=10.0\left(1+\frac{1}{5}\right)^{10}$	$\lg 62.2=\lg 10+10\lg\left(1+\frac{1}{5}\right)$

从表 3.23 中的(一)(四)两列我们看到,心理量每增加一个 JND,物理量即刺激值的对数增量是恒定的。让我们按照表 3.23 的说明,把心理量与物理量的对数成比例的关系用对数形式的公式表达出来。假设:

S_K = 任何刺激值;

S_0 = 绝对阈限或假定为零的特殊刺激值;

W = Weber 比例;

$K =$ 从 S_0 到 S_K 之间的 JND 数目；

$R_K = S_K$ 引起的心理量。

仿照第（六）列的数据，我们得：

$$\lg S_K = \lg S_0 + K\lg(1+W)$$

并且

$$K = \frac{1}{\lg(1+W)}(\lg S_K - \lg S_0)$$

由于 Fechner 假定心理量是与辨别成比例的，即一个刺激引起的心理量的大小是与绝对阈限以上的 JND 数目成比例，所以我们可以得到：

$$R_K = \lg S_0 + K\lg(1+W) \tag{3.9}$$

这就是著名的 Fechner 定律的数学表达式。Fechner 定律表示的心物关系可以分解如下：

① 物理量：　$S_0, S_1 = (1+W)$，

　　　　$S_2 = S_0(1+W)^2 \cdots S_K = S_0(1+W)^K$

② 物理量对数：　$\lg S_0, \lg S_0 + \lg(1+W)$，

　　　　$\lg S_0 + 2\lg(1+W) \cdots \lg S_0 + K\lg(1+W)$

③ JND 数目：　0　1　2　$\cdots$　K

④ 心理量：　　R_0　R_1　R_2　$\cdots$　R_K

我们看到的心物对应关系是：刺激 S_0 产生感觉 R_0；S_1 产生 R_1；直到 S_K 产生 R_K。R_1 是与 1 个 $\lg(1+W)$ 相对应的……R_K 是与 K 个 $\lg(1+W)$ 相应的。在这里，我们又一次看到，心理量是与物理刺激的对数成比例的。

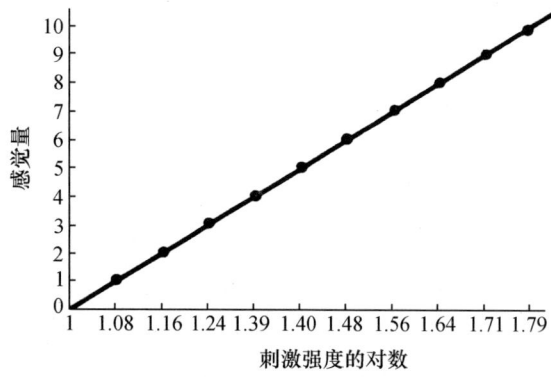

图 3-21　心理量与物理量的对数值的关系

R_0 与 R_1 是两个刚刚可以分辨的感觉，S_0 与 S_1 是两个刚刚可以分辨的刺激；可分辨的刺激与可分辨的感觉是一回事！在这里，Fechner 是用刺激来表示感觉，用可分辨的刺激来表示可分辨的感觉，因而差别阈限法是制作等距量表的间接方法。制作等距量表的其他方法还有感觉等距法。当我们以物理量的对数为横坐标，以心理量为纵坐标画图时，就得到一条直线，如图 3-21。它表示心理量和物理量的对数成比例关系。

Fechner 定律的前提有两个：假定 Weber 比例在强弱不同的刺激水平上都是恒定的；在所有刺激强度水平上的 JND 都是相等的，即主观的刚刚感到的差别在不同刺激水平上都是一样的。

这两个前提有其合理性，Weber 比例在中等强度上是相当恒定的，而人的感官经

常接受中等强度的刺激;应当承认 JND 也是一种测量单位。但批评 Fechner 定律的人认为,Weber 比例不是在所有的刺激强度上都是恒定的,因此,心理量与刺激量的对数成比例的说法就不能成立了;另外,不同刺激强度上的 JND 也不一定相等,因而,心理量也就不能用 JND 数目之和来表示。

例如,如果所有的 JND 在主观上是相等的话,那么绝对阈限以上 20JND 的响声应当比绝对阈限以上 10 JND 的响声响 1 倍,因为它的 JND 数目比 10 个 JND 多 1 倍(别忘了,Fechner 认为,高于绝对阈限的心理量的大小可以用绝对阈限以上的 JND 数目来表示)。但事实上,绝对阈限以上 20 JND 的响声比 10 JND 的响得多。这样,某一感觉道所有的 JND 就不可能产生同等的感觉差别。在这些批评的背景上,S. S. Stevens 提出了制作心理量表的一种直接方法,并在 1957 年提出了心理量与物理量之间关系的新定律。

(二) 数量估计法、比例量表与 Stevens 定律

在这个标题下我们想要说明的是,如果你运用数量估计法来制作比例量表,那么实验结果是支持 Stevens 定律的。

什么是数量估计法? 1975 年 Stevens 关于数量估计法给被试的指导语做了清楚的说明:"有一系列刺激以随机方式呈现给你。你的任务就是用数字来表示这些刺激的强度。你可以随意地把第一个刺激叫作任意数字,然后按照自己的主观印象给其他刺激逐个标出数字。使用的数字不受限制,可以是整数、小数或分数——以便使每个数字同你觉察的刺激相匹配。"

实验中为了避免被试使用的数字过大或过小以至对结果造成影响,应该使用几何平均值。例如,对同一刺激,3 个被试使用的数字如下:100、500、10。如果取算术平均值,则为 203。显而易见,203 不能很好地代表这 3 个数据。几何平均值定义为几个数值相乘之积的 n 次方根。例如,求这 3 个数的几何平均值步骤如下:

几何平均值 $\quad\quad\quad\quad \overline{X} = \sqrt[n]{100 \times 500 \times 10}, \quad n = 3$

两边取对数 $\quad\quad\quad\quad \lg\overline{X} = \dfrac{1}{3}(\lg 100 + \lg 500 + \lg 10)$

$\quad\quad\quad\quad\quad\quad\quad\quad \lg\overline{X} = 1.9$

查反对数 $\quad\quad\quad\quad\quad \overline{X} = 79.43$

下面是一项假设的用数量估计法作声音响度的比例量表的实验结果。

相对物理强度	1	8	64	512
心理量	100	200	400	800

我们从这里典型的数据可以看出:

① 当物理量以 8 倍的关系增加时,心理量以 2 倍的关系增加。一般而言,只要物

理量的比例关系不变,心理量的比例也不变,即相等的刺激比例总是产生相等的感觉比例。

② 心理量的变化与物理量的变化又有什么关系呢?我们可以说,当刺激强度以几何级数(8倍)增加时,心理量也以几何级数(2倍)增加。参见下面的数据说明。

相对物理强度	1	8	64	512
心理量	100	100×2	100×4	100×8
		$2 = \sqrt[3]{8}$	$4 = \sqrt[3]{64}$	$8 = \sqrt[3]{512}$
	100	$100 \times 8^{0.3}$	$100 \times 64^{0.3}$	$100 \times 512^{0.3}$

这些数据表明,声音强度引起的心理量的变化与声音强度的立方根成正比。一般而言,心理量是物理量的幂函数,这就是 Stevens 提出的幂定律或叫 Stevens 定律。如果以 S 代表心理量,I 代表物理量,a、b 代表常数,那么幂定律就可被写作:

$$S = bI^a \tag{3.10}$$

常数 b 是被试任意给定的,如被试随意把第一次出现的刺激定为 100,那么他就会以这个主观印象为标准给随后出现的其他刺激标出相应的成一定比例关系的数字,如果被试随意把第一次出现的刺激定为 0.2,他同样也会把与 0.2 这个主观印象成一定比例的数目字分配到其他刺激。在这两种情况下,b 的大小不同(100 与 0.2),但这两种情况下各自心理量之间的比例关系不变,是相同的。常数 a 是指数,它代表心理量与物理量的关系,意思是当客观的物理强度成倍增加时,心理量以物理强度增加倍数的 a 次幂增加。就拿刚才的例子来说,当 I 增加到 8 倍时,心理量相应地增加 $8^{0.3}$ 倍,即由 100 增加到 $8^{0.3}$ 倍($100 \times 8^{0.3} = 200$)。当 8 增加到 8 倍时(64),心理量相应地也增加 $8^{0.3}$,即由 200 增加到 $8^{0.3}$($200 \times 8^{0.3} = 400$)等。即主观的响度和声音的物理强度增加倍数的立方根(0.3 次幂)成比例地增长。

如果对 $S = bI^a$ 取对数,我们得

$$\lg S = \lg b + a \lg I \tag{3.11}$$

要是我们将刚才的例子中的数据取对数作图,心理量与物理量的关系就是直线函数关系,见图 3-22。

下面我们以 Stevens 1975 年的一项数量估计法实验为例来对 Stevens 定律做进一步的说明。

实验中声音刺激的频率固定为 1000Hz,共有 8 种强度:40、50、60、70、80、90、100、110dB。主试将这 8 种声音一次一种地随机呈现给 32 个被试,每种声音呈现两次,对每个被试来说,各种声音的呈现顺序都是不同的。被试听到第一个声音后,给出他

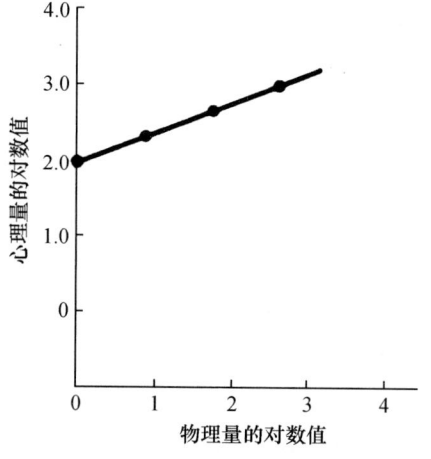

图 3-22 心理量的对数值与物理量的对数值之间的关系

(她)认为适当的数目来表示声音的强度,对以后听到的声音则按其与刚才听到的声音的强度比例给出适当的数字。告诉被试,回答的数字无所谓正确与否,主试感兴趣的是被试怎样感觉声音强度像是什么的,而不在于回答的"准确性"。这些指导语目的在于使被试的内部经验(internal experiences)尽可能地单纯与直接。实验结果见图 3-23。图 3-23 中的横坐标是分贝数,它是声音强度的对数值;纵坐标是被试的回答,也已转化为对数形式。在双对数坐标形式下,实验结果表现为一条直线。许许多多的数量估计法实验都得到了类似图 3-23 的结果,从而导致公式(3.11)。

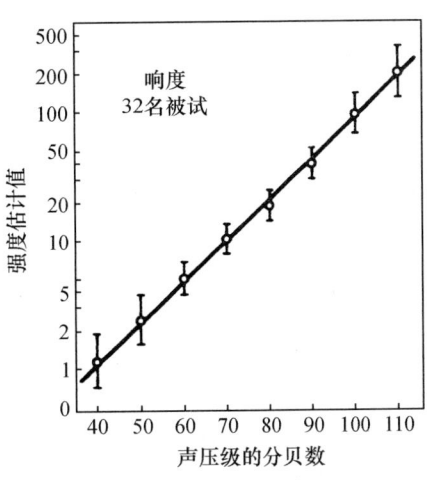

图 3-23 一项数量估计法实验
(引自 Luce et al.,1988)

图 3-23 的结果与人的听觉经验相符而与 Fechner 定律矛盾。为了说明方便,我们先列出表 3.24。

表 3.24 某些公共环境声音的分贝数

声音	dB
最微小的声音	0
正常的呼吸	10
郊外的晚上	20
窃窃耳语	30
非常安静的卧室	40
低声谈话(在图书馆)	50
5 步远听到的一般说话	60
看电视	70
25ft 处听到的 65mile/h 的汽车响声	80
25ft 外的摩托车	90
地铁列车进站	100
链锯	110
摇滚乐队	120
近处的机关枪	130
100ft 处喷气飞机起飞	140

由于分贝数的增长表示声音强度对数值的增长,按照 Fechner 定律,它应相应地导致感觉的增强。但大多数人都会说,100dB(地铁列车进站)比 50dB(图书馆说话声)要

响得多得多,而不仅仅是两倍那么响。换句话说,即 Fechner 定律不能说明响度感觉随声音强度变化而产生的变化。实际上,对 Fechner 定律的最早挑战是由音响工程师们提出来的。当他们必须对用户说明响度怎样随声音强度变化时,仅用声音分贝数就会导致错误的说法,如 100dB 声音比 50dB 声音响一倍。于是 20 世纪 30 年代,音响工程师自己进行实验,通常是呈现两个声音,要求听声音的人回答:第二个声音比第一个声音响多少倍?也可以让被试调节第二个声音使之听起来是第一个声音的两倍或一半。Stevens 当时收集了这些数据再加上自己的实验,提出了响度的宋量表(son)。他规定声级 40dB 的 1000Hz 纯音的响度为 1 宋,相应地,50dB 为 2 宋(听起来觉得比 40dB 响一倍),60dB 为 4 宋,(听起来觉得比 40dB 响 4 倍),70dB 为 8 宋,等等,宋的数目随着每 10dB 的增加而成倍增长。其他频率声音的响度则以 1000Hz 声音的响度为标准。

这样,声音强度每增加 10 倍(即增加 10dB),而相应地主观感觉响度总增长 2 倍。换句话说,即刺激及其感觉都按几何级数变化,因此也可以说,30 年代的宋量表就已显示出了 Stevens 定律的雏形。20 多年后,Stevens 又回到感觉的测量问题并发展出数量估计法,在众多实验研究的基础上,于 1957 年正式提出了 Stevens 定律(Laming,1994)。

在公式 3.11 中,指数 a 代表直线的斜率,$\lg b$ 代表直线的截距。直线的不同斜率表示心理量随物理量增加但增加的速度不同(参见图 3-24)。

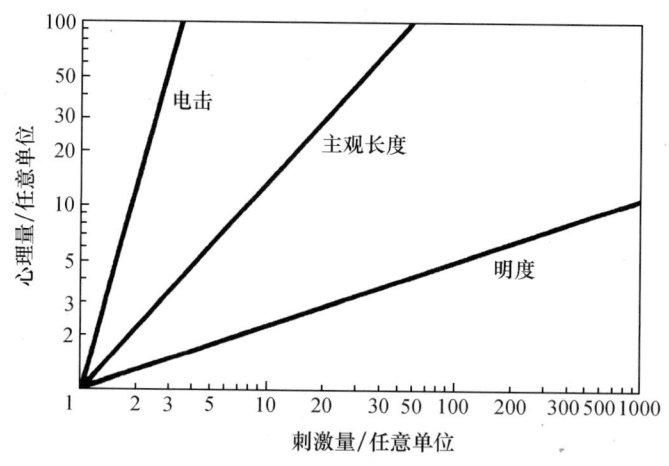

图 3-24　心理量和物理量的关系
(双对数坐标)

指数大于 1 的,表明心理量的增加快过物理量的增加,如电击的感觉强度;指数等于 1 的,表明心理量与物理量以同等的速度增加,如线段的视觉长度和线段的物理长度增长率相同;指数小于 1 的,表明心理量的增加速度小于物理量的增加速度,如明度比光能的增长就慢得多。

表 3.25 给出了各种感觉在特定条件下的指数。

表 3.25 各种感觉的指数

感觉连续体	指数	刺激条件
响度	0.6	双耳
明度	0.5	黑暗中的点光源
嗅觉	0.55	咖啡气味
味觉	0.8	糖精
味觉	1.3	盐
温度感觉	1.0	手臂上的冷刺激
温度感觉	1.6	手臂上的温刺激
振动感觉	0.95	60Hz 作用于手指
时间久暂感觉	1.1	用白噪声刺激
压觉	1.1	在手掌上的静止压力
提重感觉	1.45	提重
握力感觉	1.7	测力计
电击感觉	3.5	通过手指的 60Hz 电流

数量估计法看似简单,但其实验结果却可以与电生理学的方法相媲美。下面我们举一个例子来说明。

由于与味蕾相连的神经纤维的一部分进入鼓索神经,而鼓索神经从舌通往延脑时途经中耳的小骨,挨近鼓膜,因此,从中耳手术者的鼓索神经上就可以很方便地直接记录出反映味觉变化的动作电位。有一项实验研究(两个被试)是这样进行的:对同一被试给予不同浓度的柠檬酸和蔗糖溶液,让他用数量估计法进行反应,报告他尝味后感觉的大小。在两天以后的手术中,同样的溶液放在被试的舌上,直接记录他们鼓索神经动作电位的发放频率。结果见图 3-25。实心的圆和三角的连线代表味觉的感觉强度对柠檬酸或蔗糖溶液的依赖,而空心的圆和三角的连线表示鼓索神经动作电位的发放频率对柠檬酸或蔗糖溶液浓度的依赖。纵、横坐标都是对数单位。从图上可以看到,这两种方法的结果十分类似,也就是说感觉神经的反应强度与刺激强度的关系也可以用 Stevens 的幂定律来描述(Stevens,1970)。

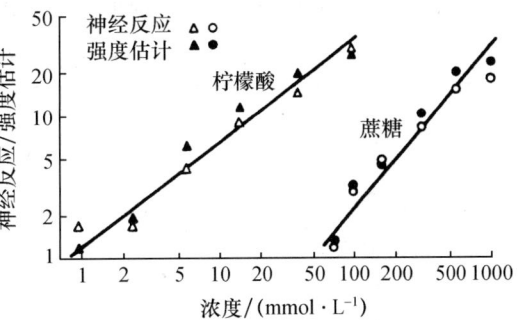

图 3-25 数量估计法与电生理学方法的比较
(引自 Stevens,1970)

Stevens 的数量估计法曾受到批评,人们认为被试给出的数字可能更多地反映他的数字习惯而不反映他的感觉。为了回答这类批评,Stevens 曾用不同感觉道的交叉匹配法(cross-modality matching)来进行实验,以进一步验证 Stevens 定律。实验中被试紧握手压力计,用握力大小来匹配电流、白噪声、振动等。图 3-26 就是由此而得到的

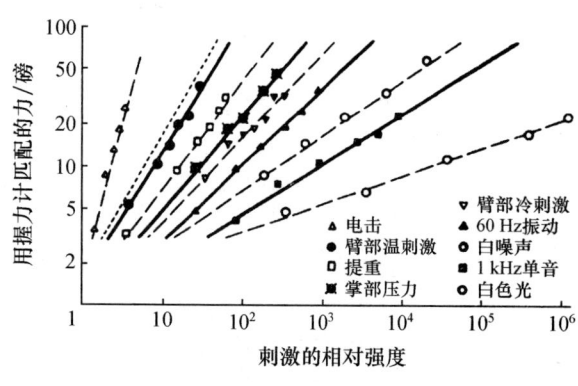

图 3-26 不同感觉道的交叉匹配
（引自 Laming,1994）

实验结果。

假设数量估计法实验中对 1000 Hz 声音的结果为

$$N = x^b$$

而对握力的结果为

$$M = Y^c$$

如果 Stevens 定律是正确的,或它反映了感觉系统中神经信息的真实转换,那么从上面两式子就可以预测到握力直接与 1000 Hz 响度的匹配。当被试用握力匹配 1000 Hz 响度时：

$$M = N$$

因此

$$Y^c = X^b$$

或

$$Y = x^{b/c}$$

一系列的实验结果见表 3.26 预期指数一栏数据 (b/c)。

表 3.26 预期指数的计算

刺激	数量估计法的结果 (b)	预期指数 (b/c)	与握力匹配实验结果
电击	3.50	2.06	2.13
握力	1.70*	—	—
手臂上的热	1.60	0.94	0.96
提重	1.45	0.85	0.79
手心上的压力	1.10	0.65	0.67
手臂上的冷	1.00	0.59	0.60
60 Hz 振动	0.95	0.56	0.56
白噪声	0.67	0.39	0.41
1000 Hz 声音	0.67	0.39	0.35
白色光	0.33	0.19	0.21

* 1.70 为握力的指数,用 c 表示。

预期指数是用握力的指数 (c) 除各刺激的指数 (b) 得到的。表 3.26 表明,预期指数与实际匹配结果吻合得很好。

（三）心理物理判断的相对性

本章一开头我们曾介绍过 Fechner 关于烛光的观察,他发现刺激的作用不是绝对的,而是相对的。

实际上,任何刺激都不能孤立地存在,它总是在时间顺序或空间上相对于一定的上下关系(context)或背景(background),因此,对刺激的知觉不仅依赖于刺激本身,也依赖于其背景。

图 3-27 形象地说明了这一点。a 与 b 线段是相等的,但因为背景刺激不同——线段两端箭头的方向不同——b 线段就显得比 a 要长,即使两条线段的末端对齐也仍然是这样。有趣的是,类似的现象在动物身上也发现了。在实验中,一组白鼠完成任务后获得高浓度甜汁,几轮试验后奖励改为低浓度甜汁,由高浓度转变为低浓度的奖励使白鼠完成任务的结果比控制组白鼠还差,而控制组一直使用低浓度甜汁作为奖励。这是因为,高低浓度甜汁的对比使低浓度甜汁更加不甜,从而造成了差的完成任务结果(Schiffman, 1996)。

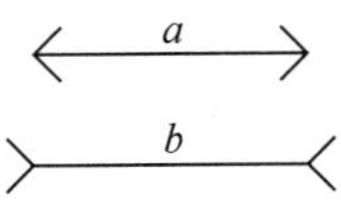

图 3-27 莱依尔错觉

1984 年 Laming 提出了判断的相对性原则(relativity of judgement)用以解释数量估计法。该原则认为,数量估计法实验中所有的判断都是相对于即时的上下关系(the immediate context)而言的。即时的上下关系是指刚才呈现过的刺激以及给出的数目字,在这即时的上下关系中对当前刺激的判断仅仅是顺序性的。举例来说,当刺激 c 被判断为前一刺激 b 的 2 倍大,如果 b 本身被判断为其前一刺激 a 的 3 倍大,那么 c 就是 a 的 6 倍大了。按照这种方式来回溯,则所有的刺激都能够与实验开头的标准刺激联系起来。相对性原则认为这种回溯参照是不可能的,因而对当前刺激的判断仅仅是顺序性质的。如果对当前刺激的判断仅仅是顺序参照性的,即只是相对于即时的上下关系而进行的,那么,以图 3-23 的实验为例,先呈现 1000Hz,40dB 声音然后呈现 70dB 声音,被试对 70dB 的响度判断受 40dB 的影响要比下述情况小些:先呈现 40dB,然后呈现 110dB,被试对 110dB 响度的判断受 40dB 的影响。因为在实验设计中,要求 40dB 都在其余强度声音前呈现过(对其余强度也有类似要求),因此,与 40dB 强度差别大的声音强度听起来就显得更响,对比的效果增加了它的响度。这就造成了 40dB 与 110dB 两端判断的变异性,而这也正是图 3-23 中 40dB 与 110dB 两端判断变异大(数据点上的垂直线长)的原因。当然,像 70dB、80dB 等中间的刺激受对比效果引起的变异小些,但也仍然是存在的。专门的分析表明,数量估计法所用刺激强度在 5.7 个对数单位内变化,而被试给出的数字反应则仅在 1.27 个对数单位内变化,这样,用 1.27 个对数单位内感觉的变化来反映 5.7 个对数单位刺激强度的变化就会造成许多偏差,换句话说,即数量估计法引起的变异比简单地分辨这个声音比那个声音更响所引起的变异要大得多。判断的相对性原则就是用以解释数量估计法引起的变异的。

Laming 这样小结他对于感觉本质的理解:

① 被试能可靠地报告的事情就是,这灯光比那灯光更明亮(brighter),这声音比那声音更响(louder),这物体比那物体感觉更重(heavier)。

② Fechner 定律用辨别刺激差别的能力来测量内部(或代表)可分辨的感觉是不成功的,因为辨别刺激差别的能力仅用刺激的物理测量本身也能说明,因此,不一定是反映感觉的差别。换句话说,即 Fechner 提出的心理的物理学(physics of the mind)并没有实现。

③ 数量估计法是对感觉的直接测量,虽然数量估计法引起的变异大得多,但数量估计法已提供了数字判断是怎样系统形成的详尽资料,一旦这些资料能合理地得到解释,对感觉本质的理解就会进入一个新的阶段(Laming,1994)。

(四) 对偶比较法、等级排列法与顺序量表

我们可以用对偶比较法与等级排列法来制作顺序量表。

对偶比较法最早出现在颜色爱好的研究中。例如,在白纸卡片上分别写上红、橙、黄、绿、蓝。被试的任务非常简单:在面前的两张卡片中挑一张,以表示在两种颜色中他更喜欢哪一种颜色。比完两种颜色以后,换另一对颜色再比较,这样一直做下去直到所有的颜色都被判断完为止。由于每一种颜色都要和另外的颜色配对比较,所以 5 种颜色共需配成 10 对即配对数目等于 $n(n-1)/2$(其中 n 是待比较的样品数目)。表 3.27 是假设的实验结果。

表 3.27 用对偶比较法研究颜色爱好的实验结果

	红	橙	黄	绿	蓝
红		红	黄	红	红
橙	红		橙	绿	橙
黄	红	橙		绿	黄
绿	红	橙	黄		蓝
蓝	红	橙	黄	绿	
选择分数/C	7	5	4	3	1
P^*	0.88	0.63	0.50	0.38	0.13
Z	+1.18	+0.33	0.00	-0.31	-1.13
Z'	2.31	1.46	1.13	0.82	0.00
顺序	1	2	3	4	5

* $P=C/2(n-1)$

下面让我们结合该表来说明一下对偶比较法的数据处理。表中最上面一行与最左面的颜色都是待配对比较的颜色,表中其余颜色都是比较中的优胜者。例如,当红与橙比较时,被试选红。当蓝与绿比较时,第一次被试选绑;第二次被试选蓝;等等。选择分数就是某种颜色与其他颜色比较时优胜的次数,如红的选择分数为 7,表示红与其他颜色比较时胜了 7 次。当我们把选择分数转换成百分比(P)时,要除以 $2(n-1)$。$(n-1)$是每种颜色与其他颜色比较的次数,为了消除空间误差或时间误差,相同的颜色要比较两次,所以为 $2(n-1)$次。当把 P 转换成 Z 分数时,就可以得出各对颜色爱好的相对距

离。为了消除负值,把每个 Z 分数加上 1.13,这就是 Z' 的数据。根据 Z' 的数据可得图 3-28,它表示一个被试对各种颜色爱好的程度。

```
蓝        绿  黄   橙        红
↓         ↓   ↓   ↓         ↓         ↓
0       0.82 1.13 1.46     2.31      3.00
           1.00           2.00
```

图 3-28 某被试对各种颜色爱好的程度

1906 年,美国心理学家 J. M. Gattll 曾用等级排列法对当时 10 位著名的天文学家排过等级。他请一些有代表性的专家按天文学家的声望排出名次,声望最高的排在第一……这样就得到一个单一的等级顺序。他的实验结果见表 3.28(武德沃斯,1965)。

表 3.28 Gattll 实验结果

评判者	样品									
	A	B	C	D	E	F	G	H	I	J
I	1	2	4	3	9	6	5	8	7	10
II	1	4	2	5	6	7	3	10	8	9
III	1	3	4	5	2	8	9	6	10	7
IV	1	3	4	5	2	6	10	8	7	9
V	1	9	2	5	6	3	4	8	10	7
VI	1	4	9	2	5	6	7	3	10	8
VII	1	3	5	10	2	6	9	7	8	4
VIII	1	3	5	7	6	4	8	10	2	9
IX	1	2	8	4	9	6	3	7	5	10
X	1	2	4	5	9	8	6	3	7	10
等级的总和	10	35	47	51	56	60	64	70	74	83
M_R	1.0	3.5	4.7	5.1	5.6	6.0	6.4	7.0	7.4	8.3
Mc	9.0	6.5	5.3	4.9	4.4	4.0	3.6	3.0	2.6	1.7
P	1.00	0.72	0.59	0.54	0.49	0.44	0.40	0.33	0.29	0.19
z	?	+0.58	+0.23	+0.10	−0.03	−0.15	−0.25	−0.44	−0.55	−0.88
Mc'	9.5	7.0	5.8	5.4	4.9	4.5	4.1	3.5	3.1	2.2
P'	0.95	0.70	0.58	0.54	0.49	0.45	0.41	0.35	0.31	0.22
Z'	+1.64	+0.52	+0.20	+0.10	−0.03	−0.13	−0.23	−0.39	−0.50	−0.77

表中 $Mc = n - M_R$; $P = Mc/(n-1)$; $Mc' = Mc + 0.5$; $P' = Mc'/n$

在对偶比较法中我们得选择分数,即每一样品与其他样品比较时获胜的次数。其实,等级排列法中的等级也可以表示某样品与其他样品比较时获胜的次数。例如,某天文学家在 10 名天文学家中排在第二位就表示他的声望胜过其余 8 人的声望,因此,第二位也就相当于选择分数 8。这样,就可以把等级排列法中的等级转换成选择分数。假设 C 代表选择分数,R 代表被评判的等级,n 代表样品的总数,则

$$C = n - R \tag{3.12}$$

而平均选择分数 Mc 就等于样品总数减平均等级。即

$$Mc = n - M_R \tag{3.13}$$

表 3.28 的数据中平均选择分数化为百分数(P)时只除以($n-1$),这是因为在采用等级排列法的实验中只需把样品排列等级一次。

当 P 值为 0 或 1.00 时怎么办?出现这种情形时可以在每个平均选择分数上加 0.5 分(Mc'),这可以理解为某天文学家的声望与其自身比不分胜负,于是每个天文学家各得半分。相应地,P'值就不是除以($n-1$),而是 n,因为自身与自身比过一次。由 P'可以转换为 Z',每个 Z'分数加 $+0.77$,就可以消除 Z'分数中的负值(武德沃斯等,1965)。

如果你对天文学家的声望不感兴趣,而是想了解一些产品的外观质量如何,那么你就可以让被试按外观质量来将产品排出等级,数据的处理同上。总之,被试按照一个指定的因次把许多样品排列成一个顺序的系列,这就是等级排列法。

问 题

1. 为什么必须对感觉及其刺激加以区分?
2. 怎样理解感觉阈限与差别阈限的概念?
3. 什么是 Weber 定律?
4. 测量感觉阈限与差别阈限的 3 种方法的实验程序是怎样的?实验结果如何处理?
5. 什么叫 75% 的差别阈限?它有什么优点?
6. 什么叫阈下知觉?
7. 色子游戏的一般规则是怎样的?怎样定标准可以使猜对的百分比超过 50%?
8. 信号检测论中,击中率与虚报率怎样随标准升高或降低而变化?
9. 有无法与评价法的实验程序是怎样的?怎样计算 d' 与 β?
10. 什么叫等感受性曲线?
11. 影响 β 的因素是什么?影响 d' 的因素是什么?
12. 评价法中低标准下的击中率与虚报率为什么都应该是累积概率?
13. 信号检测论与古典心理物理法的差别是怎样的?
14. 什么是 Fechner 定律?它与 Weber 比例有什么关系?
15. 怎样理解 Fechner 定律的基本特征是用可分辨的刺激来表示可分辨的感觉?
16. 数量估计法与感觉道交叉匹配方法的实验程序是怎样的?
17. 什么是 Stevens 定律?
18. 怎样理解心理物理判断的相对性?
19. 对偶比较法与等级排列法的实验程序是怎样的?

参 考 文 献

蔡永春. (2008). 周边抑制与双眼抑制之间的交互作用. 中国科学院心理研究所：博士研究生学位论文.

赫葆源, 张厚粲, 陈舒永等. (1983). 实验心理学. 北京：北京大学出版社.

林赛, 诺曼著. 孙晔, 王甦等译. (1987). 人的信息加工：心理学概论. 北京：科学出版社.

加德纳·墨菲, 约瑟夫·柯琦著. 林方, 王景和译. (1987). 近代心理学历史导引. 北京：商务印书馆.

武德沃斯, 施洛斯贝格. 曹日昌等译. (1965). 实验心理学. 北京：科学出版社.

Luce, R. D., & Krumhansl, C. L. (1988). Measurement, scaling, and psychophysics. In Atkinson, R. C., Herrnstein, R. J., Lindgey, G., & Luce, R. D. (Eds). Handbook of Experimental Psychology. New York：Wiley.

Schiffman, H. R. (1996). Sensation and Perception. New York：John Wiley & Sons Inc.

Stevens, S. S. (1970). Neural events and the psychophysical law. Science, 170(3962), 1043~1050.

Watson, A. B., & Pelli, D. G. (1983). Quest：a Bayesian adaptive psychometric method. Perception & Psychophysics, 33(2), 113~120.

4 反应时间

《论语·子罕》中记载了孔子的名言"逝者如斯夫,不舍昼夜",这句话表达了古人对于时间流逝的慨叹,同时也反映出如流水般的时间对于人类而言,是多么的难以掌控和琢磨。尽管如此,现代的科学家面对"时间"这个抽象的概念时,并没有叹息,更没有却步,而是在思考时间这一概念的同时发现了一种与人类行为密切相关的时间——反应时间,并利用它完成了大量的实验研究,使得众多心理活动得以量化。时至今日,反应时间依然是实验心理学研究领域中最经典、应用范围最广的变量之一。

一、反应时间概述

(一)反应时间的概念

有机体对刺激的反应并不能在受到刺激的同时就发生,从刺激的呈现到反应的开始之间会有一段时间间距。反应时间(reaction time,RT)就是指从刺激呈现到有机体做出明显的反应所需要的时间。

反应时间主要包括三个时段:① 刺激使感受器产生兴奋,其冲动传递到感觉神经元的时间;② 神经冲动经感觉神经传至大脑皮质的感觉中枢和运动中枢、中枢加工,并从那里经运动神经到效应器的时间;③ 效应器接受冲动后开始效应活动的时间。刺激的呈现会引起一种过程的开始,此过程在机体内部的进行是潜伏的,直至此过程到达肌肉这一效应器时,才产生一种外显的、对环境的反应。因此,反应时间往往也被称为"反应的潜伏期"。

在反应的潜伏期中包含着感觉器官产生兴奋、中枢(脑和脊髓)加工、神经传入传出所需的时间,以及肌肉效应器反应所需的时间,其中中枢加工所消耗的时间是最多的(图 4-1)。

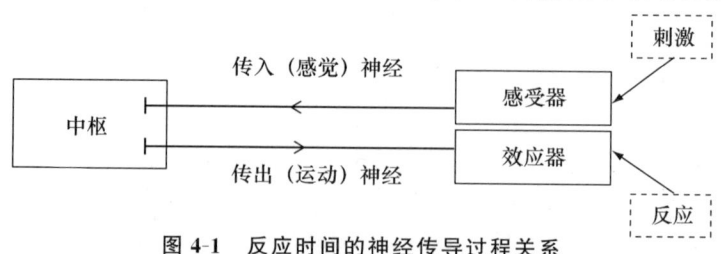

图 4-1 反应时间的神经传导过程关系

(二) 反应时间的研究简史

回顾反应时间的历史，我们会发现研究者对于反应时间的探索早于实验心理学的出现，甚至可以说早期对于反应时间的探索和研究在一定程度上为实验心理学以及后来的认知心理学奠定了方法学的基础。

个体的反应并不是即时发生的，而通常会在刺激出现之后有一定的延迟，且这种延迟存在个体间的差异。这种现象最初实际上是由天文学家观察到的，所以说对于反应时间的研究其实肇始于天文学：1796 年的一天，英国格林尼治天文台台长 Maskelyne 解雇了自己的一名助手，原因是他发现助手 Kinnebrook 观察星体通过子午线的时间总要比自己慢，虽然 Maskelyne 反复提醒 Kinnebrook，但几个月之后助手的观测误差仍然存在，于是台长就以失职为由将其解雇。几十年后，德国天文学家 Bessel 注意到这个故事，他认为两个人在观测时间上存在的差异可能并非是由于助手的粗心或无能所致。为了证明这种猜想，Bessel 尝试比较了自己与其他天文学家在观测同一星体通过子午线时间之间的差异，结果发现两个观测者之间总会存在一定的差异，且这个时间差往往是恒定的。Bessel 用"人差方程"来表示这种现象：

$$B(\text{天文学家 1 的反应时间}) - A(\text{天文学家 2 的反应时间}) \approx 1.22s$$

即两个天文学家总会存在约 1.22s 的差异。这一发现不仅为 Kinnebrook "沉冤昭雪"，同时也使得天文学家开始关注观测的计时方法。

1850 年，德国生理学家 Helmholtz 开展了历史上第一个反应时间的实验，并成功测量了神经元的传导速度。他首先测得蛙的运动神经传导速度（约为 26m/s），随后他还希望可以进一步测得人类的神经传导速度。Helmholtz 认为被试的反应快慢可能会受到大脑皮层和刺激点相连的神经元之间距离的影响，所以他尝试用微弱的电击刺激人类被试不同位置的皮肤（如脚趾和大腿），要求被试在感受到电击刺激的同时进行按键反应，并计算不同位置反应时间的差异，结果发现人类的神经传导速度约为 60m/s。尽管这一结果很粗略，但是 Helmholtz 采用的这种测量方法在科学发展史上却是十分重要的，它提示神经传导速度这种内在的活动是可以被测量的，这为后续实验心理学领域中运用反应时间测量一些内在的心理现象和过程提供了重要的启示。

真正把反应时间引入心理学研究的是荷兰生理学家 Donders。1868 年，他在《关于心理过程的速度》一文中试图利用反应时间来测量各种心理活动所需要的时间，并进而提出存在三种不同类型的反应以及一套测定这些反应的时间的方法，即后来为人们所熟知的"Donders 反应时间 ABC"和"减数法"（详见本章第二节）。科学心理学之父 Wundt 很快便意识到 Donders 这种计算心理活动的办法可以为心理学的实验研究所用，于是他带领学生利用反应时间对知觉、注意和联想等一系列心理过程进行了测量。随着反应时间在研究中的应用越来越广泛，1873 年奥地利生理学家 Exner 在论文中首次提出了"反应时间"一词。

20世纪50年代中期,认知心理学开始兴起和发展,关于反应时间的测量方法和研究也日益丰富起来。认知心理学主张研究认知活动本身的结构和过程,认为认知就是信息加工。按照这一观点,认知可以分解为一系列阶段,每个阶段都是一个对输入的信息进行某些特定操作的单元,而反应则是这一系列阶段和操作的产物。在这一背景下,Sternberg 于 1969 年在减数法的基础上提出了反应时间的加因素法。这种方法假定,完成一个任务需要的时间是一系列信息加工阶段分别所需时间的总和(详见本章第二节)。Sternberg 所提出的加因素法使得在利用反应时间解释心理过程方面的研究又前进了一步,但由于这种方法依然不能直接测得某一特定加工阶段所需的时间,Hamiton 等人(1977)和 Hockey 等人(1981)又提出了一种新的实验技术——"开窗"实验。利用这种技术每个加工阶段的时间都可以被直接测得,从而使研究者可以更直观地看到这些加工阶段,就好像打开了一扇窗户一样,一目了然(详见本章第二节)。除此之外,还有 Meyer 等人(1988)提出的速度与准确率分离技术(speed-accuracy decomposition,SAD)以及 Greenwald 等人(1998)提出的内隐联想测验(implicit association test,IAT)也都是反应时间研究历史上值得铭记的一笔。

二、反应时间的测量与分析

(一)反应时间的测量

反应时间的测量方法主要包括减数法、加因素法、"开窗"实验和内隐联想测验等。减数法是所有方法的基础,例如,加因素法和"开窗"实验是在减数法基础上发展而来,目前这两类实验虽然只有一个原型实验,但相对于减数法来说也是一种推进。内隐联想测验也是在减数法基础上提出的,是将减数法应用于内隐态度的测量。因此,下面将加因素法、"开窗"实验和内隐联想测验与减数法一同作为反应时间测量的方法加以介绍。

1. 减数法

(1)基本原理

Donders 受到天文学家关于人差方程研究和 Helmholtz 测定神经传导速度研究的影响,提出了反应时间的减数法,其背后的逻辑是减法法则,即如果一种任务包含另一种任务所没有的某个特定的心理过程,且除此之外二者在其他各个方面均相同,那么这两种反应时间之间的差异即为此心理过程所需的时间。Donders 把反应分为 A、B、C 三类来对心理的加工过程进行研究。

A 类反应,又称简单反应。在简单反应中仅有一个刺激,当这一个刺激呈现时,便立即对其做出反应。例如,当被试看到圆形出现时就马上按下 A 键。一方面,这是一种最简单的反应;另一方面,简单反应又是复杂反应的基本组成部分,它所耗费的时间可称为"基线时间",即为复杂反应所耗费的时间提供了一个基线。

B 类反应,又称选择反应。在这类反应中,有多个刺激,每一个刺激都有与它相对应的反应。例如,主试要求被试看到圆形按 A 键,看到方形按 B 键,看到三角形按 C 键。被试在完成这一任务时,不仅需要辨别自己看到的是圆形、方形还是三角形,还需要选择自己按哪个键进行反应。所以,选择反应所耗费的反应时间中,既包含了简单反应的基线时间,又包含了辨别刺激和选择做出怎样的反应的时间。

C 类反应,又称辨别反应。与 B 类反应相类似,辨别反应也具有多个刺激,但不同的是被试仅需要对其中一种刺激做出反应,而不用理会其余的刺激,也就是说被试只需要辨别出某一刺激,而无须选择做出怎样的反应。例如,屏幕上可能会呈现圆形、方形和三角形,被试需要在圆形出现时按键反应,而方形和三角形出现时则无须进行反应。由此可以看出,辨别反应所耗费的时间中,仅包含了简单反应的基线时间和辨别刺激的时间。

通过上述三类反应时间,可以计算出辨别反应和选择反应所需要的时间:辨别过程的反应时间可由 C 反应减去 A 反应获得,选择过程的反应时间则可由 B 反应减去 C 反应获得,具体如图 4-2 所示。

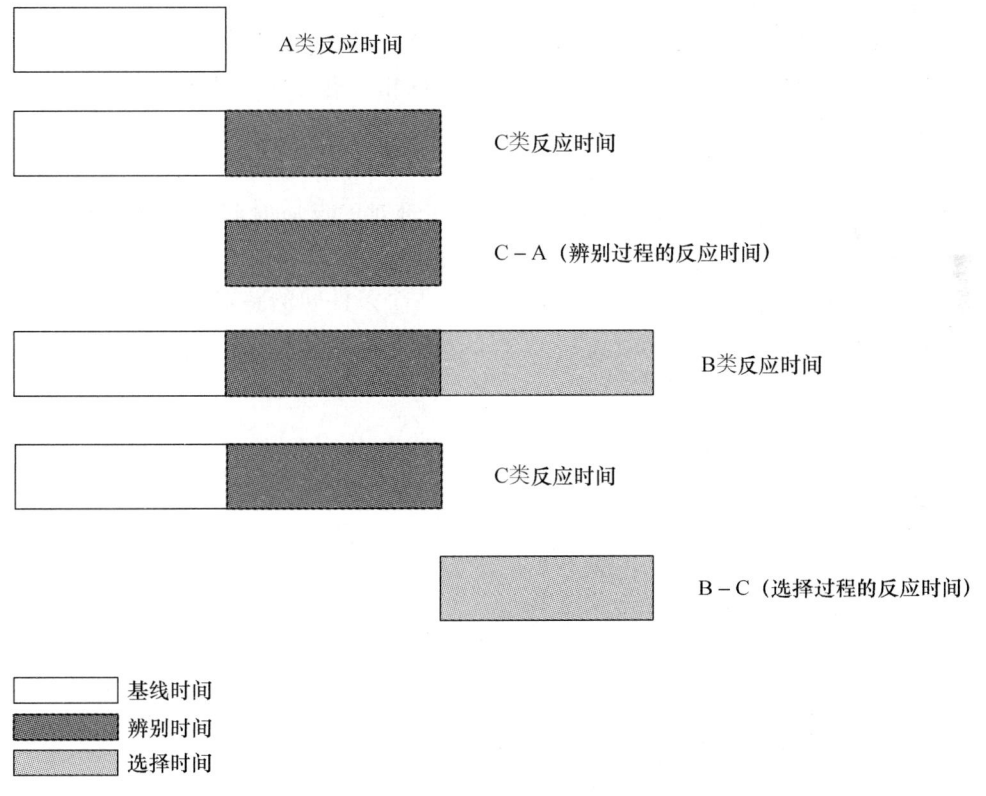

图 4-2 Donders 反应时间 ABC 和减数法图解

反应时间的减数法最初是被用来测定某一心理过程所需时间的,但是反过来,也可以从两种反应时间的差异来判定某一心理过程的存在。认知心理学正是应用减数法反应时间实验提供的数据来推断其背后的信息加工过程的。但同时也应注意到,减数法也有其弱点:使用这种方法要求研究者对实验任务所引起的刺激与反应之间的一系列心理过程有精确的认识,并且要求两个相减的任务中共有的心理过程要严格匹配,这一般是很难办到的。

(2)经典研究举例

减数法既可以用来研究信息加工的某个特定阶段或操作,也可以用来研究一系列连续的信息加工阶段。例如,在感知觉、注意、表象、短时记忆等研究中,常常会应用减数法进行实验。下面我们就以 Posner 等人和 Cooper 等人的经典实验研究为例,介绍减数法在实际研究中的应用。

Posner 等人进行了一系列有关视觉编码和听觉编码的实验研究,运用反应时间的减数法来证实短时记忆的信息除听觉编码之外还存在视觉编码。实验向被试并排呈现两个字母,这两个字母可能同时呈现给被试,也可能中间插入短暂的时间间隔,要求被试指出这一对字母是否相同并按键反应。实验所选用的字母对有两种,一种是两个字母的读音和书写都一样,如 AA;另一种是两个字母的读音相同但书写不同,如 Aa。在这两种情况下,被试的正确反应都应该是判断字母相同并按键。当两个字母相继呈现时,其时间间隔分为两种情况:第一种是 0.5s 和 1s,第二种是 1s 和 2s。结果发现,在两个字母同时呈现时,AA 字母对的反应时间明显小于 Aa 字母对;在两个字母相继呈现的情况下,随着两个字母时间间隔的增加,AA 字母对的反应时间也随之急剧增加,但 Aa 字母对的反应时间则没有发生大的变化,并且 AA 字母对和 Aa 字母对反应时间的差也在逐渐缩小,及至时间间隔为 2s 的条件下,两个条件间的差别就变得很小了(如图 4-3 所示)。

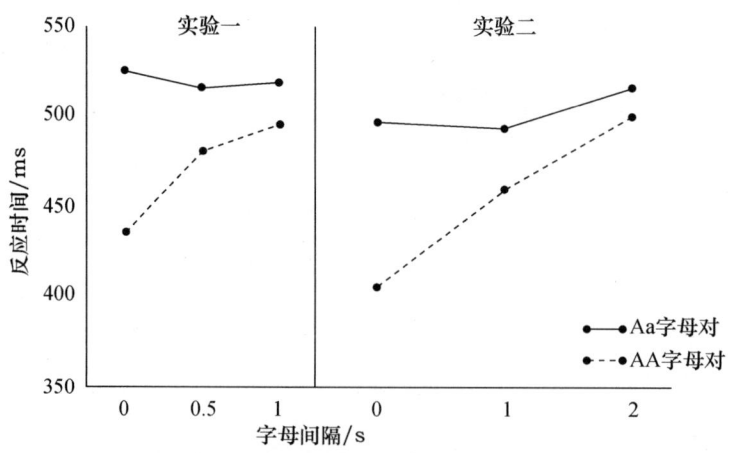

图 4-3　反应时间是字母间隔的函数(Posner,1990)

从实验所呈现的刺激字母对的特征分析中，我们可以看出被试对 AA 字母对进行匹配判断时可立即进行视觉编码或听觉编码，而对 Aa 字母对的匹配判断只能在听觉编码的基础上进行，并且必须先由视觉编码过渡到听觉编码。因此，刺激"AA"与"Aa"的反应时间之差反映了被试内部编码过程的差别。从以上的实验结果可以看出，Posner 等人运用反应时间的减数法证实了在短时记忆的信息加工过程中存在着视觉编码和听觉编码两种方式(Posner，1990)。

Cooper 和 Shepard(1973)用减数法的实验证实了心理旋转的存在。心理旋转 (mental rotation)是指单凭心理运作的方式，将所知觉的客体进行旋转，从而获得正确知觉经验的心理历程。研究采用非对称性的字母(例如 R)为实验材料，根据"正""反"以及不同的倾斜角度构成了 12 种情况(图 4-4(a))。由于字母 R 在垂直和水平方向均不对称，所以其正、反也是不同的。要求被试只要判断字母 R 是正的还是反的，而忽略其倾斜程度。实验分为 5 种条件(图 4-4(b))：① 无进一步信息；② 仅提示正或反；③ 仅提示倾斜度；④ 分别提示正、反和倾斜度；⑤ 同时提示正、反和倾斜度。实验结果发现，字母倾斜程度越大，反应时间越长(图 4-5)。因此，研究证实了心理旋转过程的存在。

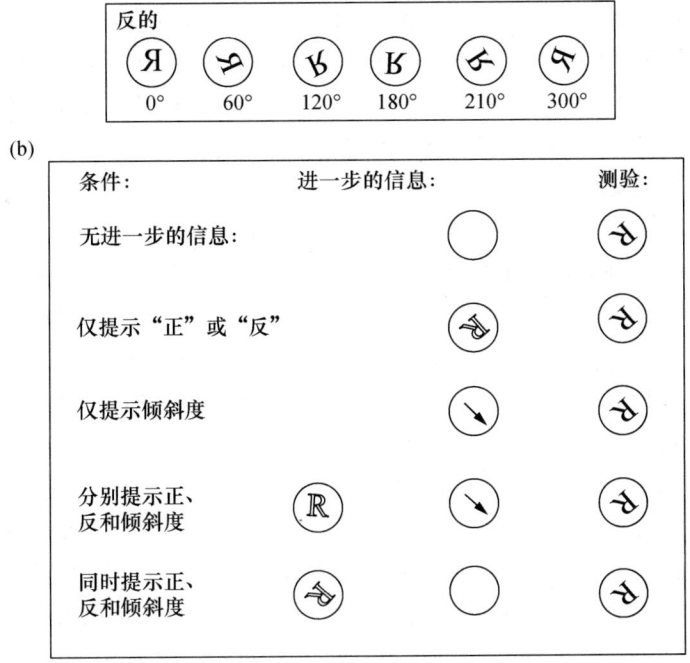

图 4-4　(a) 正、反 12 种刺激字母；(b) 正 120°刺激举例(Cooper & Shepard，1973)

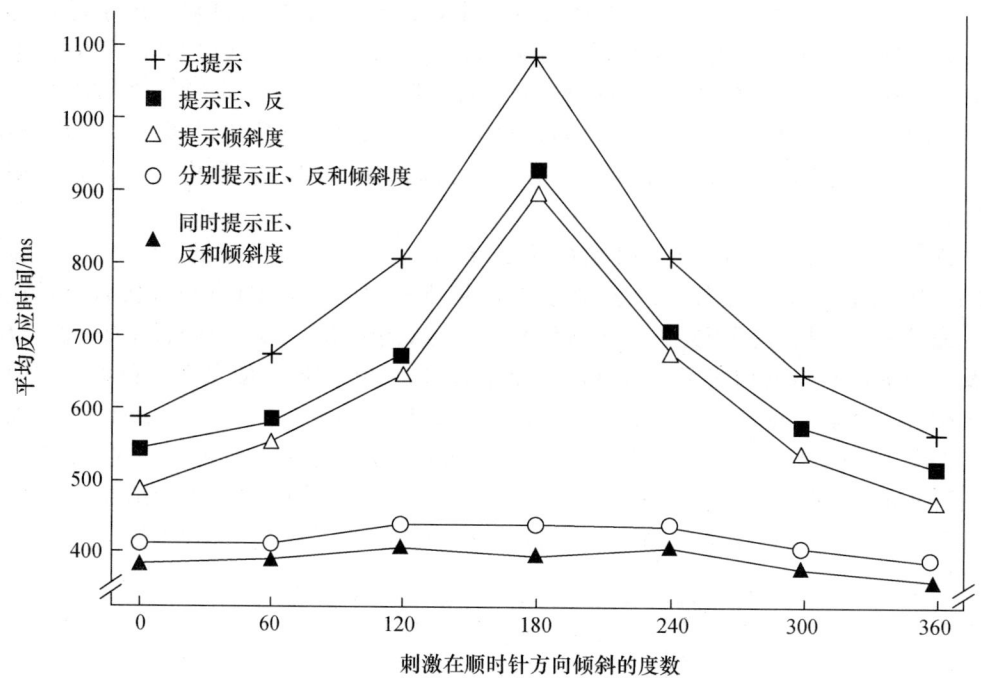

图 4-5 刺激倾斜度对反应时间的影响(Cooper & Shepard, 1973)

心理旋转的存在符合了反应时间的减数法原理,如果存在两个任务,它们之间除了需要心理旋转的角度不同之外无其他差异,那么两者的反应时间之差即为完成心理旋转两者角度之差所需的时间。例如,倾斜度 0°和 60°的两种任务中,除了倾斜角度存在差异外别无差异。如果存在心理旋转的话,那么应该是一个任务比另一个任务只多了从 60°旋转至 0°的心理过程。

减数法能够测量辨别和选择等心理过程所需要的时间。虽然值得肯定,但也存在一些弱点。例如,这种方法未必能够较容易地将各个加工阶段区分开,一个参数可能涉及两个或者更多的加工阶段。此外,这类实验笼统地假定,在复杂的信息加工过程中,增加或减少某些加工阶段并不会影响其余的加工阶段,有研究者则认为这种假定不一定总能够成立。因此在运用反应时的减数法时,需要结合实际情况具体分析、考虑。

2. 加因素法

(1) 基本原理

Sternberg 发展了 Donders 的减数法,提出加因素法。这种方法规定,完成一个任务所需要的时间是一系列信息加工阶段各自需要时间的总和,如果能够分离出影响某种任务的一些因素,那么单独地操作这些因素进行实验,就可以观察到这些因素对完成任务的时间的影响。其背后的逻辑是,如果两个不同的实验因素,彼此独立地影响任务完成的时间,其效应具有可以叠加的性质,则这些因素影响的是两个不同的加工阶段。

相反,如果两个不同的实验因素对完成任务时间的影响不具有可叠加的性质,则这些因素影响的是同一个加工阶段。

Sternberg 在进行了一系列实验研究的基础上,确定了短时记忆信息提取过程中的 4 个相互独立的因素:探针项目的质量、识记项目的数量、反应类型("是"反应或"否"反应)和每种反应类型的相对频率。并且在实验研究的基础上确定了上述的 4 个因素分别对 4 个独立的加工阶段起作用,这 4 个独立的加工阶段为:探针编码阶段(此阶段所用时间为 e)、顺序比较阶段(若每一项目的比较耗时为 b,则 N 个项目所需时间为 Nb)、决策阶段(二择一)和反应组织阶段(这两个阶段共需时间为 C)。而探针项目的质量对探针项目编码阶段起作用,识记项目的数量对顺序比较起作用,反应类型对决策阶段起作用,反应类型的相对频率对反应组织阶段起作用。综上所述,可将短时记忆的信息提取过程表示为图 4-6。

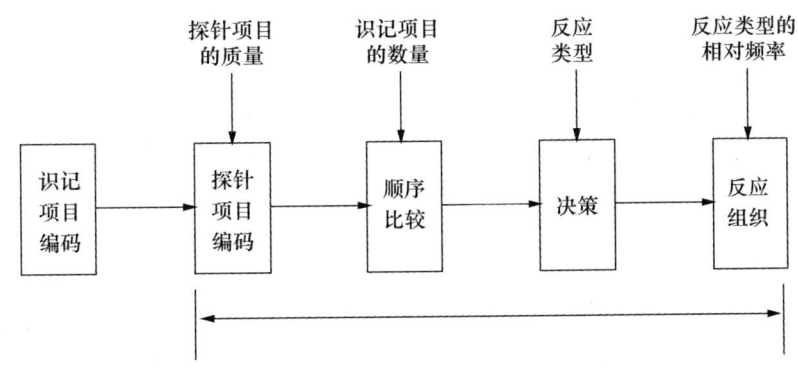

图 4-6　反应时间的加因素法及短时记忆信息提取的阶段和影响因素(Sternberg, 1969)

根据 Sternberg 的反应时间加因素法的原理,如果完成一项任务所需的时间是一系列信息加工阶段分别所需时间的总和,则整个信息加工过程的时间应为:

$$RT = e + Nb + C$$

设

$$a = e + C$$

则

$$RT = a + bN \tag{4.1}$$

因此,Sternberg 的反应时间加因素法的理论认为,信息加工过程的时间可以视为一个以 b 为斜率、a 为截距的直线方程。

(2) 经典研究举例

在 Sternberg 的记忆扫描实验中,让被试识记一些项目(如数字)。每一项的数字长度(识记项目的数量)均不超过短时记忆的容量。识记之后,呈现探针项目。若识记项目中有探针项目,则要求被试按"是"键反应,反之,按"否"键反应。记录被试在完成记忆扫描实验任务的反应时间,根据表 4.1 提供的反应时间数据,按照上述信息加工过程所需时间的公式(4.1),分别将表 4.1 中的"是"键反应(＋)和"否"键反应(－)对应的数据带入公式可配成两个直线方程:

$$RT(+) = 350 + 40N$$
$$RT(-) = 400 + 40N$$

表 4.1　记忆扫描实验结果

试验号	呈现的识记集	集合大小	探针刺激	反应	RT/ms
2	2	1	6	否	440
3	5	1	5	是	390
5	1,3,2,9,7,4	6	9	是	590
14	3,7,1,8,0,4	6	0	否	640

从公式可以看出,由于 N 只影响直线方程的斜率,而不影响此方程的截距。因此,识记项目的数量(N)只作用于第二加工阶段,即顺序比较阶段。从这两个直线方程也可看出,正、负函数的截距不同,即两者相差 50ms,因此也说明不同反应类型的反应时间是不同的,这是由于决策阶段的二择一的决策造成的。因此,反应类型作用于第三阶段,即决策阶段。

3. "开窗"实验

(1) 基本原理

"开窗"实验是由 Hamilton(1977)以及 Hockey 等人(1981)提出的一种反应时间测量技术。我们之前提到的减数法和加因素法往往需要间接地通过比较才能得到,并且加工阶段的存在也需要通过严密的推理才能被确认,也就是说这两种方法都难以直接测得某个特定加工阶段所需要的时间。而"开窗"实验能够直接测量每个加工阶段的时间,其实验逻辑是:一个复杂的加工过程往往是由若干个具体的加工阶段所组成的,如果能够直接地测量每个加工阶段所需要的时间,那么我们就可以得到整个过程所需要的时间。

"开窗"实验具有减数法和加因素法不具备的优点,它可以对信息加工过程进行简化地测量,直接得到每个加工阶段所需要的时间。但实际上这种方法也存在着一些问题。例如,在后一个加工阶段可能出现对前一个阶段的复述,并且它难以在最后与反应组织区分开来(王甦,汪安圣,1992)。

(2) 经典研究举例

比较典型的"开窗"实验是由 Hockey 等人(1981)设计的字母转换实验。在实验中,向被试呈现的刺激是 1~4 个字母,并在字母之后加一个数字,如"F＋3""KENC＋4"等;当给被试呈现刺激"F＋3"时,被试的任务是要口述三次字母转换的过程(即 G、H、I),并报告最终转换后的字母(I)。而给被试呈现刺激"KENC＋4"时,则要求被试将

"K、E、N、C"分别转换 4 次,最终正确地说出"OIRG"。具体实验程序为,通过指导语告诉被试转换方式后,要求被试按键开始,当被试第一次按键时可以看到第一个字母"K",并同时开始计时,被试同时开始出声地进行字母转换并报告出结果"LMNO";然后再按键来看第二个字母,再作转换并报告出结果"FGHI",如此循环到最后一个字母"C"转换完毕,并做出回答"OIRG",同时停止计时。这样,就可以获得每个字母的转换反应时间和整个字母串的转换反应时间。根据反应时间,可以看出完成每个字母转换必须具备的 3 种不同的信息加工阶段(如图 4-7 所示)。

- 编码阶段:从被试按键看到一个字母到开始出声转换所用的时间。在这一阶段中,被试对所看到的字母进行编码并在记忆中找到该字母在字母表中的位置。
- 转换阶段:转换过程所用的时间,如看到字母"K"后报告出"LMNO"所需要的时间。
- 储存阶段:从前一个字母转换结束到按键看下一个字母的时间,在此阶段中,被试将转换结果储存于记忆中,并需要从第二个字母开始,还需将前面的转换结果加以归并和复述,以保证最终能够正确报告本组转换后的实验结果。

通过上述程序可以看到完成字母转换的整个过程,也可以获得每个字母编码阶段的时间、转换阶段的时间和储存阶段的时间。将每个字母各个阶段的时间累积便可得到总的字母串转换时间。"开窗"实验通过对字母转换作业的分析,可以把每一种认知成分所经历的时间都比较直接地估计出来。

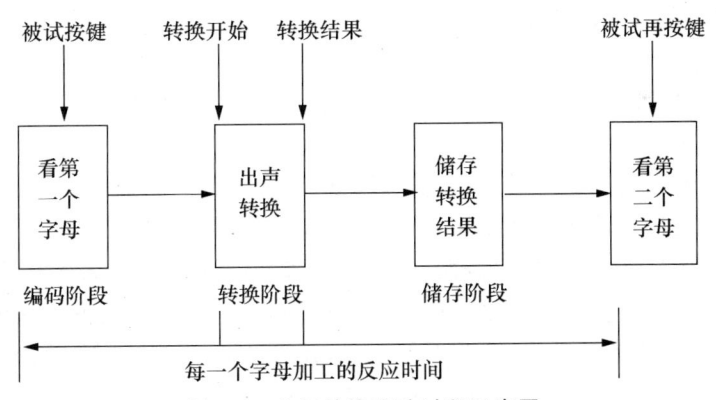

图 4-7　字母转换实验过程示意图

4. 内隐联想测验

(1) 基本理论

随着反应时间技术的发展,研究者不仅仅满足于测量一些基本的认知过程或心理现象的反应时间,而是进一步希望可以利用反应时间探索更高级的社会认知加工过程。在这样的背景下,内隐联想测验应运而生,它是由 Greenwald 等人(1998)提出来的。内隐联想测验以反应时间为指标,通过测量被试对目标概念与属性词所形成的联系紧密度,以数量化的形式表示个体对于特定目标概念的态度或观念。目标概念可以是一种花的名字或一种昆虫的名字,也可以是年轻人的照片或老年人的照片。属性词则可以是带有评价性的词汇,比如愉快的或不愉快的。内隐联想测验的程序一般包括七个步骤:① 呈现一系列不同的目标概念要求被试进行快速分类,并对分类结果做出反馈,且记录对目标概念分类的简单反应时。② 呈现一系列不同类别的属性词要求被试进行快速分类,对分类结果的反馈和记录简单反应时的方式与步骤一相同。③ 联合任务一,要求被试对目标概念与属性词的联合做出反应。由于目标概念与属性词之间有两种可能的关系,即相容的和不相容的,所以通常在内隐联想测验中会设置两个联合任务——相容联合任务和不相容联合任务。其中,相容是指二者的联系与被试内隐的态度一致,反之则为不相容。④ 对联合任务一进行正式测试。⑤ 为了配合联合任务二的实施,交换左右键反应的内容,要求被试再次对目标概念进行反应。⑥ 联合任务二,和联合任务一的反应内容正好相反。⑦ 对联合任务二进行正式测试。相容和不相容的联合测试反应时间的均值相减即为所要求得的内隐联想测验效应。

这种方法或范式的逻辑是:在相容任务中,目标概念和属性词的关系与被试的内隐态度一致或二者联系较紧密,此时辨别任务更多依赖于自动化加工,因而反应速度较快;不相容任务中,目标概念和属性词的关系与被试的内隐态度不一致或二者缺乏紧密联系,进而导致被试的认知冲突,此时辨别任务更多依赖复杂的意识加工,因而反应速度慢。所以,两种联合任务的反应时间之差就可以作为目标概念和属性词的关系与被试的内隐态度相对一致性的指标。

(2) 经典研究举例

Greenwald 等人(1998)开展了一项经典的花—昆虫内隐联想实验。首先,呈现目标概念:让被试对花的名字和昆虫的名字归类并做出一定的反应(看到花的名字按 F 键,看到昆虫的名字按 J 键);第二步,呈现属性词:让被试对积极的词汇(例如,可爱的)和消极的词汇(例如,丑陋的)做出反应(积极词汇按 F 键,消极词汇按 J 键);第三步,联合任务一:联合呈现目标概念和属性词,让被试做出反应(花的名字或积极词汇按 F 键,昆虫的名字和消极词汇按 J 键),花和积极词的联系为相容,昆虫和消极词的联系为相容;第四步,联合任务一的正式测试;第五步,让被试对目标概念做出相反的判断,交换左右键反映的内容(花的名字按 J 键,昆虫的名字按 F 键);第六步,联合任务二:再次联合呈现目标概念词和属性词,让被试做出反应,与联合任务一内容正好相反(昆虫的名字或积极词汇按 F 键,花的名字或消极词汇按 J 键);第七步,联合任务二的正式测试。

实验发现两种联合任务的反应时间有显著差异,即内隐联想测验效应显著——被试对"花+积极词"的联合反应明显快于"虫+积极词"的联合,这表明"花+积极词"的联合与被试的内隐态度更一致,即被试对花的态度更为正向。实质上内隐联想测验是减数法的一种延伸,研究者通过巧妙的设计利用反应时间测量出了个体内在的态度与观念。

(二) 反应时间的数据分析

我们在前面提到,反应时间也被称为反应潜伏期,是完成一种任务所需要的时间,在心理学研究中通常是将它作为一种因变量来进行测量的。在对反应时间的数据进行分析时,研究者多倾向对平均反应时间进行方差分析(van Zandt,2002)。但是,由于反应时间数据本身的特性,导致了这种分析方法可能并不是非常有效。从统计上来讲,反应时间的分布并不是高斯(正态)分布(图 4-8),在形态上可以看出,左侧迅速增长,而右侧有着一个较慢的负向增长,因此对平均反应时进行方差分析并不总是有效的。实际上,反应时间的分布与指数高斯分布相似(Luce,1986),而指数高斯分布是高斯分布的一种卷积形式,这种指数的分布被认为是拟合了经验作用的反应时间分布(Balota & Spieler,1999)。指数高斯分布的平均数和标准差分别采用 mu(μ)和 sigma(δ)来描述(左侧峰值),而 tau(τ)则描述了指数成分的平均数和标准差(右侧尾巴)。指数高斯分布的平均数就是 mu(μ)和 tau(τ)的和。

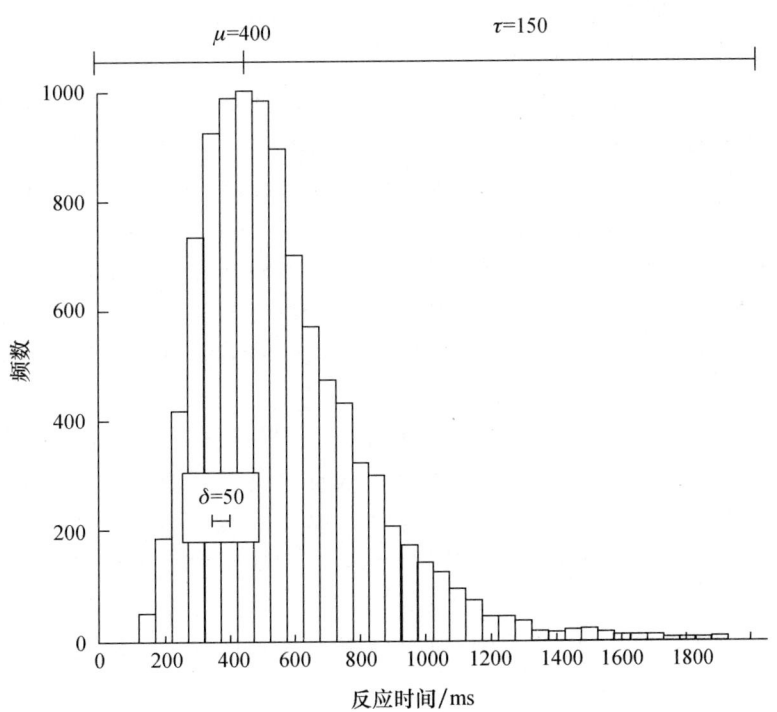

图 4-8 模拟的指数高斯分布体现了反应时间分布的形状特点(引自 Whelan,2008)

此外,一些研究所观测到的反应时间并不是研究者所感兴趣的加工过程的结果。例如,Luce(1986)认为,真实的反应时间应至少为 100ms,因为在这个过程中需要对刺激属性进行知觉以及需要相应的运动反应等生理过程的参与。如果反应时间低于这一数值,那么这个数据在很大程度上是依赖于快速猜测而不代表真实的反应时间。更为重要的是,一些位于反应时间分布中段的不真实数据因其混淆在真实的反应时间数据中而更加难以进行辨认。因此,这种不真实的反应时间数据只能通过在实验过程中进行严格地控制来减小其发生的概率。此外,由于被试的不认真或不专心等因素所导致的较长的反应时间也是较为常见的,这样的反应时间也势必会对实验结果产生影响。接下来我们将介绍一些技术来处理这些不真实的反应时间数据。

1. 集中趋势的方法

最为常见的反应时间分析方法就是分析数据的集中趋势(平均数)和离散程度(标准差),比较不同条件间反应时间的平均差异可采用方差分析的方法。然而,使用方差分析这种假设检验的数据因其可能存在异常值或是方差不齐,会导致检验的统计力降低,并且导致不能准确检测出条件间的真实差异(Wilcox,1998)。如 Ratcliff(1993)认为,当条件间的差异处于 mu(分布转向右侧部分),并且数据包含异常值,那么采用方差分析对数据进行分析来检测条件间差异的能力则会降低。假定条件间的差异集中在反应时间分布中段的 85%~95%,在对平均反应时间进行方差分析前可以考虑采用以下方法对平均反应时间进行优化。

(1)截点(cutoffs):通过将一些位于平均反应时间部分标准差之外的反应时间去掉以排除一些相对较长或较短的反应时间。这样便可以排除因被试快速猜测所导致的较短的反应时间以及由于被试的不认真或不专心等因素所导致的较长的反应时间。根据 Ratcliff(1993)的研究,当不同条件间的差异位于 mu 时,则排除了一些处于截点之外的反应时间,同时保持了最高的统计检验力。当不同条件间的差异发生在 tau,并且存在极端值时,那么采用截点的方法会潜在地增加统计检验力。截点通常是基于标准差而定,例如,剔除离平均数三个标准差以外的数据,或者是基于极端值而定,例如,剔除大于 1000ms 以及小于 100ms 的数据。

Chi 等人(2014)采用跨通道的语义启动范式,通过操纵启动项与目标项的关系,考察了在跨通道信息的加工中,对于一个物体的表征是基于其通道特性还是基于其本身的物体属性。在实验结果的数据分析中,采用了基于标准差的方法剔除了平均数正负三个标准差(±3SD)之外的反应时间数据。Gabay 等人(2012)采用经典的返回抑制研究的范式,要求被试对线索和靶子均做出反应,考察了线索和靶子的加工水平对返回抑制的影响。在实验结果的数据分析中,采用了基于极端值的方法剔除了反应时间大于 1500ms 和小于 100ms 的数据。

采用这种方法的问题是,并不存在较为可靠的方式选取截点,因为截点是较大程度地依赖所观测到的数据。此外,因为标准差也会受到实验因素对较快或者较慢反应的影响,所以基于标准差的截点可能会降低统计检验力。

(2)数据转换(data transformation):将反应时间的数据转化为速度(反应时间的倒数)可以在一定程度上标准化反应时间的分布,这样便可降低较大的极端值的影响,进而保持较高的统计检验力(Imam, 2006; Spencer & Chase, 1996; Greenwald, Nosek & Banaji, 2003)。Ratcliff(1993)认为这种方法是仅次于通过截点的方式来降低极端值影响的最有效方式。此外,对每个反应时间数据取对数的方法也可以是一种数据转换的方法,尽管这种方法对于较长反应时间数据的转换不如取倒数转换的统计检验力高,但也能够使得数据的分布更加标准化。

Greenwald 等人(2003)对内隐联想测验的分数进行了标准化,研究提出了5种方法来检测内隐联想测验中相容组和不相容组之间差异,其中包含将反应时间取倒数和取对数这两类数据转换方法。通过这两种方法进行数据转换可以提高反应时间分布中尾部的对称性,从而使得反应时间的分布更趋向标准化。

采用这种方法的问题是,通过转化后的数据可能会降低统计结果的显著性。

(3) 中数(median):如果反应时间的分布是偏态的,那么平均数并不能代表典型的反应结果,因为平均数在偏态方向上存在偏差,标准差也会因为存在一些少量的较慢反应的影响而增大。而中数因不易受到标准化偏离的影响,所以也可以作为表达反应时间分布的集中趋势的参数。此外,当被试间存在较大的变异时,中数比其他集中趋势参数具有更高的统计检验力。虽然当总体呈偏态分布时,样本中数是总体中数的一个偏向性的指标,不能代表真实的总体中数,但是当所比较的条件具有相同数量的试次时,这种偏向性在条件间是可以得到平衡的。

Psotta(2014)采用视觉反应测验考察了反应时间的分布是否依赖于信息加工的数量以及平均数和中数哪种集中趋势参数更能代表反应时间的分布。结果分析中,同时对反应时间数据进行了平均数的检验(参数检验)分析和中数的检验(非参数检验)分析。结果发现,相对于传统的参数检验分析,非参数检验的分析更适合用来代表反应时间的分布。

采用中数作为集中趋势参数的问题是,当数据分布集中于 mu 或 tau,无论是否存在极端值,相对于截点或者数据转换,使用中数在一定程度上会降低统计检验力。

2. 整体分布的方法

尽管集中趋势的分析方法是分析反应时间数据最为普遍的方法,但是这种方法也存在着不足。例如,尽管两组数据的总体反应时间分布不同,但平均数却可能是相同的。此外,如果仅考察平均数则可能会丢失一些有意义的细节,例如,有的实验条件总体反应较快,有的实验条件总体反应较慢,将其平均后,不同实验条件间一些较快或较慢的反应就会被忽略。为了弥补这种不足,一种越来越受欢迎的方法是分析数据本身的整体反应时间分布,通过这种分析可能会发现一些容易被忽视的效应。

Hervey 等人(2006)采用一项反应/不反应(Go/No go)任务来测量注意力缺陷综合征儿童和正常儿童在神经生理学表现上的差异,反应时间的分析中剔除了反应时间小于 100ms 的数据。传统的反应时间测量方法(样本平均数和标准差)表明,相对于正常儿童,注意力缺陷综合征儿童反应时间更长、数据更离散。然而,当采用指数高斯分布衡量反应时间数据时,结果却不同:相对于正常儿童,注意力缺陷综合征儿童在正态的指数高斯分布的反应时间指标上的平均反应要更快(319ms vs. 296ms)。然而,不同组间的差异在分布曲线的指数部分最大(tau),这表明相对于正常儿童,注意力缺陷综合征儿童超出平均反应的反应时间数量更大一些。

整体反应时间分布分析方法的一个不足是把每个被试和每个条件的数据都纳入进了统计分析,这就难以排除受到诸如被试的练习效应、疲劳效应等因素影响的数据。

三、影响反应时间的因素

在心理学的实验研究中,常常会用到各种实验设备,将刺激变量或被试的机体变量作为自变量来观测被试的反应时间和正确率。因此,反应时间常常会受到刺激、被试、速度与准确率权衡以及实验设备的时间精度等因素的影响。

(一)刺激因素

反应时间与刺激的强度、时空特征和作用的感觉通道有关。而且,被试接受的刺激的类型是单一刺激还是复合刺激,也会对其反应时间产生影响。

1. 刺激强度

刺激的强度会影响反应时间。Hull(1949)考察了被试对不同强度的光的反应时间,结果如图4-9所示,当刺激强度较小时,反应时间较长;随刺激强度增大,反应时间会逐渐缩短;而当刺激强度增强到一定程度时,反应时间的缩短速度会逐渐减小,最终保持在一定的水平上。

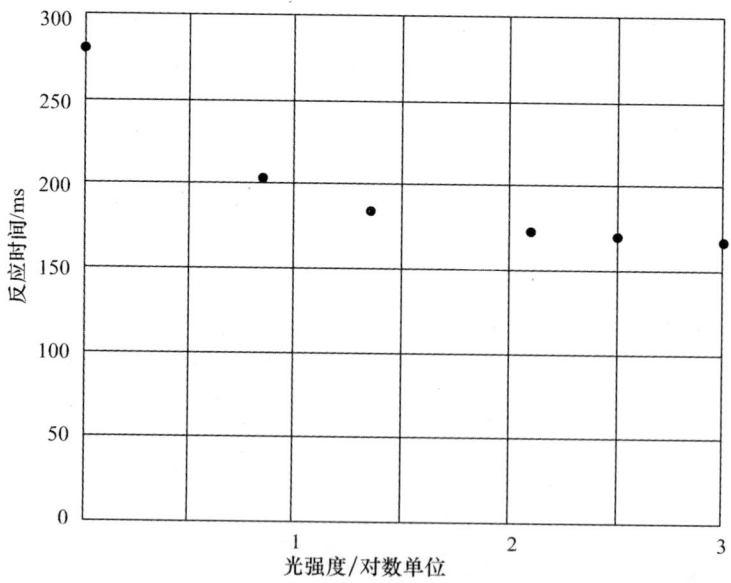

图4-9 对不同强度的光的反应时间

2. 时间特征

影响反应时间的刺激时间特征主要有两个:第一,刺激呈现的时间;第二,从一个刺激出现到另一个刺激出现的时间(stimulus onset asynchronies,SOA)。

Froeberg(1907)探讨了光刺激的持续时间对被试反应时间的影响。从表 4.2 的实验结果中可以看出,光刺激持续的时间越长,对其反应的时间就越短。而当光刺激呈现时间达到 24ms 和 48ms 时,被试的反应时间并无显著差异,说明刺激持续的时间达到一定程度时,反应时间就不再发生变化。

表 4.2 光刺激的持续时间与反应时间之间的关系

光刺激的持续时间/ms	3	6	12	24	48
反应时间/ms	191	189	187	184	184

Woods 等人(2015)考察了 SOA 如何影响被试的反应时间,如图 4-10 所示,目标是圆环,可能出现在屏幕的左侧或右侧,被试需要尽快地对目标进行按键反应。如图 4-11 所示,结果发现 SOA 越长,反应越快。但是 SOA 太长,被试的反应又会变慢(Posner,Klein,Summers & Buggie,1973)。

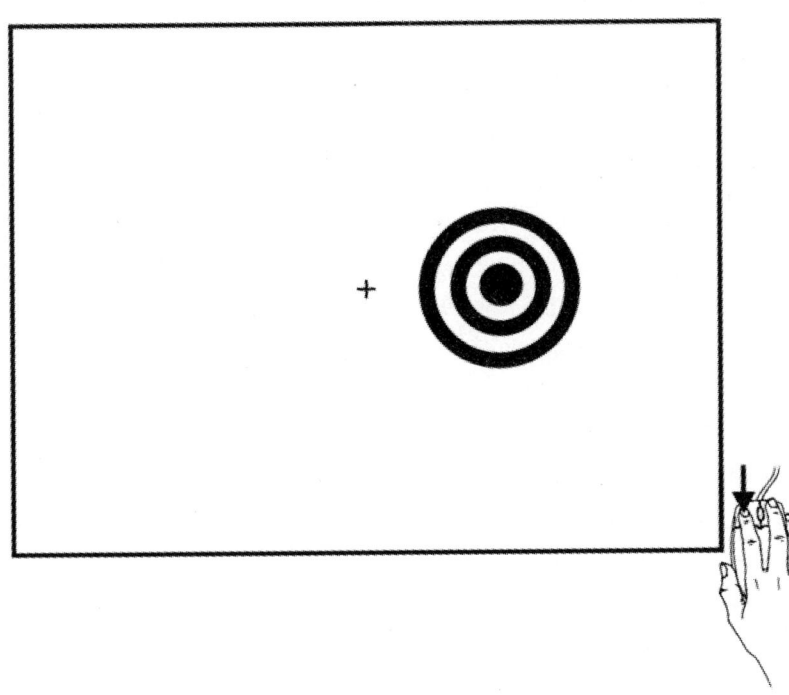

图 4-10 Woods 等(2015)的实验情景

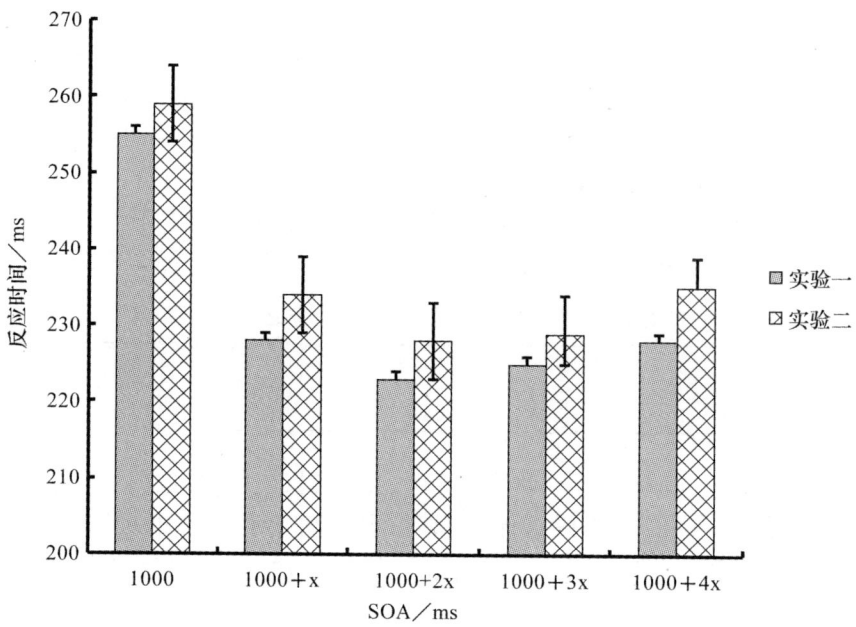

图 4-11　刺激之间的时间间隔对反应时间的影响（引自 Woods et al.，2015）

3. 空间特征

空间特征是指刺激物理面积的大小以及呈现的空间位置。增加刺激的表面积，会使感受器的神经兴奋在空间维度上进行累积，被试的反应时间因此会受到影响。1907年 Froeberg 用在不同面积的正方形白纸上反射的日光作为刺激进行研究，结果发现所测得的反应时间随正方形白纸的面积增加而缩短。此外，刺激的空间累积作用还体现在双眼视觉和双耳听觉方面，Poffenberger 于 1912 年发现被试用双眼观察一个光刺激时，其反应时间小于使用单眼观察时的反应时间。与此相似，Bliss 早在 1893 年发现双耳的听觉反应也会快于单耳的听觉反应。

刺激呈现的空间位置也会影响反应时间。在视知觉的研究中，一般被试对呈现在外周视野的刺激比呈现在中央视野的刺激反应更慢；刺激呈现在反应手的对侧视野时，被试的反应要比呈现在同侧视野更快。这是因为对侧视野呈现的刺激，并不需要通过胼胝体，就直接的诱发了运动反应（Clarke & Zaidel，1989；Bisiacchi et al.，1994；Brizzolara et al.，1994；Chaumillon et al.，2014）。以上这些实验结果都说明，刺激的空间特征会对被试反应时间产生影响。

4. 感觉通道

个体对作用于不同感觉通道的刺激的反应时间也会存在差异。表 4.3 的数据综合了许多实验结果。

表 4.3 不同感觉道的反应时间

感觉道	反应时间/ms
触觉	117~182
听觉	120~182
视觉	150~225
冷觉	150~230
温觉	180~240
嗅觉	210~390
痛觉	400~1000
味觉	308~1082

视觉、听觉和触觉这三种感觉接受的都是来自单一通道的刺激,但是对于冷觉、温觉、嗅觉、痛觉和味觉接受的却是来自多个通道的刺激。例如,一个光点只能引起我们的视觉,但是对于痛觉来说,我们要通过触觉感受到刺激,然后才会对这个刺激产生痛觉,因此对冷觉、温觉、痛觉和味觉的反应时间通常要长于视觉、听觉和触觉这三个单一通道的感觉。

5. 刺激类型

如果刺激是来自于不同感觉通道的复合刺激,其反应会快于来自于单一感觉通道的单一刺激。Todd(1912)比较了不同感觉通道对单一刺激和复合刺激的反应时间,如表 4.4 所示,当声音和电击联合呈现时,所测得的反应时间比单独呈现声音或电击时测得的反应时间更短,而当光、声和电击联合呈现时,所测得的反应时间最短。

表 4.4 单一刺激与复合刺激所测得的反应时间

刺激	反应时间/ms
光	168
电击	141
声音	135
光和电击	139
光和声音	133
声音和电击	125
光、声音和电击	120

以上部分介绍了刺激的强度、时间特征、空间特征、感觉通道和刺激类型这些因素会反应时间的影响。事实上,个体往往是将这些刺激特征作为一个整体进行加工的,刺激的这些物理属性的变化会影响到个体所知觉到刺激的强度进而对其反应时间产生影响。

（二）被试

在反应时间的实验中，被试本身往往是一个很难控制的因素。被试的适应水平、准备状态、觉醒水平、态度、情绪、动机及疲劳等众多生理和心理因素都会影响到反应时间，并且不同年龄和性别的被试群体间差异很大，个体反应时间的变动性也很大。

1. 适应水平

在心理学实验中，被试完成任务的反应时间与自身的适应水平有关。在刺激物的持续作用下，感受器会发生变化，进而影响反应时间。Hovland(1936)的实验就清晰地表明适应会对反应时间产生影响：在250lx的光照度下，被试对距离被试眼睛30.48cm处的一个直径为30mm的白色图纸片进行反应。结果如表4.5所示，实验前被试眼睛对光照度的适应水平不同，所测得的反应时间也不同。

表4.5 反应时间与对不同光的适应水平的关系

适应水平/lx	200	150	100	50	0
反应时间/ms	154	146	144	140	131

2. 准备状态

被试的准备状态也会影响其反应时间。准备时间太长、太短都会对反应时间有不利的影响。通常情况下，为了避免被试形成预备期待，在实验中需要将准备信号和刺激出现的时间间隔随机，这样在每个试次中，被试没有办法准确估计到刺激信号的出现的时间，进而可以有效地避免被试的预备期待。

3. 动机

通常被试会由于对心理学实验感兴趣或是希望得到实验报酬等因素前来参加实验、完成任务。因此，被试的动机在一定程度上可能会影响其完成任务时的表现，但这里的动机不仅仅指被试参与心理实验所持有的动机，还包括由于实验设计所增加的额外动机。

在反应时间的实验中，被试都希望尽快地做出反应。根据被试的这种心理状态，主试可及时地对被试的反应给予"赏"与"罚"，以此给被试形成反应的额外动机。Small等(2005)的空间注意实验中，要求被试对目标反应，对干扰刺激不反应。实验分为奖励组、惩罚组和无奖惩组：首先，每名被试完成无奖惩组，以该组的反应时间为被试的基线反应时间；然后被试完成奖励组和惩罚组的实验，在奖励组中，若反应时间短于基线反应时间，则给予18美分，在惩罚组中，若反应时间长于基线反应时间，则没收18美分。结果发现被试在无奖惩组的反应慢于惩罚组，在奖励组和惩罚组中的反应时间相近，这一实验结果说明被试的额外动机会影响反应时间。

4. 练习

练习也会影响到被试的反应时间。一般而言，练习可以提高熟练程度进而加快反应。例如,对运动员进行训练,五周后运动员对"go to start""ready"等信号词的反应速度有了很大的提高(Harvey, Beauchamp & Beauchamp, 2011)。需要注意的是练习对反应时间的影响是逐渐变化的,最后达到反应时间不再减少的程度。但如果实验任务十分复杂,即使经过一段时间的练习,反应时间的变化幅度也并不会很大。

5. 年龄和性别

不同年龄段的个体之间,反应时间是存在差异的:在个体25岁以前,对于刺激的反应时间会随着年龄的增长逐渐缩短;在成年阶段,对刺激的反应时间变化很小;及至60岁以后,对于刺激的反应时间开始逐渐拉长。为什么老年人的反应更慢呢?研究表明老年人和年轻人在加工信息时的速度其实并不存在显著差异,但是老年人动作执行更慢,因而才导致了反应时间的增长(Era et al., 2011)。

被试的性别也会影响到反应时间:男性普遍比女性的反应更快。Bellis(1933)的研究发现男性对光刺激的平均反应时间是220ms,而女性的平均反应时间为260ms;这种性别差异不仅存在于在视觉通道,也存在于听觉通道:男性对声音刺激的平均反应时间为190ms,而女性为200ms。Botwinck和Tompson(1966)发现男女被试的肌肉的收缩时间是相同的,但是在刺激呈现后到肌肉收缩前的这段时间是不同的,这才是反应时间性别差异的主要来源。

6. 个体差异

个体差异是很难控制的因素,每个人的反应时间都各不相同。有研究者训练被试对声音进行简单反应,未练习时简单反应时间的平均值分布如图4-12所示:分布范围从125ms到215ms。在练习后,虽然一些被试会比另外一些被试反应加快很多,他们在分布图中的位置有所变动,但是个体差异却仍然存在。

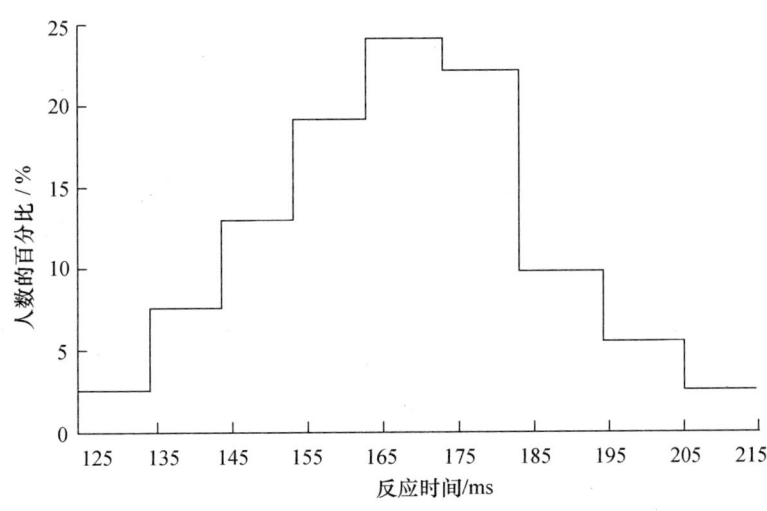

图4-12 声音的简单反应时间分布

所以在一个实验研究中,我们通常需要招募多个被试进行多次测量,以满足统计检验样本量的要求,在分析过程中也需要剔除一些反应过快或者过慢的极端数据。

心理学实验通常都是通过被试完成实验任务时的表现,来推测个体信息加工过程的规律和特点,而被试自身的一些身心特点、状态都会对他们的认知活动产生影响,这些因素都是需要研究者予以关注的。

(三)速度与准确率权衡

反应速度和准确率是反映被试信息加工的最基本的指标。在完成任务的过程中,被试有时会牺牲准确率以提高反应速度,有时也会以牺牲反应速度以提高准确率,也就是说被试会主观的权衡反应速度与准确率的标准来完成实验任务,这就是反应速度与准确率的权衡现象。在实验中,当被试权衡的标准发生变化时,反应时间也会相应变化。

Theios(1975)对"刺激出现的概率和反应时间的关系"进行了研究。实验中,向被试呈现连续的数字流,要求仅对某一个目标数字做出反应,而对其他数字不反应。实验操作的自变量是这个目标数字出现的概率。结果发现随着刺激出现的概率增大,反应时间基本不变,而错误率却随刺激呈现概率的提高而降低。这说明被试为了在各种概率条件均保持相同的反应速度而牺牲了正确率。如果在指导语中要求被试要尽可能准确地完成任务,反应时间会有何变化呢?被试可能会以牺牲反应速度为代价去换取反应准确率。因此,反应时间与速度与准确率权衡有关。

研究者尝试去分离反应时间和准确率,采用了不同于传统反应时间实验的新的实验范式——速度与准确率权衡范式(SAT范式)。这种范式操控了被试的反应时间,并将其作为自变量,测定不同时间下的准确率。这样就可以得到横轴为反应时间,纵轴为准确率的权衡曲线,该曲线可以反映刺激出现后关于速度和准确率的各种不同的结果。Meyer等人(1988)在该范式的基础上,发展出速度准确率权衡分离技术,包括滴定反应时间程序和平行精细的猜测模型。滴定程序需要测得两部分的数据:第一,在预备信号出现后呈现测试刺激,此时要求被试保证准确率的前提下尽快地反应;第二,在测试刺激出现后呈现反应信号,要求被试在该信号出现时就立即反应。刺激和反应信号二者出现的时间间隔长短不同:当时间间隔很短时,被试来不及充分加工该刺激,就需要猜测;而当时间间隔很长时,对刺激的加工就会更好。这样,就可得到随时间间隔增加被试反应时间和正确率的分布曲线。再通过平行精细的猜测模型对滴定程序获得的两部分数据进行定量分析,以此分离加工速度和准确率。

鉴于速度与准确率权衡是影响反应时间的因素之一,在实验中主试应根据实验设计的要求在指导语上对被试的速度与准确率权衡问题进行引导:在更关注反应速度对实验结果影响的实验中,可告知被试在尽可能快的进行反应;在更关注反应准确性对实验结果影响的实验中,可告知被试尽可能准确地进行反应;而对于反应速度和准确率都为主要因变量的实验中,可告知被试在完成实验的过程中需要"既快又准"地进行按键反应。

(四) 实验设备的时间精度

随着科学技术的不断进步,实验仪器和设备也在不断更新。当今的研究者可以使用计算机方便地制作实验材料、随机呈现刺激、批量采集数据(记录被试的反应时间和正确率等信息)、分析实验数据。然而,计算机测量反应时间也有其自身的限制,它的准确性依赖于:① 合适的操作系统以及能够精确控制刺激呈现的实验软件;② 高时间精度的外接反应设备。

1. 操作系统

操作系统是评估计算机能否在实验过程中准确可靠运行的重要因素。通常来说,目前流行的大多数操作系统如 Windows、Linux、Unix 和 Mac OS 都能较好地满足心理学实验的需求,但值得注意的是系统也会出现特别短暂的延迟,这些误差对于效应量仅有几十毫秒的反应时实验还是很关键的。在实验过程中,操作系统不仅控制了实验相关的程序,还会将系统资源分配给外接设备的驱动、检索存储数据的硬件以及防护病毒的软件等。这些不仅仅会影响操作系统计时,还会给刺激呈现和采集反应的整个过程中都引入误差,重要的是这些误差并不稳定,会在不同试次间有很大的变化。所以,我们进行实验时,应尽量确保计算机执行的命令间不存在冲突(Cernich et al., 2007)。

2. 外接反应设备

键盘、鼠标和游戏手柄都是采集被试反应时间的常用设备,值得注意的是这些设备也都会给记录到的反应时间引入误差变异。当被试按下鼠标或者键盘,编译器会记录电信号,但是在按键反应转换为电信号的过程中需要消耗一些时间,这就带来了一部分延迟,这部分延迟并不能完全消除。而且,一次按键会使电信号产生多次闭合,编译器为了消除电路的抖动,也会带来时间误差。一些研究者对反应设备的时间精度进行了测量(刘祖祥,朱滢,2004;张阳,张明,2010)。表4.6显示了用不同的方法测得的不同反应设备存在的误差,我们可以看到这三种反应设备都存在 2ms 到 5ms 的误差。近期,也有研究者设计了有四个按键的反应盒,该装置的时间精度高于鼠标和键盘,使用这种反应盒可以缩短反应设备引入的误差,通过搭配同步的晶体管测得该设备的时间精度可达 0.1ms(Li et al., 2012)。

表4.6 三种反应设备在不同测试方法下的时间精度(单位:ms)

反应设备	测试方法	
	信号发生仪模拟	E-prime 模拟
禹鑫 3D 光电鼠标	4.586	4.584
IBM-Lenovo 光电鼠标	2.528	2.521
北通月狐游戏手柄	2.712	2.638

除了操作系统和反应设备外,影响反应时间的还有研究者所选用的实验软件。研究者需要知道这些软件的详细信息和功能特点,选择适宜的心理学编程软件,按照软件的使用规则以及特定的计算机语言编制实验程序,选择稳定的操作系统和高精度的反应设备,以最优化地呈现刺激,并最精准地采集反应时间。

总的来说,在反应时间相关的实验中,刺激、被试、速度与准确率权衡以及实验设备等都会影响反应时间。研究者需根据实验的目的,控制好影响反应时间的因素,这样实验结果才能反映信息加工过程的普遍规律。

问 题

1. 什么是反应时间?
2. 如何运用减数法、加因素法、"开窗"实验、内隐联想测验来测量反应时间?
3. 数据分析的过程中应该如何处理不真实的反应时间数据?
4. 哪些因素会对反应时间产生影响?
5. 如何才能在实验中准确测得反应时间?

参 考 文 献

波林著. 高觉敷译. (1981). 实验心理学史. 北京:商务印书馆.

赫葆源,张厚粲,陈舒永等. (1983). 实验心理学. 北京:北京大学出版社.

刘祖祥,朱滢. (2004). 键盘时间精度的一个图示法研究. 心理学报, 33(6), 500~508.

王甦,汪安圣. (1992). 认知心理学. 北京:北京大学出版社.

张阳,张明. (2010). 心理学实验反应设备的时间精度——一种测试反应设备时间精度的简易方法. 东北师大学报(自然科学版), 42(3), 66~70.

Balota, D. A., & Spieler, D. H. (1999). Word frequency, repetition, and lexicality effects in word recognition tasks: beyond measures of central tendency. Journal of Experimental Psychology General, 128(1), 32~55.

Bellis, C. J. (1933). Reaction time and chronological age. Experimental Biology & Medicine, 30, 801~803.

Bisiacchi, P., Marzi, C. A., Nicoletti, R., Carena, G., Mucignat, C., & Tomaiuolo, F. (1994). Left-right asymmetry of callosal transfer in normal human subjects. Behavioural Brain Research, 64(1~2), 173~178.

Brizzolara, D., Ferretti, G., Brovedani, P., Casalini, C., & Sbrana, B. (1994). Is interhemispheric transfer time related to age? A developmental study. Behavioural Brain Research, 64(1), 179~184.

Cernich, A., Brennan, D. L., & Bleiberg, J. (2007). Sources of error in computerized neuropsychological assessment. Archives of Clinical Neuropsychology, 22(1), 39~48.

Clarke, J. M., & Zaidel, E. (1989). Simple reaction times to lateralized light flashes. Brain, 112, 849~870.

Chaumillon, R., Blouin, J., & Guillaume, A. (2014). Eye dominance influences triggering action:

the poffenberger paradigm revisited. Cortex, 58, 86~98.

Chi, Y., Yue, Z., Liu, Y., Mo, L., & Chen, Q. (2014). Dissociable identity- and modality-specific neural representations as revealed by cross-modal nonspatial inhibition of return. Human Brain Mapping, 35(8), 4002~4015.

Cooper, L. A., & Shepard, R. N. (1973). Chronometric studies of the rotation of mental images. Visual Information Processing, 75~176.

Era, P., Sainio, P., Koskinen, S., Ohlgren, J., Härkänen, T., & Aromaa, A. (2011). Psychomotor speed in a random sample of 7979 subjects aged 30 years and over. Aging Clinical & Experimental Research, 23(2), 135~144.

Gabay, S., Chica, A. B., Charras, P., Funes, M. J., & Henik, A. (2012). Cue and target processing modulate the onset of inhibition of return. Journal of Experimental Psychology Human Perception & Performance, 38(1), 42~52.

Greenwald, A. G., McGhee, D. E., & Schwartz, J. L. (1998). Measuring individual differences in implicit cognition: the implicit association test. Journal of Personality & Social Psychology, 74(6), 1464~1480.

Greenwald, A. G., Nosek, B. A., & Banaji, M. R. (2003). Understanding and using the implicit association test I: an improved scoring algorithm. Journal of Personality & Social Psychology, 85(2), 197~216.

Hervey, A. S., Epstein, J. N., Curry, J. F., Tonev, S., Arnold, L. E., Conners, C. K., Hinshaw, S. P., Swanson, J. M., & Hechtman, L. (2006). Reaction time distribution analysis of neuropsychological performance in an ADHD sample. Child Neuropsychology, 12(2), 125~140.

Imam, A. A. (2006). Experimental control of nodality via equal presentations of conditional discriminations in different equivalence protocols under speed and no-speed conditions. Journal of the Experimental Analysis of Behavior, 85(1), 107~124.

Li, X., Liang, Z., Kleiner, M., & Lu, Z. L. (2010). Rtbox: a device for highly accurate response time measurements. Behavior Research Methods, 42(1), 212~225.

Luce, R. D. (1986). Response times: their role in inferring elementary mental organization. New York: Oxford University Press.

Meyer, D. E., Irwin, D. E., Osman, A. M., & Kounois, J. (1988). The dynamics of cognition and action: mental processes inferred from speed-accuracy decomposition. Psychological Review, 95(2), 183~237.

Psotta, R. (2014). The visual reaction time distribution in the tasks with different demands on information processing. Acta Gymnica, 44(1), 5~13.

Posner, M. I., Boies, S. J., Eichelman, W. H., & Taylor, R. L. (1969). Retention of visual and name codes of single letters. Journal of Experimental Psychology, 79(1), 1~16.

Ratcliff, R. (1993). Methods for dealing with reaction time outliers. Psychological Bulletin, 114(3), 510~532.

Small, D. M., Gitelman, D. K., Bloise, S. M., Parrish, T., & Mesulam, M. M. (2006). Monetary incentives enhance processing in brain regions mediating top-down control of attention. Cerebral Cortex, 15(12), 1855~1865.

Spencer, T. J., & Chase, P. N. (1996). Speed analyses of stimulus equivalence. Journal of the Experimental Analysis of Behavior, 65(3), 643~659.

Sternberg, S. (1969). The discovery of processing stages: extensions of donders' method. Acta Psychologica, 30(69), 276~315.

Van Zantt, D. (2002). Analysis of response time distributions. In J. T. Wixted (Ed.), Stevens' Handbook of Experimental Psychology (3rd ed., pp. 461~516). San Diego, CA: Academic Press.

Whelan, R. (2008). Effective analysis of reaction time data. Psychological Record, 58(3), 475~482.

Wilcox, R. R. (1998). How many discoveries have been lost by ignoring modern statistical methods? American Psychologist, 53(53), 300~314.

Woods, D. L., Wyma, J. M., Yund, E. W., Herron, T. J., & Reed, B. (2015). Factors influencing the latency of simple reaction time. Frontiers in Human Neuroscience, 9, 131.

5

视觉与听觉

我们的知识是从感觉外在世界开始的,而我们认识外在世界信息的80%都是通过视觉提供的。视觉告诉我们关于物体的形状与结构、大小与距离、亮度与光线、颜色与运动等等信息。视觉信息不仅是人的主要感觉来源,它甚至在人的感觉中占统治地位。例如,当视觉与触觉冲突时,视觉能"克服"触觉。有实验表明,当眼睛通过特殊透镜把方形塑料片看成长方形、而用布料套住的手指感觉塑料片是方形时,塑料片被知觉为长方形!这种现象被称为视觉巧夺(visual capture)(Schiffman, 1996)。

人们对视觉的研究远远超过对其他感觉的研究,因此,本章中视觉部分包含丰富的内容。下面首先介绍视觉系统。

一、视 觉 系 统

(一) 眼睛

眼睛示意图见图 5-1。眼睛是一个球状体,它的正前方有一层透明组织,叫角膜。光线透过弯曲的角膜受到折射,形成视觉的屈光能力。虹膜在角膜的后面,它的中央有

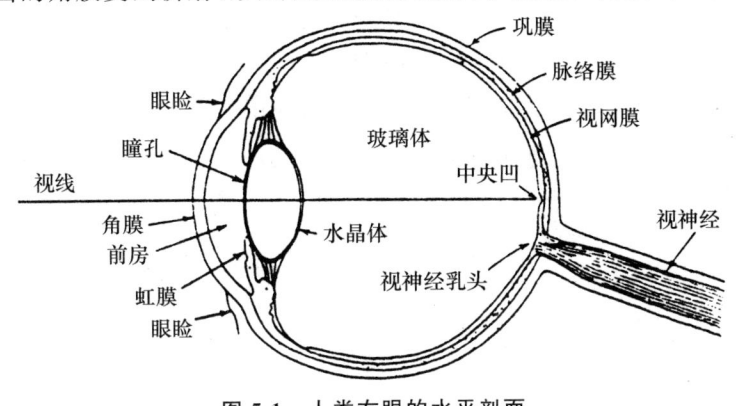

图 5-1　人类右眼的水平剖面

一圆孔,叫瞳孔。虹膜的结构类似于照相机的光圈,当光线很暗时,虹膜张开使瞳孔变大让更多的光线进来;当光线过强时,虹膜关闭使瞳孔变小挡住多余的光线。瞳孔的大小由虹膜的两根对抗平滑肌控制。当用极强的光线照射眼睛时,瞳孔立即收缩,这种瞳孔反射对诊断中枢神经系统的功能有重要价值:缺乏瞳孔反射表明神经系统的某种损伤。瞳孔后面是水晶体。水晶体把眼睛分成大小不等的两半——小的前房(充满液体,可帮助维持眼睛的形状)以及大的玻璃体。玻璃体也充满透明的液体,它可以保持水晶体的位置并使它具有弹性。水晶体附近的肌肉控制着它的曲度、变化其薄厚,这叫作眼睛的调节功能。它能使远近不同的对象在视网膜上形成清楚的视像。看远距离的物体时,调节处于放松状态,水晶体变为扁平形;看近距离物体时,调节处于紧张状态,晶体的厚度增加。

光线透过水晶体到达眼睛后部的视网膜。网膜上有两类感光细胞——锥体细胞与杆体细胞。锥体细胞密集在小于1mm处的中央凹上,而杆体细胞则分布在中央凹周围(见图5-2)。

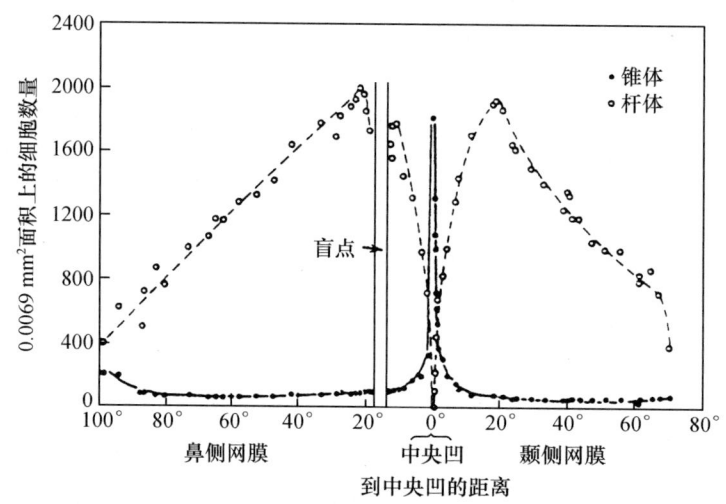

图 5-2　锥体细胞与杆体细胞分布图

视神经纤维从视神经乳头处离开眼睛沿视通路进入大脑。视神经乳头处没有感光细胞,不产生视觉,因此这个地方又被称为盲点。盲点可以很容易地用图5-3演示出来。当你观看图5-3(b)中笼子里的小狗时,你会奇怪笼子为什么好像涂上彩色了,我们在视觉末尾部分将讨论这种由非彩色刺激产生彩色感觉的问题。

视网膜上的神经联系可参见示意图5-4。图上表示,很多的杆体细胞都只与单个的中间层神经细胞(如双极细胞和神经节细胞等)连接,在离中央凹很远的地方,甚至几百个杆体细胞都只与一个中间细胞连接。这样,很大数目的杆体细胞的活动就只表现在一个中间细胞的活动上,这种"许多对一个"的关系增强了感受性(sensitivity),使眼

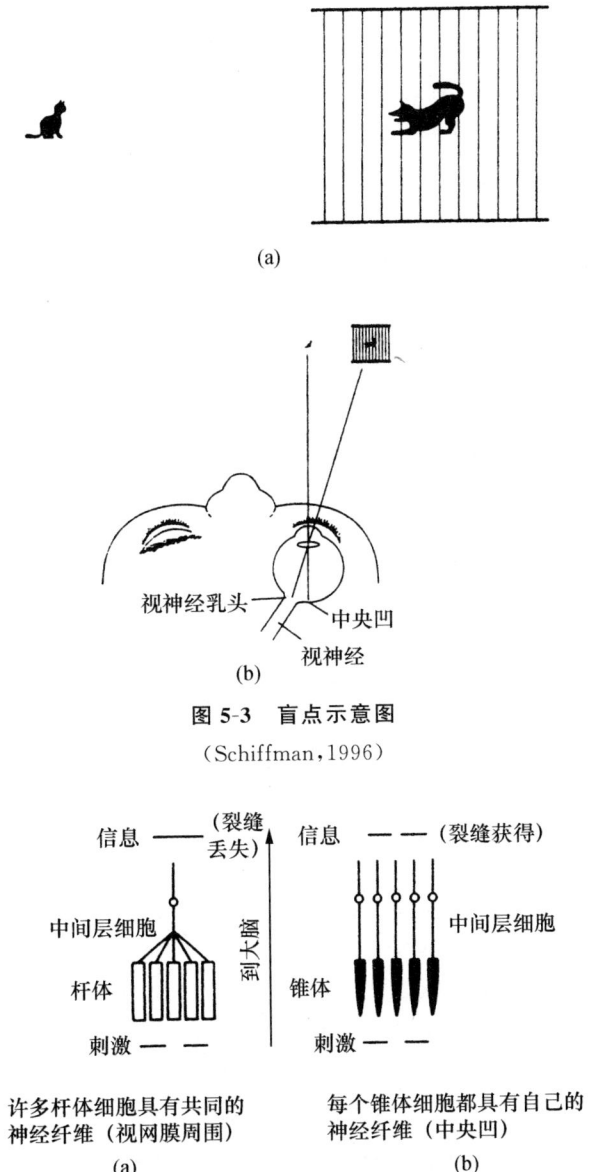

图 5-3 盲点示意图
(Schiffman,1996)

图 5-4 锥体细胞与杆体细胞和中间层细胞的联系图解
(Schiffman,1996)

睛能够觉察到低照明水平下的物体。另外,杆体细胞还有一个长处:激活一个杆体细胞需要的光线比锥体细胞少得多。因此,虽然单个的信号可能是很微弱的,但它们聚集在中间细胞的累积效应却是很强的。这可以解释,为什么在黑暗的夜空寻找星星时,用眼角对着目标看得更清楚。因为,我们这样做的时候,实际上是使目标落在杆体细胞上,而杆体细胞比锥体细胞对光的感受性更高。当然,杆体细胞也有它的不足,光刺激经由许多杆体细胞聚集在中间层细胞时,单个杆体细胞传递的信息就大大减弱了,因此,杆体细胞不能辨别物体的细节(对照图5-4(a)部分"刺激"与"信息")。

由于密集在中央凹的单个锥体细胞直接与单个的中间层细胞连接,所以每个锥体细胞似乎都有自己的"专线"通往大脑,结果就使单个锥体细胞接收到的光刺激更多地保留着,因此锥体细胞能辨别物体的细节。当我们想要看清物体的细微部分时,我们会自动地用眼睛盯着物体,这实际上是使物体落在中央凹的锥体细胞上。

(二) 视神经通路与大脑

眼睛到大脑的视神经通路见图5-5。

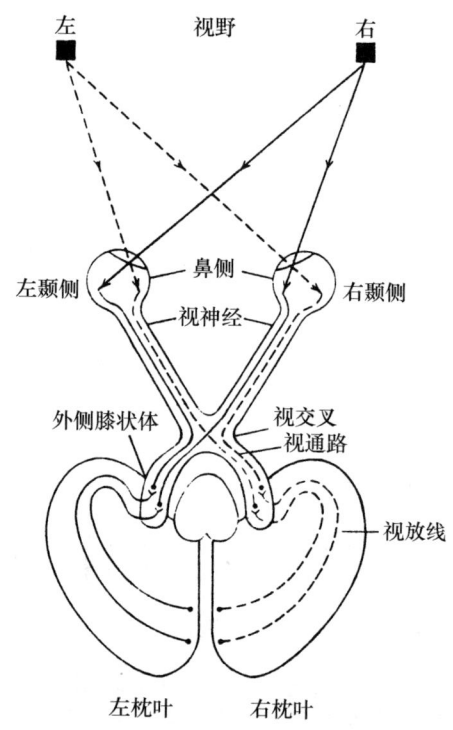

图5-5 眼睛到大脑的视神经通路

视神经离开眼睛汇合在视神经交叉,从图上可以看到,仅仅是每只眼睛鼻侧的视神经交叉到对侧,再沿通路到达大脑。如果把视野、视网膜与大脑枕叶区对照起来,我们就会发现,右视野的光线刺激每个视网膜的左侧,而左视野的光线则刺激每个视网膜的右侧。而且,来自每个视网膜左侧的视神经都通往大脑左侧枕叶,来自每个视网膜右侧的视神经则都通往大脑右侧枕叶。这样,每只眼睛同侧的信息也就被传递到了同侧的大脑。

视神经通路有3处重要的信息加工站：上丘(superior colliculus)、外侧膝状体(lateral geniculate nucleus)和视皮层区(visual cortex)。图5-6显示了这些脑区。

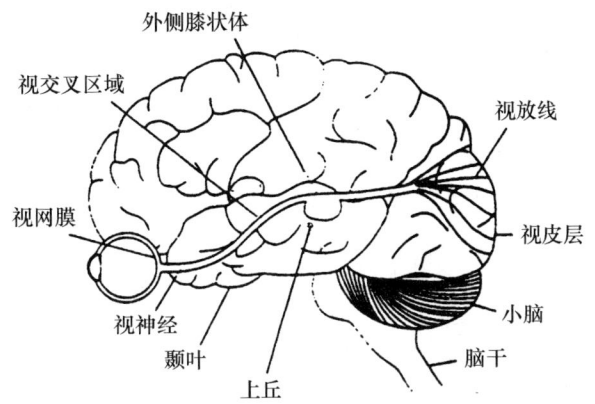

图 5-6　视神经通路的主要结构：上丘、外侧膝状体和视皮层区

从视神经交叉来的神经纤维通往上丘，上丘与瞳孔反射和眼动有关。当上丘的神经细胞受到突然的物体运动的刺激，就会导致眼动使物体的形象落在中央凹，以便看得更清楚。外侧膝状体以一种排列有序的方式接受来自视网膜的神经纤维，并因此而产生了视网膜在外侧膝状体上的拓扑图形(topography)。从外侧膝状体传入的神经纤维最后终止于枕叶的纹区(striate cortex，也称视觉皮层区，primary visual cortex，又叫Brodmann17区)，在纹区也可以发现视网膜上的拓扑图形。因此，总的来说，从视网膜到皮层的整个传导通路保持着解剖上的点对点的传导关系。视网膜是以一种拓扑方式投射到视觉皮层的。这也就是说，一个特定的皮层区是由一个限定的视网膜区得到输入的，它只受一个限定的视网膜区的影响。

（三）神经细胞的感受野

在视觉系统中，如果视网膜某一特定区域在受到光的刺激时能够引起视觉系统较高水平上单一神经纤维或单一神经细胞的电反应，那么，这个区域便是该神经纤维或细胞的感受野(receptive field)。

研究感受野的实验安排见图5-7。把微电极埋藏在单个的神经节细胞(视网膜的中间层细胞之一)，或单个的外侧膝状体细胞或视皮层细胞。然后，将大小、运动、强度、朝向、模式等维度变化的各种各样的单个刺激投射到实验动物视网膜的不同部位，直到产生相应的电位变化，这样，作为某类神经细胞感受野的视网膜某一特定区域便可被确认了。

猫的神经节细胞与外侧膝状体细胞的感受野都是同心圆式的，见图5-8。(a)图是"开"中心细胞，它的感受野有一个圆形的"开"中心区与一个"闭"反应的同心外周区。

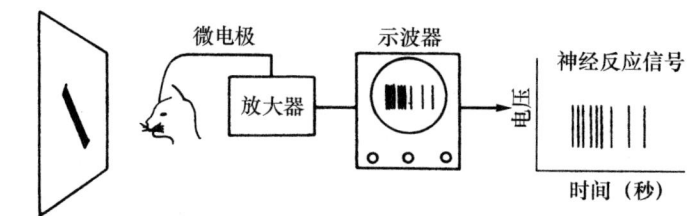

图 5-7　皮层细胞感受野的实验装置

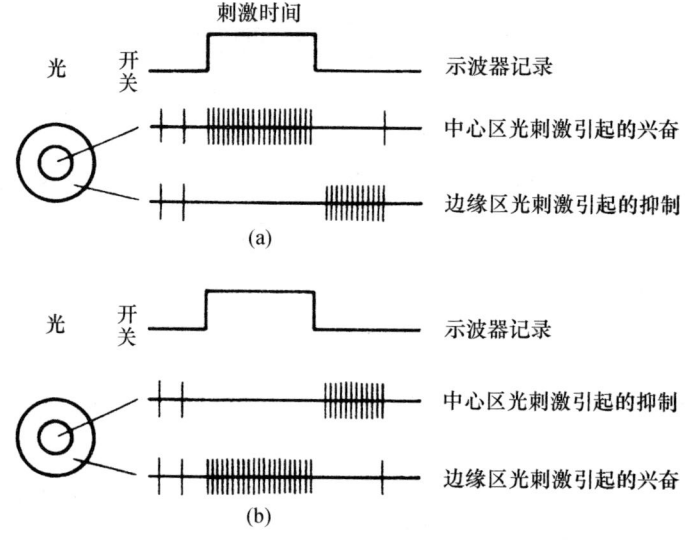

图 5-8　外侧膝状体细胞的感受野

当一束光线刺激视网膜时,这个"开"中心细胞放电。(b)图是"闭"中心细胞,它的感受野分区与前者相反,有一个"闭"中心区和一个"开"外周区。当光线刺激中心区时,细胞受到抑制,当光线刺激外周区时,该细胞强烈放电。

视皮层区细胞的感受野见图 5-9 与图 5-10。

图 5-9 是一个对朝向敏感的简单细胞(simple cells)的感受野。当刺激呈水平状态或倾斜时,神经细胞几乎不反应,只有刺激呈垂直状态才引起放电。复杂细胞(complex cells)比简单细胞有更大的感受野,图 5-10 是一个对运动方向敏感的复杂细胞的感受野。这类细胞只对向下运动的刺激起反应,对向上的运动有微弱的反应,而对侧向的运动则无反应。

(四) 特征觉察器(feature detectors)的概念

神经细胞感受野的发现或某类神经只对物体的某一特征作反应的事实,能否推导

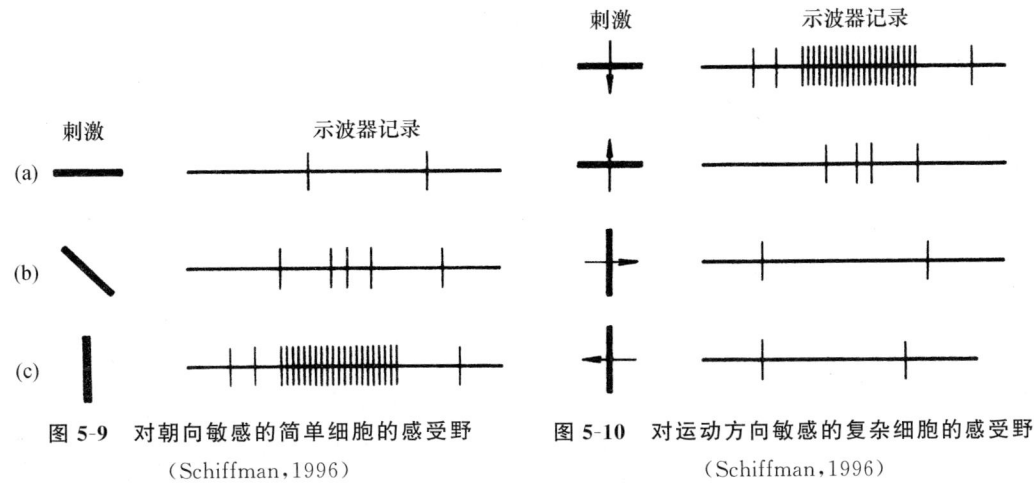

图 5-9 对朝向敏感的简单细胞的感受野　　图 5-10 对运动方向敏感的复杂细胞的感受野
（Schiffman,1996）　　　　　　　　　　　　　（Schiffman,1996）

出这样的说法：存在着特殊与独特的皮层细胞，它的功能只是觉察某一特征？答案是否定的。因为这种假设是以皮层细胞孤立进行活动为前提的。事实上，对任何复杂的刺激物，大多数皮层细胞都或多或少地参与反应。而且，即使皮层细胞数目巨大，但比起视觉环境中数不清的特征、细节和物体来说，要把一个皮层细胞分配给一个特征也是远远不够的。如果某一特殊知觉是由一组相同的皮层细胞所支持，那么细胞的死亡（这是经常发生的事情）就会造成某种特殊知觉的缺失，这样的推测明显与事实不符。

如果单个皮层细胞作为特征觉察器而起作用的说法不对，那么皮层细胞的工作方式是怎样的呢？皮层细胞不是孤立地进行活动的，它们以网络的方式交互作用，彼此参与。可能一个皮层细胞参与广泛的知觉活动，而一类知觉如面孔识别又涉及种类繁多的皮层细胞。前面已经谈到视网膜拓扑图形在皮层区的投射，事实上，枕叶和颞叶各自都有视觉世界投射过来的拓扑图形，为什么需要这种视网膜拓扑图形的多重表征呢？这是因为每一种皮层区域都对不同的刺激信息进行不同的加工。有些区域专门负责分析颜色，另一些负责运动、方向、深度等，这种功能的特异化或分离是人脑进化的结果。它意味着，某一皮层区域的损伤（包括神经通路和拓扑图形）可能会造成某种视觉能力的丧失。有研究发现，阅读困难者不能快速地对低对比度的文字进行加工，他们外侧膝状体的大细胞群的细胞也不健全（这些细胞就是对低对比度刺激作快速反应的细胞）。这说明阅读困难至少部分地是与某类脑细胞功能障碍有关。这样的例证支持如下的观点：分辨特殊的环境信号是由视觉系统特殊的神经细胞单元来实现的（Schiffman,1996）。

二、视觉的基本功能

(一) 视觉的感受性

1. 光谱感受性

人眼不能看到所有的光线,人眼的适宜刺激即可见光的波长范围大约是 400nm(纳米)*(视为紫色)到 700nm(视为红色)。但是,即使是在可见光的波长范围内,人眼对不同波长光线的感受性也是不同的。因此,我们不仅要考虑光的物理特性,更重要的是要研究人的视觉系统对光的反应特点,即对可见光谱的感受性。

前面我们已经讨论过,人眼视网膜有两种感光细胞,即锥体细胞和杆体细胞。锥体细胞主要在白天发挥作用,它是明视觉(photopic vision)的光感受器;杆体细胞则主要是在黑夜发挥作用,它是暗视觉(scotopic vision)的光感受器。这两种细胞各自构成的明暗视觉的一些基本特性见表 5.1。

表 5.1 明视觉(锥体)与暗视觉(杆体)的特性

	明视觉	暗视觉
感受器	锥体细胞	杆体细胞
视网膜位置	集中在中央凹	网膜边缘
功能上的亮度水平	白天日光	黑夜光线
最敏感波峰	555nm	507nm
颜色视觉	有	无
暗适应	快,约 5min	慢,约 30min
空间分辨	高敏度,但光感受性低	低敏度,但光感受性高

人眼对不同波长的光线的感受性不同,反映为要觉察不同的光波所需要的光能(光强度)不同。图 5-11 表达的就是这种情形。图 5-11 的实验是在两种照明条件下进行的:在光亮条件下,要求被试调节各波长光的强度使其与一个标准亮度的白光相匹配,即主观上觉得二者的明度相等,然后测量出各波长光所需要的能量。在黑暗条件下,调节各波长光的强度,直至达到视觉阈限水平,即刚刚觉察到光亮的程度,然后测量出各波长光所需要的能量。结果发现,在光亮条件下,眼睛对 555nm 的黄绿光部分只需较少能量便能与标准光的明度相匹配,而对其他波长的光则需较大能量才能与标准光的明度相匹配。在黑暗条件下,眼睛对 507nm 的蓝绿光部分只需很小能量便能觉察,

---

* $1nm = 10^{-9}m$

而对其他波长的光则需要较大能量才能觉察。以波长为横坐标,相对光辐射能量为纵坐标作图,便是图 5-11。

感受性与阈限成反比,因此,图 5-12 便是光谱感受性曲线。

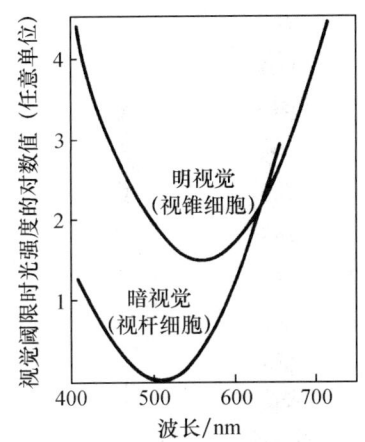

图 5-11　光谱阈限曲线

该曲线显示要达到视觉阈限所需要的最小能量是光的波长的函数。除了长波段（650nm 以上的波段）外,在所有的波长范围内,达到视觉阈限杆体细胞所需要的能量都小于锥体细胞所需要的能量。两条曲线的垂直距离代表了无色彩图形的存在区域。

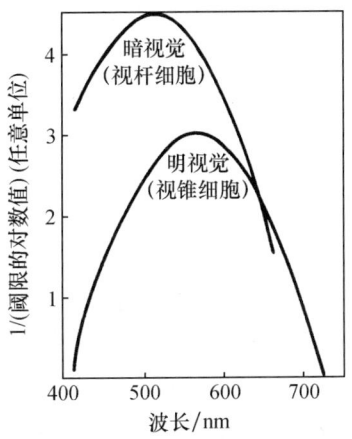

图 5-12　光谱感受性曲线

将图 5-11 的结果移到该图中来说明在视觉能达到的波长范围内,明视觉与暗视觉的敏感性。如图所示,在光波长大于 650nm 时,暗视觉情况下杆体细胞的敏感性高于在明视觉情况下的锥体细胞;当波长小于 650nm 时,情况则相反。

如果将 555nm 的光谱感受性定为 1.00,以其他波长的感受性与 555nm 的感受性相比,便可得到图 5-13 中明视觉光谱感受性曲线,简称明视觉曲线。图 5-13 中暗视觉曲线的最大值也定为 1.00,这是为便于比较两条曲线而人为规定的,并不是锥体细胞和杆体细胞感受性的绝对数值。在上一节中我们叙述过,杆体细胞的感受性比锥体细胞的感受性要高得多。

通过对图 5-13 中两条曲线的比较可以看到,明视觉感受性的最大值在 555nm 处,暗视觉的则在 507nm 处,暗视觉比明视觉的峰值向光谱蓝端移动了 48nm,这说明杆体比锥体细胞更适应于较短波长的光。J. E. Purkinje 在 1825 年就已发现这种现象。他观察到,在日光下看起来明度相等的红花和蓝花,到了黄昏时,即光照度变弱时,两种花的色调都变淡了,但蓝花看起来却比红花显得亮些。这种现象,即当照度降低,使锥体视觉转到杆体视觉时,眼睛对光谱短波部分感受性提高的效应叫作 Purkinje 效应(荆其诚,1987)。

由于人眼对各个波长的感受性不同,各个波段所产生的光感觉程度也不同,所以,光度测量仪器的光接收元件,如照度计的硒光电池,必须按照人眼的明视觉曲线来设置,使光接收元件对光的反应类似于人眼对光的反应,这通常是对接收元件加上一个校正滤光器,进行"人眼校正"或"颜色校正",使测量仪器的光谱灵敏度特性符合人眼的明视觉曲线。图 5-14 表示未经校正的差别以及在硒光电池前面加上适宜的颜色滤光片以后,硒光电池的光谱灵敏度曲线与人眼明视曲线的一致。从图 5-14 可以看到,未校正的硒光电池的灵敏度比人眼的感受性曲线宽,在 300~400nm 波段,人的感受性为零,而硒光电池仍有反应。校正后两条曲线吻合,此时硒光电池对光的反应类似于人眼的反应(林仲贤,1987)。

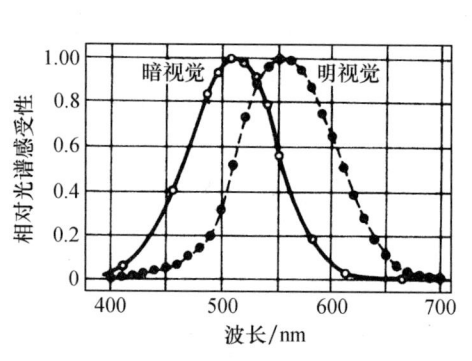

图 5-13 明暗视觉光谱感受性

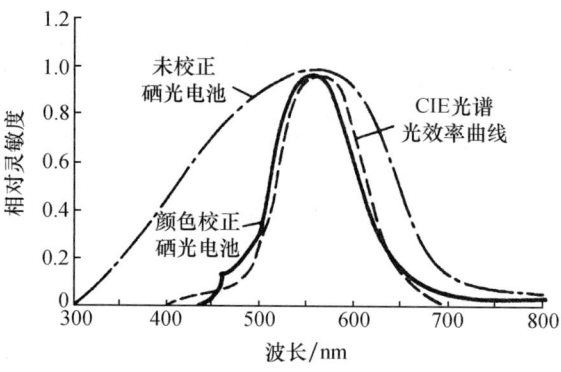

图 5-14 硒光电池的颜色校正

2. 暗适应与光适应

锥体细胞与杆体细胞的一个重大差别在于它们对光照的反应不同。当我们从光亮的地方进入暗处,开始的时候我们什么也看不见。但逐渐地暗处的物体看到了、物体的细节也看到了。换句话说,即我们眼睛的感受性在逐渐提高。这种在黑暗中视觉感受性逐渐提高的过程叫作暗适应(dark adaptation)。白天我们进入电影院时通常会体验到暗适应。相反地,当人眼由暗处进入光亮环境,开始时我们也是什么也看不清,感到光线过于耀眼很不适应(这实际是眼睛感受性突然下降),过了几分钟,眼睛感受性由暗处的高水平下降到正常水平。这种在光亮中视觉感受性很快下降的过程叫作光适应(light adaptation)。白天我们由电影院走出来的时候就会体验到光适应。

测量暗适应的一种方法如下:被试首先面对光亮的照明 2~3min,目的是降低眼睛对光的感受性并提供一个参考点来追踪暗适应的时间过程。然后关灯使眼睛处于黑暗中。从关灯那时起按一定时间间隔(开始间隔以秒计,几分钟后按分钟计,直到大约 30min 为止)分别测量眼睛的绝对阈限。在整个测量过程中,黑暗中刺激眼睛的光的波长以及视网膜接受光刺激的部位保持恒定。测量结果以时间为横坐标、阈限刺激值(为使眼睛看到光亮所需的最小强度)为纵坐标作图,便可得两条暗适应曲线(见图 5-15)。

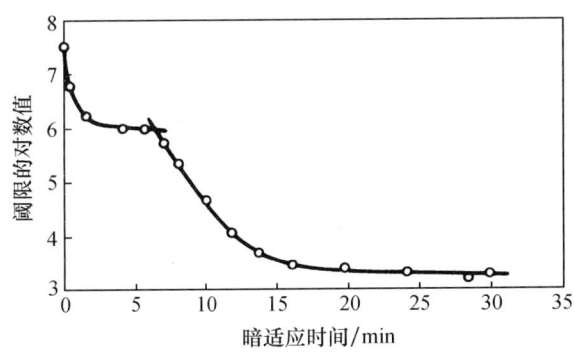

图 5-15 在暗适应过程中视觉阈限的变化

上面一条曲线反映锥体细胞的暗适应过程,下面一条曲线反映杆体细胞的暗适应过程。在适应的开始阶段,阈限刺激值迅速下降,很快达到稳定的水平,这意味着锥体细胞感受性的提高远不如杆体细胞多,而且大约在 5~10min 就完成了。下面的曲线表明,杆体细胞感受性的提高大约持续 20~30min,因而与暗适应刚开始相比,眼睛的感受性提高了许多倍。一旦眼睛暗适应之后,用不亮的光照明 10s 左右并不会太改变适应水平,要恢复到原来的水平只要 60s 就够了。要不然晚上开车就会有极大的困难,因为迎面开来的汽车的灯光会干扰暗适应,严重影响人们看清物体,但是这种光对视觉的感受性却影响不大。

在第二次世界大战期间,人们利用红光可以保护暗适应(水平)的原理,让飞行员等需要很快进入暗适应状态的人员戴上特制的红色护目镜(可以透过 620nm 以外的红光,而不让 620nm 以下光线通过)在休息室等候,一旦需要,只要在黑暗中摘掉护目镜停留 5min 就可以完成暗适应曲线的最后一部分,使眼睛感受性达到最高的程度。对于那些需要在黑暗处与亮处来回转移的人(如雷达观察者)来说,戴红眼镜也是为了保护暗适应。红光可以保护暗适应的道理见图 5-16。

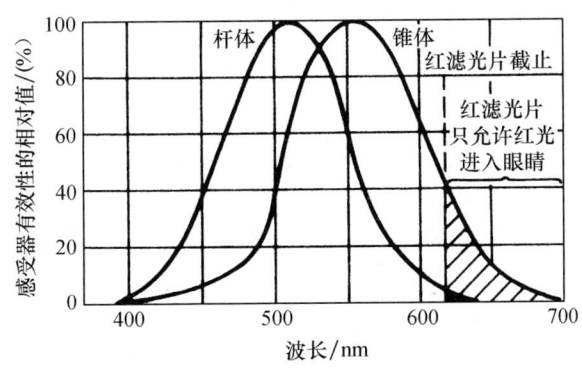

图 5-16 红光保护暗适应原理

阴影部分表示的区域是红滤光片允许光通过的区域,这样,几乎没有光刺激杆体。

戴上红色护目镜后,即使在照明很亮的环境,也可以减弱照明的强度,而且,只有红光才能进入眼睛。图 5-16 中锥体曲线用斜线表示的区域,说明红光仍可以相当有效地刺激锥体,因此人们仍可以阅读,看清环境;但杆体曲线黑色区域极小,红光几乎不能刺激杆体,换句话说,即戴上红色护目镜后,杆体就好似进入暗适应状态了(林赛,1987)。

（二）空间辨别

眼睛的空间辨别能力即视锐度（visual acuity）表现为觉察目标刺激的存在以及辨别物体细节的准确性。例如，如果具有良好视锐度的话，我们就能够看见遥远夜空中的一颗星星，认出沿公路的交通标志或确认远距离飞机的机种，等等。

为了叙述的方便，我们首先介绍视角（visual angle）的概念。我们所看到的物体总有一定的大小，并且与我们有一定的距离，视角把物体的大小和离我们的远近统一起来了。视角示意图见图5-17。

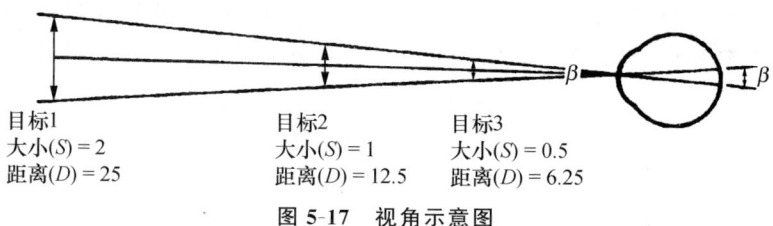

目标1　大小(S) = 2　距离(D) = 25
目标2　大小(S) = 1　距离(D) = 12.5
目标3　大小(S) = 0.5　距离(D) = 6.25

图 5-17　视角示意图

从图上看到，离眼睛一定距离的物体的大小与眼睛形成的张角 β 称为视角。大小不同的物体如果处在不同的距离，它们也可以有相同的视角。视角的计算见公式5.1。

$$\tan \frac{\beta}{2} = \frac{S}{2D} \tag{5.1}$$

当 β 为 10° 或更小时，$\tan\beta = \beta$，可以把 β 角的顶点作为圆心，S 作为圆周的弧，D 作为圆周的半径，用下面简便公式计算：

$$\beta = \frac{S}{D} \tag{5.2}$$

β 以度（°）表示时，

$$\beta = \frac{57.3S}{D} \tag{5.3}$$

我们知道，1°＝60′，1′＝60″。因此，1rad（弧度）等于 57.3°，或 3438′，或 206265″。例如一个直径为 10mm 的圆形，观察距离为 300mm 时，对观察眼睛所形成的视角为

$$\beta = \frac{57.3 \times 10}{300} = 1.91° = 114.6'$$

视角按几何学的规律变化，即随物体距离的远近而按比例地缩小和增大。例如一个物体距 30cm 远时与眼睛形成一定的视角，在视网膜上形成相应大小的视像，如果这一物体距 60cm 远时，视角缩小 1/2，视网膜像也相应缩小，以此类推。视锐度有许多种类，相应地也就有许多测量视锐度的方法。

1. 觉察

觉察（detection）不要求区分物体各部分的细节，只要求发现对象的存在。在暗背景上觉察明亮的物体主要取决于物体的亮度，而不完全取决于物体的大小。黑暗中的

发光物体，只要有几个光量子(quanta)射到视网膜上就可以被觉察出来。因此，即使夜空中星星的视角小于1′，而我们仍能看到它们，就是因为它们达到了一定的亮度，而且我们所看到的它们的大小取决于它们的明亮程度。发光体的光作用到视网膜上，由于光线发生衍射和漫射，因而物体再小，它的视像也不会是一个细微的点，而是一个扩散的面。所以任何的点光源，只要能被看到，它在视网膜上的像就都会大于1′视角，而1′视角的视网膜像已经大于一个细胞的直径，因此任何小的发光刺激都必定作用到两个细胞上面。由此我们可以下结论说，由于光线衍射的扩展，直径更小的锥体细胞或锥体细胞排列得比现在的间距($2.2\mu m$)更紧密，但对提高视锐度没有任何帮助。

人们觉察明亮背景上的暗物体的能力是很强的，这种觉察主要取决于视网膜上刺激物的投影与其周围的亮度差别。所以，在明亮背景上觉察暗物体，主要是对比的辨别。一个大的暗物体，其视网膜像的照度很低，与周围明亮背景形成明显的对比，因而人们能觉察到它。一个非常小的暗物体，由于周围明亮背景的漫射作用，其对视网膜的照度降低很小，它与背景的对比度未达到觉察阈限，所以不能觉察出来(荆其诚，1987)。

2. 定位、解像与识别

定位(localigation)是觉察两根线是否连续或彼此是否存在错位的能力(见图5-18)。

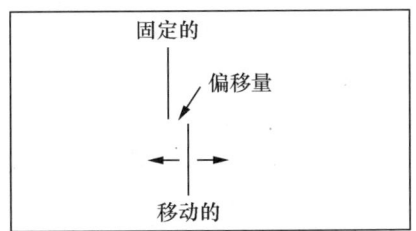

图5-18 用一条移动的线所做的游标微差敏度，其任务是判断两条线段是否有移位

错位的数量可以变化，当观察者看不出错位时，实际错位的大小便是对定位视锐度的测量。当我们用尺子测量的时候，就需要把两道线对得很准。精密仪器的使用中常常有这样的事情。解像(resolution)是知觉某一模式(a pattern)具体元素之间分离的能力(见图5-19)。

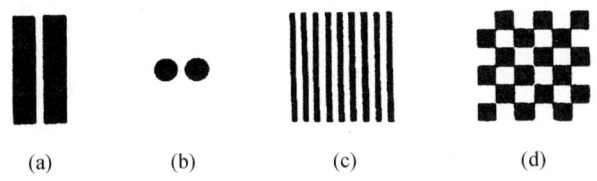

图5-19 解像敏度检查

任务是探测各种模式下各个元素之间是否有分离。(a)平行条，(b)双点目标，(c)栅格，(d)国际象棋盘。(c)这种模式用得最多，在这种模式中，黑白条的宽度是相等的。视敏度用被试能很好地区分出各个黑条时，黑条的宽度所对应的视角来表示。

图中(c)是由相等宽度的黑白线条构成的。当它离观察者一定距离时,就看不出黑白线条,也看不出线条的垂直方向,它变成了一个灰的方块。识别(recognition)也许是人们最熟悉的视锐形式,医院的视力表就是一种识别任务。

早期天文学上就已分辨出两个星星的最小视角为 1′视角,它反映了观察者的视力。1909 年第 11 届国际眼科学学会在制定国际通用视力表时,把常人眼的识别力标准定为 1′视角。视力检查就是要确定某人能区分两个点时的最小视角,即这两个点的最小区分阈限,它与视觉识别能力(视力,V)成反比,即 $V=\frac{1}{\alpha}$。其中,α 代表视角,单位为分。在临床医学上,计算视力的公式为

$$V = \frac{D'}{D} \tag{5.4}$$

式中,V 为视力,D' 是标准观察距离(6m),D 是视觉能分辨的视标细节单位("E"字的开口)与眼睛成 1′视角时的所在距离。把不同 D 下都成 1′视角的视标按大小排成行即成视力表。实际应用时在标准距离下能看见哪一行的视标"E",就用"E"旁的数值来代表视力。

但是,这样的视力表也存在一些缺点。首先是视标增进率不均匀:0.1 的视标比 0.2 的大一倍,而 0.9 的视标却只比 1.0 的视标大 0.1 倍,排列上疏下密,测视力时易产生误差。其次是视力统计困难,视力增减时不能以视力差来表示。例如视力从 0.1 提高到 0.2,增加了 100%,不易达到。但从 0.9 提高到 1.0 却容易,因为只增加了 10%。

缪天荣 1958 年根据 Fechner 定律提出 5 分制对数视力表,该视力表也以 1′视角为标准视力。相邻的两行视标大小之比恒定地为 1:1.2589,即成几何级数,公比为 $10^{\frac{1}{10}} = \sqrt[10]{10} = 1.2589$。取此增率的对数 $0.1(\lg \sqrt[10]{10} = 0.1)$ 作为每一行视标的差数,这相当于 Fechner 定律中的物理刺激以几何级数增长。当视角每增大 1.2589 倍则视力减小 0.1,增大 10 倍则视力减小 1.0,这样,视力即主观识别感觉就成算术级数变化。对数视力表与流行的视力表对照见表 5.2。目前对数视力表正在国内推行(王秋,1999)。

表 5.2 不同视力表结果对照

国际视力表	对数视力表
1.0	5.0
0.9	
0.8	4.9
0.7	
0.6	4.8
0.5	4.7
0.4	4.6
0.3	4.5
0.2	4.3
0.1	4.0

人们注意到,一些鸟类有着比人类好得多的视锐度。有人估计,猎鹰的视力2.6倍于人的视力,这意味着猎鹰能在18m处看到一个1mm的目标!

照度水平、刺激物大小及刺激物与背景亮度的对比是影响视觉空间辨别的重要因素。荆其诚等人对这些因素进行了研究。

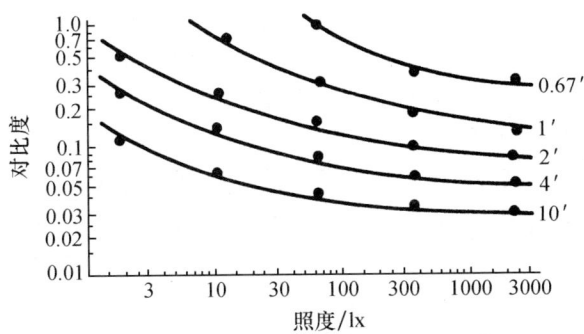

图 5-20 年轻的中国观察者的视觉功能曲线

他们在不同照度水平的条件下,用不同视角开口的蓝道环作为刺激物,用白背景上不同灰度的蓝道环来改变对比度,得出如图5-20所示的一组视觉功能曲线(visual performance curves)。从这些曲线可以看出:

① 为辨认同一视角的物体,当照度增加时,对比度可以减小。例如一个4′视角的物体,10 lx(勒[克斯])时对比度为0.13即可看清;300 lx时对比度降到0.06仍可看清。为要达到一定的视觉效果,随对比度的不断减小,照度的增加是递增的。

② 在同一对比度的情况下,随着照度的提高,能够分辨物体的视角可以减小。如对比度为0.1时,3 lx的照度可以看清10′的物体;30 lx可看清4′的物体,400 lx便可看清2′的物体。

③ 在相同照度下,为要看清物体,其视角和对比度可以相互补偿:对比度增大,能够分辨物体的视角即可减小;视角增大,分辨物体时对比度可以降低。如照度为100 lx时,0.04的对比度可以看清10′的物体,而当对比度增大到0.25时,便能看清1′的物体(荆其诚,1987)。

(三) 时间辨别

在某种条件下,闪烁的灯光可能会被知觉为连续的。许多普通的光源(如荧光灯,电视屏等)似乎都给出了稳定的照明,但事实上它们的光线是断续的。例如,荧光每秒闪烁120次——这意味着灯泡每秒灭了120次。但是我们看不到断续的光,而知觉它是融合的连续的光。我们不能觉察断续光线的原因在于,当光线消失后,对光的视觉映象在视网膜上要延续一小会(大约150~250ms)。

物理上闪烁的光在主观上引起的感觉介于闪烁与稳定之间时的频率叫作临界闪光频率(critical flicker frequency),或临界融合频率(critical fusion frequency),简写为CFF。光线愈强,要把闪烁的光融合成连续光就必须使闪烁的速率更高才行。弱闪光则在较低的速率处就融合了。眼睛的周缘部分比其中心区域要更易于觉察闪烁。当你在观看电视图像时,把眼睛朝旁边看去而使图像落到"眼睛的角落"里去,这时你就经常能看到闪烁。高频率的间断光和连续光在主观上都能引起稳定光的感觉,但只有当它们的光总量,即光的呈现时间×光强完全相等时,二者的明度才相匹配。例如,黑暗中一个亮暗时间相等的闪烁光,它每一周期只有 50% 的时间使视网膜曝光。因此,一个连续光若要和它明度上相匹配,其强度只要有闪烁光强度的 50% 就够了。这就是 Talbot-Plateau 定律(荆其诚,1987)。

要是电视机的图像出现闪烁,就会叫人看起来很不舒服。为了避免闪烁,电视机的设计考虑了视觉的时间特性。以美国电视图像为例,电视图像在荧光屏上是由一点一点构成的,整个图像有 525 行,每行理论上的分辨率达到大约 500 个点。整个图像每秒显示 30 次,即 1/30s 呈现一次。假定图像是从左上角开始逐行依次扫到右下角的话,由于每个点显示的时间在整个图像显示的时间中所占的百分比极小,因此它就会出现闪烁,好似画面不完整。为了避免闪烁,将画面每隔一行地分成两半。头一半图像 1/60s 呈现一次,然后电子束回过头来扫另一半,也是 1/60s 呈现一次。这样一来,虽然整个画面依然还要 1/30s 扫描,但是屏幕上的每个区域每 1/60s 总有某些部分要出现一次。上面我们已提到,当光刺激消失后,对光的视觉映像仍然会在视网膜上延续 150~250ms,1/60s 等于 17ms,即经过处理后的电视画面的每个区域每 17ms 就会出现一次,这样,画面间断的时间就大大低于视像里视网膜上能延续的时间,所以画面看起来是连续的,具有运动画面的真实感。这种隔行扫描也因此而有效地消除了闪烁(林赛,1987)。

(四) 客体的识别与定位:焦点系统与周围系统

有两条解剖上不同的神经通路分别对客体本身以及客体的位置进行加工。焦点系统(focal system,又称 what 通路),即膝状体-纹区视觉系统(geniculo-striate visual system),负责客体的识别与再认,其包括视网膜中央凹在内的中心区、外侧膝状体和初级视皮层区(纹区);周围系统(ambient system,又称 where 通路)负责客体的定位,即视网膜背盖视觉系统(retinotectal visual system),其包括视网膜的中央凹区域以及边缘区域、上丘和外纹状体。盲视病人(blindsight)的情况有助于说明这两条通路。患这种病的人因初级视皮层区(V1 区)受损而全盲,虽然他们能正确辨别诸如运动朝向、不同波长光波、形状等刺激属性,但他们却看不见任何东西。对盲视现象的一种解释是,病人的 where 通路功能还残留,但 what 通路则因受损而不起作用了。因此,病人不能辨别客体是由于视皮层区受损,但 where 通路却能使他做出准确的方向反应等。有趣的是,病人不能意识到自己已做出准确反应,常常对自己"猜"得很准感到奇怪。这意味着,健全的 V1 区对视觉经验(意识到某种视觉)来说是必不可少的(Schiffman,1996;Zeki,1993)。

关于人类两条视觉通路的证据还来自大量的关于猴子视觉通路的研究(Weiskrantz,1995)。

三、颜色视觉

颜色是人类环境的一个普遍特色,我们生活在一个五彩缤纷的世界里。绝大多数人都喜欢看彩色电视,这说明颜色能给我们带来美的感受。颜色吸引我们的注意,给我们提供丰富的信息:颜色加强了物体表面的对比,促进了客体的觉察与区分,为再认客体提供了清楚的线索,等等。

(一) 颜色的明度、色调和饱和度

不同波长的光线(电磁波)是无色的,但当它们刺激人的视觉系统时就产生了颜色视觉。因此,颜色是视觉系统接受光刺激后的产物。物体之所以显现颜色,就是因为它们可以反射光线到我们的视觉系统。例如,580nm 波长的光线在我们看起来是黄色,如成熟的香蕉受到日光(白光)照射时显现黄色是因为香蕉吸收了 580nm 以外的波长,而反射以 580nm 为主的光波。黑色的物体显现黑色,是因为该物体吸收了几乎所有照射到它上面的光波。而白纸看起来是白的,是因为它反射几乎一切波长的光线。

在第 3 章心理物理学方法中我们强调,必须把物理刺激及其引起的感觉区分开。在讨论颜色视觉时我们也应当这样做。颜色视觉有三种特性:

① 颜色的明度与其物理刺激光波强度-亮度相对应。所有的光,不管是什么颜色,都可以用亮度来表示它的强度。

② 颜色的色调(hue)与其物理刺激的光波波长相对应。光谱是由不同波长的光组成的,用三棱镜可以把日光分解成光谱上不同波长的光,不同波长所引起的不同感觉就是色调。例如,475nm 光的色调是蓝色;535nm 光的色调是绿色;580nm 光的色调是黄色;700nm 光的色调是红色;等等。若将几种波长不同的光按适当的比例加以混合,则可以产生不具有任何色调的感觉,即白色。事实上只选择两种波长不同的光以适当比例加以混合,也能产生白色,这样的一对波长的光叫作互补波长。例如,609nm 的橙色和 492nm 的蓝绿色是一对互补波长;575.5nm 的黄色和 474.5nm 的蓝色也是一对互补波长。一对互补波长的色调被叫作互补色。

③ 颜色的饱和度(saturation)与其物理刺激的光波纯度(purity)相对应。纯的颜色即高饱和度的颜色是指没有混入白色的窄带单色刺激的光波。例如,650nm 的光波引起非常纯的红色感觉,假如把一定数量的白光加到 650nm 的光波上,混合的结果便产生粉色。加入的白光越多,混合后的光就越不纯,颜色看起来也就越不饱和。光谱上的所有的光都是最纯的颜色光。

颜色可以分为彩色和非彩色(黑、灰、白)。如果一个光刺激没有波长,这个光就是非彩色的白光,它没有纯度。但是,所有视觉刺激都具有亮度。亮度是彩色刺激和非彩色刺激的共同特性,而波长和纯度则只是彩色刺激才具有(荆其诚,1987)。

(二) 颜色混合

白光或太阳光透过棱镜就会分解成光谱上的颜色光带,如果把这些颜色光带用透镜聚焦在一个屏幕上,成为一个光点,这个光点便是白光或太阳光。

光谱上两种颜色混合会出现一种新的颜色。例如,绿光和红光混合会出现黄色,而且在光谱上也能找到这个颜色,它位于红与绿之间。一般来说,光谱上临近的两种颜色混合所产生的新颜色,因处在光谱上两种被混合颜色的中间而称为中间色(见图5-21)。图中 A 点与圆心(代表白色的程度)相交后延长至颜色环周边上所指的颜色,就是黄色。它是同等强度的绿光与红光混合的结果。这样,黄色就既可以由单色光波如570nm产生,也可以由另外两种光波混合而成。这种现象表明了一条重要的原则:一旦光波被混合,视觉系统就不能分辨其中的单个光波成分。

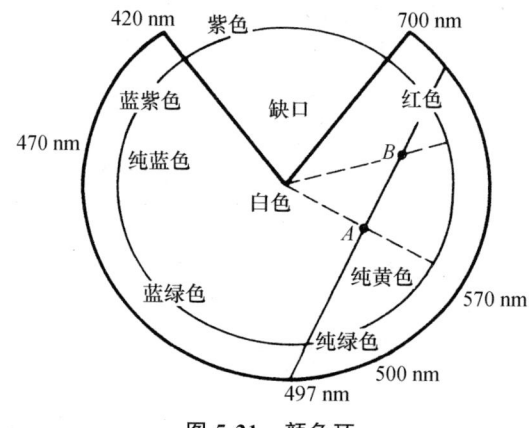

图 5-21 颜色环

图中 B 点的颜色表示,这个中间色中红的成分更大些。

中间色的饱和度低于混合它的任何一种颜色的饱和度,相距愈远的颜色混合成的中间色,它的饱和度也愈低。互补色相距最远,它们混合的新颜色是灰或白色。光谱两端的红光和蓝光混合出现一个光谱上找不到的新颜色——紫色,我们把它叫作非光谱色。

艺术家在画布上涂上不同颜色的色块,从远处看它们混合的效果就是彩色艺术品。电视机屏幕上有三种不同颜色的点子,每组点子彼此相距都很近,从远处观看时,这些点子就会在视网膜上混合而产生出不同的混合色。

以上叙述的颜色混合叫作加法的颜色混合(additive color mixture),这种颜色混合的示意图见图5-22(a)部分。图中(b)部分则说明减法的颜色混合(subtractive color mixture)。从图上可以看到,当白光通过黄色滤光片后,它吸收(减去)主要的短波部分光波(蓝、紫色)而让中波与长波部分光线通过,这部分光波又由蓝滤光片吸收(减去)长

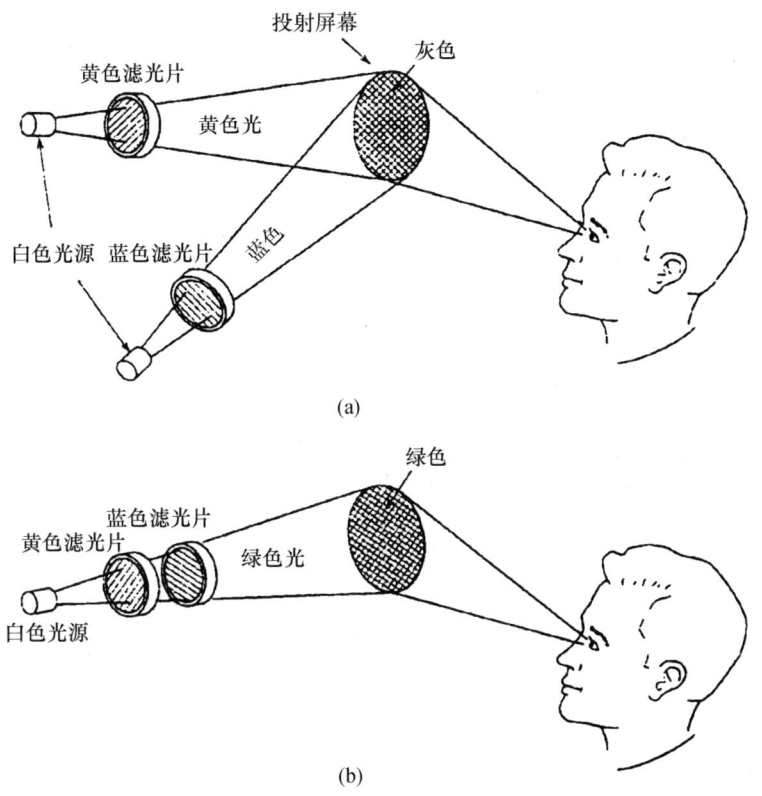

图 5-22 光的相加和相减混合

(a) 相加混合。当两种互补的色光,如蓝色光和黄色光投射到一个屏幕上,然后反射到眼睛上时,混合光呈灰色;(b) 相减混合。白色光依次通过黄色滤光片和蓝色滤光片,投射到屏幕上,产生绿色的光(这种效应类似于颜料的混合)。

波光线(黄、橙和红),而让中波和短波光线通过。两次相减的结果,只剩下中波光线从物体表面反射到人眼中,即绿色。染料的混合是减色混合,黄色染料与蓝色染料混合的结果是绿色,其过程如(b)图所示。因此,染料的混合是对光谱颜色的双重减法。水彩画与油画的颜色最终就是减色混合的结果。

影响知觉客体颜色的一个重要因素是该客体的熟悉性及其固有的颜色。形状像香蕉的灰色刺激物看起来稍黄些,而形状像树叶的灰色刺激物看起来则稍绿些。熟悉性和过去的经验对外观颜色的作用被归结为记忆色(memory color)(荆其诚,1987;Schiffman,1996)。

(三) 颜色理论

三色理论(trichromatic receptor theory,又称杨-亥姆霍兹理论:Young-Helmholtz theory)和对立机制理论(opponent-process theory)是两种最主要的颜色理论,它们均得到现代科学研究的有力支持。

三色理论最早由英国科学家 Thomas Young 于 1802 年提出,德国科学家 Hermann von Helmholtz 于 1866 年对该理论加以扩展并使之流行。三色理论假定只需要三种感受体就可以产生所有的颜色。近代的研究基本上证实了 Young-Helmholtz 假设。Marks 等人用显微光谱光度方法研究了人和灵长目动物的锥体感受器。他们在显微镜下把单色仪发出的非常细微的单色光束投射到视网膜单个感受器上,然后测量各单色光穿过感受器的量,以确定感受器的光谱吸收特性。某一波长被锥体色素吸收愈多,便证明该锥体对该波长愈敏感。结果

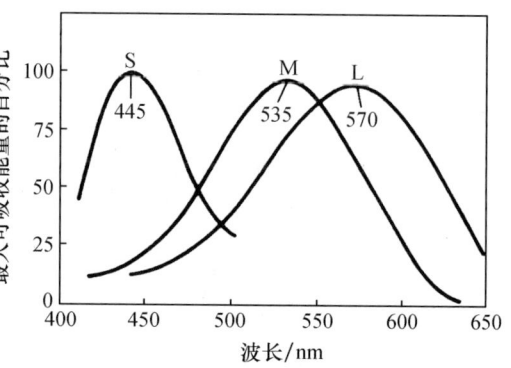

图 5-23 吸收曲线

所有三种类型的视锥细胞都能吸收很大范围的波长,并且吸收曲线互相重叠。因此,许多波长的光都能激活多种类型的视锥细胞。

表明,的确存在着三种不同的色素。他们测得的三种色素的吸收峰值分别在 445、535 和 570nm 附近,并且具有较宽范围的光谱感受性(见图 5-23)。这方面,短尾猿猴和人眼的实验结果是很一致的。研究还表明,具有长波和中波色素的锥体细胞比具有短波色素的锥体细胞要多。我们可以把长、中、短波的三种感受器分别叫作 L、M 和 S 锥体细胞,它们分别对红色光、绿色光和蓝色光最敏感。

三色理论可以解释颜色混合的现象。前面我们说过,由 580nm 光波引起的黄色感觉看起来和绿色光加红色光造成的黄色没有差别,虽然两种黄色在物理刺激(光波)上很不一样。这可以说明 580nm 的光波与红色光加绿色光的混合光波被 M 和 L 锥体同等程度地吸收了,因此视觉系统获得了同样的黄色。三色理论也与下述发现一致:当所有的锥体细胞得到同等的刺激时,我们就会看见白色。

对立机制理论(又称四色理论)最早由德国生理学家 Hering 于 1864 年提出,它包括三个独立的机制,每一机制由神经系统一对相反的颜色过程组成:蓝-黄、绿-红和白-黑的相反过程。每一感受体可交替进行两种彼此相反的感觉反应,但不能同时存在两种反应。例如,要么蓝或黄被体验到,但不能同时体验蓝与黄。

颜色视觉由对立的过程所调节的思想在近代得到了进一步的发展。与三色理论一致,人们提出有三种类型的视网膜锥体,但这些锥体联系着视觉系统的三对对立的神经过程,这就是蓝-黄过程,绿-红过程和白-黑过程(与光的强弱有关而与颜色无关),在视网膜以后的视觉通路上都存在着对立的神经过程,因此,颜色编码是一个两阶段的过程:首先是 S、M 和 L 锥体接受不同波长的光刺激,这可以理解为三色过程。第二阶段是神经细胞的两对对立过程对颜色进行编码,这可以理解为是四色过

程（见图 5-24）。

大量神经生理学的证据表明，在视网膜以后的视神经通路上存在着对立的过程。例如，有研究证明，短尾猴（它具有与人基本上类似的颜色视觉）的外侧膝状体存在着具有对立过程的细胞：它们的放电频率随不同波长的刺激而变化。对某些波长放电频率高，表现出兴奋，但对某些波长放电频率低，表现出抑制。例如，某些细胞对长波红光刺激（633nm）以极高频率持续放电，而在撤去光刺激后处于抑制状态。与此相反，这些细胞对短波、中波光刺激（蓝、绿光）基本上不反应，而当这些光刺激撤去后却强烈放电。这种类型的细胞对红光产生兴奋而对绿光产生抑制就叫作＋R－G 对抗细胞（opponent cells）。许多类似的对抗细胞均已发现，它们只对某些波长的光波产生兴奋而对另一些波长的光波产生抑制，因此，可以用神经细胞的兴奋-抑制过程来理解颜色信息的编码过程。

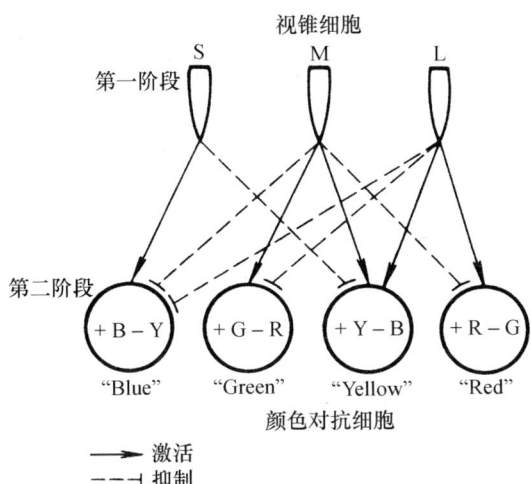

图 5-24 两阶段的颜色理论

图示一对短（S）、中（M）、长（L）波长最敏感的三种类型的视锥细胞把兴奋或抑制输送给第二阶段的对抗细胞。例如，一个＋B－Y 的对抗细胞被 S 视锥细胞激活，而被 M 和 L 视锥细胞抑制（M 和 L 视锥细胞的激活产生黄色）。相反，＋Y－B 细胞被 M 和 L 视锥细胞激活而被 S 视锥细胞抑制。相同的逻辑可以理解＋G－R 和＋R－G 对抗细胞的激活。

在视觉皮层区，人们也发现了颜色编码的兴奋-抑制过程。例如，视觉皮层区存在着只对颜色起反应的细胞，而且，这些细胞的兴奋-抑制过程较上述外侧膝状体的对抗细胞的兴奋-抑制过程更为复杂，这是一些被叫作双重对抗的细胞（double-opponent cells，见图 5-25）。这类细胞有一个中心-边缘对抗的组织结构，即中心与边缘都具有对立的颜色过程。这样，中心区对某种颜色兴奋并抑制相应的补色，而边缘区则正好相反，对该补色兴奋而对该颜色抑制。图 5-25 就是一个双重对抗皮层细胞的组织，它的中心区对红兴奋而对绿产生抑制，但它的边缘区却对红产生抑制而对绿兴奋。

总之，红、绿、蓝三种颜色首先由视网膜锥体细胞进行加工，然后颜色信息在视神经通路的不同水平上以兴奋-抑制的对抗过程中逐步得到编码（Schiffman，1996）。

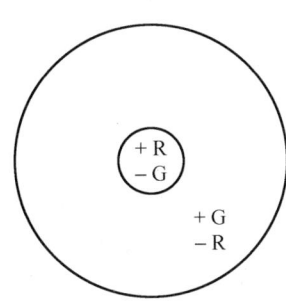

图 5-25 一个双重对抗皮层细胞

（四）色盲

颜色视觉正常的人都能用三原色（红、绿、蓝）匹配出光谱上所有的颜色，而且在匹配同一颜色时所用的三原色的比例也是相似的。有色觉缺陷的人在匹配光谱上的颜色时所需要的原色少于正常色觉者,因此,有色觉缺陷的人的彩色世界不如正常者那么丰富多彩。表 5.3 显示的是色觉缺陷者的类型及其原因。

表 5.3 色觉缺陷

种 类	在男、女人口中比例	
	男性/(%)	女性/(%)
三色觉异常者		
红色弱即 L 锥体色素缺乏	1.3	0.02
绿色弱即 M 锥体色素缺乏	5.0	0.35
二色觉者		
红色盲即 L 锥体色素丧失	1.3	0.02
绿色盲即 M 锥体色素丧失	1.2	0.01
蓝色盲即 S 锥体色素丧失	0.001	0.003
全色盲即所有锥体色素丧失	0.00001*	

* 为总人口中的百分比。

红色弱者不易分辨不饱和的红色,如果要求他(她)们辨别红色,那么红色光的强度要极高才行。绿色弱者则不易分辨不饱和的绿色。红色盲不能辨别红色,他(她)们将红与绿蓝相混淆。绿色盲不能辨别绿色,他(她)们将绿与紫红相混淆。而全色盲则没有颜色视觉,在他(她)们看来,彩色电影和彩色图画都是黑白的。

有人研究了一个难得的病例——一位妇女左眼是绿色盲而右眼色觉正常,当把各种颜色呈现给她的左眼时,要她用右眼调节颜色直到看起来与左眼看到的颜色一样,结果发现,绿色盲的左眼把从绿到红(502nm 到 700nm)的光刺激都看成是黄(大约570nm),而把从绿到紫的光刺激都看成是蓝(大约是 470nm)。绿色(大约在 502nm)则被看成是灰色。

色盲的研究对颜色理论有重要意义。表 5.3 所列色觉异常与缺乏或丧失 L、M 和 S 锥体色素有关的事实也证实了三色理论,而不能正常感觉红色的人也不能正常地感觉绿色、不能正常感觉蓝色的也不能正常感觉黄色的事实,(Schiffman,1996)。

很多职业都只能由色觉正常的人来承担。美术、纺织印染、化工等职业都要求正常的颜色视觉。在交通运输中,如果工作人员是色盲,由于他(她)不能辨别颜色信号,就可能会出现严重的事故。

在快要结束颜色视觉这部分时,我们再来简要讨论一下由非彩色刺激产生彩色感觉的问题。前面我们说明了,不同波长的光波刺激视觉系统引起了颜色视觉,但是,也存在例外。仅仅由黑白刺激也可以产生颜色感觉,人们称之为主观颜色(subjective colors)。例如,将图 5-26 的图案以

图 5-26 演示主观颜色的 Benham 纸盘

图 5-27 非彩色模式下的主观色彩

每秒 5～10 周的速率转动,我们便会看到饱和度不高的颜色,如蓝、绿、黄、红等。这些颜色感觉的产生无法用不同波长的光刺激视网膜 L、M 和 S 锥体来解释,人们推测,旋转后的图案刺激不涉及视网膜加工而直接进入视觉通路,并模拟了有关的神经过程,从而导致了颜色感觉。

显示主观颜色的另一种图案见图 5-27。观看这幅黑白相间的静止图案中心大约 15s,你也可以看到颜色。人们推测,观看图案时随意和不随意的眼动恒定地取代了对角线图案而作用于视网膜锥体细胞,引起了颜色感觉(Schiffman,1996)。

四、听 觉 系 统

听觉系统由耳、外周神经通路和听觉皮层三部分组成。耳的功能是把气体分子振动转换成毛细胞的神经冲动;神经通路把内耳单个毛细胞的神经放电转换成通往皮层的神经元的放电模式;听皮层的分析与左右脑半球功能定位有关。

(一) 耳的结构

耳可分成外耳、中耳和内耳三部分。如图 5-28 所示。

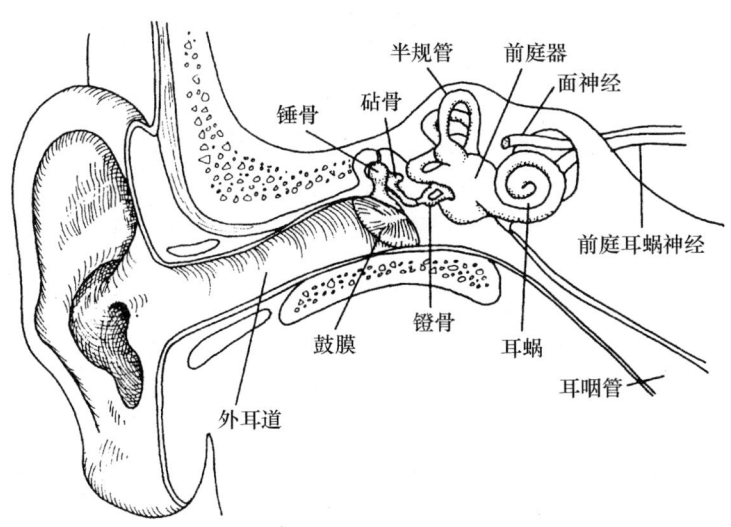

图 5-28 耳的结构图

外耳由耳郭和称为耳道的谐振腔组成,其形状像一个铜号,有助于声能的收集。耳郭有复杂的涡旋构造,用于区分前后和上下的声源位置。耳道长度为 2.3cm,形状不规则。直接测量发现,外耳的谐振带为2000~5000Hz。耳道的终端是鼓膜。鼓膜面积约69mm²,处在外耳和中耳之间,在声音的作用下可以自由振动,对声的传导有重要作用。

中耳是容积为 1~2cm³ 的空腔。它包括3根互相连接形成杠杆的听骨:锤骨、砧骨和镫骨。锤骨上连鼓膜,镫骨下连内耳开口处的卵圆窗,两者之间是砧骨。中耳还有通向咽腔的耳咽管。中耳的结构使它具有三重作用:平衡中耳和外耳的气压,保证鼓膜的正常振动;对强声起反射作用,减少传入内耳的强声,起保护作用;阻抗匹配作用,使声能有效地从外耳传到内耳。声波在外耳是在空气中传播的,在内耳是在淋巴液中传播的。空气和淋巴是两种不同的介质,对声音有不同的阻抗,后者为前者的3750倍。如果直接传播将只有 1/1000 的能量传入内耳。

内耳包括耳蜗和与听觉无关的前庭器。耳蜗是一个卷曲的、充满液体的结构。它的长度为35mm,卷绕两圈半,成蜗壳状,大小如一粒豆子。耳蜗内部被两个膜分隔,中间形成一个楔形剖面的部分,称为蜗管。蜗管上面的膜是前庭膜,底部的膜是基底膜。蜗管内部的复杂结构称为柯蒂器,是外周听觉系统的核心部分。图5-29为柯蒂器剖面图。

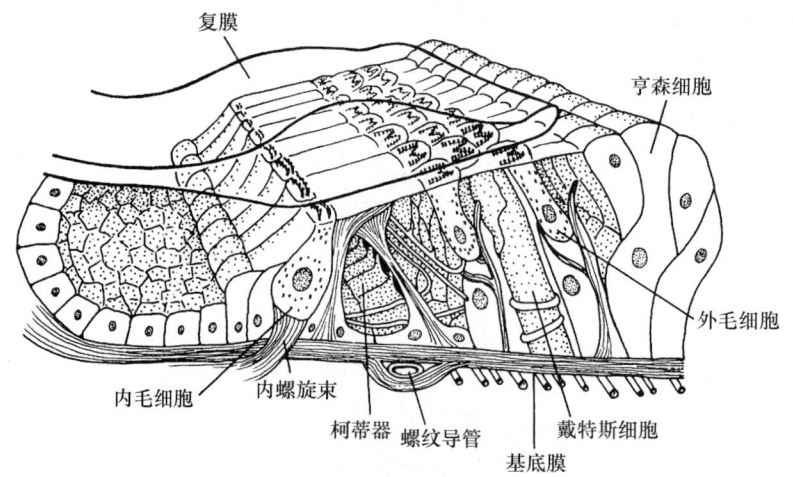

图 5-29 柯蒂器剖面图

作为听觉感受器的毛细胞成行地分布在呈三角形的柯蒂隧道两侧。3500个内毛细胞组成一排,沿基底膜排列,12 000个外毛细胞组成3排。在神经支配上,90%以上的听神经纤维与内毛细胞相连,一个内毛细胞可兴奋多达20根听神经纤维。多个外毛细胞汇集到一根纤维。在毛细胞上,有一层薄膜覆盖,称为盖膜。外毛细胞的纤毛插入盖膜,内毛细胞纤毛不与盖膜相连。基底膜和盖膜的相互独立运动,引起纤毛的侧向剪切运动。这一运动使毛细胞发放神经脉冲。

基底膜运动由耳蜗内液体压力造成,它的振动方式是由它的物理性质决定的。从卵形窗处的基部到位于蜗孔的顶端,膜的劲度降低了100倍。Bekesy发现,频率一定的刺激引发沿基底膜传播的行波,振幅在某一点上升到最大值,然后迅速下降。高频刺激引发的行波最大幅度出现在卵形窗附近;低频时,最大幅度靠近顶部。波形传播中,速度逐渐降低。基底膜的物理特性使输入信号的不同频率成分分布在膜的不同位置上。

(二) 外周神经系统

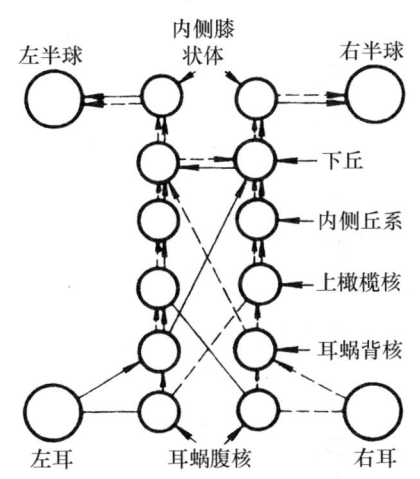

图 5-30 从耳到听皮层最重要的通道和神经核(脑干)
(不包括下行纤维)

在感觉系统中,听觉系统的交互联结最复杂。神经通路大部分是对侧的,从一个耳到对侧听皮层。少部分是同侧的,从一个耳到同侧听皮层。有的神经通路在进入听皮层前有4~5级中继站,有的通路越过一些核团,直接与高一级的核团联结。这种复杂性是补偿耳蜗中较少的毛细胞数量所必需的。图 5-30 是听觉通路的示意图。

听觉系统最重要的知觉目标是确认事件及其位置(what and where)。我们需要发现相关的声学信息及其"调谐于"这些信息的神经机制。许多重要的知觉信息存在于声波频率、强度、频谱的变化中。这些变化存在于一定的背景下。因此,事件的确认有赖于稳态和瞬态信息。这是与听觉系统的组织相吻合的。在听觉系统的每一个水平上,存在音调定位组织(tonotopic organization),即频率的空间表征。在每一个核团中,都有只对频率或强度变化发生反应而对稳态声不反应的细胞。目前的研究还只是描述这些核团中不同的细胞类型,对同一核团中与不同水平上的细胞之间的关系知之甚少。而且,这些研究主要以单神经纤维放电模式为基础。但重要的神经信息可能在于不同神经元或神经元群的兴奋模式。

外周神经系统的出发点是第八对脑神经,由与内毛细胞联结的纤维组成。20 世纪 60 年代以来,利用微电极对单根神经纤维(也称单元)的电活动进行了大量研究。神经纤维活动有两个最重要的特点。

(1) 频率的选择性

每一个纤维都只对特定频率有最强的反应。神经纤维的频率选择性常用"调谐曲线"来说明。它表现为纤维的反应阈值随频率而变的函数曲线。反应阈值最低的频率称为纤维的特征频率(CF)。曲线高频端的陡度大于低频,是不对称的。频率选择性的根源是它们只对底膜的有限区域活动作反应。在听神经中,特征频率(CF)有规则地分布。特征频率高的纤维分布在神经束的外围,愈往中心,CF有秩序地下降。图5-31是典型的调谐曲线。

(2) 相锁(phase-locking)

神经兴奋发生于输入波形的特定相位。一根神经纤维不一定对每一刺激周期都兴奋,但兴奋总是出现在波形的同一相位。因此,神经兴奋之间的时距总是(或接近是)刺激波形周期的整数倍。例如500Hz纯音的周期为2ms,在它的作用下,神经兴奋的时距可以是2、4、6、8ms等。相锁反应并非在整个可听频率范围内都出现,其频率上限大约在4000~5000Hz。

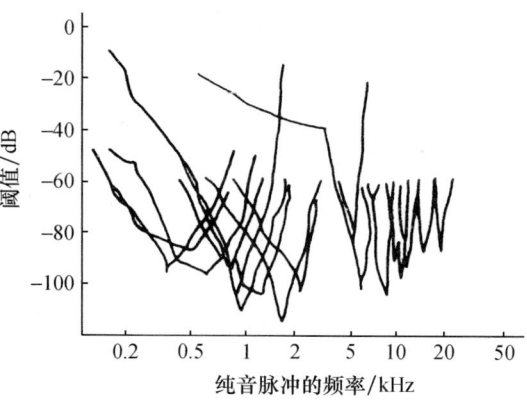

图 5-31 听神经单纤维调谐曲线

(三) 听皮层

听皮层各区由丘脑许多区域获得弥散的投射,并向这些丘脑结构发出返回性下行投射纤维,组成了双向的交互联系,处理不同的信息。每个通路都有其独特的、主要的联系部位和区域,但是这些部位和区域之间也有相互的联系。依赖这种复杂的联系,大脑皮层执行复杂的功能。

五、响度与音高量表

(一) 听觉感受性

人类听觉系统对声音的感受能力(感受性)有极其宽的动态范围。人耳能感觉到的最小的声压级,其振幅只有一个氢分子那么大,能耐受的最大声压级可达120dB。这一动态范围相当于压力比为$10^6:1$。人耳能听到的纯音频率最低可至20Hz,最高可达20 000Hz。人耳对声长的解析力也是惊人的。听觉的感受性除了表现为对声音的上述三个参量的绝对感受性之外,还表现为对差异的分辨能力,即差别感受性。

声音要达到一定的声级才能被听到,这种最小可听声级称为听觉的绝对阈限,它是听觉绝对感受性的表征量。人的听阈有个别差异,因而听阈只能是一个统计数。按测验方法和条件的不同,听阈分为最小可听声压(MAP)和最小可听声场(MAF)。前者用耳机做测验;后者是在自由声场内进行测量。

听阈并无显著的民族差异。国际标准的听阈曲线,如图5-32所示。图上MAP这条曲线为听力零级曲线,是测听器的各个纯音声压级的起点(0 dB)。

上述听阈都是用时长超过1s的纯音确定的。当声长短于1s时,听感受性将起变

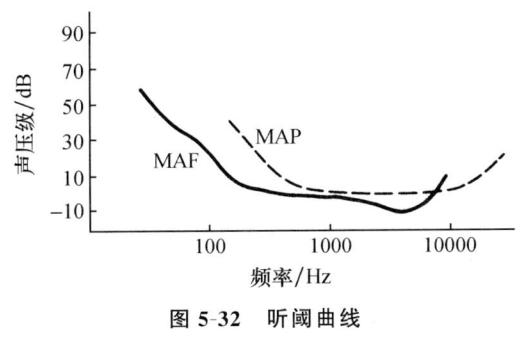

图 5-32 听阈曲线

化。在 200ms 以内,声长改变一个数量级引起听阈改变 10dB。也就是说,若将纯音声长由 200ms 缩短为 20ms,把强度增加 10dB,才能被重新听到。超过 300ms,声长的增减对阈值起作用不大。

人耳对声音的某一参量变化的最小可觉差(JND)被称为差别阈限(DL)。它是听觉差别感受性的表征量。差别阈限可以是绝对值,也可以是相对值。例如一个声音的强度为 100dB,强度增减 5dB 即可被察觉出来。这里 5dB(ΔI)是绝对差,$5/100(\Delta I/I)$ 是相对差。

确定声强差别阈的方法是呈现两个刺激,让听者判断哪一个较强。实验发现,噪声的辨别和纯音的辨别不同。噪声的差别阈符合 Weber 定律,即 $\Delta I/I$ 接近常数,与绝对强度无关。阈上 20dB 到 100dB,宽带噪声差别阈值约 0.5~1dB。纯音的差别阈不符合 Weber 定律。20dB 时为 1.5dB,40dB 时为 0.7dB,80dB 时为 0.3dB。

声音频率的差别阈值 Δf 是频率和强度两者的函数,随频率的升高而变大;Δf 在 1000Hz 以上变化特别显著,随声级的提高而变小。最小的 Δf(1Hz)出现在低频和较高声级的条件下。

关于时间辨别有两个问题:① 听觉的时间锐敏度。实验发现人耳对时间的分辨可短到 2ms,且和声音的频率及强度无关。② 时间差别阈限 ΔT。有关的实验结果表明,ΔT 随声长的减短而变小。

(二) 听觉掩蔽

对一个声音的感受性会因另一个声音的存在而发生改变。假定对声音 A 的阈值为 10dB,由于声音 B 的影响使 A 的阈值提高到 25dB,即阈值提高 15dB。一个声音的阈值因另一声音的出现而提高,这种现象就是听觉掩蔽。这里 B 称为掩蔽声,A 称为被掩蔽声,25dB 称为掩蔽阈限,15dB 称为掩蔽量。掩蔽是心理声学中很重要的效应,它不仅说明一个声音怎样影响另一个声音,透过它还有助于了解人耳的频率分辨力。

图 5-33 是不同强度和不同频率的声音所产生的掩蔽,可以看出一个纯音引起的掩蔽决定于它的强度和频率,低频声能有效地掩蔽高频声,但高频声对低频声的掩蔽作用不大;最大的掩蔽出现在掩蔽声频率附近;掩蔽量随掩蔽声的增强而加大;掩蔽曲线的形状决定于掩蔽声的强度和频率。以 1000Hz 的掩蔽声为例,在 20~40dB 较低声级时,曲线是对称的,随声级的提高,曲线变得愈来愈不对称,掩蔽向高频发展比较快。

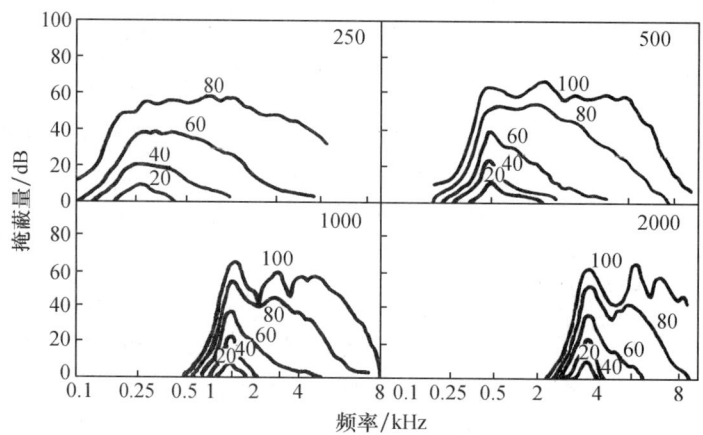

图 5-33　不同频率、不同强度的纯音所产生的掩蔽模式
曲线上的数字为掩蔽声声压级(dB)。

白噪声的掩蔽效果不同于纯音。掩蔽声增加 10dB,掩蔽阈也增加 10dB。进一步的实验还证明,上述线性关系,不受被掩蔽声频率的影响,既适用于纯音,也适用于言语声。

掩蔽也可以发生在两者非同时作用的条件下。被掩蔽声在后称为前掩蔽,前掩蔽和听疲劳有些相似,区别在时距的不同,前掩蔽一般限于掩蔽声停止后几百毫秒。前、后掩蔽有以下一些特点:

① 被掩蔽声在时间上越接近掩蔽声,阈值提高越大。掩蔽常发生在掩蔽声级 40dB 以上。

② 掩蔽声和被掩蔽声相距很短时,后掩蔽作用大于前掩蔽作用。

③ 单耳的掩蔽作用比双耳作用显著。

④ 掩蔽声强度增加,并不产生掩蔽量的相应增加。例如,掩蔽声增加 10dB,掩蔽阈限只提高 3dB。这和同时掩蔽的效果不同。

掩蔽声和被掩蔽声分别加于两耳产生的掩蔽称为中枢掩蔽。中枢掩蔽的效果较小,比单耳情况下的掩蔽约小 50~60dB。它的效果是对称的,而且受频率的制约,最大掩蔽效用发生在掩蔽声和被掩蔽声频率接近的条件下。

白噪声和纯音信号同时作用于两耳时,信号受噪声掩蔽,只有将信号提高到掩蔽阈值 L_0 时,才能听到。若保持两耳的噪声和一耳的声信号不变,将另一耳信号倒相(即两耳信号的相位差 180°),信号又可以听到。要使信号再度被遮蔽,它的掩蔽阈值必须降至 L_π。前后两掩蔽阈值之差 $L_0 - L_\pi$ (dB)即为掩蔽级差(MLD)。掩蔽级差是耳对相位变化的敏感性造成的,先使信号在一耳受到噪声的掩蔽,然后将相同的噪声加到另一耳上,信号却可以听到了。这是另一种双耳掩蔽级差现象。MLD 现象并不限于纯音,短声和言语声都有类似的效果。

(三) 响度

声强超过听阈后,随着声强的逐渐增加,主观上产生由弱到强的程度不同的响度感觉。声强和响度虽有这种相关关系,但不可混同。声强是声音客观的物理量,而响度则是主观的心理量。

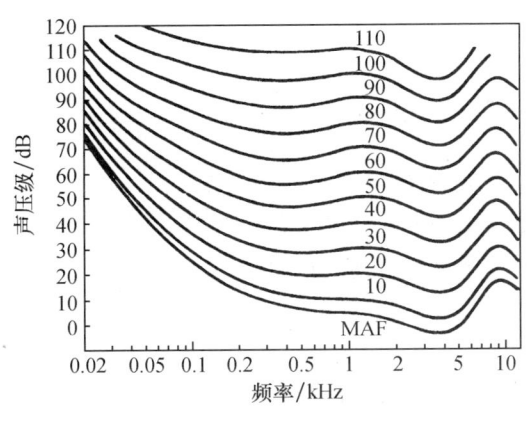

图 5-34 等响曲线

通常采用等响曲线来表示声强与响度之间的关系。求等响曲线方法类似光度学中确定视见函数 $V(\lambda)$。以一定声级的 1000Hz 纯音为标准声,用其他频率的纯音为比较声。由听者调节比较纯音的声级,直到它和标准纯音的响度相等。这时,标准纯音(1000Hz)的声级就被规定为该声级的比较纯音的响度级。响度级的单位为方(phon)。1000Hz 纯音的声级就是它的响度级。声音的频率不同,它们和 1000Hz 纯音等响的声级也不同。各个比较纯音和 1000Hz 纯音等响声级的变化作为频率的函数的曲线,就是等响曲线。以 1000Hz 纯音的不同声级作参量,可测定一组等响线,如图 5-34 所示。

图上最下面一条曲线就是作为听阈的最小可听声场曲线,它可被看成是等响线的特例,即响度为零的等响线。但它的响度级不是零,而是 4.2 方。

等响曲线反映出响度听觉如下一些特点:
① 响度级受声强的制约,声强提高,响度级也相应增加;
② 频率也是影响响度的一个因素;
③ 不同频率的声音有不同的响度增长率。

低频纯音的响度增长率比中频纯音快。这一现象对录音还音技术有实际意义。还音时如果提高声级,由于各个频率得到同样的加强,响度增长快的低频就变得突出起来,改变了原有各声音成分之间的平衡,听出轰轰的声音。同样,还音时降低录音时原有声级,将出现相反的失真。为此,录音设备必须加上响度控制的线路。

响度级是人的声强感觉的半主观性测量,即用一个标准声(100Hz)的声级来定量其他频率声音的响度。Stevens 发展了一套直接定量响度的心理物理量表法。下面简述一下响度量表是怎样建立的。响度单位是宋(son),一个宋被定义为声级 40dB 的 1000Hz 纯音的响度。让听者调整一个 1000Hz 纯音的声级,使它的响度听起来是一宋的一半那样响,这时的响度就是 0.5 宋。同样,也可让一个声音听起来是一宋的两倍,这时的响度就是 2 宋。单数值采用两分法,例如等分 2 宋和 4 宋的响度就是 3 宋。依次类推,即可建立很宽的响度量表。以这类工作为基础,Stevens 发现以宋为单位的响度(N)和物理强度(I)之间,存在一个幂函数的关系:$N=kI^{0.3}$,其中常数 k 决定于所用的单位。这表明响度和强度的 0.3 次幂成正比。它在双对数坐标上,成为一条直线。响度的加倍改变相当于强度增加 10dB。如图 5-35 所示。

由大量实验推导出响度 N 和响度级 L_N 之间一个近似经验公式:

$$\lg N = 0.03 L_N - 1.2$$

短声的响度与时长有关,时长如果增加,它的响度将随着增加。实验的方法和确定等响线相似,即调整不同声长的短声使它们和一标准声等响。随着测试声长增加,所需等响声级减少。在 80ms 前变化较大,此后变化渐趋缓和。

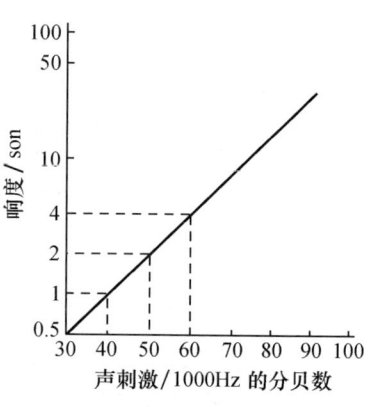

图 5-35 响度与声强的关系

(四) 音高

音高是另一种听觉的主观心理量。当声音频率由低到高变化时,听觉便产生一种相应的由低到高的不同程度的音高变化。声音频率直接制约着音高,声强也对音高起作用。音高是听觉或心理声学的一个古老而又核心的问题,不同的听觉理论就是围绕着对它的解释产生的,至今还没有圆满的解决。下面先从简单的纯音音高开始,再讨论复合声音高。

音高随着声音频率变化,两者间的关系可以用音高量表表示。这个量表的建立,采用过两种心物量表法:多分法和等分法。多分法让听者将一可变纯音的音高,调到标准音高一半。再给标准音以不同的频率,直至包括整个可听范围的频率。等分法是给听者一个高频声和一个低频声 S_1、S_5,让他在两者之间调出 3 个音 S_2、S_3、S_4,使相邻两音,即 S_1 和 S_2、S_2 和 S_3、S_3 和 S_4,S_4 和 S_5 的音高的距离相等。两种方法所确定的音高量表很一致。

在图 5-36 中,纵坐标为音高,横坐标为频率。音高的单位命名为美(Mel)。响度级 40 方,频率 1000Hz 的纯音音高被定为 1000 美,在图中用 a 线表示。一个频率的声音若听起来比 1000Hz 纯音高 2 倍,它的音高就是 2000 美,如图中 b 线所示,3000Hz 纯音音高为 2000 美。音高量表说明,高达 20 000Hz 的可听声范围,和它相应的音高范围只有 3500 美。已经证实,以美为单位的音高和频率在耳蜗底膜上的相应距离是很一致的。

以美为单位的音高量表和音乐上将频率范围

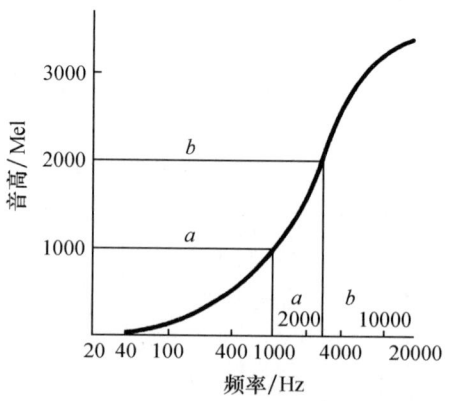

图 5-36 音高量表

划分成八度(1∶2的关系)、五度(2∶3的关系)等主观音程的音阶量表是个什么关系?前者是纯音的音高,后者是音乐一类复合声的音高。两者虽然都与声音频谱有关,但有效音高不单纯是频率分析,已包括听觉模式的知觉,有经验和学习的成分参加。音乐音程的知觉依赖于对一个复合声的最低6个到8个谐音之间的区间的经验,而这一经验又是从人们掌握言语的进程中学习得来的。

一般说来,声音的音高决定于物理上带有能量的频率成分。但是,由于听神经元和纯音周期作同步激发的频率可上至 1100Hz,统计上显著的相锁反应的频率可高达 5000Hz,且和神经元的本征频率无关,因此,音高知觉既可按部位的频率编码,也可以由时间因素(周期)决定。由刺激波形的周期所决定的音高知觉称为周期性音高。

一个高频纯音如果做周期性的间断,听者听到的音高其周期和间断率相等。例如,高频纯音作每 10ms(100Hz 纯音的周期)一次的间断,听者将用一个 100Hz 纯音的音高来匹配这个间断纯音的音高。在 1200、1400、1600Hz 等处具有能量的复合声,其成分都是 200Hz 的高次谐波。这个周期复合声的音高相当于它的 200Hz 的基频,尽管这个频率在物理上并不具有能量。这表明,听觉系统以周期为根据产生一个音高知觉。如果谐波数足够大,听到周期性音高可达到 1400Hz。

(五) 双耳听觉

听觉系统的外周有两个接收器——双耳。双耳的作用首先表现在纯音信号的阈值比单耳阈值约低 3dB。这可能是双耳总合作用的结果。3dB 是功率的加倍,意味着 2∶1 的效益。双耳接收白噪声和言语信号,也表现出类似的效益。不论是对强度的辨别还是对频率的辨别,双耳的分辨力都高于单耳。用声压级 70dB 的 250、1000 和 4000Hz 3 种纯音实验的结果,双耳的差别感受性都低于单耳。单耳和双耳的差别阈 (DL)之比,强度为 1.65,频率约为 1.44。

两耳在日常生活中接收声信号,无论时长、强度或者频谱,都是互不相同的,但是我们听到的却是一个单一的声像。这一过程就称为双耳融合。

六、空 间 听 觉

作为一级近似,可以认为在三维空间中听觉系统判别声源的方位决定于 3 个子系统:根据双耳差别线索决定其水平位置;根据耳郭引起的谱变化线索决定垂直位置;根据强度、混响和谱成分等决定距离。

(一) 水平面的定位和空间分辨

水平面上的声源定位主要是通过双耳间的时间差和强度差。听者正前方的声源 (0°方位角)在两耳产生的波形几乎是一样的。偏离中线的声源在时间上先到达一耳,到达近耳的声强大于远耳。两耳间的时间差和强度差与声源的位置和频率有关。图 5-37 表示耳间时间差(ITD)和强度差与声源方位角和频率之间的关系。

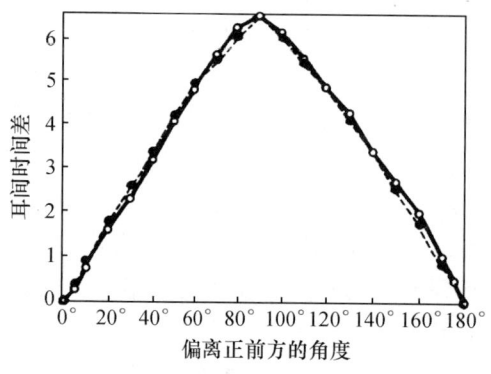

图 5-37(a)　ITD 的测量和计算值与声源方位角的函数关系
（0°是正前方）

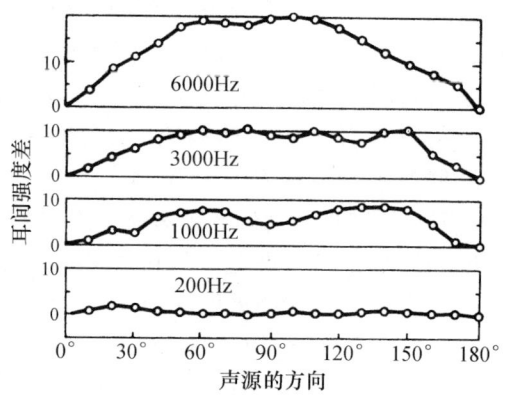

图 5-37(b)　ITD 的测量值和声源方位角的函数关系
（频率从 200Hz 到 6000Hz，0°是正前方）

当信号来自听者正前方(0°)或正后方(180°)，因两耳与声源等距，耳间时差等于 0。当扬声器移向一耳，耳间时差逐渐加大。当扬声器移到一耳的正前面(90°)，耳间时差达到最大值。图中○——○标出的曲线是实测结果，●--●--● 符号标出的曲线是用假人头所做的计算值，两者是吻合的。当声源在正前或正后时，耳间强度差为 0，声源向一边移动，耳间强度差逐渐加大，其最大值在 90°处，即在一耳的正前方。注意，200Hz 的耳间强度差可忽略不计，频率再增加，它逐渐变大，6000Hz 时可达 20dB。可见方位角 0°和 180°的耳间时差和强度差都等于零，这就使前后方向的感觉经常颠倒或混淆。

人对声源方位判断的准确性与声源的位置和频率有关。图 5-38 表示方位判断错误率和能分辨的最小方位角(MAA)与声源频率和位置的关系。

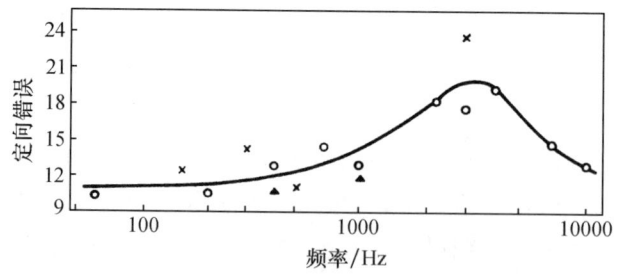

图 5-38(a)　平均定位错误和信号频率的函数关系
（数据取自不同方位角的平均，不同符号表示取自不同实验的数据）

关于定向的实验有两种：

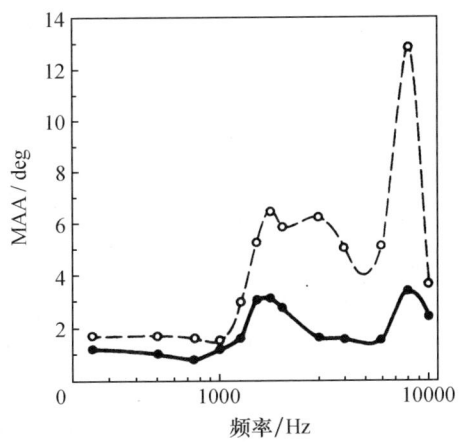

图 5-38(b) 最小可听角和纯音频率的函数关系

●表示方位角是 0°(被试正前方);○表示方位角从 30°到被试的右中线。

① 以定向的错误为指标,考察耳间时间差、强度差和声音频率对定位的影响,1500Hz 和 5000Hz 之间的频率有系统的方向错误。定向错误消失的条件在 1500Hz 以下是耳间时间差,而高频率则是耳间强度差。实验还发现,噪声比纯音容易定向。噪声的频谱不同和所含高频能量的耳间强度差可能是其原因。

② 确定两声源产生不同方向感的最小差别。由于两个声源是相对于头的位置来区别的,所以,也可以说要确定的是听者所能分辨的最小方位角,或最小可听角(MAA)。实验表明频率对 MAA 有影响。

噪声的定向优于纯音,因为噪声包含较多的瞬态信息。声脉冲一类的短信号只在开始和终止时有瞬态信息,而噪声这样的长信号可以不断提供两耳的瞬态差。实验的确证明,对单个声脉冲来说,引起 75% 正确定位率所需要的两耳时间差是 28ms;而对 2s 内含有 30 个脉冲的声信号,相应的耳间时间差减少为 11ms,对 1.4s 的噪声,则只需 9~10ms。可见,噪声或脉冲串所提供的连续的瞬态耳间时间差大大地提高了定位的锐敏度。

(二) 垂直平面的定位的分辨率

在垂直平面定位的主要线索是耳郭引起的频谱线索。耳郭的涡旋状对定位的重要性可以用实验证明。如果把耳郭填满,则会大大增加定位的错误率。此外,信号中的高频成分减少,特别是消除 7kHz 以上的能量后,会使定位降到随机水平。

声源的升降变化给听者提供什么有助于定位的频谱信息?到达听者鼓膜的刺激在传输中受到头、耳郭、耳道的滤波,总的滤波效果取决于声入射的方向。为便于讨论,有必要区分声源的远端和近端频谱。远端频谱指在声源位置测得的频谱,近端频谱指在听者鼓膜测到的频谱。近端频谱与远端频谱之比被称为头部相关的传递函数

(HRTF)。对于某一具体听者而言,近端刺激的整个频谱模式可以很好地预测他的定向反应的垂直分量。

(三)距离知觉

对声源距离的判断,可供利用的线索很多。对熟悉的声音、声强和距离的反比关系是明显的依据。在一定距离之外的复合声声源,由于空气的吸声特点,高频比低频有较大的衰减,复合声的频谱将随距离的改变而变化,成为距离知觉的另一线索。此外,声波波前的曲率也可指示距离的远近,近的声源的波前曲率大;远的声源的波前曲率近似平面。波前曲率影响到耳间的强度差和时间差。这两者信息的结合,为距离知觉提供了又一个线索。

在有反射的声场中,判断距离依靠直达声和反射声的比率和两者间的时间延迟。Bekesy 曾用实验证实,变更上述比率,听者将产生声音逼近或离去的印象。

总之,距离的听知觉可利用多重线索:强度、频谱变化、波前曲率和反射声等。但其中有些线索,与对声波的熟悉和听的条件有重要关系。一般来说,声音的距离知觉不十分准确,常有 20% 的误差,尤其是听不熟悉的声源。

问　　题

1. 是否存在单个的特征觉察器皮层细胞?
2. 明视觉与暗视觉各有什么特点?
3. 红光为什么可以保护暗适应?
4. 视锐度有哪些测量方法?
5. 什么是 what 通路与 where 通路?
6. 举例说明加法的颜色混合与减法的颜色混合。
7. 怎样理解颜色编码是两阶段的过程?
8. 什么是主观颜色?
9. 试述听觉系统的结构和各部分的主要功能。
10. 人类听觉系统感受声音的强度、频率和时长的动态范围有多大?
11. 什么叫听觉掩蔽?什么叫双耳掩蔽级差?
12. 什么叫响度?如何表示响度与强度的关系?
13. 什么叫音高?如何表示音高与频率的关系?
14. 人如何在三维空间中判断声源的方位?

参 考 文 献

方至. (1987). 听觉. // 林仲贤,朱滢,焦书兰主编. 实验心理学. 北京:科学出版社.
荆其诚,焦书兰,纪桂萍. (1987). 人类的视觉. 北京:科学出版社.
林赛,诺曼著. 孙晔,王甦等译. (1987). 人的信息加工:心理学概论. 北京:科学出版社.

林仲贤,朱滢,焦书兰.(1987).实验心理学.北京:科学出版社.

王秋.对数视力表与心理物理学.心理学动态(待发表).

Zeki, S., & 周世英.(1993).头脑中的视象与脑.科学:中文版,(1),20~27.

Moore, B. C. J. (1982). An Introduction to Psychology of Hearing. New York: Academic Press.

Moore, B. C. J. (1995). Hearing. New York: Academic Press.

Schiffman, H. R. (1996). Sensation and Perception. New York: John Wiley & Sons Inc.

Weiskrantz, L. (1995). Blindsight—not an island unto itself. Current Directions in Psychological Science, 4(5), 146~151.

6

知　　觉

知觉(perception)是在刺激直接作用于感官时产生的,是指对事物的整体反映,是人类认知过程的开端。特别是视知觉的研究更是心理学领域中不可缺少的一个重要部分。

一、知觉的基本问题

知觉不仅是对到达大脑特定区域的感觉系统中神经冲动的简单传递,而且也包括对视野中外部刺激的内部表征和意识。换句话说,知觉是从到达我们感受器官的刺激中抽取意义的过程。在这一点上,我们把知觉看作是问题解决的过程,在这个过程中,认知主体对感觉输入进行分析、加工和解释,使其成为具有意义的表征。因此,我们必须首先关注外部刺激的感觉输入。

(一) 直接和间接知觉

目前,认知心理学中对于知觉过程的解释存在两种不同的观点。第一种为直接知觉(direct perception),以 Gibson 为代表。这种观点把知觉看作是从环境中提取相关信息的直接过程。与之相对立的另外一种观点为间接知觉(indirect perception),以 Gregory 为代表。其认为知觉是较为活跃的和主动的过程,即知觉是当前呈现的外部刺激和大脑中已经存在的对外部世界的内部表征两者之间的匹配过程,它包括两个阶段:首先,认知主体提供对刺激的描述,然后主动推断出该刺激是由哪种客体产生的。因此,知觉就是对刺激做出的一种假设的解释。

以上两种知觉观点的争论开始于 19 世纪中叶,当时 Helmholtz 提出知觉的经验理论(empirical theory),他认为所有视知觉的知识都来自于我们所拥有的过往的视觉经验,他提出无意识推理(unconscious inferences)的概念,用以说明知觉快速的和没有意识的过程,并认为这种推理就如同一种视觉习惯。与 Helmholtz 的经验理论相对立的是强调直接知觉过程的先天理论(nativistic theory)。根据这种理论,视觉系统(眼和脑)的特性决定视知觉。格式塔(Gestalt)学派就属于先天理论的一个代表。

在当代认知心理学中,间接加工过程具体体现在自下而上(bottom-up)和自上而下(top-down)两种对立的过程。自下而上的过程(又称数据驱动过程,data-driven processes),是从组成图形或事物的最简单的、最基本的成分开始,这些成分是指感受器所提供的具体感觉特性,如亮度的差异、空间频率、视觉图形基本成分的朝向等。视觉系统的功能就是把这些基本成分组织起来,形成可辨认的图形或形状。信息从基本的、"下级"(bottom)的水平逐渐上升到较综合的、高级的水平。

与此相反,自上而下的过程(又称概念驱动过程,conceptually driven process)认为,较高级的、整体的和抽象的水平影响低级过程的操作和运行。自上而下加工过程强调观察者已经具有的知识、经验、意图和解释,以及对形状所提出的知觉的预期。

自上而下和自下而上加工过程的区别可以用拼图游戏(jigsaw)来区别。在游戏开始时,所有小的图片块儿都是杂乱无章摆放的,不能提供完整的知觉信息,在这种情况下,通常我们可以采用两种策略。

① 当你看到这些杂乱无章的图片时,你可以利用已有的知识和经验预测出可能拼出的图形,然后,检验是否能够利用这些图片组成你所预期的图形,这便是自上而下的过程。

② 你也可以首先把一些小的图片,例如一些绿色的图片,放在一起,组合成一个局部的图形,然后再用同样方法拼成的多个局部图形,最终组合成完整的图片。因为在这个过程中没有事先预期,而仅仅是利用了单个图片的物理特性,比如颜色等,这便是自下而上的过程。

尽管自上而下和自下而上加工过程的区别有利于我们对知觉的思考,但这并不意味着一个具体的知觉过程必须在两者中择其一。根据间接知觉的观点,自上而下和自下而上加工过程是可以同时共存于一个完整的知觉过程之中。事实上,这两者在某一知觉过程中所起的作用大小是相对而言的,其作用的大小主要依赖于知觉情境的特点和刺激本身的特点。例如,当你面对一个全新的、无法形成事先预期的情境,且需要其他信息才能对事物做一个确定判断时,便要依赖自下而上的过程。相反,当你进入一个熟悉的房间中,你对该房间的布局已经有了基本的预期,你只需要较少的信息即可确定房内的事物,这时的知觉过程则主要依赖于自上而下的过程。

间接知觉的自上而下的观点和Gibson的直接知觉观点的差别是非常明确的。前者是指关于世界的内部表征的存储和使用;而后者则根本否认关于世界内部表征的存在。然而,间接知觉的自下而上的观点和Gibson的直接知觉观点的差异却不是很明确。Gibson把从刺激中抽取信息作为知觉的最终目标;而间接知觉的观点只把上述过程看作是一种中间阶段。但两种观点都强调视野中客体之间的相互关系,特别是在确定视野中哪个方面对解决特定知觉问题是有用的这一点上,两种观点是一致的。这两者的区别表现在两个方面:首先,持Gibson观点的理论家在原则上把握对问题解决的理解,而持自下而上间接知觉观点的理论家除了强调在原则上把握对问题解决的理解外,还会关注获得的这些原则在大脑中是如何工作的;其次,持 Gibson 观点的理论家强调知觉者在操纵复杂且精致的视觉刺激时的主动作用,他们坚信只有通过在自然环境中观察人类和动物,才能获得知觉,而自下而上的间接观点则强调可以通过使用简单的、非自然的刺激,在严格控制的实验室环境中获得信息,学习知觉。

(二) 意识和知觉

知觉过程中关于意识(awareness)的关键问题是:对感觉经验赋予意义的过程是否是在自动地、没有言语意识参与下进行的?或者说言语意识是知觉过程必不可少的部分吗?Helmholtz 曾认为我们人类的推理是一种无意识的过程。然而,我们也认识到对某一事物的知觉是与我们已经具有的对该事物的经验有关,大量的研究都企图去发现这种经验的本质,由此引发出下述争论:如果知觉过程中包含有对某一事物的经验或感受,那么我们必然就会有对该事物的清醒的意识。

在确定意识和知觉的关系方面,虽然已有大量实验进行过尝试,但是,方法学方面存在的问题却一直困扰着我们研究意识这种内在的、隐蔽的心理过程的进行。对于盲视的研究为意识和知觉的关系提供了实验依据。

盲视(blindsight)是 Weiskrantz 提出的概念,用来描述没有意识到知觉存在时盲区(scotoma)所产生的视觉能力。盲视研究中最著名的神经心理学病例是对化名为 DB 的患者所做的研究。

DB 是一位 40 多岁的英国人,除了他特有的神经心理学问题之外,他的健康、社会和心理状态都和正常人一样。Weiskrantz 曾经对 DB 进行了 13 年的研究,并详细报道了他的研究过程和结果。

在 DB 大约 14 岁的时候,差不多每 6 周就会发作一次剧烈的头痛,同时伴随着暂时的对左视野中某个椭圆形区域视觉识别能力的丧失。在他 20 多岁时,头痛发作的频率增加,并且在一次头痛发作之后形成永久性的部分视野的盲视。经过 Angiogram 检查(在血管中注射一种暗物质后利用 X 线检查的方法),发现大脑右半球视觉皮质顶部血管大范围扩张,经手术去除了病变的血管后 DB 的头痛消失,然而不幸的是,手术后 DB 左侧视野却出现了盲视。

DB 左侧视野产生盲视的原因如图 6-1 所示。由于右半球视觉皮层接受左视野的信息,左半球视觉皮层接受右视野的信息,DB 通过手术去除了右半球视觉皮层的大部分,所以他左视野和右视野在大脑的代表区就表现出不同。

DB 的盲视区域是用动态视野检查法(dynamic perimetry)确定的。动态视野检查法是一种检查在事故和手术后视野变化的标准方法。用这种方法检查时,患者的头被固定,一个光点慢慢地从一只眼睛视野的边缘开始向中心移动,当患者看到光点后,光点回到边缘,从另一个角度再开始移动。这样的过程重复多次,直到绘出视野中视觉能够识别和不能够识别的区域。我们把视野中没有视觉能力的区域称为盲区。

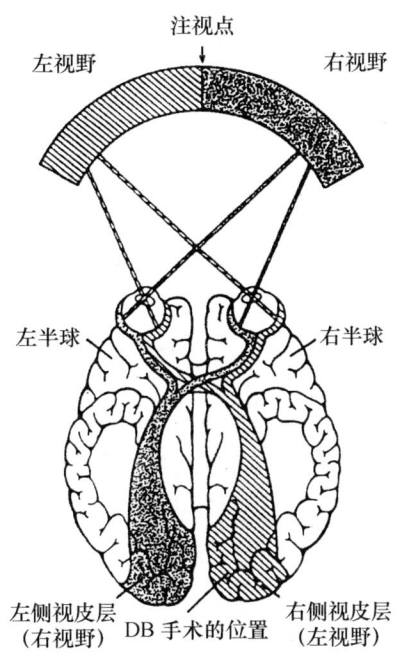

图 6-1　DB 左侧视野盲视图示

然而,DB 却能够确定盲区中客体的位置。例如,他能够准确地握住出现在他视野盲区内某人伸出的手,虽然他根本看不到对方的手。他也能够准确地猜出他声称没有看到的小棒的方向(水平或垂直)。事实上,DB 坚决否认他看到左视野盲区中的任何部分,他认为这些动作的成功是因为自己幸运的猜测。结果说明,一方面,DB 是盲的,他看不到左视野盲区中的刺激;另一方面,他的行为又说明他能够觉察和确定出现在他的左视野盲区中的刺激。Weiskrantz 和他的同事为了更确切地了解 DB 看不到左视野中客体的口头报告和实际反应之间的差别,就设计了一系列控制实验来考察 DB 盲区的视觉能力。

由于 DB 声称看不到盲区中出现的客体,所以在实验中要求他通过迫选的方法猜测左视野盲区中是否有一小块光斑,如果有,就指出光斑的位置。在另外的实验中,要求 DB 猜测一条短线的方向。所有的测验都严格控制了光照且 DB 的头和注视方向保持固定。刺激在盲区中呈现得非常快,所以 DB 没有时间转动他的眼睛来注视没有受损的视野。线条和点状刺激大小相同,强度适中,但是它们的大小和强度会同时影响受损的和没有受损的视野,因此,可以把视野盲区中目标的觉察与没有受损的视野区域和盲点(blind spot)对目标的觉察加以比较。每个人的双眼都各有一个盲点,该点在视网膜鼻侧离中央凹 12°～15°的位置,此处没有锥体细胞,是神经纤维离开视网膜形成视束的地方,因此对光不敏感。如果 DB 的盲点能够觉察到目标物,那么就意味着目标物的强度和尺寸足够大,并激活了眼睛的敏感区域。

Weiskrantz的实验中给DB呈现垂直和水平方向的点状或短线目标物,这些控制测验的结果非常有趣,DB对于在盲区中呈现的目标物方向的定位、觉察和猜测的准确率均明显高于随机判断的基线水平。在大多数实验中,盲区中的视觉操作几乎和没有受损区域的视觉操作一样好。DB声称不仅不知道盲区中出现的目标物是什么,而且在整个实验过程中,他始终表示根本看不到需要他做迫选判断的目标物,因此DB无法相信他在测验中的成功。

在Weiskrantz之后,又有其他一些研究者报告了他们关于盲视的研究,并随之出现了大量关于盲视的理论,以及不同理论之间的争论。然而,争论的焦点并不在于知觉能力和言语报告之间的分离,因为其他一些神经心理学的研究表明不同类型的脑损伤会产生类似于盲视的异常现象。

Paillard和他的同事报告了一例女性脑损伤的病例。这名妇女对其右侧身体的触觉不敏感,但是,当要求她确定触觉不敏感的身体部分出现的刺激物的位置时,她能够准确地完成任务,她也能够准确地报告刺激物在皮肤上的运动方向,虽然此时她并没有感觉到皮肤上的刺激物。同理,我们可以在严格控制的实验条件下,使正常被试产生知觉行为和意识的分离,也就是试图理解意识的言语报告和知觉的关系。

基于目前神经心理学对盲视及相关现象的研究,我们对传统上认为知觉是感觉的解释的观点提出疑问。DB可以在没有意识到目标物的情况下对复杂的感觉进行判断,这是否意味着感觉和知觉之间没有区别?或者是感觉和知觉之间需要重新划分?现有的研究揭示大脑中存在两种视觉系统:用于辨认客体与侧重觉察和运动。显然,DB的问题是由于在治疗他的头痛的手术中损伤了用于客体辨认的系统。

二、知觉组织的高级过程

(一) 图形-背景知觉

丹麦心理学家Rubin在1915年指出,图形(figure)是指独立的、具有明确形状的部分;视野中的其余部分称为背景(ground)。那么,是由什么因素决定视野中的哪些部分被知觉为图形,哪些部分被知觉为背景呢?Rubin认为在图形-背景组织过程中的基本原则是:"如果有两个同质的、但颜色不同的部分,其中一个部分面积较大,并且包围着另外一个部分,那么较小的、被包围的部分被看作图形的概率极大。"然而,视野中任何组织较好的部分都可能被看成图形,而其余的部分则被看作背景。

当我们观察外部世界时,图形立即从背景中独立出来。那么图形和背景之间究竟是一种什么样的关系时,才能使这两者迅速而有效地互相分离?我们可以肯定地说,部分原因是由图形和它们所处背景之间的物理特性存在的差异造成的。

1. 图形-背景之间的知觉差异

Rubin提出图形和背景之间的三点主要差异:

① 图形具有"事物"的特性,图形形状的边界形成轮廓;相反,背景具有"物质"的特性,相对来说没有形状。

② 图形看起来离观察者距离较近,并且在背景的前面;而背景没有明确的定位,在图形的后面连续伸展。

③ 与背景相比,图形看起来印象更为深刻、明显且更好记忆,并表现出有意义的形状,而背景的形状不一定有任何意义。

2. 图形-背景和知觉组织

图形和背景间的差异是形成知觉的最简单的过程。Von Senden 通过研究一位先天性白内障成人患者手术后的知觉特点,提供了形成图形-背景分离的基本组织倾向的例证。视力刚刚达到正常时,在患者还不能区分和认识不同图形的情况下,他就表现出对图形和背景的区分能力。这就意味着对于图形-背景的区分是不需要学习的,且不依赖于我们过去的经验。即使是只具有较少的视觉经验的低等动物以及某些种系的昆虫也能从背景中辨别出图形。因此说明,图形-背景的区分是知觉组织过程中基本的和基础的环节。

(二) 格式塔心理学派的理论

为什么视野中的某些部分组成形状,而其他部分成为背景呢?这是基于一定刺激特性的组织倾向所造成的结果。20 世纪初,德国的一些心理学家,特别是 Max Wertheimer、Kurt Koffka 和 Wolfgang Kohler 等人研究了组成图形的决定因素,他们所建立的心理学派被称为格式塔心理学(Gestalt psychology)。

格式塔心理学家研究刺激的整体模式,观察为什么某些刺激会自动组织在一起形成图形。而与此对立的结构主义(structuralism),由于受到在 19 世纪末期物理学和生物科学中占主导地位的元素主义(elementism)的强烈影响而坚持分析的观点,强调知觉的结构特点,因此,结构主义心理学家假定存在一种"心理化学"(mental chemistry),并提出分析内省(analytical introspection)(一种经过训练的自我观察技术)的方法。结构主义者希望确定知觉的基本的、不可再分的最小单位——基本感觉或"心理分子"(mental molecules),他们进而假定知觉是由基本单位——原始感觉(raw sensation)的总和组成的。

格式塔心理学家认为知觉不能被分解成小的组成成分,他们提出知觉的基本单位就是知觉本身,即 Gestalts 就是知觉的基本单位。格式塔心理学家的根本信条是:整体不同于部分之和(The whole is different from the sum of its parts.),格式塔心理学家强调结构的整体作用和产生知觉组织成分之间的联系。如图 6-2 所示,我们可以在这幅图形中看到多种有意义的图形,如自动形成的多个圆形的图案互相交叉,并且互相竞争。

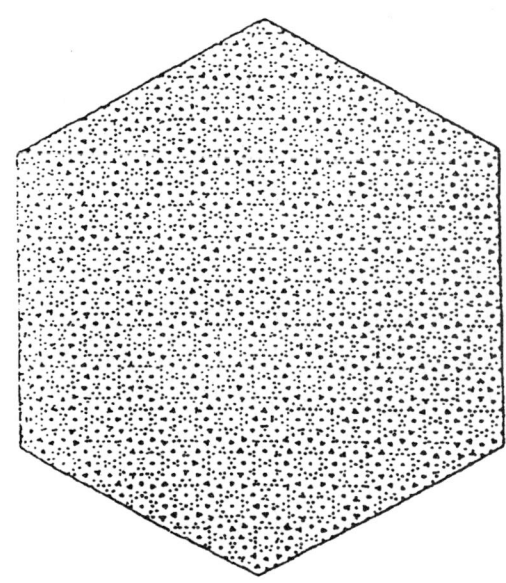

图 6-2 格式塔学派的知觉组织图示

1. 格式塔心理学的组织原则

格式塔心理学最重要的贡献在于他们提出的能够使我们知觉为形状的图形特点。根据格式塔心理学的理论,人类所具有基本的、无须习得的组织倾向,使得我们能够在视觉环境中各组成成分的排列、位置以及两者之间交互作用的基础上,知觉视觉环境的整体的和连续的特性。Max Wertheimer 通过大量精致的、令人信服的例证,提出格式塔心理学的组织原则。

(1) 接近性

根据接近性(proximity or nearness)原则,在空间或时间上比较接近的成分容易组织在一起形成整体。如图 6-3 所示,由于接近原则,实心圆点容易被看成两点一组的图形。

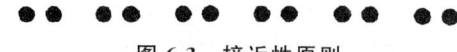

图 6-3 接近性原则

(2) 相似性

在物理特点方面相似(similarity)的成分容易组织在一起形成整体。如图 6-4 中(a)和(b)所示,(a)和(b)图中空心和实心圆分别组成纵向和横向排列的两幅不同的图形。

(3) 连续性

方向相同的成分,如沿着一条直线或简单的曲线排列的成分,一般会被知觉为一个整体。如图 6-5 所示,我们看到两条独立的曲线,一条自下而上,由 A 到 B;一条自上而下,由 C 到 D。尽管也可以把此图看作是由从 A 到 D 和从 C 到 B 两个部分组成的,但是由于连续性(good continuation)原则,这种情况很少发生。

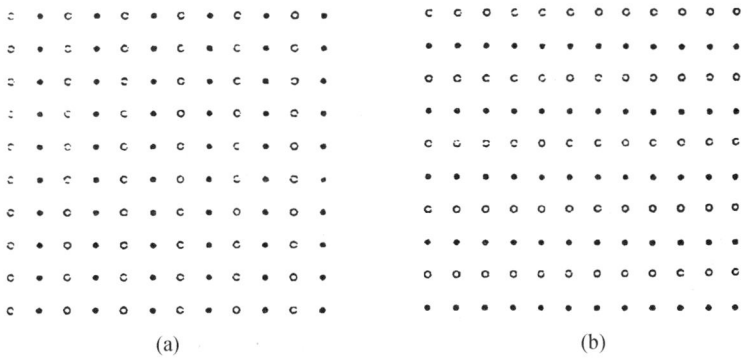

图 6-4 相似性原则

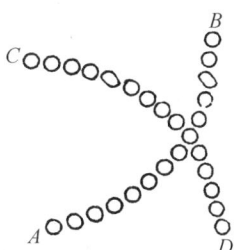

图 6-5 连续性原则

(4) 共同性

根据共同性(common fate)原则,按相同方向运动的成分易于被知觉为一个整体。这是在相似性基础上的组织过程,是其在运动成分上的应用。

(5) 对称性

平衡的、对称的图形与非对称图形相比,易于组织在一起形成图形。如图 6-6 所示,两幅图的轮廓线都是相同的,但是在(a)图中,我们看到白色的图形,而在(b)图中,我们则看到黑色的图形。在(a)和(b)图中,均遵循对称性(symmetry)知觉组织原则。

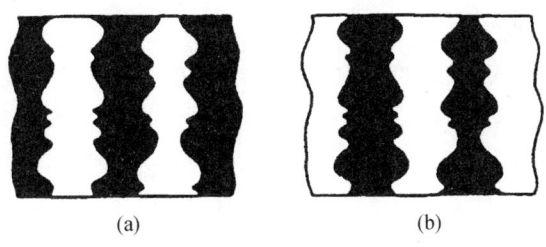

图 6-6 对称性原则

(6) 封闭性

封闭和完整的图形易于被知觉为整体。如图 6-7 所示,图 6-7 封闭性(closure)原则:(a)图包括 2 个独立的图形:椭圆和矩形,而不是 3 个分离的、封闭的部分;我们倾向于把(b)图知觉为一些长方形;(c)图虽然是由一些碎片状的刺激物组成的,但我们仍然把它知觉为整体。在一定的限度内,物理特点上不连续的图形可以被知觉为一个整体。

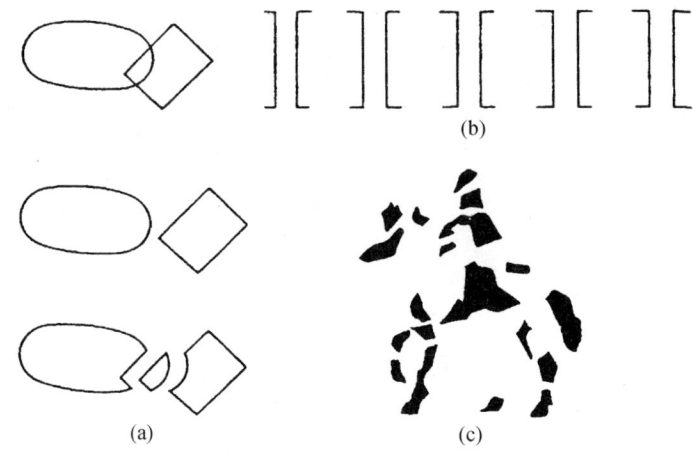

图 6-7 封闭性原则

以上的组织原则可以在一项知觉任务中同时存在,例如,如图 6-8 所示。根据连续性和封闭性原则,我们把图 6-8 知觉为两个长方体,其中一个长方体在另一个长方体的后面。在对这幅图的知觉中,也包括过去经验等其他的空间-图形关系的作用。

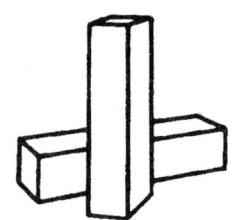

图 6-8 多种组织原则在知觉任务中的共同作用

2. 组织作用的测量

显然,观察者对格式塔形式的结构非常敏感。在一项研究知觉组织特点的实验中,Beck 证明对两幅线条图形的知觉分离或组织,受到组成图形的线条朝向的影响。当要求被试把图 6-9 分为两部分时,他们主要是基于图形的朝向进行分类,即把相同朝向的(a)和(b)作为一个整体,把(c)作为一个独立的整体,尽管(b)和(c)在物理特点上更为相似。在这个例子中,图形的物理特点的相似性在知觉组织过程中并没有起到重要的作用。

在另外一个组织实验中,Girgus 和他的同事的研究表明,格式塔心理学提出的促进和提高知觉组织的因素具有直接的、可测量的特点。在他们的实验中,要求被试估计

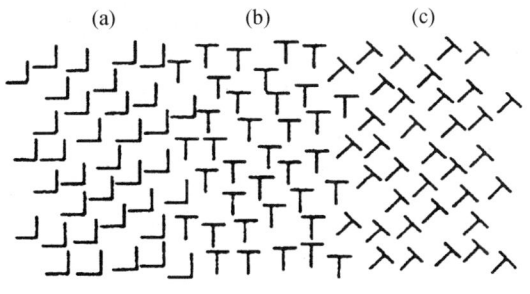

图 6-9　Beck 实验中所使用的图形

体现接近性、相似性、封闭性和连续性等格式塔组织原则的图形中两个成分之间的距离。结果被试表现出对符合格式塔组织原则的结构联系的敏感性，具体表现在其距离判断的空间误差。

被试认为符合格式塔组织原则的图形中的两点间的距离短于非格式塔组织原则图形中相同距离的两点之间的距离，他们认为符合格式塔组织原则图形中的成分之间更为接近(参见图 6-10)。

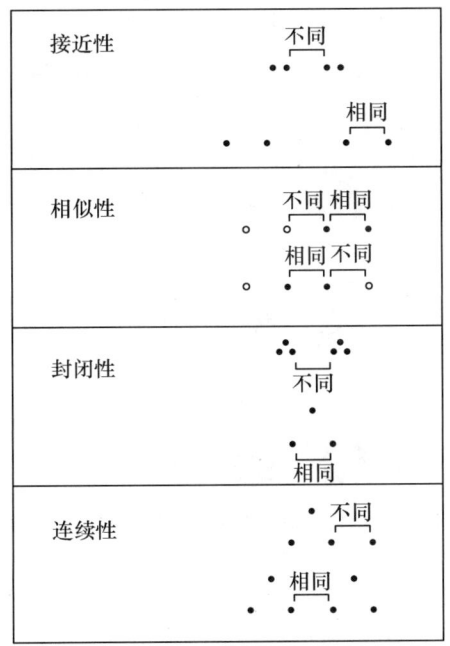

图 6-10　格式塔组织原则的作用

(三) 形状知觉的拓扑学研究

拓扑学研究的是在拓扑变换下，图形保持不变的性质和关系。这种不变性质和关系就称为拓扑性质。所谓的拓扑性质是一对一的连续变换,它可以被形象地想象成橡皮薄膜的任意变形,而不把薄膜剪开或不把薄膜的任意两点粘合起来。所以,拓扑学又称为橡皮薄膜的几何学。例如,三角形可以变成圆形或其他任意不规则图形,只要不把它剪开,作为一个连通的整体的性质,即连通性保持不变,所以连通性是一种拓扑不变性质。

陈霖在对多种典型视知觉实验结果进行分析后认为,视知觉组织的心理现象是视觉过程初期检测大范围拓扑性质的普遍而基本的功能反映。视觉系统不仅能检测拓扑性质,而且相较于局部细节的性质,视觉系统更敏感于大范围的拓扑性质,且发生在视觉过程的初级阶段。陈霖用以下的实验证据支持了他提出的视知觉拓扑结构的假设。

1. 视觉系统对拓扑差异的敏感性

根据人们的一般经验,圆、三角形和正方形看起来是很不相同的图形,但是从拓扑学的角度来看,它们都是拓扑等价的、相同的。而圆和环,由于一个不含有洞、一个含有洞,因此它们是拓扑不等价的、不相同的。图 6-11 表示用于这类实验的 3 组刺激图形。它们分别是实心圆和实心正方形、实心圆和实心三角形、实心圆和环。实验时要求被试注视每幅图中心的黑点,每幅图呈现 5ms,然后呈现空白屏幕作为掩蔽刺激,干扰视觉系统对刺激图形的知觉。被试的任务是判断刚才呈现的两幅图形是否相同。

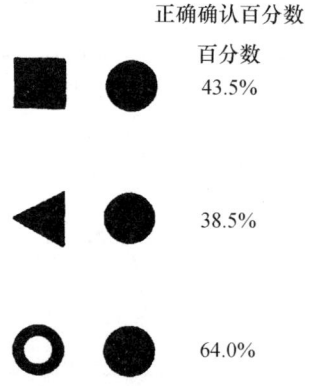

图 6-11 用于测试视觉系统对拓扑差异的敏感性实验的 3 对刺激图形的示意图
　　实验的结果(即报告两个图形不一样的正确报告率)标明在图的右边。

实验结果如图 6-11 所示。实验的主要发现是,视觉系统确实更敏感于拓扑性质的差异,也就是更敏感于具有一个洞的环和没有洞的实心圆之间的差别。对圆和环这组刺激图形的正确报告率(即报告它们是不一样的),要显著高于圆和三角形以及圆和正方形的正确报告率。而且,对于拓扑性质等价的两组图形,圆和三角形与圆和正方形,它们正确报告率的区别没有达到显著水平。

2. 封闭性和图形结构的优势效应

Hubel 和 Wiessel 在哺乳动物的皮层发现了对一定朝向的线段敏感的神经元,从而在生理水平上找到了支持特征检测理论的证据。特征检测理论认为,特征是构成任何图形的基本单元或成分。对二维图形来说,特征就是边、角、曲线。这种理论认为,人的识别系统在接受输入的刺激信息之后,首先进行特征分析,找出输入刺激具有哪些特征,然后把它们和长时记忆中的各种特征表征进行比较,一旦与长时记忆中的某张特征表获得最佳匹配,这个刺激便被识别出来。

Olson 和 Attneave 的实验支持了特征检测理论的正确性。图 6-12 所示的刺激图形显示了他们的一项主要发现。图 6-12 的每幅刺激图形都由 4 个象限组成,每个象限包含 4 个小的图形,其中有 3 个象限包含的小图形及其排列结构都是完全相同的,而其余的一个象限虽然包含有相同的小图形,却具有不同的排列结构。

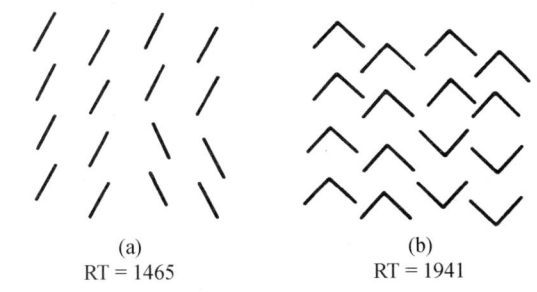

图 6-12　被 Olson 和 Attneave 用来证明线段是图形知觉基本
分析单元的一个典型的实验刺激图形

图的下边标明了该图的分辨所需的反应时间 RT(单位:ms)。

例如,在图 6-12(a)中,右下角象限包含的线段与其他 3 个象限包含线段的朝向不同。在实验过程中,要求被试快速并准确地报告出哪一个象限与其他象限不同,并记录被试完成任务的时间。每幅刺激图形的不同象限出现的位置是随机的。结果图 6-12(a)所需要的平均反应时间为 1400ms 左右,而图 6-12(b)所需要的平均反应时间则将近 2000ms。这个发现被看成是对以线段为基本单元的形状编码的特征检测理论的行为实验水平的支持。因为,根据特征检测理论,具有一定朝向的线段是图形识别的初级基本分析单元,因此对图 6-12(a)的判断时间比较短,而图 6-12(b)中各象限的线段的朝向都相同,那么对不同象限的判断就需要进行更多的处理,因此花费的时间较多。

陈霖针对上述已有的实验设计了如图 6-13 所示的刺激图形,来验证究竟什么是图像信息的最基本的表达。图 6-13 是由图 6-12 演变而来,唯一的改变是把图 6-12(b)中不同象限包含的 4 个角中的两个旋转 180°,从而分别跟另外两个角组成两个小正方形。由于旋转 180°,图 6-13(a)的每个象限都含有相同朝向的线段和一样大小的角,但是图

6-13(a)的不同象限却含有与其他象限不同的、封闭的图形结构。实验结果表明,对图 6-13(a)的判断所需的平均反应时间大大地少于对图 6-12(a)和图 6-12(b)的判断所需要的平均反应时间,前者只需要 800ms 左右。图 6-13(a)中组成每个象限的图形都包含有完全相同的线段,它们的长短和朝向都相同,只是由于其组织结构的不同而大大地易化了它们的分辨,我们把这种现象称为结构优势效应。图形结构优势效应对特征检测理论的实验结果提出了疑问。显然,无论是把一定朝向的线段作为分析单元还是把角度作为分析单元,特征检测理论都很难解释这种优势效应的产生。图 6-13(a)的结构表明,结构优势效应的产生有可能是因为视觉系统对图 6-13(a)的不同象限所包含的图形的封闭特性特别敏感。封闭性也是一种拓扑不变性质,因此,图 6-13(a)表示出的结构优势效应有可能是支持视知觉拓扑结构假设的又一个证据。

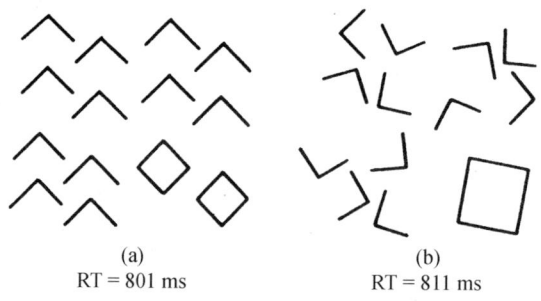

(a)
RT = 801 ms

(b)
RT = 811 ms

图 6-13　证明封闭性优势效应的刺激图形

然而有人批评说,图 6-13(a)的分辨任务的特别容易不是因为其所具有的拓扑性质封闭性,而是由于图 6-13(a)中不同象限包含的交点数与其他 3 个相同象限包含的交点数不同,前者包含 8 个交点,而后者每一象限只包含 4 个交点,从而提出应该把交点数看作是图形信息表达的基本单元。为了排除交点数这个易混淆的因素,陈霖设计图 6-13(b)来进一步证明是封闭性而不是交点数在起作用。图 6-13(b)的每个象限都包含相同的 4 个交点,但是不同象限的 4 个角组成一个封闭的正方形。对于图 6-13(b)的实验结果表明,反应时间也是很短的。图 6-13(a)和图 6-13(b)看起来是很不相同的两幅图形,它们的共同点仅仅在于封闭性这一点,但是它们各自所用的反应时间的差别却没有达到统计意义。

3. 拓扑不变性质和似动现象

陈霖采用"运动竞争技术"研究拓扑不变性质和似动现象的关系。"运动竞争技术"是指在实验中先后呈现 2 幅刺激图形,在第一幅中包含如图 6-14 所示的位于正中的单个刺激图形,第二幅包含位于两边的与中心等距离的两幅刺激图形。对于每一位被试来说,可以调节两幅刺激图形各自呈现的时间和两者之间的时间间隔,以便被试在此实验条件下产生似

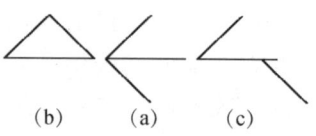

图 6-14　研究似动现象的刺激图形

动知觉。被试在实验过程中的任务是判断中间的刺激图形看起来是向左边的图形运动,还是向右边的图形运动。图 6-14 中的 3 个图形都是由完全相同的 3 条线段构成的。中间的图(a)是一个箭头状的图形,(b)和(c)是把(a)中的一条线段平移相同的距离而得来的,但是两者却具有不同的拓扑性质,(b)为封闭图形,而(c)不封闭。实验结果表明,中间的图形(a)有向图形(c)方向运动的优先性,这再一次证明了视知觉拓扑结构假设。

(四) 影响形状知觉的时间因素

知觉是需要时间的,因此刺激物之间的时间联系将会影响到对刺激物的视觉效果。我们将通过以下两种不同的现象来说明时间因素是如何以不同方式影响形状知觉的。

1. 掩蔽

只要刺激在时间或空间上接近,那么刺激之间就将会互相干扰或掩蔽(masking)对方的知觉。在视觉掩蔽中,对目标刺激物的知觉会因受到同时或在时间上接近的掩蔽刺激的影响而变得模糊。根据掩蔽刺激呈现的时间不同,可将之分为前项掩蔽(forward masking)和后项掩蔽(backward masking)。我们把在目标刺激物出现之前较短时间内,呈现掩蔽刺激物所产生干扰的实验条件称为前项掩蔽;把在目标刺激物出现之后较短时间内,呈现掩蔽刺激物所产生干扰的实验条件称为后项掩蔽。

我们以图 6-15 所示的实验过程来说明掩蔽现象。图 6-15 目标刺激物为圆盘,后项掩蔽刺激是内环直径与圆盘直径相同的圆环。与没有掩蔽刺激的实验条件相比,当目标刺激物和掩蔽刺激物之间在时间间隔(interstimulus interval,ISI)为 200ms 或短于 200ms 时,根据间隔时间的不同,掩蔽刺激物对目标刺激物的影响也会不同,结果会使被试知觉不到目标刺激物,或者使得目标刺激物变得模糊,或者使得目标刺激物的结构不明显。

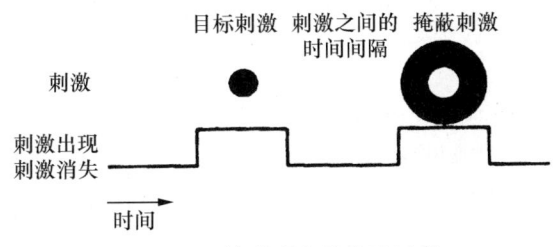

图 6-15 掩蔽现象的实验过程

产生上述影响的部分原因是视觉潴留(visual persistence)。视觉潴留是指刺激作用后神经活动的惰性,所以,即使在刺激物消失后,它的痕迹依然存在。虽然短暂呈现的刺激物之间在时间和空间上是分离的,但是它们仍被知觉为是同时出现的,并互相干扰。

2. 后效

一种刺激作用之后对随后的心理活动的影响称为后效（aftereffects）。后效有很多种，在视觉通道里表现的形式较多，在此我们只介绍图形后效、形状后效和关联后效。

（1）图形后效

图形后效（figural aftereffects）是指注视一个图形一定时间之后，对随后感知别的图形的影响。图形后效最经典的例子是 Kohler 和 Wallach 于 1944 年证明的，即一定形状的边界从原来的位置消失。如图 6-16 所示，如果先注视(a)中的×点 40s，然后再把注视点转移到(b)中的×点，此时(b)中左侧两个正方形之间的距离看起来要比右侧两个正方形之间的距离大，而实际上这两个距离是相等的。虽然我们知道这种对距离知觉的变化是由于注视(a)而造成的，但是到目前为止还没有一种能够完全被大家接受的解释。Kohler 和 Wallach 认为饱和（satiation）作用导致这种位移，就是说，当一个图形在视网膜上的视像保持一定时间后，视网膜上成像区域以及相邻区域的感受器变得疲劳，对新刺激产生抑制或饱和，使得投射到视网膜上饱和区域附近的新图形发生位移。图(c)实验模式表明如果把(a)(b)两图合在一起，那么根据饱和的观点，左侧两个正方形分离，而右侧两个正方形聚拢。

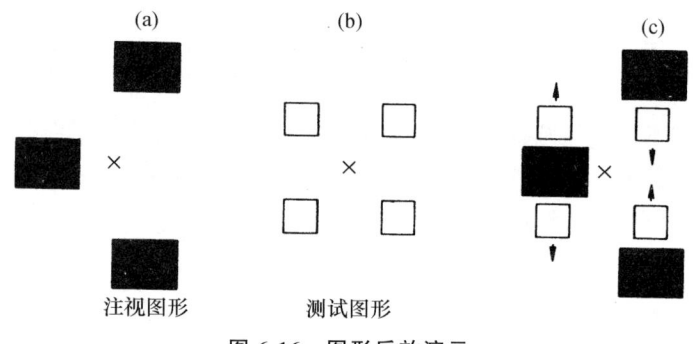

图 6-16 图形后效演示

（2）形状后效

形状后效（shape aftereffects）又称弯曲（curvature）后效，是指由于图形的方向而导致的图形形状的变化。J. J. Gibson 于 1933 年用实验证明了形状后效。让被试戴上一种特殊的棱镜眼镜，这种眼镜使进入的光线发生位移，从而把垂直线段看成弯曲的线段（如图 6-17）。在注视弯曲线段的过程中，线段的弯曲度逐渐消失，即由棱镜眼镜产生的"弯曲"开始变得越来越直。然而当摘下棱镜眼

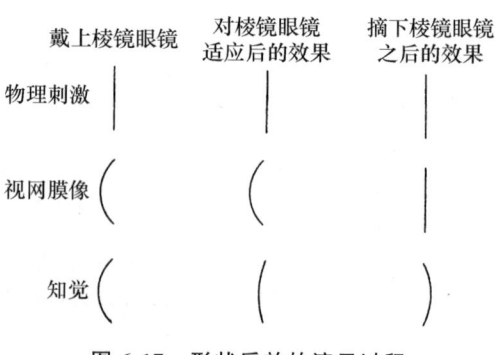

图 6-17 形状后效的演示过程

镜后,就会出现因戴上棱镜眼镜而产生的后效,即把直线看成向棱镜眼镜产生的弯曲相反方向的弯曲。Gibson 和 Radner 发现,在连续注视倾斜或弯曲线段一段时间后也会产生相同的后效:垂直线段向最初注视的倾斜或弯曲线段相反的方向倾斜或弯曲。

(3) 关联后效

关联后效(contingent aftereffects)是指不同刺激特性之间的相互影响,如颜色和方向或颜色和形状。McCollough 首先报告了这种后效,她给被试呈现几秒钟由黑色和橙色垂直栅条组成的图形,随后呈现黑色和蓝绿色的水平条纹的图形,两种图形交替呈现 4min 后,呈现测试图形,测试图形由垂直和水平的黑白栅条组成(如图 6-18)。观察者报告在测试图形中垂直方向黑白栅条处出现淡蓝绿色后效,在水平方向黑白条纹处出现淡橙色后效。这种后效持续的时间可以长达几小时、几天甚至几个星期,而且在这段时间内被试可以自由观察其他事物,但这种后效并不受影响。McCollough 使用的这两种颜色(橙色和蓝绿色)互为补色,当一种特定色调的颜色连续刺激视觉系统时,视觉系统将对这种颜色发生适应,并产生其补色的感觉,即后效。这个实验的独特性在于此种后效是由图形轮廓的方向而导致的特定颜色后效。

黑色和橙色垂直栅条　　黑色和蓝绿色水平栅条　　黑色和白色测试栅条

图 6-18　McCollough 效应

Hepler 报告了颜色和运动结合的关联后效。在他的实验中,给被试交替呈现向上运动的绿色栅条(黑背景)和相同背景的向下运动的红色栅条,一定时间后,被试对向上运动的白色栅条产生桃红色后效,对向下运动的白色栅条产生绿色后效。这便是颜色和运动特性结合刺激产生的与运动相关的关联后效。

Wyatt 发现三种刺激特性,颜色、方向和空间频率之间的关联后效。关联后效说明视觉系统对一定刺激特性组合的敏感性是不同的,然而还需要进一步阐明每个通路的性质。

(五) 知觉定势

我们知道,知觉并不仅仅是对视网膜所接受刺激的反映,它同时也反映了接受者的意向。由于过去经验、记忆、期望、暗示和周围环境的影响而产生的意愿或偏差,即受到启动或定势的影响,必然会使得接受者以特定的方式来组织视觉输入的刺激。

知觉定势(perceptual set)是由过去经验和环境中事物之间的关系而产生的对感知

世界的一种知觉启动(perceptual priming)。从一般意义上说,知觉定势是自上而下的加工过程,通过建立的假设和过去经验提出一般的组织策略,并把这些策略应用到整个图形,这些策略便会影响到我们对细节和部分的知觉。总之,最初形成的"图片"决定对部分的知觉。

图 6-19 为自上而下加工过程导致的知觉定势的影响。黑色背景上有 7 块不规则的白色图形,但我们很快就会看出这是一幅人脸的侧面像,这种知觉的产生并不仅仅是对 7 块不规则图形的轮廓进行观察的结果。如果去掉黑色背景,只保留这 7 块不规则的白色图形,那么我们就很难把它知觉为一幅人脸的侧面像。

图 6-19 定势和自上而下加工

最有影响的知觉定势是图 6-20 所示的例子。(c)为一幅双关图,它既可被看作是一位少女,也可被看作是一位老妇人。如果在观察(c)之前,先给被试看(a)(一名少女),那么被试就很容易把(c)看作为少女;如果在观察(c)之前先给被试看(b)(一名老妇人),那么被试将把(c)看作为老妇人。

(a)　　　　　　　　(b)　　　　　　　　(c)

图 6-20 表示知觉定势的双关图

知觉定势的产生不仅限于对熟悉的事物。Long、Toppino 和 Mondin 用如图 6-21 所示的图形证明知觉定势的作用。图(c)是一系列部分重叠的正方形,单独观看这些正方形时,我们感觉它们或者是逐渐突出的或者是逐渐退后的。但是如果在观察(c)图之前给被试短暂地呈现图(a)(呈现时间短于 100ms),那么被试将把图(c)看作是一系列从左到右逐渐退后,且互相重叠的正方形;相反,如果在观察(c)图之前给被试短暂地呈现图(b),那么被试将把图(c)看作是一系列从右到左逐渐伸出的互相重叠的正方形。先前呈现的刺激决定双关图形的知觉。然而,在此需要强调的是,定势的产生依赖于先前刺激呈现的时间长短。Long 等人的实验发现,如果图(a)和图(b)呈现的时间超过 100ms,定势作用便会消失,随即产生疲劳或适应。

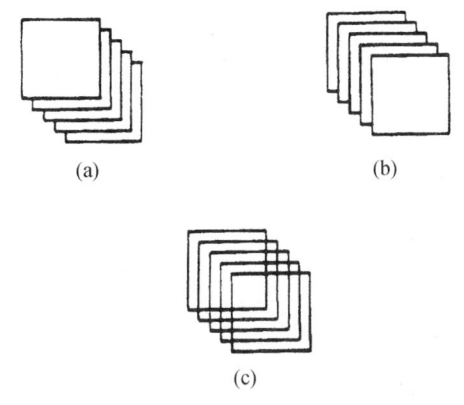

图 6-21　Long 等人的实验中产生定势的刺激

知觉定势能够促进非理想条件下,如受到背景刺激遮挡或重叠的客体的知觉。定势对我们很重要,因为环境中的刺激通常是难辨认或不完全的。而基于过去经验的预期,如"这应该是……",使得我们能够产生有意义的知觉。图 6-22 说明定势在看起来没有规则的刺激图形的知觉中的作用。图(a)是一幅模糊图形,但图中是我们熟悉的图形,在观察图(a)之前,请不要看图(b),因为图(b)是图(a)的清晰的图形。

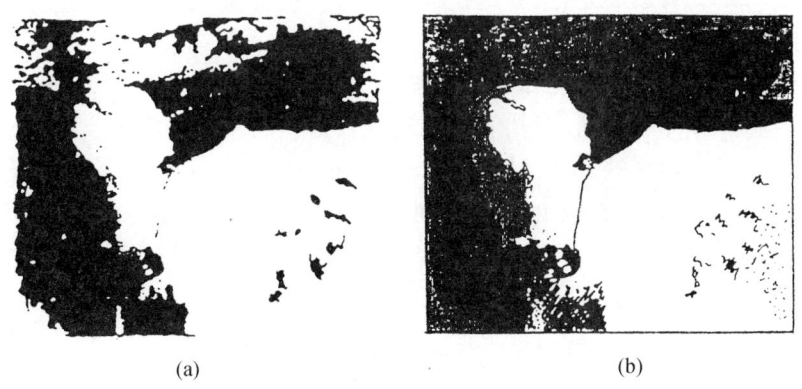

图 6-22　定势在无规则刺激图形知觉中的作用

三、运动知觉

(一) 运动觉察器

对运动的知觉是人类的一种基本能力,同时在许多物种身上也能观察到。有证据表明,许多物种都具有检测运动的特定神经单元,如视网膜神经节水平的 Y 细胞对某种特定的运动刺激起反应。在视觉皮层(枕叶)水平也有对运动起反应的特异细胞。已有的证据表明,皮层颞叶内侧(MT)区域接受来自视觉皮层运动敏感细胞的输入,然而有些对运动敏感的细胞则因具有相对精细和较小的感受区域而只对局部运动起反应,大多数 MT 细胞对视野中较大区域中的运动起反应。由此推断,MT 细胞具有整合不同种类运动的作用,是一种通用的运动觉察器(motion detectors)。

下面的临床研究则说明了皮层在人类运动知觉中所起的特定作用。1983 年 Zihl、Von Cramon 和 Mai 报告了一个经过皮层手术的病例,虽然她仍然保留了视敏度、双眼视觉和对形状、颜色知觉的能力,但却丧失了在三维空间知觉运动的能力。临床测试表明,她能够知觉到沿水平或垂直方向运动的物体,但是,她的这种知觉仅限于内侧视野(inner visual field)很小的一部分。除此之外,她根本不能看到具有深度的运动。例如,她不能把茶或咖啡倒进杯中,因为流动的液体被看成好像冰川一样冻在一起。由于她知觉不到杯中液体的增长,所以她也不能在正确的时间停止倾倒的动作。她还抱怨与人交谈的困难,因为她看不到对方脸部,特别是说话人嘴部的运动。如果有两个人在一间屋子中来回走动,她会感到不舒服,并马上离开,因为她觉得这两个人一会儿在这儿,一会儿在那儿,而她却看不到他们是什么时候移动的。手术后她几乎不能横穿马路,因为她判断不出汽车的速度。然而,最后她学会通过汽车的声音来判断汽车的距离,以便通过马路。有趣的是,她只是在视觉通道丧失了运动知觉,但可以通过触觉和听觉线索来知觉运动。

在现实生活中,我们到底能知觉到怎样的运动呢?例如,我们根本看不到时针的运动,也几乎看不到分针的运动,但却能够看到秒针的运动。即当物体运动速度太快或太慢时,我们都知觉不到它的运动。因此运动知觉的阈限值——我们能够觉察到的最小速度——就是随着物理或心理生理因素,而不是物体实际运动速度在发生变化。物理或心理生理因素包括目标物的大小、目标物的距离、目标物的背景(例如,同质或异质)、亮度水平、视网膜受刺激的部位和眼睛的适应状态。物体在很好的照明条件、固定的背景并且其视像投射到中央凹的条件下运动时的阈限值最低。

(二) 诱导运动

诱导运动(induced movement)是一种视错觉,就是说观察者知觉到某个物体的运动,而实际上该物体根本没有发生空间位移,只是由于其他物体的运动使得被观察物体好像在运动。这种运动知觉受到被观察物体周围环境的强烈影响。如果有两个大小不同的发光物体同时呈现在黑色背景上,当其中较大的物体发生物理移动时,通常我们好像看到只有较小的物体在运动,此时较大的物体"诱导"较小物体的运动。一般来说,相对于较大的、不封闭的物体,较小的封闭物体容易被"诱导"运动,因为在我们的生活经验中,发生运动的一般都是较小的物体,而较大的物体则是相对静止的。例如,我们经常说月亮在云彩后面穿行,而实际上是云彩在飘动的过程中遮挡了静止的月亮。

(三) 似动现象

似动现象(apparent movement)是指当某一物体实际上没有发生空间位移而被知觉为好像在运动,是一种对静止物体产生的运动错觉。似动是生活中的一种普遍现象,比如我们经常看的电视和电影都是似动现象的结果。

图6-23 两个相隔一定距离的静止的灯泡,它们以一定的速率交替发光,即一个灯泡亮时,另一个灯泡关闭。似动现象的产生依赖于这两个灯泡亮暗交替的时间间隔(ISI)。本实验结果表明,当ISI为30~200ms时就会产生某种程度的似动现象,即发光的灯泡从位置A移到位置B。如果ISI长于200ms,我们将知觉到交替闪亮的两个灯泡;如果ISI短于30ms,我们会看到在位置A和B上同时闪亮的两个灯泡。当ISI为60ms时出现最理想的似动现象,好像是有一只灯泡从位置A穿过中间的空间,移动到位置B;我们把ISI大约为100ms时产生的似动现象称为phi运动。

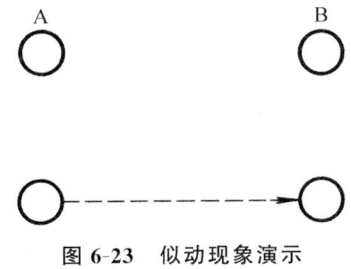

图6-23 似动现象演示

我们把通过操纵灯泡之间亮暗时间间距而产生的种种似动现象称为β(beta)运动。β运动的性质由闪烁灯泡之间的时间间隔(ISI)、灯泡的亮度和灯泡之间的空间距离决定。1915年,Korte提出这3种因素之间的交互作用,称为Korte定律(Korte law)。例如,当闪烁的灯泡之间的物理距离增加时,灯泡的强度或灯泡之间的时间间隔(ISI)必须增加才能出现β运动现象。

(四) 自主运动

在一个漆黑的房间中注视一个固定的光点一定时间后,这个光点好像就会动起来,我们把这种现象称为自主运动(autokinetic movement)。自主运动现象的出现必须保证光点周围不能有提供参照的空间背景或固定的视觉形状。自主运动现象出现的程度和方向具有较大的个体差异,同时往往会受到个体社会经验的影响。

对自主运动现象的解释主要是基于眼睛的运动作用;另外一个比较有影响的解释是由 Gregory 基于保持眼睛注视观察固定光点时眼睛周围肌肉的变化而提出的。在持续注视固定物体时,眼睛的轻微震颤导致注视过程出现起伏,同时眼睛周围的肌肉产生疲劳。为了弥补保持注视的不足和眼肌的疲劳,眼睛周围的肌肉必须接受异常命令信号来保持对光点的注视。这些信号与指导眼睛运动的信号相同,使得眼睛追踪运动刺激。因此,根据上面的理论,自主运动现象的产生不是由于眼睛的运动,而是在"防止"眼睛运动的信号指导下的眼睛运动。

(五)运动后效

当你坐在一列火车里盯着外面移动的景物看很长时间之后,如果火车停止了,那么你会觉得此时外部静止的景物在向前运动,而列车却在慢慢地向后运动,这是运动后效(movement aftereffects,MAE)的一个例子,运动后效的产生是由于前面知觉到的运动在运动刺激停止之后仍然存在。瀑布错觉(waterfall illusion)也是一种运动后效的例子,即在注视向下流动的瀑布一定时间之后,如果再观察静止的景物,该景物看起来向上运动。

对运动后效的解释主要是建立在后效和选择性适应观点的基础之上。以瀑布效应为例,在注视向下运动的刺激一定时间之后,对向下运动敏感的觉察器会因疲劳或适应而导致其敏感性降低,因此,当观察者把注视点转移到新的静止事物时,就会因负责感知向下运动的觉察器的活动降低而产生好像景物向上运动的印象。

那么这些产生运动后效的觉察器位于视觉系统的什么位置呢?一些研究者通过改变运动后效产生的实验条件提出他们的观点。如果运动后效觉察器位于视网膜上,那么通过只允许一只眼睛接受运动刺激,然后测试另外一只没有接受运动刺激的眼睛,这只眼睛将不会产生运动后效现象。这就是说,如果运动后效产生于视网膜水平,双眼之间将不会同时产生对某一方向运动刺激的适应。上述实验结果表明,双眼同时出现运动后效,这也就说明产生运动后效的觉察器位于中枢或皮层。

四、单眼和双眼视觉

(一)立体知觉的单眼线索

有些深度线索只需要一只眼睛就能起作用,我们把这样的线索称为单眼线索(monocular cues)。绘画艺术家把他们使用的静态单眼线索(观察者和景物都是静止的)称为图形线索(pictorial cues),通过这些线索,就可在二维的平面上产生三维的深度效果。

1. 插入

插入(interposition)是指一个物体部分地隐藏或遮挡另一个物体。如果一个物体部分遮挡另一个物体,那么我们就会知觉到完全暴露的物体离我们较近(如图 6-24)。对于熟悉的物体,插入是一种比较有效地表示相对距离的线索。但是静态线索只能提供相对的深度信息,即它只能说明哪一个物体离我们较近,哪一个物体离我们较远。

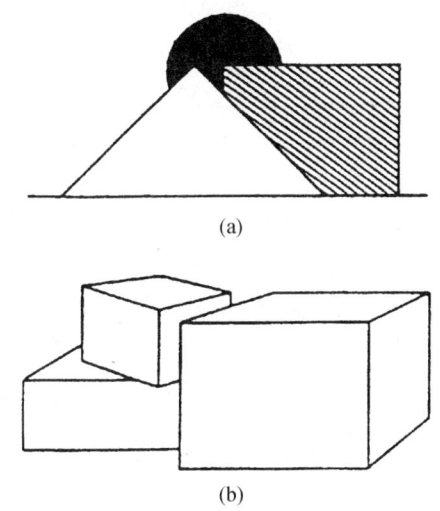

图 6-24 插入在二维和三维图形中的作用

2. 空气透视

当我们观察一处场景时,远处的物体不如近处的物体清晰,这种作用称为空气透视(aerial perspective)。这是大气中微粒的作用,光线由于受到灰尘、水蒸气和其他大气物质的悬浮颗粒的分散,而降低了投射到视网膜上物体视像的亮度和物体细节的清晰度。因为,远处物体反射的光线在大气中经过的距离比近处物体经过的距离远,所以与近处物体相比,远处物体看起来模糊不清。因此,比较大的物体,如楼房,在晴天就会比在阴天时看起来离我们距离近。空气透视是一种远距离深度知觉的重要线索。

3. 阴影

通常,物体表面离光源最近的部分最亮。当物体表面离开光源一定距离后,其表面变暗,或产生阴影(shading)。在非连续的物体表面,阴影线索也能产生深度知觉。并且,深度感随光线和阴影对比度的增加而增加。

3岁的儿童就可以根据头顶光源所产生的阴影为线索区分物体表面的凹凸。与人类相同,小鸡也可以利用头顶光源产生的阴影而对刺激做出正确的深度反应。这就说明,使用阴影作为深度线索是有其种系发生基础的。

物体表面阴影的变化也可以作为物体形状知觉的线索。通常,从单一光源发出的光会均匀地投射到三维物体表面,由于离光源最近的物体表面接收到的光最多,因此就可以通过物体表面光、暗的不同效果来判断物体的形状。朝向光源的物体表面看起来比较亮,而背向光源的物体表面部分则看起来比较暗或有阴影。因此,我们可以通过物体表面从亮到暗的逐渐过渡而产生弯曲表面的知觉。从亮到暗的突然变化,使得我们可以感到在平面上产生明显的边界或角。总之,阴影是影响深度知觉的基本因素。Kleffner 和 Ramachandran 推测,大脑中存在以阴影为线索产生形状知觉的特定的神经成分。

4. 线条透视

通过线条透视(liner perspective)可以在平面上表现出深度知觉,即三维立体在视网膜上的影像会发生变化。线条透视典型的例子就是当我们观察铁轨时,感到远处的铁轨仿佛要汇聚为一点。虽然,对线条透视作为一种绘画技巧的历史还存在争论,但是这种技巧早在 15 世纪初期就已由意大利的建筑师和雕塑家 Brunelleschi 发现。

5. 结构级差

大多数物体的表面都以其纹理或结构等微观形式而相互区别,特别是在自然形成的草地、树叶和树,以及人工制造的道路、地板和纺织物的表面更为明显。正如 J. J. Gibson 所述,这些表面的结构具有连续的密度变化或级差(texture gradients)。特别是,当我们观察具有结构的表面时,随着距离的增加,组成结构的成分的密度越大。

6. 相对大小

当同时或短时间内相继观察两个不同大小但相似或相同形状的物体时,通常感觉比较大的刺激离我们较近,这种线索称为相对大小(relative size)。这种距离线索不需要对观察物体的过去经验,在一定情况下,相同形状但不同大小的物体就足以表示出距离的关系。

线条透视、结构级差和相对大小代表着共同的原则:物体在视网膜上所形成的视像的大小是与观察者和被观察物体之间的距离成反比,即两者之间的距离越远,视网膜上的视像越小。

7. 熟悉大小

通常情况下,我们知道周围环境中许多物体的实际大小,所以我们能够根据记忆和观察到的远处此物体现在的大小推测其离我们的距离。然而,我们目前还不知道这种深度线索可以在多大距离内起作用。许多研究表明,熟悉大小(familiar size)线索的作用在很大程度上依赖于被观察物体所处的环境条件。当其他深度线索比较明显时,熟悉大小不起作用;而在比较差的观察条件下,其他深度线索不起作用时,熟悉大小在物体距离的判断上起重要作用,但是前提条件是依据过去经验对熟悉物体的距离判断。

上面我们描述了在二维平面上产生深度知觉的静止的单眼深度线索。除此之外,还有一些重要的深度线索是动态的或运动的。

8. 运动视差

观察者在物体运动时所产生的被观察物体之间深度知觉或距离的单眼线索称为运动视差(motion parallax)。特别是指当观察者的头运动时,离观察者不同距离的物体移动后所形成的视像差称为运动视差。因此,当观察者视野中的注视点固定,但头部发生运动(即使是轻微运动)时,视野中近于他注视点的物体看起来比远于注视点的物体运动得快。然而,视野中注视点以内和注视点以外物体运动的方向相反,近于注视点的物体运动方向与观察者头部运动方向相反,而远于注视点的物体运动方向与观察者头部运动方向相同。因此,我们知觉到的视野中物体的相对运动速度和运动方向依赖于观察者的注视点。

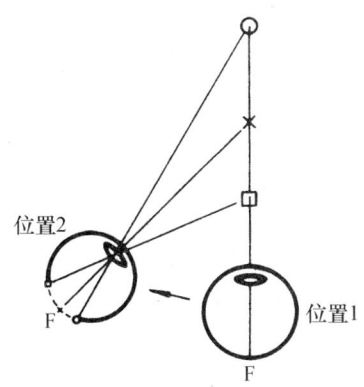

图 6-25 运动视差的产生

图 6-25 表示当人眼从右(位置 1)向左(位置 2)移动时,远处物体(圆形)和近处物体(正方形)视网膜像的相对速度发生变化。图中×为注视点,以眼睛为参照点,正方形近于注视点,圆形远于注视点。当注视点保持不动,人眼向左侧轻微运动后(从位置 1 到位置 2),近处的正方形的视网膜像和远处圆形的视网膜像在视网膜上移动的距离不同(如图中位置 2 所示),且方向相反,注视点×的视网膜像与正方形视网膜像之间的距离大于其与圆形视网膜像的距离。因此,对于眼睛发生的非常小的位置移动,由于近处物体的视网膜像的移动距离较大,所以就会感觉近处物体的移动速度比远处物体的移动速度快。由于透镜的光学特性而使视网膜像反转,故而观察者就会看到近处物体向与眼睛运动相反的方向运动,而远处物体则向与眼睛相同的方向运动。

尽管运动视差看起来是一种比较复杂的线索,实际上它是观察者或环境运动时空间中物体相对距离的最基本的信息来源。当观察者的头相对固定,而外部的周围环境看起来运动时(比如坐在汽车里),同样会产生运动视差。运动视差也是不同种类的动物(包括昆虫等)用来知觉深度的有效的深度线索。

我们可以通过非常简单的方法示范运动视差:闭上一只眼睛,分别举起两只手的每一个手指于正前方,两个手指相距 25cm。如果保持注视远处的手指,把头从一侧转到另一侧,那么近处手指的视像将会向与你的头运动的方向相反的方向运动。如果保持注视近处的手指,那么远处手指的视像将会向与头的运动方向相同的方向运动。

9. 调节

由于注视不同远近物体时眼睛的调节反应会产生差异,因此,可以通过睫状肌提供的眼睛运动调节(accommodation)信号(例如,肌肉的收缩程度)来完成空间中目标定位的任务,即提供被观察物体的深度信息。然而,调节的作用是有一定限制的,对于人类而言,调节线索只在2m之内起作用,对于超过2m的物体,调节线索不再起作用。

(二) 双眼线索(binocular cues)

单眼深度线索能够为我们提供大量深度信息,在此基础上我们可以在视觉指导下完成许多的操作任务。然而,有些深度信息是需要双眼的共同作用的。

1. 辐合

辐合(convergence)是指注视物体时双眼视轴会聚的趋势。由于双眼视轴的会聚程序受眼外肌的控制,因此,在观察近处和远处物体时肌肉紧张程度的差异就能够提供深度或距离线索。看近处物体时,双眼视轴趋于集中;看远处物体时,双眼视轴趋于分散;当物体的距离达到一定程度时,双眼视轴接近平行,因此辐合线索也只能在一定距离内起作用。

2. 双眼视差

由于人类双眼之间有6cm左右的目间距,所以当观察近处物体时,两眼对物体的视像稍有不同,左眼看到物体的左面多一些,右眼看到物体的右面多一些,两只眼睛视网膜像的差异称为双眼视差(binocular disparity 或 binocular parallax)。

根据 Yellot 的研究,如果两个物体在视网膜上的视像差等于 $1\mu m$,那么就能产生深度辨别,这就说明视觉系统能够觉察小于视网膜上大多数光感受器的直径的视像差异。

(1) 网膜相应点和视野单像区

当注视一个相对较小的物体时,物体在每一只眼睛的中央凹分别形成一个视像。此时我们看到的物体是单一的,因为物体的视像处在双眼的相同或相应部分。也就是说,如果把左眼视网膜放在右眼视网膜上,那么,两眼的中央凹就会重叠在一起,在视网膜上的视像也会重叠在一起。双眼上这样的网膜重叠点称为网膜相应点(corresponding retinal points)。

其他一些与被注视目标物距离相同的没有被注视的目标物的视像,也将投射到双眼的相同或相应的网膜位置,并形成单像。事实上,一定空间范围之内的物体的视像都会投射到网膜相应点上,但是形成单像的这些点与注视点离观察者的距离是相同的。我们把空间中所有这些点连起来形成的轨迹称为视野单像区(horopter,如图 6-26)。视野单像区是通过注视点的一个虚构的弯曲表面。然而,没有处在视野单像区上的点将形成复视(diplopia)或双像,因为这些刺激的视像是落在非网膜相应点上的。这就是说,近于和远于注视目标物的所有物体在双眼视网膜上视像的位置不同,这种不一致导致了双像的产生。这个推论不适用于来自视野单像区周围狭小区域内的目标物,我们把如图 6-26 所示的这个狭小区域称为潘弄融合范围(Panum's fusion areas, PFA)。刺激非视网膜相应点但却落在潘弄融合范围内的点将形成单像。潘弄融合范围是某个给定视野单像区周围很小的一个区域。

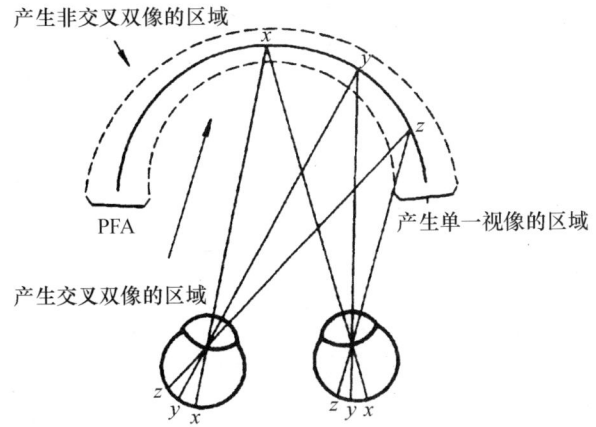

图 6-26　一定注视距离下的视野单像区和潘弄融合范围

我们可以通过下面的方法来演示双像知觉。双手分别各举起一支笔,两支笔间隔一定距离。如果注视离你较近的那支笔,就会对这支笔形成单像,而对远处的那支非注视的笔形成双像。此时,近处笔的视像则落在双眼的中央凹,即网膜相应点上,而远处笔的视像则落在双眼非网膜相应点上。同样,当注视远处那支笔时,也就会对近处这支笔形成双像。但是,这两种情况下形成的双像是不同的,这依赖于产生双像的物体与注视点的相对位置。远于注视点的物体产生的双像是不交叉的,它被称为非交叉双像(uncrossed disparity);而近于注视点的物体产生的双像则是交叉的,它被称为交叉双像(crossed disparity)。因此,产生双像的不同形式也可以作为相对距离的有效线索。通常情况下,非注视点形成的双像是被抑制的,只有在特殊情况下才被注意到。

(2) 双眼视差和视觉深度知觉

由立体的不同部分投射到双眼视网膜的视像差(binocular disparity)形成的深度知觉称为视觉深度知觉(stereopsis)。最初的立体观察器叫作立体视镜(stereoscope),是 1838 年由英国物理学家 Charles Wheatstone 设计的。他认为如果给两只眼睛分别呈现具有微小差异的两幅相似图片,即立体图(stereograms)时,就能产生人为的深度知觉。如图 6-27 所示为在 18 世纪中后期盛行的维多利亚风格的立体视镜。

在一定范围之内,立体视镜中插入的两幅图片的差异越大,立体或三维效果就会越明显。这说明了我们在观察现实世界时物体的距离和其产生的深度效果的程度之间的关系。当观察较近的目标时,需要双眼较大的会聚,产生较大的差异。因此,离观察者越近的物体产生的立体效果越明显。随着物体离观察者距离的增加,双眼视差逐渐减小,物体渐渐地变得平坦。

① 双眼竞争(binocular rivalry)。如我们前面所述,视像的融合只发生于投射到左、右两只眼睛的视像基本相似的时候。如果投射到两只眼睛的视像差异较大,则会产生一种异常的现象,我们把它称为双眼竞争作用。双眼竞争有以下一些结果:投射到两

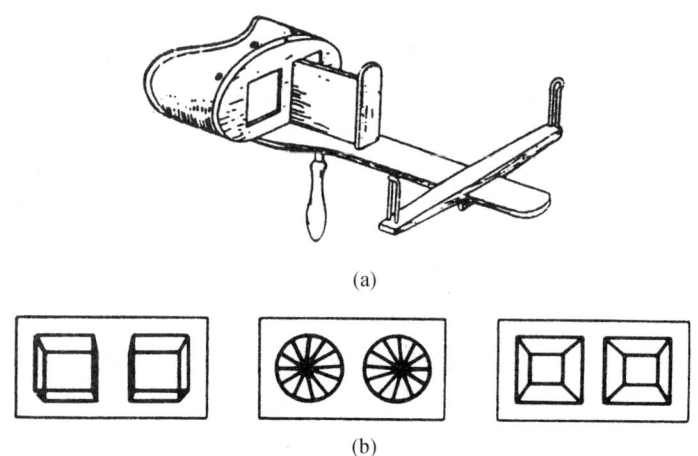

图6-27 18世纪中后期盛行的维多利亚风格的立体视镜

只眼睛的差异较大的视像产生融合,形成一个暂时的合成像;或者两个视像中的一个占有优势,这种优势会在两只眼睛之间来回转换。这种知觉效果具有实践意义,因为视觉系统对双眼产生的视差非常敏感,所以通过立体观察就使得我们能够觉察到两幅相似图片的微小差异。例如,通过立体观察可以鉴别伪钞。如果两只眼睛看到的都是真币,那么两只眼睛的视像就不会出现差异;如果一只眼睛看到的是真币,另一只眼睛看到的是伪币,那么就会出现两只眼睛的视像差,从而产生立体效果,被观察的某些部分突出出来。同样,弹道专家也是通过立体镜观察不同子弹痕迹的放大图片来确定这些子弹是否是从同一把手枪中发射的,如果两颗子弹的痕迹相同,将不会出现视像差,那么这两颗子弹也就是由同一把手枪发射的,此时双眼视像融合产生单像。

② 中央眼(cyclopean)。人在观察外界物体时,物体的视像是单一的,好像是被一只眼睛看到的。从主观感觉的角度来看,两只眼睛可被看作是一个单一的器官。人们用一只理论上假想的眼睛来代表这个器官,并把它称为中央眼,它似乎位于两只真眼的中间,即鼻梁上方。

Bela Julesz设计了一种特殊的、具有革新精神的立体图观测方法,他称之为中央眼知觉(cyclopean perception)。他认为投射到每一只眼睛的产生立体效果的视像本身并没有意义,只有这两只眼睛的视像在某个视觉中枢区域结合之后,才形成有意义的知觉。他认为中央眼不是位于前额的中央,而是大脑某个区域后面的一些物质。Julesz用来表示中央眼的立体图比较特别,他用计算机打出两张几乎相同的随机点图(random-dot stereograms),两张图的结构相同,中间的一小部分形状相同,但向相反的方向侧移。虽然单独看这两张随机点图时不可能看出任何深度或形状,但是如果把这两张随机点图放在立体镜中,那么中间发生平移的部分就会出现明显的深度感,浮现在周围结构之上。

用随机点图进行的中央眼研究的重要发现是,在完全缺乏单眼深度线索,甚至是缺乏可识别的、熟悉的轮廓或形状的情况下,仍然能够产生视觉深度知觉。单眼观察随机点图时,看到的完全是随机排列的结构,没有任何可识别形状或组织的线索。并不只是成人能够通过随机点图来产生视觉深度知觉,3.5～6个月的婴儿也具有此种能力。除此之外,其他的物种,如猎鹰、猫和猴也都能够通过随机点图产生视觉深度知觉。

(3) 双眼视差的生理基础

视觉深度知觉生理基础的支持证据来自于在包括人类在内的多种哺乳动物身上发现的负责双眼视差的细胞,这些细胞很少对单眼刺激起反应,而只对一定范围之内能够产生双眼视差的刺激起作用,我们把这些细胞称为差异觉察器(disparity detectors)。当产生相似差异的相邻的刺激物作用于每一只眼睛的视网膜时,差异觉察器即被激活。这就意味着产生双眼视差的刺激有选择地激活负责不同差异的差异觉察器。某些细胞只对产生较小的或无双眼视差的刺激起反应,即只被与注视点距离相同或接近于注视点的刺激所激活;而其他细胞则有选择地被近于或远于注视点的刺激所激活。

例如,Poggio和Fischer利用条件反射的方法,训练一只猴子注视一定距离的一个点。条件反射建立之后,他们把目标物呈现在近于或远于形成条件反射的注视点的位置。当猴子注视此时呈现的刺激物时,实验者记录猴子皮层不同单个细胞的活动。他们发现,某些细胞只被近于注视点的目标物所激活(这些细胞被位于远于注视点的刺激所抑制);而另一些细胞则只被远于注视点的目标物所激活(这些细胞被位于近于注视点的刺激所抑制)。这些结果表明,视觉初级皮质中有受双眼差异激活的细胞,这些细胞的激活与抑制依赖于目标物与注视点的相对距离。这就意味着至少有3个双眼深度加工细胞:被位于注视点平面和潘弄区域内刺激激活的细胞;被近于注视点的刺激物激活而被远于注视点的刺激物抑制的细胞;被远于注视点的刺激激活而被近于注视点的刺激抑制的细胞。人类被试的实验也支持相同的结果,即存在差异觉察细胞。立体盲(stereoblindness)个体不能通过立体镜或单独的双眼视差线索来确定客体的深度(尽管他们可以通过其他深度线索来获得深度知觉)。有些人是部分立体盲:他们不能利用立体线索来确定近于或远于注视点的物体。

(三) 深度线索的交互作用

前面我们已经讨论了单眼和双眼深度线索对深度和距离的作用。然而,对于这些线索的使用和起因还有一些疑问。例如,在这些线索之中,哪一种线索最重要?单眼深度知觉的作用到底有多大?空间知觉是在生活环境中逐渐获得的,还是与生俱来的?等等。我们首先介绍两种不同的理论,它们从不同的角度解释了观察者是如何从可利用的视觉信息中获得深度和距离知觉的。

根据构造主义的观点(constructivist approach),观察者主动地整合、评价和解释不同空间线索提供的空间信息,从而"构造"知觉,观察者在空间环境中的已有经验和知识有利于"构造"。我们以前面讲过的插入(interposition)为例,当一个物体部分地被另一个物体遮挡时,我们很快就会知道被遮挡的物体离我们较远。但是,我们是如何知道的呢?根据构造主义的观点,这种物体插入和距离知觉的关系是通过物体互相遮挡的经验而获得的。环境的交互作用是至关重要的:对环境中各种深度和距离线索的经验,使得我们能够对环境中的各种空间安排进行推理、判断,我们所"构造"的视觉环境,是基于我们自己对视觉空间出现的各种成分之间多种空间关系的解释。

根据Gibson直接知觉的观点,自然环境中存在的关于空间分布的信息,足以使得我们能够直接获得深度知觉,而不是加工和分析不同深度和距离线索的结果。

以上两种理论分别强调了深度知觉获得的一种途径,但是我们认为,至少在某些方面,我们不能"直接"感知世界,而是需要一些深度线索来"构造"世界。

我们认为,深度线索越多,传到观察者的深度信息就越多,从而观察者的深度或距离知觉也就越准确。然而,不同线索之间的作用是否相同呢?Gibson和Walk使用一个名为视崖(visual cliff)的装置,通过一系列对各种动物物种的研究回答了这些基本问题。视崖设计中间的平台把该装置分为两部分,两部分表示不同的刺激,即"浅"和"深"的区分,在"浅"的一侧,黑白相间的图案直接贴在透明玻璃的表面,而在"深"的一侧,较大一些的黑白相间的图案贴在透明玻璃下面的一定距离的地方。实际上为了安全起见,视崖的两侧由一整块玻璃制成,同时使两侧的温度、气味和声音等反应线索保持一致。通常情况下,把动物放在区分"深"和"浅"的平台上时,动物能够判断出"浅"侧为安全区域,而"深"侧为危险区域。

用视崖测量动物的基本假设是,动物具有避免跌落的本能,因此,动物将爬向较"浅"的一侧。由于深度知觉是动物延续物种的一种选择性本能,所以,我们有理由认为大多数动物都具有深度知觉,并且这种能力应该在动物能够自己移动时就已经具备。这种能力可以通过动物爬向视崖装置中较"浅"的一侧而推测其存在。这种避免较"深"一侧的倾向,可以在大量的动物中,如两栖类、鸟类、许多哺乳动物、灵长类以及人类婴儿身上发现。

然而,通过系统地改变视崖"深""浅"两侧的信息源,Gibson和Walk能够区分出影响动物深度知觉的深度线索。当变化所有可能的线索,并在两侧保持相同时,动物仍然爬向较"浅"的一侧。而唯一不能在"深""浅"两侧保持相等,并且又是有效地避免跌落行为的线索是运动视差。动物通过观察视崖两侧时,视网膜上物体运动速度的不同,来判断两侧的深度差异。这种深度知觉的能力在动物单眼视觉时也能表现出来。

五、恒常性和错觉

(一) 知觉恒常性

当物体相对于观察者在空间位置发生变化时,到达观察者眼睛的光线也将经历连续的、较大的变化。这种情况可以发生在物体移动而观察者不动,或者观察者移动而物体不动时。伴随物体在空间中的移动,观察者视网膜上光线的分布也将发生变化,结果就会导致物体大小、形状和明度发生变化。然而,尽管刺激会产生以上的变化,但是我们一般仍然把物体知觉为本来的样子。事实上,我们所感到的世界是相当稳定的。我们把对物理刺激变化而保持稳定知觉的现象称为知觉恒常性(perceptual constancy)。

知觉恒常性是视觉系统最具特色的特点之一,同时它也向我们对空间知觉的理解提出了挑战。重要的是,这种恒常性是自动的和时时存在的,正是由于恒常性的这种普遍性,所以,大多数时候我们都意识不到它的存在和作用。不管是在月光下,还是在强光照射下,我们对同一张白纸的知觉是相同的;同样,当你在不同距离观察这张白纸时,你也不会感到它会因为观察距离的不同而相应地变大或变小。然而,根据几何学的精确计算,视网膜上视像的大小和形状是会随着物体离观察者距离的变化而发生变化的。显然,这些例子都已表明,知觉的产生不仅仅是基于反射光的绝对数量和视网膜像的形状和大小。我们具有对环境的稳定的知觉能力——知觉恒常性——它不仅仅依赖于我们对刺激独立的物理特性的感知。观察者在某种程度上对输入的刺激进行评价和解释,并且这种过程是发生在刺激产生的整个环境之中的。

1. 明度恒常性

明度恒常性(lightness constancy,又称 whiteness constancy),是指即使照明条件发生变化,一个物体的明度仍然保持相对稳定。例如,我们把黑暗中的一片雪花知觉为白色的,而把阳光照射下的煤块知觉为黑色的,实际上,在上述情况下,从煤块反射的光线的强度远远超过雪花反射出的光线的强度。

2. 大小恒常性

在正常情况下,我们所知觉到的物体大小不仅仅依赖于该物体在视网膜上成像的大小,在一定范围之内是独立于视网膜像大小的。我们把当观察物体的距离(视网膜像)改变时,知觉到的物体大小保持恒定的现象称为大小恒常性(size constancy)。尽管有许多因素都会影响大小恒常性,但在这其中最重要的还是物体的距离线索和背景刺激。

经典的 Holway-Boring 实验考察了影响大小恒常性的几种因素。在这个实验中,观察者坐在两个长长的、漆黑的走廊的交叉处(如图 6-28 所示),在其中一个走廊距离观察者 10ft(大约 3m)远的地方有一个可调节的、发光的圆形刺激物;同时在另一个走廊中呈现标准圆形刺激物,距离观察者为 10～120ft(大约 3～36m)。标准圆形刺激物上标有刻度,以便使得从观察者的眼睛到刺激物的距离不同时,投射到视网膜上的视像保持相同(视角为 1°)。观察者的任务是调节比较圆形刺激物的大小,使其与标准圆形刺激物的大小看起来相同。一共有 4 种实验条件:a. 提供正常的双眼观察条件;b. 只允许单眼观察;c. 通过一个小孔进行单眼观察,我们称其为人工瞳孔(artificial pupil),这样就消除了一些在正常情况下提供的深度知觉线索,比如双眼线索和头的运动;d.

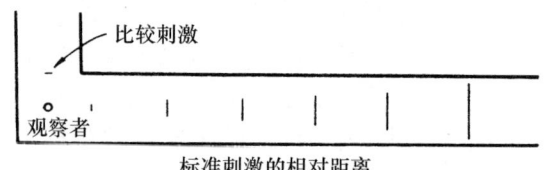

图 6-28　Holway 和 Boring 测量大小恒常性的实验图示

在每个标准圆形刺激物的周围用黑布遮挡,组成一条黑布的通道,进一步减少地板、墙壁和天棚等深度线索的作用。

4 种实验条件的结果如图 6-29 所示。上面的一条虚线表示理想的、完全的恒常性的判断结果:调节出的比较圆形刺激物的大小与随着距离的增加而逐渐增加的标准圆形刺激物的大小完全相同。下面一条虚线表示完全没有恒常性的情况:不管观察距离如何变化,调节出的比较圆形刺激物的大小永远与标准圆形刺激物在 10ft(大约 3m)(视角为 1°)时的大小相同,即以视网膜像的大小来进行匹配。在双眼和单眼观察条件下(实验条件 a. 和 b.),被试都表现出较好的大小恒常性,使用双眼和单眼的效果基本相同。但是在实验条件 c. 使用人工限制时,恒常性大大降低。实验条件 d. 由于几乎完全没有深度线索,所以比实验条件 c. 的恒常性有更大的降低。以上这两种实验条件下的判断几乎没有受到深度线索的影响,而主要是通过投射到视网膜上视像的大小来判断。实验结果说明在深度线索完全消失后恒常性也几乎消失。很显然,深度线索和视觉结构对大小恒常性起到非常重要的作用。

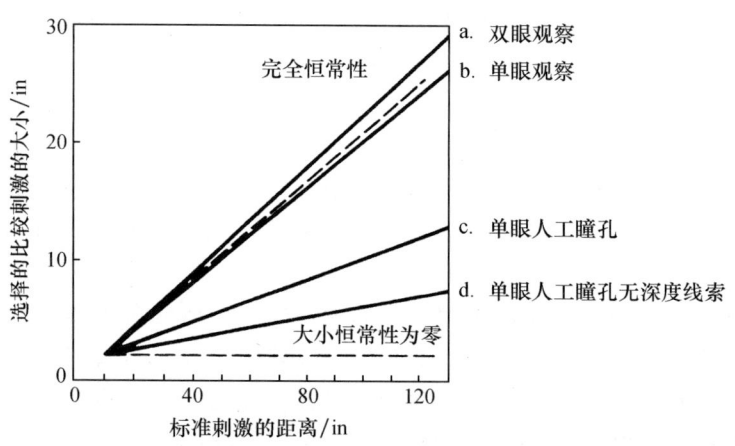

图 6-29　Holway 和 Boring 测量大小恒常性的实验结果

3. 形状恒常性

在不同照度下,同一物体看起来明度相同,同样,从不同距离观察同一物体时,虽然此时投射到视网膜上的视像不同,但仍然把它看作相同的大小。除此之外,在从不同角度观察物体时,物体也都保持相同的形状,我们称这种现象为形状恒常性(shape constancy)。例如,不管我们从什么角度来观察长方形的门窗时,都仍然把它们看作是长方形,但是从几何学的计算上来说,只有在一定距离下,并且是在长方形门窗的正前方观看时,它们投射出的视像才是长方形的。最典型的形状恒常性的例子是在某一特定角度对一个倾斜圆盘的形状判断。结果如图 6-30 所示,对倾斜圆盘形状的估计比实际投射到观察者视网膜上椭圆形视像更趋于圆形。

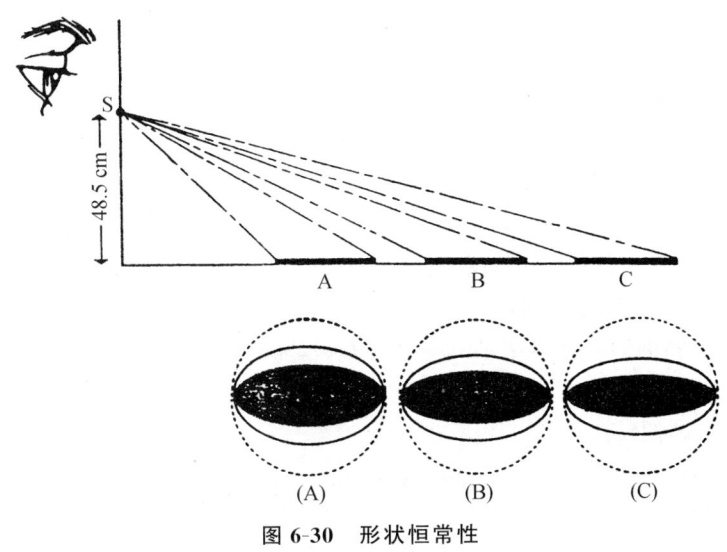

图 6-30 形状恒常性

上排图中 A、B 和 C 代表 3 个不同倾斜角度的圆盘,下排图中对应的 3 个黑色椭圆表示投射到视网膜上的形状,虚线表示圆盘的实际物理形状,实线表示观察者知觉到的形状。从图中我们可以看到,知觉到的形状比投射到视网膜上的形状更接近于圆盘的物理形状。

形状恒常性表现出对物体形状的知觉整合。在大小恒常性中,形状恒常性的程度是随着可利用的方位空间信息的多少(例如,物体的倾斜度)而变化的。通常,形状恒常性都会受到深度线索和物体的空间排列的影响。形状恒常性遵循下面的原则,当相对于观察者来说,缺乏关于被观察物体的位置的视觉信息时,形状恒常性将会受到损害,甚至完全消失。

(二) 视错觉

很多视觉事物都具有多种知觉可能性,甚至于在某些特定的条件下还会产生对物理环境和事件的歪曲或错觉(visual illusions),这种情况会持续发生在对空间中物体的知觉过程中,但它并不是一种偶然的现象,它是可预测和测量的。

1. 月亮错觉

月亮错觉(the moon illusion)是指月亮刚刚在地平线升起时看起来比在天顶时要

大,而实际上月亮在这两个位置上的大小是相同的(即直径保持不变),此时月亮与地球的距离也是相同的。下面是几种对月亮错觉的解释。

(1) 注视角假设

Boring 和 Suzuki 提出,观察到的月亮的大小受到此时眼睛和头形成的相对角度的影响。根据注视角假设(angle-of-regard hypothesis),月亮错觉是由于伴随月亮升起角度的变化而导致的头和眼睛位置的改变而产生的。Holway 和 Boring 在一项实验中,要求被试用投射到离被试较近的屏幕上的一系列发光的圆盘来比较月亮的大小。结果表明,当平视观察地平线的月亮时,大多数被试选择的与观察到的月亮相等的圆盘都比在眼睛抬高 30°观察天顶的月亮时所选择的圆盘相对来说要大;同样,当被试平躺在桌面上眼睛没有角度变化观察天顶的月亮,或被试从平躺的位置垂下头抬眼观察地平线的月亮时,错觉现象发生倒转:地平线的月亮比天顶的月亮看起来要小。因此,Boring 认为,月亮错觉的产生依赖于眼睛相对于头来说抬高或降低的角度。然而,到目前为止还没有人提出令人信服的心理过程来解释 Boring 的实验结果,也就是说,我们还不知道抬高或降低眼睛时,眼睛周围肌肉变化的视觉机制是如何影响观察到的物体的大小的。

(2) 显见距离假设

显见距离假设(apparent distance hypothesis)是基于知觉因素的一种假设,它最早是由天文学家和几何学家 Ptolemy(150 AD)提出的。他认为,通过一个充满物体的空间来观察一个物体时,会觉得此时观察的物体比实际上处于相同距离,但通过空旷的空间观察到的物体远。就像是通过地面的物体来观察地平线的月亮,感觉与观察天顶的月亮远是一样的。但是由于实际上月亮大小并没有发生变化,因此在这两种情况下月亮投射到视网膜上的视像的大小都是相同的,而地平线的月亮看起来又比较远,根据显见大小和显见距离之间的线性正比关系,此时较远的物体看起来要大一些。因此,如果两个物体投射到视网膜的视像的大小相同,而看起来离观察者的距离不同,那么,看起来离观察者较远的物体就要大一些。我们把这种关系称为显见距离假设或大小-距离不变性假设(size-distance invariance hypothesis)。

(3) 相对大小假设

Restle 提出相对大小假设(relative size hypothesis),他认为我们感觉到的物体的大小不仅依赖于物体在视网膜上视像的大小,而且还依赖于物体当时所处的视觉环境。物体相对所处的环境范围越小,物体看起来就越大。因此,如果根据月亮所处的环境来看,地平线的月亮看起来比较大,因为此时月亮所处的空间相对较小。而当月亮在天顶时看起来较小,因为此时月亮处在较广阔和空旷的天空。

2. 其他错觉

(1) 缪勒-莱耶尔错觉

1889 年 Müller-Lyer 设计了如图 6-31 所示的错觉,这可能是人们最熟悉和研究最广泛的几何错觉。

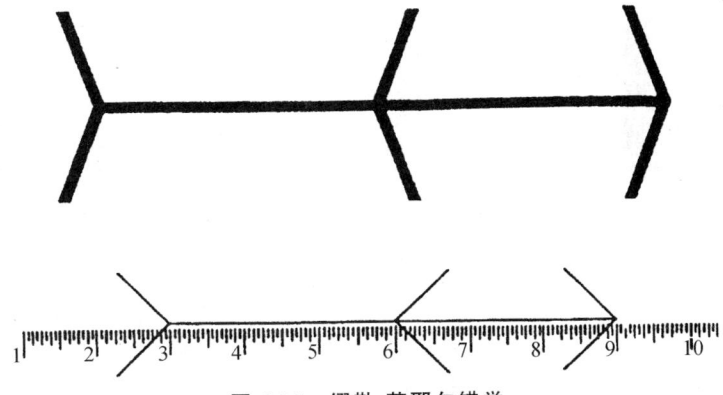

图 6-31 缪勒-莱耶尔错觉

透视恒常性理论(perspective-constancy theory)是对缪勒-莱耶尔错觉的一种较有影响的解释。该理论认为,缪勒-莱耶尔错觉中的箭头等特定的刺激特性是显示距离的一种标志物,然而,在缪勒-莱耶尔错觉中,箭头是一种错误的距离线索。

(2) 庞佐错觉

图 6-32 为 Ponzo 在 1913 年提出的庞佐错觉(Ponzo illusion)的一个例子,虽然这两条水平线在长度上是完全相等的,但是靠近斜线交点的线段看起来要长一些。

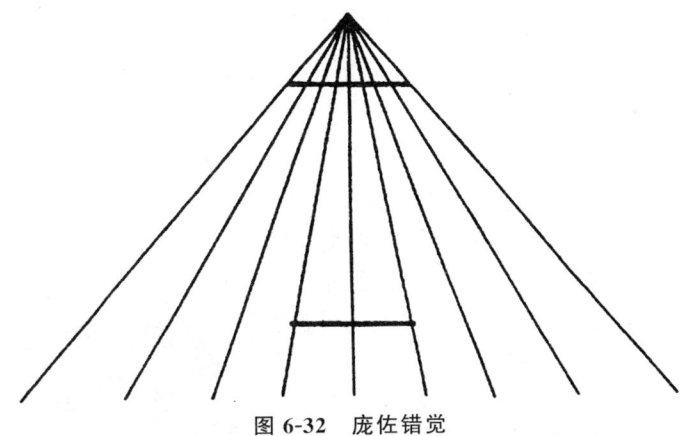

图 6-32 庞佐错觉

(3) 波根多夫错觉

波根多夫错觉(Poggendorff illusion)如图 6-33 所示,一条直线由于受到中间长方体的影响,被隔开的两段看起来好像不在一条直线上,而是两条平行线。波根多夫错觉也经常发生于现实生活中。

(4) 垂直-水平错觉

如图 6-34 所示的垂直-水平错觉(the horizontal-vertical illusion)是 Wundt 于 1858

年提出的。这两条垂直相交的直线长度相同,但是垂直线看起来长一些。

图6-33 波根多夫错觉

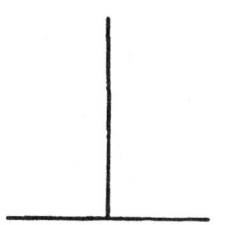

图6-34 垂直-水平错觉

(5) 对比错觉

对比错觉(contrast illusion)是指由于某图形周围其他图形在大小、形状、长度或朝向等因素方面的对比影响,而使得该图形看起来产生相反的或对比的效果。如图6-35所示为著名的 Ebbinghaus 错觉所产生的对比效果,由于周围圆形的作用,(a)图中间的圆形看起来比(b)图中的圆形要大,实际上这两幅图中间的圆的直径是相等的。

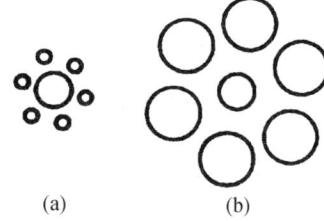

图6-35 对比错觉

3. 错觉产生的原因

目前,还没有一种理论能够解释所有的错觉现象,这也就意味着错觉的产生并不仅仅依赖于一种过程或机制,而是不同来源的因素共同作用的结果,它可能是受到眼睛和视网膜内神经交互作用的影响,也可能是受到更高水平的决策和过去经验等认知因素的影响。我们把这两种相互独立的因素分别称为视觉的-视网膜的(或结构)因素和认知因素。

(1) 视觉的视网膜因素

视觉的视网膜因素是指直接来自于视觉系统的解剖或生理机制的影响因素,又称结构因素,包括角膜和晶状体等眼睛的视像形成机制所产生的畸变。结构因素的作用可以通过图6-36的主观弯曲(subjective curvature)来显示,直线的主观弯曲主要发生于边缘视觉,因为视像是投射到弯曲的视网膜表面的。或许是因为我们很少仅仅依赖于边缘视觉来判断物体的形状,所以我们通常并不意识到主观弯曲的存在。然而,如图所示的图形被独立出来后,就会为我们提供视错觉的例证。

另外一种结构因素的效果可以归因为视错觉的知觉因素,特别是如果图形中包括会聚的直线、角和对比区域时,在视网膜上形成视像的过程中,

图6-36 主观弯曲

由于角膜和晶状体功能不完善,而使得视网膜上的视像模糊不清,从而产生知觉性视错觉。

Ginsburg 指出,视觉系统神经传递过程中也会发生视错觉。他认为,视觉系统中的不同神经纤维对应不同的空间频率,因此,视像中特定的空间频率是由视觉系统中特异的过滤器装置而识别的,如果被观察物体的部分细节在视觉系统过滤器的信息传递中丢失,那么就会产生视错觉。

然而,结构因素只能在有限的范围内起作用,它们并不能解释所有的错觉图形。很显然,错觉产生的主要因素还是在于认知因素。

(2) 认知因素

认知因素包括过去的经验、学习和注意。例如,在月亮错觉、庞佐和缪勒-莱耶尔错觉中的透视-恒常性机制就属于认知因素。通常,知觉到的深度信息将会激活对大小恒常性的补偿。根据这种观点,观察者之所以对庞佐错觉中的会聚线段表现出敏感,是因为他们在其过去经验中知道,相聚的线段表示深度距离。

因此,在包括深度线索的错觉图形中,如前面所描述的各种错觉图形中,很少表现出眼睛的结构因素的作用。在 Schiller 和 Wiener 的实验中,以庞佐错觉为例,他们给被试的一只眼睛只闪现庞佐错觉中的两条相等的直线,而给另外一只眼睛只闪现庞佐错觉中两条相等的直线以外的会聚线段,结果被试得到与正常观察条件下相同的错觉效果。其他一些研究者用相同的实验程序证明了其他错觉也具有相同的结果。这些结果表明,错觉效果不可能是由眼睛的结构因素产生,而是由视觉系统的中枢部分产生的。这就是说,错觉产生的决定因素超越视网膜水平,至少产生于两只眼睛最初会聚的视觉系统水平。

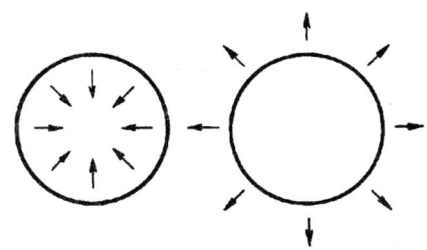

图 6-37 认知因素在错觉产生中的作用

观察者的注意是视错觉中最基本的认知因素。如图 6-37 所示,你的注意会受到向内或向外箭头的影响,从而产生左侧圆看起来向内收敛,右侧圆看起来向外膨胀的感觉。

除了注意因素外,认知因素还包括学习和对错觉图形的观察时间。视错觉的程度会随着对错觉图形观察时间的增加而减小,反馈(或对错觉的知识)也对错觉效果的降低起着重要的作用。然而,需要注意的是,虽然随着观察时间的增加,错觉量会减小,但却不会使之减小为零。

问 题

1. 直接知觉和间接知觉的区别和联系。
2. 用实验说明意识和知觉的关系。
3. 什么是关联后效?为什么会产生这种现象?

4. 如何解释运动后效的产生？
5. 简述双眼视差及其生理基础。
6. 什么是月亮错觉？如何解释？
7. 简述错觉产生的原因。

参 考 文 献

陈霖.(1986).视知觉的拓扑学研究:问题是如何和为何提出来的.心理学杂志,1(1),17～23.

陈霖.(1987).视知觉的拓扑学研究:视知觉拓扑结构的一些证据.心理学杂志,2(4),1～8.

赫葆源,张厚粲,陈舒永等.(1983).实验心理学.北京:北京大学出版社.

朱滢,焦书兰等.(1993).实验心理学.北京:光明日报出版社.

Harris, M. G. (1995). Perception. //In Hollin, D. Contemporary Psychology: An Introduction. London: Taylor & Francis.

Kellman, P. J. (1996). The origins of object perception. //In Terry, K., Fong, A., & Gelman R. (ed). Perceptual and Cognitive Development. New York: Academic Press.

Kantowitz, B. H., Roediger, H. L., & Elmes, D. G. (1994). Experimental Psychology: Understanding Psychological Research (5th eds). St Paul, MN: West Publishing Company.

7

注 意

"每个人都知道什么是注意"。这是美国心理学家 William James 一百多年前在《心理学原理》一书中的一句名言。我们在日常生活中也经常用到"注意"这个词。但是,要对"注意"这个概念下一个科学的定义非常困难。这是因为注意不只是一个单一的概念,而是与多种心理现象及认知活动相关的。当人们提到注意,总是把它与两种特征相联系起来:选择性与容量有限性。第一,我们的意识知觉总是有选择性的。这种选择性可以让我们通过控制感知觉、思维及行动活动的优先次序来影响我们的经验与行为。第二,我们在一个单位时间内执行各种心理操作的能力是有限度的。这些心理活动包括感知觉分析、思维、记忆及运动活动的规划。

研究注意当前主要有两种方法:信息加工方法和认知神经科学方法。信息加工方法是随着 20 世纪 50 年代信息理论的产生而发展起来的研究认知的方法。尽管半个多世纪过去了,这种方法仍然具有它的现实价值。认知神经科学方法是随着认知科学的发展、早期的脑事件相关电位的研究以及 90 年代的脑功能成像技术——功能性磁共振成像的革命性发展而产生的跨学科的方法。心理活动是通过神经活动来实现的,认知神经科学的迅速发展打开了研究注意的神经机制的窗户。在认知神经科学中,我们把注意定义为大脑中的一组影响我们的心理活动及行动优先次序的神经网络。在本章中,我们重点介绍这两种研究注意的主要方法和相关的理论,以及经典的认知实验和认知神经科学实验来说明如何用实验心理学的方法来验证理论假设。

一、信息加工方法

信息加工的核心思想是在分析心理活动(mental operations)时把心理(mind)分成不同的包括对世界表征的形成、保持及转换的子系统。信息加工心理学的行为实验非常重要,这些实验可以提供有关注意现象的重要信息。怎样用行为实验的数据来检验认知加工的机制?通常我们需要有一个较广泛的理论假设,并进一步构造一个模型。如果这个模型具有足够的及特定的机制,我们则可以根据这个模型对我们的行为测量(比如反应时间和正确率)做出预测。如果我们测量的数据与预测的结果一致,我们就会说这个实验或这组实验支持这个模型的精确性，进而支持这个模型所代表的理论。

（一）选择性注意

不论是视觉刺激还是听觉刺激，我们都有能力选择性地加工刺激的子集，这就是所谓的选择性注意(selective attention)。如果存在加工过程或反应之间的竞争，选择注意会付出代价。比如，在本章后面会介绍的Stroop效应。对于一个用蓝墨水写的"红"字，你的任务是对颜色进行命名。由于对"红"字语义的加工的自动化加工较快，并且语义与该字的物理颜色名称相冲突。故相对于无冲突条件，比如"果"字用红色墨水来写，或一致条件，比如"红"字用红色墨水来写，其冲突会导致反应时增长。当然，对这种心理学中最著名的效应之一有着不同的理论假设与解释。视觉的比听觉的选择性注意可能更直观一些。但是，对选择性注意的研究起始于听觉通道，并且很多理论假设都是基于对听觉的选择性注意的研究。

1. 双听测验

为什么我们可以在一个嘈杂的环境中把不同人的说话区分开来而电子设备却不能？我们把这种在多个对话中跟随其中之一的对话称之为"鸡尾酒会现象"。Cherry (1953)用实验的方法在实验室的情形下开拓性地研究了这种现象，这个方法就是双听测验(dichotic listening test)。在这个测验中，我们对两个耳机分别或同时播放信息（语言信息，或者字母和数字串。如，同时向两耳呈现不同的数字；同时向左耳呈现数字、向右耳呈现音节；两耳听同一段落的故事，时间上稍微错开；一耳听英语，另一耳听法语；等等）。一般的做法是要求被试跟踪这个信息，比如大声重复，以保证被试真正听见传到一个耳朵的声音。我们可以把两耳看作信息交流的两个通道（我们也可把听觉或视觉输入的某一特定方面或维度当成一个通道）。双听测验的目的是回答下面这几个问题：① 那些说话者的声音的特性是否与注意有关？ ② 如果我们成功跟踪一个通道，是否会排斥另一通道？ ③ 我们是否能够监控另一通道并且在需要的情况下转换通道？ ④ 如果第三个问题的答案是"是"，什么样的优先事件会引起这种转换？

Cherry首先让一个人读两段文章并分别录音，然后再把这两段话混合在一起并同时呈现到双耳。对于这种混合的语言信息，除了语义和句法的连续性，被试没有任何线索来区分某信息与其中哪一个段落有关。尽管非常困难，但是在重复播放后，他们还是可以把这两段信息分离开。当Cherry把这两段信息分开并分别播放到每一只耳朵（双听，图7-1），对被试来说跟踪（大声复述）其中一只耳朵（通道）所听到的信息（例如：右耳"现在……纽约……"）没有任何困难。但是，除了一些非常明显的物理特征之外（如把说话声变成纯的500Hz的声音，或变换性别），被试并不能意识到非跟踪通道的信息（例如：左耳"每年……春节……"）。甚至我们把这个非跟踪的通道变成外语，被试都不一定能意识到。

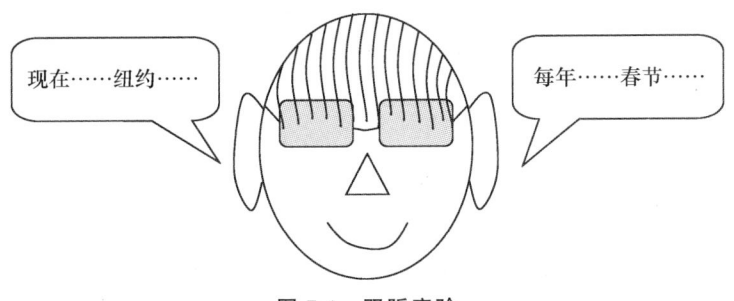

图 7-1 双听实验

2. 理论模型

Broadbent 在 1958 年对双听实验所观察到的现象进行了理论化梳理。他提出用注意系统容量的有限性来解释选择性注意。我们单次可加工的信息非常有限。为了保护和适应这种有限的容量,我们每次只能根据较显著的物理特性,对来自单一通道的信息进行加工。而来自其他不被注意的通道的信息则被过滤掉,这就是 Broadbent 的过滤器模型。这个理论很快受到挑战。Treisman(Broadbent 的学生)指出,一些来自不被注意的通道的信息也可能进入到人们的注意中(Treisman,1964)。比如,指示被试每当听到"敲"字就敲一下,但被试有时也会对不被注意的通道的"敲"字做出反应。Broadbent 的理论不能解释这种现象。Treisman 对 Broadbent 的过滤器模型进行了修改。她提出,不被注意的通道的信息并不是被完全过滤掉,而是被减弱。所以,来自这些通道的信息尽管不易被提取使用,但有可能会进入到高级的加工过程。J. R. Deutsch 和 D. Deutsch 提出了另外一种不同的观点(Deutsch & Deutsch,1963),他们认为过滤器或信息的减弱并不存在。相反,所有输入信息被加工并可供使用。相关性部分地决定一个信息是否会被"注意"到。比如你的名字就具有很高的相关性。这就是为什么你会注意到在不被注意的通道呈现的你的名字。Broadbent 和 Treisman 的理论被称之为早期选择理论,而 J. R. Deutsch 和 D. Deutsch 的理论被称之为晚期选择理论。我们在此不再讨论有关这两派理论及其他理论之间的争论。

(二) 分散注意

当人们执行监测和搜索任务时,必须把注意分散到几个刺激上,这就是所谓的分散注意(divided attention)(Pashler,1998)。Kahneman(1973)提出的注意能量分配理论认为,注意的能量是有限的,任务分配到的注意资源的多少取决于该任务所需的心理努力(mental effort)的程度。这个模型包括的主要观点有以下几点:① 一些任务比另一些任务对注意资源的要求更高,需要更多的心理努力;② 总的注意能量是有限的,但能量也可以在其他因素的影响下相应增加或减少(如唤醒水平越高,则注意能量也越高);③ 只要对注意能量的要求没有超过上限,那么人们就可以同时进行几项任务;④ 人们根据一定的规则和策略将注意能量分配到不同的任务和心理过程的不同阶段。Kahneman认为存在中央处理器(central processor)来决定注意能量的分配,这一分配过程主要受以下因素的控制:不自主的过程、即刻目标、对任务要求的评估、唤醒水平。注意能量模型可以用来解释很多与注意有关的心理现象,例如,实施双任务的可能性。但是注意能量模型也有其局限性,例如,注意能量的上限几乎不可能被精确估测出来,因为人们总能不断习得新的技能和策略以降低某项任务对注意能量的要求;而且这一模型中的很多关键概念并没有得到精确的定义。

对分散注意的定义实际上是建立在任务的基础之上。双任务冲突(dual-task interference)是其中经典的实验之一。注意的瞬脱效应(attentional blink effect)也证明了注意资源的有限性。

1. 双任务冲突

双任务顾名思义是让被试同时执行两个任务。相对于两个任务的刺激 S_1 和 S_2 可以同时呈现或在一定的刺激呈现间隔(stimulus onset asynchrony,SOA)分别呈现。这种双任务构造可以追溯到早期经典的心理不应期范式(psychological refractory period,PRP)。对第二个刺激的反应时间(R_2)的延迟与加长是这种双任务冲突的一个最重要的指标。早期的研究表明,对第二个刺激的反应延迟与运动的冲突无关,这一证据支持注意加工过程中资源的有限性。后期的研究表明,任务的切换涉及一个多重水平的控制结构(De Jong, 1995)。基于心理不应期效应,Pashler(1994)提出了一个中央瓶颈模型来解释这种双任务冲突。新的证据显示这种在瓶颈位置有加工的序列顺序并不是被动的,而是由于控制过程的涉入以调节管理进入容量有限的资源(Schubert, 2008)。最近的脑功能成像研究试图用这种双任务范式来分离出中央瓶颈的神经机制。

2. 注意的瞬脱效应

注意的瞬脱效应是指在一系列快速呈现的视觉刺激中,如果在第一个靶刺激(T_1)出现之后在200~600 ms之内呈现第二个靶刺激(T_2),我们探测第二个靶刺激(T_2)的能力会降低(Raymond, Shapiro & Arnell, 1992)。蓝斑核—去甲肾上腺素(locus coeruleus-norepinephrine)系统假说(Nieuwenhuis, Gilzenrat, Holmes & Cohen, 2005)及两阶段模型(Chun & Potter, 1995)被提出来解释注意的瞬脱效应。也有理论认为主要的干扰来自于把刺激之间的相似性或对干扰的抑制。

(三) 注意的控制作用

Stroop效应被誉为研究注意的"黄金标准"(MacLeod, 1991)。通过操纵各式各样的实验材料和设计方案,许多不同变式的Stroop效应得到了广泛的研究。鉴于其效应的强劲性,它也被广泛用作诊断工具来探测注意和执行控制(executive control)的缺乏所导致的各种神经疾病。即使这种效应的行为和神经机制仍是当前的研究热点,最近在迅猛发展的神经影像学研究领域,这个任务也已成为最热门的实验范式。侧翼任务(flanker task)及其侧翼冲突效应(flanker conflict effect)是除了 Stroop 效应外研究选择性注意及注意的控制作用的另一经典方法。它不受语言及学习程度的限制。

1. 刺激和反应协同性范式

在标准的颜色-字词 Stroop 任务中,被试观看一个用某一种颜色的墨水写的字词,他的任务是确定该字词的颜色(任务相关的维度),而忽视字词的含义或它所引起的反应(任务无关的维度)。通常情况下,被试对不协同的刺激的反应,例如当字词和颜色相冲突时(蓝色墨水写的"红"字),要逊于其对中立的刺激的反应,例如字词的意思与颜色无关(蓝色墨水写的"功"字)。由于不一致的任务相关和任务无关维度所引起的冲突,相比中立的刺激,被试需要更多的注意力控制来判断不协同刺激的颜色,以克服在不同感知和反应选择阶段的干扰,这表现在反应速度的减慢和准确率的下降。比如,在原始的 Stroop 实验中,被试对一个列表中 100 个字词的颜色进行命名反应,这些字词的墨水颜色和字词本身所代表的颜色不一致(如上所述的用蓝色墨水写的"红"字)。与此相比,被试同样对 100 个方块的颜色进行命名反应。结果 Stroop 发现不一致的字词对其墨水颜色的命名反应产生了干扰效应,在校正极少数的错误反应后,被试对相矛盾的字词的颜色反应(110.3s),要显著地慢于他们对颜色方块的命名反应(63.3s)。当前用计算机控制的心理实验可以呈现单个字或词并记录被试的反应时间。一般来说,冲突效应(冲突条件减去一致或中性条件)大约是在 100ms。

几乎所有用于研究冲突效应的范式都可以用刺激和反应协同性(stimulus-response compatibility)来分类(见图 7-2)。Stroop 任务通常需要注意的控制以解决源于刺激和刺激间以及刺激和反应间不相容所引起的冲突。Simon 任务是另一个比较成熟的研究注意控制的范式(Simon & Small, 1969),主要用于研究刺激和反应不相容效应(Proctor & Reeve, 1990)。在这项任务中,不相容的尝试(trial)需要被试做出的反应在空间上与刺激呈现的方位不相符,例如用右手对左侧的刺激进行反应。与任务相关的刺激属性通常与空间位置是不相关的(例如,颜色或形状)。这是区分 Simon 任务和 Stroop 任务空间变式(spatial Stroop)的主要特征。在 Simon 任务中,任务相关的刺激属性既不与任务无关的刺激属性重叠,也不与反应维量重叠。与反应相容的刺激相比,被试对反应不相容的刺激通常判断得更慢且更容易出错。

上述任务是注意研究的经典范式,其中刺激与刺激协同性,或刺激与反应协同性,或上述两者,均可被不同程度地操控,从而需要注意控制参与解决任务相关和任务无关维度之间的冲突。其他的范式,如 Eriksen 侧翼效应和 Navon 整体优势效应(global priority effect),也已被用于探索和调查注意控制下的冲突解决机制(见图 7-2)。Eriksen 侧翼效应(Eriksen & Eriksen, 1974)指的是当被试判断居中的目标刺激时,他对目标的反应在双侧的干扰刺激与目标刺激指向相反的反应时,要逊于他对双侧的干扰刺激与目标刺激相同时的反应。在本章的其他部分,会对 Eriksen 侧翼效应进行详细的讨论。

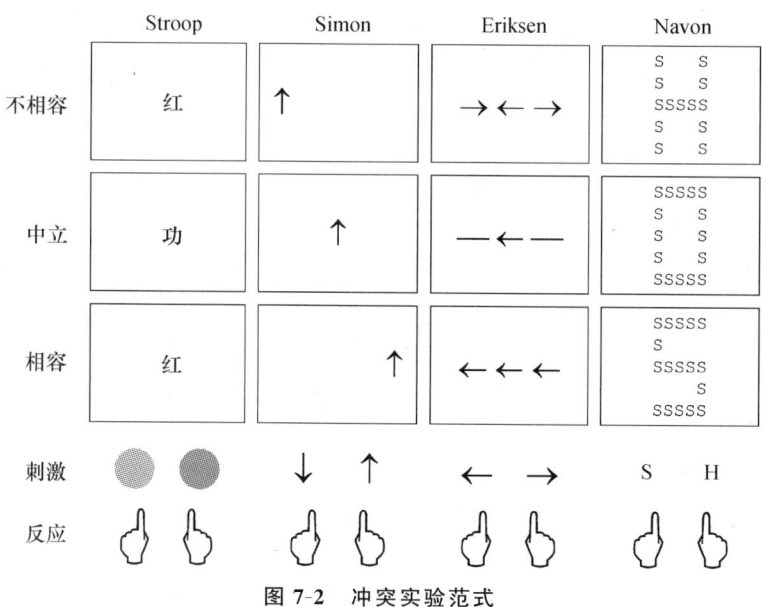

图 7-2 冲突实验范式

Navon(1977)发现当人们对复合视觉刺激,如由一群细小的元素组成的大物体(一片树木形成的森林),进行判断和反应时,对刺激整体的加工通常要优于对刺激局部元素的加工。这样,当整体和局部这两者存在冲突时,对局部元素的反应会受到相矛盾的整体刺激的干扰,从而降低反应的速度和准确率。相反,对整体刺激的反应则不会受到与之相冲突的局部元素的影响。这种信息加工的不对称性及其所导致的干扰反应的不对称性被称之为整体优势效应。

2. 维度重叠框架

Kornblum 等(Kornblum,Hasbroucq & Osman,1990)提出了维度重叠框架(dimensional overlap framework),并把它作为一种理论和分类法来归纳和概括各种刺激和反应协同性范式。维度重叠指的是一套刺激与刺激,或刺激与反应,或两者兼而有之,在感知,结构和概念属性上的相似性。鉴于刺激与任务的关系(任务相关或任务无关),维度重叠可以表示不同的任务相关刺激与任务无关刺激(或同一刺激的任务相关和任务无关的属性,以下统称为任务相关刺激和任务无关刺激)的相似性,也可指任务相关刺激与反应之间的相似性,或任务无关刺激与反应之间的相似性(Kornblum et al.,1990)。对于任何刺激与反应的组合(任务相关刺激、任务无关刺激和反应),维度重叠可能独立地发生在这三种维度的任意两者之间,从而导致 8 种不同类别的刺激与反应的组合。

在此分类的基础上,维度重叠模型可以概括各种注意影响下刺激和反应协同性范式并提供一个统一的理论来解释这些效应。例如,一个典型的 Simon 任务通常涉及对左边或右边的刺激进行按左键或右键的反应,而所需要反应的刺激维度(任务相关属性)通常与空间位置无关(例如,对蓝色按左键)。这样在 Simon 任务中只存在与任务无关的刺激所在的位置和反应之间的重叠,而不存在任务相关刺激与反应或任务相关刺激与任务无关刺激之间的重叠。这一刺激与反应的组合被列为第三类(Type 3 S-R ensemble)。与此相对照,一个典型的 Stroop 任务往往涉及所有三个维度之间(任务相关与任务无关刺激之间,任务相关刺激与反应之间,任务无关刺激与反应之间)的相互重叠,这代表第八类刺激与反应的组合(Type 8 S-R ensemble)。例如,当人们被要求对形容颜色字词的书写颜色进行反应时(例如,蓝色的"红"字),任务相关及任务无关的刺激属性都与反应维度之间存在重叠,且前两者之间也存在语义上的重叠。

(四) 注意与其他心理过程的关系

注意不是孤立的。根据前面对注意的定义,注意的作用是对其他低级和高级的心理加工过程(例如感觉、知觉及记忆)进行调控。首先,知觉与注意是密不可分的。Treisman(1988)的理论以解释选择注意在特征整合中的作用就是一个实例。有些理论把注意加工与意识(consciousness 或 awareness)等同起来,例如 Norman 与 Shallice (1986)。有些理论则把两者区分为性质截然不同的脑的加工过程,例如 Koch 与 Tsuchiya(2007)。如果把注意定义为调控其他认知加工的机制,那么它是一个过程,而意识可以是认知加工的结果。鉴于注意与意识之间的关系的复杂性以及理论上的持续的争论,我们在此不做叙述。有兴趣的读者可以阅读相关文章。

二、认知神经科学方法

认知神经科学是一个令人兴奋的研究领域。研究认知过程需要打开大脑这个黑匣子。脑电(electroencephalograph,EEG)、脑磁(magnetoencephalography,MEG)及事件相关电位(event-related brain potential,ERP)记录方法,正电子断层扫描(positro emission tomography,PET),以及功能性磁共振成像(fuctional magnetic resonance imaging,fMRI)技术的产生极大地促进了认知神经科学的发展。认知神经科学研究心理过程及其行为表现的神经基础。比如,认知功能是如何通过神经回路来实现的。认知神经科学的背景是实验心理学,但拓展到了很多其他的研究领域,比如精神病学、神经学和决策。认知神经科学方法使用心理物理学、认知心理学、社会认知以及其他心理学领域的实验范式,并与电生理和脑功能成像结合起来。

(一) 注意的认知神经科学定义

William James(1890)认为注意是指在几种思维过程同时发生的情况下,人的心理被单一且清晰的某一特定的思维形式所占据。然而,经过百余年的研究和数以千百计的论文发表以后,注意的本质依然扑朔迷离。这并不足为奇,因为像 William James 这样的主观定义并不提供任何有助于理解注意的操作机制、发展过程或相关病理的线索。认知神经科学最重要的贡献之一就是帮助我们认识人对思维、情感和行为的自主控制（voluntary control），而注意正是自主控制的基础。在这一理论框架下，我们可以认为注意是一个基于人体器官的系统，它建立在各种细胞和组织组成的生理结构的基础上；这些构造负责不同功能，并都有自己的生理基础，因此我们可以试图通过定义注意系统的具体功能性和解剖学构造来定义注意（Posner & Fan, 2004; Posner & Petersen, 1990）。注意网络理论强调对注意的认识必须建立在对其神经基础的理解之上；相关脑区的活动水平影响其他脑区的活动优先性，从而影响其他心理过程的输出以及意识。

（二）注意的功能

假设你在一个交通拥挤的城市里开车（比如北京或纽约）。因为你很熟悉一般的驾驶规则（如红灯停、绿灯行），所以并不需要太多有意识（conscious）的控制。然而你可能没有注意到，开车时你处在一个较高的唤醒（arousal）水平，而且时刻准备着处理可能的突发事件。这种一般性的觉醒被称为持久性警觉（tonic alerting）。假设这时你突然看见前面车辆的刹车灯亮了，这个信号将你的注意力指向那辆汽车，并进一步提高你的警觉水平，让你随时准备做出快速反应。这种预备性的增强称为阶段性警觉（phasic alerting）。再假设开车时道路忽然从双行道变成了单行道，这一变化要求你使用执行控制功能以解决你预期的情况（双行道）和实际情况（单行道）之间的冲突，从而避免逆行。如果不能够迅速解决这一冲突，你的处境会变得非常危险。幸好在这种情况下一般都有醒目的路标，提醒司机即将到来的路况变化，这些警觉性和指向性的信号有助于你的执行控制网络更有效地解决冲突。我们从这个例子中可以发现，注意有三个不同功能的网络：警觉、定向以及执行控制；这些功能的交互作用有助于优化我们的执行水平。这只是一个简化的例子；实际上，我们常常需要将注意集中到一个任务上或是同时执行几项任务，这要求我们整合好相关的感觉输入，并控制好干扰信息。因此，理解注意和注意神经机制的关键在于研究注意网络如何工作，注意控制如何实现以及注意如何调节和整合感知觉的输入。我们将注意概念化为三个功能性成分：警觉、定向和执行控制。

1. 警觉功能

警觉功能指对即将到来的刺激提高警惕（vigilance）的能力。持续性或内在的警觉性指的是觉醒（wakefulness）和唤醒，而阶段性警觉则代表在接受外部预警信号后加强应对目标的能力。警觉涉及一系列内部生理状态的改变。例如，在接收到警告信号后，心率和脑电活动会产生一系列改变以适应资源竞争。警觉功能有助于优化个体在高级认知任务上的表现（Fan, Raz & Posner, 2003）。

2. 定向功能

注意的定向功能主要负责在多种感觉输入中挑选特定的信息。定向功能可以是反射性的(reflective)或外源性的(exogenous),例如一个突然出现的目标会将注意引导到它出现的空间位置;注意也可以是主动的(或内源性,endogenous),比如说当你主动搜索视野以寻找目标的时候,采用的就是主动性(内源性)注意。涉及朝向目标的头动或眼动的定向称为外显定向(overt orienting),不改变姿势或眼球不需运动的定向称为内隐定向(covert orienting)。定向包括在同一感觉通道或者不同感觉通道之间快速或缓慢的注意转移。这一过程包含有三个基本成分:注意脱离(disengagement):注意从当前关注的刺激脱离;注意转移(shifting):注意从旧的目标转移到新的目标或感觉通道;注意锁定(engaging):注意集中或锁定到新的目标或感觉通道。

行为实验一般通过控制线索的有效性(cue validity)来操控定向功能。有效线索(valid cue)指的是目标与线索出现的位置一致,而无效线索(invalid cue)的位置则与目标出现的位置不一致。Posner(1980)的空间提示任务(spatial cueing task)是研究定向的最著名的任务。截至2008年底,发表此任务的文章已被引用了2322次。在此任务中(见图7-3),目标刺激的空间位置是在注视点的左侧或右侧。在目标刺激出现之前,有效线索(概率为80%)出现在后继目标刺激的同侧,或者无效线索(概率为20%)出现在与后继目标刺激位置相反的一侧。中性线索50%出现在后继的目标刺激的同侧,50%出现在相反的一侧。线索刺激是通过增强方框亮度实现的。在这个范式中,所操作最关键的变量是有效线索和无效线索的比率。相对于中性条件,在有效线索的条件下,反应时要比中性线索条件快,称为收益;而无效线索则使得反应时加长,称为损失。有效线索带来的收益往往比较小,而无效线索带来的效率损失却很大。

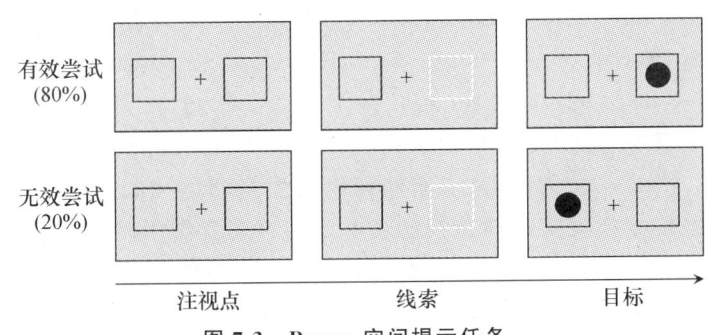

图 7-3 Posner 空间提示任务

3. 执行控制功能

注意的执行控制功能指对复杂心理过程的操作。这些操作负责监控并解决不同脑区间的冲突。计划、决策、误差探测、新习得的反应、困难或危险处境以及改变习惯性行为的过程对执行控制功能的需求最大。常用的实验范式有前面所提及的Stroop任务及其变式以及Eriksen侧翼效应范式及其变式。

4. 注意功能的测量

我们可以用实验来验证注意系统理论。注意网络测验(attentional network test,

ANT)(Fan，McCandliss，Sommer，Raz & Posner，2002)使用反应时来测量注意网络加工过程的效率。这个测验实际上是 Posner 的空间提示任务与 Eriksen 侧翼效应范式的结合。在这个测验中，被试的任务是快速并准确地对目标刺激中央箭头的方向（左或右）进行按键反应。提示线索（cue）因素分为三种水平：无提示、中央提示及空间提示；目标因素分为两种水平；两侧与目标一致、两侧与目标冲突。被试注视的十字一直呈现在屏幕中央，目标及侧翼干扰刺激呈现在注视点的上方或下方，各为 0.50 概率。

在注意网络测验中，相对于无线索提示条件，中央线索提示（呈现在注视点）提供时间信息，因而触发警觉系统以准备反应。空间提示（呈现在后继靶刺激的位置）除了提供时间信息，还提供空间位置信息，因而触发警觉系统和定向系统两者。如果我们比较无线索提示和中央线索提示条件下的反应时间，可以得到由于警觉系统功能而产生的收益（中央线索提示条件下的反应时变短）。如果我们比较中央线索提示条件和空间线索提示条件下的反应时间，可以得到由于定向系统功能而产生的收益（空间提示条件下的反应时变得更短）。这是采用所谓的认知减法。如果我们比较两侧与目标一致和两侧与目标冲突两个条件下的反应时间，会发现在冲突条件下反应时变长，称之为冲突效应下的损失。通过对比这三个反应时间之差，可以测量这三种注意的效率。当然，我们还同时要考虑正确率以达到"速度-正确率的权衡"（speed-accuracy tradeoff）。

行为实验证明"警觉""定向"和"执行控制"三个子系统相对独立。但是，这三个系统之间明显存在着交互作用。比如，当定向系统提供空间位置信息，冲突效应下的损失变小。警觉系统也可能使得冲突效应下的损失变大。关于这三个子系统的交互作用还需近一步的研究。我们试图证明在遗传水平、脑系统水平以及发展心理学水平这些子系统可以相互分离（Fan et al.，2007；Fan，Fossella，Sommer，Wu & Posner，2003；Fan，McCandliss，Fossella，Flombaum & Posner，2005）。另外，我们可将注意系统的理论应用到临床领域，以探索精神疾病与注意系统缺损之间的关系。

下面我们以一个实验为例，来说明如何研究注意网络功能交互作用。这个实验的目的是证明注意的定向功能和执行控制功能之间有交互作用。我们操作的自变量是提示线索的有效性（有效和无效两个水平）和目标刺激的侧翼干扰（一致和冲突两个水平）。我们要测量的因变量是对目标刺激的反应时间和正确率。在这个实验中，每一个刺激尝试包括提示刺激（100ms）和目标刺激（假定 500ms）（见图 7-4，但目标刺激的呈现时间在现在这个实验中要短）。提示刺激和目标刺激之间有 400ms 的时间间隔。有效提示（80%的尝试）的空间位置与随后所呈现的目标刺激的位置相同（比如，都在注视点的上方或下方），而无效刺激（20%的尝试）的空间位置与随后所呈现的目标刺激的位置相反（比如，提示刺激在注视点的上方但目标刺激在注视点的下方）。对于目标刺激，50%的尝试中侧翼（两侧的箭头）与目标（中央箭头）一致（比如都指向左边），50%的尝试中侧翼与目标冲突（比如中央目标箭头指向左边而两侧干扰箭头指向右边）。在这个实验中，给被试的指导语是对目标刺激（中央箭头）的方向做出又快又准确的反应。被试按鼠标的左键为左方向反应,按鼠标的右键为右方向反应。总尝试的次数可以是 240 次,其中 192 次为有效提示,48 次为无效提示。

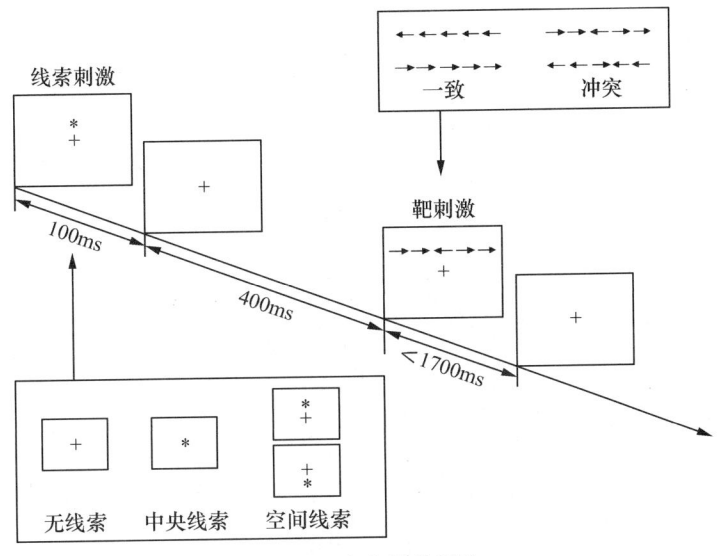

图 7-4 注意网络测验

我们预测,刺激的有效性的主效应是:相对于有效提示,无效提示下对目标刺激的平均反应时间加长以及正确率下降。侧翼干扰的主效应是:相对于一致条件,冲突侧翼使得对目标刺激的平均反应时间加长以及正确率下降。交互作用实际上是实验心理学最关心的。我们预测,无效提示的条件下的侧翼干扰效应大于有效提示条件下的侧翼干扰效应。在这个实验中,我们把 Posner 空间提示任务和 Eriksen 侧翼干扰效应这两个经典的范式结合起来。这是一个典型的 2×2(两个因素,每个因素有两个水平)的实验设计。在此基础上,联系下面的内容,我们可以提出有关这些效应的神经机制的假设。

(三) 注意的神经网络

每一个注意功能都分别受不同的神经网络(脑区和神经递质)控制。图 7-5 标出了支持不同注意网络的相关脑区。注意网络理论认为,注意被由三个功能上和解剖上不同的网络组成:警觉、定向和执行控制。注意的警觉网络指的是持久性保持警觉状态和阶段性回应警示信号的功能,相关脑区包括丘脑(thalamus)、额叶(frontal lobe)和顶叶(parietal lobe)以及与去甲肾上腺素(norepinephrine,NE)相关的其他皮质区域。注意的定向网络负责对多种感觉信息的内源性和外源性选择,与这个网络相关的关键脑区有颞顶交界(temporo-parietal junction,TPJ)、顶上小叶(superior parietal lobule,SPL)和额叶眼动区(frontal eye field,FEF)。胆碱能(cholinergic)系统对定向网络有重要的调节作用,执行控制网络参与更为复杂的冲突加工(conflict processing),相关的脑区有前扣带皮质(anterior cingulate cortex，ACC)和外侧额叶皮层(lateral prefrontal cortex，LPFC)，这些脑区受多巴胺(dopamine，DA)的调控。这三个注意网络通过自上而下的调控和整合来影响其他脑区。值得注意的是，虽然这一理论提供了一个研究注意功能的理论框架，并且研究也证明支持不同注意网络的脑区是可分离的，但是注意的神经机制和不同网络间的相互作用仍然没有得到明确的理解，而且这些网络间的连接性也没有得到充分理解。

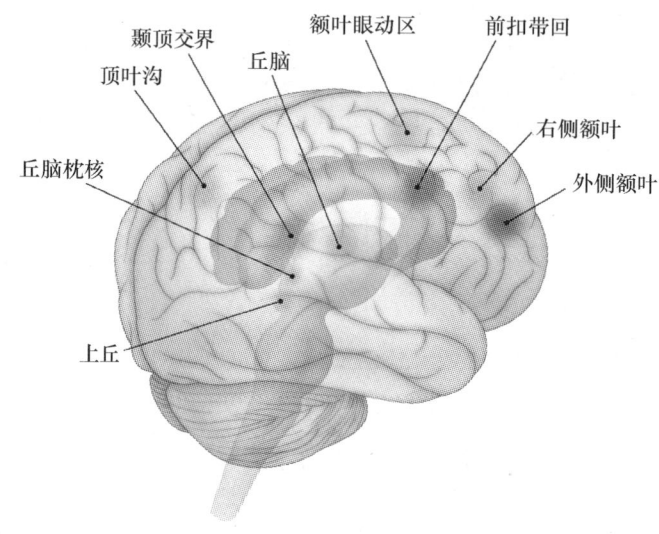

图 7-5　注意的网络

1. 警觉网络

与警觉网络相关的脑区主要是丘脑、额叶和顶叶。脑成像研究的结果显示，在被试被要求阶段性保持警觉状态时，额叶和顶叶(尤其是右侧)被激活。损伤这些脑区会降低保持警觉的能力。右侧额叶损伤会损害主动保持警觉的能力；与左侧额叶损伤相比，右侧额叶损伤会导致长期表现上的更多失误。右侧顶叶受损的病人保持警觉和定向的功能都受到损伤，从而导致他们的左侧视野存在严重的半球忽视(unilateral 或 hemineglect)。支持警觉网络的皮质区域主要受到去甲肾上腺素的调控，这一神经递质由中脑(midbrain)的蓝斑核(locus coeruleus)分泌。动物研究显示，抑制去甲肾上腺素系统会破坏警示信号的提示作用。去甲肾上腺素系统同样有助于保持警觉状态。去甲肾上腺素-蓝斑系统通过唤醒以及阶段性和持久性的活动来优化个体的行为表现。眶额皮质(orbitofrontal cortex，OFC)和前扣带回都有到蓝斑的投射，表明这些额区参与对蓝斑活动模式的调控。丘脑也参与对警觉的调控。有研究者提出警觉网络和认知功能之间的交互作用来自于蓝斑—去甲肾上腺素系统对于后侧顶叶注意系统的调控。因此，有两种途径可以损伤后侧注意系统(posterior attention system)：直接损伤后侧顶叶或者阻止去甲肾上腺素进入这一系统。

2. 定向网络

视觉通道的定向系统主要受到顶上小叶、顶下小叶(inferior parietal lobe, IPL)、额叶眼动区、上丘(superior colliculus)、丘脑枕核(pulvinar)、丘脑网状核(reticular nucleus)的控制。这些脑区分别加工指向系统的不同方面。丘脑枕核将指向系统与加工颜色、运动、形状的感觉区域联系起来。顶叶沟(intraparietal sulcus, IPS)附近的后侧顶叶区以及额叶眼动区主要参与指向,而右侧颞顶交界处和额下回主要参与重新定向(reorienting)。支持内源性定向和外源性定向的脑区之间有重合;右侧颞顶交界参与了刺激驱动的注意转移过程。转移的对象是之前未注意的位置上出现的目标。脑成像研究的结果显示,顶上回和顶下回主要参与主动定向,而颞顶交界主要参与刺激驱动的定向。顶叶损伤会造成注意脱离能力的缺陷,上丘及中脑其他结构的损伤会造成注意运动的损伤,而丘脑枕核的损伤则会造成注意锁定的缺陷。

广义来说,选择性注意是由定向和执行功能共同实现的。值得强调的是受到定向影响的脑区(场所)不同于执行定向的脑区(来源)。有证据显示定向会影响大多数感觉区域的神经活动水平。例如说,定向会影响初级视觉皮层(V1)以及视觉纹外区(exstriate area)的活动水平,这些视觉区域负责处理目标刺激的属性。与运动相关的定向影响视觉区域 V5/MT,而与颜色相关的定向则影响 V4 的活动。这一原则同样适用于高级视觉输入。例如,对面部信息的注意会影响加工面部信息的梭状回(fusiform gyrus)的活动水平。发源于基底前脑(basal forebrain)的胆碱能系统对定向网络有重要的调控作用。对灵长类动物的研究表明,向顶内沟侧部(lateral intraparietal area, LIP)注射东莨菪碱(scopolamine)会明显延长外显定向任务的反应时和降低正确率,这说明定向网络与乙酰胆碱(acetylcholine, ACh)有关,这一效应发生的脑区是顶叶而非基底前脑。动物研究还表明,去甲肾上腺素(noradrenaline)兴奋剂降低警觉功能但并不影响指向。这说明神经递质对指向网络的调控作用是有特异性的。

3. 执行控制网络

执行控制网络主要由前扣带回和外侧前额叶支持,并且受到多巴胺(dopamine, DA)的调控。对脑成像研究的元分析显示,前扣带回在执行控制中起到重要作用,内侧额叶皮质和侧前额叶共同支持执行控制,而前扣带回、侧前额叶、前脑岛(anterior insula)、前额下回(IFG)、后侧顶叶(posterior parietal cortex)是探测并解决冲突的重要脑区。注意的执行控制网络极易受到额叶损伤和各种精神疾病的影响,前扣带回损伤会严重影响自主行为。多巴胺的各类受体在前扣带回和侧前额叶都有表达,说明这两个脑区受多巴胺的调控。

(四) 注意的认知神经理论

在此我们总结和评述一些有关注意的认知神经理论。由于现有的理论迅速更新以及新的理论不断提出,本章不可能涵盖所有理论。

1. 冲突的监测和冲突的解决

在认知神经科学中,关于注意的控制(或称之为认知控制)作用的理论争论集中在前扣带回的作用上。有两个主要的理论:冲突的监测(conflict monitoring)与冲突的解决(conflict resolution)。冲突的解决论认为前扣带回参与冲突的解决。例如,在 Stroop 或侧翼效应实验中,前扣带回参与抑制由于干扰维度所引起的竞争或冲突的解决。因而,前扣带回对于冲突的解决是必需的。而冲突的监测论认为,前扣带回只对冲突起一个监测或探查的作用。冲突的解决实际上是由背侧前额叶(dorsal lateral prefrontal cortex,DLPFC)来实现的。冲突的监测论的主要实验依据是在 Stroop 效应实验中,任务的准备过程引起背侧前额叶的激活在颜色命名条件下比在读字的条件下更强;而前扣带回在冲突的情况下激活更大(MacDonald et al., 2000)。因而,在冲突的监测论中,前扣带回对于冲突的最终的解决也是必需的。但是,较新的动物及脑损伤病人的研究表明,前扣带回及背侧前额叶的损毁并不影响冲突效应(Mansouri, Buckley & Tanaka, 2007)。这对上述两种主要理论提出了极大的挑战。

2. 目标指引和刺激驱动

Corbetta 和 Shulman(2002)把脑的注意的控制功能分成目标引导(goal-directed)和刺激驱动(stimulus-driven) 两个系统。第一个系统参与准备并实施目标引导的自上而下的(top-down)对刺激和反应的选择。刺激的探测也调控这个系统。它所涉及的脑区主要是额叶-顶叶(fronto-parietal)神经网络。第二个系统专门负责对与行为相关的(突出的或未预期到的)刺激的探测。它不涉及自上而下的选择。这个系统所涉及的脑区主要包括颞叶-顶叶的结合部(temporoparietal cortex)及下前额叶(inferior frontal cortex)。在视觉注意中这两个系统交互作用。用于支持这个理论的实验证据主要来自于视觉搜索范式中对特异目标(oddball)或干扰刺激的反应,以及空间提示任务(有效和无效线索)的脑功能成像实验。

注意网络(attention net,ANT)实验范式采用的是非符号性的线索,主要测量的是注意网络的非自主性反应。然而,注意不但可以被自下而上的信号驱动,也可以是被自上而下的信号所驱动的主动性过程。自上而下的注意控制受个体的动机、目标和策略的驱动,而非刺激的物理特征;这种注意控制过程通过调节特定皮质区域的活动来选择性加工感觉输入。自上而下的注意控制在人的复杂行为中至关重要。尽管自上而下的注意控制的神经机制以及它与执行控制网络的关系仍不清楚,有证据表明支持自上而下的注意控制与执行控制网络的脑区有重合。目前仍不清楚究竟自上而下的注意控制是通过执行控制网络实现,还是通过注意的三个网络之间的整合实现。

不同脑区之间通过不同频率脑电的同步作用来实现自上而下和自下而上的注意控制。动物研究表明,前额叶和顶叶通过神经轴突(axon)的低频电波(beta band)实现自上而下的注意控制,而通过高频电波(gamma band)实现自下而上的注意过程。自上而下的信号首先出现在前额叶,而自下而上的信号则来自于顶叶感觉区域。

3. 反应的期待及反应的冲突

前额叶参与了自上而下的注意控制的反应期待,以及对目标任务和表征的主动表达。类似的,前扣带回、顶部额叶和顶叶沟周围的皮质区域参与有线索的任务执行和反应期待(response anticipation)中的信息保持。此外,前额叶和顶区参与反应期待中的持续性注意。包括前扣带回和额-顶区在内的大范围的神经网络参与定向的注意以及指向视觉目标的视觉注意和眼动。背侧额顶区(包括顶上回,顶下沟,额叶眼动区)参与目标驱动的注意(内源性),而腹侧额顶区(包括额中回,额下回和前扣带回)主要参与反射性注意(外源性)(Pessoa & Ungerleider, 2004)。静息状态功能性连接(resting state functional connectivity)的分析显示,包括背侧前额叶和顶内沟在内的额顶区的参与注意控制的开始和协调,而包括背侧前扣带回/内侧前额叶(mPFC)、前侧脑岛/额叶盖部(frontal operculum)、前侧前额叶在内的神经网络则通过对任务的维持来参与目标驱动的行为。

警示信号带来对目标反应的期待(以及集中的注意),从而降低反应时,这一过程受胆碱能系统的调控。与之相关的事件相关电位成分是晚期的负电波,称为关联负变化(contingent negative variation,CNV)。许多研究都证明CNV与注意期待(anticipation of attention)、动机(motivation)和动作准备(motor preparation)相关。CNV与前额叶、后侧顶叶和丘脑的活动模式极其相似,表明CNV测量的是丘脑-皮质-纹状体(striatum)这一神经网络的活动。反应期待的一个核心成分就是保持警觉状态。反应期待也包括自上而下的注意过程,这些自上而下的控制过程与其他执行功能相关(例如,解决反应冲突所需的执行功能)(Gruber & Goschke, 2004)。反应期待与执行控制的神经网络之间有重合,反应期待也需要前扣带回和前额叶的参与。采用内源性线索的实验范式同样激活了前扣带回和顶叶等额顶区皮质。

4. 注意的调控作用

注意决定认知过程的优先性,并协助有优先权的认知过程。在行为层面,注意为优先处理与任务相关的刺激和反应提供条件(Crottaz-Herbette & Menon, 2006);指向性信号可以将注意指向特定的空间、感觉通道或者特征,从而缩短反应时(Posner, 1980)。在神经层面,注意通过增强特定神经元的活动性或者抑制不相关神经元的活动来处理某些重要的信息或物体(Saalmann, Pigarev & Vidyasagar, 2007)。动物研究证明注意能直接调控神经元的活动水平,注意可以增强被注意的刺激的对比度。

脑成像研究证明人的初级视觉皮层和其他感觉区域均受注意的调控。在一个经典的注意实验中,Corbetta等人(Corbetta, Miezin, Dobmeyer, Shulman & Petersen, 1990)利用正电子断层扫描(PET)检验选择性注意所引起的脑区域血流变化,来研究不同区域的视觉皮层受选择性注意的影响。他们给被试相继呈现一对图片并让被试辨别在这两幅图片中刺激的属性(如颜色,形状,移动速度)是否有差异。在集中(选择性)注意(focused attention)的条件下,被试被事先告知只需判断图片中刺激的其中一种属性

(如形状)是否有差异,而在分散注意(divided attention)的条件下,被试被要求判断图片中刺激的任何一种属性是否有变化。实验结果发现选择性注意某一个属性提高了负责加工这一属性的视觉皮层的神经活动,譬如与分散注意相比,选择性注意颜色属性增强了颜色加工区域(如侧副沟,collateral sulcus)的活动强度,选择性注意移动速度增强运动加工区域(如后顶叶,inferior parietal lobule)的活动强度,选择性注意形状则激活形状加工区域(如梭状回和海马旁回,parahippocampal gyri)。

在实行自上而下控制的过程中,额-顶区和视觉纹外区(extrastriate)的活动增强,这一过程甚至不需要视觉刺激的存在,只需要被试的注意被引导向一个有可能出现视觉刺激的位置,并期待刺激的出现(Kastner & Ungerleider, 2000)。基于特征的注意调控也不需要直接的视觉刺激(Serences & Boynton, 2007)。此外,脑成像研究的功能连接性分析显示,在出现新异刺激时,前扣带回与视听皮层的连接性得到明显增强,说明前扣带回支持对感觉信息的自上而下的控制(Crottaz-Herbette & Menon, 2006)。当猴子在延迟性样本配对任务(delayed match-to-sample task)中进行刺激朝向和空间位置的匹配时,侧顶内区(lateral intraparietal area, LIP)和初级感觉区(例如颞中区,medial temporal area, MT)的活动具有同步性,并且侧顶区的神经元的反应要比颞中区早,证明自上而下的注意调控来自于侧顶区(Saalmann et al., 2007)。

处理视觉刺激运动特征的脑区主要是V5和MT而不是初级视觉皮层V1和V2(O'Craven, Rosen, Kwong, Treisman & Savoy, 1997)。选择性注意刺激的颜色增强V4和梭状回的活动,选择性注意刺激的运动特征会增强V5(颞下回后侧,inferior temporal gyrus)的活动,而同时注意颜色和运动特征会激活初级视觉皮层V1(距状沟附近,calcarine sulcus)(Chawla, Rees & Friston, 1999)。V5和MT的活动受注意的调控,而这一调控的来源是后顶皮层(posterior parietal cortex, PPC),它与V5和MT区在解剖上密切相连(Friston & Buchel, 2000)。在这一模型里,对颜色或运动特征的注意调节V4或V5的传入神经的活动性,而对于某一感觉通道控制的增强则通过调控其与V1的连接性而实现。反应基线的变化通过对更高皮质区(例如额叶或顶叶)的调节而实现,这些高级区域的活动直接受注意的控制而与感觉通道无关。除了调节丘脑神经元和初级感觉区域的活动以外,注意还调节高级视觉表征、空间分辨、物体特征察觉以及在视听觉通道对运动物体的跟踪等(Crottaz-Herbette & Menon, 2006)。指示目标的运动方向的线索不但可以增强MT区的活动,也能激活前顶叶沟(anterior IPS)(Shulman et al., 1999)。甚至连触觉通道的刺激也能提高视觉区的活动,这说明注意通过加工多通道信息的顶叶区的投射来实现。此外,情绪的fMRI实验也证明,期待效应不但提高了行为上对情绪强度的评分,也增强了相关脑区对带情绪的刺激(而非中性刺激)的反应(Bermpohl et al., 2006)。然而,有关情绪加工和注意之间的互动关系,还存在着许多争论,有待于进一步的研究。比如针对面孔情绪识别是否受注意的影响和调控,当前的研究结果不一。有兴趣的读者可以参考以下综述(Palermo & Rhodes,

2007)。

我们在本章的开头提到，ERP 是认知神经科学研究的重要手段之一。ERP 的测量时间过程的精确性是对 fMRI 时间过程的不精确性一个互补。关于注意的 ERP 研究及实验方法，可参阅罗跃嘉和魏景汉在《注意的认知神经科学研究》（高等教育出版社）一书中的系统的阐述。

问 题

这些问题只是引导我们去思考而且不一定有答案。
1. 当我们接受多种视觉输入，选择性注意起什么作用？对于被选择的和被拒绝的刺激结果又如何？
2. 到底是注意本身容量有限还是它所涉及的感觉、知觉以及其他高级心理过程容量有限？
3. 注意有哪些功能？试举一个或几个日常生活中的例子来说明。
4. 是否能设计一个或一系列认知神经科学实验来验证早期选择和晚期选择理论。
5. 假设我们用 Stroop 效应实验来测量儿童的执行控制的发展，列举一个理论假设，并指出什么是自变量、因变量及可能的控制变量。
6. 试述注意与情绪的关系。可参考杨小冬，罗跃嘉《注意受情绪信息影响的实验范式》一文（心理科学进展 2004，12(6)：833～841）或检索其他有关文献。
7. 试述 Simon 效应和空间 Stroop 效应实验之间的区别。
8. 执行控制网络主要涉及哪些脑区？

参 考 文 献

Bermpohl, F., Pascual - Leone, A., Amedi, A., Merabet, L. B., Fregni, F., & Gaab, N., et al. (2006). Attentional modulation of emotional stimulus processing: an fMRI study using emotional expectancy. Human Brain Mapping, 27(8), 662～677.

Chawla, D., Rees, G., & Friston, K. J. (1999). The physiological basis of attentional modulation in extrastriate visual areas. Nature Neuroscience, 2(7), 671～676.

Cherry, E. C. (1953). Some experiments on the recognition of speech, with one and with two ears. Journal of the Acoustical Society of America, 25(5), 975～979.

Chun, Marvin, M., Potter, & Mary, C. (1995). A two-stage model for multiple target detection in rapid serial visual presentation. Journal of Experimental Psychology Human Perception & Performance, 21(1), 109～127.

Corbetta, M., Miezin, F. M., Dobmeyer, S., Shulman, G. L., & Petersen, S. E. (1990). Attentional modulation of neural processing of shape, color, and velocity in humans. Science, 248(4962), 1556～1559.

Corbetta, M., & Shulman, G. L. (2002). Control of goal-directed and stimulus-driven attention in the brain. Nature Reviews Neuroscience, 3(3), 201～215.

Crottaz-Herbette, S., & Menon, V. (2006). Where and when the anterior cingulate cortex modulates attentional response: combined fMRI and ERP evidence. Journal of Cognitive Neuroscience, 18(5), 766～780.

De, J. R. (1995). The role of preparation in overlapping-task performance. Quarterly Journal of Experimental Psychology, 48(1), 2~25.

Deutsch, J. A., & Deutsch, D. (1962). Attention: some theoretical considerations. Psychological Review, 70(1), 80~90.

Eriksen, B. A., & Eriksen, C. W. (2010). Effects of noise letters upon the identification of a target letter in a nonsearch task. Perception & Psychophysics, 16(1), 143~149.

Fan, J., Byrne, J., Worden, M. S., Guise, K. G., McCandliss, B. D., Fossella, J., Posner, M. I. (2007). The relation of brain oscillations to attentional networks. Journal of Neuroscience, 27(23), 6197~6206.

Fan, J., Fossella, J., Sommer, T., Wu, Y., & Posner, M. I. (2003). Mapping the genetic variation of executive attention onto brain activity. Proceedings of the National Academy of Sciences of the United States of America, 100(12), 7406~7411.

Fan, J., Mccandliss, B. D., Fossella, J., Flombaum, J. I., & Posner, M. I. (2005). The activation of attentional networks. Neuroimage, 26(2), 471~479.

Fan, J., Mccandliss, B. D., Sommer, T., Raz, A., & Posner, M. I. (2006). Testing the efficiency and independence of attentional networks. Journal of Cognitive Neuroscience, 14(3), 340~347.

Fan, J., Raz, A., & Posner, M. I. (2003). Attentional mechanisms. // In Aminoff, M. J., & Daroff, R. B. (Eds). Encyclopedia of Neurological Sciences, Vol. 1. San Diego: Academic Press, 292~299.

Friston, K. J., & Büchel, C. (2000). Attentional modulation of effective connectivity from v2 to v5/mt in humans. Proceedings of the National Academy of Sciences, 97(13), 7591~7596.

Gruber, O., & Goschke, T. (2004). Executive control emerging from dynamic interactions between brain systems mediating language, working memory and attentional processes. Acta Psychologica, 115(2~3), 105~121.

Kahneman, D. (1973). Attention and Effort. Upper Saddle River, NJ: Prentice Hall.

Kastner, S., & Ungerleider, L. G. (2000). Mechanisms of visual attention in the human cortex. Annual Review of Neuroscience, 23(1), 315~341.

Koch, C., & Tsuchiya, N. (2007). Attention and consciousness: two distinct brain processes. Trends in Cognitive Sciences, 11(1), 16~22.

Kornblum, S., Hasbroucq, T., & Osman, A. (1990). Dimensional overlap: cognitive basis for stimulus-response compatibility——a model and taxonomy. Psychological Review, 97(2), 253~270.

Macleod, C. M. (1991). Half a century of research on the stroop effect: an integrative review. Psychological Bulletin, 109(2), 163~203.

Mansouri, F. A., Buckley, M. J., & Tanaka, K. (2007). Mnemonic function of lateral prefrontal cortex in conflict-induced behavioral adjustment. Science, 58(5852), 987~990.

Navon, D. (1977). Forest before trees: the precedence of global features in visual perception. Cognitive Psychology, 9(3), 353~383.

Nieuwenhuis, S., Gilzenrat, M. S., Holmes, B. D., & Cohen, J. D. (2005). The role of the locus coeruleus in mediating the attentional blink: a neurocomputational theory. Journal of Experimental Psychology General, 134(3), 291~307.

Norman, D. A., & Steininger, T. (1986). Attention to action: willed and automatic control of behavior. //In Davidson, R. J., Schwartz, G. E., & Shapiro, D. (Eds). Consciousness and self-regulation: advances in research and theory, Vol. 4. New York: Plenum Press, 1~18.

O'Craven, K. M., Rosen, B. R., Kwong, K. K., Treisman, A., & Savoy, R. L. (1997). Voluntary attention modulates fMRI activity in human MT – MST. Neuron, 18(4), 591~598.

Palermo, R., & Rhodes, G. (2007). Are you always on my mind? A review of how face perception and attention interact. Neuropsychologia, 45(1), 75~92.

Pashler, H. (1994). Dual-task interference in simple tasks: data and theory. Psychological Bulletin, 116(2), 220~244.

Pessoa, L., & Ungerleider, L. G. (2004). Top-down mechanisms for working memory and attentional processes. Cognitive Neurosciences III Third Edition, 19(1), 919~930.

Posner, M. I. (1980). Orienting of attention. Quarterly Journal of Experimental Psychology, 32(1), 3~25.

Posner, M. I., & Fan, J. (2004). Attention as an Organ System. //Pomerantz, J. R., & Crair, M. C. (eds). Topics in Integrative Neuroscience: From Cells to Cognition. Cambridge: Cambridge University Press.

Posner, M. I., & Petersen, S. E. (1990). The attention system of the human brain: 20 years after. Annual Review of Neuroscience, 13(1), 73~89.

Proctor, R. W., & Reeve, T. G. (1990). Stimulus-response compatibility: an Integrated perspective. Amsterdam: North Holland.

Raymond, J. E., Shapiro, K. L., & Arnell, K. M. (1992). Temporary suppression of visual processing in an rsvp task: an attentional blink? Journal of Experimental Psychology Human Perception & Perform, 18(18), 849~860.

Serences, J. T., & Boynton, G. M. (2007). Feature-based attentional modulations in the absence of direct visual stimulation. Neuron, 55(2), 301~312.

Shulman, G. L., Ollinger, J. M., Akbudak, E., Conturo, T. E., Snyder, A. Z., & Petersen, S. E., et al. (1999). Areas involved in encoding and applying directional expectations to moving objects. Journal of Neuroscience, 19(21), 9480~9496.

Simon, J. R., & Jr, S. A. (1969). Processing auditory information: interference from an irrelevant cue. Journal of Applied Psychology, 53(5), 433~435.

Snodgrass, J. G., Levy-Berger, G., & Haydon, M. (1985). Human experimental psychology. New York: Oxford University Press.

Styles, E. A. (1997). The Psychology of Attention. New York: Psychology Press.

Treisman, A. (1988). Features and objects: the fourteenth Bartlett memorial lecture. Quarterly Journal of Experimental Psychology, 40(2), 201~237.

Treisman, A. M. (1964). Verbal cues, language, and meaning in selective attention. American Journal of Psychology, 77(2), 206~219.

8

记　忆

近一百多年来,对记忆的研究一直是心理学中最活跃的领域之一。当代著名的记忆心理学家 E. Tulving(1995)把科学的记忆研究划分为三个阶段。第一阶段开始于艾宾浩斯(H. Ebbinghaus,1885)的研究,大约持续到 1960 年结束。这是语词学习(verbal learning)的漫长时期,这个时期的研究使用正常成人作被试,采用系列的和对偶联合的语词项目作材料,强调实验设计,强调对这些材料的学习与遗忘的基本现象的精确测量。使用联想(association)及单纯的强度(strength)解释各种记忆现象。

1960 年前后,随着认知心理学的兴起,记忆的计算机模拟十分流行,信息加工的范式(information processing paradigm)取代了对偶语词学习的实验框架。对偶联合和系列学习的实验程序也被自由回忆、线索回忆、再认以及各种记忆判断(新近性、频次等)的实验程序所取代。短时记忆的实验研究在理论上支持了初级记忆与次级记忆的区分。研究者开始把单个项目作为分析的单元,而不再把一系列的项目作为分析单元。联想概念被记忆的多重过程的概念所代替,多重过程包括记忆的编码、存储和提取过程。这个阶段有影响的理论概念包括加工水平(level of processing)、编码特异性原则(encoding specificity principle)以及编码与提取的交互作用等。

1980 年前后,开始了记忆研究的认知神经科学阶段。这个阶段的特点表现为:研究方法与技术、研究问题的选择都进一步拓宽,记忆的研究领域在纵、横方向都得到极大地扩展。脑成像技术如 PET、fMRI 和 ERP 等引入记忆研究领域,使关于记忆与脑关系的研究开始了革命性的变化。人们学习各种材料或回忆各种材料时,脑成像技术可以实时无损伤地测量到大脑各部位的活动,从而开始了对大脑是怎样产生记忆的这一科学问题的真正了解。这个阶段占主导地位的概念是启动效应(priming)、记忆系统(memory systems)和构建记忆(constructive memory)。

一、记忆过程:编码、存储与提取

在叙述有关研究之前,我们先简要介绍一些研究记忆的仪器。

目前,使用最广泛的研究记忆的仪器是计算机。按照实验程序要求编写好软件程

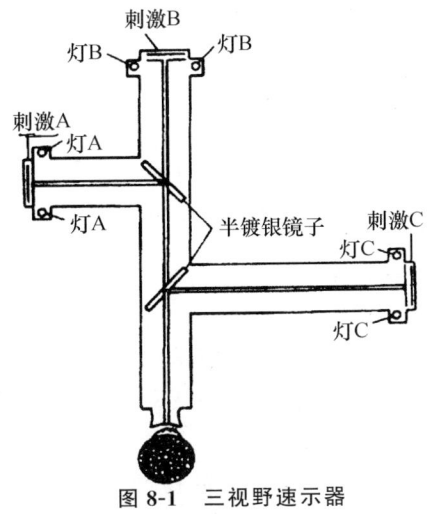

图 8-1 三视野速示器

序后,可以在计算机上方便又可靠地控制文字和图形等材料的呈现时间、间隔时间,准确性可达到毫秒级。计算机还可以自动记录被试的口头反应和按键反应,这样,被试在记忆测验中的正误反应、反应时都可被记录下来。瞬时记忆、短时记忆、工作记忆、长时记忆和内隐记忆等几乎所有的记忆研究也都可以在计算机上进行。当然,这就要求记忆研究者有较好的编程能力。实际上,计算机也是心理学其他领域常用的仪器之一。

其次,速示器(tachistoscope)也是研究记忆的常用仪器。其基本构造是一个长方形的不透光的箱子,箱子的一头放置刺激项目片,另一头是一个观察窗,被试在这里接受刺激项目。箱内的灯光照明时间长短是可以控制的,因此可以使被试只在几毫秒内看到刺激物。现代较先进的速示器由几个箱子连接组成(图 8-1)。每个箱子都是一个野(视野),先后或同时将不同的刺激项目呈现在一个平面上。这是由在箱子中装上的半镀银的玻璃来实现的。如果 A 灯亮则只看到 A 刺激,B 灯亮只能看到 B 刺激,而 C 灯亮则只看到 C 刺激。因此信息可以在任何一个位置呈现,当然也可以同时在 3 个位置呈现。这里的关键是时间的控制,即精确地控制每个视野的灯泡亮暗时间。图 8-1 的速示器是三视野速示器。另外还有投射式速示器,它是由幻灯机加上可调快门组成,也分不同视野数(林仲贤等,1987)。

1960 年前后,心理学家开始对人的内部心理过程发生兴趣,而不再满足于刺激—反应这样的研究框架和研究内容。相应地,在记忆领域人们也已逐渐抛弃了记忆就是形成联想的主张,而深入到记忆过程的研究。这一节我们要介绍记忆的计算机模拟模型(记忆的多重存储模型)、记忆的加工层次以及记忆的提取过程等三个问题。

(一) 记忆的多重存储模型

William James 1890 年在他的《心理学原理》一书中提出,记忆由两大部分组成,即初级记忆(primary memory)与次级记忆(secondary memory)。初级记忆是任何刺激(不管人们是否注意到)遗留下来的最初印象,这种印象会飞快地消逝,它代表着现在的心理(the psychological present),处在意识中。次级记忆的印象不在意识中,它代表着过去。相应地,初级记忆的内容很容易够得着(accessible),不费劲就可以提取。但提取次级记忆的内容则要求有意的、费劲的努力。

虽然詹姆士是当时最杰出的心理学家,但他关于记忆的思想直到 20 世纪 60 年代才开始影响实验心理学,因为他那个时代行为主义盛行,而行为主义是否定意识等主观观念的存在的。

20世纪60年代计算机的生产与使用已迅速增长,计算机的工作方式逐渐为公众了解。计算机是由存储器和运算器组成的。存储器用来存放信息,包括程序和数据;运算器是计算机的工作空间(workspace):新信息的输入、已存放信息的提取

图 8-2　多重存储记忆模型
(引自 Atkinson & Shiffrin, 1968)

以及信息的各种运算、比较、判别、决定等过程都发生在运算器中,因而,它是中枢加工部位。心理学家很快就看到了计算机的装置与詹姆士记忆构成设想之间的类似性——初级记忆类似于运算器,而次级记忆则可比喻为存储器。这就产生了著名的记忆的计算机模拟模型:记忆的多重存储模型(the multistore model of memory)(Atkinson & Shiffrin,1968;Parkin,1993),参见图 8-2。

记忆的多重存储模型强调记忆作为不同的结构而存在,所以多重存储模型又叫作形态模型(modal model)。它强调每一结构都具有自己的特点,如感觉存储、短时存储与长时存储作为 3 种不同的记忆结构(memory structure),在信息储存的时间长短、容量和遗忘快慢等方面是不同的。记忆结构有时也被人们称为记忆系统(memory system)。

周围环境的信息首先以感觉的形式即感觉登记进入这个信息加工系统。例如,书上的一句话"只将食粥致神仙"进入眼底,在感觉登记中的信息或者消失得很快(大约 0.5~3s 以后就消失了),或者进入了短时存储部分(short-time store,STS)或称短时记忆(short-time memory,STM)。短时记忆容量有限,只能保存很少的信息,而且信息保留在那里的时间也不长,约 1min 的样子,信息在短时记忆中或者被遗忘,或者进入长时存储部分(long-time store,LTS)或称长时记忆(long-time memory,LTM)。这样,"只将食粥致神仙"这句话要么在你的短时记忆中只保留约 1min 左右就忘掉了;要么你就牢牢把这句话存留在长时记忆中。长时记忆容量是无限的,信息在其中可保持数十年之久。

STS 与 LTS 之间有方向相反的两个箭头:一个箭头表示信息由 STS 传递到 LTS 以便长期保存;另一个箭头表示信息由 LTS 返回 STS,以便人们思考它。例如,你在报上看到中学时一位朋友的照片,你认出他,叫出了他的名字,然后跟别人议论。这位朋友的面貌、姓名也许在你的长时记忆中保存了 15 年!你现在把它们从长时记忆中"调"出来,就像按照程序把信息从计算机调出来一样!当你与别人谈论他时,你就像计算机一样,输出许许多多的反应。恢复("调出")长时记忆中的信息,输出它们,这一切都发生在短时记忆中,Atkinson 和 Shiffrin 特别强调复述或机械背诵(rehearsal)在信息从短时存储传递到长时存储中的重要作用。

1. 感觉存储或感觉记忆

在感觉记忆中,心理学家研究得最多的是视觉形象的存储(iconic memory)与听觉

回声的贮存(echoic memory)。

美国心理学家 Sperling 1960 年关于视觉形象贮存的研究是经典的。图 8-3 刺激卡片类似于 Sperling 实验用的卡片。首先,刺激卡片通过速示器或可控制时间的幻灯机呈现 50ms,在这以后,如果要求被试把他全部看到的字母都报告出来,没有一个能做得到,被试觉得 12 个字母都看见了,但只能说出 4～5 个字母,你自己也可试一试,以最短的时间"瞄"一眼书上的卡片,然后迅速闭上眼睛,你能看到多少字母,你能说出几个字母?你是否感到当你说出头 4 个字母时,其余刚才看见的字母迅速地"衰退"了,你无法报告它们?通过实验,Sperling 断定,被试看到的比他能报告的多。为了证实这一点,Sperling 提出部分报告法的实验程序来进行实验。在部分报告法的实验中,被试注视刺激卡片 50ms,然后,他们不必报告所看到的所有字母,而是只报告 4 个字母,至于是哪 4 个字母,由声音指示。高音指示被试报告上面一行的 4 个字母,中音指示被试报告中间一行,低音指示被试报告下面一行。3 种音调是随机出现的,所以被试无法猜测而必须看所有的字母。

如果被试每次都能正确报告 4 个字母而不管它们是在哪一行,那我们当然可以推测,被试是能够看到 12 个字母的。Sperling 比较了两种实验程序的结果:要求被试全部报告所看见的字母,平均成绩为 4.5 个;而部分报告法的平均成绩是 3 个多一点,由于这是报告一行的结果,实际的平均成绩应该乘 3,即 10 个左右。这样,Sperling 的部分报告法证实:视觉形象的存储可以在瞬间保存较多的信息,但这些信息也可以飞快地消失——在说出 4 个字母的时间后就消失了。

听觉的感觉记忆以回声储存的形式存在,它保持的时间约为 3～4s。

每个人都很容易经历到回声储存。例如,某日广播播出中国足球队与伊朗队比赛的结果,中国队以 2 比 0 获胜。当时我正与女儿一起吃早饭,一边说话,同时又听着广播,但没太注意听。比赛结果广播完毕,突然女儿问我比赛的比分,我不敢十分肯定,但是仍能说,"2 比 0 吧"。这就是回声储存,仿佛耳边仍留有"2 比 0"的声音。又例如,你与一位熟悉的朋友聊天,你的朋友海阔天空地谈着,你有点打瞌睡了,突然你的朋友说:"你怎么不听我说话呀!"你回答说:"我在听你说。"接着你说出了他刚才所说的一些内容。可能你自己也感到奇怪,因为你的确没有好好听,但却能记起他说过的话。事实上,这只不过是你朋友最后说的一两句话还在你耳朵里"嗡嗡",而你迅速地把它们提取出来罢了。回声储存是一个恰当的名称,好像一句话在你听过之后还在你耳朵里回响一会儿,回声储存对大家听课做笔记十分重要。你不可能逐字把老师的话全都记下来,而利用回声储存,当老师稍有停顿时,你就可以把一句话写出来。

1972 年,Darwin 用类似 Sperling 的部分报告法证实了回声储存的存在。给被试同时听 9 个项目,如:B3F 给右耳;J6Z 给左耳;QR8 给两只耳(被试会觉得声音来自中间)。然后被试根据面前左、右、中的指示符号报告他所听到的字母与数字。实验表明,

```
X G O K
J M R I
C U T S
```

图 8-3　刺激卡片

被试能在回声储存中保存 4.9 个项目。

2. 短时存储或短时记忆

感觉记忆中的大量信息很快就会衰退,只有一小部分能进入短时记忆中。

(1) 短时存储容量

短时记忆,类似于计算机中的运算器,信息在短时记忆里得到加工。加工的前提是短时记忆也能存储信息,那么,短时记忆的容量有多大?这些容量的单位是什么?

短时记忆的容量可以通过测定记忆广度(memory span)来获得。以数字材料为例,向被试朗读或视觉呈现一系列数字,呈现速度为每秒钟一个数字。呈现一次以后,让被试立刻按原来呈现的顺序把数字写下来。被试所能正确写下来的最长系列叫作记忆广度。记忆广度的具体计算方法如下:同一长度的数字系列连续呈现,每种长度各呈现 3 个系列。正确再现一个系列得 1/3 分,3 个系列全部正确再现者得 1 分。以得 1 分的最长系列的长度为基础,再加上从其他长度系列所得的分数就是所求的记忆广度。例如,6 位和 6 位以下的数字都得 1 分,6 位以上的数字没有得 1 分的,则 6 位数字就是基础。7 位数字的通过两个系列 2/3 分,8 位数字的没有一个系列通过得 0 分,9 位数字的通过一个系列得 1/3 分,10 位和 10 位以上的数字都没有通过的了。这样,把 6 和另外 3 个分数加起来(6+2/3+0+1/3=7)就是所求的记忆广度(赫葆源,1983)。

记忆广度测验还可以用单字词、双字词甚至句子来进行。但是,使用的材料不同,记忆广度也就会发生变化。如数字的记忆广度为 7~10,单词的记忆广度为 5~7,句子的记忆广度包含的单字可达 20。那么,记忆广度的测量单位到底是什么呢?

短时记忆容量通常是以组块(chunk)作为测量单位的,组块是指人们熟悉的一个单元,如数字、英文字母、汉语单字、汉字词、句子等。

(2) 短时存储的声音编码

在记忆结构中的信息必须以某种编码(code)的形式存储,这好比在电话系统中,声音首先被转换成电磁波的形式,然后再转换成声音让电话线另一端的人听到。人的记忆必须把信息变换为某种编码,然后在回忆时再把这种编码转化为原来的信息形式。

许多研究表明,短时存储使用声音编码(phonological coding)。Conrad 在 1964 年的研究中,以视觉方式给被试呈现两种不同的字母串:声音上混淆的,如 CTVG;另一种是声音上不混淆的,如 XVSL。他发现回忆声音混淆的字母串时错误更多。如把 B 写成 P,把 C 写成 T,F 错写成 M,等等。1966 年 Baddeley 扩展了 Conrad 的发现,他给被试呈现一连串的 5 个单词,一类单词有类似的发音(如"man, mad, cap, can, map");另一类单词发音差别较大(如"pen, rig, day, bar, sup");第三类单词意义相近(如"huge, big, broad, long, tall");第四类单词意义不同(如"old, late, thin, wet, hot")。结果表明,发音类似的单词正确回忆率最低,而意义相近的单词正确回忆率远远高于发音类似的单词,这说明短存储是以声音编码的(Baddeley,1990)。

下面的实验表明,人们更容易记住听觉呈现的材料。以视觉和听觉的方式给被试呈现一系列字母串(5个字母),但两种方式下,字母串的字母顺序不同,呈现完毕让被试按视觉或听觉呈现顺序中的一种再现。结果 31 个被试按听觉呈现的顺序再现,并且听觉呈现的结果比视觉呈现的记得更准些。只有两名被试按视觉呈现的顺序再现,并且视觉呈现的结果比听觉呈现的记得更准些。听觉材料记得好也许原因在于听觉呈现的材料可以直接进入短时记忆,而以视觉呈现的材料则要先被转换成它的声音形式才进入短时记忆。

3. 区分短时存储与长时存储的证据

大多数支持短时存储不同于长时存储的证据来自自由回忆任务(free recall task)的实验。自由回忆测验先是呈现一系列的项目(多半是单词),大约 2s 一个项目。当最后一个项目呈现完毕后,要求被试回忆呈现的项目,可以不按呈现顺序回忆。当把回忆结果以项目呈现顺序为横坐标、以正确回忆率为纵坐标作图,就会获得系列位置曲线(serial position curve,参见图 8-4)。系列位置曲线可以分为三个部分:近因效应(recency effect)指系列中最后几个项目回忆得最好;首因效应(primary effect)指系列中开头几个项目回忆较好;渐近线(asymptote)指曲线的中间部分回忆最差。

不少研究者都提出,近因效应来自短时存储,而首因效应则来自长时存储。要证明这个设想,需要在系列位置曲线中显示机能的双重分离(functional double dissociation):某些自变量影响首因效应与渐近线,但不影响近因效应;另一些自变量影响近因效应但不影响首因效应与渐近线。但首先要学会正确进行实验以获得系列位置曲线。

系列位置曲线意味着单字在系列中的位置会大大地影响自由回忆成绩,要确切地证实这一点,就必须避免单字的系列位置与单字本身的频率、意义性等属性相混淆。例如,假设有从 A 到 P 16 个项目。如果都是按同样的顺序呈现给被试学习,实验结束后也得到了 U 形的系列位置曲线,但这个结果可靠吗?我们说它是不可靠的。因为在这种实验条件下,也许碰巧 A、B、C、D 等几个项目就是好记,都是高频字、意义性也强的项目,所以它们的回忆效果较好。为了避免单字的系列位置与单字本身的各种属性相混淆,应该以各种不同的系列顺序呈现给不同的被试。在实验设计部分说过,要使刺激的顺序完全平衡难以做到,但可以用拉丁方的方法做到不完全的平衡。例如可以将 16 个项目分为 4 部分,再将 16 个项目排成 4 个不同的系列,使每个字都有机会在这 4 个部分中出现过一次,请参看表 8.1。

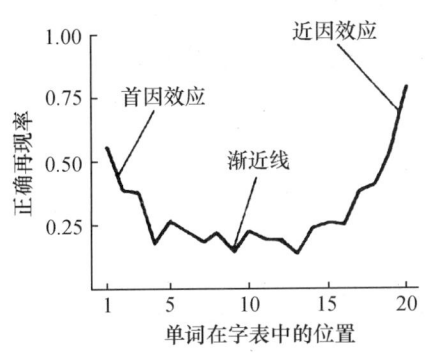

图 8-4 自由回忆实验的典型结果,呈现出系列位置效应的三个组成部分

(引自 Parkin,1993)

表 8.1 实验系列顺序

系列	部分			
	一	二	三	四
(1)	A. B. C. D	E. F. G. H	I. J. K. L	M. N. O. P
(2)	E. F. G. H	I. J. K. L	M. N. O. O	A. B. C. D
(3)	I. J. K. L	M. N. O. P	A. B. C. D	E. F. G. H
(4)	M. N. O. P	A. B. C. D	E. F. G. H	I. J. K. L

被试的数目应是 4 的倍数,如用 8 个被试,则每两个被试学习 4 个系列中的 1 个。

① 单词频率、呈现速度、系列长度以及心理状态都对首因效应与渐近线有显著作用,但不影响近因效应(见图 8-5,图 8-6)。

② 系列单词呈现完毕后的干扰活动影响近因效应,但不影响首因效应与渐近线(见图 8-7)。

上述(①②)两类曲线结合在一起,提供了系列位置曲线中的机能双重分离的证据。

③ 负近因效应(negative recency)。短时存储不同于长时存储还得到了负近因效应的强有力支持。Craik(1970)以每个单词 2s 的速度向被试呈现包括 15 个双音节词的系列,呈现完毕,立即要求被试对该系列单词进行自由回忆,时间 1min。每个被试完成 10 个相同的作业。在全部 10 个系列回忆完成后,在被试事先不知道的情况下,给被试 5min 时间,要求其仍然以自由回忆的方法,回忆出呈现过的 10 个系列的所有单词。10 次自由回忆的结果表现出标准的系列位置效应。但是在最后对所有单词的总测验中,

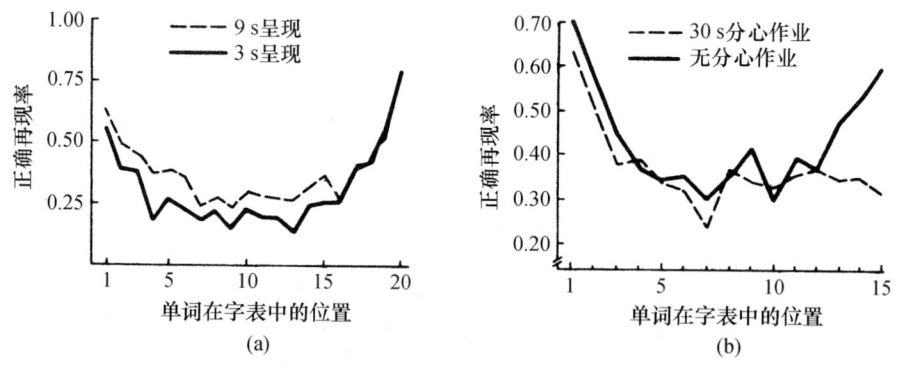

图 8-5 各因素对首因效应与近因效应的不同影响

(a) 不同呈现时间下自由回忆的系列位置曲线。与 3s 呈现相比而言,9s 呈现改善了字表前面单词的回忆成绩(有较高的首因效应),却没有影响近因效应。

(b) 回忆前进行分心作业的系列位置曲线。分心作业 30s 后,近因效应消失了,其他的位置效应未受影响。总之,这些结果支持双重分离的观点(引自 Parkin,1993)。

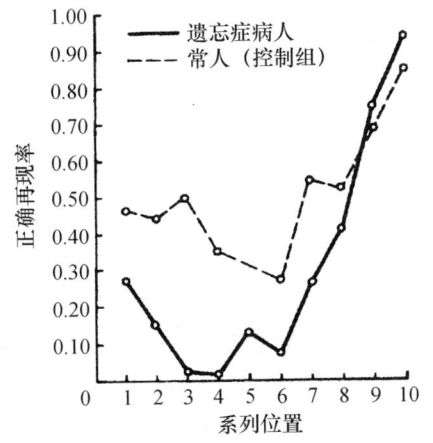

图 8-6 正常人和遗忘症病人的系列位置曲线
（引自 Parkin,1993）

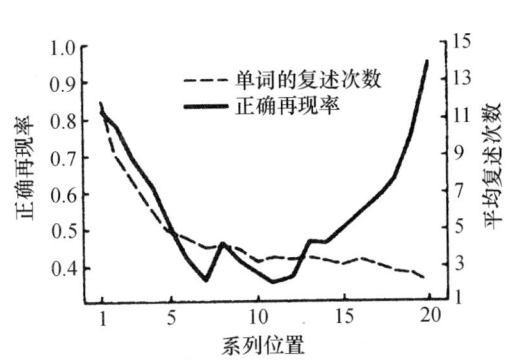

图 8-7 系列位置效应与单词复述次数关系图
（引自 Parkin,1993）

仍然保留了首因效应,但是没有出现近因效应,实际上,近因部分单词的回忆率低于系列位置曲线近因部分前面所有部分的回忆率,即出现所谓的负近因现象。实验结果略图见图 8-8。

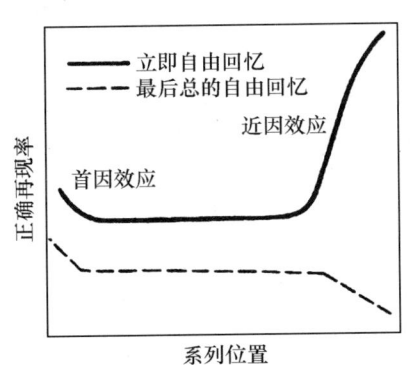

图 8-8 立即自由回忆(IFR)和最后总的自由回忆(FFR)系列位置曲线

负近因效应的显著特点是：在最后的自由回忆中,所有系列的最后几个单词的回忆成绩显著低于渐近线；而在各个系列的立即自由回忆中,同样的这些单词的回忆成绩却最好,即表现为近因效应。

负近因效应可以解释如下：Craik 认为,负近因现象的出现是因为系列位置曲线近因部分的项目在短时记忆中保持时间较短,复述次数较少,没有转化到长时记忆中；而最后总测验时,这些项目又已经从短时记忆中消失,因此对近因部分项目回忆的正确率最差。由于首因效应是长时记忆作用的结果,因此,不论是即时回忆还是最后的总测验,都表现出首因效应。

④ 短时存储与长时存储的生物学基础。图 8-6 表示的遗忘症病人的情况,即短时存储功能正常,但长时存储似乎完全丧失,可以说是存在着两种存储的很好的生物学证据。

在生理学水平上可以把记忆痕迹(memory trace)看作是脑组织某种固定下来的变化,这种变化代表着过去的经验。关于记忆痕迹的生物学性质曾经有过种种说法。在中世纪时代,记忆被认为是存储在脑室的脑脊液中。笛卡儿(Descartes)认为记忆位于松果体。当核酸(RNA 和 DNA)发现以后,人们又认为核糖核酸(RNA)是记忆存储的地方,随后的研究表明,虽然 RNA 的活动与记忆的形成有关(RNA 控制着所有酶的活动),但它不可能是记忆的载体。

随着记忆分子概念的消失,科学家很快就理解到记忆的生物学基础一定存在于神经元自身已固定下来的变化中。人脑包含着数目巨大的神经元,每一个神经元都通过突触(synapses)彼此相互作用。突触的化学变化使一个神经元或者抑制或者兴奋另一个神经元。这类抑制和兴奋的模式可被用作存储信息的基础。虽然神经元如何变化以形成新的固定下来的记忆还不清楚,但研究者认为,这种过程应称为固化(consolidation)。1949 年,Hebb 提出了关于记忆及其脑生理过程关系的著名理论,他认为刺激的最初呈现导致了一组神经元(细胞团)的激活,这些细胞团的活动使刺激的表征维持到足够长的时间以形成永久的长时痕迹。那么,要多长时间呢?Hebb 设想这一过程需要大约 30min,但后来的研究却表明这一过程发生得很快。

神经药物学提供了新的方式来研究人的记忆。神经通路依赖于神经介质,神经冲动正是靠神经介质传递通过突触的。记忆中的不同通路可以应用神经药物学的药剂造成的特殊神经传导的抑制或促进作用来进行研究。造成抑制活动的药物被称为拮抗物,而导致促进作用的药物则被称为兴奋剂。莨菪碱(天仙子碱)这种神经介质是乙酰胆碱的拮抗物,它对于固化过程有重要的作用。图 8-9 显示了莨菪碱对于被试完成两种记忆任务的作用。数字广度要求被试在学习完毕后立即回忆,因此被试是在尽量利用活跃的短时存储。自由回忆是在学习完毕并经历 60s 干扰活动之后进行的。从图 8-9 上可以看到莨菪碱对数字广度没有影响,但严重损害了延缓 60s 的自由回忆。这说明活跃的短时存储大约只有 60s 的寿命,在那之后对于记忆就没有什么作用了。但由此我们不能认为固化过程也是持续 1min 左右。许多研究者主张,固化是一个多时相的过程,刺激表征最初的固着(fixation)很快就完成了,然后就是精细的固化——新的记忆痕迹与已存在的记忆充分地整合起来,这一过程要求几分钟、几小时甚至几年!

因此,我们不可能在记忆存储的生理相关物与心理上记忆形成的不同阶段之间找到它们一一对应的吻合关系。具体说来,把生理上活跃的存储期等同于短时存储的概念与长时存储中已固化的记忆都是不可能的(本节编译自 Parkin,1993)。

4. 短时存储与长时存储的区分仍然有效吗

前文我们举了许多实验证明,近因效应来自短时存储,而首因效应来自长时存储,因而短时存储与长时存储的区分有着可靠的证据。但自

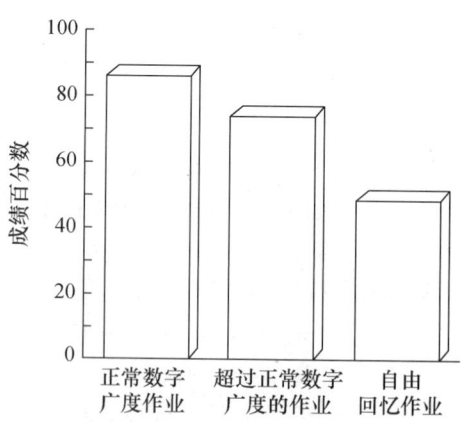

图 8-9 莨菪碱处理的被试与控制组被试相比之下 3 种记忆作业结果

(控制组作业成绩均为百分之百)

20世纪70年代以来,有两类实验对上述区分提出了严重挑战。一类实验是在特殊的条件下学习完毕一系列单字之后进行较长时间的干扰活动(20s),仍然出现近因效应;另一类实验是在非常短暂的时间内(如 1s)学习完一系列单字后,仍然出现系列位置曲线。

Healy 等人(1996)总结了近 30 年有关区分短时存储与长时存储的争论,列举了支持和反对的证据,倾向于认为,记忆的多重存储模型虽然需要不断完善、不断修改,但它仍然是指导记忆研究的恰当框架。我们想要指出的是,多重存储模型是一个强调记忆结构、强调记忆系统的模型,这种研究的指导思想有一个明显的优点,那就是它容易与记忆的神经过程研究相结合,它在当前心理学与神经科学迅速交叉结合的大趋势下受到重视不足为奇。

研究记忆的另一条途径是强调研究记忆过程,认为记忆过程本身足以说明心理水平上所有的记忆现象。我们从 Craik 的加工层次概念谈起(levels of processing)。

(二) 记忆的加工层次

1972 年前十多年间,记忆研究一直由信息的储存以及它在储存中间的传递这样的概念所统治。Craik 等人(1972)较系统地批评了形态模型的记忆理论,并提出了研究记忆的新途径,即加工层次的途径。可以说,加工水平途径的提出,是 37 岁的 Craik 和他的同事勇敢地向占统治地位的观念挑战的结果。

自加工层次的概念提出来以后,一大批实验研究应运而生,其影响延续至今。实际上,Craik 等人 1972 年的论文是认知心理学史上被引用次数最多的文章之一。

1. 记忆的多重储存模型的合理性及其弱点

把记忆区分为三种储存系统即感觉寄存、短时记忆和长时记忆已得到广泛的承认。这种区分的根据在于各种系统有不同的储存容量、不同的编码方式以及不同的遗忘速度等。Craik 等人把 3 种存储结构的不同特点作了很好的小结(见表 8.2)。

表 8.2　公认的语词记忆的 3 种存储器之间的差别

特点	感觉寄存器	短时储存器	长时储存器
登记信息	注意之前的	要求注意	背诵
信息的保持	不可能	继续注意	复述
		背诵	组织
信息的形式	输入的刻板复写	语音的 可能视觉的 可能意义的	大部分是意义的 某些听觉的和视觉的
容量	大	小	无限
信息的丧失	消退	置换 可能消退	可能无丧失 由于干扰导致无法分辨信息或"捉住"信息

(续表)

特点	感觉寄存器	短时储存器	长时储存器
痕迹存在	0.25～2s	30s 之内	几分钟到若干年
提取	读出	可能是自动的 项目在意识中 语音线索	提取线索 可能的搜索过程

Craik 等人认为,三种存储之间的差别突出地说明了这个事实:在记忆系统中刺激以不同的方式受到加工,一个单词的视觉的、听觉的或意义的方面在各种情形下受到的加工不同。有限容量的现象在多重存储系统中的某些地方是确实存在的,而这些基本的发现是任何记忆模型都必须考虑的。

他们还指出,形态模型的吸引力是不难理解的。这种多重储存模型具体又直观:信息在储存器之间的控制得很好的通路上传递。它们的特性可以由实验得出,然后在行为上或者在数学上得到描述,似乎剩下的全部工作就是更精细地说明每种成分的特性以及计算出传递函数。

Craik 等人对多重储存模型的批评可以归结为以下两点:

(1) 在方法论上存在着缺陷

例如,区别不同的储存的一个主要标准是它们不同的保持特征。这样,所储存的信息的时间特性就扮演了双重的角色:信息保持的久暂本身是一个有待解释的基本现象,但与此同时,久暂的不同又产生了不同的 3 种记忆结构,再应用这些结构来解释各种记忆现象。这种明显的循环一直是用下述办法来加以避免:详细说明储存系统的其他性质(例如它们的容量和编码特点),从而使它们独立于将要解释的现象。

(2) 短时储存的有限容量是"箱子"模型的主要特征之一

但是,有限容量的性质是模糊不清的。到底有限容量指的是加工能力还是储存能力,或者是两者之间的相互作用,一直是不清楚的。以计算机模拟的概念来说,有限是指记忆储存器的储存容量还是指加工者能进行操作的速率? D. E. Broadbent 1958 年的通道有限容量的观点强调操作速率,N. C. Waugh 和 D. A. Norman 1965 年的模型则强调储存容量,更早些的 G. A. Miller 1956 年采用了两种解释,但对两者的关系却没有明确地做出说明。

前面我们已经指出,短时记忆的容量数值变化范围很大,依使用的材料是句子、单词、字母或数字而不同。通常的解释是,容量在"块"的意义上是有限的。那么,什么是组块呢?在一个具体的实验以前,很难预期它的大小,实验之后依照材料的意义性,几个或许多项目能组合成块。这样,"块"就是由实验结果来定义的。另外,由于组块主要靠意义性来组合项目,所以,短时记忆的编码就必须包括项目的语音、视觉和意义的特点。如果是这样,短时记忆编码也就会因没有自己的特点而不复存在了。的确有实验表明,短时记忆能保持信息的意义。

2. 加工层次的途径

Craik 等人认为,记忆是同知觉加工水平联系在一起的。知觉涉及对刺激物作一系列水平的分析。初级阶段涉及物理或感觉特点,例如线条、角度、音调等,而后来的阶段则更多涉及把输入与头脑中已存储的经验的抽取进行匹配,也就是说涉及模式识别和意义的抽取。这些不同的加工阶段属于不同的"加工深度",更深的深度意味着更深程度的意义或认知分析,而记忆痕迹的特点,诸如它的编码特点和它的持续性,基本上是作为知觉加工的副产品出现的,痕迹的持续性是分析深度的函数,更深的分析水平联系于更精细的、更长久的保持和更强的痕迹。总之,记忆被看成是从感觉分析的易逝的产物到意义——联想操作的能长久保持的产物。Craik 等人于 1975 年进一步完善了他们研究记忆的框架,如图 8-10。如图所示,刺激物首先是在中枢加工器得到一定的意义分析,然后按照定向任务的要求分别在一个层次或多个层次上得到加工(Parkin,1993)。

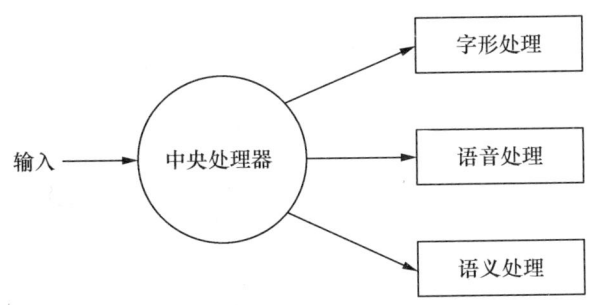

图 8-10　记忆加工策略水平修订模型

(引自 Parkin,1993)

用"加工层次"理论来研究记忆的实验程序通常是这样的:要求被试回答关于单词的各种问题以引导他对单词的不同层次进行加工(这些问题也称为定向任务,orienting task)。例如,关于单词是大写或小写的问题可以使被试对单词的浅层进行加工;中等层次的加工可向被试提出某单词是否与另一单词押韵的问题(如呈现"柳",问被试它是否与"酒"押韵);深层的加工可通过让被试回答一个词是否可以归入某个范畴或适合某一句子这类问题来实现(例如,"朋友"一词是否适合下面的句子:"他在街上遇见一位")。回答问题之后,在被试未曾预料的情况下让他回忆或再认刚才他见到的单词。这种程序通常称为非随意的(incidental)学习条件下的回忆与再认,以区别于有意的学习条件。

下面举一个实验来说明加工层次对记忆的影响。Craik 把被试分成 3 组,每组在一个问题指导下对所呈现的 20 个单词进行加工即回答有关问题,被试并不知道这是记忆实验。学习共用 60 个单词,属组间设计。实验时首先用声音向被试呈现问题,2s 后用速示器向被试呈现单词 200ms,被试回答完问题即学习完 20 个单词后,给被试突然的再认测验,实验结果见表 8.3。从表 8.3 可以看出,随着加工层次由感觉(书写格式)、声音(语音)到语义(句子)逐步加深,再认比例不断升高。

表 8.3 再认比例是加工深度的函数

加工层次		
书写格式	语音	句子
0.15	0.48	0.81

在这里,我们把再认这种记忆测验的方法作一介绍。再认要求把已学习的项目(如单字或图片)与未学习过的项目按随机方式混合起来,逐个呈现给被试或整个呈现给被试,要求被试指出哪些是已经学习过的,哪些是没有学习过的。如果我们把已学过的叫"旧项目"、未学过的叫"新项目",那么计算保存量的公式如下:

保存量=(认对旧项目的百分数)-(认错新项目的百分数)

例如,已看过 20 张图片,然后和另外 30 张未见过的图片混在一起。假设被试认对旧图片 15 张,认错 5 张;认对新图片 20 张,认错 10 张。则其认对旧图片的百分数为 (15/20)×100%=75%,其认错新图片的百分数为(10/30)×100%=33%。这样其保存量就为 75%-33%=42%,即保存量为 42%。公式是对被试的猜测进行校正的传统方法。这是假定被试对新项目认错了多少,在认对的旧项目中也可能有这么多是猜对的,所以要从认对旧项目的百分数中减去猜对的百分数,才是真正认对旧项目的百分数。

用再认方法时,新旧项目的比例可以不同,有新旧项目各占 50% 的,有新项目占全部项目的 80% 的。新项目比例越大,被试猜对的可能性就越小。另外,新项目的选择要与旧项目相似为好,相似程度大的,被试也不容易猜测。有关的例子如下:

旧项目:show

新项目:snow(与 show 发音近似)　　rice(ice 的控制词)

　　　　display(与 show 意义近似)　　ice(snow 的控制词)

本章作者的一项实验也证实了不同的加工层次对记忆有不同的影响。实验用材料为 16 个中英文单词,其中,中英文单词各半,代表有生命的东西与代表无生命的东西的单词各半(如"老鼠"代表有生命的东西;"hat"代表无生命的东西)。书写单词的颜色红蓝各半。这样,每个单词就都具有颜色、语种和意义这 3 个由浅到深的层次。实验前只告诉被试要他们按要求对单词进行分类,并对他们的反应时进行测定。不告诉他们要进行回忆和再认的测验。这是为了保证实验是在非随意的学习条件下进行。将被试分为 3 组。第一组称为颜色组,要求他们对出现的中、英文单词的颜色尽快作口头报告:红或蓝。第二组为语种组,要求他们对出现的中、英文单词的语种尽快作口头报告:中文或英文。第三组为意义组,要求他们对出现的中、英文单词是代表有生命的东西还是代表无生命的东西尽快作口头报告:活或死。如被试看见"山羊"这个词,应尽快回答"活"。当被试对最后一个刺激反应完毕,就开始进行单词的再现与再认实验。实验规定,当一个单词在意义、语种和颜色3方面都对时,才算达到正确的标准。实验结果见表8.4。

表 8.4 不同组别回忆与再认的比较(正确率)

	颜色组	语种组	意义组
回 忆	0.09	0.11	0.23
再 认	0.26	0.35	0.38

从表 8.4 可以看到,正确回忆与再认单词的比例按颜色组、语种组和意义组逐渐加深的加工深度不断升高。

加工层次的观点认为,一个人对材料的记忆依赖于他对材料的加工深度即学习方式,凡是在意义的水平上加工,通常都会导致良好的记忆。

在 Craik 等人提出加工层次的概念以前,记忆的研究者几乎没有注意到知觉与记忆的关系,也不知道编码、加工过程具有多种形式因而是灵活可变的。多重存储模型只强调复述一种加工过程,有很大的局限性。现在,所有的记忆理论都必须对性质不同的丰富多彩的加工过程做出说明。难怪 R.L. Klatzky(1980)在他的《人的记忆》一书中提出,"一个更有价值的研究途径可能是把加工层次理论与两种过程理论结合起来,以便发展出包含两者优点的记忆理论"。也可以说,多重存储模型强调研究记忆的结构,而加工层次途径强调研究记忆的过程,这两种记忆基本观点的争论与融合一直持续到今天。另外,加工层次概念奠定了一个基础,使得研究者有理由推论编码障碍(encoding deficits)是记忆障碍的一种原因。

加工层次途径也有它的缺陷,那就是加工深度没有独立的指标来规定。这样,加工深度就是由实验结果来定义的,记得好的必定是加工层次深的。而加工层次概念认为,加工层次深的,必定记得好。这也就陷入了循环论证的圈子里了。Craik 等人非常理解这一问题,曾尝试用加工时间作为独立指标来测量加工层次,但实验研究表明,加工时间与各加工层次并没有对应的关系。

3. 深层编码与左侧前额回

1972 年 Craik 等人提出编码层次(levels of processing)的概念,大量的行为实验证实,深层编码必然导致优良的记忆。但直至 1994 年深层编码的脑机制才依靠脑功能成像技术等到初步的揭示。

1994 年,Kapur 等人应用 PET 采用区组设计(block-design)对深浅编码激活的脑区进行了探索。12 名被试参加了实验。实验中对每个被试进行 6 个分组(block)的扫描(scan),扫描 1 和扫描 6 的结果为基线值(baseline),被试当时只对非语言的材料做出反应。在扫描 2~5 中,被试按 AB~BA 顺序学习单词。深编码的研究是:被试对呈现的单词做出按键判断,该词代表的事物属于生物或非生物。例如,山羊属于生物,黑板属于非生物;浅编码的要求是:被试对呈现的单词做出按键判断,该词是否有"a"字母。一共使用320个单词,160个单词含有"a"字母,属于生物,另160个单词不包含"a",属于非生物。一半的被试进行深编码的顺序是:属于生物的80个单词→属于非生物的80个单词→属于非生物的80个单词→属于生物的80个单词。另一半的被试进行浅编码的顺序是:有"a"字母的80个单词→没有"a"字母的80个单词→没有"a"字母的80个单词→有"a"字母的80个单词。这样,深浅编码在感觉输入与运动输出两个方面都是一样,但是两组被试的认知过程不同。具体的实验程序如下:在计算机屏幕上呈现一个单词0.5s,然后是1s的注视点。被试必须在这1.5s内做出按键反应。被试对单词编码完毕20min后进行再认记忆测验。

实验结果表明,浅编码正确率为97%,即单词有或无"a"字母都能正确判断。深编码正确率为94%,即单词是否代表生物或非生物都能正确判断;浅编码再认成绩为0.32,而深编码再认成绩为0.50,两者达到统计上的显著水平;深编码激活的脑区减去浅编码激活的脑区显示,一个位于左侧前额下回(the left inferior prefrontal cortex)的部位有显著激活,它从BA45、BA46一直延伸到BA47和BA10(图8-11)。这一结果与其他有关的PET和fMRI的研究有很好的一致性。

这样,Kapur等人的实验表明,在语义编码这一认知过程(深编码的被试按指导语要求进行,并且由正确执行语达94%证实),较高的记忆表现(由0.5的再认测验证实)和左侧前额下皮质激活增加(由PET扫描结果证实),这三者之间存在着特定的联系。换句话说,这个实验将著名的认知现象(记忆的编码水平效应)同它的相关神经解剖(左侧前额下皮质区)以及它们的行为结果(较高的情景记忆提取)联系起来,很好地体现了记忆研究的认知神经科学实验范式。

(三) 记忆的提取过程

Tulving(1991)指出:"记忆的关键过程是提取。"这句话的含义是什么？也许研究者过去只注重研究记忆的存储,如1968年提出至今仍有影响的记忆多重存储模型,也许研究者过去只注重研究记忆的编码加工,如1972年提出至今仍有影响的加工层次概念,因而记忆的提取研究相对较少,因此现在需要加以提倡。这句话的第二层含义要涉及Tulving另一个著名的思想,即记忆是两类信息的综合物:记忆痕迹或所编码加工的信息以及提取线索或提取信息。记忆痕迹就是存储着的信息,它是有可能得到的信息(available),体现在各种记忆测验中的记忆结果是存储着的信息中能提取出来的信息(accessible)。至今心理学家还没有什么办法来准确测量存储着的信息有多少,是什么。所有我们能知道的就是在一定的提取条件下,我们从存储着的信息中提取到了某种信息。

Tulving举了个例子来说明这个意思。设想你学习了许多成对的单词,其中一个是"少女—王后",学习完毕主试呈现"王后",然后问你,你刚才见过"王后"这个单词吗？这就是再认测验。如果你说"是的",这说明"王后"这个词本身是一个有效的线索,它使

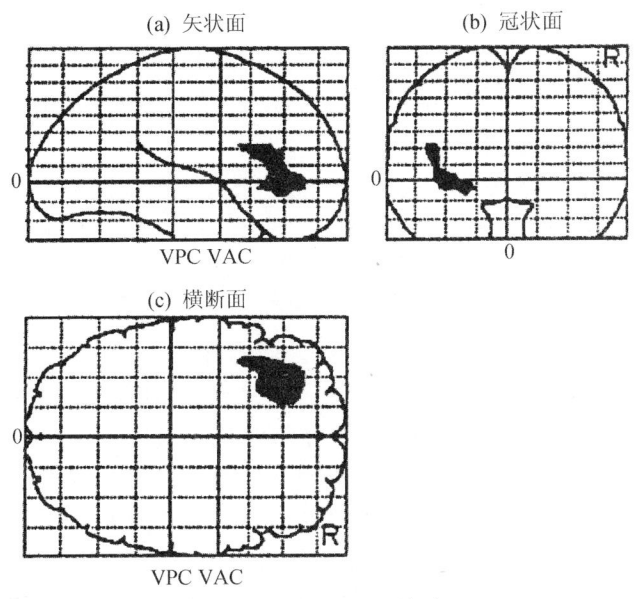

图 8-11 深编码激活的脑区

该脑区被投射在三张二维图上，R 表示右侧，VAC 是通过前连合的垂线，VPC 是通过后连合的垂线。(引自 Kapur et al.，1994)

得头脑中存储"王后"的记忆痕迹复活了；如果你说"未见过"，那么关于"王后"的记忆痕迹我们就没有太多的话可说了。一种可能性是"王后"的记忆痕迹根本就没有建立；另一种可能是由于干扰，"王后"的记忆痕迹消失了。还有一种可能是"王后"的记忆痕迹仍然存在，但呈现给你的"王后"这个单词对你来说不是有效的线索，所以你不能再认它。如果给你呈现"少女"这个词，然后问你，刚才哪个词与"少女"在一起？现在你记起来了，说"王后"。这样，你不能再认"王后"却能回忆（线索回忆）"王后"！这多少有点奇怪，容易的再认失败了，但困难的回忆却成功了。这就是著名的"能回忆但不能再认"的现象（recognition failure of recallable words）。

所以，如果没有适当的提取条件或提取过程，存储着的"王后"这点信息就不能算是记忆，它只是学习"王后"以后脑内的一种生理变化，你可以叫它印迹（engram）或记忆痕迹（memory trace）。如果永远不能提取它，那它并不具备记忆的功能，因为包含不能提取的印迹的那部分脑，在结构上等同于不包含那种印迹的其他部分的脑，对记忆来说，这两部分脑结构都是空白的。因此，把记忆仅理解为存储是不对的，可以把存储理解为记忆的一半，记忆的必要条件，另一半是提取。存储是不能离开提取而独立存在的，存储与提取只在它们的相互作用中确认对方的存在。如果把记忆只理解为存储，那么这种"记忆"是图书馆的记忆、录像带的记忆或计算机的记忆，即死物的记忆。人的记忆是为人的生存服务的，没有提取就谈不上记忆的功能，在这个意义上来说，人的记忆的关键过程是提取。

有些事情我们一时想不起来,但过了一段时间却想起来了,人们把这种一时的遗忘归结为"回忆者的失败",不是头脑里没有存储信息,而是提取(retrieval)不出来。脑外科医生 W. Penfield 的观察使人们更加相信这种见解。

治疗严重的癫痫病发作,外科医生有时需要进行颞叶切除手术。但在这种手术的早期阶段,人们对颞叶各部分的功能不甚了解,为避免切除不该切除的部分,医生采用电探针刺激脑部位的方法来了解其功能。通常病人被深度麻醉,然后打开某处头盖骨使脑区暴露,接着病人恢复意识,医生给予电刺激。在刺激右利手患者的左侧颞叶时常会引起患者的自发言语(spontaneous speech)。Penfield 对这种自发言语很感兴趣,他注意到病人说的多属于回忆,而且回忆得十分生动具体。例如,"我刚才听到我的一个儿子在说话……他是 Frank,而且我还听到了邻居的声音""啊,在某处办公室里,我有同别人一样的记忆力。我能看见这些书桌,我在那里,有人在叫我。一个人手里拿着一支铅笔在桌上学习"。Penfield 根据这些观察认为,大脑中保存了一连串的意识流,人人都具有经历过的事情的永久记忆(record),因此,所谓遗忘就是不能提取。Penfield 的观点曾相当流行,据 E. F. Loftus 1980 年估计,大多数心理学家都接受这种观念,只有实验心理学家例外。他们重新检验了 Penfield 的资料,发现这些资料并不那么可靠:520 例病人中只有 40 例显示出某种回忆,但又只有 12 例是真正的回忆。进一步的分析表明,这 12 例病人回忆的内容类似于梦而不是真实事件(Parkin, 1993)。

记忆并不是存储在脑中某处的痕迹,因此,想通过搜索的办法找到这些痕迹就意味着回忆是不可能的。记忆是一种复杂的过程,涉及编码加工、存储与提取的相互关系。这种关系最早在编码特异性原则中得到说明。该原则认为"什么样的信息得到存储取决于所知觉到的信息以及这些信息怎样被编码加工,而已存储的信息又决定了什么样的提取线索是有效的,可以通过它来提取已存储的信息"(Klatzky, 1980)。

Roediger(1989)根据 Tulving 的思想把研究提取与编码加工交互作用的实验程序抽象成"编码/提取范式"(the encoding/retrieval paradigm),这一范式也是对编码特异性原则的形式表达。见图 8-12。

图中 A 和 B 是两种编码条件,而 A′ 和 B′ 是两种提取条件。如果仅进行 A—A′ 与 B—A′ 的实验,那么 A 与 B 可以是机械背诵和想象,图形和文字或高频字和低频字。但如果在这两种编码条件下提取条件保持恒定,在这种情况下就是编码实验;如果仅进行 A—A′ 与 A—B′ 的实验,那么编码条件保持恒定,但提取条件不同,这就是提取实验。还有一点要注意,假定 A 与 B 是不同的编码条件,提取条件 A′ 与 A、B′ 与 B 具有类似性。如果编码特异性原则是正确的话,那么 A—A′ 与 B—B′ 条件下(提取条件与编码条件匹配)的结果,要好于 A—B′ 与 B—A′ 条件下(提取与编码匹配差)的结果。

	提取条件	
	A′	B′
编码条件 A	A—A′	A—B′
编码条件 B	B—A′	B—B′

图 8-12　编码/提取范式

这样一个基本的实验范式曾用来研究许多记忆问题,下面我们举两个例子来说明。

下面是 Thomson 与 Tulving 1970 年一系列实验中的一个:2 种学习条件结合 3 种提取条件,共有 6 种实验条件,这 6 种实验条件采用组间设计,共有 6 组被试。在一种学习条件下,被试学习一系列的单词,一次一个。在另一种学习条件下,同样的单词被呈现,但每一个单词旁边有一个微弱的线索词,不要求被试记住线索词,只注意它就够了。第一种提取条件下没有任何线索提供给被试,要求被试回忆所学单词。第二种提取条件下微弱的线索提供给被试。而在第三种提取条件下,强有力的线索提供给被试,但这种强有力的线索被试在实验中并未学习过。实验结果见表 8.5。

表 8.5　Thomson 与 Tulving 1970 年实验中的回忆概率*

学习过的线索	提取线索		
	无线索 —	微弱的 (火车)	强有力的 (白的)
无	0.49	0.43	0.68
微弱的(火车)	0.30	0.82	0.23

* 线索词对应于目标词"黑的"。

从表 8.5 我们可以看到:

① 当提取与学习匹配时,即使只有微弱的线索,也使回忆成绩达到 0.82,是 6 种实验条件中最好的;当提取与学习匹配时,即使没有任何线索,回忆成绩也属中等即 0.49,好于不匹配的结果 0.30、0.43 和 0.23。

② 未学习过的强有力的线索的作用依赖于学习条件而发生变化,当学习时无线索,回忆时提供强有力线索,回忆达到 0.68,当学习时有微弱线索但回忆时不使用,而使用强有力线索,回忆只有 0.23。这说明提取线索的作用依赖于学习条件。

③ 在提取与学习匹配时微弱线索的作用大于提取与学习不匹配时强有力线索的作用(0.82>0.68)。这些实验结果表明,提取线索只有在它能重新唤起最初的编码加工时才是有效的。当"黑的"作为目标词孤立呈现而没有别的背景联系时(without context),它得到的加工通常是它本来的意义即与"白"相对立或相联系的东西。因此,"白的"就可以成为一个有效的提取线索(0.68),但别的线索如"火车"却不能成为有效的提取线索(0.43)。但是,当学习单词"黑的"处在一种与"火车"相联系的情形时,被试可能自然地加工两者为"黑色的火车",在这种情况下,微弱的线索"火车"就成了很好的提取线索(0.82),而强有力的线索在同样情况下却完全失效了(0.23)。

Hunt 与 Einstein 1981 年的实验如下:他们要求被试学习 36 个单词,其中每 6 个单词来自一个概念,如动物;或者被试学习 36 个无关联的单词,其中每 6 个单词可以在某一属性上形成联系,如 6 样东西都是绿的。这样,学习材料就可被分为有关联的单词与无关联的单词两类。学习时,被试对两类材料或者进行项目间关系的加工,即要求被试对单词进行归类(sorting),或者进行喜爱程度评定(rating)。测验时,所有被试都进行自由回忆和再认测验。实验结果见表8.6。

表 8.6　Hunt 与 Einstein 1981 年实验正确率*

加工任务	提取条件			
	自由回忆		再　认	
	关联单词	无关联单词	关联单词	无关联单词
关系加工	0.42	0.47	0.73	0.89
项目加工	0.48	0.33	0.93	0.91

* 表中的关系加工指归类,项目加工指评定。

人们相信,学习时归类主要有利于无关联单词,因为对这类单词来说,由喜爱程度评定获得的信息是多余信息;相反地,喜爱程度评定主要有利于关联单词,因为对这类单词来说,由归类获得的信息是多余信息。当然,归类与评定的作用还要依赖于是自由回忆或是再认测验。自由回忆时,对关联单词的评定优于归类(0.48 与 0.42),但相反的结果是,对无关联单词的归类优于评定(0.47 与 0.33)。在再认时,对关联单词的评定优于归类(0.93 与 0.73),这与自由回忆的结果类似,但对无关联单词来说,归类与评定的作用类似(0.89 与 0.91),不过 0.89 与 0.91 都接近天花板效应,可能存在一些不明的原因。

这项实验表明,学习变量(归类或评定)的作用既依赖于学习材料(关联或不关联),也依赖于测验(自由回忆或再认)。这样,我们就不能把记忆理解为一种绝对的东西(例如,只要复习次数愈多,记忆痕迹就会愈强,记忆就肯定好),记忆是相对的,它主要依赖于提取与加工的交互作用。

记忆作为一种动态过程的思想被 Craik 进一步发挥。他认为,记忆不是知觉到的事件的原封不动的记录,它不是如录像带一样静止地保持着的。记忆是一种活动,当刺激输入到认知系统进行加工后,就微妙地改变了整个认知系统,提取时,如果原来的加工事件的许多方面重新呈现,就能够推动认知系统进入大体上同以前加工时一样的活动,于是回忆就是可能的。换句话说,提取与加工一致,就容易导致原来加工事件的"复活",导致良好的回忆效果。

Craik 等人(1983,1996)指出,编码与提取进程是非常类似的。编码过程基本上就是对事件的知觉与理解,而提取过程则是对编码过程的重演,但方向相反。来自神经心理学与神经科学的证据也显示,提取涉及的神经通路与知觉和存储同类信息的神经通路有很多的重合。事实上,编码与提取过程的某种重合可被假定为必然的,因为同一被试开始编码的与后来提取的是同样的经验事件。

但是,编码过程与提取过程仍然存在着差别,其主要差别在于,编码过程是控制的过程,而提取过程则有很多自动化的成分。因此,编码时分心(division of attention)比提取时分心对记忆造成的损害更大。

怎样对编码与提取过程的类似性与差别性做统一的理解呢？Craik 设想，从最终结果上看，编码与提取最后达到的对事件的心理(和皮质的)表征是非常类似的，但是，形成与重新激活这些表征的控制过程是大不一样的。例如，Tulving 等人在综合 10 多项 PET 文献的基础上提出了情景记忆的大脑半球编码、提取的非对称模型(Tulving et al.,1994)。按照这个模型，左右前额叶是情景记忆的相关脑区，但这两部分脑区所起的作用不同。左前额皮层区更多涉及从语义记忆提取信息，并同时将提取到的信息的新颖部分实行编码、存储到情景记忆中。而右前额皮层区则更多地涉及情景记忆的提取。由此可以看到，进行记忆的综合研究，即将认知、神经心理学和神经科学的研究结合起来是一条更富有成效的途径。

二、启动效应与记忆系统

20 世纪 80 年代以来，记忆研究者普遍承认存在着多种形式的记忆(见图 8-13)。如果将图 8-14、图 8-15 与图 8-13 进行比较，就会发现，随着研究的深入，人们对记忆的理解是愈来愈丰富、愈来愈深刻了。大约 1960 年以前，心理学家认为记忆就是形成联想，应该说这是对记忆相当简单与贫乏的理解。大约 1960～1980 年心理学家将记忆区分为不同的形式，即瞬时记忆、短时记忆和长时记忆，并且着重研究了记忆的编码、存储与提取过程。大约 1980 年以来，心理学家将短时记忆扩展为工作记忆(working memory)，工作记忆又由 3 个成分组成。将长时记忆区分为情景记忆(episodic memory)、语义记忆(semantic memory)和程序记忆(procedural memory)。这种区分是强调这 3 类记忆存储的知识性质不同：情景记忆是关于个人经历过的事件的记忆，语义记忆是关于世界各种知识的记忆，这两类记忆都是有意识的记忆，也可以归为"知道什么"的记忆(knowing that)；程序记忆是关于怎样做的记忆(knowing how)，它是通过熟练的行为和认知程序来表达的，它与意识相分离。如骑自行车、游泳、走路、阅读(课文)等，都属于程序记忆。近十多年来记忆研究者着重研究长时记忆怎样对不同的记忆测验做反应。一类是外显的记忆测验(explicit memory tests)，如自由回忆、线索回忆、再认。另一类是内隐的记忆测验(implicit memory tests)。启动效应(priming effects)或内隐记忆正是应用各种内隐记忆测验揭示出来的极为重要的记忆现象。启动效应的基本特征是与意识分离，所以它又被称为无意识的记忆。而外显记忆的基本特征是与意识相联系，是有意识的记忆。为了说明启动效应，为了说明无意识记忆与有意识记忆的关系，出现了两种对立的观点，一种是传输适当认知程序的观点(transfer-appropriate procedures)，另一种是记忆系统的观点(memory systems)。"为什么内隐记忆(启动效应)如此值得去了解？一个不容辩驳的答案是，许多存在于内隐记忆条件下的东西都表现得与外显记忆完全不同，或是独立于它。科学家们很自然地对与他们预期不符的令人惊奇的现象感到困惑，而内隐记忆无疑正属于这种现象"(Schacter,1995)。

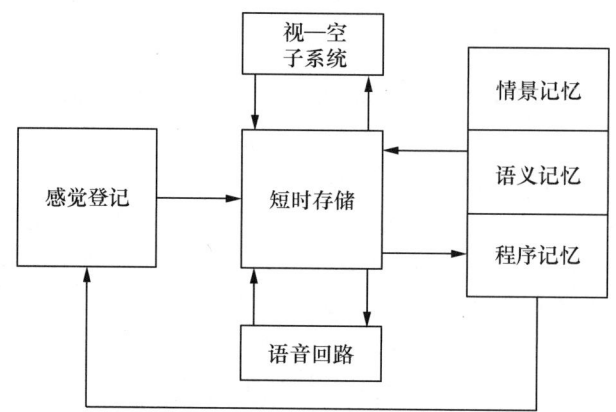

图 8-13　20 世纪 80 年代以来心理学家认为的记忆

图 8-14　大约 1960~1980 年心理学家认为的记忆　图 8-15　大约 1885~1960 年心理学家认为的记忆

（一）启动效应的概念与测量方法

启动效应是指执行某一任务对后来执行同样的或类似的任务的促进作用。它与正迁移类似，但后者是在总体效果上进行测量的，启动效应的测量单位却十分具体。例如，学了"息、云、国……"单字后，把它们与未学过的一些单字随机混合，在速示器上逐个以极短时间（几十毫秒）呈现，要求被试读出所见到的单字。典型的实验结果是："息""云""国"等学过的字读出来的概率高于未学过的字，两者的概率之差就是对启动效应的测量，这就是测量启动效应的"知觉辨认"的方法（perceptual identification）。在这里，启动效应是由逐个对应于学习阶段的单字、图画等材料累计得来的。

启动效应又分为直接启动（direct priming）与间接启动（indirect priming）。在直接启动中，测验项目与学习项目是相同的，例如在刚才的例子中，速示器上呈现的"息"字是被试学习过的。而在间接启动中，测验项目与学习项目有关，但并不相同。例如，学习了"医生"单词后，在测验中会使"护士"的反应时缩短。直接启动又称为重复启动（repetition priming），因为同一项目在学习和测验中都出现过。目前记忆研究中未做特别说明的启动效应就是指直接启动，我们以下讨论的启动效应也是指直接启动。

启动效应的测量方法除上面说到的知觉辨认外，还有词干补笔（word stem completion）、补笔（word-fragment completion）等。

下面以英文为例，说明什么是词干补笔测验(参见表8.7)。

表 8.7　两组被试学习字单与词干补笔测验字单

学习字单		测验字单	
第1组被试	第2组被试	第1组被试	第2组被试
shade	chair	sha ____ （目标）	cha ____ （目标）
print	trade	pri ____ （目标）	tra ____ （目标）
		cha ____ （基础值）	sha ____ （基础值）
		tra ____ （基础值）	pri ____ （基础值）

被试学习一系列单字后，主试给第1组被试提供单字的开头3个字母，要求被试把心中首先想到的单字填出来。从表上我们知道，他们填成 shade，print 就算对。当然，第2组被试虽然没有学过 shade 和 print，但给他们提供 sha ____ 和 pri ____ 的话(见测验字单第2组被试一行)，有时他们碰巧也能填对，即填成 shade 和 print。这种碰巧填对的概率，即机遇概率，就作为测量启动效应的基础值。总体说来，第1组被试填对 sha ____ 与 pri ____ 的概率要高于第2组被试，第2组被试填对 cha ____ 与 tra ____ 的概率要高于第1组被试。学过字填对的概率减去未学过字填对的概率就叫作启动效应。

补笔测验与词干补笔测验类似，但它在测验中不提供单字的头3个字母，而是提供单字的缺笔字，要求被试把心中首先想到的单字填出来。例如，在学习过 ASSASSIN 之后，给被试的缺笔字是 A ____ A ____ IN，它是随机去掉一些字母构成的，其余测验程序和启动效应的计算与词干补笔相同。汉字的补笔测验与词干补笔测验请参见图 8-16。

现在人们把自由回忆和再认等传统的测验记忆的方法叫作外显记忆测验(explicit memory tests)，其特点是这些测验要求被试有意识地努力去提取信息；把知觉辨认、补笔和词干补笔等测验记忆的方法叫作内隐记忆测验(implicit memory tests)，其特点是，这些测验并不要求被试有意识地努力去提取信息，只是要求他们专注于完成眼前的作业就行，如在知觉辨认中，只要求被试读出短暂呈现的单字。由上面的叙述可以看到，在所有内隐记忆测验中，待测验的材料都不是原先学习时的完整形式，而是以一种残缺的形式出现(在知觉辨认中，你无法看清楚快速呈现的单字)，要求被试把它补全，或把它辨认出来。

进行内隐记忆测验时遇到的一个困难是，内隐记忆测验会受到外显记忆的影响。因此，通常的内隐记忆测验并不总是对内隐记忆功能的测量。例如，要是提供测验材料

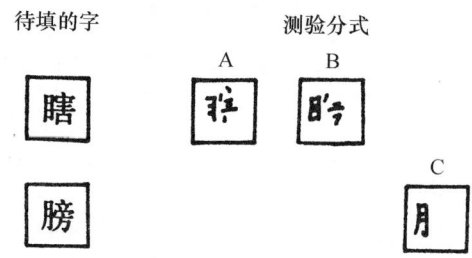

图 8-16 3 种测验方式 A、B、C

A. 补笔,它是随机去掉笔画,只保留 9 笔画构成的。B. 带部首补笔即词干补笔,它保留部首,另一部分随机去掉一半笔画构成。它只有一种可能填成有意义单字。C. 部首补笔即词干补笔,它只保留部首,是有多种可能填成有意义单字的缺笔字。

sha____给被试,当指导语是要被试回想刚才学过的单字(如 shade)时,这个测验就是线索回忆,属有意识记忆;当指导语要求被试迅速把心中首先想到的单字填出来时,这个测验就是词干补笔,属无意识记忆。对于一名大学生或一名具有良好外显记忆的其他被试来说,当指导语要求做词干补笔时,他也许实际上是在做线索回忆。

为了解决研究中的这一基本的方法学问题,Schacter 等人于 1989 年提出了"有意提取标准"。这一标准包括两个关键成分:① 内隐记忆与外显记忆测验中客观的线索是相同的,只是提取的指导语(内隐或外显)不同;② 实验操作程序是相同的,但它对两种测验的影响不同。

基本的论据是,当这些条件满足的时候,我们就可以排除内隐测验任务中混杂了有意提取策略的可能性。其中逻辑十分简明:如果被试在内隐测验中进行外显的提取,那么,他们用相同线索进行内隐和外显测验中的成绩就会受到实验操作程序相似的影响。而在实验条件下得到不同的结果,就表明内隐记忆测验未被外显的意识混杂(Schacter,1989)。解决内隐记忆测验不受意识混杂的另一条途径是 Jacoby 提出来的"过程分离程序"(process-dissociation procedures)(Jacoby,1991;朱滢等,1997)。

(二)遗忘症病人的实验性分离现象

人们把在同一自变量影响下两种测验产生相反结果的情形称为实验性分离(experimental dissociation)。E. Tulving 曾对实验性分离作过如下的描述:"符合实验性分离逻辑的实验是这样的:控制单一的变量而比较在两种不同的测验任务中变量的效应……如果变量影响被试在一种测验任务中的结果,但不影响另一种测验任务的结果,或者变量对两种测验任务的结果的影响有不同的方向,我们就说分离产生了。"

我们先来叙述一下遗忘症病人(amnesic patients)的实验性分离现象。

记忆的神经心理学关于遗忘症病人的研究是目前启动效应研究的原动力。遗忘症病人由于某种形式的脑损伤而丧失记忆,不过,这些病人的知觉能力、语言和智力基本上保持完好。长期以来，人们相信遗忘症病人不能把语词信息从短时记忆传递到长时记忆中去，即他们不能保存新鲜的经验。但是，Warrington 和 Weiskrantz（1970）的实验却改变了人们的看法（Roediger et al.，1989）。

他们让 4 位遗忘症病人（3 位柯萨柯夫遗忘症病人与一位颞叶切除术病人）与 16 位控制组病人（无脑损伤）学习字单，然后进行 4 种记忆测验：自由回忆与再认，模糊字辨认（word fragment identification，测验时将字迹弄得模糊不清，要求被试说出是什么字）与词干补笔。有些结果是预料之中的，遗忘症病人在自由回忆与再认的测验中都比控制组差（见表 8.8）。但使人惊讶的是，在其余两项测验中，遗忘症病人与控制组的成绩一样好（词干补笔中控制组稍优于病人，但差异不显著）。换句话说，遗忘症病人也能保持词语信息，但是这种保持要在特定的测验中才能表现出来。

表 8.8 遗忘病人对语词信息的保持

组别	任务			
	外显记忆/(%)		内隐记忆/(%)	
	自由回忆	再认	模糊字辨认	词干补笔
控制组	55	75	45	69
遗忘症病人	44	45	47	58

表 8.9 3 项实验的综合结果

组别	任务		
	自由回忆/(%)	线索回忆/(%)	词干补笔/(%)
控制组	37	69	49
遗忘症病人	15	58	57

1984 年 P. Graf（1984）等人在题为《遗忘症病人不会遗忘的信息》的论文中报告了他们对 3 种类型的遗忘症病人（柯萨柯夫遗忘症、酒精中毒柯萨柯夫遗忘症以及缺氧脑病）进行实验研究的结果。表 8.9 是在意义加工的条件下（要求被试对所见到的单字做喜欢或不喜欢的 5 点量表评判），3 项实验中遗忘症病人与控制组被试的结果。从表上可以看到：

① 在外显记忆测验中（自由回忆），病人的成绩显著地不如正常人，这表明病人的外显记忆受到严重损伤；在另一项外显记忆测验中（线索回忆），结果是类似的。控制组 69% 与病人组 58% 在统计上有显著差异。

② 在内隐记忆测验中（词干补笔），病人组 57%，与正常组 49% 相比，表示病人的内隐记忆仍然保留。

③ 比较词干补笔与线索回忆两种测验中两类被试的结果可以看到,正常人从49%上升到69%,而病人则从57%到58%几乎没有变化。

这表明在有线索回忆时,当主试明确要求被试以缺笔字(如 sha____)作线索来进行有意回想时,正常人大大地提高了成绩;但是病人由于脑损伤而不能回忆,所以主试的指导语并没有发生效力。

遗忘症病人具有启动效应,但这些启动效应都是针对已知的文字和图画表现出来的。问题是遗忘症病人是否也像正常人一样,对先前并未存在于记忆表征中的新的或不熟悉的材料表现出正常的启动效应?换句话说,即遗忘症病人能否学习新的信息?Graf与Schacter(1985)首次考察了遗忘症病人形成新联系的可能性。他们给被试呈现一系列词对(如 window-reason),每呈现完一个词对,要求一组被试用词对造句(如,她有充足的理由打开窗户),而另一组被试则判断词对中的两个词是否有一样多的元音字母。在测验阶段,一半测验是在同样的上下文关系中进行的,即原来的词对第一个字是完整的,第二个字只是呈现词干,要求被试把词干填成一个有意义的单字(如,windows-rea____?);另一半测验是在不同的上下文关系中进行的,即原来的词对被拆散了,但也要求填词干(如,mother-rea____?)。

结果表明,window-rea____这一半测验的启动效应大于mother-rea____这一半测验的启动效应,而且,这种情况只出现在意义加工即造句的实验条件下。这说明遗忘症病人通过造句在头脑中对window与reason形成了一定的新的联系(之所以说是新的联系,是因为window与reason并没有像doctor与nurse一样必然的联系),这种新的联系帮助病人在window-rea____条件下表现出更大的启动效应。

关于遗忘症病人保留有记忆能力的研究,最初的兴趣只集中在对病人的诊断上,即这些病人是以其很差的外显记忆与完好的内隐记忆为特征的。随着研究的深入,人们对同一个人身上外显记忆测验与内隐记忆测验之间的分离现象赋予了理论上的意义,认为研究这种分离现象是理解人类记忆本质的全新的途径。例如,从道理上人们普遍承认,人类的遗忘症是由边缘结构及间脑结构的损伤造成的。但遗忘症病人保留的启动效应和技能学习证明这些结构对内隐记忆是不必要的。

(三) 正常人的实验性分离现象

1982年Tulving等人(1982)发表了题为《补笔的启动效应独立于再认》的论文,他们用正常人作被试,也重现了在遗忘症病人身上表现出来的不一致现象。Tulving等人让正常人被试学习96个低频英语单字,学习后1小时进行再认测验与补笔测验,7天以后重复这两种测验,实验结果见图8-17。图8-17最显著的特点是,情景记忆7天后遗忘很多(由再认结果显示出来),但由启动效应显示的内隐记忆7天前后没有差别,仿佛启动效应不会遗忘一样!另外,实验数据分析表明,测验中正确填对缺笔字的概率与被试自以为是学过的字或自以为是未学过的字无关(对同一个字既进行再认测验也

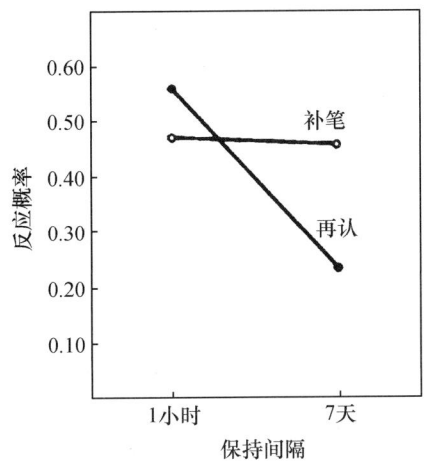

图 8-17　7 天前后再认与补笔的保持
(Tulving, Schacter & Stark, 1982)

进行补笔测验),换句话说,即补笔正确率是独立于再认的。这种在单个项目水平上两种记忆测量缺乏相关被称为随机独立。启动效应与再认记忆之间的随机独立性的证明具有重要的理论意义,它可能揭示了启动效应与再认记忆分别属于不同的记忆系统。

朱滢等人(1989)进行了知觉辨认(速示器辨认)与再认是否相互随机独立的实验研究,目的之一是验证知觉辨认与补笔是否具有同样的内隐记忆性质。

实验设计为 $2\times2\times2$ 的组内设计。第一个因素为测验类型:再认与知觉辨认(快门辨认);第二个因素为测验间隔时间:半小时与 7 天;第三个因素是测验项目类型:学过的单字与未学过的单字。学习材料是 160 个低频汉字。被试为北京大学各系自愿报名参加实验的学生共 25 名。实验程序如下:

(1) 学习部分。每个被试先学习 5 个缓冲字,然后学习 40 个单字,再学习 5 个缓冲字。休息 5 分钟后重复上述程序。这样共使用 20 个缓冲字和 80 个学习单字。缓冲字对每个被试均相同。使用缓冲字是为了避免系列位置效应,它们不包括在 160 个单字内。

(2) 测验部分。每个被试学习后半小时连续进行如下测验:① 再认 A(20 旧字,20 新字)。② 知觉辨认 B(20 旧字,20 新字)。③ 知觉辨认 A。④ 再认 B。每个被试学习后第 7 天连续进行如下测验:① 再认 C(20 旧字,20 新字)。② 知觉辨认 D(20 旧字,20 新字)。③ 知觉辨认 C。④ 再认 D。上述 A、B、C、D 各包括的单字对每个被试来说都是随机选择的。括号内的"旧""新"分别指学过或未学过的单字。

学习与再认都是由长城 0520CH 微型计算机来控制的。学习时一个字在屏幕上停留 3s。再认时依次逐个呈现汉字,让被试按两个不同的键分别对旧字和新字做反应,判断时间不限。知觉辨认用自制速示器进行。每个字按仿宋体用毛笔写在道林纸卡片上(白底黑字),高宽各约 10cm,对被试形成的视角为 7.74°。汉字卡片放在速示器后部由灯光照明,离汉字 11cm 处有一块玻璃,上面贴有两条宽 1cm 的白胶布,第一条距卡片顶端 3.5cm,两条之间相距 2cm,这种安排是为了使被试不易辨认汉字,因为预试表明,对于完整的汉字,只呈现 10ms 被试也能容易地辨认。玻璃上测得的平均照度为 50 lx。玻璃距被试的观察小窗口 63cm,窗口上有一个美国拉飞耶得公司生产的电动快门控制汉字呈现时间。辨认时被试先练习 5 张卡片。正式实验时,每次主试说"准备,下一个字"之后,被试稍作准备,自己按开关,然后报告所看见的汉字。每个字呈现

50ms。50ms 的选用由预备实验确定,在这样的速度下,对未学过的单字的正确辨认率平均在 48% 左右。

表 8.10 和表 8.11 代表了不同测验顺序的结果。

表 8.10 再认—快门辨认顺序的简单概率与联合概率

单字数型	间隔时间/h	简单概率		联合概率	随机独立	差值*	差值**
		再认	快门	再认快门	再认×快门		
旧	0.5	0.850	0.800	0.676	0.680	0.004	0.005
旧	7×24	0.652	0.786	0.526	0.512	0.014	0.010
新	0.5	0.914	0.746	0.668	0.682	0.014	0.001
新	7×24	0.782	0.724	0.568	0.566	0.002	0.003

* 本实验中联合概率与其理论预期值之差。
** Tulving 1982 年实验类似的结果。

对表 8.10 再认结果的 F 检验表明,学习结束后半小时的再认百分比显著高于 7 天后的结果。

表 8.11 快门辨认—再认顺序的简单概率与联合概率

单字数型	间隔时间/h	简单概率		联合概率	随机独立
		再认	快门	再认快门	再认×快门
旧	0.5	0.774	0.630	0.490	0.488
旧	7×24	0.666	0.642	0.454	0.428
新	0.5	0.834	0.520	0.394	0.434
新	7×24	0.616	0.572	0.276	0.352

对表 8.11 速示器辨认结果的 F 检验表明,7 天前后新旧单字辨认概率的差别即启动效应并无显著变化。

再认与速示器辨认是否相关?概率论关于相互独立随机事件的规定如下:若事件 A 与 B 满足:

$$P(AB)=P(A)P(B)$$

则称 A 与 B 相互独立。Tulving 认为再认与补笔的启动效应是相互独立的随机事件,从而推论启动效应与再认各属于不同的记忆系统,就是依据了这个公式。参照 Tulving 等人 1982 年的结果,可以认为表 8.10 中各种场合的联合概率等于其理论预期值,差值在千分之几的水平上。但表 8.11 中联合概率不等于其理论预期值。

该实验证明,速示器辨认的汉字启动效应 7 天之后没有下降;另一方面,再认—快门辨认顺序的联合概率等于其理论预期值。由此可以认为,这种实验条件下的再认与速示器辨认的启动效应是无关的,但是,快门辨认—快门再认顺序的联合概率不等于其理论预期值。

实验心理学家认为,"困难的情况是在概念上围绕着这样一个事例,即两种反应测量值都有高度可靠性(因此也有敏感性),但是彼此之间没有相关。这种情况在根本上强迫得出这样的结果:两种反应测量标示两个相对独立的过程。如果自变量不是以同样方式来影响两种反应测量,这个结论就特别肯定。在这点上我们只能作理论性的思考,因为资料不能提供给我们更多的东西了"(B. J. 安德伍德,J. J. 肖内西,1981)。知觉辨认启动效应与再认无关的实验结果有利于证明启动效应属于一种新的记忆系统。

1983年,Jacoby(见Craik,1983)关于正常人的实验也十分典型,因为该实验证明了外显的与内隐的记忆功能的分离。在实验的第一部分,他要求3组被试在3种条件下大声读出一系列视觉呈现的单词或心里想出来的单词。在"无上下关系"的条件下,呈现单词以前先呈现一排符号(××××),因此被试事先得不到关于该单词的信息;在"有上下关系"的条件下,呈现单词以前先呈现它的反义词,这样被试事先得到关于该单词的信息,从而可以预料它;在"想出"的条件下反义词首先呈现,但紧跟着出现一排问号,被试的任务是想出该单词来,而主试不呈现该单词(见表8.12)。通过这种程序,Jacoby巧妙地改变了被试完成的对单词形状的感知觉加工和意义加工的数量。这就是,第一种条件下要求看清字形(感知觉的加工多),因为被试事先无法预料该单词,但同时也要求很少一点意义加工;第二种条件要求较少的感知觉加工,因为反义词首先呈现,这样被试事先就得到有关呈现的单词的信息,但相应地涉及较多的意义加工;最后,"想出"条件基本上不涉及感知觉加工,因为要求被试想出来的单词不在视觉上呈现出来,但是要求最大数量的意义加工。实验第一部分结束后,被试或者进行再认测验,或者进行知觉辨认测验,结果见表8.12。实验结果表明,再认成绩随实验条件从"无上下关系"到"想出"一直上升,而知觉辨认却表现出明显相反的结果,出现了两种测验之间的分离现象,这就是外显记忆与内隐记忆在功能上的分离。

表8.12 在3种实验条件下再认和知觉辨认的概率

测验类型	实验条件		
	无上下关系 ×××× "冷 的"	有上下关系 热 的 "冷 的"	想出 热 的 ???
再认	0.56	0.72	0.78
知觉辨认	0.82	0.76	0.67

遗忘症病人不能回忆所学过的单字,但对这些单字做词干补笔测验时,他们的成绩与正常人一样的好,这就是上面叙述过的遗忘症病人的实验性分离现象。Graf等人(1982)用正常人作被试模拟出了类似的实验性分离现象。实验中将24名大学生随机分成两组。每组学习同样的20个单字,但学习方法不同。单字是一个一个呈现的。第一组被试对呈现的单字做喜爱程度的评判,对最喜爱的单字打7分,最不喜欢的给1分,这是一种定向任务,引导被试做意义加工,因为被试不了解单字的意义就不能做出评判。第二组被试对所呈现的单字的元音字母进行考察,看所呈现单字的元音字母是否与前面单字的元音字母一样,这也是一种定向任务,引导被试对单字做浅层的加工,

而忽略单字的意义。20个单字前面还有8个单字用作练习,20个单字后面还有4个单字用于消除系列位置效应的近因效应,也就是说,只用20个单字的结果来进行数据分析。每个被试学习完毕单字以后,先做词干补笔然后做回忆测验。从实验程序我们知道,这是一个2×2的混合设计,实验条件是组间设计,记忆测验是组内设计。实验结果见表8.13。

表 8.13 Graf 等人 1982 年实验结果/(%)

记忆测验	实验条件	
	喜爱评判	寻找元音字母
词干补笔	31	28
自由回忆	30	08

对数据的方差分析表明,实验条件与记忆测验之间存在显著的交互作用。这一结果与表8.12十分类似。

在正常人身上也观察到外显记忆测验与内隐记忆测验之间的分离现象意义重大。换句话说,没有脑损伤的正常人重复了脑损伤的遗忘症病人身上的分离现象,这表明这种分离现象有着普遍的意义。

上面我们叙述了把模糊字辨认、词干补笔、补笔和知觉辨认等内隐记忆测验引入实验,首先在遗忘症病人身上,而后在正常人身上都发现了实验性分离的现象,即在同一实验变量影响下,外显记忆测验与内隐记忆测验有着不同或相反的结果。

进一步要研究的问题就是,怎样解释上述的实验性分离现象?内隐记忆的性质是什么?外显记忆与内隐记忆之间的关系是怎样的?这些问题的提出与研究,标志着我们对记忆本质的认识正在深入。

(四) 关于启动效应的两种观点

由补笔、词干补笔等测验所显示的启动效应是人类记忆的无意识形式,这种看法是研究记忆的学者都赞同的。对遗忘症病人来说,由于脑损伤而不能回忆(回忆总是有意识地进行的);对正常人来说,由于专注于眼前的作业(补笔等)而没有回忆。

但是,在回答(三)末尾提到的几个问题时,分歧就产生了。Tulving 等人提出了多重记忆系统的观点,认为记忆不是单一的系统,而是由几个系统组成的,启动效应代表着一种新的记忆系统,即知觉表征系统(perceptual representation system,PRS)(Tulving & Schacter, 1990)。而 H. L. Roediger 等人则提出传输适当认知程序的观点(transfer-appropriate procedures approach)(Roediger et al., 1989),认为记忆测验是由各种认知过程构成的,测验之间的不一致反映了不同过程的作用。

1. 多重记忆系统的观点

Tulving 关于人的记忆是由多重系统(multiple memory systems)构成的思想由来已久。1972年他把长时记忆区分为情景记忆与语义记忆,对记忆研究产生了重大影响。1982 年在解释他的实验结果时(见图 8-16),他认为启动效应反映了一种新的记忆系统的功能。他的推论简单明了:如果启动效应是由情景记忆系统来调整的话,我们应观察到"遗忘",而且还应观察到启动效应与再认(情景记忆)的某种程度的相关,但实验结果表明,启动效应既没有遗忘也不存在启动效应与再认的相关。是不是启动效应反映了语义记忆呢?按照语义记忆最通常的观点,学习一系列单字激活了它们的词汇节点,这种激活一直保持到补笔测验时缺笔字呈现的时候,新近激活的节点(这些节点与学过的字有关)比未受激活的节点(这些节点与未学过的字有关,但这些字与学过的字有部分相同的字母)更易接通,于是产生了启动效应。Tulving 认为,这种解释是不能成立的,由于启动效应 7 天前后无变化,人们难以想象激活能维持 7 天之久。于是他认为启动效应属于情景记忆、语义记忆之外的另一种系统。

  1990 年 Tulving 等人继续进行关于启动效应代表着一种新的记忆系统的论证(Tulving & Schacter, 1990)。他让被试学习一系列单字,例如 PYRAMID 和 MOS-QUITO,然后针对这些单字连续进行两次补笔测验。有时候这两次补笔测验提供的缺笔字是相同的(如两次补笔测验都提供:"_ Y _ A _ ID"作为线索),有时候这两次补笔测验提供的缺笔字有很少一点的重复(如"_ O _ Q _ TO"和"_ S _ UI _ O"分别在第一次测验与第二次测验)。实验结果表明,在两次连续测验中,使用相同的缺笔字使两次测验结果高度相关;而在两次连续测验中,使用稍有重复字母的不同缺笔字使两次测验结果无关或相关为零。进一步的实验还使用如下方法:假设被试学习了 AARDVARK 和 UMBRELLA,然后进行两次连续的补笔测验。第一次测验的缺笔字包括 3 个字母,如"_ A _ D _ R _"和"U _ R _ L _";第二次测验的缺笔字包括 5 个字母(其中 3 个字母与第一次测验重复),如"_ ARD _ AR _"和"U _ BR _ LA"。实验表明,两次连续测验结果仍然是无关的或者说存在着随机独立性。图 8-19 代表了许多实验的结果,这些实验的第一次测验是内隐记忆测验,第二次测验或是外显记忆测验,或是同样的内隐记忆测验,但提供的线索不同。图上的每一个点代表一个实验或某实验中的一种实验条件。由图 8-18 可以看到,连续两次测验都表现出随机独立性。

  Tulving 认为,从这些实验结果可以推测,头脑中接通有关信息从而产生启动效应的通路是不灵活的、非常特异化的(inflexible 或 hyperspecific)。换句话说,在一种场合下某一线索是否接通单字在头脑中的表征(a representation)与在另一场合靠另一线索接通同一单字在头脑中的表征无关。这种情形表明,产生启动效应的表征不是含抽象意义的有定位的痕迹(abstract focal traces)。如果产生启动效应的表征是这种痕迹的话,那么针对同一目标(单字)的两种不同线索应该唤起或刺激起同一表征,从而在实验结果上表现为至少是中等程度的相关。实际上,这种中等程度的相关的确在外显记忆测验中经常发生。由此看来,外显记忆的表征与内隐记忆的表征是不同的。因此,Tulving 推测启动效应代表着知觉表征系统,这种系统没有单字的固定的痕迹,也可以说是无痕迹的记忆系统(traceless memory system),但它可能包含单字的多重分布的

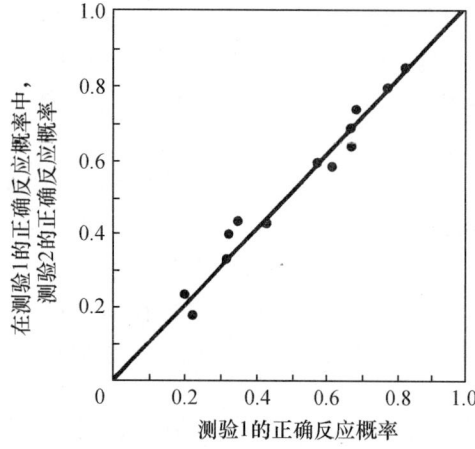

图 8-18 连续两次测验获得的随机独立性
（Tulving & Schacter,1990）

表征,每一重表征的唤起都是通过一个特殊的线索来实现的。

另一位著名的多重记忆系统观点的代表人物是 D. L. Schacter。前面我们已经提到,研究者对遗忘症病人是否对新的信息、新的联系具有启动效应很感兴趣。Schacter 等人（1990）应用正常被试做了 4 个实验来探讨他们对新的客体是否具有启动效应。

Schacter 等人使用的实验材料见图 8-19。图 8-19 是两类图形的代表。

一类图形代表实际上可能存在的物体,另一类图形代表现实世界不可能存在的物体。这两类图形对被试来说都是从未见过的。在实验

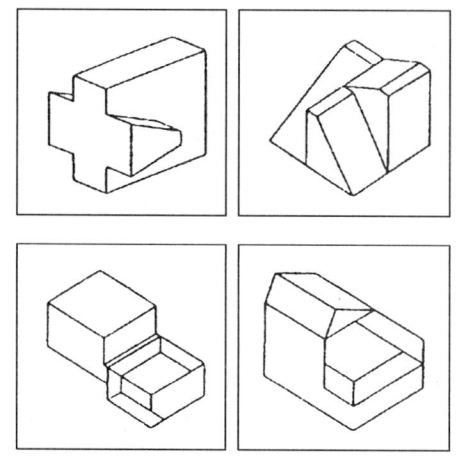

图 8-19 Schacter 等人实验中采用的"可能"和不可能刺激
上面的两个是"可能物体",下面的是"不可能物体"。（引自 Schacter et al.,1990）

中,大学生被试首先通过完成定向任务学习 40 张可能物体与不可能物体的图形,每张图形呈现 5s。例如,要求被试对单个呈现的图形做高—宽比较判断（高与宽一样,高宽有些差别,高宽差别相当大,高宽差别极大等）,这种高宽判断使被试必须对图形进行结构分析与深度（in depth）的分析。在另一种定向任务中要求被试对图形进行精细分类（图形属于某类建筑或建筑的一部分、某种家具或家庭用品）。学习完毕进行客体决定测验（object decision test）和再认测验。在客体决定测验中,每一图形呈现 100ms,要求被试迅速按键回答呈现的图形是可能的物体还是不可能的物体。在再认测验中每张图形呈现 6s,要求被试按键回答所呈现的图形是不是刚才学习过的。一半被试按先客体

决定测验后再认测验的顺序进行,另一半被试按相反的顺序进行。

下面我们举实验3的结果来做一说明。

从表8.14可以看到,高-宽结构判断下的启动效应类似于精细分类的启动效应(0.09与0.09),两种实验条件下不可能物体都没有启动效应。

从表8.15可以看到,再认时对于可能的物体精细分类的再认(0.62)显著大于高-宽结构判断的再认(0.31),对于不可能物体情况类似。

表 8.14　客体决定准确率:Schacter(1990)实验 3

项目类型	编码条件	
	高-宽判断	精细分类
	可能的物体	
学习过的	0.77	0.79
未学习过的	0.68	0.70
启动效应	0.09	0.09
	不可能的物体	
学习过的	0.59	0.65
未学习过的	0.63	0.63
启动效应	−0.04	0.02

注意:启动效应等于学习过的百分数减去未学习过的百分数。

表 8.15　再认的准确率:Schacter(1990)实验 3

项目类型	编码条件	
	高-宽判断	精细分类
	可能的客体	
学习过的	0.64	0.83
未学习过的	0.33	0.21
再认	0.31	0.62
	不可能的客体	
学习过的	0.63	0.67
未学习过的	0.39	0.21
再认	0.24	0.46

注意:再认准确率等于学习过的准确率减去未学习过的准确率。

表8.14与表8.15的结果以及其他实验结果可以归纳如下:

① 启动效应只存在于可能物体。② 可能物体的启动效应只在实验条件要求被试判断物体的三维结构(高-宽判断)时产生,而在实验条件要求被试对物体只做二维特征判断时启动效应消失。如在Schacter(1990)实验1中,实验条件要求被试判断可能物体的水平线和垂直线的数目时,学习过的准确率为0.67,而未学习过的也达到0.64,两项相减没有启动效应。③ 对可能物体做精细分类与对物体的三维结构做判断,两种实

验条件下产生的启动效应相当；有时，精细编码还会导致启动效应消失，如在 Schacter 等人(1990)实验 2 中，精细编码是要求被试看到图形想出他最熟悉的东西来，结果启动效应近乎为 0(0.76～0.73)。④ 遗忘症病人也具有可能物体的启动效应。

根据上述结果和其他实验结果，Schacter 等人(1990)提出，物体的启动效应可能是由知觉表征系统来调节的，该系统的主要作用就是计算物体的结构描述。按照这种说明，不可能物体不存在启动效应是因为人们在内心中不能对它做出一致的结构描述，以致不能形成该结构的表征；只对物体做二维特征的编码也不能产生启动效应，因为这些编码不能激活结构上的描述。而对物体做三维结构的判断则能导致形式结构描述，在随后的物体决定测验中，对这些物体(图形)的知觉就得到已形成的结构描述的促进，从而产生启动效应。物体的启动效应是在结构描述水平上的效应，因此语义编码(即精细编码)不能增强物体的启动效应，这一说法与许多神经心理学的证据是一致的，即关于物体结构描述的知识可以与关于物体的语义特性的知识相分离。

Tulving 和 Schacter 在题为《启动效应和人的记忆系统》(1990)这篇文章中对知觉表征系统的观点和证据进行了总结。Schacter 和 Tulving 在题为《1994 年的记忆系统是怎样的？》(1994)的文章中提出，记忆系统的思想来源于多种研究的综合发展：

① 发现遗忘症病人的记忆障碍是高度选择性的，即他们外显记忆很差但内隐记忆正常。海马结构(the hippocampal structures)在获取某类信息中起着关键的作用。

② 发现短时记忆与长时记忆的分离、情景记忆与语义记忆的分离和陈述记忆与程序记忆的分离。

③ 认识到许多记忆形式有时以内隐的方式表现出来。1995 年 Tulving 把人的记忆区分为五大记忆系统：程序记忆系统、知觉表征系统、语义记忆系统、工作记忆系统和情景记忆系统(Tulving,1995)。把这五大记忆系统与图 8-16 进行比较可以看到，存在不同的记忆形式是大家都承认的，区别在于是多个记忆系统还是一个记忆系统。下面我们介绍主张一个记忆系统的观点——传输适当认知程序的观点。

2. 传输适当认知程序的观点

由 Roediger 等人(1989)提出的这种观点与多重记忆系统的观点不同，它不认为外显记忆测验与内隐记忆测验分别代表着不同的记忆系统，而主张记忆系统只有一个，外显记忆与内隐记忆测验之间的分离现象只是反映了两类测验所要求的认知程序(或过程)不同而已。这种观点包括 4 个基本假设：

① 如果记忆测验所要求的认知过程与学习时所要求的认知过程相似或重叠，则测验的成绩好，否则就差。这一假设与"提取与加工的一致性保证好的记忆"的公认观点是类似的。

② 外显记忆与内隐记忆测验要求的提取过程不同，结果，这两类测验从学习时不同的加工过程获益也就不同。Roediger 进一步把这个假设分成两项。

③ 学习时的意义加工、精细编码和心理映象等加工过程导致大多数外显记忆测验

(回忆和再认等)成绩良好。大量的实验表明,加工水平、句子的精细编码以及材料的有意义的组织等因素提高了回忆与再认这些外显的记忆测验的成绩。因此,可以认为外显记忆测验是要求概念驱动过程的(conceptually driven processing)。

④ 大多数内隐记忆测验严重地依赖于学习时与测验时的知觉过程(perceptual processing)的匹配程度。许多内隐记忆测验(例如知觉辨认、补笔与词干补笔等)似乎是提取过去经验中的知觉成分。因此,可以认为内隐记忆测验是要求材料驱动过程的(data-driven processing)。这样,概念加工中的各种变量对内隐记忆测验就不会有什么影响,而表面特征方面的变量(variations in surface features,如感觉道)对内隐记忆测验则有重大影响;另一方面,表面特征方面的变量对外显记忆测验并没有什么影响。

传输适当认知程序的观点(简称程序观点)怎样解释两类测验间的分离现象呢?我们以 Jacoby 的实验为例(见表 8.12)。Jacoby 的实验表明,学习时把单字写出来("想出"的实验条件)比脱离上下文读它,在外显记忆测验(再认)中有更好的成绩(0.78>0.56);但在内隐记忆测验(知觉辨认)中,读出单字比写出单字有更多的启动效应(0.82>0.67)。Roediger 认为,这是因为阅读单字比写出单字更多地涉及材料驱动过程,因此对材料驱动测验(知觉辨认)能更好地传输信息,从而导致读出单字比写出单字有更多的启动效应;从有关的线索(热—?)想出单字比脱离上下文阅读(××××—冷)更多地涉及意义加工,因此对概念驱动测验(再认)能更好地传输信息,结果导致写出单字比读出单字有更好的再认成绩。

许多其他两类测验间的分离现象也可以用程序观点来解释。但是,对于像 Jacoby 这样的实验结果,人们用多重记忆系统的观点也完全能够解释。在 Jacoby 的实验中,再认属于陈述记忆(情景记忆),而知觉辨认(启动效应)属于程序记忆,因此实验结果的不一致反映了不同记忆系统的功能。既然两种观点都能解释 Jacoby 的实验,那么反过来说,仅仅进行类似于 Jacoby 的实验是不能解决两种观点的争论的。我们必须寻找新的实验设计,其实验结果可以在肯定某一观点的同时否定另一观点。Roediger 提出了下面的实验设计(见图 8-20)。

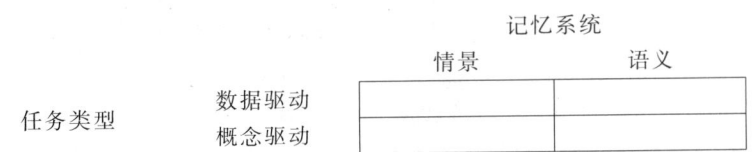

图 8-20 解释记忆测验分离时区分记忆系统的作用还是加工类型的作用的实验设计

(Roediger et al. ,1989)

他认为,如果同时比较 4 项记忆测验结果,我们就有可能判断,在同样实验条件下,实验结果是符合多重记忆系统观点的预测还是符合程序观点的预测。他还指出,不幸的是,以往绝大多数关于实验性分离现象的实验研究往往只用右上角的测验与左下角的测验做比较(例如,Jacoby 的实验就是再认与知觉辨认的比较),因而造成了自变量记忆系统与加工方式的混淆,无法区分两者各自的作用。例如,从纵向看即从多重记忆系统的观点来看,比较右上角测验与左下角测验的分离可以证明多重记忆系统的观点;但从横向看即从加工方式(程序观点)来看,同样的比较却可以证明程序观点。

1989 年 Blaxton(见 Roediger,1990)进行了一项实验,同时比较 4 种测验结果,得出了有利于程序观点的结论(见表 8.16)。

表 8.16　Blaxton 的实验结果(准确率)(1989,实验一)

任务 组别	材料驱动测验		概念驱动测验	
	字母线索回忆 即情景记忆	补　笔 即启动效应	自由回忆 即情景记忆	一般知识 即启动效应
阅读组	0.45	0.75	0.19	0.34
产生组	0.34	0.46	0.31	0.50

实验中 Blaxton 首先要求被试在两种实验条件中的一种学习单字。例如,在无上下文关系中大声读出单字(×××——treason),或者在概念线索及头一个字母的帮助下,写出一个单字来(简称产生作用,例如,espionage—,t—应该写出 treason)。然后,Blaxton 应用了 4 种测验。在字母线索回忆(graphemic cued recall)中,主试提供 treasure(财富)给被试,要他以此为线索去回忆单字即 treason(叛逆),这样,线索在形状与声音上类似于目标词,但在意义上无联系。测验时告诉被试,要他们回忆在字形与发音上和线索词类似的词,所以测验属于情景记忆,但却依赖目标词与线索词在视觉与听觉上的类似性。在一般知识(general knowledge)测验中,要求被试回答一般性的知识问题,例如,"因为什么罪行,Rosenbergs 被处死?"学了 treason 这个词,被试就容易回答这个问题。一般知识测验虽然属于启动效应性质的测验,但它要求的认知过程却是概念加工。这样,Blaxton 周密的实验设计就使人们能够检验实验性分离是发生在记忆系统之间还是发生在加工方式之间。

表 8.16 说明,虽然情景记忆与启动效应分属不同的记忆系统,但如果进行的测验是材料驱动测验的话,阅读的作用总是大于产生作用(在情景记忆中 0.45＞0.34;在启动效应中 0.75＞0.46),原因是字母线索回忆与补笔都要求表面信息的加工。另一方面,虽然情景记忆与启动效应分属不同的记忆系统,但如果进行的测验是概念驱动测验的话,产生的作用总是大于阅读的作用(在情景记忆中 0.31＞0.19;在启动效应中 0.50＞0.34),原因是自由回忆与一般知识问题都要求概念加工。简言之,实验性分离现象有规律地依赖于加工方式。但是,表 8.16 同时也表明,实验性分离现象并不是有规律地依赖于记忆系统的。在情景记忆中,有时阅读作用大于产生作用(0.45＞0.34),有时阅读作用又小于产生作用(0.19＜0.31);在启动效应中,有时阅读作用大于产生作用

(0.75＞0.46)，有时阅读作用又小于产生作用(0.34＜0.50)。如果记忆系统的功能决定着分离现象的产生，那么在同一记忆系统内，应该出现一致的结果，分离只应该发生在系统之间，但实验结果却与这个观点不符。总之，Blaxton 的实验是支持程序观点而否定多重记忆系统观点的。其他许多研究者也获得了类似的结果。Roediger 1990 年发表的文章《内隐记忆：无意识的保持》，对程序观点做了总结。

一般说来，程序观点在说明正常被试的两类测验间的实验性分离现象上是比较成功的。材料驱动测验与概念驱动测验各自要求的认知过程不同，若测验与学习的认知过程匹配，那么测验成绩就好；而测验时与学习时的认知过程不匹配，则导致实验性分离现象。但是，程序观点在解释遗忘症病人的实验性分离时却遇到了麻烦。遗忘症病人外显记忆很差，而内隐记忆却与正常人一样好，程序观点解释为，他们在情景记忆中的概念过程有障碍，但在启动效应中的知觉过程保持完好。这种说明适用于部分遗忘症病人的结果。但是，病人在那些要求概念驱动的内隐记忆测验中也表现了与正常人一样的启动效应，这就不能说他们的概念过程有障碍了。另外，不同类型的遗忘症病人的情形更易于用多重记忆系统的观点来说明。

在本书第一版我们曾向读者推荐了两篇 1998 年的文章，这两篇文章综述了当时记忆的认知神经科学研究的主要成果。它们是：Tulving 的"Brain/mind correlates of human memory"(1998)和 Schacter 等人的"Memory, consciousness and neuroimaging"(1998)。从 1998 年之后十年间，关于记忆系统的研究人们更多考虑它们是怎样在大脑中组织起来的，即不同的记忆系统的神经机制是怎样的。这方面，有三篇文章值得推荐：《顶叶皮层与情景记忆》(Cabeza et al., 2008)，《海马与记忆》(Bird et al., 2008)，《语义知识在人脑中的表征》(Patterson et al., 2007)。

三、构建记忆及记忆抑制

(一) 构建记忆

Schacter(2007)总结了近十多年有关构建记忆(constructive memory)的研究，试图回答下面的问题：为什么人的记忆不像录像带或计算机一样精确地、原封不动地存储和提取过去的经验？人的记忆为什么是不完善的，总是要犯各式各样的错误，如记忆错觉(memory illusion)、虚构瞎编(confabulation)、错误再认(false recognition)等？他以构建情景记忆(a constructive episodic memory)为例，认为构建记忆就是把过去不完善的、有各种错误的、零散的经验重新构建起来，从而使个体能模拟或想象未来的情景、未来将要发生的事件。因为未来不会是过去完全的重现，因此模拟未来的情景要求记忆灵活地抽取和重组过去经验的成分，而不是原封不动地重现过去。换句话说，研究构建记忆就是研究回忆过去与想象未来之间的关系。由于记忆系统中只有情景记忆才能让我们回到过去,即回忆过去,因此,构建记忆不是一种新的记忆系统,而是情景记忆的构建性质(the constructive nature)。

过去心理学家习惯将记忆比作"储藏室",研究记忆的贮存和保持功能,内容几乎都是针对正确记忆的。现在越来越多的研究者将记忆看作"历史的舞台",将记忆看作是人们对过去的经历重建的过程和产物。记忆错觉不再是无关紧要的,而是包含了许多有关记忆本质的重要信息,因而有关记忆错觉的研究将有助于我们更好地了解人类记忆。

Roediger 和 McDermott 在 Deese 研究的基础之上发展出了研究虚假记忆的聚合联想范式,也称 DRM(Deese-Roediger-McDermott)范式。在 Roediger 和 McDermott(1995)的研究中,他们选用 Deese 研究中使用的 6 个词表。每一个词表包括 12 个单词,词表围绕某一个未曾呈现的词展开(这个词称为"关键诱饵"),例如,"桌子、坐、腿、座位、柔软、书桌、扶手、沙发、木头、软垫、休息、凳子"就是围绕"椅子"这一关键诱饵而展开的词表。在学习阶段,要求被试听一系列的单词,单词由研究者大声读出,朗读速度为每个单词 1.5s。在朗读每个词表之前,朗读者提示被试是第几个词表,例如,词表 1、词表 2 等。在词表的单词全部呈现完毕后,提示被试"开始回忆",每个词表的回忆时间为 2.5min。指示被试先回忆最后呈现的几个单词,然后回忆其他的单词。要求被试写出他们记住的所有单词,但必须是他们确信呈现过的单词。然后进行再认测验。再认词由学习过的词、关键诱饵、相关的未学习过的词(有关诱饵)、无关的未学习过的词(无关诱饵)组成。所有的单词打印在一张纸上。要求被试在 4 点量表上判断每一个单词是否呈现过。4 为"非常肯定学习过"(旧),3 为"可能学习过",2 为"可能没有学习过",1 为"肯定没有学习过"(新)。再认测验的时间由被试自己掌握。

虽然学习阶段没有呈现关键诱饵,但不管是在自由回忆或是再认测验中,都能观察到被试对这些没有学习过的关键诱饵表现出高水平的回忆或再认率。在自由回忆测验中,呈现过单词的回忆率为 0.65,并表现出标准的系列位置曲线。由于每个词表中前面单词与关键诱饵的联系更强,所以,在结果中表现出明显的首因效应。再认测验的结果见表 8.17。

表 8.17 再认测验结果

学习情况	旧/(%)		新/(%)		判断信心平均分数
	4	3	2	1	
学习过的	75	11	9	5	3.6
未学习过的					
无关诱饵	0	2	18	80	1.2
有关诱饵	4	17	35	44	1.8
关键诱饵	58	26	8	8	3.3

再认结果表明,击中率(4+3)为86%,无关诱饵的虚报率(4+3)为2%。有关诱饵的虚报率(0.21)显著高于无关诱饵的虚报率,$t(35)=7.40$,$MS_e=0.026$,$p<0.001$。关键诱饵的虚报率(0.84)几乎与学习过单词的击中率(0.86)相同,$t(35)<1$,$MS_e=0.036$,差异不显著。

再认测验中,被试判断信心结果表明,在"非常肯定学习过"(旧项目,4)的判断上,对无关诱饵和有关诱饵的判断概率几乎为零。而被试对关键诱饵的判断概率为0.58,对学习过项目的击中率为0.75,显著高于对关键诱饵的判断概率,$t(35)=3.85$,$MS_e=0.044$,$p<0.001$。在对"肯定没有学习过"(新项目,1)的判断上,无关诱饵的正确否定概率高达80%,有关诱饵仅为44%,关键诱饵为8%,这个数值几乎等于对学习过项目的判断概率(5%)。

表8.17中判断信心平均分数的结果与上述结果一致。关键诱饵的平均分数(3.3)与学习过项目的平均分数(3.6)非常接近,差异不显著。

总之,相比于无关诱饵和有关诱饵,对关键诱饵的回忆成绩更接近于对学习过项目的回忆成绩。国内对虚假记忆的研究可参阅张力等(1998)和何海瑛等(2001)的文章。

对前额叶脑损伤病人的研究表明,这些病人常常虚构自己未曾经历过的事件。一般人可能会认为,这些病人既然虚构记忆,那么他们也容易错误再认,即在Deese-Roediger-McDermott(DRM)实验范式中,把未学习过的诱饵词(lure words)当作学习过的词加以再认。但实验表明,这些病人的虚报率却低于正常人(参见图8-21)。实验中给被试呈现"疲劳""床""醒来""休息""梦""晚上"等(这些单词都与诱饵词"睡觉"有语义上的联系,但"睡觉"一词未呈现)。在随后的新旧再认测验中,呈现学习过的单词,如"疲劳""梦",未学习过的并且与学习过的单词没有语义联系的,如"黄油",未学习过的但与学习过的单词有语义联系的,如"睡觉"。结果表明,两个病人组的正确再认率(击中减去虚报未学习过的且与学习过的单词无语义联系的单词)都显著低于正常人。而且,两个病人组比正常人都更少做出虚报,即虚报未学习过的但与学习过的单词有语义联系的单词减去虚报未学习过的但与学习过的单词没有语义联系的单词。

研究者认为,正常人能形成一系列相互关联的单词的语义梗概(semantic gist)并能保持这种梗概的表征。因此,诱饵词因为与这一表征的语义特征相匹配从而容易错误再认,而与学习过的单词无语义联系的单词不能匹配语义特征从而容易正确地拒绝。而病人组由于内侧颞叶受损只能形成与保持模糊或微弱的梗概表征,这倒使他们对诱饵词(与梗概表征有语义联系)的虚报率少于正常人。但是,正常人的这种错误再认可能是正常的适应记忆过程(adaptive memory process)。有关的脑成像研究支持这一论点。

Slotnick与Schacter(2004)的研究表明,正确再认与错误再认(true and false recognition)的神经基础是类似的,这有利于证明,正常人的错误再认是记忆的适应性的表现。他们的实验使用原型再认范式(a prototype recognition paradigm)进行。呈现一系列抽象的、人们不熟悉的图形让正常被试学习。在再认测验中,要求被试识别出学过

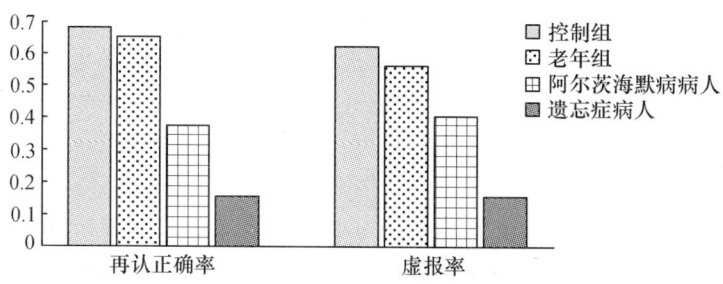

图 8-21　阿尔茨海默病病人与遗忘症病人的虚报率

实验采用 DRM 范式进行,控制组是与遗忘症病人年龄匹配的正常人,老年组是与阿尔茨海默病病人年龄匹配的正常人(Schacter & Addis, 2007)。

的图形(old),未学过的原型图形(与学过的图形在形状上有联系,related),以及未学过的图形(与学过的图形在形状上无联系,new)(参见图 8-22)。结果表明,被试能够再认出学过的图形,即学过的击中率(p("old"/old) = 63.7%)显著大于未学过的虚报率(p("old"/new) = 26.2%)。特别的结果还在于,出现了未学过的但与学过的图形有联系的图形的错误再认,即未学过的有联系的图形虚报率(p("old"/related) = 55.6%)显著大于未学过的无联系的图形的虚报率(p("old"/new))。此外,学过的击中率也显著大于未学过的有联系的图形的虚报率,表明学过的图形与未学过的有联系的图形也能区分开。

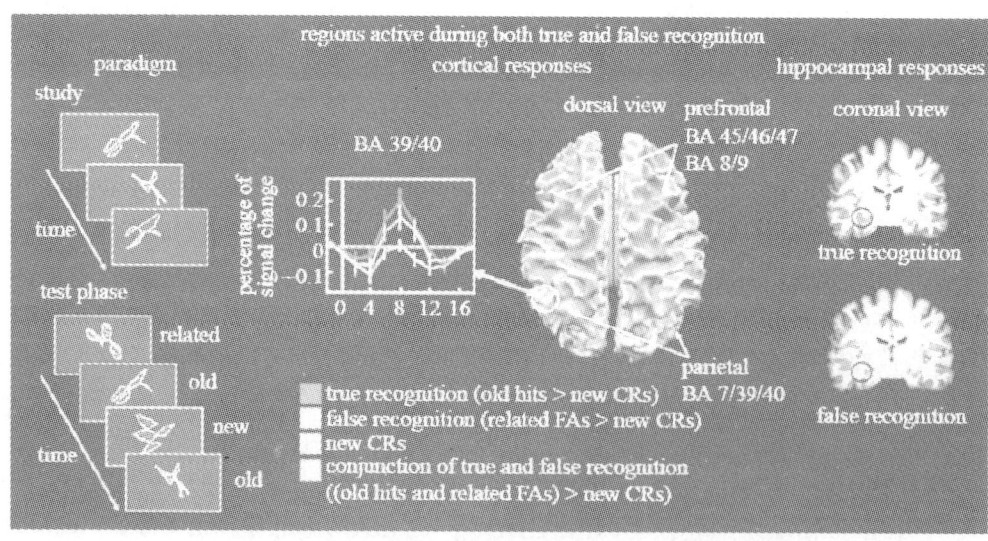

图 8-22　正确再认与错误再认类似的神经机制(Slotnick & Schacter, 2004)

过去的研究表明,在正确再认(true recognition)时,海马、双侧顶叶皮层和背外侧前额叶皮层都有激活。Slotnick 与 Schacter(2004)的这项研究也表明,上述脑区在对新的未学过的原型图形作错误再认(false recognition)时,以及正确再认学过的图形并正确拒绝新的无联系的图形时都有激活！这证明正确再认与错误再认激活的脑区类似，进而说明正常人的记忆错误是记忆的正常功能。

D'Argembeau 与 Van der Linden(2004)在一项行为实验中直接比较"重新经验"过去的情景与"事先经验"未来的情景，对构建情景模拟的假设(the constructive episodic simulation hypothesis，即构建记忆就是重新构建过去的经验，使得个体能模拟或想象未来)做验证。他们要求被试或者回忆过去的特定的事件，或者想象将来可能发生的特殊的事件，被试还要按照一个量表的要求，对每一项过去的事件或将来的事件评估它的知觉详细性(perceptual details)，所涉及的情绪的正负性和强度，以及空间信息的清晰度。被试还要指明在该事件中，他自己是什么角色：他在事件中观察他自己的表现，或者作为旁观者观察整个情景。D'Argembeau 等人发现，与想象将来的事件相比，回忆出来的过去事件有着更丰富和更鲜明的感觉特征与背景特征。然而，更重要的是，他们还发现了回忆过去与想象将来之间的显著共同之处。时间上相近的过去事件或将来事件比时间上相距远的有更丰富的感觉特征与背景特征，也具有更强的感情色彩。还有，不管是过去事件还是将来事件，被试对时间相近事件比时间相距远的都更愿意采取观察整个情景的视角。

Addis 等人(2007)研究了过去事件与将来事件构建与精细编码时的脑区活动。他们发现，回想过去与想象将来都激活了左侧海马和右侧枕叶(BA19)。

(二) 记忆过程中的抑制

抑制过程在注意和记忆等许多认知功能中扮演着重要角色。例如，无论是在对认知的计算机模拟或是神经心理学模型中，它在记忆提取和选择性注意中都有重要的作用。记忆过程中的抑制会导致信息的遗忘，这是人类的一种重要机能，也是近年来心理学家越来越感兴趣的研究领域之一。忘记过时的信息和痛苦的事件对人的身心健康是十分必要的，在对这一过程的实验室研究中，定向遗忘和提取诱发遗忘这两个范式被应用得最广，研究成果也最为丰富。

1. 定向遗忘

定向遗忘(directed forgetting)也称有意遗忘(intentional forgetting)，指遗忘的有意性和指向性，其研究与自然遗忘的研究有所不同，是一种有效控制意识内容的方法。Bjork 于 1972 年提出了有意遗忘的研究范式，认为有意遗忘的关键在于实验材料呈现完毕后，向被试给出指导语，要求记住一些材料而忘记其他材料。如果确实存在

图 8-23　字表方式定向遗忘的实验程序流程图

有意遗忘现象,那么要求被试只回忆指定记忆的项目(to-be-remembered material,TBR)时,只有非常少的指定遗忘的项目(to-be-forgotten material,TBF)掺杂进来;当要求被试回忆所有项目时,指定遗忘的项目被回忆出的可能性将低于指定记忆的项目。

定向遗忘的研究范式有两种:字表方式(list method)和单字方式(word method)。字表方式的实验过程如下(见图8-23):将一组学习材料分为前后两部分(前半部分和后半部分),两部分材料分别呈现。有两种实验条件:① R(remember)实验条件,指示被试对前半部分材料(记忆项)和后半部分材料(记忆项)都进行记忆;② F(forget)实验条件,指示被试对前半部分记忆材料(遗忘项)进行遗忘,而对后半部分材料(记忆项)进行记忆。呈现完毕后,让被试按照要求对所有项目进行自由回忆。单字方式的具体操作流程为:先呈现一个项目,被试按照实验任务要求对之进行编码加工,间隔一定时间之后出现指导语,告诉被试这个项目是需要记住的(R 实验条件)还是需要遗忘的(F 实验条件),一定间隔之后呈现下一个项目。

结果发现,对于同一个被试来说,相对于那些要求记忆的材料,被试对那些要求遗忘的材料有较差的回忆效果,表现出定向遗忘效应。

在 Basden 和 Basden(1996)的研究中,他们采用 3×2×2 混合因素实验设计,自变量为材料形式(图片、单词伴随想象和单词不伴随想象)、定向遗忘范式(单字方式和字表方式)以及实验条件(R 实验条件和 F 实验条件)。其中,前两个自变量为组间设计,第三个自变量为组内设计。每一种材料形式、实验条件都设一个控制组,控制组被试不接受定向遗忘指导语。

要求单词伴随想象组被试当每一个单词呈现时被要求在头脑中想象该单词表示的事物,其他两组被试(图片和单词不伴随想象)只要求他们尽量记住呈现的每一个单词。每一个单词呈现后,呈现 1.1s 的空屏或光点。对于单字方式组被试的指导语中说明,如果单词呈现完后,出现空屏,请忘记该单词;出现光点,请记住该单词。对于字表方式组被试的指导语中,要求他们忽略某些单词后面的光点。

研究结果见表8.18。因变量为对记住和忘记项目的自由回忆成绩。控制组中记住和忘记项目的区分与各种条件下各实验项目的区分一致。

表 8.18 自由回忆成绩

学习条件	实验组		控制组	
	R 实验条件	F 实验条件	R 实验条件	F 实验条件
单字方式				
图片	0.783	0.364	0.596	0.621
想象	0.848	0.417	0.745	0.732
单词	0.721	0.462	0.644	0.587
字表方式				
图片	0.754	0.545	0.562	0.654
想象	0.757	0.587	0.741	0.737
单词	0.716	0.417	0.625	0.606

结果表明,材料形式(图片、单词伴随想象和单词不伴随想象)×定向遗忘范式(单字方式和字表方式)×实验条件(实验组和控制组)的方差分析显示,三因素的交互作用显著,$F(2,127)=3.53, MS_e=0.036$。随后的显著性检验表明,在单字方式或字表方式下,对图片、想象、单词三种材料来说,指导语要求记住的部分其自由回忆成绩均高于指导语要求遗忘的部分。另外,在单字方式或字表方式下,实验组对要求记住的部分的回忆成绩显著高于控制组相应部分的回忆成绩,而实验组对要求遗忘部分的回忆成绩则显著低于控制组相应部分的回忆成绩。

对于定向遗忘产生的原因,存在着不同的理论解释。最早 Bjork 提出了两阶段模型来解释有意遗忘的单字范式,项目呈现之后记忆线索呈现之前为第一阶段,启动了对项目的编码,项目被保持在初级记忆。记忆线索呈现之后为第二阶段,记忆线索引起了对记忆项目和遗忘项目的区辨性加工(distinctive processing),即对记忆项进一步精细编码并进行复述,而对遗忘项停止复述,使得记忆项和遗忘项之间出现了分离,类似于加工水平效应。在之后的研究以及理论建设中,两阶段模型逐渐发展成为选择性复述模型(selective rehearsal model,又称编码理论)。选择复述在很大程度上解释了单字方式的有意遗忘现象,但字表法的定向遗忘更适用于提取抑制(retrieval inhibition)。这一理论认为,被试是否出现有意遗忘,主要与他们的认知抑制能力发展有关。抑制过程主要发生在提取阶段:在提取阶段时,虽然项目已经成功地编码进入长时记忆,但由于受到抑制,导致记忆成绩受损(宋耀武等,2003)。

2. 提取诱发遗忘

提取诱发遗忘现象是指回忆部分记忆材料时往往会使得相关记忆材料的回忆量降低。Anderson 等人(1994)首先提出了"提取诱发遗忘"(retrieval-induced forgetting)的概念以标识这一现象,并建立了此后被研究者广泛采用的研究范式。

提取诱发遗忘研究的一般范式分为四个部分:① 学习阶段。安排被试学习若干类词对,以"类别名称-样例"的形式呈现,如"fruit-apple""furniture-sofa"等;② 提取练习。从全部类别中选择出一半,再从这些类别所组成的"类别名称-样例"词对中各选择出一半用做线索提取,形式仍然是向被试呈现词对,但其中的样例单词只给出前面的两个字母,如"fruit-ap____"等,要求被试根据这些线索回忆出完整的样例单词。假定在学习阶段呈现了"fruit"和"furniture"两类词对,然后以"fruit"类中一半的词对来做提取练习。例如,向被试呈现"fruit-ap____""fruit-or____",要求其回忆出完整的样例单词(正确答案是 apple 和 orange),而"fruit-pear"等属于"fruit"类的另一半词对则不做提取练习。通过这项实验安排,所有学习材料被分成了三大类,一类是做过提取练习的词对(如本例中的"fruit-apple"和"fruit-orange"等,记为 Rp+),另一类是与 Rp+属于相同类别但样例未做过提取练习的词对(如"fruit-pear"等,记为 Rp−),第三类是类别与样例都没有做过提取的词对(所有"furniture"类单词,记为 Nrp)。③ 干扰阶段。④ 回忆测验。给出全部类别名称,要求被试回忆出在学习阶段见到的所有样例单词。

Anderson 等人(1994)一项典型的研究结果见表 8-19。从表 8-19 可以看到,重复提取练习提高了 Rp+项目的线索回忆率(73.6%),相对于基线值(Nrp,48.4%),两者差异显著,$F(1,32) = 136.9, p<0.0001, MS_e = 0.022$。更重要的是,Rp−项目(37.5%)显著低于基线值,$F(1,32) = 30.3, p<0.0001, MS_e = 0.019$。这说明的确出现了提取诱发遗忘现象。杨红升等(2004)将提取诱发遗忘的实验范式应用于自我参照效应的研究,结果发现,中国被试在自我参照加工条件下没有出现提取诱发的遗忘,这与西方被试的结果是一致的(Macrae,2002)。但是,中国被试的母亲参照加工条件下也没有出现提取诱发的遗忘,它与中国被试的自我参照没有出现提取诱发的遗忘是一致的,有利于证明中国人的自我概念包含母亲。当然,他人参照加工条件出现了提取诱发遗忘。

Anderson 等人(1994)的结果引起了许多研究者的兴趣,也在不同的领域得到重复验证。对于提取诱发遗忘现象的理论解释大致可分为两类。一方面,部分研究者认为这一效应反映了项目间提取强度的竞争。由于 Rp+项目通过提取练习得到了促进,因

表 8-19 提取诱发遗忘实验结果

项目的提取练习状态/(%)		
Rp+	Rp−	Nrp
73.6	37.5	48.4

此 Rp−项目的竞争力降低,提取强度相对减弱,导致了测验阶段中前者对后者的阻碍作用。这一种理论解释并未涉及对 Rp−项目的主动抑制。但另一方面,许多研究却表明提取强度的竞争并不足以解释这一现象,提取诱发遗忘效应是由主动的抑制过程所引发的。Anderson 认为,当不同项目被一个线索(范畴名称)同时激活时,为了成功地提取目标项(Rp+),我们主动抑制了分心项目(Rp−),因而虽然 Rp−和 Nrp 在练习阶段都没有得到提取,但前者的最后回忆成绩低于后者。他使用了独立探索技术(independent probe technique),在测验阶段使用新的提取线索,仍然观察到了提取诱发遗忘,这与竞争模型的预期并不相符,说明遗忘的发生并非由于线索与 Rp−项目间的通路受阻或者强度相对减弱,而是项目本身的表征水平受到了主动抑制,记忆痕迹的可获得性降低。因此支持了主动的抑制过程在这一效应中所起的作用。

记忆过程中的抑制对于现实生活具有很大的指导意义。人们感兴趣的是个体怎样防止过时信息和痛苦事件的侵入,如怎样指导受到性虐待的儿童受害者去遗忘曾经发生的虐待,或受害者自己应怎样去忘记该事件。这就要知道个体怎样获得和实现对记忆功能的有意控制,即定向遗忘。另外,对一些事件的重复提取也可能导致对相关事件的无意识的抑制,例如在创伤性事件的记忆重构中,如果要求受害者多次回想当时的一些正性体验,可以达到对负性体验的抑制和消除作用,减弱创伤性事件的负性影响。可见记忆中的抑制过程对于我们的日常生活具有很大的意义。

四、五种长时记忆

在第二节"启动效应与记忆系统"中,我们区分了"感觉登记""工作记忆""程序记忆""语义记忆"和"情景记忆",而且,着重介绍了关于"启动效应"的研究。虽然我们强调了 Tulving 等人(Tulving & Schacter,1990)的观点,即启动效应代表着一种新的记忆系统,但启动效应在第二节记忆的分类中还没有明确的恰当的位置;另一方面,近几年对"情景记忆"研究的深入,已把"情景记忆"更名为"情景-自传体记忆"。这是因为情景记忆与情绪、意识、自我有着密切的关系(Markowitsch,2008;Markowitsch,2010)。因此本节介绍五种长时记忆。

记忆按照时间与内容来分类。按照时间来分类的最通常分类是短时记忆与长时记忆。短时记忆大约持续几秒钟到几分钟。在短时记忆与长时记忆之外,还有"工作记忆",即对记忆进行工作的记忆:实时保持新的信息以及提取记忆中存储着的信息。按照内容对长时记忆分类有不同的看法,这里我们介绍 Tulving(2005)与 Markowitsch(2008;2010)的分类(见图 8-24)。

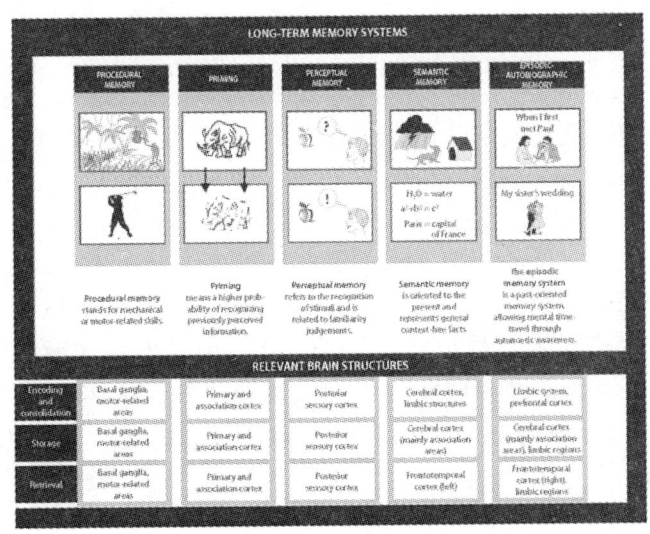

图 8-24 五种长时记忆及其神经基础
(Markowitsch,2008)

程序记忆(procedural)是关于动作技巧的记忆,如开汽车、骑自行车、游泳、弹钢琴等。而启动(priming)指的是,先前知觉过的东西在后来以同样或类似方式呈现时,人们能以更高的概率把它辨认出来。例如(如图 8-24 所示),先前见过犀牛的图片(哪怕一瞬间),后来再见到犀牛的模糊图片时会很快认出那是犀牛。而先前未见过犀牛图片的人,多半认不出模糊图片是什么。关于启动,我们已在本章第二节做了专门介绍。程序记忆与启动都属于无意识的记忆。最近几年,Tulving 与 Markowitsch 增加了一个知觉记忆系统(perceptual)。该系统在意识中工作但属于前语义水平(presemantic),因而依赖于熟悉性(familiarity)作判断。例如,人们可以在不同情形下辨认一只苹果:不管它是青的或是红的,不管它是完整的或被咬了一口,人们区分苹果与梨、桃不必使用语义知识。Tulving 在 20 世纪 70 年代至 80 年代最早区分了语义记忆(semantic)与情景记忆(episodic),前者是关于世界的一般知识的记忆,后者是个体在一定的时间、地点亲身经历的事件的记忆。Tulving(2002;2005)将情景记忆定义为主观时间(subjective time)、自我意识(autonoetic consciousness)和经验着的自我(the experiencing self)三者的结合。从这个定义我们看到,Tulving 强调情景记忆与自传体记忆(autobiographical memory)十分相像。

无论从种族发展还是从个体发展来看,程序记忆最早发生,依次是启动、知觉记忆、语义记忆和情景-自传体记忆。小孩子大约 4 岁才开始形成情景自传体记忆。从意识的角度看,程序记忆、启动是无意识记忆,知觉记忆与语义记忆都在意识中,而情景自传体记忆要求的意识水平最高,它要求自我意识参与。语义记忆是指向当前的(semantic memory is oriented to the present),例如,当我们说"巴黎是法国首都"时,这是现在的事实,我们不必回忆,也不必知道"巴黎是法国的首都"这点知识是什么时候,在什么地点学到的(semantic memory represents general context-free facts)。程序记忆也是指向当前的,体操运动员表演时就是在展示他/她的程序记忆,他/她没有回忆过去。启动与知觉记忆也都指向现在。五种长时记忆中唯一指向过去的是情景-自传体记忆(The episodic memory system is a past-oriented memory system, allowing mental time travel through autonoetic awareness)。例如,去年夏天我去大连旅游,在海里游泳以及品尝海鲜的情景现在仍历历在目。我之所以能做到这一点,即仿佛现在又回到了去年在大连的情景,靠的是情景-自传体记忆,它让我回到了过去。在物理世界我们不能回到过去,哪怕一分一秒。但是在心理世界,通过主观时间与自我意识,我(自我)可以回到过去。这就是 Tulving 所说的心理时间旅行(mental time travel)。(Tulving,2002;隋洁、吴艳红,2004;朱滢,2006)。

图 8-23 还包括五种长时记忆的神经基础,而且这些神经基础分别对应记忆的三个过程,即编码、存储与提取。因此,这部分内容对学生了解或研究各类记忆的神经基础作了很好的引导。

五、互联网搜索怎样改变了我们的记忆

人们把互联网称为外在的脑(External brain),因为人们愈来愈多地依赖互联网上的知识。Sparrow 等人(2011)首次研究了互联网搜索怎样改变了我们的记忆。他们的

研究报告发表在 Science 上，Sparrow 在随同报告发布的新闻稿中说："搜索引擎问世后，我们开始调整记忆知识的方式。我们的大脑依靠互联网来记忆，就像依赖朋友、家人或同事来记东西一样。我们的记忆方式不是记住知识本身，而是记住我们可以在哪里找到这些知识。"记忆专家 R. Roediger 在评论 Sparrow 等人的研究时指出，"毫无疑义，我们现在的学习策略发生了变化。为什么要记住那些我将来能够查找到的东西呢？在某种意义上说，有了 Google 和其他搜索引擎，我们可以把一些记忆负担交给机器了。"也许，这种学习策略上的变化使得中国传统的学习方式——死记硬背的坏处变得更加明显了。下面我们来介绍 Sparrow 等人(2011)的研究。

　　在一项实验中(原文实验 2)，研究者检验人们是否会记住他们预期以后会轻易获取到的信息，就像在网上找到信息一样。60 名大学生分成 A 与 B 两组，每人阅读 40 段话，这些句子在网上可以找到。如，鸵鸟的眼睛比它的脑子大，宇宙飞船哥伦比亚号 2003 年在得克萨斯再次升空时爆炸。为保证大学生被试阅读时专心致志，要求他们把句子输入计算机并告知他们，以后要进行记忆测验。实验者告诉 A 组被试，计算机将保存他们输入的句子；但告诉 B 组被试，计算机将删除他们输入的句子。另外，还明确要求 A 组的半数被试好好记住输入的句子，但对另一半被试没有这样的要求。对 B 组一半被试也明确要求他们好好记住输入的句子，但对另一半被试没有这样的要求。在被试阅读与输入完句子后，要他们写下他们能记住的所有句子。被试是单个地进行实验的。

　　这是一项 2(保存/删除)×2(要求记忆/没有要求记忆)的组间设计实验。对 2(保存/删除)×2(要求记忆/没有要求记忆)的组间设计进行 ANOVA 统计检验表明，保存/删除变量主效应显著，相信计算机会删除被试输入句子的被试有最好的记忆。交互作用 $F(3,56)=2.80, p<0.5$；删除组平均记住 0.31 的句子(SD=0.04)，而保存组平均只记住 0.22(SD=0.07)。这一发现与定向遗忘的有关发现是一致的。当人们相信他们以后不需要某些信息时，他们的记忆就不如另外一些相信以后他们需要这些信息的人。之所以会产生这样的结果，原因在于，相信以后会很容易在计算机上找到这些句子(保存组)的人在阅读时就不那么用心，因为需要这些信息(句子)时可以很快找到。

　　但是，要求记忆/没有要求记忆的变量主效应无显著差别。这一结果也与有意学习与非随意学习(intentional versus incidental studying)的研究结果类似。因为从记忆的加工层次理论(Craik & Lockhart, 1972)看来，记忆是信息加工层次的产物，与记忆的意向性关系不大。

　　在另一项实验中(原文实验 3)，研究者考察知识在什么地方的记忆，因为现在人们通常在网上某处去寻找自己想得到的知识。28 名大学生被试阅读并输入计算机 30 个琐碎的句子。这是一项有三种实验条件的组内设计实验：① 对于 1/3 的句子，每句输入后计算机呈现提示：你的输入已被保存。② 对于其次 1/3 的句子，每句输入后计算机呈现提示：你的输入已被保存在 5 个文件夹中的一个，即"事实""数据""知识""姓名"

或"新闻"。③ 对于最后1/3的句子,每句输入后计算机呈现提示:你的输入已被删除。所有句子输入完毕,对被试进行再认测验。

再认测验是这样进行的:学习过的30个句子有一半稍作改动(姓名或日期变了),然后逐个呈现给被试。要求被试指出,现在看到的句子是否与刚才阅读并输入的句子一模一样?(问题1)。现在看到的句子是被保存了或是被删除了?(问题2)。如果该句子被保存,是保存在哪个文件夹?(问题3)。测验第三个问题时,计算机提供5个文件夹的名称、保存以及删除三大类选项供选择。实验结果列于表8.20。

表8.20 再认测验的结果

句子类型	问题1	问题2	问题3
A	0.88(0.12)	0.61	0.30
B	0.85(0.12)	0.66	0.23
C	0.93(0.09)	0.51	0.54

A. 保存; B. 保存在不同文件夹; C. 删除(括号内为标准差)。

问题1(现在看到的句子是否与刚才阅读与输入的句子一样?)的结果:总的说来,被试能很好地觉察句子是否被改动了,即(A+B+C)/3=0.89。但被试对将要删除的句子C记忆最好,再认率达0.93;对将要保存的句子A再认率0.88;对将要保存在不同文件夹的句子B再认率0.85。0.93与0.88与0.85的差别均达到显著水平($p<0.05$)。交互作用$F(1,27)=4.01,p<0.03$。

问题2(这个句子是被保存还是被删除了?)的结果:这部分结果与问题1的结果相反,对被删除的句子C记得最差,再认率0.51;对被保存的句子A再认率0.61;对保存在不同文件夹的句子B再认率0.66。0.51与0.61与0.66差别均达到显著水平($p<0.04$)。交互作用$F(5,34)=4.01,p<0.03$。

对问题1和2结果的解释:相信自己以后不再得到或查到该条知识,提高了对该条知识的记忆(问题1,0.93);而相信该条知识保存在外部也提高了对这个事实的记忆,即该条知识肯定能查到(问题2,0.66或0.61)。

问题3(如果句子被保存,是保存在哪个文件夹?)的结果:被试对被删除的句子C记忆最好,再认率0.54;对保存的句子A再认率0.30;对保存在特定文件夹的句子B再认率0.23。0.54与0.30或0.23的差别均达到显著水平($p<0.001$)。交互作用$F(1,27)=21.67,p<0.001$。这个结果提示,我们的回忆经验多半是这样的:你在线(online)读到的东西你希望以后还看到它,但你不再记得在什么地方见到过它,或不再记得首先采取什么步骤去找到它。知道或记住这个事实即某些句子保存在通常的文件夹就够了,因为这样就不会增加记忆负荷。我们不必记忆它们,能找到它们就行了。

最后一个实验(原文实验4),是想了解人们是否能更好地回忆存储信息的地方而不是信息本身。34名大学生参加该实验。所有的被试都知道,他们阅读和输入计算机的琐碎句子会被保存在一个特殊的文件夹里(如原文实验3中一样,告诉被试,你输入的句子已保存在"事实"或"数据",或"知识"或"姓名"或"新闻"等文件夹了)。句子输入完毕后被试进行回忆测验,要他们在 10 分钟内写下所能回忆的所有句子。然后,再逐句呈现阅读过的句子,要被试回答,该句子保存在哪个文件夹中(此时计算机并不呈现文件夹的名称供选择,也不告诉被试有多少个文件夹)。

总的说来,被试正确回忆句子所保存的文件夹名称($M=0.49, SD=0.26$)多于回忆句子本身($M=0.23, SD=0.14$),双尾 t 检验$(31)=6.70, p<0.001$。但关于文件夹名称的回忆测验其实是一个线索回忆(cued recall),回忆句子本身才是回忆测验(un-cued recall),两者是不匹配的。为了更严格地考察被试正确回忆句子所保存的文件夹名称多于回忆句子本身是否有效,可靠,对被试在下列四种情况下的得分作了分析:① 句子本身与句子保存的文件夹都回忆出来了;② 回忆出句子,但它的文件夹没有回忆出来;③ 句子没有回忆出来,但它的文件夹回忆出来了;④ 句子与句子的文件夹都没有回忆出来(图 8-25)。

结果是,句子与文件夹名称都能回忆的是,$M=0.17, SD=0.16$;回忆出句子但不能回忆文件夹名称的是,$M=0.11, SD=0.08$;句子文件夹名称都不能回忆的是,$M=0.38, SD=0.24$;回忆出文件夹名称但不能回忆句子的是,$M=0.30, SD=0.16$。ANOVA 检验 $F(1,31)=11.57, p<0.003$(见图 8-25)。

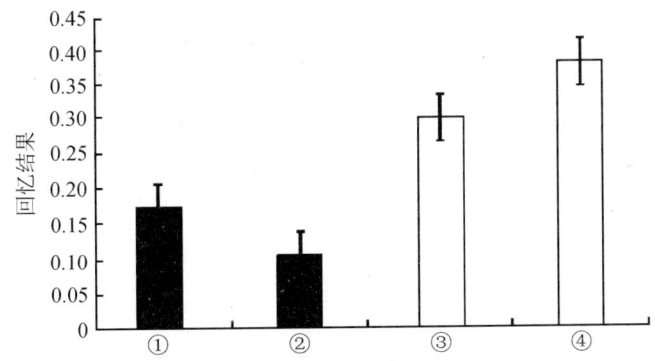

图 8-25 四种情形下记忆的结果
(Sparrow et al., 2011, Fig. 2)

这些数据表明,当人们预期信息继续保持可进入状态时(如像互联网上的进入),我们更可能记住在什么地方去找到它而不是相关的详细内容本身。这也可以理解为,我们把计算机和在线搜索引擎看作是一个外部的记忆系统,我们随时都可以使用它。

小结:实验研究表明信息存储的社会形式很可能是这样:人们会忘记他们认为在外部记忆系统可以找到的信息,而记住他们认为在外部记忆系统找不到的信息(实验 2 与 3)。人们有处理记忆(transactive memory)的能力,即人们能更好地记住存放信息的文件夹的名称而不是信息本身(实验4)。在日常生活中,这种处理记忆表现为我们知道在家里和在办公室某处去找到我们想要的东西。总之,我们与计算机工具(互联网等)已成为共生现象或合作关系。互联网已成为外部或处理记忆,那是在我们头脑之外的信息存储的地方。虽然纸质书籍也是信息存储的地方,但互联网包含了书籍。因此,我们已变得依赖互联网,就像依赖于从朋友和同事那里获得知识一样;而如果我们不与互联网接触就会失去知识,不能上网的体验就越来越像是失去朋友。

互联网和市场经济是影响当前世界的最重要的两件事。Sparrow 等人通过几个实验研究了互联网对人的记忆的影响,在探讨社会环境、文化怎样塑造人的心理上,Sparrow 的研究堪称模范。第一,互联网是一个巨大无比的东西,而每一个实验却是非常具体的小事物,怎样将两者联系起来是一种艺术。第二,Sparrow 等人应用已有的研究记忆的方法来研究新问题,得到了全新的结果。如在原文实验2,他们使用了定向遗忘的方法和有意学习与非随意学习的方法。第三,实验设计有时候不能作匹配处理,可以通过对结果的特殊处理来补救。如在原文实验4,被试回忆句子是 un-cued recall,但回忆文件夹名称则是 cued recall。为了更好地比较回忆句子本身与回忆句子所保存的文件夹名称,将被试在四种情况下的得分做了统计并做方差分析。

问　题

1. 什么叫部分报告法?
2. 怎样进行实验获得系列位置曲线?
3. 区分短时存储与长时存储的证据有哪些?
4. 什么是记忆的加工层次概念?
5. 什么是编码特异性原则?
6. 启动效应的测量方法是怎样的?
7. 举例说明记忆的实验性分离现象。
8. 1983 年 Jacoby 关于再认和知觉辨认的实验(见表 8.17)是怎样进行的? 怎样解释这个实验结果?
9. Tulving 关于记忆系统的观点是怎样的?
10. 怎样研究记忆中的抑制过程?
11. 怎样研究错误再认?
12. 有多少种长时记忆?
13. 互联网搜索怎样改变了我们的记忆?

参　考　文　献

艾宾浩斯著. 曹日昌译. (1965). 记忆. 北京:科学出版社.

安德伍德,肖内西著. 方俐洛,虞积生译. (1981). 心理学实验方法. 北京:科学出版社.

赫葆源,张厚粲,陈舒永等. (1983). 实验心理学. 北京:北京大学出版社.

何海瑛,张剑,朱滢. (2001). 注意分散对虚假再认的影响. 心理学报,33,17~23.

林仲贤,朱滢,焦书兰. (1987). 实验心理学. 北京:科学出版社.

宋耀武, 白学军. (2003). 有意遗忘中认知抑制机制的研究进展. 心理科学, 26(4), 727~728.

隋洁, 吴艳红. (2004). 心理时间之旅:情景记忆的独特性. 北京大学学报(自然科学版), 40(2), 326~332.

武德沃斯, 施洛斯贝格著. 曹日昌等译. (1965). 实验心理学. 北京:科学出版社. 675~676.

杨红升, 朱滢. (2004). 自我与提取诱发遗忘现象. 心理学报, 36(2), 154~159.

张力, 朱滢. (1998). 关联性记忆错觉的产生与保持. 心理学报, 30(4), 374~380.

朱滢, 黎天骄, 周冶金, 肖莉. (1989). 词干补笔与速示器辨认的启动效应保持过程的比较. 心理学报, 21(2), 122~129.

朱滢. (2006). 心理实验研究基础. 北京:北京大学出版社.

朱滢, 张力, 刘嘉, 樊春雷. (1997). 记忆过程中意识与无意识是否相互独立? 北京大学学报(自然科学版), 33(4), 529~533.

Addis, D. R., Mcintosh, A. R., Moscovitch, M., Crawley, A. P., & Mcandrews, M. P. (2004). Characterizing spatial and temporal features of autobiographical memory retrieval networks: a partial least squares approach. Neuroimage, 23(4), 1460~1471.

Addis, D. R., Wong, A. T., & Schacter, D. L. (2007). Remembering the past and imagining the future: common and distinct neural substrates during event construction and elaboration. Neuropsychologia, 45(7), 1363~1377.

Anderson, M. C., Bjork, R. A., & Bjork, E. L. (1994). Remembering can cause forgetting: retrieval dynamics in long-term memory. Journal of Experimental Psychology Learning Memory & Cognition, 20(5), 1063~1087.

Atkinson, R. C., & Shiffrin, R. M. (1968). Human memory: a proposed system and its control processes. Psychology of Learning & Motivation, 2, 89~195.

Basden, B. H., & Basden, D. R. (1996). Directed forgetting: further comparisons of the item and list methods. Memory, 4(6), 633~653.

Bird, C. M., & Burgess, N. (2008). The hippocampus and memory: insights from spatial processing. Nature Reviews Neuroscience, 9(3), 182~194.

Cabeza, R., Ciaramelli, E., Olson, I. R., & Moscovitch, M. (2008). Parietal cortex and episodic memory: an attentional account. Nature Reviews Neuroscience, 9(8), 613~625.

Craik, F. I. M., & Lockhart, R. S. (1972). Levels of processing: a framework for memory research 1. Journal of Verbal Learning & Verbal Behavior, 11(6), 671~684.

Craik, F. I. M., Govoni, R., & Naveh, M. (1996). The effects of divided attention on encoding and retrieval processes in human memory. Journal of Experimental Psychology General, 125(2), 159~180.

Craik, F. I. M. (1970). The fate of primary memory items in free recall. Journal of Verbal Learning and Verbal Behavior, 9, 143~148.

Craik, F. I. M. (1983). On the transfer of information from temporary to permanent memory. Royal Society of London Philosophical Transactions, 302(1110), 341~359.

D'Argembeau, A., & Linden, M. V. D. (2004). Phenomenal characteristics associated with projecting oneself back into the past and forward into the future: influence of valence and temporal distance. Consciousness & Cognition, 13(4), 844~858.

Graf, P., & Schacter, D. L. (1985). Implicit and explicit memory for new associations in normal and amnesic subjects. Journal of Experimental Psychology Learning Memory & Cognition, 11(11), 501~518.

Graf, P., Mandler, G., & Haden, P. E. (1982). Simulating amnesic symptoms in normal subjects. Science, 218(218), 1243~1244.

Graf, P., Squire, L. R., & Mandler, G. (1984). The information that amnesic patients do not forget. Journal of Experimental Psychology Learning Memory & Cognition, 10(1), 164~178.

Healy, A. F., & Mcnamara, D. S. (1996). Verbal learning and memory: does the modal model still work? Annual Review of Psychology, 47(1), 143~172.

Jacoby, L. L. (1991). A process dissociation framework: separating automatic from intentional uses of memory. Journal of Memory & Language, 30(5), 513~541.

Kapur, S., Tulving, E., Wilson, A. A., Houle, S., & Brown, G. M. (1994). Neuroanatomical correlates of encoding in episodic memory: levels of processing effect. Proceedings of the National Academy of Sciences of the United States of America, 91(6), 2008~2011.

Klatzky, R. L. (1980). Human Memory: Structures and Processes. San Francisco: W. H. Freeman & Co.

Macrae, C. N., & Roseveare, T. A. (2002). I was always on my mind: the self and temporary forgetting. Psychonomic Bulletin & Review, 9(3), 611~614.

Markowitsch, H. J. (2008). Autobiographical memory: a biocultural relais between subject and environment. European Archives of Psychiatry & Clinical Neuroscience, 258(S5), 98~103.

Markowitsch, H. J. (2010). Autobiographical memory across the life span brain imaging and neuropsychology. // In W. Christensen, E. Schier, & J, Sutton (Eds.), ASCS09: Proceedings of the 9th Conference of the Australasian society for Cognitive science (pp. 224~234). Sydney: Macquarie Centre for Cognitive science.

Parkin, A. J. (1993). Memory: phenomena, experiment, and theory. Oxford: Blackwell Publishers.

Patterson, K., Nestor, P. J., & Rogers, T. T. (2007). Where do you know what you know? The representation of semantic knowledge in the human brain. Nature Reviews Neuroscience, 8(12), 976~987.

Roediger, H. L., & Guynn, M. J. (1996). Retrieval processes. // Bjork, E. L., & Bjork, R. A. (eds). Memory: Volume 10 of Academic Press Handbook of Perception and Cognition. New York: Academic Press.

Roediger, H. L., & Mcdermott, K. B. (1995). Creating false memories: remembering words not presented in list. Journal of Experimental Psychology Learning Memory & Cognition, 21(4), 803~814.

Roediger, H. L., Weldon, M. S., & Challis, B. H. (1989). Explaining dissociations between implicit and explicit measures of retention: a processing account. // Roediger, H. L. III & Craik, F. I. M. (eds). Varieties of memory and consciousness. Philadelphia, PA: Lawrence Erlbaum Associates, Inc.

Roediger, H. L. (1990). Implicit memory: retention without remembering. American Psychologist, 45(9), 1043~1056.

Schacter, D. L., & Addis, D. R. (2007). The cognitive neuroscience of constructive memory: remembering the past and imagining the future. Philosophical Transactions of the Royal Society B Biological Sciences, 362(1481), 773~786.

Schacter, D. L., & Tulving, E. (1994). What are the memory systems of 1994? //Schacter, D. L., & Tulving, E. (eds). Memory System. Cambridge, MA: The MIT Press.

Schacter, D. L., Bowers, J., & Booker, J. (1989). Intention, awareness, and implicit memory: the retrieval intentionality criterion. //Lewandowsky, S., Dunn, J. C., & Kirsner, K. (eds). Implicit Memory: Theoretical Issues. Philadelphia, PA: Lawrence Erlbaum Associates.

Schacter, D. L., Buckner, R. L., & Koutstaal, W. (1998). Memory, consciousness and neuroimaging. Philosophical Transactions of the Royal Society of London, 353(1377), 1861~1878.

Schacter, D. L., Cooper, L. A., & Delaney, S. M. (1990). Implicit memory for unfamiliar objects depends on access to structural descriptions. Journal of Experimental Psychology General, 119(1), 5~24.

Schacter, D. L. (1995). Implicit memory: a new frontier for cognitive neuroscience. // Gazzanigz, M. S. (ed). The Cognitive Neurosciences. Cambridge MA: MIT Press.

Slotnick, S. D., & Schacter, D. L. (2004). A sensory signature that distinguishes true from false memories. Nature Neuroscience, 7(6), 664~672.

Sparrow, B., Liu, J., & Wegner, D. M. (2011). Google effects on memory: cognitive consequences of having information at our fingertips. Science, 333(6043), 776~778.

Tulving, E., & Schacter, D. L. (1990). Priming and human memory systems. Science, 247(4940), 301~306.

Tulving, E., & Thomson, D. M. (1973). Encoding specificity and retrieval processes in episodic memory. Psychological Review, 80, 353~373.

Tulving, E., & Houle, S. (1994). Hemispheric encoding/retrieval asymmetry in episodic memory: positron emission tomography findings. Proceedings of the National Academy of Sciences of the United States of America, 91(6), 2016~2020.

Tulving, E. (1982). Priming effects in word-fragment completion are independent of recognition memory. Journal of Experimental Psychology Learning Memory & Cognition, 8(4), 336~342.

Tulving, E. (1991). Interview with Endel Tulving. Journal of Cognitive Neuroscience, 3(1), 89~95.

Tulving, E. (1995). Organization of memory: quo vadis? Journal of Cognitive Neuroscience, 8(3), 839~853.

Tulving, E. (1998). Brain/mind correlates of haman memory. // Sabourin, M., Craik, F. I. M.,

& Robert, M. (eds). Advances in Psychological Science: Vol 2 Biological and cognitive aspects. Hove, England: Psychology Press.

Tulving, E. (2002). Episodic memory: from mind to brain. Annual Review of Psychology, 53(1), 1~25.

Tulving, E. (2005). Episodic memory and autonoesis: uniquely human? // In H. Terrace, & J. Metcalfe. (eds.) The missing link in cognition: evolution of self-knowing consciousness. New York: Oxford University Press.

9

心理语言学

　　语言是人类特有的一种符号系统,是在进化过程中形成的一种杰出能力。语言的出现使人类与生命世界的其他物种有了根本的区别。借助于语言,人类社会能够进行交流与合作,认识客观与主观世界,形成灿烂的历史与文化。由于语言在人类生存和发展中的重要地位,它成为诸多学科关注的对象。而在科学系统中对语言的研究最为直接、最为集中的是语言学和心理学。但是在相当长的时期,这两门学科的研究是相互独立的。它们的携手开始于 20 世纪 50 年代初。1953 年夏天,在美国印第安纳大学召开了一个跨学科的语言讨论会。这次会议的文件汇编出版,定名为《心理语言学:理论与问题概观》,标志着心理语言学作为一门学科的诞生。心理语言学将心理学和语言学的理论和方法相结合,探索人类语言发生、发展和运用的心理过程,即语言的获得、理解和产生,以及语言功能与其他认知系统的关系。它是心理学和语言学的一个交叉领域,是认知科学的组成部分。

　　经过半个多世纪的发展,心理语言学在理论和应用领域都取得丰硕成果。同时,伴随心理学、语言学和认知科学的发展,其理论和方法也经历了一系列重要的变化与转折。心理学的主要研究范式,包括行为主义、信息加工论和认知神经科学等,在探索人类语言奥秘的过程中,都得到充分的运用。同时,根据其自身的科学问题和研究对象的特点,研究者创造了一系列独具特色的实验程式和范例。学习心理语言学,可以了解和认识语言这个最重要的心理功能,同时有助于更深入理解和掌握实验心理学的一般方法。

　　本章将从言语产生、语言理解和语言获得与发展这三个方面,简要介绍心理语言学领域的主要科学问题和研究方法。

一、言 语 产 生

　　语言包括书面语和口语。口语也称言语(speech)。无论是对整个人类还是个体发展而言,言语都是最先和最普遍使用的语言形式。言语产生是说话人使用语言表达自己的想法和意图的过程,包括从记忆中提取信息(例如,词汇),将不同部分的信息整合成连贯的整体(例如,句子),以及产生相应的语音。言语产生研究主要探索这种语言表达的认知过程和生理基础,是心理语言学的重要组成部分。

人的言语产生能力极其惊人。在日常流利的谈话中,我们每秒钟约产生 2 到 3 个词,即每秒大约 4 个音节,10 至 12 个音素。这些词被连续地选自于一个"大仓库"——心理词典。对于一个普通的有阅读和写作能力的成年人来说,心理词典至少包括 5 至 10 万个词。但是,言语产生的快速性和高复杂性,似乎并没有使词汇选择过程更容易出错。在说出的 1000 个词里,平均出错通常不超过 1 至 2 次。

(一) 从记忆中提取信息

1. 储存的语言信息

在记忆中都储存了哪些语言信息呢?心理语言学家认为,记忆中储存的语言信息包括语义、语音模式、词汇形式以及句法信息。其中,句法信息指的是词在句子中如何正确使用的相关信息。这个结论的相关证据,一方面来自对自然语误的观察和分析,另一方面来自有控制的言语产生实验。

观察言语失误的个案是早期言语产生研究的重要手段。这相当于视觉研究中通过视错觉来研究视觉感知。这种手段需要借助于自然观察、收集数据和归类分析。如果收集的数据足够多,就可以构建语料库,并进行定量估计。在收集言语错误过程中,研究者通常在探测到讲话者的言语错误时打断他们,并询问他们本来要表达的目标词语以及为什么会犯这样的错误等,然后分析这些错误,找出其中的规律,从而揭示言语产生的过程。舌尖现象(tip of the tongue,TOT)就是其中一种重要的语误,指说话人知道一个词,但是无法说出来的现象。处在 TOT 状态时,人能够说出该词的一些相关的句法属性,但是无法提取该词的语音形式。TOT 现象普遍存在的事实表明,语义、语音和句法信息分别储存在记忆中,而且语义和句法信息的提取可能先于语音模式的提取。

自然语误的研究不仅耗时长,而且无法控制其中的影响因素,在言语产生研究中渐渐被有控制的实验方法所取代。最常见的实验范式是图画命名,即在屏幕上呈现一个物体的图片,要求被试在保证正确率的情况下尽快对物体命名。实验中考察的指标是对图画命名的反应潜伏期(speech-onset latency),即从刺激开始呈现到被试开始产生目标词的这段时间。在实验控制中排除了物体识别的难易对潜伏期的影响后,它反映的就是产生目标词的难易程度。

早期一些图画命名实验发现,命名一致性(codability)是影响命名反应潜伏期的重要因素。例如看到苹果,大部分人都会说"苹果",这称之为命名一致性高。而看到一个电脑,有的人可能说"计算机"或者说"PC"(personal computer),这相对于苹果而言,命名一致性就要低一些。研究发现,对命名一致性高的物体,命名反应的潜伏期相对较短。通常认为,这是由于同一物体的不同名称的语义和句法的相似程度很高,提取时会产生竞争,增加了提取难度,导致反应潜伏期较长。

另一个影响命名反应潜伏期的重要因素是词频。词频是指某个词在书面语言中的使用次数。研究表明,在控制了其他条件的情况下,词频越高,命名反应的潜伏期越短。对这个现象的解释是,词频越高,对该词的语音激活就越容易。Jescheniak 和 Levelt (1994) 用了 7 个实验,将词频效应的影响锁定在了音韵编码阶段。第一个实验验证了词频效应的存在。紧接着的 4 个实验排除了识别和发声难度的影响,以及词频影响发生在语义与句法编码阶段的可能。在实验 6 中,采用翻译任务,要求被试将呈现的英语单词翻译成荷兰语,最后比较同音词、多义词的翻译潜伏期。结果发现,词频相近的词,在控制了其他条件的情况下,多义词与单义词翻译的潜伏期几乎没有差异。这些结果表明,词频影响的是语音提取,而不是语义和句法信息的提取。

字词命名属于命名性任务。命名性任务要求被试在阅读过程中或阅读结束后尽可能快并且准确地大声地读出目标词,或用一个词回答问题,或说出事物的名称。记录被试的命名反应时间和正确率。命名法的理论基础也是激活理论,其基本假设是激活程度高的概念的语音信息比较容易提取。研究者在许多语言种类中证明了字词命名中词频效应的存在。我国心理学家彭聃龄等人在单个汉字的命名实验中发现,成人对汉字进行命名的反应时间与汉字使用频率的对数成正比。他们在汉语双字词的词汇判断任务中发现,成人对汉语双字高频词的反应时间为 795.46ms,而对汉语双字低频词的反应时间为 890.2ms,两者相差 94.73ms。两者的错误率分别为 0.69% 和 20%。

词频效应在字词命名过程的哪个环节上起作用?对这个问题的回答仍然存在分歧。早期观点认为,词频效应发生在对字词的存储或搜索过程中,主要影响字词信息提取阈限和搜索顺序。高频词提取阈限较低,并且优先搜索。研究者后来发现,词频效应与实验任务有关。通过词汇判断任务得到的词频效应比通过命名任务得到的词频效应小得多。产生这个差别的原因在于两种任务涉及的加工过程不同。

词汇判断与再认法一样,是一种判断性任务。在以拼音文字为材料进行实验时,给被试呈现一系列字母串,其中有的是词(如 come),有的是假词(符合正常的字词结构顺序,但是在这种语言中实际上不存在的词,如 cema)或非词(违反正常字词结构顺序的词,如 ccom)。要求被试尽可能快而且准确地判断每一个字母串是不是一个词,并以不同的方式对判断结果进行反应(例如,按不同的按键)。记录被试的选择反应时间和正确率。在以汉语为实验材料的实验中,由于汉语存在字和词两个水平,因此,又分为真假字判断和真假词判断;其做法是将字或词与同等数量的假(非)字或假(非)词混合在一起呈现给被试。这种任务要求被试加工字母串所提供的视觉信息、语音信息,并且在心理词典中进行搜索,最后对字母串是否为词做出判断。它在研究词的视觉特征、语音特征、词频和语境对单词识别的影响,以及阅读过程中发生的各种推理问题的研究中经常被使用。由于词汇判断是一种判断性任务,而判断性任务在对信息激活程度和激活的时间进程的检测方面具有一定的优越性;所以实验者对实验条件的控制方式也比较灵活。但是,判断性任务又是一种比较复杂的任务。它包含了识别、对比和决定等环节。因此,使用词汇判断任务得到的反应时间也就包括了一些与字词识别无关的额外加工的反应时间。

由于上述两种任务性质的差别,一些研究者认为,通过命名任务得到的词频效应反映的是在词汇信息提取过程中词频的真实作用,而通过词汇判断任务得到的词频效应则包含了词频在决策过程中的作用。另一些研究者认为,对字词的命名可以通过两条并行的途径来进行:一是词汇辨别完成后,提取了字词的读音;二是根据拼读规则知识建立了待识别项目的读音。在这两条途径中,前者建立在词汇通达的基础上,而后者则是一种前词汇加工,即在词汇通达之前发生的加工。在以拼音文字为实验材料的研究中发现,实验时使用的字词越不符合拼读规则,那么这些字词在命名任务和词汇判断任务中的反应时间就越接近。因此,这些研究者认为,在命名任务中,由于拼读规则的运用,词频效应被低估了。

解决上述矛盾的关键在于如何将词汇判断任务中的决策成分分离出来;如何避免被试在命名任务中使用拼读规则。这在以拼音文字为实验材料的研究中是无法解决的。台湾学者刘英茂等充分利用汉字的读音特点,创建了词汇命名任务,对解决上述问题做出了贡献(Liu et al., 1996)。词汇命名任务是在命名任务中将真字与同等数量的假字混合在一起,要求被试在看到每一个刺激项目后就尽可能快地、大声地将该项目读出来。如果某个刺激项目无法读出,就读为"假"。记录被试的命名反应时间和正确率。

汉字中一些左右结构字的读音可以和右侧声旁的读音相同,如"评""盯",称为声旁兼容字;另一些字虽然有声旁,但是字的读音与声旁不一致,如"冰""恬",称为非声旁兼容字;还有一些无声旁字,如"服""札"。通过分析上述类型的字,刘英茂认为,汉字的声旁只有在整字被识别后,才会发挥其读音作用;也就是说,对这些汉字读音的提取,一定发生在词汇通达之后,而不会借助拼读规则在词汇通达之前发生。这样,通过对命名任务和词汇命名任务的反应时间的比较,就可将决策成分分离出来。

刘英茂等以上述3类字中的高频和低频字为实验材料,并采用了命名、词汇判断和词汇命名3种任务进行实验。这是一个2×3×3的混合设计,其中词频和字类型是组内设计,任务类型是组间设计。从表9.1中列出的实验数据可见,通过命名任务得到的词频效应为170ms,而词汇命名任务得到的为214ms。两种不同的命名任务的差异在于,词汇命名任务比命名任务增加了一个决策成分。因此,通过两种任务获得的词频效应的差异(214−170=44ms)即为词频效应中的决策成分所用时间。

由表9.1可以看出,通过词汇判断任务得到的词频效应为105ms。这个词频效应应该包含两个成分,即词汇通达前的加工成分和决策成分。由于决策成分为44ms,因此,在词汇通达前的词频效应成分为105−44=61ms。

表 9.1　不同任务类型和字类型下的词频效应　　　　（单位：ms）

任务类型	词频	字类型			平均
		声旁兼容	非声旁兼容	无声旁	
词汇判断	高频	446	455	454	452
	低频	544	555	570	556
	效应	98	100	116	105
命名	高频	450	451	442	448
	低频	538	678	639	618
	效应	88	227	196	170
词汇命名	高频	555	565	546	555
	低频	703	808	797	769
	效应	148	243	251	214

表 9.1 中的数据还显示，通过词汇命名任务得到的词频效应（214ms）大于通过词汇判断任务得到的词频效应（105ms）。由于两个任务所设计的加工环节仅在于词汇命名任务在词汇判断结束后还要进行语音的提取，因此，在词频效应中还存在着一个词汇通达后的加工成分（214-105=109ms）。

通过分析上述结果，刘英茂等人认为，词频效应首先对词汇加工的编码阶段起作用，它影响词汇通达的速度；词频效应还对词汇加工后的反应性加工起作用，它影响词汇通达后汉字字形、读音、语义等编码形式之间的转换过程。

研究者进一步发现，在图画命名任务中图画与图画之间的语义联系也会对命名潜伏期产生影响。例如，当图画命名任务中的刺激来自于若干个不同的语义类别（如动物、家具、水果等），而且每个类别不止一个刺激时，属于相同类别的图画的命名潜伏期随着它们在类别内出现的顺序线性递增，而与它们在整个序列里出现的顺序无关。该效应被称为积累的语义干扰效应（the cumulative semantic interference effect）（Howard et al., 2006; Navarrete et al., 2010; Oppenheim et al., 2010）。与此类似，在所谓的区组命名范式（the blocked-cyclic naming paradigm）中，一小组图画在一个区组里重复出现多次。根据这一小组图画之间的语义关系可以分为语义同质组（homogeneous blocks）和语义异质组（heterogeneous blocks）两种条件。在语义同质组中，这一小组图画都来自于相同的语义类别，如"动物"；在语义异质组中，这一小组图画分别来自于不同的语义类别，彼此没有重复的类别。结果发现，语义同质组的图画命名潜伏期显著长于语义异质组，称为语义区组效应（the semantic blocking effect）（Belke et al., 2005; Damian et al., 2001）。由此可见，在图画命名中存在语义信息的激活，而且这种激活可以维持一段时间。

从上面的证据还可以看出，命名一致性和词频在命名任务中影响了不同信息的提取，表明语义、句法信息和语音模式分别存储在说话人的记忆中。语义和句法信息实际上并没有被有效区分，只是与语音模式的提取处于不同的加工阶段且受制于不同的影响因素，因此引入了"词条"（lemma）这个概念。词条是包含语义和句法信息的抽象心理表征。由此可得,记忆中存储的语言信息包括词条和语音信息。

2. 语言信息提取的时间进程

词条和语音提取是相继的两个阶段,还是同一提取过程的两个方面?这正是目前研究者非常关心的语义与语音提取的时间进程的问题。正如前面提到的,TOT提示我们,词条和语音的提取可能处于不同的阶段,而且词条的提取可能先于语音模式的提取。但是TOT也可以解释成是由于词条与语音之间的联系被阻断所致。

在有关时间进程的实验研究中,Levelt等(1991)以荷兰语为材料进行实验。结果表明,语义编码的结束先于语音编码,但是未能区分早期语义和语音激活的时间进程。张清芳、杨玉芳(2004)以汉语为实验材料,采用图画词汇干扰范式,探讨了汉语单字词产生中语义、字形和语音激活的时间进程。在实验中,首先给被试呈现注视点,接着是一段时间的空屏,然后呈现一个词和一个图画。其中图画是目标项,被试的任务是忽略出现的词语,尽可能准确而迅速地说出图画的名字,计算机记录下被试的反应时间。从图片开始呈现到被试开始发音的这段时间,称为命名延迟或命名潜伏期。该范式在言语产生的研究中应用非常广泛。其中有两个重要的可操作变量:一个是图片和干扰词呈现之间的时间间隔SOA(Stimulus Onset Asynchrony),另一个是干扰词与图片名称之间的关系。在张清芳、杨玉芳的实验中,SOA作为组内因素,共有7个水平,分别为 $-300, -200, -100, 0, +100, +200, +300$ (ms)。"$-$"表示干扰词在图画呈现之前出现;"$+$"表示干扰词在图片呈现之后出现。第二个组内因素即为干扰词的类型,有4个水平,分别为语义干扰、语音干扰、字形干扰和无关干扰。语义干扰是指干扰词与图画名称有语义关联,比如图画名称是"床",语义相关词为"枕"。语音干扰是指干扰词与图画名称的音节相同,但声调不同,比如"床—创"。字形干扰是指干扰词与图画名称在字形上有关,比如"床—庆"。无关字与图画名称既无语义关系,也没有语音和字形上的关联,比如"床—伸"。控制组为无关词组。在实验之前让被试对实验中使用的图画名称进行学习。实验结果见表9.2。

表9.2 每一干扰类型和SOA下的图画命名时间的平均值 (单位:ms)

SOA	干扰类型			
	语义相关组	语音相关组	字形相关组	无关组
−300	628	590	592	604
−200	606	584	583	587
−100	603	594	567	583
0	627	607	577	611
100	554	544	551	567
200	523	540	530	526
300	564	574	565	580
平均值	581	573	565	580

引自:张清芳等,2004。

简单效应分析表明,在 SOA 为 -300ms,-200ms,-100ms,0ms 和 100ms 时,各干扰类型条件下的图画命名时间有显著差异。Newman-Keuls 多重比较的结果表明,当 SOA 在 -300ms 到 0ms 之间时,语义相关条件下的图画命名时间显著地慢于无关干扰条件,出现了语义抑制效应;当 SOA 是 100ms 时,语音相关条件下的图画命名时间(544ms)显著地快于无关干扰条件(567ms),出现了语音促进效应。这个结果说明,图画命名的早期就存在语义激活,而语音的激活相对较晚才开始。

从这项研究还可以看出,汉语词汇产生有别于英语的一个重要特点是,字形与语音的分离。由于英语单词中的字母及其位置都与读音有密切的联系,所以字形和语音一直没有得到分离,因此一些理论认为两者是等价的。例如,在描述词汇产生阶段的时候,语音提取阶段也称为字形提取阶段。而汉语中虽然也存在很多形声字,但是相比之下字形与语音的联系没有那么紧密,特别是对于非形声字而言。该实验结果显示,当 SOA 为 -100~100ms 时,字形干扰条件下的命名时间(分别为 567ms、577ms 和 551ms)显著短于无关条件下的命名时间(分别为 583ms、611ms 和 567ms),出现了字形促进效应,从而成功地分离了字形和语音的影响,确定了字形与语义、语音激活的先后次序,即按照它们开始激活的时间依次是语义、字形、语音。

借助汉语中字形与语音分离的特点,张清芳等(2009)进一步探讨了字形和语音激活在词汇产生过程中的关系。仍然采用图画词汇干扰范式,在设置字形相关干扰词(例如"庆"—"床")和语音相关干扰词(例如"创"—"床")的同时,还设置了字形和语音都相关的干扰词(例如"疮"—"床")。结果发现,在 SOA 为 -150ms 和 0ms 的条件下,字形的促进效应和语音的促进效应是可叠加的,即字形和语音都相关的干扰词产生的促进效应显著大于字形和语音单独相关产生的促进效应。这一结果强调了字形在言语产生中独立于语音的作用机制,而以往的言语产生模型大多建立在符号语言(如英语)的研究基础上,因此并没有很好地区分字形和语音的作用。

3. 词汇产生模型

为了了解词汇产生的认知加工过程,不仅要研究时间进程,还要弄清楚词条选择和音韵编码之间,或者说语义层和语音层之间,是否存在信息的交互作用。为了探讨这个问题,庄捷、周晓林等(2003)做了一项汉语研究。仍然采用图画词汇干扰范式,但在其中加入了与目标词语义相关的词的语音启动项(语义中介刺激)。例如,目标图片为"牛",语义相关刺激为"羊",语义中介刺激为"阳",控制刺激为"冒"。在正式实验之前,被试都对实验图画及名称进行了学习。在正式实验中,先在屏幕上呈现注视点"+" 300ms,接着是 300ms 的空屏,然后图画和干扰词同时呈现(SOA=0ms),干扰词放在图画中间。要求被试在 2000ms 内尽快、尽可能准确地命名图画。计算机记录下被试的反应时和错误率(反应时超出 2000ms 算作错误反应),主试对被试的反应情况做详细记录。实验结果见表 9.3。

表 9.3 三组材料的反应时和效应量、错误率

统计项	语义相关	语义中介	控制
反应时/ms	921	915	894
错误率/(%)	12.1	8.6	7.8
反应时效应量	−27	−21	

引自：庄捷等，2003。

结果发现了微弱的语义中介干扰效应（$t_1(44)=1.79$，$0.05<p<0.10$，$t_2(48)=1.83$，$0.05<p<0.10$），即语义中介条件下的图画命名潜伏期长于控制组。对于这个实验，言语产生的交互激活作用理论和独立两阶段理论有着不同的预期。交互激活作用理论认为，词条层的激活信息向音位层的传递过程是瀑布式的，而不是模块式的，即目标图片"牛"与其语义相关词（如"马""羊"等）的词条从上到下像瀑布一样都得到激活，同时传递它们对应的音位表征。在命名图片的早期加入干扰字"阳"，就会加强音位层已有的、被词条层"羊"激活的"yang2"的激活强度，加强其对目标语音"niu2"的竞争、干扰作用。与此相反，独立两阶段理论认为，词条"羊"的激活不会传输到对应的语音表征上。与无关条件相比，干扰词"阳"所提供的语音信息不能干扰目标语音"niu2"的激活。因此，本实验所获得的语义中介干扰效应支持两阶段交互作用理论，而与独立两阶段理论矛盾。

可以看出，这个实验得到的语义中介干扰效应并不显著。这可能与实验程序有关。一方面，实验虽然考察的是语音相关干扰词的影响作用，但是并没有采取听觉呈现干扰词的方式，而是选用了视觉呈现。另一方面，根据前人的研究结果，语义和语音的激活在不同的时间进程，而且语音相对较晚，所以 SOA 只有一个水平且是 0ms 的设计，对于本实验的研究目的来说显然是不充分的。

（二）整合存储的信息

在言语产生过程中，信息整合需要根据说话人的意图，以语言惯例所限制的方式进行。一个核心的语言惯例就是语法。所有语言都有语法，只是不同的语言有不同的语法要求，但最后都是通过语音的形式表达出来。因此，音韵编码也是整合信息不可或缺的一步。Levelt(1989)假设在言语产生过程中，说话人将意图转化为外部语言，需要经历语法编码（grammatical encoding）和音韵编码（phonological encoding）两个阶段。在语法编码阶段提取词汇的语义和语法信息，而在音韵编码阶段提取词汇的语音信息。

1. 从认知到句法:语法编码

(1) 语法编码的两阶段模型

Garrett 在语误分析的基础上提出了语法编码的两阶段模型。所谓的两阶段是指:第一阶段进行词条的选择;第二阶段决定各成分的顺序,所有的附加成分(如英语中的后缀:"ed""s"等)也是在这一阶段生成的。支持两阶段模型的证据依旧来自语误分析和实验数据两个方面。

语义替换错误(如把"男孩"说成"女孩")和单词交换错误(如主语和宾语交换)都符合同类交换原则,即名词和名词交换,动词和动词交换。这一现象表明,语法上的归类(名词、动词等)和词条的角色(主语、宾语等)应该在同一个水平进行加工。另外还有两种性质不同的语误:被语音相近词替换和语序错误。有趣的是,在语序错误中,虽然两个词的位置交换了,但是它们相应的后缀却保留在原来的位置上。例如把"I went to get my truck parked"说成了"I went to get my park trucked"。这样的语误表明,存在确定词序的阶段。而且在这个阶段,附加成分作为短语的固有部分被加工,不会随着后期语音的提取错误而发生变化。

实验发现,句法是由词汇启动的,即概念上激活了的词条会启动一系列句法程序,以建立合适的句法环境。这些程序会建立短语、从句的和句子的模式,以满足对语法功能的表达。Bock(1986)给被试呈现包含及物动词和两个名词的图片,如"The rock broke the window"(石头打碎了窗户)。要求被试对图片做即时描述。在图片呈现的同时还会呈现一个启动词,该启动词可能与目标词语义相关,如"boulder"(大石头)或者"door"(门)。结果发现,当某个目标词与启动词语义相关时,它更倾向于做主语;而当它与启动词语义不相关时,它更倾向于做宾语。如上述"The rock broke the window",当启动词为"door"时,被试更倾向于说"The window was broken by the rock"。实验同时发现,当启动词与目标词语音相关时没有类似的影响。该研究表明,句式的选择(主动句/被动句)可以由词条启动,而语音的提取在句式选择之后。

(2) 递进的加工模式

除此之外,语法编码的另一个特点是递进的加工模式(incremental processing)。如果一个说话人在表达之前必须准备好全部信息,话语会被频繁出现的"计划停顿"分割成一段一段。然而事实上这样的停顿相当少。Kempen 和 Hoenkamp(1987)用递进加工来解释,即编码过程能够在少量信息可用时就开始,而且多个加工水平可以立刻投入操作,从而使说话人在计划好整个句子之前就开始表达。更形象地说,递进加工是指,说话人先计划好单元 x,然后针对单元 x 发音,在说出单元 x 的同时计划下一个单元 x+1,从而使言语流畅地表达出来。这里很自然地产生了一个问题:计划单元到底是什么?

早在 1978 年,Foss 和 Hakes 就指出,这是一个不可确定的问题。计划单元可能是从句(clauses)、短语(phrases)、单词(words)、音节(syllables)甚至音位(phonemes),它往往随着产生的难度而变化。后续的一些研究也证明了它的不确定性。这方面的研究大多仍采用图画词汇干扰范式。例如 Schriefers 等(1998)以德语为材料进行的研究。他们利用德语中动词可以放在句首的特点,要求被试产生动词在句首或者句尾的句式描述呈现的包含动作内容的图片,同时还呈现与动词语义相关或无关的干扰词。干扰词的呈现方式有 2 种:视觉呈现和听觉呈现。视觉呈现干扰词时,图画依然呈现在屏幕的中央,干扰词呈现在图画的左边或右边。无论是视觉还是听觉呈现,图画和干扰词都是同时开始呈现的,即 SOA=0ms。计算机记录被试的反应时,即命名潜伏期。结果发现,当动词在句首时,存在语义干扰效应,即语义相关组的命名潜伏期长于语义无关组。而当动词不在句首时,没有观察到语义干扰效应。从而表明,动词不是自动包含在一开始的计划单元里的;产生句子时,一开始的计划单元可能只是句首的第一个词。赵黎明、杨玉芳(2013)也采用图画词汇干扰范式,以汉语为实验材料,探讨了口语句子产生中的语法编码计划单元,并得到了与上述结论一致的结果。在实验中给被试呈现两幅竖直排列的图片,并有一个干扰词位于其中一幅图片的中心。要求被试尽量忽略干扰词,根据图片的颜色说出用介词短语做主语的句子或者并列名词短语做主语的句子。实验结果显示,对于两个句式而言,只在第一个名词上发现了潜伏期的语义干扰效应;在第二个名词上没有发现该效应。从而表明,句子产生时语法编码的计划单元可能只是句首的第一个名词。即使在介词短语做主语的条件下,第二个名词是主语的中心语,计划单元仍然是第一个词。

2. 从句法到语音:音韵编码

与语法编码的研究相似,起初的关于音韵编码的理论和认识也是从语误发展起来的。一种语误是发生在单词交换时,句子重音的位置不变。如"Stop beating your brick against a head wall."(正确说法是"Stop beating your head against a brick wall."),句子重音落在原来重音的位置上,而不是随着"head"的移位而转移,表明韵律结构的确定与单词的语音填充处于两个不同的阶段。另一语误是音素的交换。如把"left hemisphere"说成了"heft lemisphere"。这种语误显示,音素在填充阶段可能被错置。既然音韵编码中存在语音填充阶段,那么这个填充过程是从左到右序列进行的,还是并行加工的呢?

Jescheniak 等(2003)的研究采用图画词汇干扰范式,设置了 4 种干扰条件:语义相关、语义无关、语音相关和语音无关。其中语义相关是指干扰词与目标词(图画名称)来源于同一范畴但是没有语音重叠,语音相关是指干扰词与目标词的起始辅音—元音相同但是没有语义关联。干扰词以听觉方式呈现。SOA 有 3 个水平:0ms、150ms 和 300ms。每幅图画都准备了 2 种尺寸:大(123mm×123mm)和小(70mm×70mm)。图画以红色或者蓝色呈现。在实验中,要求被试在图画呈现后尽快、尽可能准确地使用指导语中要求的句式来描绘呈现的图画,同时记录被试的反应时和错误率。根据不同的指导语,命名图画所用的表达有以下 3 种:单个名词、简单名词短语(限定词＋单个名词)、复杂名词短语(限定词＋大小形容词＋颜色形容词＋单个名词)。实验结果见表 9.4。

表 9.4 不同的 SOA,句式和干扰类型下的平均反应时(ms)和错误率(%)

干扰类型	SOA					
	0ms		150ms		300ms	
	M	%	M	%	M	%
单个名词						
语音相关	592	3.6	554	1.5	541	2.4
语音无关	642	3.4	607	3.5	555	2.4
差异	−50***/***	+0.2	−53***/***	−2.0**/*	−14**/***	0.0
简单名词短语						
语音相关	583	4.3	534	2.7	522	2.0
语音无关	603	4.7	555	3.8	517	3.0
差异	−20**/*	−0.4	−21***/**	−1.1+/ns	+5	−1.0
复杂名词短语						
语音相关	855	10.4	824	7.6	781	7.0
语音无关	827	7.6	820	6.0	773	7.2
差异	+28**/*	+2.8+/+	+4	+1.7	+8	−0.2

$^+ p<0.10$, $^* p<0.05$, $^{**} p<0.01$, $^{***} p<0.001$。

实验结果显示:单个名词产生中,SOA 为 0ms 和 150ms 时,语音促进效应最大(分别为−50ms 和−53ms);而在同样的 SOA 下,简单名词短语产生的语音促进效应大约降低一半(分别为−20ms 和−21ms);在 SOA 为 150ms 和 300ms 时,复杂名词短语的产生没有发现语音促进效应;在 SOA 为 0ms 时,甚至出现了抑制效应(+28ms)。为解释这些发现,他们提出了层级激活说(graded activation account),认为在多词话语(multi-word utterance)开始发音之前,话语中各个词的音韵编码都得到了一定程度的激活,激活水平随着词在话语中位置的不同而改变:位置越靠后,激活程度越低。

Schriefers 等(1999)也采用图画词汇干扰范式,探讨了音韵编码的计划单元。在实验中给被试呈现由有色线条构成的图画,要求被试产生德语的无定冠词名词短语,如"roter Tisch"("red table")。干扰词有四种:① 与短语第一个词的第一个音节语音相同;② 与短语第一个词的第二个音节语音相同;③ 与短语第二个词的第一个音节语音相同;④ 与短语第一个词和第二个词的语音无关。其中条件④作为控制组。干扰词以听觉方式呈现,SOA 有 4 个水平:0ms,+150ms,+300ms 和+400ms。结果发现,干扰类型 1(与形容词第一个音节语音相关)有显著的语音促进效应,干扰类型 2(与形容词

第二个音节语音相关)只有微弱的语音促进效应,干扰类型3(与名词第一个音节语音相关)没有发现语音促进效应。进一步的分析结果显示,可以将被试分成两组,一组是会将语音促进效应延续到第一个词的第二个音节,而另一组是只在干扰类型1下有语音促进效应。这样的结果不仅表明计划单元可能是音节,而且可以看出说话人对计划单元大小的调节。

在汉语研究中,周晓林等(2002)采用同音判断和音节监控方法,考察言语产生中双词素词语音激活的特点。实验结果也不支持音位编码按从左到右序列进行的观点。该研究选用以偏正结构的双词素词(如"飞机")为名称的图片和与双词素词中首尾两个词素同音的两组探测字(如"非""击")作为实验材料,探测字在图片呈现后50 ms(实验一)或图片呈现前1300 ms(实验二)出现,要求被试判断出现的字是否与图片名称中任何一个词素同音。结果见表9.5。

表9.5 被试在首词词素和尾词词素两种条件下的平均反应时和错误率

实验	指标	首词素组	尾词素组	效应量
实验一	反应时/ms	967	904	63
	错误率/(%)	13.7	6.9	6.8
实验二	反应时/ms	743	703	40
	错误率/(%)	9.2	4.1	5.1

引自:周晓林等(2002,表2)。

实验结果显示,对图片名称第一词素的反应慢于第二词素。考虑到首尾两个词素对整词意义贡献的差别,该实验的研究者把实验结果解释为词素意义对语音激活的作用:第二词素的语义重要性决定了对应音节激活的快速性,双词素词中词素音位激活的速度和时间性受词义和词素意义激活程度的影响,而不完全取决于词素发音的序列性。

二、语言理解

语言理解是指人们根据听觉或视觉的输入信息建构意义的一种主动、积极的过程。那么,在语言理解过程中发生了什么?当我们看到或者听到一个词,字形或语音是如何激活了词的语义信息?在语句理解中词汇语义和句法信息是如何起作用的?我们如何整合一系列句子,实现篇章的理解?本节将从词汇、语句、篇章这三个水平介绍语言理解过程。

（一）词汇理解

各种复杂的概念和语义都通过词汇来表达。词汇理解是指通过视觉或听觉通道接收字形或语音信息,进而提取词义的过程。词汇理解是目前心理语言学研究最活跃、也是最富有成果和争议的领域之一。

1. 视觉词汇理解

视觉词汇识别过程中,字形、语音、语义激活的相对时间进程一直是备受研究者关注的问题之一。围绕这个问题有几种不同的理论。直通理论(direct-access hypothesis)认为,词的意义可直接由词形信息获得,语音的提取是词义通达后的附加过程。而语音中介理论(phonology mediation hypothesis)认为,词义的获得需要先把词形信息转换成语音,由语音激活词的意义,因此语音信息起到重要的中介作用。双通道理论(dual-access hypothesis)整合了直通理论和语音中介理论,认为由词形通达词义和由词形通达语音再通达词义的两条通路同时存在,每条通路都有可能决定词汇的意义激活。

不同理论争论的关键在于,词汇通达过程中语音的激活是否必须。Berent 和 Perfetti(1995)使用后掩蔽范式,考察语音信息的自动激活。后掩蔽范式是将启动范式和掩蔽程序相结合,首先呈现目标词如"dog"60ms,接着目标词被一个快速、短暂呈现的非词掩蔽,然后呈现掩蔽刺激如"X"将非词掩蔽掉,要求被试写出他们所看到的目标词。非词与目标词或者语音相似,或者字形相似。实验结果发现,非词与目标词语音相似时,被试对目标词的辨认正确率更高。这说明语音编码在单词呈现 60ms 之内发生,表明了语音信息的快速自动激活。

Taft 和 Graan(1998)用语义范畴判断和命名两种实验任务,考察语音中介效应是否存在。实验使用了拼音文字的规则词和不规则词为材料。规则词和不规则词分别指拼写和发音之间存在或者不存在规律性联系的词。实验对这两类词的词频、首字母和词长等进行了匹配。结果发现,在命名任务下,对规则词和不规则词完成任务所需要的时间有显著差异,说明语音规则在词汇通达中发挥作用,支持语音中介理论。在语义范畴判断任务下,规则词和不规则词完成任务所需要的时间没有显著差异,支持了直通理论。可见,不同的实验任务导致了实验结果的差异。原因在于,在命名任务中,被试必须利用目标字的语音进行反应,使得语音的效应早于语义的效应出现;而在语义的分类任务中,要求被试更多地对语义进行加工,使得语义的效应早于语音效应的出现。

视觉词汇识别过程中是否存在语音中介效应？研究者考察这个问题时常常采用启动范式。这个范式通常是首先呈现一个启动词,然后呈现目标词,要求被试对目标词做出反应。实验的一个自变量是启动类型,启动词与目标词之间的关系有四种:字形相似、语音相同、语义相近和控制组(形、音、义无关)。另一个自变量可以是 SOA,即启动词呈现到目标词呈现的时间间隔。因变量为被试完成任务的反应时和正确率。比较不同启动类型下被试完成任务的反应时和正确率,从而推断启动词的字形、语音或语义信息能否促进以及怎样促进目标词的加工。汉字是表意文字,字形的表意作用大于拼音文字。汉语词汇的这些特点有可能使得音义的加工时间进程有别于拼音文字。在汉字的加工中,语音信息是否能够自动激活呢?语音的激活是发生在词汇通达前,还是发生在词汇通达后呢?针对这个问题,陈宝国和彭聃龄(2003)采用基于语义和基于语音的启动范畴判断任务分别考察了高频汉字的形音义激活的相对时间进程。语义任务要求被试判断目标字是否是动物名称,语音任务要求被试判断目标字的读音是否为"yi"。实验采用 4(启动类型)×4(SOA)混合设计,启动类型为被试内设计,有 4 个水平:形似、音同、义近和无关字对;SOA 为被试间因素,有 4 个水平:43ms、57ms、85ms、145ms。计算机记录被试的反应时和错误率。

　　基于语义的启动范畴判断作业的实验结果见表 9.6。结果表明,对于高频字对,当 SOA 为 43ms 时,只有形似启动字对目标字产生明显的促进作用,表明字形最先得到加工。当 SOA 延长到 57ms 时,形似启动字、义近启动字对目标字都产生了促进作用,但音同启动还没有促进目标字的认知,这表明 57ms 时高频汉字的语义特征已经得到了加工,但语音特征还没有被激活或者说加工仍不充分。当 SOA 延长到 85ms 时,从反应时数据看,音同启动并没有加速目标字的识别,但从错误率数据看,音同启动的错误率低于无关启动的错误率,这说明音同启动效应已经出现,但是只表现在促进目标字的精确判断这一指标上。当 SOA 延长到 145ms 时,形似、音同、义近的启动效应都出现。在基于语音的任务中,高频汉字的字形、字义的激活仍然早于语音的激活。研究者认为,高频汉字形音义激活的时序为字形—字义—字音,高频汉字的语音是自动激活的,但语音的激活可能发生在字义通达之后,这符合直通理论的预期。至于低频汉字,陈宝国、王立新和彭聃龄(2001)认为低频汉字字形的激活在先,字音和字义的激活同时进行。低频汉字形、音、义激活的这种顺序不受实验任务的影响,但实验任务影响了低频汉字字音、字义激活出现时间的早晚。

表 9.6 四种 SOA 条件下，目标词的反应时(ms)和错误率(%)

启动条件	43 ms			57 ms			85 ms			145 ms		
	反应时	错误率	启动量	反应时	错误率	启动量	反应时	错误率	启动量	反应时	错误率	启动量
形似启动	498	0.6	43**	495	3.3	35**	515	1.3	35**	533	1.0	32**
音同启动	533	1.6	8	523	1.7	7	544	0.7	6	542	2.0	23*
义近启动	542	4.3	−1	514	3.5	16**	534	4.0	16*	547	3.8	18*
无关启动	541	0.5		530	2.5		550	2.8		565	1.1	

注：* 和 ** 表示与无关启动相比，以被试为随机变量的方差分析在 0.05 和 0.01 水平上差异显著（引自陈宝国和彭聃龄，2003）。

2. 听觉词汇识别

人在听到话语时,由听觉器官接受声学信号,并进行声学和语音学分析,再转换成音系信号,进而激活心理词典中关于词汇的一系列信息,如语义、字形等。这一过程是听觉词汇识别研究所关注的问题。

由于言语具有连续性、方向性等特点,在听觉词汇研究中常常使用 Gating 技术考察听觉词汇加工随语音输入而逐渐变化的全过程。在 Gating 范式中,呈现的语音片段是某个词的组成部分,从词首开始,逐渐加长,直到整词。要求被试在听到一个语音片段后写出所听到的单词,同时对报告的确定性做等级评定。与反应时任务相比,Gating 技术的明显优势在于它能同时提供定量、定性的信息。这种技术可以用来揭示听觉词汇的语音识别点(uniqueness point,UP),即被试能正确辨别一个单词所需的时间点,或者说语音信息。英语单音节词平均识别点为语音起始点之后 289ms,双音节为 306ms,三音节为 406ms。

Marlsen-Wilson 等(1987)利用 Gating 技术,采用跨通道启动范式考察听觉词汇识别过程。实验中,首先给被试呈现语音信息,在语音消失的瞬间,计算机屏幕上会出现一个视觉刺激,要求被试对视觉刺激进行词汇判断。听觉呈现的语音信息长度不同,包括语音片段(如,/kpt/)和整词(如,captain)。语音片段/kpt/与 captain、captive 等词有语音联系,而 captain、captive 又分别和 ship、guard 等词有语义联系。结果发现,当给被试听觉呈现语音片段/kpt/时,对随后视觉呈现的 ship 和 guard 等词汇的判断会有显著的启动效应。这表明语音片段/kpt/激活了其语音相关词的语义相关词 ship、guard。而当听觉刺激以整词形式 captain 呈现时,只有其语义相关词 ship 出现启动效应。据此,Cohort 模型认为听觉词汇识别是一个语音输入与心理表征相匹配的过程。在语音输入初始阶段,一系列候选词的意义都得到激活,这些候选词的词首与输入语音片段一致,组成初始词群。随着语音信息不断输入,符合输入语音的候选词的激活水平增强,而不符合输入语音的词的激活水平下降,直到仅剩初始词群中的最后一个词。

早期的 Cohort 模型建基于自下而上的输入信息与词典表征之间的精确匹配,特别是词首部分。强调词首部分的信息将直接决定所激活的候选词集合的大小。研究者采用跨通道的语义启动范式,进一步考察音段信息是否即时地制约词汇的激活。结果发现,词首即使只有一个区别性特征不相同(如"pound"和"bound"),也不会有多重语义激活,即语音输入"pound"不能激活与其发音类似的"bound"的语义相关词。由此认为,当听觉词汇的词首信息和心理表征不匹配时,词汇的表征就不会得到激活(Marslen-Wilson, Moss & Halen, 1996)。

在句子语境中,词汇识别的过程是否还严格遵循 Cohort 模型?比如尽管 captain 的第一个音节信息与 cap 的音节信息完全相同,自然的朗读中两者的声学线索可能有所不同。这些额外的声学线索的区别是否会影响所激活的候选词群的大小?Davis 和 Marslen-Wilson(2002)在实验中使用 Gating 范式和跨通道重复启动范式,探讨了连续语流的词汇识别过程中声学线索的作用。研究者请人朗读分别包含实验关键词语(captain,cap)的语句。结果发现,尽管单词 captain 的第一个音节信息与 cap 的音节信息完全相同,但是前者的时长更短,这额外的声学线索信息足够帮助被试正确地将听觉词语 captain 和 cap 区分出来。在连续语流中,额外的声学线索信息可以缩小输入语音所激活的候选词群,帮助听者更快地正确识别词汇信息。

(二) 语句理解

句子是表达完整思想并具有一定语法特征的语言单位。语句理解是在字词理解的基础上,通过对句法、语义以及语境的分析达到理解的过程。主语、宾语关系的相关语法知识使得我们正确理解"他打球"这个句子。而有时在语义知识的帮助下,我们也可以正确理解诸如"阳光洒满大厅"和"大厅洒满阳光"等词序出现颠倒的句子。研究者们大都认同语法、语义等知识在正确地理解句子时的重要作用。一个关键问题是句法知识和语义知识在语句理解过程中的加工时间先后顺序以及两者交互作用,如句法是否先得到加工,以此促进语义的加工。

研究者通常使用语义违反和句法违反方法,在保持句子完整性的基础上,通过局部单词或者单词串的异常,诱发句法分析和语义分析过程的认知冲突,进而实现两者的实验性分离,以此了解句法加工和语义加工的相对时间进程和两者交互作用。McElree 和 Griffith(1995)使用反应时方法,通过通达判断任务发现了语义违反较之句法违反的滞后反应效应。实验使用了四类句子:

① 主题角色违反(thematic role violation):"Some people amuse books."
② 范畴化违反(categorical violation):"Some people hastily books."
③ 次范畴化违反(subcategorization violation):"Some people agree books."
④ 正常句(grammatical):"Some people love books."

实验中,将每个句子逐词呈现给被试,每个词呈现时间为 200ms。在句子最后一个单词呈现完后,要求被试尽可能快且准确地做出判断,判断句子是否合乎语法且有意义。记录被试判断的反应时间和正确率。实验结果发现,与语法违法句子(范畴违反、次范畴违反)和正常句相比较,语义违反句子(主题角色违反)的判断较慢且正确率较低。这说明听者对语义信息的利用慢于语法信息。实验结果符合模块化理论预期。这一理论认为,在句子加工中句法和语义信息由大脑不同功能性模块或加工器完成。来自词汇加工器的信息同时流向句法加工器和语义加工器,由它们分别加工自下而上输入的语法和语义信息。

Hahne 和 Friederici(2002)进一步使用 ERP(event-related potentials)技术考察语句理解过程中句法和语义的交互作用。ERP 技术的主要优势是极高的时间分辨率,能够在微秒级水平上实时测量各种违反事件诱发的脑电波成分,如语义相关成分 N400、语法相关成分 P600。这个实验将对比语义/语法双重违法句子中目标词诱发的 ERP

成分,与语义违反、句法违反句子分别诱发的 ERP 成分,来推测双重违反时的大脑加工活动,以此考察语义和语法的交互作用。实验使用的语句材料分为四类,① 句法违反、② 语义违反、③ 双重违反、④ 正确句。分别举例如下:

① Das Eis wurde im gegessen.（德语）

　/ The ice cream was in the eaten. /（英文译文）

② Der Vulkan wurde gegessen.

　/ The volcano was eaten. /

③ Das Türschloss wurde im gegessen.

　/ The doorlock was in the eaten. /

④ Das Eis wurde gegessen.

　/ The ice cream was eaten. /

实验中,首先给被试听觉呈现德语句子,要求被试判断句子的句法是否正确。实验结果发现,句法违反句诱发出与句法加工有关的 ELAN 和 P600;语义违反句则诱发出 N400;而双重违反的句子仅诱发出了句法相关 ERP 成分 ELAN 和 P600,语义加工相关 ERP 成分 N400 没有出现。这说明句法加工没有受到语义的影响,且错误的句法信息阻止了语义的加工。结果表明,早期的句法加工早于语义加工,且能够影响随后的语义加工。

那么,当同一个词既是语义违反又是词法违反,且语义信息比词法信息更早获得时,句法是否还是先得到加工？Brink 等（2004）使用既是语义违反、又是词法违反的关键词如"kliederde",提供语义信息的词干部分"klieder"先出现,决定单词类型的后缀"de"后出现,因此只有听到"de"时才知道类型范畴违反,此时,语义已经获得。ERP 结果发现,在与词法加工有关的 ERP 指标 ELAN 出现之前,就出现了与语义加工相关指标 N400。Brink 得出结论,语义信息的加工不是以句法的早期自动化加工为前提的,它可以即时地与先前的句子语境进行相互作用。实验结果支持了交互作用理论,认为在句子理解过程中,句法和语义信息存在交互作用。我们会同时利用所有可以获得的信息,包括句法的、词汇的、语篇的,还有非语言信息和情景信息。

使用语义违反和语法违反方法探讨语句理解过程,所采用的实验材料很难保证语义违反和句法违反的纯粹性和独立性。且大多数研究所采用的标准方法是视觉方式呈现句子,一次一个单词,可能导致自然状况下不存在的语言加工效应。相对而言,眼动测量技术使用的是正常句子,读者的自然阅读过程进行顺畅而不受干扰,研究结果具有较高的生态效度,从而能够提供一种相对自然的即时测量方法。在眼动实验中,通过视线追踪技术记录被试阅读过程中的眼动模式,分析注视位置、次数、时间、回扫、眼跳等眼动指标,进而推测大脑某些时刻正在加工什么以及加工的难易程度。

Ma 等人（2014）采用眼动测量技术探讨了中文句子阅读中的词切分问题。词切分就是考察读者在句子阅读中,如何将连续的汉字组合成有意义的词汇的过程。与大多数拼音文字不同,在中文文本中,词汇之间没有空格,字间的狭小间隙并没有将词汇标记出来,因此,这些特殊的文本属性使得中文词切分成为一个重要研究问题。Ma 等人(2014)以交集歧义字段为切入点探讨了读者词切分的认知过程。交集歧义字段是中文阅读中经常遇到的文本组合,譬如"花生长"这样的三字字符串,中间汉字"生"可以分别和左右汉字组合成不同的词汇,在不同的语境条件下对该字符串的切分可能是不同的。当读者遇到这类字符串的时候,如何来切分呢?

Ma 等人(2014)通过操纵词频和语境来考察读者面对这类字符串时的切分过程。语句举例如下:

① 低—高频,A－BC:商家已经答应按时装不同风格安排展销会。
② 低—高频,AB－C:商家已经答应按时装货物上船。
③ 高—低频,A－BC:这位文学家从小吃谈起了传统的北京文化。
④ 高—低频,AB－C:这位文学家从小吃了许多苦才有今天成就。

上述句子是实验中的四种条件,该实验操纵了交集歧义字段的左右词的词频,譬如"按时"是低频,而"时装"是高频。此外,实验控制了句子语境,同样的交集歧义字段在不同的语境下出现两种不同的切分:AB-C(前面两个字构成一个词)以及 A-BC(后面两个字构成一个词)。

研究者发现,当读者读到交集歧义字段时产生了即时的切分行为,读者会依据局部的词频线索对该歧义字段进行初步的切分,如果左侧词汇是高频,譬如"从小吃",则切分成左侧词汇结构"从小—吃"。当读者读到歧义字段后面的成分,发现后面成分支持前面的切分,则阅读时间较短。如果读者读到后面的语句,发现语境不支持最初的切分,则加工时间(譬如首次注视时间、凝视时间、总注视时间等)显著增长。不仅如此,在局部依赖于词频的即时切分与后面语境不一致时,读者的眼睛会出现更多的回视现象,即大部分情况下精确地跳到歧义字段区域,进行再次加工。该现象与花园路径效应极为相似,也说明了花园路径效应不仅存在于语法加工过程中,也存在于中文阅读中对连续汉字的词切分过程中。

(三)篇章理解

篇章由具有内在联系的句子组成,通过前后回指、照应、修辞等语言学手段将句子联结成语义连贯的语篇。篇章理解是在字词、句子理解的基础上,运用推理、整合等方式获得话语意义的过程,是语言理解的最高水平。篇章阅读研究探讨读者在阅读文章过程中所涉及的信息加工活动。

1. 情境模型

20 世纪 80 年代,篇章阅读理论开始关注阅读过程,着重研究实时阅读中的认知活动和影响因素。Van Dijk 和 Kintsch 提出了情境模型(situation models),认为阅读者会根据文本信息和世界知识,对文本所描写的情景构建一个心理模型或表征。情境模型可能是一种空间布局。例如,当理解句子"三只海龟正坐在一根圆木上,有条鱼在它们下面游走"时,读者会推理出鱼是在圆木下面游水,并在头脑中建立了有关海龟、鱼和圆木三者之间空间关系的情境模型。情境模型也可能是利用时间、因果、意图、主体等信息构建的心理模型。读者可能会依据某个维度将当前阅读内容与工作记忆中的心理表征整合成一个整体。

回指解决和学习探测模式相结合是研究篇章理解的一种比较成熟的范式。回指是指在语篇中用代词或者短语指代前文中已经提到过的某个概念或实物,是实现阅读内容连贯的重要机制。回指解决就是读者确定在前文中代词或者短语所指代的成分。将回指解决和学习探测方式结合起来可以对空间距离进行研究,在这种范式中(Rinck, Bower, 1995),被试首先学习一个假定的建筑布局图(图9-1),建筑布局图反映了房间的空间位置和各房间内部的物体。然后阅读一个故事,故事以这个建筑为中心场所,描述了主人公的行走路线,各个故事中都有一个偏转句,介绍主人公从"出发房间"转换到"到达房间",例如"He walked from the laboratory into the wash room"。接着呈现目标句,目标句中用一个名词短语指代某个房间内部的一个物体,例如目标句"He thought that the toilet in the wash room still looked like an awful mess"。当读者看到目标句中的名词短语(the toilet)时,就会对该短语所指代的物体进行搜索,进行回指解决。回指词所指代的物体的初始位置有三种情况:位于出发房间、位于必经房间、位于到达房间。实验考察被试对目标句的阅读时间。实验假设是,因为读者追踪着文本的空间信息且随着空间转换而实时更新空间表征,所以当主人公当前的位置和回指词所指代的物体之间的空间距离不同,目标句阅读时间也不同。实验结果证实了这一点。当物体位于出发房间时,即主人公当前的位置和回指词所指代的物体之间的距离越远时,阅读目标句所用时间越长,即回指解决所用时间越长;物体位于必经房间时次之;物体位于到达房间时目标句阅读时间最短,即距离越近,回指解决所用的时间就越短。通过学习探测和回指解决相结合的技术范式,证明读者在阅读过程中建构了一个空间情境模型,情境模型包含物体间的位置关系、物体的空间距离等信息。

2. 情境模型的发展

然而,关于文章阅读过程中情境模型如何建构和更新的具体机制,一直存在着理论争论。有两种典型的理论,一种是建构主义的更新追随假设(here-and-now hypothesis),另一种是记忆基础文本加工理论(memory-based text processing view)。建构主义的更新追随假设认为:阅读过程是一个随当前阅读的内容不断主动地激活读者背景知识,将当前的信息与先前的信息进行整合,从而不断建构和更新情境模型的过程。记忆基础文本加工理论则认为:阅读过程中当前阅读的信息通过"共振"的方式非策略地、被动地、快速地激活长时记忆中的相关信息并与之整合,由此引发情境模型的建构和更新。

两种理论争论的焦点在于阅读过程中当前信息对读者头脑中相关信息的激活是否即时、主动,两种理论各有其实验依据。王瑞明、莫雷等(2006)认为,不同研究者的实验

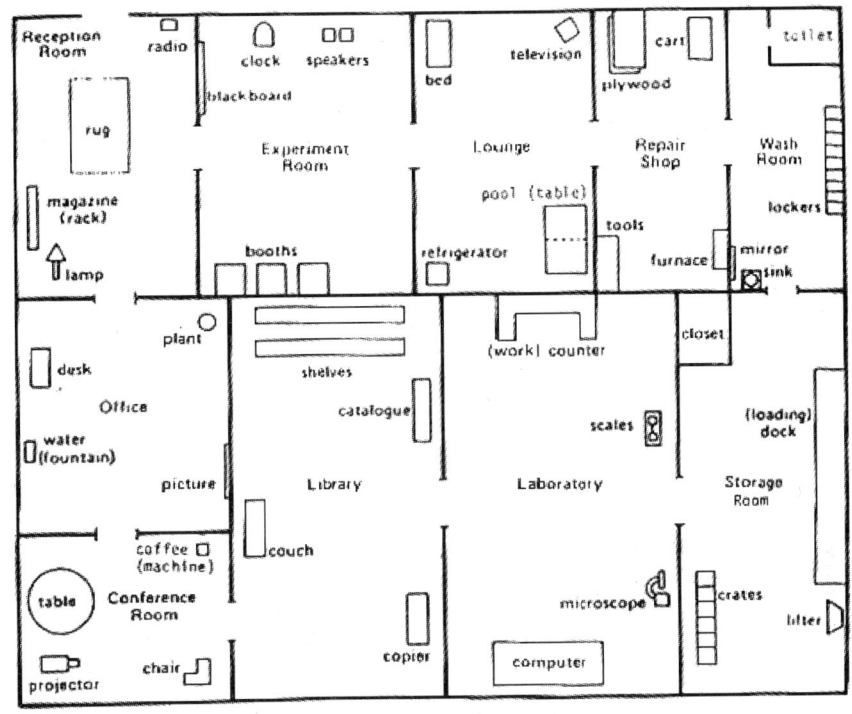

图 9-1　建筑布局图
(Rinck & Bower, 1995)

结论之所以不同,在于实验材料性质的不同,即材料有无明显的信息焦点。没有明显焦点信息的实验材料一般是叙述文体。文本首先描述主人公的一种特征,然后呈现目标句,目标句是一个跟主人公特征相关的行为,分为三种条件:与目标句中主人公的行为一致、不一致和恢复一致条件。有明确焦点信息的实验材料在开始部分就明确主人公要完成一个目标,然后呈现目标句,目标句中主人公的行为跟先前的目标紧密相关。

基于此,王瑞明和莫雷等(2006)在中文条件下分别考察了文章开始部分有明显焦点信息和没有明显焦点信息时情境模型建构和更新的机制。

实验一使用文章开头具有焦点信息的材料,表明主人公要完成一个目标,如"他决定建一个鸟巢",然后介绍主人公在实现目标前的行为,分为三种条件:可能条件(大意是:"博比取出了他的锤子")、不可能条件("博比找不到他的锤子")和重新可能条件("博比开始找不到他的锤子,找了半天最后终于找到了")。然后呈现目标句("博比开始用锤子把木板钉在一起")。实验一采用移动窗口阅读技术,由被试自己按键逐句进行阅读,每次按键,删除当前句并呈现下一句,计算机自动记录目标句的阅读时间。实验以目标句的阅读时间作为客观指标来探讨文本建构和更新的机制。这种阅读时间法是一种实时(on-line)研究方法,不打断被试篇章阅读的过程,测量读者阅读文章中某个句子的时间,当采取适当的控制排除其他可能时,句子理解时间的变化可以视为理解的相对难度。实验结果(表9.7)表明,重新可能条件下目标句的阅读时间与可能条件没有差异,说明在文本阅读中,读者及时更新了信息,使用了更新后的信息与当前信息进行整合。而更新前的信息不会自动、消极的重新激活,这证明了更新追随假设的合理性。

实验二去掉文章开始部分的焦点信息,并把工具描述段落修改为主人公特征描述段落,同样三种条件:可能条件(大意是:"博比喜欢做一些手工活,经常自己做家具"),不可能条件("博比不喜欢自己做手工活,请邻居帮忙"),重新可能条件("博比以前不喜欢自己做手工活,现在逐渐喜欢上了手工,已经尝试做了一些家具")。然后呈现目标句("博比开始用锤子把木板钉在一起")。实验结果(表9.8)表明,重新可能条件下目标句的阅读时间显著长于可能条件,说明读者没有及时在头脑中更新文章信息,证明了记忆基础文本加工理论的合理性。

实验三继续使用实验二的重新可能版本的材料,采用再认探测任务。再认探测程序中,读者首先阅读篇章,然后经过一定时间的延迟,主试向读者呈现一个或多个探测词,要求读者作再认判断,即要求读者尽可能快且准确地判断探测词是否在读过的句子中出现过。其基本假设是被试进行判断的快慢和正确率反映了目标词所代表的相关知识的激活程度。这个实验中使用与主人公先前特征相关的一个词语作为再认探测词,探测位置或者在目标句之前,即进行再认探测后接着阅读目标句,或者在目标句之后,即读完目标句后接着进行探测任务。实验结果(表9.9)发现,在目标句之后进行探测任务时的反应时显著短于目标句之前,正确率显著高于目标句之前,表明目标句阅读激活了与目标句有关的所有背景信息,包括主人公的先前特征,这些特征信息一旦被激活就处于被试工作记忆中,所以在目标句之后进行探测任务时的反应时显著短于目标句之前探测的反应时,正确率显著高于目标句之前探测的正确率。结果进一步证明了记忆基础文本加工理论,否认了更新追随假设。

表9.7 实验一不同条件下目标句和目标后句的阅读时间(ms)

	目标句	目标后句
可能	1567(350)	1601(465)
不可能	1878(463)	2050(431)
重新可能	1573(345)	1720(463)

表9.8 实验二不同条件下目标句和目标后句的阅读时间(ms)

	目标句	目标后句
可能	1338(395)	1194(279)
不可能	1634(362)	1622(354)
重新可能	1471(381)	1317(284)

表 9.9 实验三不同条件下探测词的再认反应时(ms)和正确率(%)

	反应时	正确率
目标句之前探测	1927(338)	72(14)
目标句之后探测	1757(267)	82(15)

由此,王瑞明等提出,文本阅读中情境模型的建构和更新是一个双加工过程。在自然阅读中,当读者未形成焦点时,不会发生追随性的建构和更新,这时出现的信息整合只会是协调性整合。而在焦点形成时,由于焦点信息的作用,读者就会对焦点之后的信息发生追随性的建构和更新过程。

3. 连贯的情境模型建构

有时候读者需要联系前文的内容,提取和整合已有的知识,进行恰当的推理,才能建构完整、连贯的情境模型。这种推理称为连贯推理(bridging inference)。有些词在语篇中并没有外显呈现,但是可以通过推理获得,研究者可以利用对这些词的词汇再认、词汇决定、命名等任务来探测读者是否进行了推理(Bloom, Fletcher, Van Den Broek, Reitz & Shapiro, 1990; Potts, Keenan & Golding, 1988)。很多研究者发现推理获得的内容即时整合到了语篇表征中(Halldorson & Singer, 2002),并且几乎与语篇中出现过的内容的表征没有差异。但是后来的研究利用不同条件下的再认测验,发现读者对于通过推理获得的内容和语篇中外显呈现的内容的表征还是有差别的。

Singer 和 Remillard(2004)让被试阅读在:① 需要推理(inference),② 外显(explicit)和③ 控制(control)三种条件下的语篇。三种条件的语篇举例如下:

① Valerie left early for the birthday party. She spent an hour shopping at the mall.

② Valerie left early for the birthday party. She spent an hour shopping for a present at the mall.

③ Valerie left the birthday party early. She spent an hour shopping at the mall.

第一阶段阅读 16 个语篇。然后在第二阶段完成一个词汇出声阅读任务,这一阶段的词汇在第一阶段中都没有出现过。最后在第三个阶段完成一个词汇再认任务。这个阶段的目标词有来自阶段一阅读的语篇中的关键词和没有出现过的词。被试分为两组。一组是包含组(inclusion),被试判断屏幕中的词是否在第一阶段和第二阶段出现过,出现过判断为"旧",没有出现过判断为"新"。另一组是不包含组(exclusion),被试只要判断屏幕中的词有没有在第二阶段出现过。包含组的实验任务要求被试去提取第一阶段阅读的语篇内容,而不包含组则不要求被试去提取语篇内容。关键词在不同条件下被判断为"旧"的概率见表 9.10。

表 9.10 第一阶段关键词被判断为"旧"的概率

	条件			
	外显	需要推理	控制	缺失
包含组	0.57	0.34	0.24	0.16
不包含组	0.13	0.06	0.10	0.05

研究结果显示,在需要推理的条件下,尽管目标词没有出现过,但是读者判断为"旧"的概率要高于控制条件,而这种差异只在包含条件下出现。这表明读者会在阅读语篇的过程中进行连贯推理,但是只在包含条件下对这种推理进行提取。而当关键词在语篇中外显呈现时,在包含条件下被判断为"旧"的概率要高于需要推理的条件,并且在不包含测验中,也有较高的被判断为"旧"的概率。这些结果说明,对语篇中外显呈现的内容来说,即使实验任务不需要被试去提取它,它也会自动激活。而对于推理获得的内容则需要在实验任务要求提取的条件下才会去提取。语篇外显描述的内容同时属于语篇的表层表征、文本基础表征和情境模型表征,而通过推理获得的内容则只属于情境模型表征。证明这两者的表征强度和提取的难易程度还是有所不同的。

三、语言习得与发展

(一)语言习得

语言是人类特有的,是由元素(如语音、语义等单元)按照一定规则(如语音配列规则、词法、句法等)组成的复杂系统。人们是如何习得这样复杂的系统呢?事实上,婴幼儿在最初几年就能熟练地掌握一门甚至几门语言,看起来毫不费力。以至于语言学家乔姆斯基认为人类大脑中有一种先天的语言习得装置,可以习得任何语言中的普遍规则。近年来,研究者采用实验技术研究婴幼儿的语言习得,使得人们对婴幼儿——特别是一岁以前的婴儿阶段——后天的语言学习能力有了更多的了解和认识。

研究婴儿语言发展有两种常用的实验技术,分别是条件化转头程序和习惯化-去习惯化注视程序。

(1) 条件化转头程序(the conditioned head-turn procedure)

Werker(1997)等详细介绍了这个程序。测试在消音室内进行,婴儿坐在看护者的膝盖上,一位主试(E1)与他们隔着一张桌子坐着,操作一些玩具吸引婴儿的注意。一个扬声器和树脂玻璃箱安置在婴儿的一侧,言语刺激通过扬声器播放,目的是教会婴儿当声音刺激发生变化时转头朝向玻璃箱的方向。当婴儿做出正确的转头反应时,玻璃箱亮了,里面的动物玩具也做出一些动作,主试微笑着表扬婴儿,这些作为是对正确反应的强化。不正确的反应不会受到强化。消音室内的主试和看护者戴着耳机听音乐,防止他们听到呈现给婴儿的刺激。消音室外,另一位主试(E2)操作计算机并通过单向玻璃或闭路电视观察婴儿反应。当观察到婴儿做好准备时，E2压一个按钮，计算机程序化地选择一个实验项目（言语刺激发生变化）或一个控制项目（刺激不发生变化）。婴儿表现出转头反应时E2压一个按钮，计算机记录。

程序一般分为两个阶段，条件化阶段和正式测验阶段。条件化阶段目标是在婴儿对两个声音的分辨和转头反应之间建立条件性联结。每一个测试项目都是发生变化的刺激，最初几次测试，只要发生变化的刺激呈现了，E2就启动强化物，以诱导婴儿出现转头反应。之后逐渐提高刺激初始呈现和强化物启动间的间隔，让婴儿自己表现出转头反应。一旦婴儿达到预期的标准（如连续三次正确的反应），就开始正式测试。计算机控制刺激呈现，随机呈现实验项目或控制项目。E2的任务就是监控婴儿的反应，当婴儿出现转头反应时，压一个按钮。在实验项目中如果婴儿在4~6s内（变化刺激呈现的时间范围）表现出转头反应，E2启动强化物，反应记录为"击中"（hit）。在控制项目中，如果婴儿抑制了转头反应，记录为"正确拒绝"（correct rejections），否则记录为"虚报"（false alarms）。这个程序最适合测试6~10个月的婴儿。

（2）习惯化-去习惯化注视程序（the habituation-dishabituation looking procedure）

这个程序一般包括两个阶段，在习惯化阶段，来自同一范畴的刺激连续呈现，只要婴儿注视方格图案。当婴儿的注视时间达到一个预设的标准时（比如，相比习惯化阶段有最长注视时间的两次测试的均值，注视时间下降了50%），呈现一组新的听觉刺激，注视时间的显著恢复表明婴儿能够分辨习惯化刺激和实验刺激。

测试同样在消音室内进行，婴儿坐在舒服的椅子上或者父母的膝盖上，注视目标是不同色彩的方格图案，图案被呈现在监视器屏幕上，扬声器放置在监视器下面，用来呈现听觉刺激。一位或两位主试在消音室外通过单向玻璃的观察孔观察婴儿的反应，每次测试前先亮一下红灯（位于监视器上）以吸引婴儿的注意，当看到婴儿注视时，压一个按钮，言语刺激通过扬声器呈现，方格图案呈现在屏幕上。当主试观察到婴儿注视点偏离屏幕时，停止呈现听觉刺激和视觉图案。计算机记录主试操作并计算婴儿注视时间，当达到习惯化标准时，将习惯化刺激转换为目标刺激。测试时父母和主试都戴着耳机听音乐，不能听到所呈现的声音刺激。这个程序可以对2~13个月的婴儿进行测查，比较适合测查6个月以下的婴儿。

借助这些研究范式，研究者发现婴儿具有很强的语言学习能力，一岁以前就可以习得母语音位范畴，并利用诸多线索分离连续言语中的单词。以下分别概述相关研究。

1. 母语音位范畴习得

新生婴儿能够分辨几乎所有的音位范畴对比，无论是母语音位对比还是非母语的音位对比，而成人分辨一些非母语的音位范畴对比则表现出困难。新生婴儿的知觉模式何时过渡到成人的模式？研究表明，在出生后一年之内，婴儿分辨非母语音位对比的能力已经开始下降。

Werker 和 Tees(1984)应用转头范式考察了英语婴儿分辨非母语辅音对比的能力。实验1比较了英语成人、英语婴儿(平均年龄6个月29天)和以 Thompson 语为母语的成人分辨 Thompson 语的舌根音和小舌音对比(/k'/—/q'/)的能力,结果发现6个月的英语婴儿的分辨能力与 Thompson 语的成人类似,都显著好于英语成人。实验2测查了8~10个月(平均年龄8个月20天)和10~12个月(平均年龄10个月20天)的英语婴儿对这个 Thompson 语的辅音对比和另一个 Hindi 语的辅音对比的分辨(英语中不存在这两个辅音对比),并与实验1的数据作对照。结果表明10~12个月的英语婴儿的分辨成绩表现出下降,其分辨成绩显著差于6~8个月和8~10个月的英语婴儿。实验3对6个7个月大的英语婴儿分辨两对非母语对比的能力进行了为期3个月的追踪研究(从7个月到10个月),数据分析重复了实验2的结果。这个研究表明分辨非母语音位对比的能力在出生后的第一年之内就表现出下降。

婴儿分辨非母语音位对比的能力逐渐下降,而分辨母语对比的能力则在逐渐提高。Kuhl 等(2006)运用条件化转头范式测查了英语和日语的6~8个月和10~12个月的婴儿分辨/r/—/l/对比的能力,这个对比在英语中是音位对比,在日语中不是。结果发现6~8个月的英语和日语婴儿的分辨能力没有差异,而10~12个月的英语婴儿分辨能力有显著提高,10~12个月的日语婴儿分辨成绩表现出下降。

Kuhl(2003)及其同事的研究进一步表明了婴儿具有很强的语言学习能力。实验1选择了两组美国婴儿(英语是婴儿抚养中所接触的唯一语言)作为被试(平均年龄9.3个月),一组为实验组,一组为控制组。实验组婴儿花费12个时段(延续4周)和母语为汉语的成人一起活动。每个时段持续25分钟:听成人用汉语朗读故事书花费10分钟,和玩具一起玩耍花费15分钟。控制组婴儿参加类似的活动,不同的是活动的语言是英语(母语为英语的成人主持活动)。12个时段之后(间隔6天左右)实验者用条件化转头范式测查两组婴儿知觉汉语中存在而英语中不存在的音位对比("qi-xi")的能力,结果表明实验组婴儿分辨汉语音位对比的能力显著高于控制组,前者的成绩甚至与汉语婴儿的分辨成绩类似(结果见图9-2)。实验2也选择了两组美国婴儿(平均年龄9.29个月),一组婴儿收看实验1中实验组婴儿活动的现场录像,一组婴儿仅收听这些活动的录音。目的是考察仅通过视听材料是否能提高美国婴儿分辨汉语音位范畴的能力。结果表明两组婴儿分辨汉语音位对比的能力没有任何提高。这个研究一方面表明了婴儿所具有的强大的语言学习能力,仅在短短的时间内接触汉语就能促进英语婴儿对汉语语音范畴的分辨,这也说明了婴儿为什么能够熟练地掌握两门甚至几门语言;另一方面表明了社会化的互动对婴儿学习语言的作用,离开了这种互动婴儿的学习能力会大打折扣。

婴儿期分辨音位对比能力的发展变化和以后的语言发展有什么关系?Kuhl 等(2005)对婴儿分辨母语和非母语音位对比的能力与1年以后的语言能力的相关进行了追踪研究。被试为7个月大的母语为英语的20个婴儿,追踪到30个月。7个月时用

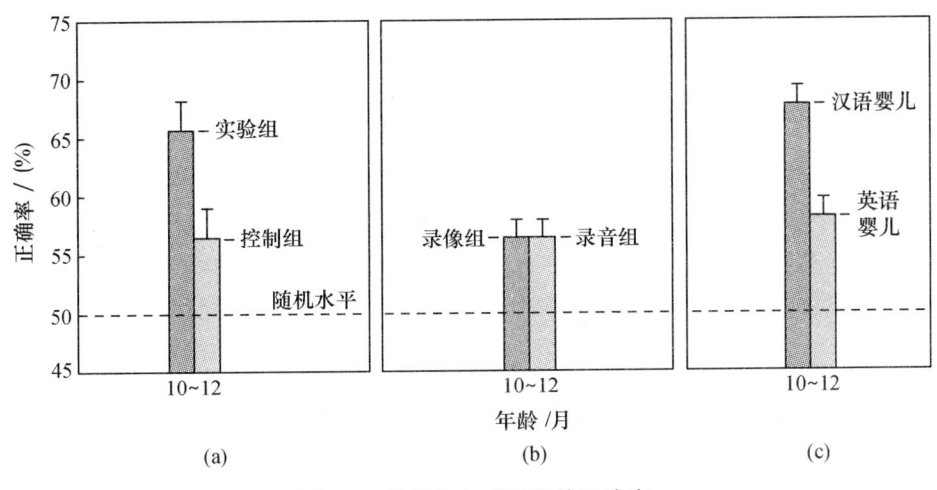

图 9-2 分辨"qi-xi"对比的正确率

(a) 实验 1；(b) 实验 2；(c) 汉语婴儿和英语婴儿的成绩。(Kuhl, Tsao & Liu, 2003)

转头范式测查了婴儿分辨母语塞音对比(/ta/-/pa/)和非母语的汉语对比("qi-xi")的能力。之后分别在 14，18，24 和 30 个月时采用家长问卷测查了这些儿童的语言能力，包括词汇产生、句子复杂性等。结果表明 7 个月大的婴儿分辨母语和非母语音位对比的能力有显著的负相关，对母语对比的分辨与 18 个月以后的语言能力有显著的正相关，对非母语对比的分辨与后来的语言能力有显著的负相关，对非母语对比有更高敏感性的婴儿语言发展的速度更慢。

2. 婴儿对言语中单词的分离

言语中的单词是连续的，单词与单词之间的界限并不那么明确。也许对于成人来讲，听到的母语中的单词界限都是很明确的，每个单词都可以独立出来，那是因为我们已经熟练掌握了自己的母语。想象一下，你听一种从来没有听过的外语，你是否能够听出每个单词之间的界限？婴儿最初习得母语时面临着同样的情形，需要发现单词之间的界限，能够将单词从连续的言语中分离出来，这是词汇习得的第一步。只有将单词分离出来，才有机会在单词的语音标签和概念范畴间建立起联结。研究表明，婴儿可以利用言语中的诸多线索来分离单词。

Jusczyk 和 Aslin(1995)在 4 个实验中考察了 7 个月左右的婴儿从连续的言语中分离单词的能力。实验范式采用转头偏爱程序(the headturn preference procedure)。该程序与习惯化-去习惯化注视程序有相似之处，包括两个阶段：熟悉阶段和测试阶段，所依据的逻辑是，熟悉阶段呈现过的、婴儿熟悉的刺激在测试阶段再次呈现之后，婴儿会给予更多的注视倾听时间。实验 1 的被试是一组平均年龄 7.5 个月的美国婴儿，熟悉阶段的刺激是 4 个单词"cup""dog""feet"和"bike"，一半的婴儿听"cup"和"dog"，一半的婴儿听"feet"和"bike"，熟悉的标准是婴儿听每个单词的时间达到 30 秒。测试阶段的刺激是 4 小段话，每段对应一个熟悉阶段的单词，每段包括 6 个句子，每个句子都含有这个单词，如对应单词"cup"的小段是"The cup was bright and shiny. A clown drank from the red cup. The other one picked up the big cup. His cup was filled with milk. Meg put her cup back on the table. Some milk from your cup spilled on the rug."。测试的目标是考察婴儿听含有熟悉单词的句子的时间是否长于听不含熟悉单词的句子，如对于熟悉阶段听单词"cup"和"dog"的婴儿组，含有"cup"和"dog"的句子就是含有熟悉单词的句子，含有"feet"和"bike"的句子就是不含熟悉单词的句子。结果分析发现婴儿听含有熟悉单词的段落的时间显著长于听不含熟悉单词的段落的时间（结果见图 9-3）。这表明 7.5 个月的婴儿就有从连续的言语中检测熟悉单词的能力。实验 2 采用相同的刺激和程序测查了 6 个月的婴儿，结果发现 6 个月大的婴儿对两组段落的倾听时间没有差异。实验 3 将熟悉阶段的刺激变成假词"tup""bawg""zeet"和"gike"，测试阶段的刺激同实验1，目的是考察 7.5 个月的婴儿对熟悉单词的表征是否足够细化，如果婴儿只表征了熟悉单词的一部分，如韵尾，那么婴儿对含有熟悉单词（即有同样韵尾的单词）的句子也会有更长的倾听时间。结果分析发现婴儿听两组段落的时间没有显著差异，这表明 7.5 个月的婴儿对熟悉单词的表征已经足够细化。实验 4 的程序与实验 1 相反，即熟悉刺激是实验 1 的测试刺激，测试刺激是实验 1 的熟悉刺激。目的是考察 7.5 个月的婴儿是否能够从连续的言语中分离多次出现的单词，这与婴儿学习语言的自然情形更类似，因为婴儿所接触的言语更多是多个词汇的句子而非一个一个的单词。结果分析表明婴儿可以从连续的言语中分离反复出现的单词，表现为听这些单词的时间显著长于听不熟悉单词的时间。这个研究表明 7.5 个月的婴儿能够检测并分离连续言语中熟悉的单词，这为单词习得（声音符号和概念间的联系的建立）奠定了基础。

  婴儿是如何做到这一点的呢？研究发现婴儿可以利用言语中的诸多线索来分离单词，如韵律重音线索（如英语单词重音多位于首音节）、同位音线索（音位在词首、词尾及不同韵律边界处的声学表现有很大差异）等，其中很重要的一条线索是声音组合模式发生的频率。Saffran，Aslin 和 Newport（1996）利用转头偏爱程序考察了 8 个月的婴儿是否能够利用声音组合频率的信息来区分单词和假词。熟悉阶段的刺激是人工合成的言语串，由 4 个三音节的无意义词（nonsense word）组成，如"tupirogolabubidakupadoti"，4 个词按随机顺序重复呈现约两分钟的时间。这个言语串内没有任何暂停、重音等韵律或其他线索标示词间的界限，唯一的线索是音节组合的发生频率，如"tipiro"作为一个词其三个音节总是一起出现，即"ti"和"pi"的结合概率是 1，"pi"和"ro"的结合概率也是 1。而"dapiku"则是一个非词（nonword），在言语串中"da"和"pi"的结合概率是 0，"pi"和"ku"的结合概率也是 0。"kupado"则是一个部分词（part-word），"ku"和"pa"的结合概率为 0.33，"pa"和"do"的结合概率为 1。实验 1 的被试是 24 个 8 个月大的英语婴儿，测试阶段的刺激是词和非词，结果发现婴儿听非词的时间显著长于听词的时间。

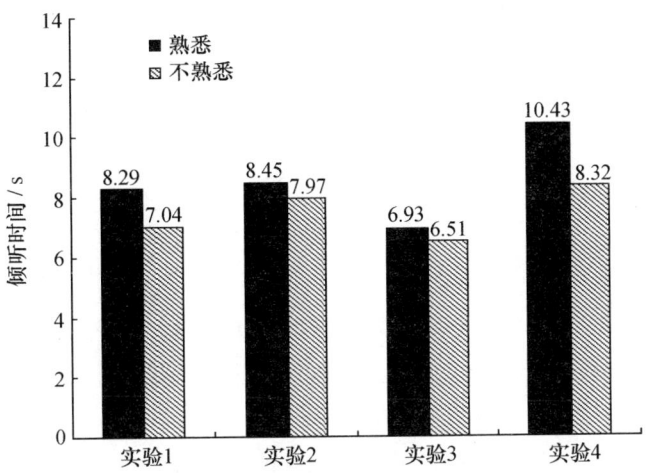

图 9-3 对熟悉和不熟悉单词（或假词）的平均倾听时间
(Jusczyk & Aslin, 1995)

实验 2 的被试是另一组 8 个月大的婴儿,不同的是测试阶段的刺激是词和部分词,结果仍然发现婴儿听部分词的时间显著长于听词的时间。即两个实验中婴儿都表现出对新异刺激的偏爱(婴儿注视偏爱的方向依赖于对刺激的熟悉程度,如果婴儿对刺激高度熟悉,他们会表现出去习惯化行为,偏爱新异刺激;如果仅是一般的熟悉,可能会偏爱熟悉刺激),仅两分钟的听力经验婴儿就可以利用言语中的统计信息(音节结合频率)分离并记住频繁出现的声音模式,这证明了婴儿具有很强的语言学习能力。

8 个月的婴儿不仅能从连续的言语中分离单词,还能记住这些单词的声音模式。Jusczyk 和 Hohne(1997)选择了 15 个 8 个月大的婴儿作为实验组,然后在两周的时间内让实验组的婴儿听三个短故事的录音,每次听半个小时,每天听一次,听 10 天。另外选择了一组 9 个月的婴儿作为控制组,没有听任何故事录音。2 周之后采用转头偏爱程序对婴儿进行测试,测试刺激是两组单词,一组单词是三个故事中出现最频繁的实词,一组是从来没有在故事中出现过的填充词,两组单词的重音模式、语音特征等相匹配(材料范例见图 9-4)。结果分析发现实验组婴儿听故事词的时间显著长于听填充词的时间,控制组婴儿听故事词和填充词的时间没有显著差异。这表明婴儿抽取了故事中频繁出现的单词的声音模式,编码并记住了这些声音模式。这对于单词习得是至关重要的,让婴儿可以在单词的声音标签与概念范畴间建立起联结。

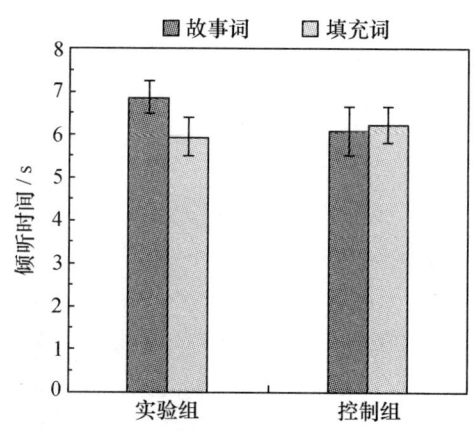

图 9-4 实验材料举例和实验结果
(Jusczyk & Hohne, 1997)

3. 婴幼儿单词习得

在婴幼儿能够产生许多单词之前,他们已经能够理解更多的词汇。如英语国家的研究表明 14 个月的幼儿平均口语词汇约为 10 个,而这个年龄的儿童可以理解 50 多个单词。理解单词的关键一步是在单词的声音标签和它所指代的物体间建立起稳定的联结。Werker 及其同事利用"转换"范式(the "switch" task)考察了婴幼儿在实验室环境中(缺少社会化的互动等众多线索)快速形成物体和声音间联结的能力。转换范式的基本程序和习惯化-去习惯化程序相同,也包括习惯化阶段和测试阶段。在习惯化阶段婴儿首先熟悉两个物体(如 A 和 B)和两个声音(如 a 和 b)的配对,即物体 A 始终和声音 a 一起呈现,物体 B 始终和声音 b 一起呈现。婴儿达到习惯化标准(一般是注视时间显著下降)之后,测试阶段开始。测试包括两类,一类物体和声音的配对与习惯化阶段的配对一致,一类物体和声音的配对与习惯化阶段的相比发生了转换,即物体 A 与声音 b 配对呈现,物体 B 与声音 a 配对呈现。如果婴儿对单词和物体进行了联系,当习惯化阶段的配对被违背以后,婴儿应该会注意到,因而会给予转换测试条件更长的注视时间。另一方面,如果婴儿没有编码物体和声音间的联系,他们对于一致和转换测试条件的注视时间应该没有差异。Werker 等人(1998)利用转换范式在一系列的实验中表明 14 个月的幼儿能够在实验室环境中快速地形成物体(物体需是运动的)和声音间的联结,而 14 个月之前的婴儿还没有表现出这种能力。虽然 8 个月的婴儿就可以对同时呈现的物体和声音信息进行编码,但快速的编码物体和声音间联结的能力在 14 个月时才明显地表现出来。

Stager 和 Werker(1997)在四个实验中利用转换范式考察了婴儿形成物体和声音间联结的能力,四个实验的材料分别见图 9-5。实验 1 的被试是一组 14 个月的婴儿,声音材料是两个发音类似的无意义词("Dih"和"Bih"),视觉材料是两个运动的图形(见图

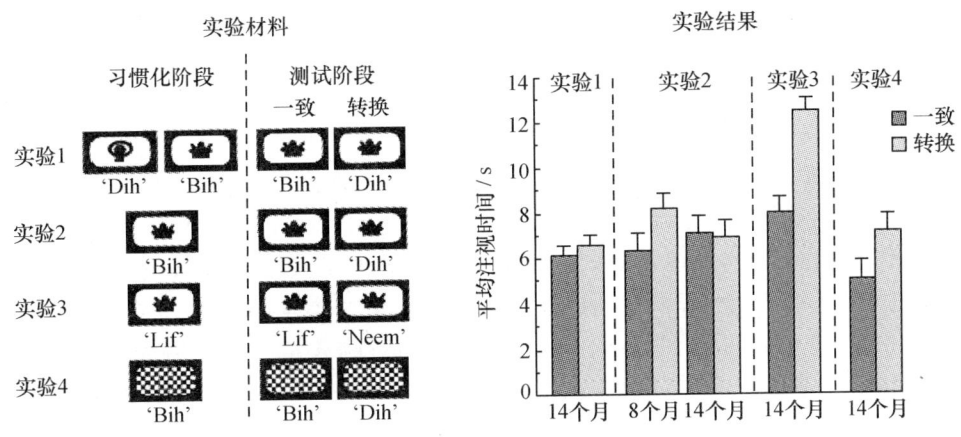

图 9-5　实验材料和实验结果
(Stager & Werker, 1997)

示），结果发现婴儿对一致和转换条件的注视时间没有差异（结果见图9-5），即没有形成物体和声音间的联系。实验2简化了任务，仅采用实验1中的一个组合作为实验材料，被试是8个月和14个月的婴儿。结果发现8个月的婴儿在一致和不一致条件下的注视时间有显著差异，而14个月的婴儿在两种测试条件下的注视时间仍然没有差异。研究者认为14个月的婴儿把这个任务处理为一个单词学习任务，之所以出现困难是因为"Bih"和"Dih"的发音太相似，14个月的婴儿将注意集中于物体和单词间的联结，可能忽略了这一点，而8个月的婴儿仅把这个任务处理为一个简单的声音分辨任务，所以能够注意到"Bih"和"Dih"间的差别。实验3和实验4进一步证实了这一点，实验3的声音刺激是两个发音不相似的无意义词（"Lif"和"Neem"），结果发现14个月的婴儿成功地形成了物体和声音间的联结，一致条件和转换条件下的注视时间差异显著。实验4的声音材料同实验2，视觉材料是难以命名的静止的方格图案，研究者的预期是使用难以命名的视觉材料，从而儿童不会把这个任务处理为一个单词学习任务，实验结果发现14个月的婴儿在一致和转换测试条件下的注视时间有显著差异。这组实验表明14个月的婴儿在学习单词的意义时可能会忽略语音的细微差异，即使他们在简单的任务中能够区分这些差异；而8个月的婴儿还没有表现出单词学习的行为模式。研究者认为单词学习任务（将声音标签与物体相联结）是一个需要更多加工资源的任务，14个月的婴儿加工资源的局限可能制约了其对细节的关注。

Werker和同事在后来的研究中表明17个月和20个月的幼儿在形成物体和声音间的联结时能够注意到转换条件下的声音的细节差异。研究者认为14个月的幼儿作为一个单词学习的新手，其计算资源限制了对语音细节的关注，而17个月或20个月的更大的幼儿已经习得了许多单词，作为熟练的单词学习者他们能够分配计算资源来编码单词声音的细节信息。

(二) 阅读发展和阅读障碍

1. 阅读发展

阅读学习的对象是文字,文字是记录语言的符号。不同的文字记录语言的方式有很大差别,比较典型的文字有拼音文字和语素文字。英语是拼音文字的代表,最小的构形单元字母(或字母组合)记录口语中可分离的最小的语音单位(音位)。汉字是语素文字的典型代表,最小的构形单位笔画不记录语言中的任何成分,更大的构形单位(汉字部件)通常与整字所记录的语素相联系(如声符提示整字读音的线索,形符通常包含整字的意义信息)。Goswami认为起码有两个因素会影响儿童阅读能力的发展:一是儿童面临的语言文字的特性;二是儿童本身具有的认知资源,即儿童是否具备了恰当的认知潜能使他能够洞察到所学文字记录语言的本质。不同文字记录语言的特点决定了儿童习得相应文字的阅读技能的过程及所需认知资源的差异。

拼音文字阅读发展研究表明语音意识是关键因素(Share,1995)。语音意识指儿童对口语中语音单元(如音节、首音、韵尾和音位)分离和操作的能力。良好的语音意识有助于儿童洞察到拼音文字记录语言的本质,如字素—音位的对应。掌握拼音字母规则(alphabetic principle)为阅读发展提供了一个自我教学机制。汉语阅读发展所需认知技能与拼音文字相比是否存在较大差异?研究表明视觉技能,特别是视觉记忆能力,对于汉语儿童早期的汉字识别具有显著的预测力。语音加工能力,主要是声、韵、调的意识,在稍晚一点预测了儿童的阅读能力。此外语素意识对于汉语儿童的阅读发展也具有独特的贡献。

汉字本身的规则(如声旁表音、形旁表意)和统计属性对于阅读习得也有影响。Shu等人(2000)调查了儿童声旁意识的发展。被试是2、4、6年级的小学生。测试材料是60个形声字(每个年级一套),一半是儿童熟悉的,一半是儿童没有学习过、不熟悉的;熟悉组和不熟悉组形声字又按照声旁和整字读音的关系分为三类:一类是规则字,声旁和整字读音完全一致(如"绘");一类是不规则字,声旁和整字读音不同(如"略");最后一类是声旁不知字(如"忱")。儿童的任务是标出每个汉字的读音。结果分析表明熟悉度主效应显著,规则性主效应显著,规则字成绩显著好于不规则和声旁不知字;熟悉度和规则性交互作用显著,规则性效应在不熟悉汉字组最大;年级和规则性交互作用显著,4、6年级儿童表现出更大的规则性效应,表明声旁意识随年级提高逐渐发展;熟悉度和年级交互作用显著,二年级儿童存在最大的熟悉度效应,表明年幼的儿童更依赖机械记忆的方式学习。错误分析发现声旁相关错误随年级提高而增加,也表明了声旁意识的发展。舒华等人(2003)考察了声旁所提供整字读音信息的多少对于儿童学习和记忆整字的影响。研究者进行了三个实验,都采用3(生字类型)×3(学习遍数)的两因素完全被试内设计,被试都是4年级的小学生(每个实验的被试不同)。实验1的材料为24个儿童没有学习过的极低频形声字,其中包括规则一致字(如"罗/luo2/",其声旁为"罗/luo2/",声旁读音与整字读音完全相同,且含有该声旁的所有字读音都相同,作为声旁的字是儿童熟悉的)8个;规则不一致字(如"孢/bao1/",其声旁为"包/bao1/",声旁读音与整字读音完全相同,但含有该声旁的所有字读音不相同,作为声旁的字是儿童熟悉的)8个;声旁不知字(如"钷/po3/",其声旁为"叵/po3/",声旁是儿童不熟悉的字)8个。匹配三类字的频率和笔画数。实验2的材料也是24个极低频形声字,其中规则一致字(8个)和声旁不知字(8个)同实验1,另包括8个半规则字(简称"声母、韵母相同字",声旁与整字读音的声母、韵母相同,但声调不同,如"鲍/bao4/",其声旁为"包/bao1/")。实验3的材料包括8个规则一致字和8个声旁不知字(同实验1),另有8个半规则字(简称"韵母相同字",声旁与整字读音的韵母相同,如"狍/pao2/",其声旁为"包/bao1/")。

三个实验的程序相同,实验中每个生字呈现1分钟,主试大声读出字的读音,要求儿童学习和记忆,之后进行测试,要求儿童标出每个生字的读音(用汉语拼音或同音字)。学习和测试共进行三轮,生字按随机顺序呈现。三个实验的结果分析均发现生字类型的主效应显著,学习遍数的主效应显著,生字类型和学习遍数的交互作用显著。规则一致字的成绩显著好于声旁不知字和两类半规则字,与规则不一致字的成绩没有差异;两类半规则字的成绩都显著好于声旁不知字,表明儿童学习汉字可以利用声旁中的部分语音信息,如声母和韵母信息。规则字的成绩在前两次学习中已经达到很高的水平(90%以上的正确率);而半规则字和声旁不知字的成绩在三遍学习中是逐步提高的。最后重点比较了三个实验中声旁提供不同信息条件下的测试成绩(结果见表9.10)。方差分析表明生字类型和学习遍数的主效应均显著,二者的交互作用也显著。第一遍和第二遍学习规则不一致字的成绩高于声母和韵母相同的半规则字,后者又好于韵母相同的半规则字,第三遍学习两种半规则字间没有差异。这进一步表明了儿童对声旁提供的部分信息非常敏感,声旁提供的整字读音信息越多,儿童学习记忆生字的正确率越高。

表9.11 实验一、二、三中规则不一致、半规则字条件的学习记忆正确百分率/(%)

(舒华,毕雪梅,武宁宁,2003)

实验	生字类型	学习遍数			平均
		第一遍	第二遍	第三遍	
实验一	规则不一致	81	91	93	89
实验二	声母、韵母相同	63	69	77	70
实验三	韵母相同	42	58	75	58

然而要获得相应的阅读能力,与拼音文字国家的儿童相比,汉语儿童无论在家里还是在学校里都要付出更多的时间进行阅读和书写的练习。舒华等人的分析表明汉字识

别的频率效应是声旁规则效应和形旁透明效应的两倍还多。这表明了练习的重要性,即特定汉字的掌握首先依赖于儿童接触它的次数(频率效应)。汉字阅读技能的获得对于书写技能也有更大的依赖。还有研究表明汉字书写技能显著的预测了低年级儿童的汉字阅读能力,其预测力要大于语音意识技能。此外假字抄写和图形抄写技能也显著的预测了儿童的阅读技能。研究者认为汉字阅读技能发展对书写技能的依赖大于拼音文字阅读发展,可能通过两条途径:一是书写促进了正字法意识的发展,反过来促进了阅读技能的发展,二是书写有助于建立起汉字的长期动作记忆表征。

2. 发展性阅读障碍

发展性阅读障碍(developmental dyslexia)指儿童在发展过程中没有明显的原因(如器质性损伤、精神或智力障碍、受教育机会缺乏等)却表现出阅读获得的严重困难,典型的特征是字词识别的精确性与速度受到损伤,从而影响到阅读理解和拼写,进而妨碍词汇量和背景知识的增长。英语国家中发展性阅读障碍的发生率为5%左右,是一种非常普遍的学习障碍。

英语发展性阅读障碍的研究表明,阅读障碍儿童主要有语音加工能力缺陷,如语音意识、语音短时记忆问题等,其中语音意识是核心缺陷。最初研究者认为汉字缺少拼音字母规则,语音分析技能可能并非汉语阅读发展所必须,因此认为汉语中没有发展性阅读障碍,后来的个案研究表明汉语中同样存在阅读障碍儿童。

Siok等人(2008)对汉语阅读障碍儿童脑结构和功能异常的研究也表明了汉语阅读障碍的独特性。研究者运用功能性磁共振成像技术(fMRI)比较了汉语阅读障碍儿童和正常儿童在汉字同音或押韵判断任务中的脑激活模式的差异,结果发现阅读障碍儿童的左侧额中回(left middle frontal gyrus,布鲁德曼第9区)有显著更少的激活(见图9-6),基于像素的脑形态分析(voxel-based morphometry)也发现阅读障碍儿童左侧额中回的灰质体积更小。这与拼音文字国家阅读障碍儿童脑结构和功能异常的研究结论不一致,拼音文字国家阅读障碍儿童主要在后部脑区表现出异常,包括左侧颞顶区和左下侧颞枕区。研究者认为文字的特性导致了汉语阅读障碍者和拼音文字阅读障碍者脑区异常的差异,汉字形、音、义间的映射比较随机,汉字阅读对机械记忆有更大的要求,而左侧额中回对形、音、义资源在工作记忆中的分配和整合起着关键作用。

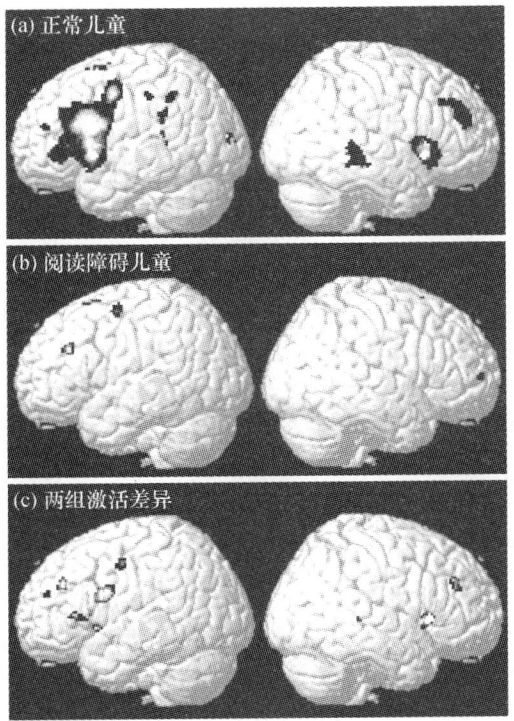

图 9-6 阅读障碍儿童和正常儿童在押韵判断任务中的脑激活模式
(Siok, Niu, Jin, Perfetti & Tan, 2008)

参 考 文 献

陈宝国,彭聃龄. (2001). 汉字识别中形音义激活时间进程的研究(I). 心理学报,35(1),576~581.

陈宝国,王立新,彭聃龄. (2003). 汉字识别中形音义激活时间进程的研究(II). 心理学报,35(5),576~581.

舒华,毕雪梅,武宁宁. (2003). 声旁部分信息在儿童学习和记忆汉字中的作用. 心理学报,35(1),9~16.

王瑞明,莫雷,贾德梅. (2006). 文本阅读中情境模型建构和更新的机制. 心理学报,38(1),30~40.

张清芳,杨玉芳. (2004). 汉语词汇产生中语义、字形和音韵激活的时间进程. 心理学报,36(1),1~8.

赵黎明,杨玉芳. (2013). 汉语口语句子产生的语法编码计划单元. 心理学报,45(6),599~613.

庄捷,周晓林. (2003). 汉语词汇产生中语义、语音层次之间的交互作用. 心理学报,35(3),300~308.

周晓林,庄捷,于森. (2002). 言语产生中双词素词的语音编码. 心理学报,34(3),242~247.

Belke, E., Meyer, A. S., & Damian, M. F. (2005). Refractory effects in picture naming as assessed in a semantic blocking paradigm. Quarterly Journal of Experimental Psychology, 58(4), 667~692.

Berent, I., & Perfetti, C. A. (1995). A rose is a REEZ: the two-cycles model of phonology assembly in reading english. Psychological Review, 102(1), 146~184.

Bloom, C. P., Fletcher, C. R., Broek, P. V. D., Reitz, L., & Shapiro, B. P. (1990). An online assessment of causal reasoning during comprehension. Memory & Cognition, 18(1), 65~71.

Bock, J. K. (1986). Meaning, sound, and syntax: lexical priming in sentence production. Journal of Experimental Psychology Learning Memory & Cognition, 12(4), 575~586.

Damian, M. F., Vigliocco, G., & Levelt, W. J. M. (2001). Effects of semantic context in the naming of pictures and words. Cognition, 81. B77~B86.

Davis, M. H., Marslen-Wilson, W. D., & Gaskell, M. G. (2002). Leading up the lexical garden path: segmentation and ambiguity in spoken word recognition. Journal of Experimental Psychology Human Perception & Performance, 28(1), 218~244.

Hahne, A., & Friederici, A. D. (2002). Differential task effects on semantic and syntactic processes as revealed by ERPs. Cognitive Brain Research, 13(3), 339~356.

Halldorson, M., & Singer, M. (2002). Inference processes: integrating relevant knowledge and text information. Discourse Processes, 34(2), 145~161.

Howard, D., Nickels, L., Coltheart, M., & Cole-Virtue, J. (2006). Cumulative semantic inhibition in picture naming: experimental and computational studies. Cognition, 100(3), 464~482.

Jescheniak, J. D., & Levelt, W. J. M. (1994). Word frequency effects in speech production: retrieval of syntactic information and of phonological form. Journal of Experimental Psychology Learning Memory & Cognition, 20(4), 824~843.

Jescheniak, J. D. (2003). Utterance format affects phonological priming in the picture-word task: implications for models of phonological encoding in speech production. Journal of Experimental Psychology Human Perception & Performance, 29(2), 441~454.

Jusczyk, P. W., & Aslin, R. N. (1995). Infants' detection of the sound patterns of words in fluent speech. Cognitive Psychology, 29(1), 1~23.

Jusczyk, P. W., & Hohne, E. A. (1997). Infants' memory for spoken words. Science, 277(5334), 1984~1986.

Kempen, G., & Hoenkamp, E. (1987). An incremental procedural grammar for sentence formulation. Cognitive Science, 11(2), 201~258.

Kuhl, P. K., Conboy, B. T., Padden, D., Nelson, T., & Pruitt, J. (2005). Early speech perception and later language development: implications for the"critical period". Language Learning & Development, 1(3), 237~264.

Kuhl, B. P. K., Stevens, E., Hayashi, A., Deguchi, T., Kiritani, S., & Iverson, P. (2010). Infants show facilitation for native language phonetic perception between 6 and 12 months. Developmental Science, 9(2), F13~F21.

Kuhl, P. K., Tsao, F. M., & Liu, H. M. (2003). Foreign-language experience in infancy: effects of short-term exposure and social interaction on phonetic learning. Proceedings of the National Academy of Sciences, 100(15), 9096~9101.

Levelt, Willem, J. M., Schriefers, Herbert, & Al, E. (1990). The time course of lexical access in speech production: a study of picture naming. Psychological Review, 98(1), 122~142.

Liu, I. M., Wu, J. T., & Chou, T. L. (1996). Encoding operation and transcoding as the major loci of the frequency effect. Cognition, 59(2), 149~168.

Ma, G., Li, X., & Rayner, K. (2014). Word segmentation of overlapping ambiguous strings during Chinese reading. Journal of Experimental Psychology: Human Perception and Performance, 40: 1046~1059.

Marslen-Wilson, W. D., & Frauenfelder, U. H. (1987). The interface between acoustic phonetic and lexical processes. In Proceedings of the XI International Congress of Phonetic Sciences, 4, 337~343.

Marslen-Wilson, W. D., Van Moss, H., & Halen, S. (1996). Perceptual distance and competition in lexical access. Journal of Experimental Psychology: Human Perception and Performance, 22, 1376~1392.

Mcelree, B., & Griffith, T. (1995). Syntactic and thematic processing in sentence comprehension: evidence for a temporal dissociation. Journal of Experimental Psychology Learning Memory & Cognition, 21(1), 134~157.

Nadel, L. (2003). Encyclopedia of Cognitive Science. London, New York and Tokyo: Nature Publishing Group.

Navarrete, E., Mahon, B. Z., & Caramazza, A. (2010). The cumulative semantic cost does not reflect lexical selection by competition. Acta Psychologica, 134(3), 279~289.

Oppenheim, G. M., Dell, G. S., & Schwartz, M. F. (2009). The dark side of incremental learning: a model of cumulative semantic interference during lexical access in speech production. Cognition, 114(2), 227~252.

Potts, G. R., Keenan, J. M., & Golding, J. M. (1988). Assessing the occurrence of elaborative inferences: lexical decision versus naming. Journal of Memory & Language, 27(4), 399~415.

Rinck, M., & Bower, G. H. (1995). Anaphora resolution and the focus of attention in situation models. Journal of Memory & Language, 34(1), 110~131.

Saffran, J. R., Aslin, R. N., & Newport, E. L. (2010). Statistical learning by 8-month-old infants. Science, 274(5294), 1926~1928.

Schriefers, H. (1999). Phonological facilitation in the production of two-word utterances. European Journal of Cognitive Psychology, 11(1), 17~50.

Schriefers, H., Teruel, E., & Meinshausen, R. M. (1998). Producing simple sentences: results from picture - word interference experiments. Journal of Memory & Language, 39(4), 609~632.

Share, D. L. (1995). Phonological recoding and self-teaching: sine qua non, of reading acquisition.

Cognition, 55(2), 151~218.

Shu, H., Anderson, R. C., & Wu, N. (2000). Phonetic awareness: knowledge of orthography-phonology relationships in the character acquisition of Chinese children. Journal of Educational Psychology, 92(1), 56~62.

Singer, M., & Remillard, G. (2004). Retrieving text inferences: controlled and automatic influences. Memory & Cognition, 32(8), 1223~1237.

Siok, W. T., Niu, Z., Jin, Z., Perfetti, C. A., & Tan, L. H. (2008). A structural-functional basis for dyslexia in the cortex of Chinese readers. Proceedings of the National Academy of Sciences of the United States of America, 105(14), 5561~5566.

Stager, C. L., & Werker, J. F. (1997). Infants listen for more phonetic detail in speech perception than in word-learning tasks. Nature, 388(388), 381~382.

Taft, M., & Graan, F. V. (1998). Lack of phonological mediation in a semantic categorization task. Journal of Memory & Language, 38(2), 203~224.

Trueswell, J. C., Tanenhaus, M. K., & Garnsey, S. M. (1994). Semantic influences on parsing: use of thematic role information in syntactic ambiguity resolution. Journal of Memory & Language, 33(3), 285~318.

Van den Brink, D., & Hagoort, P. (2004). The influence of semantic and syntactic context constraints on lexical selection and integration in spoken-word comprehension as revealed by ERPs. Journal of Cognitive Neuroscience, 16(6), 1068~1084.

Werker, J. F., & Tees, R. C. (1984). Cross-language speech perception: evidence for perceptual reorganization during the first year of life. Infant Behavior & Development, 25(1), 121~133.

Werker, J. F., Cohen, L. B., Lloyd, V. L., Casasola, M., & Stager, C. L. (1998). Acquisition of word-object associations by 14-month-old infants. Developmental Psychology, 34(6), 1289~1309.

Werker, J. F., Polka, L., & Pegg, J. E. (1997). The conditioned head turn procedure as a method for testing infant speech perception. Early Development & Parenting, 6(3~4), 171~178.

Zhang, Q., Chen, H. C., Weekes, B. S., & Yang, Y. (2009). Independent effects of orthographic and phonological facilitation on spoken word production in mandarin. Language & Speech, 52(Pt 1), 113~126.

10

思　维

在本章中,我们将涉及三个领域:问题解决、概念形式和决策。虽然这三个问题是有区别的,但它们都是对知觉、记忆和表象中信息的思考。

思维的普遍形式是问题解决。当我们提出"这是什么?""为什么?"这些问题时,我们就开始了思维活动。问题解决的研究在心理学中有较长的历史(参见图10-1),但我们在这一章中主要围绕"思维的计算机模拟"这一中心来谈问题解决;关于概念形成的研究,我们着重介绍归纳定理与演绎推理以及演绎推理与大脑的关系、工作记忆与智力的关系,尝试介绍认知神经科学关于思维的研究;决策充满了我们的生活,我们需要从一些可供选择的方案中做出一个特定的选择,换句话说,从不确定性中做出判断。

图10-1　绳子问题:这个人怎样够着另一根绳子
(Maier,1931)

当一个人埋头思考时,其过程是十分隐蔽的,今天的实验心理学不仅研究问题解决的外部行为,而且还注意内部心理机制的研究。例如,有下面这样一道密码算术题:

$$\begin{array}{r} DONALD \\ + GERALD \\ \hline ROBERT \end{array}$$

问题的任务是用从 0 到 9 的数字分别代替这些字母并要求算式计算正确,作为提示,指定 D=5。解题的被试可能对数字与字母做各种配对尝试,这些都需要记录下来,以了解他的解题过程。于是,我们还要透过外部行为,探索他的内部心理操作,即探索他的思维方向,以及他所运用的策略。

今天的实验心理学不仅研究思维的心理机制,而且要了解这种心理机制的神经过程。例如,认知脑成像的研究(Wickelgren,1997)表明,推理过程(解决 Raven 问题)激活了额叶、顶叶和颞叶等皮层区,而这些脑区在工作记忆对空间位置、客体以及言语加工时同样表现活跃,因此,人们认为推理是工作记忆能力的概括化表现。

一、问题解决

先请你仔细阅读下面的问题,并参看图 10-2。"两个火车站相距 100km,某天下午 2 点,两个火车头相向开出。一个火车的速度为 60km/h,另一个的速度为 40km/h,当火车头开始行走时,一只鸟突然出现在第一个火车头前面并向第二个火车头飞去,当鸟到达第二个火车头时,它又立即以原来的速度向第一个火车头飞去,鸟以 80km/h 的速度在两个火车头之间来回飞。问在两火车头相遇时鸟飞了多少公里?"

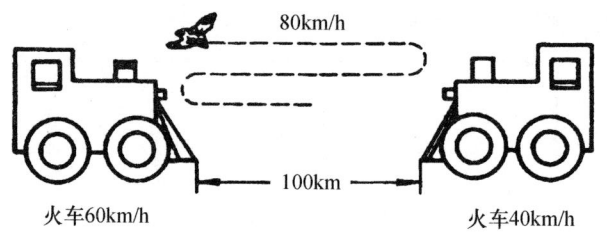

图 10-2 鸟和火车头问题

大多数人觉得这个问题困难,但也有人几乎立即就解决了,你能回答这个问题吗?

让我们考虑一下大多数人是怎样解决这个问题的。当问题以图示的形式呈现出来时,人们立即就在想,鸟从第一个火车头飞到第二个火车头花多长时间,在鸟到达以前第二个火车头已经行走了多远;然后鸟飞回第一个火车头花的时间,而在鸟到达以前第一个火车头已经行走了多远,等等。这种解题的策略概括起来就是,算出鸟在两火车头之间来回飞一次花的时间,然后把这些时间用来计算在火车头相遇时它飞的距离。这种策略是合理的,通过大量的演算你可以获得正确的答案。但是,有没有一种简单的解法呢?为了寻找一种新的解法,你必须把问题以不同的形式表达出来,或者说,你必须将你的问题重新概念化。例如,问题可以这样来思考:在火车头相遇时它们行走了多长时间?既然一个火车头每小时走 60km,另一个火车头每小时走 40km,而它们相距 100km,因此,它们将在一小时后相遇。鸟的飞行速度是知道的,每小时飞 80km。因此,在火车头相遇时鸟已经飞了 80km。你看,不需要什么演算,光凭思考就行了!

思考,说起来简单,但它实际上是一个非常复杂的过程。当一个人试图解答一个问题时,他的思维活动是怎样的?一个人怎样着手寻找问题的更简单的解法?我们怎样研究这些隐蔽的解题过程?这些都属于问题解决的领域。

1. 功能固定化

蜡烛问题是问题解决的经典实验之一(参看图10-3)。这个问题是这样的:要求把蜡烛固定在墙上,允许使用的东西是桌子上的蜡烛、火柴和一盒图钉(武德沃斯,1965)。蜡烛问题是这样解决的:用火柴点燃蜡烛,把熔化了的蜡滴在盒子里粘住,再用图钉把盒子固定在墙上。在这个问题中,如果盒子仅仅被看作是装图钉的盒子,是属于图钉的(用心理学的术语来说,这叫功能固定化,即 functional fixity),那被试就不能想象盒子也可以被用来放置蜡烛。换句话说,盒子的功能是作为容器,因此被试必须把盒子的这种功能解除掉,才会把它当作放蜡烛的工具。可是,对于控制组的被试,盒子一开头就是空的,因此这些盒子作为容器的功能不那么突出。在 20min 的时间限度内,大学生中控制组的 28 人中有 24 人解决了这个问题,而实验组的 29 人中只有 12 人成功,两组的差异是显著的。在日常生活中,突破功能固定化解决新问题的例子是很多的。例如,你会把一块石头当作锤子来使用,把锤的把柄当尺子使用,等等。

图 10-3　蜡烛问题

(邓克尔,1935)

2. 定势的作用

表 10.1 显示了一个经典的 Luchins 水壶问题(武德沃斯,1965)。解决第一个问题的好办法是装满 B 壶,然后把 B 壶的水装满 A 壶一次,装满 C 壶两次,即用 B－A－2C 的方法,剩下的水就是所要求的水量,即总数为 100 的水。问题 1 到 5 的解决方法是类似的,因而也就训练了被试的某种倾向,或造成被试的某种定势。问题 6 和 7 可以用上述的程序解决,但也可以用一种较简单的方法解决:只用 A、C 壶。当人们做完1~5题后,你觉得他们会采用哪种方法来解决问题 6 和 7?大概你也没有想到,结果证明实际上大多数被试都具有顽固的三种壶量水的定势(set),从小学生一直到大学毕业生都是这样。

表 10.1　Luchins 水壶问题的一个变式

	A、B、C 是不同容量的空壶			要求获得的水量
	A	B	C	
1	23	129	3	100
2	9	42	6	21
3	20	57	3	31
4	14	160	25	96
5	18	43	9	7
6	23	49	3	20
7	18	48	4	22

即使实验者供给被试适当的小容器和水,执行实际操作,使问题有一些现实性,被试还是最倾向于集中注意算术方面而不注意具体情境,还用三种壶量水。儿童们倾向于把这个实验看成只是又一种学校练习,要求他们学到解决某一类型的算术问题的规则并应用它。Wertheimer 早就指出,这是学校儿童过多地被训练去盲目地遵守权威性规则的结果。

3. 噪声

一般人都有这样的经验,嘈杂的声音会妨碍你思考,不利于问题的解决。但是 Glass 等人的研究表明,噪声对问题解决的影响是很复杂的(Matlin, 1979)。

Glass 要求被试解决 4 个猜谜问题,两个是可能解决的,另外两个是不能解决的。实验中使用的噪声是油印机、计算器、打字机工作时发出的噪声的录音,再加上一个人说西班牙语,一个人说亚美尼西亚语的录音。总共有 4 种噪声条件:① 强噪声;② 弱噪声;③ 事先告诉有噪声(每分钟过了 51s 就告诉被试马上有噪声,噪声出现 9s);④ 事先不告诉有噪声(噪声不时发生,无规律)。实验结果表明,对能够解决的猜谜问题来说,4 种噪声条件下各被试需要尝试的次数没有显著差别。然而,4 种噪声条件对被试解决另外两个不能解决的问题的努力却产生了重大的不同影响。当料到有噪声时被试能更长时间地去尝试解决问题(尝试次数多),而在没有料到有噪声的情况下,被试的这种努力就大大减少了(见图 10-4)。这里还出现了交互作用:当噪声可被预料时,它的强度是不重要的(上面一根线)。但当噪声不能预料时,强噪声比弱噪声影响更大(下面一根线)。最后料到有噪声的情况比无噪声的情况似乎更能使被试坚持尝试解决问题。

据说参加重大比赛的运动员都要能经受住噪声的干扰。他(她)们要在噪声的条件下进行训练,而且,由于预料到会有噪声,所以有良好心理素质的运

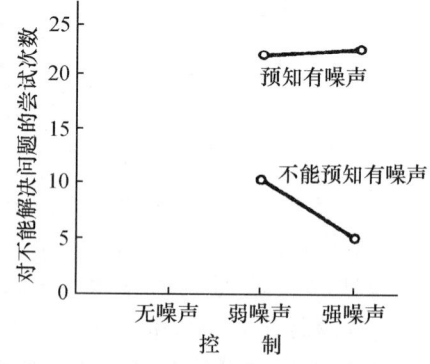

图 10-4　各种噪声条件对问题解决的影响

动员也能正常发挥。

上面我们从定势(功能固定化也是定势)与噪声举例性地介绍了思维的早期研究。

二、问题解决的计算机模拟

思维的早期研究为我们描绘了人们解决问题时的外部表现,如被试是用3壶量水还是用2壶量水来解决得到一定容量水的问题,但并没有告诉我们更多关于头脑中思维过程的信息。

如果我们想了解被试在解决问题时头脑内发生的情况,则可以用口语记录分析的办法(protocol analysis),即出声思维的方法(thinking aloud),这种方法就是让被试在解决问题时说出头脑内进行的一切活动,然后予以记录并加以分析。口语记录分析法是认知心理学进行思维的计算机模拟收集经验数据的方法。

认知心理学还假定,人是一个信息加工系统,信息加工系统也叫"符号操作系统",通常叫作"物理符号系统"(physical symbol system)。计算机也是一个物理符号系统。将人脑比喻为计算机,就可以从一个已知的系统(计算机是人造出来的)去加深对一个不甚清楚的系统(人的神经系统)的理解。这样,我们就可以用计算机程序来模拟人的思维过程。

下面我们以独粒钻石棋问题解决的计算机模拟为例(傅小兰,1990)来说明思维的计算机模拟。

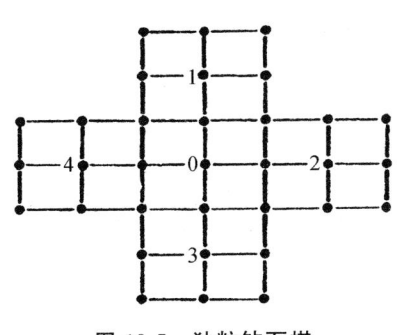

图 10-5　独粒钻石棋

独粒钻石棋是一个人玩的游戏,共用32粒棋子,每粒棋子位于棋盘上各交点处(即图10-5中的黑点处)。但0处的交点上没有棋子。独粒钻石棋的玩法像跳棋,但是不能走步只能跳。每次动一个棋子,这个棋子必须跳过另一个棋子(跳过两个棋子是不允许的),而且要跳到空位上,被跳过的那个棋子就被吃掉了。游戏的成绩取决于剩的棋子。最好是只剩下一粒棋。而且,已有数学家证明,能用18步跳棋剩下一粒棋是最少的步数。

首先,研究者让44名大学生一边玩棋一边大声说出自己的想法,采用口语记录分析的方法仔细归纳分析被试在实验中选择的具体移动,总结出被试使用的不同策略。这些策略有3种:①"知觉指引策略":下棋时选择棋子移动无计划,主要基于当时对问题情境的知觉结果,即看出哪个棋子能动就移动哪个棋子。其口语记录多是"先试试""车到山前必有路""走一步看一步"。②"选择性搜索策略":部分被试的口语记录包括"先把最角上的棋子去掉""要往中间走""怎么把边缘的移到中间去?"等。考虑到问题解决的最佳结果是剩一枚棋子在棋盘正中心位置,把棋子往棋盘中部集中是有道理的。

③ "计划简化策略":部分被试的口语记录有这样的表述,"怎么千方百计使这4个角一个一个使它空出来""上面一个一个角消灭掉了,这么消灭的话没注意中间的"等。被试将棋盘的4个边角上的棋子一块接一块地清除,表现出明显的计划性,这样,也就能保证剩下的棋子都集中在中部。

以剩下的棋子数作为下棋成绩,统计检验表明,使用计划简化策略优于使用选择性搜索策略,而使用后者又优于使用知觉指引策略。

第二步,研究者通过对棋盘上不同位置的棋子赋予不同权重的方法,对被试使用的3种策略加以形式化。权重的具体值并不重要,实际起作用的是权重值的相对大小。这样,研究者就可以编写3种策略的模拟程序。换句话说,研究者对人的思维(3种问题解决策略)的研究就转变为对计算机处理符号(体现不同策略的权重值)的研究,这就是思维的计算机模拟(参见图10-6)。

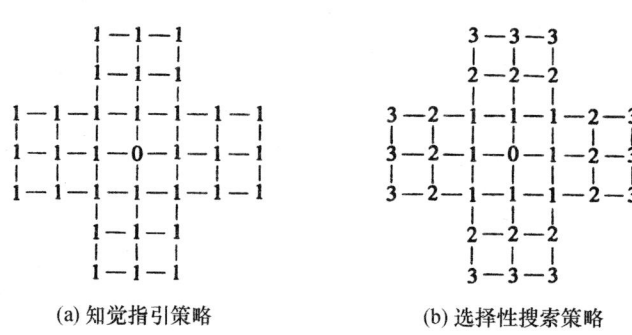

(a) 知觉指引策略　　　　　　(b) 选择性搜索策略

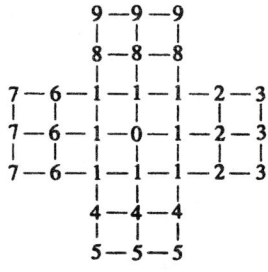

(c) 计划简化策略

图 10-6　3种策略对各处棋子的不同重视程度(赋予不同权重)的示意图

图10-6中权重值大的棋子比权重值小的棋子优先处理,即应先吃掉。这样,图10-6就显示了3种策略不同程度的选择性。人的思维和知觉只考虑那些最有可能出现的情况,而不是考虑全部可能性。因此,选择性是思维策略的本质特征之一。

使用知觉指引策略的被试在问题解决过程中看出哪个棋子能动就移动哪个棋子,因此,棋盘上的所有棋子对于他来说似乎是"同样的"重要。这就是图中(a)部分各处棋子的权重都相同的原因(都为1)。

使用选择性搜索策略的被试认识到棋盘上不同位置的棋子具有不同的重要性,他们有目的地首先吃掉棋盘边缘处的棋子,努力把棋子往棋盘中间集中。这就是图中(b)部分 4 个边角的权重值(3 与 2)大于中部的权重值(1)的原因。

使用计划简化策略的被试不仅认识到首先把棋盘边缘处的棋子移到中间去的重要性,而且认识到应该一边一边地处理,即首先将一边的棋子全部吃光或移到中间,再移另一边的棋子。这就是图中(c)部分 4 个边角的权重值不同,即应一边一边地处理(优先处理 9 与 8,然后是 7 与 6,接着是 5 与 4,3 与 2),最后处理中部棋子的原因。

第三步,研究者运行计算机程序,将运行结果与第一步研究中被试使用不同策略得到的结果进行比较。比较结果表明,3 种计算机程序运行的结果在搜索路径和剩子情况上均与 3 种策略使用的结果类似。例如,按图 10-6(a)方式赋值的程序剩子 7 枚,按 b 方式赋值的程序剩子 3 枚,按 c 方式赋值的程序剩子 3 枚。这些结果表明,使用 3 种对棋盘上不同位置棋子赋予权重的方法,计算机程序成功地模拟了人类被试的 3 种思维策略。

三、思维的计算机模拟的局限性

当我们讨论计算机程序模拟人的思维时,我们就是在讨论人工智能(artificial intelligence,AI)。在分析思维的计算机模拟的局限性以前,有必要先介绍 Turing 检验。Turing 检验是证明计算机能否思维的一条著名标准。

A. Turing 是杰出的英国数学家,1950 年在其发表于 *Mind* 杂志上的名作《计算机与智力》一文中提出了一种特殊的思维实验。对"计算机能思维吗?"这一难题 Turing 不是寻找直接的回答,而是研究了一种特殊的模拟游戏。参加游戏的有 3 个游戏者——计算机、人和"试验者",用 2 个联系渠道(例如电传打字机)把"试验者"跟人和计算机联系在一起。计算机装有相应的程序。游戏示意图见图 10-7。

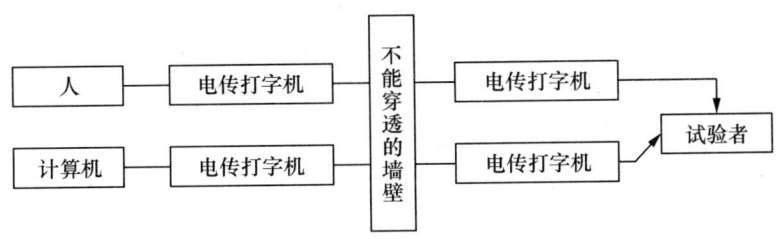

图 10-7 Turing 的模拟游戏图

对"试验者"来说,游戏的目的是:通过电传打字机提出问题,根据对这些问题所作出的回答,得出结论,是谁回答了这些问题——是人,还是装有"思维程序"的计算机?容许"试验者"提出任何问题。人当然会尽可能地向"试验者"证实他是"真正的"人,而计算机的任务则是尽可能逼真地模拟人的思维。经过若干次回答以后,如果"试验者"不能可靠地辨别哪是计算机哪是人,那么,计算机的思维程序就通过了检验,我们就可以说计算机是能思维的。否则,就证明计算机不能思维。

实际的检验表明,"试验者"遵循不同的标准来解答他在同什么进行对话这一问题,会导致对"计算机能否思维"这一问题有不同的答案。

如果"试验者"有一套事先规定的形式标准,他根据这些形式标准不能解答同谁进行对话的问题,那么,结论就是:计算机能思维。上面叙述的独粒钻石棋游戏的计算机程序就属于这种情况。下面的对话程序也属于这种情况的例子:

"试验者":"您多大年纪?"

计算机:"25岁。"

"试验者":"今天天气怎么样?"

计算机:"很好。"

"试验者":"您今年将在哪儿度过假期?"

"计算机":"我暂时还没有决定。"

这一对话还可继续进行。

在这种条件下,再提出5到10个问题并得到明白的"回答"以后,"试验者"就有充分的理由说:他是同人进行对话。

如果"试验者"遵循的是非形式的标准,那么要编制一个能进行交谈(这种交谈十分类似同人的对话)的程序是不可能的。下述对话是采用非形式标准的一个例子。

"试验者":"您多大年纪?"

计算机:"25岁。"

"试验者":"请再说一遍,您多大年纪?"

计算机:"25岁。"

"试验者":"请再说一遍,您多大年纪?"

计算机:"25岁。"

对计算机甚至一连10次提出同一问题,计算机很自然都会做出同样的回答。因此,"试验者"自然很清楚,他是在同计算机对话,而不是同人对话。如果上述对话是同人进行的话,这种对话多半会是这样的:

"试验者":"您多大年纪?"

人:"25岁。"

"试验者":"您多大年纪?"

人:"25岁,我不是已经对您说过了吗?"

"试验者":"您多大年纪?"

人:"您为什么老提同样一个问题?"

当然,编制"思维程序"的设计者可以预先规定,在反复提出问题时,计算机应当怎样回答。但是,程序设计者不可能预见到"试验者"可能提出的各种方法和策略,特别当"试验者"是受过良好教育的成年人(奥尔费耶夫,1986)。

Searle 的思想实验——著名的中文屋剧情(Chinese Room Scenario)更证明,即使通过 Turing 检验也不一定说明计算机能思维(Banyard,1996)。

以研究意识著称的美国语言哲学家 J. R. Searle,1980 年在他发表于 The Behavioral and Brain Science 杂志上的著名文章《心理,脑与程序》中把人工智能分为"强"的和"弱"的两种。他指出,"近年来,计算机对人类的认知能力进行了模拟,这种模拟的心理学和哲学意义是什么呢?为了回答这个问题,我觉得有必要先区分几个不同的概念,它们是'强的''弱的'和'谨慎的'人工智能。根据弱人工智能这个概念,计算机在研究心灵方面的主要价值是提供了十分得力的工具。比方说,有了计算机,我们能够更严密、更精确地提出假设,并对之进行测试。但是,根据强人工智能这个概念,不仅可以说,计算机是研究心灵的工具,而且具备恰当程序的计算机本身就是心灵。因为一旦计算机有了正确的程序,我们就能说,它实际上就有了理解力以及其他的认识状态。在强人工智能里,由于输入了程序的计算机具有认识状态,因此,程序不仅仅只是帮助我们测试心理学解释的工具,程序本身就是解释"(赵南元,1994)。Searle 以他描绘的中文屋思想实验赞成弱的人工智能,而向强人工智能提出挑战。

思想实验是哲学中广泛使用的一种非经验的研究形式。在思想实验中,某种剧情被设想出来,剧情中每一因素的各种可能的意义被彻底地思考,然后沿着推理的逻辑走到尽头,达到一定的结论。

中文屋剧情的思想实验是这样的:设想你就是剧情中的主要角色。你一个人被锁在一间屋子里,经过门上的一道缝隙你得到一张卡片,卡片上写着两个汉字(见图 10-8)。你不懂汉字,因此看起来这两个汉字像是复杂的天书。在屋子里有一堆写着汉字的卡片。你也有一些用英语(你懂英语)写的说明书,告诉你怎样把从门缝得到的符号(symbol,这里指汉字)去匹配屋子里已有卡片上的符号(指汉字)。你是根据英语说明书所描绘的独特的模式与形状去进行匹配的,然后你把正确的符号卡片从一堆卡片中挑出来,从门缝扔出门外。这样的过程一次又一次地不断重复,逐渐地你正确挑选符号的过程也就会进行得相当快。

图 10-8 汉字的例子

现在,用人工智能的语言来说,屋子外面的人(他把中文符号输入屋子里)是计算机的使用者,你则是计算机的中央处理器,输入屋子里的中文符号是问题,由屋子里扔出来的符号是答案,英语说明书就是计算机程序。对计算机的使用者(他是懂汉字的中国人)来说,你似乎能理解中文,因为你给出的答案是恰当的。实际上,你给出的答案同一个懂汉字的中国人给出的答案没有什么不同。然而,如果你想象你自己在剧情中,你就会清楚地了解,你并不懂汉字。你所做的一切只是遵循英语说明的某些规则行事。

Searle 由此争辩道，在 Turing 检验中计算机使用人的语言做出反应的能力并不足以证明计算机能理解，Turing 检验是行为主义与操作主义性质的检验，它只注意最后的结果，而不涉及思维的过程。

孙晔(1987)对计算机模拟、包括思维的计算机模拟做了一个很好的说明：

"计算机模拟和类比是认知心理学家采用的一种特殊方法。若使计算机像人那样进行思维，那么计算机程序就应当是一种人类认知理论。把理论表现为计算机程序就叫计算机模拟。计算机模拟首先有助于改进理论，帮助人们找到理论上的缺口（缺陷）。计算机模拟提供的输出可以和人类行为相比较。如果理论是正确的，那么这个输出就应当类似于人类解决同样课题时给出的输出。如果程序给出的输出和人的不一样，那么这个差别就可以用来确定理论需要怎样的改正。这好像是一次实验。计算机模拟还可以预测复杂的行为。虽然我们理解一些概念，并能把它们按步骤变成程序，但是当步骤的系列很长很复杂，并且需要大量联系时，我们往往不能预测其结果。这时，计算机模拟就很有用处，有时可以得出惊人的结果。"

我们还应该补充说，思维的计算机模拟有其局限性。首先，人脑是千百万年进化的产物，而计算机只是人脑的产物，这就是为什么几个月的婴儿可以识别母亲的面孔而计算机无法做到的原因。人脑的工作方式与计算机的工作方式是不同的。其次，仅在计算机输出的结果方面模拟人的思维结果是不够的，这在分析 Turing 检验时已经指出来了。第三，计算机无法对人的形象思维（不使用符号的思维）进行模拟，而形象思维则是人解决问题，在科学、艺术、运动等领域进行创造性活动常常使用的思维形式。不过，人工智能的技术进步很快。1997 年 IBM 开发的"深蓝"超级计算机击败了国际象棋世界冠军俄罗斯的卡斯帕罗夫。2016 年谷歌公司研制的人工智能程序 AlphaGo（阿尔法狗）击败了围棋世界冠军韩国的李世石。

四、推　　理

推理是思维的形式。逻辑学家把推理分成归纳推理和演绎推理。人们对演绎推理进行了广泛的研究，对这种推理的了解也比对其他思维形式的了解更为深入，因此我们着重介绍演绎推理。归纳推理是从具体的事实上升到一般的规则。但是我们只是从有限的具体事件中得出一般的规则，如果具体事例再增加，我们就不能肯定原来的一般规则是否仍然成立。例如，"天鹅都是白色的"这个一般规则，在有人发现一只黑天鹅时就不成立了。演绎推理的结论是从前提推出来的，如果它的前提为真，那么其结论也必定为真。当然，前提为伪，其结论也必定为伪。例如，"如果演绎推理纯粹是一种言语加工，那么大脑右半球的损伤将不会对它有影响"。由于这个前提错误，其结论也是错的。

下面举一个关于选择任务(selection task)中推理的实验研究。实验方法是将一些

| M | A | 7 | 4 |

图10-9 选择任务图示

卡片放在桌子上,告诉被试每张卡片都是一面有字母,另一面有数字。假定用4张卡片,两张显示字母,两张显示数字(如图10-9),同时提出一个命题:"所有一面是字母A的卡片,它的背面就有数字7。"让被试找出检验这个命题正确性的证据。被试可以翻看一些卡片,问题在于应该翻哪些张。有人首先翻第一张"M",其实这一张卡片与命题无关,无论它的背面是什么数字,都不能验证"写A字母的卡片背面是数字7"的结论。应该翻第二张带"A"的卡片,如果它的背面不是"7",就证明上述命题是错误的。第三张带"7"的卡片也是不需要翻看的,因为它的背面如果是"A",固然可以肯定结论,但如果是"C"或"M"却都不能证明命题是错误的——原命题只说"A"的背面是"7",而并没有说"非A"的背面不是"7"。最后一张写"4"的卡片倒是应该翻看的,因为假若它背面的字母是"A",也可以证明原命题是错误的。总之,这些卡片中有些与命题有关,有些与命题无关。怎样才能只翻看那些与检验命题有关的卡片,这是一个很困难的问题。司马贺(1986)认为,为什么很多人在这个问题上会出现错误呢?因为在这个问题里,精确的逻辑规则是:如果是A就是7($A \rightarrow 7$);反过来可以说:如果是非7就是非A($\overline{7} \rightarrow \overline{A}$),因此我们应该翻A,看它的背面是否是7;也应该翻非7(本例中是"4"),看它的背面是否非A。如果对这个命题的解释不严谨,从命题中看到A与7总是联系在一起的($A \rightarrow 7$),因而就认为7与A也总是联系在一起的($7 \rightarrow A$),进一步还认为非A与非7也总是相互联系在一起的($\overline{A} \rightarrow \overline{7}$),这样就会去翻看"7"与"M"这两张卡片了。如果运算方法完全按照逻辑学家的方法进行,必然会得出正确的结论。换句话说,司马贺认为上述以"如果"等连词为基础的命题推理如果完全按照逻辑规则进行,就可以达到正确的结论。Johnson-Laird(1998)对上述推理过程提出了另外的解释。我们来看看他的说明。

有一项命题推理如下:

如果有一个三角形,那么就有一个圆。

人们可以做出一个假设:在没有三角形的条件下会有圆吗?当然不会,这与条件的意义相悖。因此,一旦人们仔细地思考条件的意义,他们就会达到如下的结论:如果给定的条件为真,那么三角形和圆就会一起出现。这样,人们就可以在心中产生类似于下面的图示:

△ ○

而且,由于三角形穷尽了与圆有关的表征(穷尽是一种能使推理系统内隐地表征某些信息的手段),因此可以把这一命题的否定形式与圆或与圆的否定形式一起出现,在心中产生有关的图示,因此结果为:

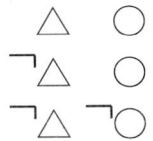

这里¬是一种表示否定的符号。

如果把 A 当作△,7 当作○,类似地我们有如下的图示:

$$
\begin{array}{cc}
A & 7 \\
¬A & 7 \\
¬A & ¬7
\end{array}
$$

这样,我们就可以很容易地推断,应该翻"A"卡片,看反面是不是"7",翻"4"卡片,看反面是不是"A"。

总之,Johnson-Laird 主张,人们在理解言语时会产生一种与情境有关的模型,这种模型类似于人们所感知的或想象的某种事件,它是对现实所做的设想,以及对假设结果的探索。这就是演绎推理的心理模型理论,该理论认为演绎推理是一种类似搜寻反例的语义过程。与心理模型理论不同,推理的形式规则理论主张演绎推理的步骤类似进行逻辑论证的步骤,演绎推理依赖于推理的形式规则,这些规则类似逻辑运算中的规则,因此,演绎推理是一种类似逻辑证明的语法过程。

下面,我们叙述有关实验证据来讨论上述两种理论。

(一) 关系推理的研究

逻辑学家区分了 4 种类型的演绎推理:

① 以"大于""恰好"和"在……之后"等关系的逻辑属性为基础的关系推理。

② 以否定和诸如"如果""或""和"等连词为基础的命题推理。

③ 以两个前提,每个前提包含一个独立的量词(如"所有""一些")为基础的三段论推理。

④ 以前提包含不止一个量词为基础的多量词推理,如:"齐白石所画的一些画比任何其他中国画家所画的画都更有价值。"

我们现在介绍关系推理的研究。

下面是一个二维空间推理的问题,所谓二维是指物体之间不仅有左右关系,还有前后关系:

茶杯在碟子右边,

盘子在碟子左边,

叉子在盘子前面,

匙子在茶杯前面。

叉子和匙子之间有何关系?

被试在理解这个问题时,就会想象上述实物构成对称性的分布:

盘子	碟子	茶杯
叉子		匙子

如果上述问题的第二个前提变成:盘子在茶杯的左边,那么,想象实物的两种分布都满足推理的结论:

盘子	碟子	茶杯	碟子	盘子	茶杯
叉子		匙子		叉子	匙子

在这两种分布中,叉子和匙子之间存在着同样的关系,但是想象这两种分布仍然要比想象单一的分布困难些。如果在两种分布中,叉子和匙子之间的关系不一样,那么作业的难度就更大了,下列描述:

茶杯在碟子右边,
盘子在茶杯左边,
叉子在盘子前面,
匙子在碟子前面。
就符合两种独立的分布:

盘子	碟子	茶杯	碟子	盘子	茶杯
叉子	匙子		匙子	叉子	

在上面的分布中,叉子和匙子之间没有共同的关系,研究者称这样的回答是无效的(without valid answers)。

对于叉子和匙子之间存在着同样关系的两种分布,被试只构造、想象出一种分布就可获得正确结论;而在叉子和匙子之间的关系不一样时,被试必须构造、想象两种分布,只想象一种分布就会导致错误的结论。

由于心理加工容量有限,因此演绎推理的心理模型理论预测下列问题其难度逐渐增大:单一分布问题(one-model problems),伴有效回答的多分布问题(multiple-model problems),伴无效回答的多分布问题。但演绎推理的形式规则理论则认为,单分布问题比伴有效回答的多分布问题更难。为什么呢?因为单分布的问题要比伴有效回答的多分布问题要求做更长的推导。如在上述单一分布问题中,有必要对盘子和茶杯之间的关系进行推导,而在多分布的问题中则不必进行这种推导,因为第二个前提已表明了其间的关系:

盘子在茶杯左边

因此,形式规则理论的预测与心理模型理论所做的预测相反(Johnson-Laird,1998)。

Byrne 和 Jonhson-Laird(1989)进行的实验证实了心理模型理论的预测。18 名被试(年龄从 24 岁到 56 岁,16 女 2 男)参加该实验,进行 3 种共 18 个问题的推理:6 个单一分布问题,6 个 2 种分布问题和 6 个无效回答的 2 种分布问题。18 个问题以随机方式呈现给每一被试。每一问题念两遍,然后要求被试回答关于两件实物关系的问题,如叉子和匙子之间有何关系？结果如下：单一分布问题正确回答为 70%，两种分布问题 46%，无效回答的两种分布问题 15%（指把两种实物不同的关系都正确回答了，只回答出一种关系的算错误，不包含在 15% 中）。70% 与 46% 差异显著（Wlicoxon 符号秩次检验法），46% 与 15% 差异显著（p 检验）。这样，实验结果就证明了心理模型理论的预测。

(二) 推理与工作记忆

Baddeley(1998)曾指出，工作记忆的概念和智力的概念有非常密切的联系。我们知道，工作记忆与语言理解、注意及推理有着密切的关系。John Gabrieli 等人（见 Wickelgren,1997）运用功能性核磁共振成像技术在被试解决 Raven 推理测验时扫描他们的脑区，结果发现额叶、顶叶和颞叶皮层等脑区都有激活。这些脑区也正是空间、客体和言语工作记忆进行时激活的脑区，Gabrieli 说："推理似乎是工作记忆能力的总和。"另外，演绎推理中心理模型（分布）的构建、想象都是在工作记忆中进行的，因此推理与工作记忆有密切的关系也就是很自然的。

Vandierendonck 和 Vought(1997)研究了时空内容的线性推理和工作记忆的关系。线性推理的加工过程不像归纳推理或演绎推理，每个客体之间没有交叉或重叠的部分。比如：小明在小红的左边，小红在小军的左边，那么可以推出：小明在小军的左边。这种推理就是线性推理。在线性推理过程中要区分两个过程，一是句子的加工过程，二是结果推理过程。首先给被试呈现各个前提句，一次一句。要求被试阅读和理解句子并保持信息。以前的一些实验研究表明阅读简单的句子不需要语音环路的参与，至少声音抑制没有对简单句子的阅读产生影响。根据推理的心理模型理论，在加工中要形成句子的一个或多个心理表征，并以此为基础进行推理。如果表征是视空编码形式，那么就需要视空加工系统的参与，同时对它的干扰将影响句子的加工和加工时间；如果是语音编码形式，那么声音抑制会干扰句子的加工；如果是以一种更抽象的形式来编码，那么中央执行系统将对推理起作用，对它的干扰将影响推理的正确率和加工速率。所有的句子呈现完毕后，呈现要求被试回答的问题和选项，这时就进入了结果推理过程，很有可能工作记忆的三个成分都参与了该过程。在进行推理任务的同时有次级任务分别来干扰推理任务，直至推理任务结束。实验中采用的线性推理问题有 3 类：a. 一个分布问题，正确的推理只能建立一个空间分布；b. 2 个分布问题，要正确回答问题，必须建立两个空间分布；c. 3 个分布问题，从前提句子中可以建立 3 个空间分布。这 3 种类型问题的难度依次增大，利用的工作记忆资源也逐渐增多。实验分 4 组（3 个实验组，1 个控制组）。实验结果如下：

① 控制组和 3 个实验组在正确回答百分比上都达到了显著差异，表明 3 个成分都可能参与了线性推理过程，而且声音干扰的程度强于视空干扰和中央执行系统干扰。

② 句子的加工时间方面。从被试阅读句子的时间来看，只有在视空干扰和中央

执行系统干扰条件下的阅读时间显著长于控制组,而语音干扰组的时间短于控制组。表明声音的干扰对于被试理解和保持句子信息没有影响,而视空干扰和中央执行系统干扰对其有很大影响。心理表征很有可能是视觉空间编码形式,有一些研究也表明线性推理中建立的心理表征是空间形式的模型。中央执行系统可能起着控制过程的作用。

③ 推理所要求的分布数目越多,推理难度就越大,推理的正确率就越低。这说明推理越复杂,对工作记忆的要求越高,推理就差。

综合以上 3 点,可以得出结论:在句子加工过程中,只有视觉空间系统和中央执行系统参与,语音环路没有参加,它只是参与了结果推理过程。

(三) 内容与推理

推理过程极大地依赖于有关的内容(content)。推理的难度更多地依赖于前提的内容与个体已有知识的关系,而较少依赖于推理涉及的逻辑形式。

前提内容可以影响结论的提取。例如,Byrne 给一组被试如下的前提:

① 如果她要写一篇随笔的话,她将在图书馆待很晚。

② 她要写一篇随笔。

96% 的被试得出如下结论:

③ 她将在图书馆待很晚。

另一组被试也得到①与②的前提,但同时还附加有:1′如果图书馆持续开馆,她将在图书馆待很晚。

这一组被试中只有 38% 的人得出③的结论。这说明引入 1′前提就锁定了①与②的应用。

前面我们介绍过一项选择任务中的推理研究,内容对推理的影响在选择任务中也表现得十分清楚。

在下面的具有抽象内容的选择任务中:

$$\boxed{M} \quad \boxed{A} \quad \boxed{7} \quad \boxed{4}$$

按照演绎推理的形式规则理论,被试应该翻看(选择) $\boxed{A}$ 看看是否有不是 7 的数字在背后和 $\boxed{4}$ 看看是否有 A 在背面,因为只有这两种可能去证明原命题(所有一面是字母 A 的卡片,它的背面就有数字 7)是错误的。但被试很少按逻辑规则去正确选择,他们常常做出错误的选择,最通常的选择是翻看 $\boxed{A}$ 和 $\boxed{7}$ (翻看 $\boxed{7}$ 是不必要的)。

这种选择任务的一般表达形式为:"如果 p 那么 q。"正确的选择应该是 p 和非 q。

但如果比较的规则表现为强制性关系,有十分明确的内容,如:"如果一个人能允许喝酒,那他(她)一定至少是 21 岁。"那么选择任务类似于:

| 喝酒 | | 不喝酒 | | 21 | | 18 |

而实验中被试更多地正确选择 |喝酒| 与 |18|。

这两项选择任务中逻辑规则都是一样的，但一项是抽象的任意内容，另一项却十分具体，但被试在具体内容的任务中推理更为正确，这说明内容对推理有制约作用。

怎样解释这种制约作用呢？

人们认为，任务中的主题内容激活了实际的推理图式（pragmatic reasoning schemas），而推理正是依赖于这些图式。例如，"喝酒的法定年龄"这一规则将激活"允许喝酒图式"，它意味着如果喝酒的事件发生那么先决条件必定得到满足。如果"喝酒的法定年龄"被理解为是条件性的允许，那么图式将集中注意于喝酒行为的发生[即喝酒的人应受到检查，看他（她）的年龄是否符合法定年龄]，以及喝酒先决条件没能满足的情形[即不到法定年龄的人应受到检查，看他（她）是否没喝酒]，因为只有这两种情形可能揭露出违反了原命题。这实际上就是 p 与非 q 的情形（Holyoak & Spellman，1993）。

（四）推理与大脑

演绎推理的心理模型理论特别与思维的神经心理学相关，它不像其他理论那样强调推理是一种言语过程或受形式规则所支配。它主张推理的主要成分是非言语性的，也就是说，模型的结构与情境的结构相符，因此该理论认为大脑右半球应当在推理中起重要作用。

神经心理学的证据普遍证实了上述预测。有几项研究表明大脑右半球受损会损害患者的推理能力。例如，这类患者难以对可逆关系进行演绎推理，他们难以解决的问题如：

约翰比比尔高，谁更矮？

有些神经病学的研究考察了被试在不依赖视觉空间思维的条件下进行推理的可能性。对于下面的句子：

莎莉手拿钢笔和纸向电影明星走去，

她正在写一篇名人谈核动力的文章。

正常被试很可能推论出：莎莉想请明星谈谈对核动力的看法。但大脑右半球受损的患者推出的结论是：莎莉想询问电影明星的成长史，他们被第一个句子所误导，且不能从第二个句子做出有联系的推理以纠正自己的理解。从这个例子来看，大脑右半球受损的患者对抽象问题的推理也十分困难。

心理模型理论强调演绎推理中人们在心中形成实物分布的空间模型，而空间模型的形成有赖于大脑右半球。这一设想的最有力的证据来自 Whitaker 及其同事所进行的条件推理的实验研究。他们在两组被试中考察了条件推理，两组患者都动过双侧前颞叶切除术以减轻局灶性癫痫，一组病人大脑右半球有病灶，另一组则大脑左半球有病

灶。大脑右半球受损的患者对错误的前提条件进行推理的成绩比大脑左半球受损患者的成绩更差。因此,当给出以下错误前提条件:

如果天上下雨,街道就会是干的。

并对患者说:

天上下雨了。

大脑右半球受损的一组患者得出了一致性的结论:

街道会湿。

换言之,这些患者不能脱离自己对现实的认识来完成演绎推理的过程(Johnson-Laird,1998)。

五、决　　策

近年来,由于对决策的研究逐步深入,它与许多实际部门的关系日益密切,决策过程已作为一个相对独立的领域分化出来。

决策是我们日常生活中的一个重要方面。决定就是决策,我们每个人每天都在做大大小小的决策。例如,你清早要上班时天气阴沉,你就得决定要不要带伞;医生面对一个病人(不管他的症状是简单还是复杂),他就得判断到底病人患的什么病;在中国女排与世界明星队比赛前,几乎每个人都在预测,是我们赢呢还是世界明星队赢。预测实际上就是一种判断,它总要导致某种决定。每个初中毕业生、高中毕业生和大学毕业生都面临着他(她)人生中一次重要的决定。至于各部门各级领导做出各种各样的决定,大家都是易于了解的。

心理学研究决策不同于其他学科研究决策。第一,心理学研究决策策略,人们为什么用这种策略而不用那种策略来解决某一问题。第二,概率论是心理学研究决策的出发点,是研究问题的框架,但心理学还研究人们的判断常常怎样违反了概率论。第三,心理学研究决策者的心理品质对决策的影响,强调人的主观方面对决策成败的决定性作用。

(一) 决策策略

许多决策都是根据人们对不确定性(uncertainty)情形的可能性的判断而做出的。例如,选举结果、法庭上的胜败、货币(美元或人民币)未来的价值、天气和考试结果等都充满了不确定性。

人们在不确定性情形下通常采用什么样的办法或直观推断(heuristics)来做出判断,这些直观推断的方法又会带来怎样的偏差与错误是我们要讨论的问题,因为判断中的偏差正好揭示了人们在不确定性情形下思维的一些重要特点。

1. 代表性

在日常生活中我们常常把"代表性(representativeness)"搞错,从而在决定概率时犯错误。例如,你在用计算器做加法时得出一个总数:12345。这个数目好像不大对头,你又加一遍,仍然是 12345。这时候你心里想,做加法得出 12345 似乎是不可能的,也就是说,你认为这个数的随机代表性不大,但实际上,12345 这个特殊的数目与另一个特殊数目 85769 具有同等的出现概率。又例如,如果我们说在一个 23 人的组中很可能至少包括两个是同一天生日(即同月同日)的人,大多数人都会觉得难以相信,换句话说,即人们习惯于认为,在一年 365 天中,23 人的生日分别落在不同的日子好像可能性最大,即代表性最大。然而,统计学却告诉我们:21 人的生日分散在不同的日子,两个人的生日在同一天的情况是最可能发生的。本章作者于 1989 年 7 月在深圳蛇口讲实验心理学时,对班上 30 多名学员中的 23 人的生日作了登记,结果证实了上面的说法。

Kahneman 等人(见 Matlin,1979)讨论了实际生活中不恰当地使用代表性的精彩例子。第二次世界大战中,伦敦受到长期的狂轰滥炸。根据经验人们一般相信,轰炸有一定的模式,因为城市的某些区域经常被轰炸,而其他地区则根本就没有被轰炸过。人们直觉地认为这种模式的代表性不大,即认为它不像是仅仅由机遇造成的。然而,当统计学家比较实际的轰炸模式与仅仅由机遇决定的轰炸模式后,发现两者完全一致。实际上,机遇使得相同事件的分布更有可能发生(例如,相同的生日或相同的被轰炸地区),而那种没有相同事件的分布(例如,23 人的生日分散在不同的日子或伦敦被炸地区是均匀分布的)倒是不大可能发生。

人们使用"代表性"策略的过程在实验室里受到仔细的研究。我们都承认,要准确地预测未来是极为困难的。因此你会想到,如果我们不能获得什么信息来指导时,我们就会利用"代表性"策略。但实际情况却不是这样,甚至当人们有足够的信息来做统计预测未来时,"代表性"仍然陪伴着我们的直觉。让我们在实验室里做一个简单的游戏。

我有两个口袋,每一个都装有红、蓝扑克牌:

```
A 口袋    10 张蓝,20 张红
B 口袋    20 张蓝,10 张红
```

每一次我在 A、B 两个口袋中挑一个口袋给你,你的任务就是猜测,那是 A 口袋呢还是 B 口袋?你获得一些信息来帮助你做决定。第一,你知道每个口袋中红、蓝扑克牌的数目。第二,你知道我给你 A 口袋的次数占 80%,我给你 B 口袋的次数为 20%(这就是所谓先验概率,prior probabilities)。第三,你可以从口袋里抽三张牌,看它们是什么颜色,每抽一张牌,看过之后把它放回口袋里。假定有一次你抽的三张牌是:蓝,蓝,红,那么我来问你,你认为我给你的是哪个口袋?你的自信程度有多高?如果你和大多数人一样,很可能你就会决定,那肯定是 B 口袋,因为不管怎么说,你抽的牌三分之二是蓝,这同 B 口袋中蓝红比例是完全相同的。但是,你一定会感到惊讶,真正的二蓝一红的比例是在 A 口袋而不是 B 口袋(根据贝叶斯(Bayes)定律计算)。

为什么人们对结果会感到惊讶呢？因为他们倾向于忽略先验概率（我给你口袋的次数 80% 为 A 口袋，20% 为 B 口袋）。如果仅仅思考获得的 3 张牌，的确这些牌是更可能来自 B 口袋的，但是别忘了，我给你 A 口袋的概率 4 倍于 B 口袋，就是说，B 口袋 2 倍于 A 口袋的蓝纸牌不足以同 A 口袋 4 倍于 B 口袋出现概率相匹敌。

这样，人们只集中注意已获得的纸牌的颜色，而忽略了两个口袋出现的先验概率。为什么人们会这样做呢？Kahneman 等人认为，人们根本不管概率论的法则（例如贝叶斯定律），而是使用"代表性"策略来做出直观的判断。就像刚才说过的抽扑克牌的例子一样。在这个例子中，你抽的蓝纸牌的比例是 2∶3，B 口袋中蓝纸牌的比例也是 2∶3。事实上，你可能认为 2 蓝 1 红就是 B 口袋的样本"原型"，但是，先验概率并不符合这种"代表性"的论据。结果，人们忽略了先验概率，也就看不到先验概率与"代表性"原型之间的矛盾，所以就选择 B 口袋，因为它的组成（蓝红比例）与抽到样本中的蓝红比例一样。

人们忽略先验概率的倾向在下述实验中表现得也很突出。

Kahneman 和 Tversky 的一项实验是这样的：在一个城市里有两家出租汽车公司，85% 的蓝车是一家公司的，15% 的绿车是另一家公司的。有一辆出租汽车涉嫌夜间一场车祸但逃走了，有目击者称他看见的是一辆绿车。

法庭测验了该目击者在晚上可视条件下分辨蓝车与绿车的能力，发现他能 80% 地正确辨别蓝色与绿色，有 20% 的次数蓝绿不分。

在上述情况下，你认为闯祸的车是绿车的可能性有多大？

根据 Bayes 定律，绿车闯祸的概率为：

$$0.8(0.15)/[0.8(0.15)+0.2(0.85)]=0.41$$

但多数被试却都认为绿车闯祸的概率为 0.80，他们只看到目击者能 80% 地辨别蓝与绿，但忘记了绿车出现在街头的概率只有 15%（Slovic et al.，1988）。

使用"代表性"策略使人们忽略了先验概率的重要性，同时，使用"代表性"策略也使人们忽略了样本大小（sample size）的重要性。

样本的大小是一个正确的线索，但人们没有好好利用它。我们来讨论下面的例子。

某城有两个医院。大医院每天大约有 45 个婴儿出生，小医院每天大约有 15 个婴儿出生。平均而言，50% 的婴儿是男孩。然而，实际的男女比例每天都在变动。有时男孩的比例超过 50%，有时低于 50%。

在一年的期间内，每个医院都记下男孩出生率超过 60% 的天数。你认为哪个医院这样的天数多？① 大医院；② 小医院；③ 两个医院大致一样（在 5% 内变动）。

正确的答案是，小医院男孩出生率超过 60% 的天数多，因为它符合统计学公式的估计：小样本的数据更容易偏离平均数。但实验结果却是另一种情形，22% 的被试认为大医院更可能有这样的天数，56% 的人回答"大致一样"，只有 22% 的人回答正确。这说明统计学的基本概念并不是人们直觉的一部分，人们直觉地认为，男孩出生率超过 60% 的天数对大小医院来说具有同等的代表性。

2. 可利用性

可利用性（availability）在确定事件的可能性大小上是一个有用的线索，因为频频发生的事件的例子通常都要比少发生的事件的例子能被更快更好地回忆出来。但是事件可能性大小本身并不影响可利用性，影响可利用性的是另外一些因素。因此，对可利用性的依赖也就导致了判断的偏差。

举例说，当有人要你判断中年人得心脏病的概率时，你多半首先想到某些朋友有心脏病，然后再来推断中年人患心脏病的概率。这样，你想起来的例子的多少就决定了你的概率判断的大小，但是，事实上，"可利用性"并不一定就表示事件易于发生。另外的例子也可说明这个问题。当你正阅读一本英文书时，我问你，你认为 r 字母开头的字（如 red）多，还是 r 字母在第 3 个位置的字（如 variety）多？很可能你会根据"可利用性"策略来判断，即根据易于想起的例子来作判断。你马上想起来许多以 r 开头的字：red，road，rend，rest 等。人们很难想到 r 在第 3 个位置的字。有实验表明，被试总是猜测 r 开头的字比 r 在第 3 个位置的字多。实际上，情况正好相反，r 在第 3 个位置的字多。你要是不相信的话，可以翻开一页英文书试一试。

"可利用性"策略的最生动的表现就是日常生活中突出事件造成的影响。对许多人来说，当他们上飞机时就想起了许多飞机失事的惨案，因而导致对空中飞行事故过高的估计。本章作者于 1985 年由北京飞往成都开会，挨着坐的是一位 50 出头的妇女，当飞机平稳地在成都机场着陆时，她才松口气对我说："现在没事了。"看来 1985 年国内飞机失事的报道给了她过于深刻的印象。

3. 顺应

Tversky 和 Kahneman 发现，起点（starting point）常常影响人们的概率估计，实际上起点与事件的概率是无关的。在实验中，他们要求被试估计联合国中有多少非洲国家？当他们给予 65 这个起点时，被试最后的估计为 45；当给予 10 的起点时，被试的估计为 25。

顺应（adjustment from an anchor）不仅发生在有起点的情形，当被试根据尚未完成的计算去估计最后结果时也会发生。两组高中生各被要求在 5s 内对一个算式的最后结果进行估计。一组估计下面的算式：

$$8\times7\times6\times5\times4\times3\times2\times1$$

另一组估计另一算式：

$$1\times2\times3\times4\times5\times6\times7\times8$$

为了很快地获得答案，学生会对最初的几步乘法进行心算，然后推测最后结果。由于调节（顺应）通常不足，可以预计两个算式都会导致低估结果；又由于第一个算式（数目逐渐减小）最初几步心算的结果大于第二个算式（数目逐步增大）最初几步的心算的结果，因而对第一算式结果的估计要大于第二算式的结果估计。实验结果表明，这两项预测都得到了证实。对第一个算式估计的中数为 2250，对第二个算式估计的中数为

512。而正确答案为 40320。

顺应现象还表现在不同性质的概率事件中。Bar-Hillel 提供一些不同的机会让他的被试就二择一的事件打赌。一共有 3 种类型的事件：

① 简单事件：从装有 50% 的红色玻璃弹子与 50% 的白色玻璃弹子的口袋中抽取红玻璃弹子。

② 合取事件(conjunctive events)：从装有 90% 的红弹子与 10% 的白弹子的口袋中连续 7 次抽取红弹子。

③ 析取事件(disjunctive events)：从装有 10% 红弹子与 90% 白弹子的口袋中连续 7 次抽取至少要有一次红弹子。

实验结果表明，绝大多数被试喜欢赌合取事件(它的概率为 0.48)，而不是简单事件(它的概率为 0.50)。被试还喜欢赌简单事件而不是析取事件(它的概率为 0.52)。这样，在这两种比较中被试都喜欢打赌较少可能发生的事件，换句话说，人们倾向于高估合取事件的概率而低估析取事件的概率。

Tversky 和 Kahneman 对决策策略的问题总结如下：在不确定性情形下作出判断通常采取 3 种直观推断：

(1) 代表性。

要求人们估计 A 事件属于或归类于 B 类事件的可能性时通常采用。例如，当 A 能很好地代表 B 时，A 来自 B 的可能性就被判断为很大；相反，如果 A 与 B 不类似，那么 A 来自 B 的可能性就被判断为很小。

(2) 可利用性。

即某一事例想起来的容易程度。要求人们估计某类事件的频率时常常采用。

(3) 顺应或调节。

当有关的数据提供出来以后，要求人们预测某种数值。

这 3 种直观推断是简便、有效的，但它们会导致系统的可预计的误差。如果我们能更好地理解这 3 种直观推断及其问题，我们就能改善在不确定性情形下的判断与决策(Tversky & Kahneman，1974)。

(二) 概率判断

什么叫作概率判断？概率判断又有什么用处？让我们从天气预报谈起。

1. 降水概率预报

降水概率天气预报 1995 年 8 月已经在北京实行了，现在我们不仅被告知今明两天是否有雨，而且还知道下雨的可能性大小，即降水概率。降水概率天气预报比起过去"有""无"降水的范畴预报是一个进步。那么我们该怎样理解这种进步，又该怎样利用它呢？

从人的角度来看，是否下雨仅仅是一个随机过程，即存在着不确定性。什么叫作不确定性呢？举个例子来说，设想你坐在篮球场旁边，一阵大风过来，把一片小小的柳树叶子(长宽不过 2cm)吹上了天，它正很快地从场地上空飘下来，如果事前要你判断叶子是落在左半场或是右半场，你会很容易做出预报，在这种场合不存在不确定性，或者说，不确定性极小。又假设当时球场上画上了宽度仅为 2cm 的黑白相间的线条，你事先就很难说叶子是落在白线上或是黑线上了，这就是不确定性。天气预报员的降水概率预报反映了降水的不确定性可以这样理解：天气预报员坐在篮球场边，叶子落在黑线上叫下雨，落在白线上叫无雨。当叶子还在天空时，预报员必须发出预报：叶子落在什么线上，他认为叶子落在该线上的把握即概率有多大？从这个例子可以看到，是否下雨本身没有概率大小，人才有概率大小(Kolata, 1986)。降水概率实际上是对预报员相信是否下雨的程度的测量。过去的"有""无"降水预报实际上只回答了"叶子落在什么线上"的问题，而没有回答"预报员认为叶子落在该线上的概率有多大"的问题，因而否定了降水的不确定性，当然也就不能反映出降水可能性的大小。

科学技术的进步总是给人们带来实际的效益。那么，我们应该怎样来利用降水概率预报呢？让我们以某物资仓库赵经理为例来做一说明。面对天气的变化，赵经理有 4 种选择构成下面的费用矩阵(见图 10-10)。

① 花 500 元采取保护措施，但没下雨，这笔钱白花了。
② 没有采取措施，也没有下雨，一分不花。
③ 花 2000 元采取保护措施，真的下雨了，物资没受损失。
④ 没有采取措施，下雨了，损失 5000 元。

	下雨	不下雨
采取保护措施	－2000 元	－500 元
不采取保护措施	－5000 元	0 元

图 10-10 赵经理对物资保护的费用矩阵

某天晚上赵经理是如何决定是否采取保护措施呢？假设气象员的预报极为准确，他在电视台上强调，"明天无雨"。很明显赵经理不需要做什么，要不然他就白花 500 元。如果这个千里眼预报说，"明天有雨"，那么赵经理最好还是花 2000 元去保护物资，因为忽视预报员的警告就意味着肯定损失 5000 元。但是，我们都知道现实生活中不存在千里眼预报员，那么赵经理该如何做出决策即考虑降水的概率和有关的花费呢？我们建议，赵经理应该选择达到最大"期望值"的行为。假设 P 为降水概率，那么，保护物资的期望值 $= P(-2000 \text{元}) + (1-P)(-500 \text{元})$。同样的，不保护物资的期望值 $= P(-500 \text{元}) + (1-P)(0 \text{元})$。赵经理只有在保护物资的期望值大于或等于不保护物资的期望值时，才采取保持措施，因为这样才合算。P 为多大才满足保护的期望 $\geq$ 不保护的期望值呢？我们可以列出算式：
$$P(-2000)+(1-P)(-500)=P(-5000)+(1-P)(0)$$
求得 P 为 1/7 即 14.3%。这就是说，当降水概率等于 14.3% 或大于 14.3% 时，赵经理必须采取保护措施。例如，当降水概率为 20% 时，根据刚才的算式，保护物资的期望值（-800 元）大于不保护物资的期望值（-1000 元），采取保护措施是值得的。当降水概率小于 14.3% 时，他可以不采取保护措施。例如，当降水概率为 10%，保护物资的期望值（-650 元）小于不保护物资的期望值（-500 元），采取保护措施就划不来了。从这里可以看到，并不是降水概率在 50% 以上，赵经理才采取措施。换句话说，根据矩阵求得保护或不保护的分界线，再根据分界线来做出决定，这才是经济又可靠的方法，这一点也体现出概率预报增加了天气预报的可用性。过去的"有""无"降水的预报实际上是 100% 和 0% 两类预报，它并没有给赵经理选择的自由。而有了降水概率预报，各行各业的单位和个人就都可以按照自己的具体情况，写出自己的费用矩阵，然后也就可以决定多大的降水概率才采取预防措施。换句话说，当降水概率预报为 20%，赵经理正忙于采取措施时，你可以不必着急，你的保护或不保护的分界线是 30%。从这个意义上说，降水概率预报是把球踢给了公众和用户，但这不是坏事，它是把更科学的成果送给了公众，把做出决策的选择送给了公众。

从 1965 年开始，美国国家气象局的气象预报就采用概率预报，美国老百姓比如农场主就是采用上述方法构建费用矩阵，进而决定多大的降水概率、降温（冰点）概率等时，自己就必须采取相应的措施。

但是，赵经理的故事还没有结束。天气预报员预报的降水概率真有那么准吗？坐在篮球场边预报叶子落在白线或黑线上的概率到底有多准？其实，预报员之间预报的准确性是有差别的，这就是为什么有人是首席预报员，而多数人不是的缘故。这也好比医院里有人是主任医生而多数医生不是一样。要提高天气预报的准确性，除了要提高监测手段以外，还要提高预报员的素质和能力。那么，怎样评估预报员概率预报的准确性，又该怎样提高他们的预报能力呢？已有的科学研究已经提供了一些理论与方法来回答这个问题，这也是利用概率预报的一个重要方面。

2. 概率判断的准确性

下面我们通过一项实验研究来讨论这一问题（Yates 等，1987）。概率判断准确性的心理学研究常常通过使用一般知识问题来进行。这些问题有时也被称为"年鉴问题"，因为它们的答案经常可以在年鉴中找到。一个很好的例子是："哪一个城市在更北边：(a)纽约或(b)伦敦？"在概率判断准确性的研究中，要求被试选(a)或(b)，然后指明他（或她）认为有多大的把握选择的答案是正确的，确信程度用 50%～100% 间的概率来表示。

绝大多数关于一般知识问题判断的准确性的讨论都集中在一个特殊方面——"校准"（calibration）。假定一个人对一些问题中的每一个都说有 X% 的可能性他的答案是正确的,如果这个人的概率判断有最准确的校准,那么他的回答中正确的比例就将正好是 $X\%$。例如,对于 20 个问题中的每一个回答,他都认为有 70% 的可能性他的答案是正确的,那么答案中必有 14 个是正确的。如果对另 10 个项目他认为有 50% 的可能性回答正确,那么他选择的答案中就有一半是正确的。

人们关于一般知识问题的概率判断通常以某种方式偏离校准(miscalibrated);它们都偏高。这种形式的偏离校准常被解释为"过分自信(overconfidence)"。

Wright 及其学生比较了英国被试和一些亚洲被试,他们发现概率判断超出实际正确答案的比例的趋势在亚洲被试中更突出。Yates 等人的研究想要确定已观察到的东西方的差别是否也存在于中国被试和美国被试的判断中。怀疑这种差别的普遍性的原因之一是,在某些判断情景下,美国人和欧洲人的确信程度也有差别。曾有实验要求瑞士和美国的小汽车驾驶员比较他们自己及其同胞的开车技术,69% 的瑞士驾驶员感到他们比中等水平高,但是却有 93% 的美国驾驶员认为其技术高于中等。

不过,英国和亚洲被试概率判断准确性的比较仅限于校准,因此人们并不知道这种比较在整体准确性以及在校准以外的准确性方面的情形。在 Yates 等人的研究中,中国被试和美国被试对一般知识问题的概率判断的准确性包括整体准确性和准确性的好几个成分。

中国被试 62 人(北京大学心理系和中科院心理研究所的学生)和美国被试 44 名(密歇根大学的学生)参加了实验。

美国被试回答 51 个一般知识问题,中国被试只做了 51 个项目中的 29 个。这些项目是研究者认为对两国被试难度相当的。用作练习的项目是:"西红柿在(a)凉爽气候或(b)温暖气候下生长得好。"

美国被试组成人数不等的小组参与这个研究,所有项目都被订成小册子发给被试。主试给出一般性指导语后被试对程序进行练习,然后回答问题,回答问题不限时间。在每一个项目上,被试指出答案正确的概率,并在概率数上画线,这些概率是 50%、60%、70%、80%、90% 或 100%。

所有的中国被试都在一组里进行,给出指导语后,被试做练习,然后正式回答问题。每一问题都翻译成中文,用投影仪呈现。被试在一张纸上选择答案和做概率判断,每一个项目列有两个供选择的答案(a)和(b),以及 6 个可能的概率判断,即 50%、60% ⋯ 100%。

实验结果的所有分析都是对呈现给中国和美国被试的 29 个项目进行的。整体准确性,它由"平均概率分数"$\overline{\text{PS}}$ 表示:

$$\overline{\text{PS}}(f,d) = (1/N) \sum i \, (f_i - d_i)^2$$

其中,f_i 和 d_i 分别表示在某次事件下的概率判断和结果指数(如果事件发生,则 $d=1$;如果事件不发生,则 $d=0$),$i=1,2,3,\cdots N$。

中国被试的 $\overline{\text{PS}}=0.2258$,美国被试的 $\overline{\text{PS}}=0.2204$,团体差异的可靠性检验采用非

参数的 Mann-Whitney U 检验进行,结果表明概率分数的分配没有显著差别($U=1333.0, p > 0.8$)。

整体准确性的协方差图解(covariance graphs):图 10-11(a)与(b)是两国被试判断的协方差图。

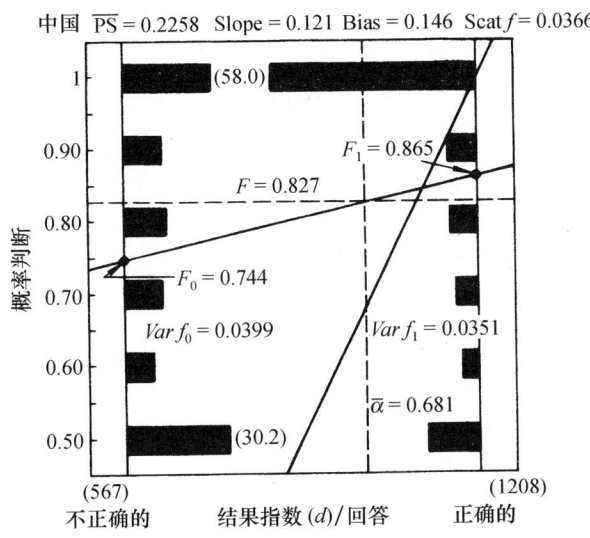

图 10-11(a)　中国被试对一般知识问题的概率判断的协方差图

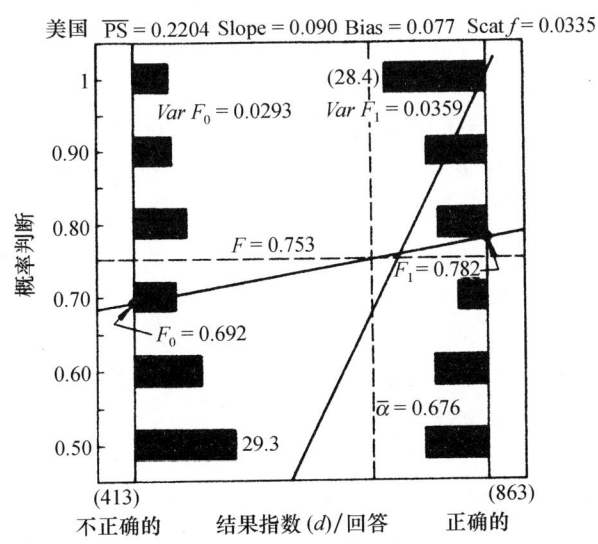

图 10-11(b)　美国被试对一般知识问题的概率判断的协方差图

图 10-11 中横轴表示结果指数,纵轴是被试做出的各种概率判断。横轴两端表示事件发生(正确答案)或事件不发生(错误答案)的次数。(a)图右下角"1208"表示被试

的 1208 个答案是对的,其中 58% 的答案被试有 100% 的把握认为正确;左下角的"567"表示被试有 567 个答案是错的,其中 30.2% 的答案被试只有 50% 的把握认为正确。

校准:如果一个人的校准是最理想的,那么在所有情形下,他的平均概率判断($\overline{f}$)将与目标事件实际发生的比例($\overline{d}$)相等。这样,在一系列概率判断中偏差(bias)的定义如下:

$$\text{Bias} = \overline{f} - \overline{d}$$

经过 $\overline{f}$ 和 $\overline{d}$ 的两条虚线的交点在图上 1:1 的对角线以外,就表明有偏差。图 10-11 表明中、美被试都有正的偏差(交点在对角线之上)。然而中国被试的偏差几乎是美国被试的两倍,两者的差别达显著水平($U = 893.5, p < 0.003$)。

(1) 斜率(slope):如果一个人对事件 A 的概率判断有较高的准确性,那么当事件 A 发生时做的概率判断一般应该比事件 A 不发生时的概率判断要更大一些,在协方差图中,前一种判断的平均数用 $\overline{f}_1$ 表示,后一种用 $\overline{f}_0$ 表示。斜率定义如下:

$$\text{Slope} = \overline{f}_1 - \overline{f}_0$$

斜率是经过协方差图中 $\overline{f}_1$ 和 $\overline{f}_0$ 两点的直线的斜率。这条直线是对结果指数的回归线。斜率是一个人分辨目标事件发生或不发生的能力的指标。

图 10-11 表明,中国被试的斜率优于美国被试,两者的差异达到显著水平($U = 1022.0, p < 0.03$)。

(2) 离散(scatter):概率判断的随机变异或"离散"的数量,由 Var f_1 和 Var f_0 来表示,前者是当事件发生时判断的变异,后者是对事件不发生所做的判断的变异。

$$\text{Scat } f = \frac{N_1 \text{ var } f_1 + N_0 \text{ var } f_0}{N_1 + N_0}$$

其中,N_1 和 N_0 分别是目标事件发生或不发生的次数,Scat f 越大,偶然误差就越多。图 10-11 表明中国被试在判断中的随机变异性比美国被试大。两者在 Scat f 值上的差异达到显著水平($U = 805.0, p < 0.001$)。在确定判断准确性时,偏差、斜率和随机变异性的作用在平均概率分数的"协方差分解"中表现得很清楚(covariance decomposition, Yates, 1982)。

$$\overline{ps}(f, d) = \text{var } d + \min \text{var } f + \text{Scat } f + \text{Bias}^2 - 2(\text{Slope})(\text{var } d)$$

其中, $\text{var } d = \overline{d}(1 - \overline{d})$,$\min \text{var } f = (\text{Slope})^2 (\text{var } d)$

实验结果总的说来是这样:中国被试在区分自己答案是正确或错误上比美国被试好(斜率差别);另一方面,美国被试则比中国被试在判断中有较少的过分自信和离散(不必要的变异)。

以前的研究表明,对一般知识问题的概率判断的校准,英国人和亚洲的各种被试都有差别。Yates 等人的研究揭示了中美被试之间类似的差别,两组被试都是过分自信的,但中国被试比美国被试更加过分自信。最重要的新发现在于,校准差别与分辨的差别是互补的。

在概率判断准确性中西方人和亚洲人的差别的实践意义部分地依赖于差别的基

础。然而有些含义却独立于这个基础。"决策分析"领域涉及应用像最大期望值这样的方法去解决重要的实践问题,如图 10-10 显示的赵经理的例子,而这些方法的应用要求很好的概率判断。Wright 等人指出,由于亚洲人处理不确定性似乎与西方人不同,因此,决策分析可能对亚洲人不那么有用。

概率判断校准的偏离毫无疑问降低了决策分析的价值。然而,由于亚洲人的概率判断的相对差的校准就认为决策分析不适合亚洲人,下这种结论还是为时过早。一个原因是校准的偏离可以仅仅通过个体判断的数学转换就能改进。更重要的原因是,中国被试的判断有好的分辨。西方人相对差的分辨至少和差的校准一样会损害决策分析的效用。而且,改善分辨是一件更加困难的事。如果亚洲人判断的分辨的确强于西方人,那么决策分析在亚洲的前途倒是十分光明的。不管怎么样,亚洲人和西方人都必须互相学习,西方人学习改善他们的分辨,而亚洲人则学习改善他们的校准。

读者如果想进一步了解决策可参考 2003 年由 Jossey-Bass 出版社出版的 J. F. Yates 的著作 *Decision Management*。

问　　题

1. 陈述定势在问题解决中的利弊。
2. 举例说明问题解决的计算机模拟。
3. 什么是 Turing 检验？
4. Searle 的中文屋思想实验说明了什么问题？
5. 举例说明关系推理的实验研究是怎样进行的？
6. 演绎推理中的心理模型理论的要点？
7. 工作记忆与推理的关系是怎样的？
8. 举例说明推理与大脑的关系。
9. 说明决策中 3 种直观推断及其偏向。
10. 什么叫作概率判断？它有哪些应用？
11. 平均概率分数及其成分是怎样测量的？

参 考 文 献

奥尔费耶夫,邱赫金著. 武铁平译. (1986). 人的思维和"人工智能". 北京：中国社会科学出版社.
傅小兰. (1990). 弈棋问题解决启发式的元策略模型. 中国科学院博士研究生学位论文,中国科学院心理研究所.
林赛,诺曼著. 孙晔,王甦等译. (1987). 人的信息加工：心理学概论. 北京：科学出版社.
司马贺著. 张厚粲译. (1986). 人类的认知：思维的信息加工理论. 北京：科学出版社.
武德沃斯,施洛斯贝格著. 曹日昌等译. (1965). 实验心理学. 北京：科学出版社.
赵南元. (1994). 认知科学与广义进化论. 北京：清华大学出版社.
Yates, J. F., Ronis, D. L., 朱滢, & 王登峰. (1987). 中美被试概率判断的准确性. 心理科学(2), 7～13.

Baddeley, A. (1998). 工作记忆. // Gazzaniga, M. S. 认知神经科学. 沈政等译. 上海：上海教育出版社, 431~441.

Johnson Laird, P. N. (1998). 心理模型：演绎推理和脑. // Gazzaniga, M. S. 认知神经科学. 沈政等译. 上海：上海教育出版社, 681~695.

Banyard, P., & Grayson, A. (1996). Introducing Psychological Research. New York: New York University Press.

Byrne, R. M. J., & Johnson Laird, P. N. (1989). Spatial reasoning. Journal of Memory and Language, 28, 564~575.

Holyoak, K. J., & Spellman, B. A. (1993). Thinking. Annual Review of Psychology, 44, 265~315.

Kolata, G. (1986). What does it mean to be random? Science, 231(4742), 1068~1070.

Matlin, M. M. (1979). Human Experimental Psychology. Monterey, CA: Brooks/Cole Publishing Company.

Slovic, P., Lichtenstein, S., & Fischhoff, B. (1988). Decision making. // Atkinson, R. C., Herrnstein, R. J., Lindzey, G., & Luce, R. D. (eds). Handbook of Experimental Psychology, Vol 2. New York: Wiley, 673~738.

Tversky, A., & Kahneman, D. (1974). Judgment under uncertainty: heuristics and biases. Science, 185, 1124~1131.

Vandierendonck, A., & Vooght, G. D. (1997). Working memory constraints on linear reasoning with spatial and temporal contents. The Quarterly Journal of Experimental Psychology. 50 (4), 803~820.

Wickelgren, I. (1997). Working memory linked to intelligence. Science, 275, 1581.

Yates, J. F. (1982). External correspondence: decompositions of the mean probability score. Organizational Behavior and Human Performance, 30, 132~156.

11

社 会 认 知

狭义的社会认知是指对他人的理解,但社会认知现在已发展成包括广泛心理过程的领域。其中核心的过程有:理解他人、理解自己、自我与他人的互动(Lieberman,2007)。本章讨论如下一些问题:① 理解他人(社会认知的记忆、移情);② 理解自我(自我面孔识别、自我反思、自传体记忆);③ 合作;④ 文化对知觉的影响。虽然本章涉及这些问题的内容多半是关于行为实验的,但它为了解我们的大脑——社会脑(the social brain)做了准备。正像人脑的某些区域负责行走、谈话或呼吸一样,大脑也已发展出特殊的机制来面对社会的环境,即执行社会认知的功能。从强调社会认知的重要性来说,有时可称我们的大脑为社会脑。

一、理 解 他 人

(一) 社会认知的记忆

社会认知狭义上是指对他人的理解,理解别人(如一副人的面孔)的各种心理特点,如信念、心情、人格等,它不同于非社会认知——对非生命物体(如一幢房屋)的理解。

Mitchell 等人(2004)探讨了社会认知与非社会认知在记忆上的差别。

实验是这样进行的:180 个描述人格特质的句子,分别描述 18 种人格特质(10 个句子分别描述一种特质);如,可爱有趣的(舞会上他第一个开始跳舞),不替别人着想的(他拒绝将他多余的毛毯借给别的野营队员),等等。在学习阶段,句子与 18 张面孔配对(蓝底的高加索妇女照片),每张面孔与 10 个句子配对,其中 5 个句子都属于一种人格特质(如,可爱有趣的),其余 5 个句子从描述其他人格特质的句子中随机挑选。面孔-句子对呈现时要求被试"形成印象",或要求被试"记住顺序"。这样,被试就有了两种任务:社会认知的与非社会认知的。指导语告诉被试在"形成印象"时,要根据句子去推测某人的人格特质,以后要测验他们关于 18 个人(面孔)的推断。"记住顺序"的指导语告诉被试,要根据句子描述某人(面孔)经历过的活动并记住句子出现的顺序,以后要测验这种顺序。实际上,实验中并不进行关于 18 个人的推断的测验,也不进行句子顺序的测验。

在再认阶段,180个句子重新与面孔一一配对呈现。对应于大脑的扫描过程,再认测验分三组进行,每组的结构是这样:6张面孔,其中1张是正确的,其余5张是干扰项;每张面孔呈现10次,共使用60个句子,其中30个句子是"形成印象"的,另外30个句子是"记住顺序"的。对某面孔而言,它只正确对应一类句子,即或者是"形成印象"的,或者是"记住顺序"的。这样,每组使用6张面孔、60个句子,3组共使用18张面孔、180个句子。被试的任务是在每组的6张面孔中挑出一张,该面孔与呈现的句子配对过。17名被试的行为实验结果表明,被试正确将面孔与句子匹配的概率为58.8%,远高于随机的概率(1/6=16.7%)。更重要的是,社会认知,即"形成印象"条件下的击中率62.9%显著高于非社会认知,即"记住顺序"条件下的击中率54.6%。fMRI的结果表明,"形成印象"任务激活了背内侧前额叶(dorsomedial prefrontal cortex),而非社会性的"记住顺序"任务则激活额上回与顶回(superior frontal and parietal gyri)、前中央回(precentral gyrus)和尾状核(caudate)。此外,在再认测验中,"形成印象"的社会认知的正确再认激活了背内侧前额叶,而"记住顺序"的非社会认知正确再认则激活了右侧海马。

以往解释社会认知与非社会认知在记忆上的差别时,人们大多认为社会认知过程使用了一些特殊的记忆结构,如图式、分类,或进行了更深层次的、精细的加工。但Mitchell等人(2004)根据上述结果认为,被试加工了同一句子的不同方面,即在"形成印象"时用呈现的句子推论一个人的性格特点,这是句子的社会性方面;在"记住顺序"时记住呈现句子出现的顺序,这是句子的非社会性方面。结果,社会认知与非社会认知在加工与提取两个阶段上激活的脑区均各不相同,因此有理由相信,它们的认知也是不同的。特别是,社会认知(形成印象)的记忆形式(表现为正确再认)与背内侧前额叶相关,而非社会认知(记住顺序)的记忆形成却与另一脑区,即右侧海马相关。这种记忆的分离(dissociation)直接挑战如下的观点:社会认知的记忆与非社会认知的记忆是同一过程的记忆,只不过社会认知有选择地使用了一些记忆结构,如图式、分类,或进行了更深层的、精细的加工。实际上,社会认知很可能有特殊的社会认知过程,它不同于非社会认知的过程。

(二) 移情

移情或同情(empathy)是指一个人具有确认他人情绪的能力,或具有他人情绪引起的共鸣体验。理解他人的意向和信念是心理理论(theory of mind)的能力,而理解他人的情绪、感受则是移情的能力,例如,当别人难受或高兴时,疼痛或瘙痒时,移情的经验使我们理解那是什么样的感受。Singer等人(2004)研究了对疼痛的移情的神经机制。实验安排如下:被试是16对恋爱对象,研究者假定他们更容易彼此产生移情。疼痛刺激是施加给女性被试或她的恋人的右手背的电刺激,给予电刺激时扫描女性被试的脑活动。女性被试在fMRI扫描器小屋里边,她的恋人坐在小屋旁边,恋人的右手放在倾斜的木板上可以让女性被试通过镜子看到她自己的和恋人的右手。在木板后面有一块很大的屏幕,屏幕上随机呈现指示图标,指明是她自己(自我)还是她的恋人(他人)将受到低强度的电刺激(无痛条件)或高强度的电刺激(疼痛条件)。研究者在"自我"与"他人"的情况下比较了疼痛条件与无痛条件的fMRI结果。扫描之后通过对移情量表上项目的评定,对女性被试移情的个体差异进行了测量。

Singer等人(2004)通过fMRI实验回答了两个问题。感受他人疼痛时是否激活了疼痛的全部神经机制?fMRI结果表明,自己受到疼痛刺激和感受他人疼痛时均激活的主要脑区有:前扣带回(anterior cingulate cortex,ACC)与前脑岛(anterior insula,AI);而自己受到疼痛刺激时还特异地激活了后脑岛、次级躯体感觉皮层(secondary somatosensory cortex,SII)、感觉运动皮层(the sensorimotor cortex,SI)以及扣带尾部(rostral ACC)。比较这些脑区可以推断,感受他人疼痛或移情时(此时没有受到躯体感觉的疼痛刺激),并不激活与感觉相关的脑区。另有研究表明,ACC与AI的激活均由情绪引起而感觉相关的脑区则不受情绪影响。因此,可以认为移情时仅激活了疼痛的情感相关脑区,换句话说,对疼痛的移情涉及情感成分而不是感觉成分。另一个问题是,移情强烈的人是不是相关的脑活动也强烈?研究者将移情引起的相关脑区的激活与移情量表测量的结果做相关分析(见图11-1)。

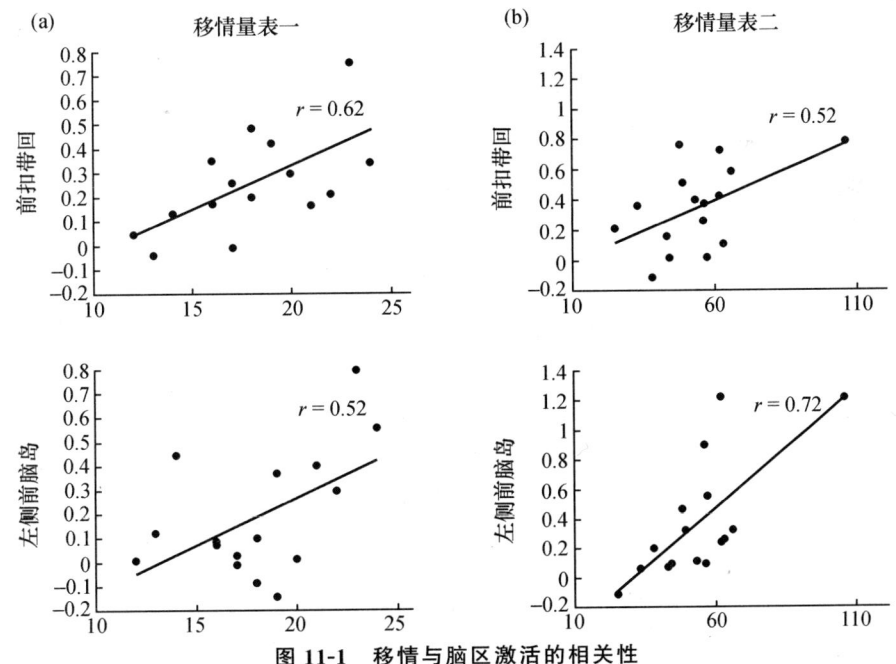

图11-1 移情与脑区激活的相关性

前扣带回与左侧前脑岛在移情时(感受他人疼痛时激活的脑区减去感受他人无疼痛时激活的脑区)激活的峰值与移情量表的得分有显著相关。斜线是拟合的,相关系数均在 $p<0.05$ 水平上显著。

相关分析表明,移情的个别差异与脑区的激活差异有很好的相关,即移情量表得分高的被试在感受自己的恋人疼痛时她相应的脑区也有很强烈的激活,而移情量表得分低的被试在移情时相应脑区不太活跃。心理量表的测量体现了心理的主观性,而fMRI测得的脑区激活是一种客观测量,心理量表得分与脑区激活程度的相关,很好地体现了脑活动的心理学意义。

在上述发现的基础上,Singer等人(2006)进一步研究移情反应是怎样受人与人之间的社会关系调节的。具体来说,就是怎样受公平与不公平的感受调节的。行为实验采用囚徒两难游戏(Prisoner's Dilemma game)进行。每次游戏中只有两个人,一个是被试A,另一个是实验者的同伙B。实验者同伙有两个,一个扮演值得信赖的人,另一个扮演不值得信赖的人。每次游戏中,被试与实验者同伙各有10元钱,如果A信赖B,而B也信赖A,那么,两个人都会大大增加钱数。游戏中,A首先做出决定,如果A信赖B,把10元钱都送给B,按照游戏规则,此时A给B的10元钱将增加3倍变成40元,这样,B就有50元(40元加他原来有的10元),而此时A没有钱。然后,B可以选择返回较多的钱,如25元给A(诚实可信行为),也可以选择返回一点点钱,如1元钱(不诚实可信行为)。

在第一种场合,两人各得25元;在第二种场合,B得49元,而信赖B的A只得1元。另一类游戏结果是,A不信赖B,不把钱给B;B当然也不信赖A,不把钱给A,这样,每人各有10元钱。实验中被试选择把钱给B或不把钱给B,一个实验者同伙总是扮演可信赖的人(多返回钱),而另一个实验者同伙总是扮演不可信赖的人(少返回钱)。实验者同伙坐在被试的两边,通过连续重复的囚徒两难游戏,被试很快就能决定哪一个实验者同伙是公平的,哪一个是不公平的。

诱导对疼痛移情是这样进行的:对被试及两个实验者同伙的右手背施加低强度的电刺激(无痛条件)或高强度的电刺激(疼痛条件)。通过镜子等实验设备,被试可以看到自己的手以及两个实验者同伙的手。实验指示图标告诉被试,高或低电刺激将要施加给谁,即施加给自己(自我)、公平的实验者同伙,或不公平的实验者同伙。在施加电刺激的同时扫描被试大脑。扫描完毕,被试回答移情量表中的问题,并对高、低电刺激的强度做出等级判断,对两个实验者同伙的喜爱程度做出评定,以及自己报复两个实验者同伙的欲望的强烈程度做出评定。

被试共32人,男女各半。fMRI结果显示,男女被试在看到公平的人疼痛时均激活了前扣带回和前脑岛,但是,男被试在看到不公平的人疼痛时上述脑区的激活显著降低。这表明至少男性的移情反应是由评价别人的社会行为调节的。换句话说,公平与否的社会交往影响了人们情感联系的性质,即合作行为(彼此信赖)培育了这种联系(移情),而自私行为则危害这种联系。男性被试报复欲望评定得分与伏隔核(nucleus accumbens,与奖励过程有关的脑区)的激活有显著相关,即报复欲望强烈的人伏隔核脑区特别活跃。

二、理解自我

理解自我具有重要的生存价值,因为它决定社会交往中一个人与他人的关系。自我意识是意识的最高形式,而意识是 21 世纪最深奥的科学谜题之一。因此,研究自我具有特别的理论意义与实践意义。

(一) 自我面孔识别

Gordon Gallup 使用镜子作为科学工具对猩猩的自我面孔识别进行研究,开启了研究意识的科学大门。首先,Gallup 让猩猩在镜子前自由活动并能观察到自己的面孔,记录其反应作为基线值。然后,将猩猩麻醉并在其额头上涂一个记号,这个记号是无气味的染色(猩猩此时不知道自己脸上有记号)。再次,当猩猩醒过来后观察在没有镜子的情况下猩猩触摸记号的行为,他发现猩猩并没有这样做。最后,将镜子摆上,让猩猩有机会看到自己的面孔。如果猩猩探究额头上的记号,如用手触摸它,并察看一下手,用鼻子嗅嗅手就可以认为它具有了自我识别镜像(mirror self-recognition)的能力。Gallup 认为,要能够在镜中认出自己,动物必须具备关于自己外貌的特点的判别力,具备在心中形成自我,哪怕只是身体形式(a physical form)的自我的能力。因此,对猩猩的测验是首次实验地证实,存在着亚人类形式(subhuman form)的自我概念(Gallup,1970)。

1. 幼儿

受到 Gallup 工作的启发,研究者对幼儿进行了类似的测验。幼儿镜像测验的通常做法是:母亲将婴幼儿放置在镜子(大约 28cm×118cm 大小)前 5min,观察其行为举动作为镜像测验的基线值,然后一面逗他转移注意,一面在其鼻子或眉毛上方涂上记号(如胭脂),接着又将幼儿放在镜子前,如果幼儿试图对着镜子擦去记号,就算通过了测验。上述过程可以全程录像,供研究者仔细分析。1972 年 B. Amsterdam 首次报告了在美国幼儿中使用 Gallup 测验的结果,2 周岁时(21~24 个月)65% 的幼儿能识别镜中的自我,18 个月时(18~20 个月)42% 的幼儿也能,但再小的幼儿就做不到了。她对幼儿在镜子前的行为作了分类:只看着妈妈;当幼儿移动身体或手脚时,观察自己的镜像;笑叫或退缩行为;害羞地望一眼镜子;感到窘迫(embarrassment);触摸记号;说出自己的名字,等等。由这些分类可以看到,显示自我觉知(self-awareness)的行为反应是由低到高逐步发展的。Keenan(2003)认为,将窘迫列入观察范围有重要意义,因为表现窘迫意味着自我存在。他引述 M. Lewis 的研究表明,窘迫这种情绪反应与镜像自我识别是相关的,但害怕不是。幼儿镜像识别是儿童心理发展的一个重要指标,它与语言发展、自传体记忆的出现、情绪的发展、心理理论都有密切关系(Lewis et al.,2004;Harley et al.,1999;Keenan,2003)。

2. 成人

成人自我面孔识别大多采用 morphing 技术进行。自我面孔识别的一个困难之处在于，我们对自己的面孔过于熟悉，因而与他人面孔对照时，熟悉性就成了一个混淆变量。另外一个问题是，面孔要么是自己的，要么是别人的，并没有面孔测量上的逐渐变化。因此，研究者现在常用一种 morphing 技术，把自我面孔与他人面孔混合成一种带有两种面孔成分的面孔。

在 Keenan 等人（2000）的一项研究中，使用 morphing 技术按比例合成了名人（如克林顿）与被试（自我）的面孔、名人与被试的同伴（co-worker，熟悉面孔）的面孔，如名人面孔占 10%，自我面孔占 90%，等等。不同比例合成的面孔由计算机逐张呈现，这样，一个人的面孔就逐渐变成另一个人的面孔。在一项研究中，面孔由自我面孔或同伴面孔开始，逐渐变成名人面孔，被试的任务是判断（按键反应）什么样的面孔中名人成分大于自我成分。为了测试不同的大脑半球，要求被试用右手或左手反应。结果表明，当

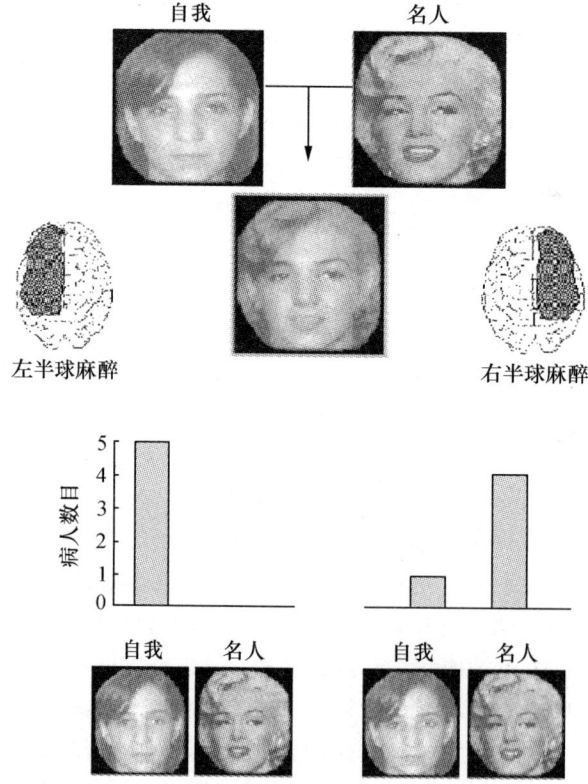

图 11-2　自我面孔识别与右脑

给大脑左或右半球麻醉的病人呈现自我和名人经 morphing 技术合成的照片，麻醉结束后被试判断刚才看到的是自己还是名人，结果如图所示。（经作者允许引自 Keenan et al.，2001）

被试用左手按键时,自我面孔变成名人面孔显著的晚,即名人面孔的比例要占60%时被试才判定合成的面孔是名人的面孔。当实验条件改为以名人的面孔开始,逐渐变成自己的或同伴的面孔时,被试用左手反应的结果是,名人面孔变成自我面孔显著得早,即自我面孔只有约40%时被试就早早地识别出来了。这些数据证明,当被试使用左手时(这意味着右半球的激活),倾向于把合成的面孔认作是自己的面孔。

Keenan等人(2001)的另一项研究获得了更精彩的结果以证实自我面孔识别主要与右半球有关。这一次他们使用需要做脑外科手术的病人作被试。首先,患者面孔(50%)与梦露面孔(50%)经过morphing技术处理合成一个面孔。然后分别麻醉患者的左或右半球,在麻醉期间呈现合成面孔给患者,要求他们记住呈现的面孔。左或右半球麻醉期结束,让被试回答,刚才看见的是自己的面孔还是梦露的面孔(实际上,所呈现的面孔是由50%的自我面孔与50%的梦露面孔合成的)。结果是,在麻醉左半球时,所有5个被试都认定,他们刚才看见的是自己的面孔;然而在麻醉右半球时,4/5的被试认为,他们刚才看见的是梦露的面孔(见图11-2)。换句话说,当右半球功能正常时,人们倾向于认定是自己的面孔,而当左半球功能正常时,人们倾向于认定名人面孔。这项研究发表在 Nature 杂志上(参见图11-2)。

Zhu等人(2004)从文化影响自我结构的角度扩展了Keenan等人(2000)的研究。中国人的自我概念包括自家人(ingroup member),因此可以设想,被试对亲密朋友面孔的反应可能类似于对自我面孔的反应。在他们的实验中,有三类面孔:被试自己的面孔、被试好朋友的面孔、明星(如刘德华、关之琳等)的面孔(参见图11-3)。

面孔刺激采用morphing技术合成,实验程序类似于前述Keenan的实验程序,实验结果如表11.1所示。

表 11.1 被试选择的 morphing 水平平均百分比与标准差

方向	面孔	手	平均百分比	标准差
以名人面孔为终点	自我	左	59.47	10.26
		右	56.54	10.81
	好朋友	左	60.58	8.23
		右	57.64	9.55
以名人面孔为起点	自我	左	35.87	10.54
		右	33.54	7.86
	好朋友	左	37.07	10.21
		右	34.66	8.44

* 百分比为反应做出时名人面孔的百分比。

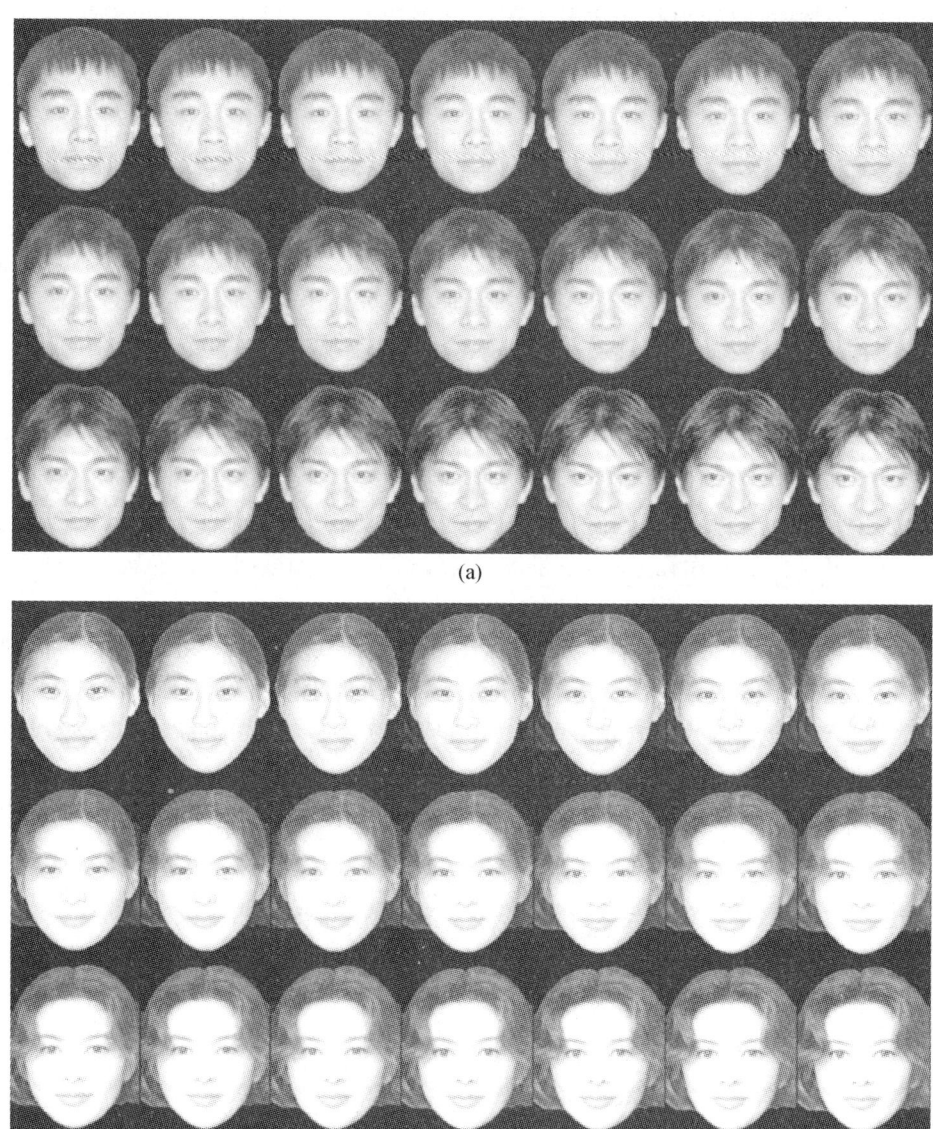

图 11-3 使用 morphing 技术合成的被试自己面孔与名人面孔
（a）男性名人面孔为刘德华；(b)女性名人面孔为关之琳。(引自 Zhu, et al., 2004)

从表 11.1 可以看到,当名人面孔为终点时(面孔逐渐变成名人的),左手所选的名人面孔百分比显著大于右手所选百分比。在自我面孔为起点时,59.47＞56.54；在好朋友面孔为起点时,60.58＞57.64。左右手反应的显著差别表明,左手反应时需要更多的名人面孔的成分(pixels)才能判定合成面孔是名人面孔而不是自我面孔或好朋友面孔,因为右半球对识别自我面孔更敏感。更进一步,因为中国人自我概念中包括好朋友,导致右半球对识别好朋友面孔也很敏感。当以名人面孔为起点时(面孔逐渐变成自己或好朋友的),左手所选的自我面孔百分比小于右手选的百分比。在自我面孔为终点时,左手只需 64.13% 自我面孔(即 35.87% 名人面孔)就认定是自我面孔,而右手需要 66.46% 的自我面孔(即 33.54% 的名人面孔)才能认定它是自我面孔,左右手差别达到显著水平。在好朋友面孔为终点时,左手只需 62.93% 好朋友面孔(即 37.07% 名人面孔)就能识别出是好朋友面孔,而右手需要 65.34% 的好朋友面孔(即 34.66% 的名人面孔)才能识别出它是好朋友面孔,但是左右手差别未达到显著水平。

西方被试的结果表明,对好朋友面孔的识别不存在左右手差别(Keenan et al., 2000)。但 Zhu 等使用中国被试的结果表明,当最终识别任务为名人面孔的情况下,自我面孔与好朋友面孔都存在左右手反应的显著差别。中西方被试结果的差别体现了文化对自我概念的影响,因为好朋友是东方亚洲人互倚型自我的一部分,但好朋友并不属于西方人独立型自我的一部分。

(二) 自我反思

1. 自我参照效应的实验范式

1977 年 Rogers 等人发现,语词材料与自我相联系时的记忆成绩比其他编码条件好,人们把这种现象称为自我参照效应(self-reference effect)(Symons et al., 1977)。自我参照效应的经典研究范式与传统的记忆加工层次研究范式类似,一般分为学习和测验两个阶段,或者在两个阶段之间加入干扰任务。Rogers 等人最初的研究范式是选用 40 个人格形容词为实验材料,被试分成结构组、韵律组、同义词组和自我参照组(简称自我组),分别给每组被试呈现相应的问题,引导被试进行相应的加工。如呈现"Sociable"人格形容词,要求被试按任务组不同回答问题(参见表 11.2)。学习结束后进行自由回忆。

表 11.2 编码任务举例*

任务组	问题	说明
结构组	有没有大写字母?	对字形的加工——浅加工
韵律组	与 XX 押韵么?	对韵律的加工——浅加工
同义词组	与 YY 的意思相同么?	语义加工——深加工
自我组	适合描述你么?	与自我相联系的加工方式

* XX 与 YY 代表两个单词。

结果表明,自我组的成绩优于包括同义词组在内的其他 3 种编码条件,即出现了自我参照效应。

新近的自我参照效应研究大多采用再认或带 R/K 判断的再认测量法,并且增加了他人参照任务(other reference task)。例如,Conway 等人(1995)将被试分成 3 组,对 40 个人格形容词分别进行自我参照、他人参照(参照人约翰·梅杰,当时的英国首相),以及社会赞许度判断(判断呈现的单词是积极还是消极),判断在 5 点量表上进行。1 小时后让被试进行再认,对被试回答"学过"的项目,还要进一步进行 R 或 K 判断。如果被试真正清楚地记得这些项目,能回忆起单词呈现时的细节就做 R 反应(即 remember,记住);相反,如果仅仅知道项目是先前呈现过的,并不记得呈现时的细节,或者仅仅是凭熟悉感进行再认,则做 K 反应(即 know,知道)。实验结果发现,3 组被试的整体正确再认率没有显著差别,但自我参照组的 R 反应成绩显著高于另外两组,出现了自我参照效应。这是因为 R 反应具有情节记忆的性质,伴有自我觉知意识(autonoetic consciousness);K 反应与语义记忆类似,伴随的是"知道感"(noetic consciousness)。

2. 文化对自我参照效应的影响

Zhu 等人(2002)采用类似于 Conway 的方法进行实验,发现了中国人的母亲参照效应(mother-reference effect),即母亲参照与自我参照一样好,两者均优于他人参照(见表 11.3)。后续的相关研究表明,中国人的父亲参照、好朋友参照也都与自我参照同样好(戚健俐等,2002;管延华等,2006)。

表 11.3 不同定向任务下的"记住"和"知道"反应百分比

任务	旧项目	
	记住	知道
自我组	61	19
母亲组	60	19
鲁迅组	45	31
语义组	52	28

朱滢用中国人的自我结构属于互倚型的自我结构(interdependent construal of self)来解释这一结果,即中国人的自我概念包括母亲、父亲、好朋友等十分亲近的人,因而母亲参照也就具有了自我参照的性质。与 Zhu 等人(2002)的结果相反,Conwany(2000)在一项准备实验中发现,英国人的自我参照优于母亲参照,而且母亲参照与他人参照类似(见表 11.4)。

表 11.4 英国被试不同定向任务下的"记住"和"知道"反应百分比*

任务	被试人数	旧项目	
		记住/(%)	知道/(%)
自我组	16	50	23
母亲组	9	28	36
比尔·克林顿组	16	28	23

* 得到 Conway 同意引用。

可以用西方人的自我结构属于独立型的自我结构(independent construal of self)来解释 Conway 的结果,即西方人的自我概念不包括母亲、父亲和好朋友等十分亲近的人,因而母亲参照不具备自我参照的性质。Heatherton 等人(2006)的研究表明,美国人的自我参照优于好朋友参照(见表 11.5),与 Conway(2000)的结果一致,也可以用独立型的自我结构来解释。

表 11.5　美国被试不同定向任务下再认反应百分比*

任务	击中减虚报/(%)
自我	62
好朋友	53
结构	21

* 实验设计为组内设计;结构任务要求被试对呈现的人格形容词的字母是否大写做判断。(得到 Heatherton 同意引用)

综上所述,我们可以看到文化对自我参照效应即自我信息加工的影响。这就是说,中国文化下形成的互倚型自我导致了母亲、父亲、好朋友参照与自我参照一样好的记忆成绩,而西方文化下形成的独立型自我导致了自我参照优于母亲、父亲、好朋友参照。

3. 文化对自我神经机制的影响

应用自我参照效应的实验范式的研究者从 1999 年以来对自我进行了大量的脑成像研究,一致的发现是:自我参照加工激活了内侧前额叶(medial prefrontal cortex, MPFC)(Northoff,2006)。

Zhu 等人(2007)在发现中国人的母亲参照与自我参照一样好,而西方人的母亲参照不如自我参照好的基础上,对文化影响自我的神经机制进行了脑成像研究。

实验设计为 4×2×2 的混合设计,自变量有 3 个:① 被试的定向任务(共有 4 个水平,即自我参照、母亲参照、他人参照和字形加工);② 再认测验时的两个指标 R 和 K;③ 右利手被试(中国人与西方人,即英国、美国、澳大利亚、加拿大人)。①与②均为组内设计的变量。实验采用组块设计(block design),全部实验分为学习阶段和测验阶段两部分,学习阶段进行磁共振扫描而测验阶段不进行扫描。脑功能扫描包括四轮(run)实验,每轮包括 9 个组块(block),分别对自我、母亲、他人和字形进行加工。在每轮的第二、四、六、八组块中,被试完成 4 种定向任务,而在第一、三、五、七、九组块中,被试不需要完成定向任务,只进行休息(称为 null 或静息状态)。各轮之间被试休息 1 分钟。具体的实验流程图如图 11-4 所示。

在学习阶段,每种定向任务下被试需学习 48 个人格形容词,因而每名被试在 4 种定向任务中共学习 192 个单词。每轮中,每个定向任务的组块含 12 个单词。

在有定向任务的组块中,每个词的加工时间为 3s(词本身呈现 2s,之后紧跟 1s 的空白),这样,每个组块共耗时 36s(每词 3s×12 个词),无定向任务的组块(null)同样持

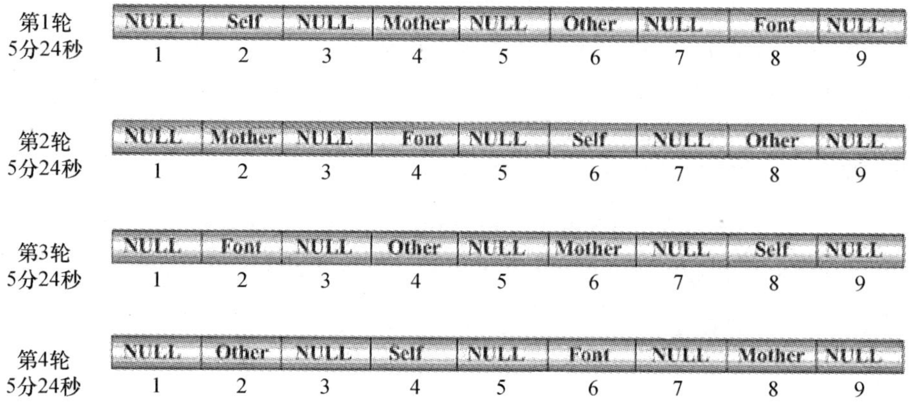

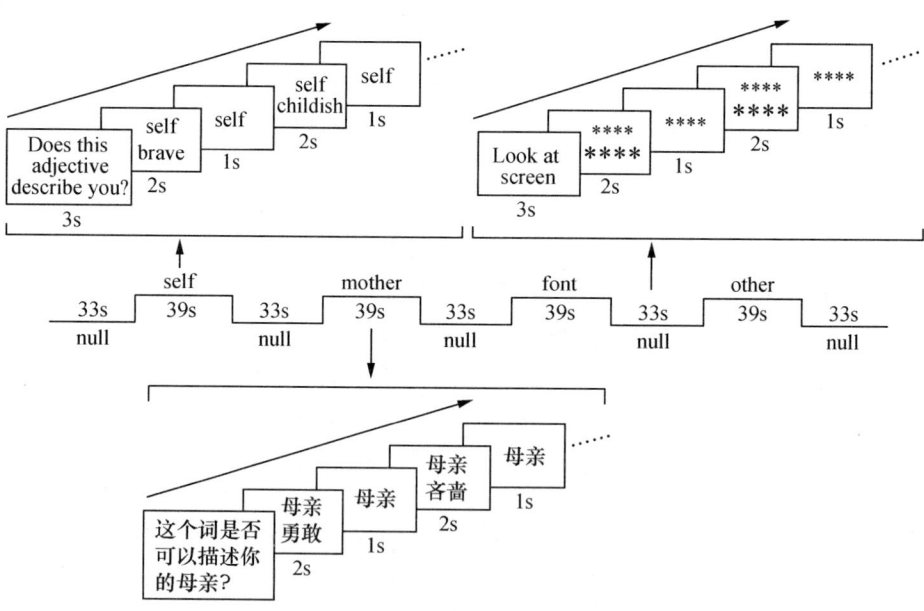

图 11-4 实验设计与流程图（每轮 9 个组块）

续 36 秒。这样，每轮实验所用的时间为 324 秒（即 5 分 24 秒，36 秒×9 个组块），全部功能像扫描时间共计 1296 秒（21 分 36 秒，324 秒×4 轮）。功能像每个 2 秒形成一幅图像，这样，全部功能像采集得 648 幅图。

具体每轮实验流程图如图 11-5 所示。

图 11-5 一次扫描的示意图

（引自 Zhu, et al., 2007）

fMRI 的结果表明，当自我参照激活的脑区减去他人参照激活的脑区时，中国人与西方人的内侧前额叶（BA10）均有显著激活，这与已有的研究一致（Northoff, 2006）。

最重要的发现是,中国人的母亲参照激活的脑区减去他人参照激活的脑区时,内侧前额叶(BA10)也有显著激活,但西方人的母亲参照并不激活内侧前额叶(见图 11-6)。

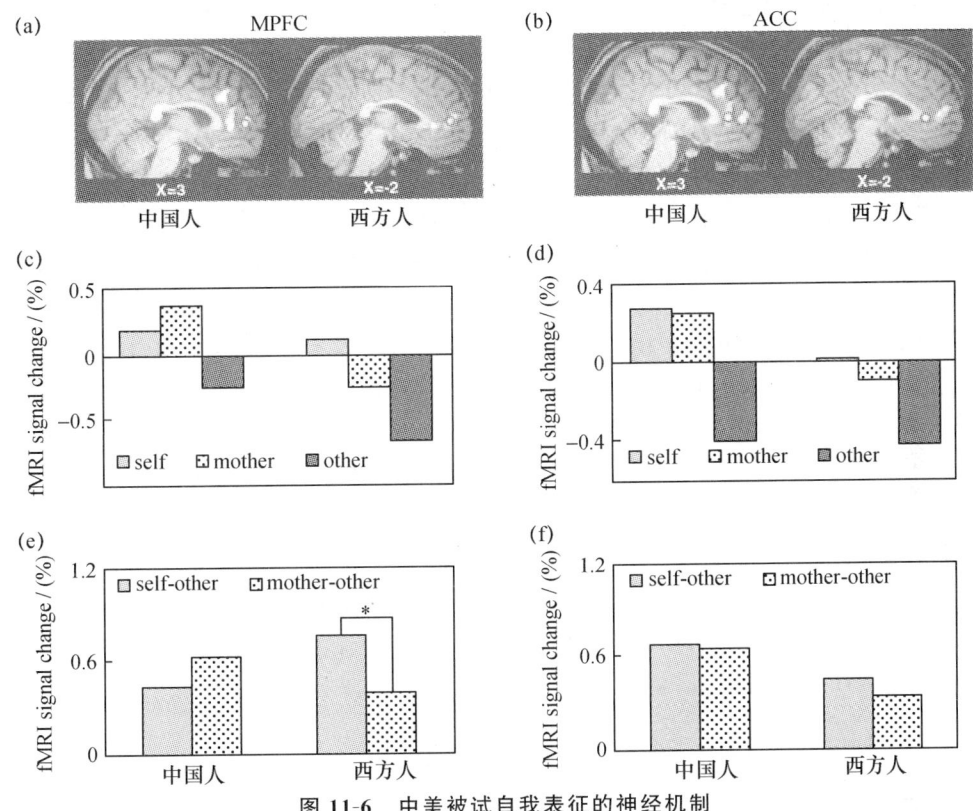

图 11-6　中美被试自我表征的神经机制

(a)与(b)表示 MPFC 与 ACC 的焦点(小圆圈表示);(c)与(d)表示以静息状态作基线时自我/母亲/他人判断任务激活的 MPFC 和 ACC 的 fMRI 信号变化;(e)与(f)表示,自我减他人和母亲减他人时分别在 MPFC 和 ACC 上的 fMRI 信号变化。*代表达到显著水平。(引自 Zhu, et al., 2007)

可以认为,强调人与人之间联系的中国文化导致了中国人自我与十分亲近的人(如母亲)统一的神经机制(自我参照与母亲参照均激活 MPFC),而强调人与人之间的独立的西方文化则导致了西方人自我与十分亲近的人(如母亲)分离的神经机制(只有自我参照激活 MPFC 而母亲参照不激活)。Zhu 等人(2007)的研究首次揭示了东方互倚型自我结构与西方独立型自我结构在神经水平上的差异,为文化神经科学的基本论点"文化塑造着大脑的结构与功能"提供了新的证据(Li, 2003; Chiao & Ambady, 2007)。关于文化与自我,Markus 和 Kitayama 曾有如下的论断:具有不同文化背景的人们有着非常不同的自我结构(Markus & Kitayama, 1991),"如果自我是不同的,那么牵涉自我的所有加工过程都应当采取不同的形式"(Markus & Kitayama, 2003)。现在,根据 Zhu 等人(2007)的研究,可以增加如下的论断:如果自我的信息加工不同,那么相应的神经机制应当采取不同的形式。2008年,Han和Northoff的研究报告指出文化对自我表征和自我觉知的神经基础有影响(见彩插中图11-7)。

4. 研究自我的新范式

尽管社会心理学研究已表明社会联接影响个体认知加工,但这类研究主要关注对高级认知加工水平的影响,如社会评估、奖赏等,至今为止还不清楚,个体如何给中性抽象图形赋予社会意义?哪些神经网络支持这种新的社会联接?以及新形成的联接能否影响初级水平的感知加工?隋洁等人的研究采用简单社会联接法,指导被试把三个抽象几何图形分别与三类人建立联系,如三角形为被试自己命名的好朋友、方形为自己、圆形为陌生人,让被试联想60s,然后立即完成图形-标签匹配任务(如圆形-朋友)(Sui et al.,2012)。行为结果表明,被试能够迅速学会图形-标签联接,给中性几何图形赋予社会意义,并且,被试对自我联接的刺激加工既快又准,这种行为优势与自我反思和社会注意的神经网络密切相关。与加工他人联接相比,自我图形-标签匹配联接激活了更强的内侧前额叶(反映自我反思)和左侧颞上回(加工社会注意)的神经活动,而加工陌生人图形-标签联接与大脑背侧注意控制网络(反映了任务难度)有关。加工自我联接时,内侧前额叶和左侧颞上回的神经活动强度呈正相关,并且这两个区域的神经活动越强,被试的自我优势行为越强。动态因果模型分析进一步表明,内侧前额叶到左侧颞上回的神经活动联接强度能预测个体的自我优势行为。这些结果表明,个体通过调控内部自我反思(内侧前额叶)和社会注意(加工外部社会突显刺激,左侧颞上回)网络的协同活动来学习社会联接(Sui et al.,2013)。

(三) 自传体记忆

自传体记忆(autobiographical memory)是关于一个人亲历事件的记忆,例如关于30年前参加高考的第一天经历的记忆、关于昨天与朋友聚会的记忆等。有人把自传体记忆分为两类:个人语义记忆(personal sematic memory),如自己的家庭住址、叔叔的名字等与个人有关的语义记忆;个人情景记忆(personal episodic memory or personal event memory)。实际上自传体记忆的研究多集中在个人情景记忆。

1. 自我记忆系统

2004年Conway等人提出了自我记忆系统(self-memory system)模型来说明自我、自传体记忆与情景记忆(episodic memory)三者的关系(见图11-8)。

按照Conway的模型,自传体记忆是自我记忆系统的"暂时的心理结构",它由工作自我(working self)、情景记忆系统(episodic memory system)以及长时自我(long-term self)构成。工作自我的功能是发动以某个目标为导向的活动并加以监视(听),以及控制自传体记忆的存储与提取。长时自我以抽象的形式表征与自我有关的自传知识,它有两个成分:① 概念自我,包括自我引导(self-guides)、图式(schemata)、态度和信念等。② 自传知识的主要成分,包括个人生活故事梗概、具体的生活时期(如"我住在伦

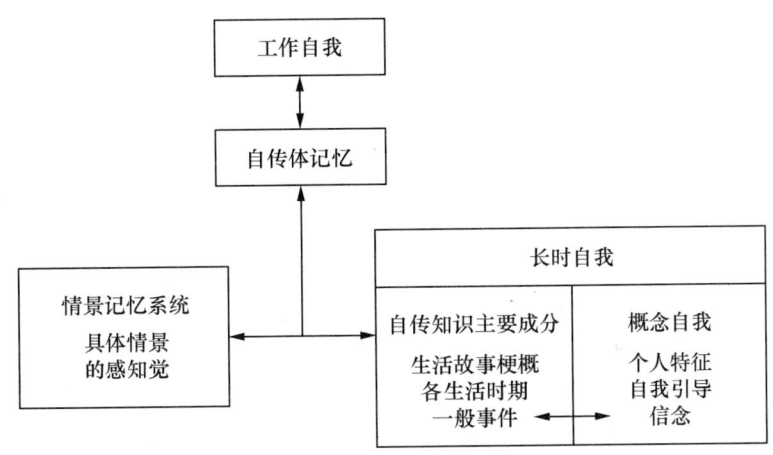

图 11-8 Conway 等人 2004 年提出的自我记忆系统
(引自 Crane et al., 2007)

敦的时候")和一般的事件(如"清早坐地铁上班")。情景记忆系统编码具体事件的感觉知觉特征(如,特定的地铁旅行时感受的光线、声音与气味),这些编码通常采取视觉表象的形式。在这个模型中,特殊的自传体记忆被看作是协同提取来自情景记忆系统的感知觉信息与来自长时自我的背景信息的综合产物。一种研究自传体记忆的方法叫"高尔顿线索法"(Galton cuing technigue)。例如,呈现"电影"一词,要求被试回忆一些与电影有关的亲身经历。Conway 曾给出一个例子来说明这种方法。下面就是一个被试的回忆:什么时候我常去电影院?当我是一个学生的时候。我那时住在罗素广场附近的学生公寓,我们常去那里的艺术电影院,我记得在黑暗中坐在红色的椅子上观看电影《蜂窝的灵魂》。这段典型的回忆表明:① 加工线索词相当于工作自我(我什么时候常去电影院);② 进入生活时期(当我是学生的时候);③ 该生活时期最通常的事情;④ 进入一般事件(我们常去艺术电影院);⑤ 进入感知觉细节(黑暗中坐在红色椅子上)以及其他详细的特殊事件(观看《蜂窝的灵魂》)。这段典型的回忆似乎是对 Conway 模型的生动写照。

Cabeza 等人(2007)与 Conway 等人(2004)的模型观点类似,认为自传体记忆是情景记忆与语义记忆的结合。例如,对生日聚会的自传体记忆可以包括蛋糕以及围着桌子唱歌的朋友的生动形象(情景记忆),混杂着关于生日聚会的知识以及生日聚会的标准流程(语义记忆)。自传体记忆中情景和语义成分的比例依赖以下一些因素:① 记忆的年代。近期的自传体记忆倾向于有更多的情景成分,如丰富的细节,而远期的自传体记忆有更多的语义成分,如抽象化与图式化。② 事件的频率。独特的事件具有更多情景成分而经常重复的事件具有更多语义成分。③ 提取的频率。不常提取的自传体记忆具有更多情景成分而经常提取的自传体记忆有更多语义成分。④ 被试的年龄与心理健康。老年被试以及抑郁病人比健康的年轻被试回忆出更少的情景细节。

自传体记忆有一些特点是实验室里"制造出来的记忆"所没有的。首先,在实验室里,呈现给被试一些单词、一段短文或图形等刺激,休息或干扰任务后进行记忆测验。这类记忆通常不到2小时,而自传体记忆包括远至数十年前的记忆(remote memory)。其次,自传体记忆常常包含一些复杂的重构过程(complex constructive processes),如前面叙述的对线索词"电影院"所引起的被试回忆一些与电影有关的亲身经历。这种复杂的重构过程是实验室里"制造出来的记忆"所没有的。最后,自传体记忆常常带有强烈的情绪体验和鲜明清晰的感觉特征,有人称自传体记忆的这一部分为"热的"记忆(hot memories)(Elbert, et al., 2002)。

　　最近的研究表明,自传体记忆具有三种功能(Bluck,2003):① 自传体记忆使自我具有延续性(self-continuity),现在的"我"与过去的"我"是相互联结的,这是通过自传体记忆实现的。② 自传体记忆的社会功能(social function)。即自传体记忆为每个人提供交谈、交流的材料从而促进人们的社会互动(social interaction)。电视台的"名人访谈""艺术人生"以及"夫妻剧场"等节目就是交流各人的自传体记忆。③ 定向功能(directive function)。人们从自己的经历中学习,为将来做出计划和决定。自传体记忆让我们从自己的过去(旧的信息)提出新的想法去解决现在的问题以及预测未来。

2. 自传体记忆的研究方法

　　自传体记忆测验(autobiographical memory test,AMT)是研究自传体记忆常用的方法,通常给被试呈现一个线索词,要求被试回忆由该线索词引起的被试的一些亲历事件,如前面提到的线索词"电影院"引起被试关于看电影的一些自传体记忆。Grane等人(2007)使用这种方法研究了具有抑郁症病史被试的自传体记忆特点。以往有关的研究发现,抑郁症病人、曾试图自杀过的病人、产后抑郁的母亲和焦虑的学生都有一个共同的特点,即他们的自传体记忆较正常被试更为简略、概括。如,抑郁症被试对线索词"快乐"的回答是"过生日",而正常被试通常说,"去年过生日时我与我的朋友去游泳了。"Grane等人(2007)想要了解,与自我有关的线索词是怎样影响有抑郁症病史的人。实验被试为志愿被试,一部分是过去患有抑郁症但现在好了的志愿者,另一部分是从未患过抑郁症的被试。年龄在18~62岁之间,共35人。

　　自传体记忆测验是这样进行的:在计算机屏幕上逐个呈现一系列线索词并由实验者大声朗读。要求被试在30s以内针对每个线索词报告一项亲历特殊事件(a special event),该事件应该有具体时间、地点并且历时少于1天。实验者记录被试的报告,同时也进行录音。先用3个线索词做练习。正式实验用36个词作线索词,其中12个与人际关系有关(有深厚感情的、对人友好的、可爱的、容易生气的、关心他人的、忠诚的、孤独的、贫穷的、拒绝(某人)的示爱的、冷酷的、被孤立的、被讨厌的),12个与获得成就有关(效率高的、工作缜密的、成功的、有抱负的、能干的、果敢的、缺少必要技能的、产生不多的、笨拙的、效率低的、失败的、无用)以及12个描写情绪状态(快活的、幸福的、平静的、兴奋的、荣耀的、幸运的、心烦意乱、疲倦的、坏的、令人不愉快的、令人难过的、厌烦的),每类线索词中 6 个是正性的、6 个是负性的。选择这些单词作线索词是因为它们很可能与被试的自我概念在某种程度上重叠,这样就可以研究与自我有关的线索词是怎样影响有抑郁症历史的被试自传体记忆的特殊性。被试的回忆由实验者加以归类:特殊事件(历时少于 1 天)、重复事件、延长的事件(历时超过 1 天)、与线索词语义有联系的事件以及没有回忆。

除了进行自传体记忆测验,还可以对被试进行多种量表测验,包括 Beck 抑郁调查表、自我描述问卷等。在自我描述问卷中要求被试分别列出 7 个特征来描述自己的自我概念:应该自我(ought self)、理想自我(ideal self)和担心自我(feared self,即表示自己不喜欢成为那样的人)。然后从这些特征中挑出与上述 36 个线索词的同义词,某被试同义词的数目就确定为与自我有关的 AMT 线索词数目。主要实验结果是 AMT 线索词数目与回忆出来的特殊事件数目的相关程度(见图 11-9)。

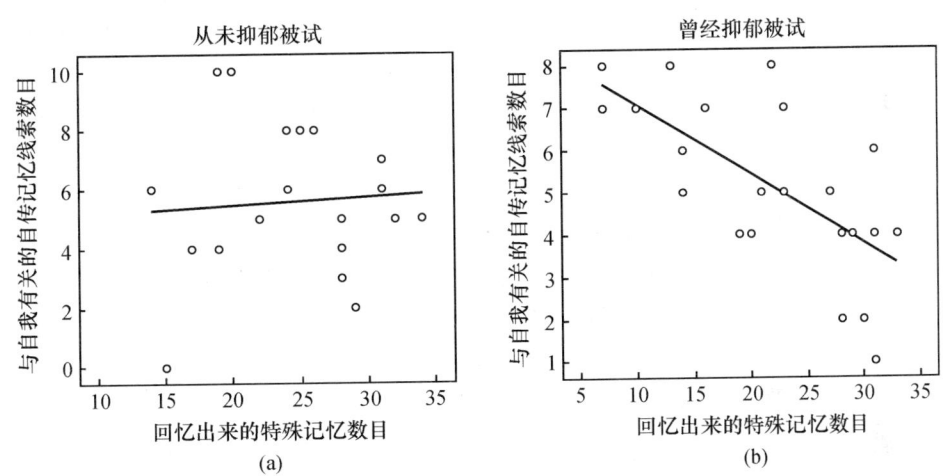

图 11-9 与自我有关的 AMT 线索数目与回忆出来的特殊记忆的数目的关系

(a)是从未抑郁过的被试的结果,(b)是曾经抑郁过的被试的结果。

从图 11-9 可以看到,对于从未抑郁过的被试来说,与自我有关的 AMT 线索与回忆的特殊性没有显著相关。但对于过去有过抑郁症病史的被试,与自我有关的 AMT 线索与回忆的特殊性呈显著负相关,即与自我有关的 AMT 线索词愈多,回忆的特殊事件愈少。这一结果可以用上面介绍的自我记忆系统的模型(Conway, et al., 2004)来解释。该模型认为,当呈现的信息(如线索词)涉及目标过程时(涉及应该自我、理想自我和担心自我的目标),存储在长时自我(即一般事件的记忆,各生活时期,生活故事梗概,概念自我知识等)中的信息加工将得到优先处理,并且是朝着保持自我的一致性方向进行。由于在抑郁症病史期间,被试大量地描述与应该自我、理想自我不一致而与担心自我一致的东西,并且花大量时间来做抑郁的(令人沮丧的)反复思考,因此,在 AMT 中与自我有关的线索词的呈现将更有可能使信息加工朝向与患抑郁症病期间的自我保持一致的方面进行,并且,对已作过多次反复思考(over-rehearsed)的信息以简略的形式表达,这就是为什么与自我有关的 AMT 线索词愈多,回忆的特殊事件愈少的缘故。

另一种研究自传体记忆的方法是,不给予线索词,只是按一定要求写下自己过去的经历,然后根据研究目的进行分析总结。Wang 和 Conway(2004)使用这种方法研究了文化对自传体记忆的影响,同时还考察了记忆发生的时间、性别对自传体记忆的影响。

被试包括纽约的 54 名欧裔美国人以及北京的 54 名中国人,年龄在 38 岁至 60 岁之间(平均 49 岁)。被试在一间安静的屋里填写问卷,指导语如下:想一想发生在你生活中的 20 件记忆事件,简要地描述每一事件并回答问题。请注意:① 每一记忆事件应该是特殊的,即某一记忆事件发生在某一具体时间,并且历时少于一天。② 你可以回忆从你小时候到现在的任何事件,但最近一年内的事件除外。③ 把首先想到的记忆写下来,不要拒绝它。④ 一旦你写完了一页就把它翻过去,此时你应该闭上眼睛,静静地开始想另一件记忆事件。你还可以在回忆两件事件之间休息一下。在写回忆事件时,被试首先使用一个短语作为记忆事件的标题,然后简要描述回忆的事件。接着对每一回忆的事件按下面的项目作 5 点量表的评分:重复性(你以前是否经常想到或谈论该事件),个人的重要性(这件事对你有多重要),清晰性(你的记忆有多么清晰、具体)以及情绪的强度。当被试填写完 20 件回忆事件后,主试让他回到第一页,对每件记忆事件标注时间,即该记忆事件有多长时间了(精确到月的数目),如"23 年 5 个月"。

实验者接着按下列项目对回忆的事件进行编码(coding):记忆容量(memory volume,按单字计算),记忆主题,记忆的特殊程度("我第一次做述职报告时"属于特定的记忆,而"每星期六我们家都去郊游"属于一般的记忆),记忆的情绪性以及独立取向(autonomous orientation)。独立取向包括以下内容:① 涉及个人需要、愿望或爱好;② 涉及个人不喜欢或回避的;③ 涉及个人对他人、他物、他事的评价、判断;④ 涉及保持自己的主见而顶住团体或社会压力,他人与自我的比例(某被试 20 件记忆中提到自己或他人的次数比例,这样,每件记忆的他人与自我比例就可以计算出来),互动的情形(每件记忆中涉及社会互动或团体活动的次数加以计算),沉思的评论(对记忆的评论次数作统计,"自那以后,我领悟了一个道理,即这个世界上好人比坏人多"就属于沉思的评论)。

实验共收集到 2141 件记忆,实验者按 15 年作为一个时间箱子(time bin)将记忆事件按久暂分类,即 0 至 15 年,15 至 30 年,30 至 45 年,45 至 60 年,分别对应一个人的童年、青年、中年早期以及中年尖峰期。在数据统计分析的基础上,实验者报告的主要结果如下:欧裔美国成年人在他们的记忆中常常聚集着个人经验,是具体的、一时一事的独特事件,并且特别强调在记忆事件中个人的感受和个人的作用;相反,中国被试更多地描述社会与历史的记忆事件,相应地提供更多通常的、普通的经验,并且特别强调社会的互动以及他人的作用。这种文化差别的模式在童年、青年、中年早期以及中年尖峰期的记忆事件中都是一致的。这样,美国人关注自我的自传体记忆就服务于形成独特的个人独立的个体,而中国人团体取向的记忆则使自我牢牢镶嵌在社会关系之网中。因此,不同的自传体记忆类型服务于建造不同的自我结构——在两种文化中或强调自主性或强调关系(Wang & Conway, 2004)。这项研究从自传体记忆的角度有力地阐明了文化对自我形成的影响。

3. 自传体记忆的神经机制

Cabeza 和 Jacques(2007)总结了近年来自传体记忆的脑成像研究。第一,建构自传体记忆的复杂心理过程与神经过程得到初步阐明。设想一个美国人回忆上次去中国餐馆的事。除非是发生在最近的事件,恢复一项自传体记忆要求费时费力的记忆搜索过程,这一过程由语义知识(在你住的地方的中国餐馆)和你自己的生活(你喜欢光顾餐馆)来引导,并且受推论过程(你可能与朋友克莱尔一块去,因为他喜欢中国菜)控制。当搜索过程逐渐集中,一项符合描写(上次去中国餐馆)的事件就找到了(在与彼得和克莱尔共进晚餐),并且,这件事多半带有强烈的情绪体验与清晰的感觉特征(吃饭时聊得很高兴,晚上 11 点才回家,麻辣豆腐又红又白)。有时候恢复的自传体记忆并不符合目标(不是上次吃饭的地方)或提取的信息有些不正确(肯斯与我共进晚餐,不是彼得),因此,监控过程必须探查这些错误。因为自传体记忆最后的目标是个人记忆(a personal memory),所以它依赖于自我参照加工(self-referential processing)。脑成像研究已经将这些不同的心理过程联系于相应的脑区:记忆搜索与控制提取过程激活左侧前额叶,监控过程激活腹侧内侧前额叶,而自我参照加工激活内侧前额叶,还有,自传体记忆的情绪体验与杏仁核相关,自传体记忆丰富的感知觉特征与楔叶(cuneus)旁海马区等(parahippocampal regions)有关。图 11-10 给出了自传体记忆提取的神经机制示意图。

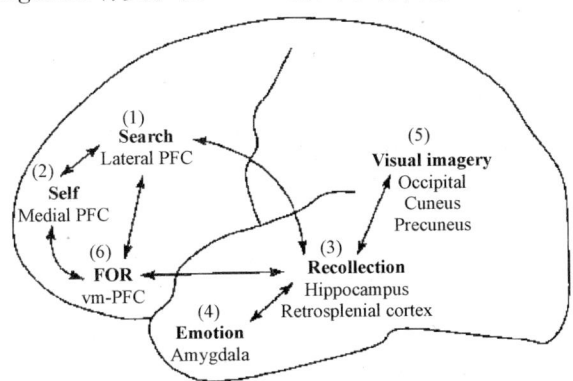

图 11-10　自传记忆提取网络的最主要成分的简要图示

(1)搜索和控制过程,与左侧前额叶相关;(2)自我参照加工,与内侧前额叶相关;(3)回忆,与海马和后束状回相关;(4)情绪过程,与杏仁核相关;(5)视觉表象,与枕叶、楔叶相关;(6)监控过程,与腹侧内侧前额叶相关。(引自 Cabeza & Jacques, 2007)

第二，自传体记忆的远久性(remoteness)神经机制研究有重要进展。研究自传体记忆的神经机制意味着可以研究健康被试数十年前的记忆，这提供了很大的方便来研究记忆的固化过程(memorg consolidation)。按照标准的固化模型(standard consolidation mode，SCM)，海马在自传体记忆的存储与提取中的作用有时间限制，海马仅参与近期获得信息的提取有关，而不参与远期记忆的提取，远期记忆独立于海马并转移至新皮层(neocortical areas)的网状结构中"固化"了。相反，多重痕迹理论(multiple trace theory，MTT)坚持认为，海马总是参与记忆的提取，无论是近期的还是远期的，也不论记忆固化在哪里。SCM 预测，近期记忆比远期记忆更大的激活海马(即出现远久效应)，而 MTT 预测，如果近期与远期的自传体记忆都是同等的清晰并富有细节，那么它们都激活类似的海马活动(即没有远久效应)。至今为止，大多数研究结果支持 MTT(Cabeza & Jacques, 2007)。例如，Maguire 等人(2003)首次用 fMRI 技术研究了年龄对海马参与自传体记忆提取(autobiographical memory retrieval)的影响。

24 名被试参加了实验，12 名年轻人(23～39 岁)和 12 名老年人(67～80 岁)。实验任务及相关刺激(句子或单词集合)如下：① 自传事件(在学校年度的演出中你是圣诞节之星)；② 自传事实(Winkey 和 Frawley 在学校里是朋友)；③ 公共事件(Phil Collins 在英国与美国演唱以帮助乐队)；④ 一般知识(1 分钟等于 60 秒)；⑤ 控制条件(He ago otherwise this a off therefore，即随机将英文单词组合)。fMRI 扫描实验前几个星期，对被试作问卷调查，详细询问从 4～5 岁至今的个人经历及有关的公共事件，然后整理成句子供扫描实验用，每个被试的材料都是不同的。刺激材料通过耳机呈现，被试通过按键反应表示听到的句子是否正确，或听到的单词集合的最后一个单词是否有一个音节。5 种实验任务随机分配到每一被试。由于年轻人的记忆时间短，而老年人的记忆时间长，若是直接比较年轻人的自传体记忆与老年人的自传体记忆，那就会产生混淆，即结果的差别是由年龄引起，还是由记忆本身的远久不同引起区分不开。为了克服这一难点，对每一自传体记忆事件都在年代上匹配一件公共事件，即两者发生在大约同一时间。最后的脑成像结果是这样比较得来的：老年人的结果(1987 年的自传事件减 1987 年公共事件)与年轻人的结果(1987 年的自传事件减 1987 年的公共事件)做比较。扫描实验结束后，详细询问了被试，他们都证实涉及自传体记忆的句子确实引起了他们回忆往事，并带有重新体验的感觉。

fMRI 的主要结果如下：① 年轻人自传体记忆提取激活的脑区减去公共事件提取激活的脑区，发现左侧海马有显著激活，其余激活的脑区还有内侧额叶(BA10)以及 retrosplenial Cortex(BA31)。② 老年人自传体记忆提取激活的脑区减公共事件提取激活的脑区，发现左侧海马和右侧海马均有显著激活，其余激活的脑区还有内侧额叶(BA10)、双侧颞中回以及 retrosplenial Cortex(BA31)。③ 老年人自传体记忆提取减公共事件所得脑区再减去年轻人自传体记忆提取减公共事件所得脑区，发现右侧海马以及右侧颞中回(BA20/21)有显著激活;但是,两组被试在语义记忆提取方面做类似的比较没有发现任何脑区激活。此外,两组被试的行为数据即正确判断的平均数无显著差别(除了自传事实的判断年轻人好于老年人),反应时的平均数也无显著差别。

总之,Maguire 等人(2003)的研究表明,当刺激、实验任务和行为结果在年轻人与老年人得到匹配(即没有差别)的情况下,随着年龄增长神经活动随不同记忆类型与不同脑区发生变化,即自传体记忆随着年龄增长,由年轻人的左侧海马支持发展到老年人的双侧海马支持,但语义记忆没有引起海马相应的变化;另外,别的脑区,如额叶的激活在自传体记忆的条件下没有随年龄增长而发生变化。一句话,该研究证实年龄的影响可以在海马结构上探测到。换句话说,这项研究支持 MTT,即没有远久效应。另外,在医疗实践中,当考察病态过程(pathological processes)对海马的影响时,还需要考虑年龄对海马的影响。

三、合 作

合作(cooperation)是人类社会生活中一项核心的行为原则,2005 年一期《科学》杂志将它列入人类面临的最重要的三十多项科学研究任务之一。经典的进化理论强调竞争的交互作用,认为它是求生存、求发展的基本原则。但合作实际上在同种间非常普遍,因为它的确有利于个体增进其生存的适宜性。

下面介绍 Rilling 等人的一项研究(Rilling, et al., 2002),Decety 等人(2004)也进行了相关研究。Rilling 等人应用 fMRI 技术研究了被试在囚徒两难游戏中(Prisoner's Dilemma Game)的合作行为。

在囚徒两难游戏中一位被试 A 在 fMRI 系统的扫描仪里,另一位 B 在扫描仪外。两位被试独立地选择合作(cooperate,C)或选择背叛(defect,D)。每位被试被裁定的钱的总数取决于每轮游戏中双方选择的交互作用。每轮游戏共有四种可能的结果:A 与 B 都选择合作(CC),A 选择合作而 B 选择背叛(CD),A 背叛而 B 合作(DC),A 与 B 都背叛(DD)。实验中这四种结果的钱数安排如下:DC>CC>DD>CDC 以及 CC>(CD+DC)/2,如图 11-11(a)所示。

DC 代表 A 选择背叛而 B 选择合作,这样 A 因 B 的付出而赚钱,CD 则相反。CC 表示双方相互支持,而 DD 表示双方相互拆台。游戏中被试通过计算机按键彼此相互作用。每个两难游戏至少有 20 轮,每轮进行 21s,如图 11-11(b)。在开始 12s 内两位被试独立地选择合作或背叛,到 12s 时该轮钱的结果显示出来,结果显示 9s 然后下一轮游戏开始。

实验 1 中共有 19 名女被试,平均年龄 28.8 岁(从 20~60 岁);实验 2 中共 17 名女被试,平均年龄 23.8 岁(从 20~30 岁)。被试限于女性是因为先前的研究指出,男女被

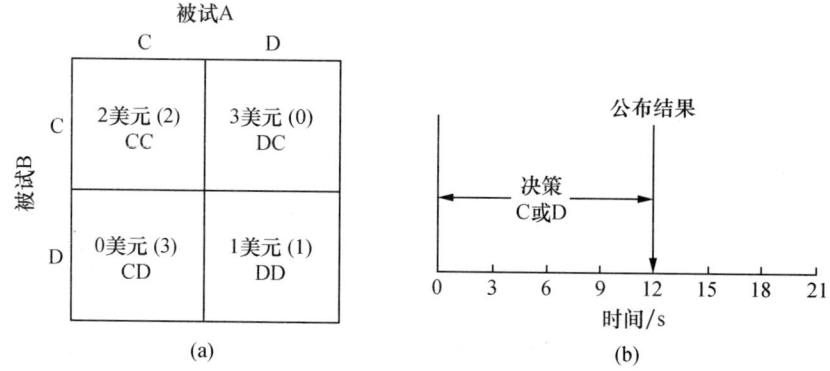

图 11-11 （a）囚徒两难游戏示意图（括号内的钱数裁定给 B，而括号外的钱数属于 A）；
（b）每轮游戏的时间过程

试玩囚徒两难游戏差别很大。正式实验前让被试熟悉实验程序并学会适当的策略来挣最多的钱。主试还特别向被试指出，如果每轮游戏她们都选择合作，两人都可挣 40 美元（CC×20），但如果每轮她们都相互背叛，两人都仅挣 20 美元（DD×20）。还有，如果一个被试每轮都选择合作而另一被试每轮都选择背叛，即 DC×20，那么，都选择背叛的挣 60 美元（DC×20，参见图 11-10（a）），都选择合作的挣 0 美元，当然，这几乎是不可能发生的情形。

实验 1 中包含三类游戏，每类游戏包括 20 轮。在一类游戏中，A 被告知她将与一位自愿的人类被试 B 玩游戏；在另一类游戏中，A 也被告知她将与人类被试 B 玩游戏。实际上 B 是主试的同伙（confederate），按主试的意图玩游戏：第一轮必须选择合作，而如果双方选择合作达到 3 轮就选择背叛。在扫描仪里的 A 不知道这些安排。在第三类游戏中事先告诉 A，B 是计算机程序。在第一轮游戏中 B 选择背叛，在随后的游戏中 B 采取针锋相对的策略（tit-for-tat strategy）模仿 A 在上一轮的选择，计算机的策略不告诉 A。实验 1 中还设有控制任务，那是为脑成像实验安排的。在进行上述各类游戏以及控制任务时，都对 A 被试进行扫描。控制任务总是首先进行。

实验 2 中 A 实际上总是同计算机程序玩游戏。计算机程序选择合作或背叛的策略是依据实验 1 第一类中自愿的被试的行为数据的概率做出的。这样，不同的概率被计算出来作为 16 种可能性之一（即 CC，CC，CC，CD…DD，DD）。在所有三类游戏中，计算机程序在 18～20 轮中自动选择背叛，这是为了给统计分析足够多的非 CC 结果。为了防止 A 觉察出对方（计算机）在最后三轮中总是选择背叛，一类游戏中被试 A 被告知她的对手是人类被试，这类游戏包括额外的 21～23 轮，在这几轮中计算机总选择合作。在另外一类游戏中，A 被告知她们的对手是她们刚才见过面的两名妇女中的一位。在第三类游戏中，她们被告知对手是计算机。第一类游戏不告诉 A 游戏有多少轮，这与脑成像数据处理有关，其余两类游戏告诉 A 游戏将有 20 轮。

在进行实验 1 与 2 之前，向 A 介绍两名作为被试的妇女，以加强 A 相信她将与真的人类被试玩游戏。还告诉 A，如果与计算机玩游戏，计算机的选择不是预先设定的，而是根据你前几轮的反应做出的。

实验结果见表 11.6。

表 11.6　实验 1 和 2 结果类型的平均数

实验	对手	CC	CD	DC	DD	总轮数
1	自愿被试	11.2	2.3	3.2	3.2	20
1	同伙	6.4	4.6	4.2	4.7	20
2	计算机*	11.9	3.8	3.6	4.0	23
2	计算机*	9.9	2.8	2.5	5.0	20

* 事前告诉 A，她的对手是人类被试，而实际上 A 在与计算机玩游戏。

从表 11.6 可以看到，实验 1 中当与自愿被试玩游戏时，双方的合作（CC）是最普遍的结果（11.2）。然而，数据表明（未列在表中）到游戏的最后一轮双方合作频率降低了，而双方的背叛（DD）增多了。这种在游戏结束时行为模式转向背叛也在以前的研究中发现。当与主试的同伙玩游戏时，双方合作的次数下降（6.4），而双方的背叛升高（4.7），这与同伙的策略有关。实验 2 中双方的合作也是最普遍的结果（11.9 或 9.9），但是，当明确告诉 A 她将与计算机玩游戏时，双方合作的次数随玩游戏的轮数下降了（这项数据未列在表中）。

表 11.7　实验 1 和 2 中 CC 之后的 CC 概率

实验	对手	CC	CD	DC	DD
1	自愿被试	0.79	0.06	0.11	0.04
1	同伙	0.47	0.34	0.13	0.06
2	计算机*	0.82	0.11	0.05	0.01
2	计算机*	0.77	0.14	0.06	0.03

* 事前告诉 A，她的对手是人类被试，而实际上 A 在与计算机玩游戏。

从表 11.7 可以看到，当达到双方合作的结果时双方倾向于继续合作，表现为 CC 结果之后继续为 CC 的概率最高。

脑成像扫描以后对 A 进行的访谈表明，双方合作是大多数人认为的最满意的结果，而更有利可图的 DC 结果（A 背叛而 B 合作，此时 A 收益最大）被认为不如 CC 结果理想，这是因为或者有内疚感，或者认识到 DC 结果将容易引起对手下次选择背叛，从而导致双方关系不稳定最终使 A 的累积收益不高。

脑成像的结果分析表明，前扣带回和纹状体（striatum）是与人类被试进行合作的社会互动的神经基础，上述脑区的激活在与计算机进行相互合作时消失。先前的研究表明，纹状体是奖赏过程的主要脑区，因此可以认为，双方合作本质上是一种奖赏效应。

四、文化对知觉的影响

文化神经科学(cultural neuroscience)是研究社会脑的前沿领域,它的基本论点是关注生物学与文化的相互作用,即不仅大脑控制认知和社会文化的交互作用,而且文化也塑造和调控大脑的结构与功能,这是一个双向重构的过程(Li,2003)。在前文理解自我中,我们已经介绍了关于文化对自我神经机制的影响,现在我们介绍文化对知觉的影响。

McClure 等人(2004)使用 fMRI 研究了喝可口可乐与百事可乐时大脑的变化,即对文化上熟悉的饮料的喜爱怎样激起了相关脑区的激活。在这里我们主要讨论该项研究的行为实验。

McClure 等人(2004)注意到这样的现象,即可口可乐与百事可乐在化学成分上几乎是同一的,但不同的人们对它们却表达了强烈的主观偏好,这就提出了一个重要的问题:结合内容(在这里是饮料)的文化信息怎样塑造影响我们的知觉?他们首先说明了为什么选择可口可乐与百事可乐这两种饮料作为刺激或自变量:① 在文化上,作为两种品牌的饮料,被试对它们很熟悉;② 它们基本上由棕色的、充满碳酸气的糖水构成,而糖水在许多动物与人类的实验中是一种主要的奖赏(reward);③ 尽管它们很类似,但人类被试对它们的主观喜爱(subjective preference)却十分不同,因而,使用 fMRI 可以测量与这些不同喜爱相关的大脑激活。在行为实验部分,他们用实验证明了携带文化信息的饮料的确造成了人类被试的主观偏爱。行为实验共有 3 个部分,由 4 组被试参与。第一组与第二组被试参与匿名品牌的味觉测验,即品尝之后在两杯无标记的饮料之间做出喜好选择,一个杯子装百事可乐,另一个杯子装可口可乐。有比较 3 回的测验,也有比较 15 回的测验。第三组与第四组被试参与半匿名品牌的味觉测验,进行 3 回比较。在半匿名品牌的味觉测验中,两只杯子要么都装可口可乐(第三组被试),要么都装百事可乐(第四组被试)。但是,两只杯子中一只未注明是什么饮料,被告知它可能是可口可乐,也可能是百事可乐;而另一只杯子则注明了是什么饮料。测验中两只杯子的外观完全一样,随机地呈现给被试,品尝之间有约 1 分钟的间歇用清水漱口。详细的实验设计、实验程序以及行为实验结果见图 11-12,11-13,11-14。

被 试	实验设计与实验程序	数据分析与结果
第一组16人,首先参加1.1测验,几个月以后参加1.2测验	1.1 比较3回的匿名品牌的味觉测验  每对杯子中,一只杯子装可口可乐,而另一只杯子装百事可乐,但被试不知道哪只杯子装的是什么饮料。两只杯子在外观上是一样的,按随机顺序呈现给被试,要求被试品尝之后指出他喜欢哪一只杯子的饮料。两次品尝之间用清水漱口。 1.2 比较15回的匿名品牌的味觉测验 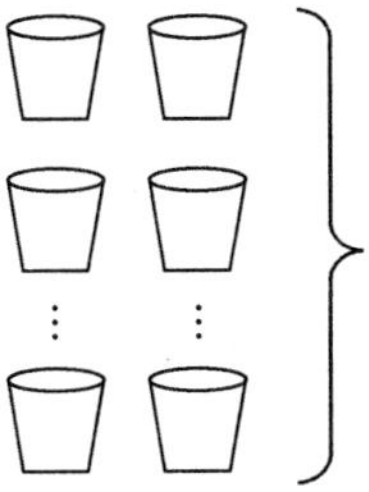 说明同1.1,但是比较15回。	1. 第一组16人在1.1测验中的结果表明,喜欢百事可乐、喜欢可口可乐或说不上喜欢哪种饮料的人数相当;但1.1测验中比较的次数很少,其结果值得怀疑,于是几个月后召回被试做1.2测验。 2. 第一组被试喜欢可口可乐的次数在1.1测验与1.2测验之间的相关很高,$\gamma^2 = 0.51, N = 15$。
第二组17人	2.1 比较15回的匿名品牌的味觉测验(同第一组被试的1.2测验)	第二组被试的前3回比较结果与所有15回比较结果的相关很高,$\gamma^2 = 0.78, N = 16$。这说明第二组被试前3回比较的结果可以很好地预测他们在所有15回比较的结果。

图 11-12 匿名品牌的味觉测验

被试	实验设计与实验程序	数据分析与结果
第三组16人,首先进行3.1测验,几个月以后参加3.2测验	3.1 比较3回的半匿名可口可乐品牌的味觉测验  每对杯子中有一只杯子注明是可口可乐,但告知被试另一只杯子或者是可口可乐或者是百事可乐(实际上,另一只杯子装的也是可口可乐)。要求被试品尝之后指出,他喜欢哪一只杯子的饮料。两次品尝之间用清水漱口。 3.2 比较15回的匿名品牌的味觉测验 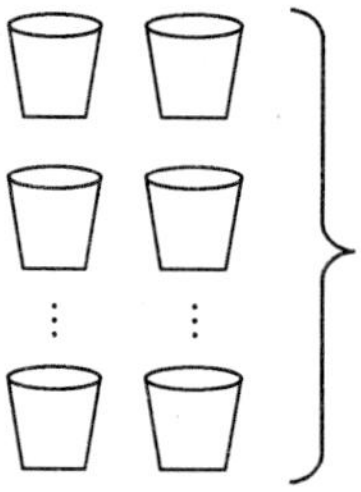 说明同1.2测验。	1. 运用Mann-Whitney U检验法,比较第三组被试在3.1半匿名可口可乐品牌味觉测验中的喜好分布与第一组被试在1.1匿名品牌味觉测验中的喜好分布,发现存在显著差异,$U=191.5$,$p<0.05$。这表明被试对注明可口可乐的饮料有偏好。 2. 为了证明上述结果不是抽样误差造成的,随后对第3组被试进行3.2匿名品牌味觉测验,发现他们的结果与第一组被试1.2匿名品牌测验的结果没有显著差异($p=0.84$),从而排除了抽样误差的可能性。

图11-13 半匿名可口可乐品牌的味觉测验

被试	实验设计与实验程序	数据分析与结果
第四组18人	4.1 比较3回的半匿名百事可乐品牌的味觉测验 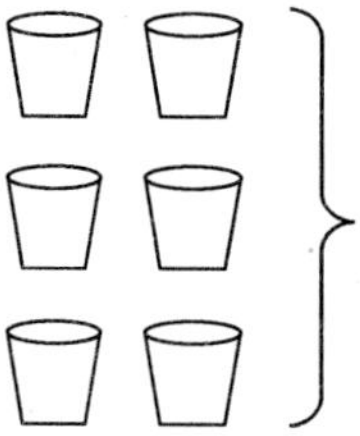 每对杯子中有一只杯子注明是百事可乐,但告诉被试另一只杯子或者是百事可乐,或者是可口可乐(实际上,另一只杯子装的也是百事可乐)。要求被试品尝之后指出,他喜欢哪一只杯子的饮料。两次品尝之间用清水漱口。	1. 运用Mann-Whitney U检验法,比较第四组被试在4.1半匿名百事可乐品牌味觉测验中的喜好分布与第一组被试在1.1匿名品牌味觉测验中的喜好分布,没有发现显著差异($p=0.82$)。这表明被试对注明百事可乐的饮料并没有表现出偏好。 2. 被试选择标注可口可乐的次数要大于选择匿名可口可乐的次数(第三组被试3.1的结果与第一组被试1.1结果的比较),$p<0.01$;可口可乐标注比百事可乐标注更大地影响了被试对饮料的偏好(第3组被试3.1测验中选择标注可口可乐的次数,显著多于第四组被试4.1测验中选择标注百事可乐的次数,$p<0.005$)。

图11-14 半匿名百事可乐品牌的味觉测验

由上面的叙述可以看到,McClure 等人(2004)用巧妙的设计证实了携带文化信息的饮料能够影响人们味知觉的偏好。在随后进行的 fMRI 实验中,他们发现文化信息即品牌知识对味知觉偏好的影响,与前额叶的背外侧区域(the dorsolateral region of the prefrontal cortex)以及海马(回忆文化信息)的活动有关。

问　题

1. 举例说明移情的研究是怎样进行的?
2. 主观报告与脑区激活的程度相关有什么意义?
3. 怎样应用 morphing 技术进行自我面孔识别研究?
4. 文化对自我参照效应的影响是怎样的?
5. 自传体记忆有什么功能?研究自传体记忆的方法是怎样的?
6. 运用囚徒两难游戏怎样研究合作行为?
7. McClure 等人(2004)关于文化对喝可口可乐与百事可乐的影响的行为实验是怎样进行的?
8. 为什么称人脑为社会脑?

参 考 文 献

管延华,迟毓凯. (2006). 自我参照与朋友参照对人格特质记忆的影响. 心理科学,29(2),448~450.

戚健俐,朱滢. (2002). 中国大学生的记忆的自我参照效应. 心理科学,25(3),275~278.

Bluck, S. (2003). Autobiographical memory: exploring its functions in everyday life. Memory, 11(2), 113~123.

Cabeza, R., & Jacques, P. St. (2007). Functional neuroimaging of autobiographical memory. Trends in Cognitive Sciences, 11(5), 219~227.

Chiao, J. Y., & Ambady, N. (2007). Cultural neuroscience: parsing universality and diversity across levels of analysis. //Kitayama, S., & Cohen, D. (eds). Handbook of Cultural Psychology. New York: Guilford Press, 237~254.

Conway, M. A., & Dewhurst, S. A. (1995). The self and recollective experience. Applied Cognitive Psychology, 9(1), 1~19.

Conway M A. 2000. Private letters.

Crane, C., Barnhofer, T., Mark, J., & Williams, J. M. G. (2007). Cue self-relevance affects autobiographical memory specificity in individuals with a history of major depression. Memory, 15(3), 312~323.

Decety, J., Jackson, P. L., Sommerville, J. A., et al. (2004). The neural bases of cooperation and competition: an fMRI investigation. NeuroImage, 23(2), 744~751.

Elbert, T., & Schauer, M. (2002). Psychological trauma: burnt into memory. Nature, 419(6910), 883.

Gallup, G. G. (1970). Chimpanzees: self-recognition. Science, 167, 86~87.

Harley, K., & Reese, E. (1999). Origins of autobiographical memory. Developmental Psychology,

35(5), 1338~1348.

Heatherton, T. F., Wyland, C. L., Macrae, C. N., et al. (2006). Medial prefrontal activity differentiates self from close others. Social Cognitive and Affective Neuroscience, 1(1), 18~25.

Keenan, J. P., Freund, S., Hamilton, R. H., Ganis, G., & Pascual-Leone, A. (2000). Hand response differences in a self-face identification task. Neuropsychologia, 38(7), 1047~1053.

Keenan, J. P., Nelson, A., O'Connor, M., & Pascual, A. (2001). Self-recognition and the right hemisphere. Nature, 409(6818), 305~305.

Keenan, J. P. (2003). The Face in the Mirror. New York: Harper Collins Publishers.

Lewis, M., & Ramsy, D. (2004). Development of self-recognition, personal pronoun use, and pretend play during the 2nd year. Child Development, 75(6), 1821~1831.

Li, S. C. (2003). Biocultural orchestration of developmental plasticity across levels: the interplay of biology and culture in shaping the mind and behavior across the life span. Psychological Bulletin, 129(2), 171~194.

Lieberman, M. D. (2007). Social cognitive neuroscience: a review of core processes. Annual Review of Psychology, 58, 259~289.

Maguire, E. A., & Frith, C. D. (2003). Lateral asymmetry in the hippocampal response to the remoteness of autobiographical memories. Journal of Neuroscience the Official Journal of the Society for Neuroscience, 23(12), 5302~5307.

Markus, H. R., & Kitayama, S. (1991). Culture and the self: implications for cognition, emotion, and motivation. Psychological Review, 98(2), 224~253.

Markus, H. R., & Kitayama, S. (2003). Culture, self, and the reality of the social. Psychological Inquiry, 14(3), 277~283.

McClure, S. M., Li, J., Tomlin, D., Cypert, K. S., Montague, L. M., & Montague, P. R. (2004). Neural correlates of behavioral preference for culturally familiar drinks. Neuron, 44(2), 379~387.

Mitchell, J. P., Macrae, C. N., & Banaji, M. R. (2004). Encoding-specific effects of social cognition on the neural correlates of subsequent memory. Journal of Neuroscience, 24(21), 4912~4917.

Northoff, G., Heinzel, A., de Greck, M., et al. (2006). Self-referential processing in our brain: a meta-analysis of imaging studies on the self. NeuroImage, 31(1), 440~457.

Rilling, J. K., Gutman, D. A., Zeh, T. R., et al. (2002). A neural basis for social cooperation. Neuron, 35(2), 395~405.

Singer, T., Seymour, B., O'Doherty, J., Kaube, H., Dolan, R. J., & Frith, C. D. (2004). Empathy for pain involves the affective but not sensory components of pain. Science, 303(5661), 1157~1162.

Singer, T., Seymour, B., O'Doherty, J. P., Stephan, K. E., Dolan, R. J., & Frith, C. D. (2006). Empathic neural responses are modulated by the perceived fairness of others. Nature, 439(7075), 466~469.

Sui, J., He, X., & Humphreys, G. W. (2012). Perceptual effects of social salience: evidence from self-prioritization effects on perceptual matching. Journal of Experimental Psychology Human Perception & Performance,38(5),1105~1117.

Sui,J.,Rotshtein,P.,& Humphreys,G. W. (2013). Coupling social attention to the self-forms a network for personal significance. Proceedings of the National Academy of Sciences,110(19),7607~7612.

Symons,C. S.,& Johnson,B. T. (1997). The self-reference effect in memory:a meta-analysis. Psychological Bulletin,121(3),371~394.

Wang,Q.,& Conway,M. A. (2004). The stories we keep:autobiographical memory in American and Chinese middle aged adults. Journal of Personality,72(5),911~938.

Zhu,Y.,& Zhang,L. (2002). An experimental study on the self-reference effect. Science in China (Series C),45(2),120~128.

Zhu,Y.,Qi,J.,& Zhang,J. (2004). Self-face identification in Chinese students. Acta Psychologica Sinica,36(4),442~447.

Zhu,Y.,Zhang,L.,Fan,J.,& Han,S. (2007). Neural basis of cultural influence on self-representation. NeuroImage,34(3),1310~1317.

研究自我的新范式

尽管社会心理学研究已表明社会联接影响认知加工,但这类研究主要关注对高级认知加工水平的影响,如社会评估、奖赏等,至今为止还不清楚,个体如何给中性抽象图形赋予社会意义?哪些神经网络支持这种新的社会联接?新形成的联接能否影响初级水平的加工?隋洁等人的研究采用简单社会联接法,指导被试把三个抽象几何图形分别与三类人建立联系,如三角形是被试自己,方形被命名为被试的好朋友,圆形为陌生人,让被试联想60 s,然后立刻完成图形—标签匹配任务(如圆形—朋友)(Sui et al,2012)。行为结果表明,被试能够迅速学习图形—标签联接,给中性几何图形赋予社会意义,并且被试对自我联接的刺激加工既快又准,这种行为优势与自我反思和社会注意的神经网络密切相关。与加工他人联接相比,自我图形—标签匹配联接激活了更强的内侧前额叶(反应自我反

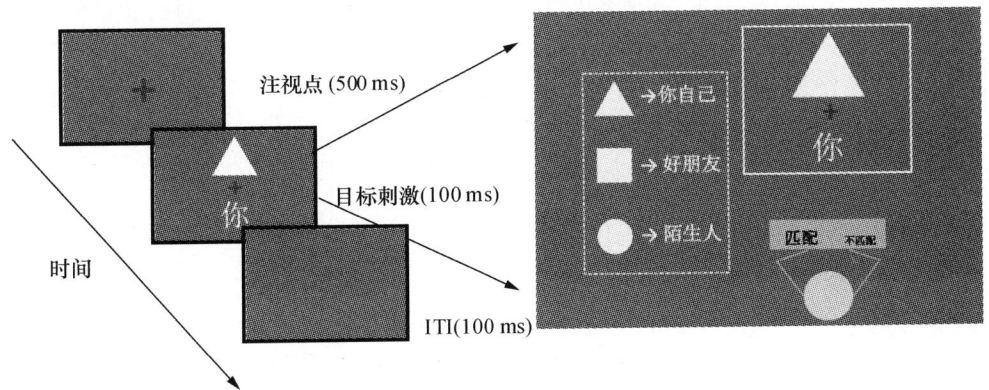

图11-15 社会联接实验流程(Sui et al,2012)

思)和左侧颞上回(加工社会注意)的神经活动,而加工陌生人图形—标签联接与大脑背侧注意控制网络(反映了任务难度)有关。加工自我联接时,内侧前额叶和左侧颞上回的神经活动强度呈正相关,并且这两个区域的神经活动越强,被试的自我优势行为越强。动态因果模型分析进一步表明,内侧前额叶到左侧颞上回的神经活动联接强度能预测个体的自我优势行为。这些结果表明,个体通过调控内部自我反思(内侧前额叶)和社会注意(加工外部社会突显刺激,左侧颞上回)网络的协同活动来学习社会联接(Sui et al,2013)。

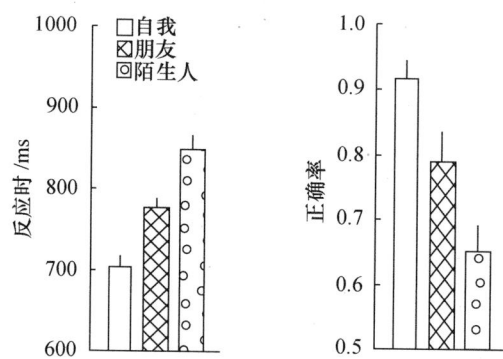

图 11-16 社会联接任务反应时和正确率结果

自我反应时明显快于朋友和陌生人,自我判断的正确率高于朋友和陌生人。

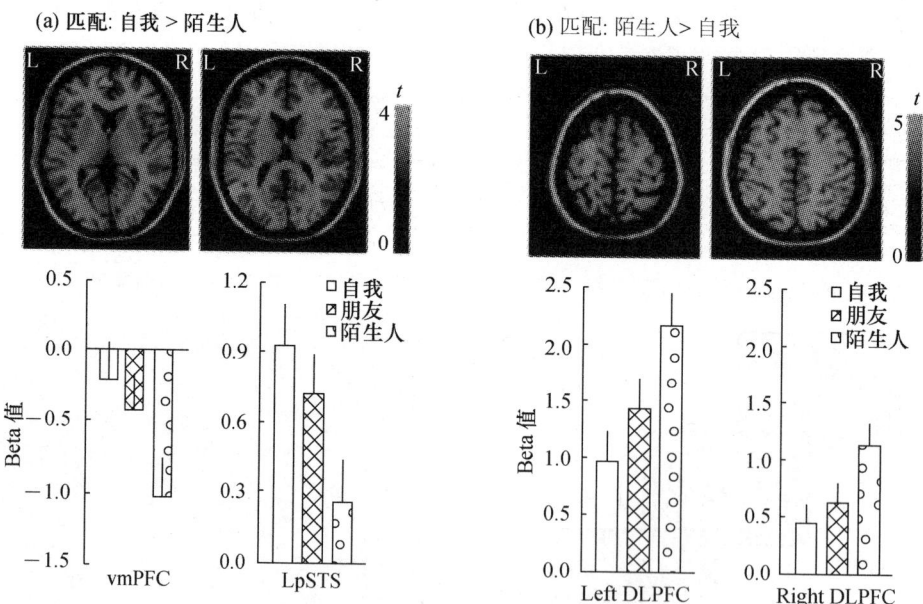

图 11-17 社会联接任务的实验结果

图(a)表明,相对于陌生人的激活程度,在腹内侧前额叶和左侧颞上回,自我有更强的激活;图(b)表明,在背侧注意网络中,陌生人比自我有更强的激活。

12

意　识

近几十年来，关于意识问题的研究在心理学及相关学科中占据了非常醒目的位置。大量的实验研究已经表明，人们可以进行不伴随意识体验的信息加工，例如无意识知觉、无意识记忆、无意识学习等，可以统称为"无意识认知"(cognition without awareness)或"内隐认知"(implicit cognition)。内隐认知的研究为研究意识提供了可靠的实验方法，大大加快了意识研究的进程，因为意识只有在和无意识的对比中才能得到理解。

近年来意识问题研究的突出与认知神经科学的诞生有密切的关系。心理学与脑科学的结合诞生了备受关注的认知神经科学，而脑成像技术的应用为这一领域的发展提供了强大的技术手段。意识问题已引起了心理学家、神经科学家、哲学家、计算机科学家以及其他领域科学家们的广泛关注(Crick & Koch，1993)。

意识的基本概念

Farber 和 Churchland(1995)给出了关于意识概念的较为全面的综述，他们从三个方面讨论了意识概念，即有意识觉知(conscious awareness)、较高级的功能(higher faculties)和意识状态(conscious states)。下面我们将对这三个方面做深入的介绍。

从"有意识觉知"这一方面来看，意识是观察者与现象之间关系的一种属性，即"某人"觉知到了"某事"。根据觉知对象的不同，它又分为下列一些亚类别：感觉觉知(sensory awareness)、概括性觉知(generalized awareness)、元认知觉知(metacognitive awareness)和有意识回忆(conscious recall)。感觉觉知指的是我们对大多数所谓的刺激的了解，这种觉知通常是与某个感觉道相连的。概括性觉知是指人们对那些与任何一个感觉通道都不相连的内部状态有所觉知，如疲劳、眩晕、焦虑、舒服或饥饿等。在这一类别中，还包括了对时间延续性(如'炉子是多久以前打开的')的觉知、对空间布局的觉知，包括即时的和延伸性的，甚至还包括对自我——时常在变化但又在时间上有延续性——的觉知。我们能觉知到自己认知范围内的所有事物，即元认知觉知，例如，人有可能会觉知到当前的思维活动，甚至是那些已经过去的、引起了当前思维的一系列思维活动。有意识回忆是指对过去发生的事情的有意识觉知，有时这种觉知中包含了一些心理上的想象，虽然这种想象是没有必要的，而这种回忆有时能、有时却不能得到当前感知体验的证明与支持。目前，认知实验已经拥有一些能很好地改变和控制觉知的技术，这些技术我们会在后面的研究方法部分进行详细的介绍。在意识的研究中，对觉知的研究是最多的，以至于有时候觉知与意识两个概念都变成同义词了。

第二方面，"意识"这一术语有能动作用（agency）和控制的含义，所以它不仅仅是对信息的被动觉知和感知，它还包含一套更高级的功能——能解释在有意识状态下，一个生物所能做的事情，或至少为什么这么做。Farber 和 Churchland 列举了下列三种功能：注意（attention）、推理（reasoning）和自我控制（self-control）。

通过注意，意识将决定觉知到什么和觉知不到什么。假定有意识的信息加工或多或少是序列的、相对较慢的，那么在任何一个时刻，进入意识的就只能是少数几个对象。虽然某些特定类别的刺激本身就有很高的优越性，但我们也可以"决定"注意所指向的特定感觉、形式、外在客体或从当前的现实中逃离而去关注内部信息。推理是经典的高级功能之一，它是在更高的抽象层次上进行的一种信息加工。如果一个人懂得代数，他就可以把代数用于各种不同的客体，或者仅仅是在"颅骨里"（心理）进行活动，而并不将之应用于任何真实的客体。这就是"形式化"（formal）操作的基础：只要个人保持他的符号不变并正确地应用法则，那么这些符号具体指什么客体（也就是指语义）并没有多大关系。意识还能起到自我控制的作用，它就像是一个内部争论的仲裁者，许多传统的例子都包括了理性或道德信仰对基本生理冲动的强制性的影响，但是这一高级功能其实可以以一种更概括和更实际的方式起作用。许多决策是在无意识的情况下做出的，同时还有许多不同因素影响着最后的结果，那么当不同的因素导致相互矛盾的活动时，一个有意识的决策能立即解决问题，甚至能改变今后无意识活动的习惯。

最后一个方面"意识状态"包含了意识中最常识性的，然而也是最疑难的一些内容。"意识"这个词通常被用于指一种"状态"（state），它可以分为不同的层次，而且在某种程度上可以理解为一个人正在进行的心理活动。如下所述，意识既可以作为一种单独的状态（其中可以分为不同的层次），也可以被看作是各个分离的状态的集合体。首先，意识（conscious）状态是和无意识（unconscious）状态相对应的。如果一个人刚被击中头部，躺着毫无知觉时，他是无意识的，因为这时人没有知觉，也不能进行理性的自我控制，他感受不到任何情绪。在短暂的时间内，他对生活的感受并不比植物或昆虫多多少。其次，我们也可以感知到一些不是那么极端的状态，如觉醒、惊奇、愤怒等。与无意识不同，这些状态激起内部感觉，人不需要审视自己的行为就能从内部感受到这些感觉。Farber 和 Churchland 称这种意识状态为概括性调制（general modulation）。第三种意识状态被称为可感受的特性或"自然的感知"（qualia or "raw feels"）。可感受的特性（尤指从实物中概括出来的特性）是艺术中的一个哲学术语，指一种经验性的"自然"（raw）感知，而不管这种经验可能与任何行为或认知效应如何分离开来。例如，当一个人看见某种红色的东西，他就会获得一种新的想法（"这儿有红色的东西"），而且可能在某种程度上改变他的行为。但是这个人也许会体会到一种稀有的感受，类似于他看到发红的紫色或发红的橘黄色时的体验,而与他将手伸入冰水中的感受完全不同。由于这些可感受的特性没有包含情绪状态方面的特殊行为表现,看起来根本不可能去考察他人的"自然感知"了。

一、意识的实验研究方法

虽然意识过程和无意识过程的概念区分已有较长历史,但无意识过程是否可以用实验技术加以测量并给出实证性的描述曾经是一个很有争议的问题。最早对无意识知觉的实验研究开始于19世纪末北美的心理实验室,早期大部分研究着重围绕一个问题进行:无意识加工是否存在? 而近几十年来研究者越来越关注意识加工和无意识加工有什么差异? 同时还涌现了各种各样控制意识和无意识加工的实验方法和技术,从早期的任务分离范式到质的差异的研究范式,一直到近期出现的双眼竞争、不注意视盲、运动诱发视盲和连续闪烁抑制等新的实验范式。

(一) 任务分离的研究范式

无意识知觉是否存在? 围绕这一问题的大部分研究都采用了任务分离的范式(Joordens & Merikle,1992)。任务分离范式的基本逻辑是两种不同的知觉测验的比较。第一种测验被认为反映了有意识知觉到的信息;而第二种测验被认为既反映了有意识知觉到的信息,又反映了无意识知觉到的信息。建立一定的实验条件使得意识知觉测验的敏感度为零,那么如果第二种测验的敏感度高于零,则反映了无意识知觉的影响。可以看出,研究者们的研究策略是:建立一定的条件,使得在这些条件下意识知觉没有发生,然而刺激却被知觉到了。可以看出,在这种研究范式中,寻找一种对有意识的知觉经验进行充分且彻底测量的方法是非常关键的。两类较普遍应用的测量方法是:意识的内省测量和意识的行为测量。

1. 意识的内省测量

意识的内省测量是以被试对自身的知觉经验的自我报告作为意识觉知的指标。例如,对于盲视病人的实验研究就采用这种实验范式。视皮层损伤的病人通常在损伤对侧的一半视野内表现为失明,但是有些病人可以在盲视野中进行视觉辨别,尽管他们没有意识到他们正在辨别的刺激,这种现象被称为"盲视"(blindsight)。盲视可以被看作是一种无意识侦察(detection without awareness)。盲视是在试图解决猴子的研究结果与人类病人的临床发现之间的矛盾时被发现的。在20世纪70年代,研究者将对动物的研究方法用于对人类病人的研究,即要求被试在刺激中做迫选,而不是报告看见了什么。用这种测试方法,要求被试在即使不能看见刺激的情况下,也要对刺激作猜测性的辨别。结果发现,一些V1区损伤的病人在没有视觉意识的情况下,表现出了很好的视觉辨别,反应的正确率有时可以达到90%~100%。在不同的盲视病人中,对运动、朝向、波长、空间定位或这些特征的结合的辨别都有报告。这些反直觉的发现引起了哲学家和研究无意识加工的心理学家的兴趣。

盲视病人明显地表现了意识和知觉的分离，即无意识知觉的存在。一个典型的病例是关于患者 DB 的研究（Weiskrantz,1986）。DB 从大约 14 岁开始，每六星期经历一次剧烈的头痛，伴随有左侧视野的短暂失明。到二十多岁的时候，发病的频率增加，在一次头痛发作后，他的部分视野失明永久性地持续下去。经检查发现，他的右侧视皮层异常。这部分皮层被切除后，他的头痛马上停止，并恢复了正常的生活。但是，手术后他的左侧视野失明。一些偶然的观察发现，DB 能正确定位盲视野内的物体，例如，他能准确地抓到别人伸出的手，尽管他看不见它。他还能正确地猜出一根小棒的方向（垂直或水平），虽然他声称看不到它。事实上，DB 极力否认他看见了左侧视野内的任何东西，他把他成功地完成这些任务归功于运气。Weiskrantz 还用其他的迫选任务对 DB 进行了研究，发现他对于呈现在盲视野内的靶子的定位、侦察和方向辨别远远优于机遇水平，甚至和正常视野一样好。Weiskrantz 把这种在意识不到知觉（no awareness of perception）情况下发生的盲视野内的视觉能力称为"盲视"。在这个实验中，就是以被试的自我报告作为意识觉知的指标，主观报告和迫选成绩的分离说明了盲视病人对盲视野中的刺激的无意识知觉。

意识的内省测量实际上就是根据观察者的主观报告来定义意识，如果观察者报告没有看到刺激，则认为他没有意识到刺激；相反，如果观察者报告看到了刺激，则认为他意识到了刺激。正如 Merikle 所说（Merikle,1984），这似乎是把操作性定义意识的责任从研究者转移到了观察者，运用这种方法定义意识的研究者，实际上是要求观察者给出他自己对意识的定义。很多研究者不接受这种方法的一个主要原因是，很难知道个体在报告他们的意识经验时所采用的标准。

2. 意识的行为测量

在 20 世纪 70～80 年代，很多研究者的注意力开始转向运用意识的行为测量所进行的研究。意识的行为测量是以被试的分辨能力作为意识觉知的指标。两种典型的测量方法是：① 迫选性刺激有—无决策；② 在一系列刺激备选项中做出迫选决策。

一个突出的例子是 Kunst-Wilson 和 Zajonc 在 1980 年进行的实验。他们的兴趣在于说明无意识知觉到的刺激会影响随后的情绪反应。在他们的研究中，首先给被试呈现 10 个无意义的、不规则的几何图形，每个图形呈现 5 次，每次呈现 1ms。随后让被试完成两种任务：再认迫选（意识的测量）和喜好迫选（无意识知觉的测量）。在两种测验任务中，都是给被试呈现 10 对图形，每对包括一个呈现过的图形和一个没呈现过的图形。再认迫选要求被试从每对中选择一个呈现过的图形，而喜好迫选要求被试从每对中选择一个他们喜欢的图形。结果发现，当再认迫选的成绩处于机遇水平时（50％正确率），喜好迫选的成绩却显著优于机遇水平（60％正确率）。当我们接受再认迫选是对意识知觉的充分测量这一假设时，这些结果为无意识知觉的存在提供了强有力的支持。

Marcel(1983a,b)也曾通过一系列的实验证明：视觉刺激即使在观察者不能觉察它们的存在的情况下(刺激有-无侦察的成绩处于机遇水平)也能被知觉到，表现为对语义相关刺激的启动效应。如果刺激有-无侦察被认为是对意识知觉的充分测量，那么在不能进行刺激有-无侦察的情况下发生的知觉就证明了无意识知觉的存在。

上述任务分离研究范式的一个关键之处在于找到一种完美的测量意识觉知的方法。大部分应用这种范式进行的研究都隐含了这样一个假设：某个特定的行为测量充分(exhaustively)且(或)唯一地(exclusively)测量了有意识知觉到的信息。而事实上，要找到这样一种完美的测量是相当困难的，这就导致了该领域不同研究之间的矛盾和争议。

(二) 质的差异的研究范式

质的差异的研究范式旨在通过行为结果的质上的差异来区分意识加工和无意识加工过程。例如，Murphy 和 Zajonc(1993)通过一个实验证明了，无意识知觉到的刺激比有意识知觉到的刺激对情绪反应的影响可能更大。他们的实验是这样进行的：在每个试次(trial)中给被试呈现一个清晰可见的汉语表意文字，然后要求被试在一个五点量表上指出它代表一个"好"的概念或是一个"坏"的概念。被试都是英语国家的被试，不懂汉字。这个实验的关键之处在于，在每个文字之前呈现一幅人脸的图像，这些人脸或者表现愉快(如微笑)或者表现愤怒(如皱眉)。对于其中一组被试，每幅人脸的呈现时间很短(4ms)，以至他们报告没有觉知这些人脸。而对于另一组被试，同样的文字和人脸被呈现，但每幅人脸的呈现时间足够长(1000ms)，所有被试都报告觉知到了这些人脸。后一组被试被告知忽略人脸，集中注意于评价文字。

结果发现，短暂呈现的、无意识知觉到的人脸影响了被试对文字的评估。当被试没有意识到人脸时，他们更有可能将跟随微笑人脸的文字评价为代表一个"好"的概念，而将跟随皱眉人脸的文字评价为代表一个"坏"的概念。相反，当人脸清晰可见而被有意识地知觉到时，被试对文字的评估很少或不受人脸的影响。这些结果说明了意识知觉和无意识知觉之间的质的差异：无意识知觉到的信息比有意识知觉到的信息对我们的情绪反应影响更大。

Merikle 和 Joordens(1997)的一项研究通过操纵刺激特性和操纵注意考察了意识知觉和无意识知觉所引起的行为结果的质的差异。他们采用了传统的 Stroop 任务的一种变式，实验中只涉及红、绿两种颜色，色词"RED"或"GREEN"是启动刺激，用于启动对红、绿两种靶颜色的命名反应。结果发现了一种有趣的现象：当色词和靶颜色不一致的发生概率(75%)显著大于一致的发生概率(25%)时，出现了 Stroop 效应的反转，即被试在不一致条件下的反应时小于一致条件下的反应时。值得注意的是：这种反转现象只有在色词被有意识地知觉到时才会发生，当对色词的知觉是无意识的时候，出现的是典型的 Stroop 效应。

在实验 1A 中,刺激特性的改变是通过变化色词-掩蔽 SOA(stimulus onset asynchrony)来实现的。短的 SOA 为 33ms,长的 SOA 为 167ms。而在实验 1B 中,SOA 保持为 300ms 不变,实验者操纵了被试的注意。在集中注意的条件下,只要求被试辨认颜色;而在分配注意的条件下,要求被试辨认颜色的同时监测听觉道的一串数字,在一组实验(block)结束后,被试要报告三个连续奇数出现的次数。而且被试被告知监测数字是他们的主要任务,他们应尽力侦察到所有的符合要求的数字串。实验程序如下:

① 实验 1A。被试分为两组,一组进行短 SOA 的实验,另一组进行长 SOA 的实验。每个试次的刺激呈现顺序如下:

短的 SOA:

空白 ⇨ GREEN 或 RED ⇨ &.&.&.&.&.&.&. ⇨ &.&.&.&.&.&.&.
(灰色)　　　　　(灰色)　　　　　　　(红色或绿色)
300ms　　　　33ms　　　　　　267ms　　　　直到做出命名反应

长的 SOA:

空白 ⇨ GREEN 或 RED ⇨ 空白 ⇨ &.&.&.&.&.&.&. ⇨ &.&.&.&.&.&.&.
(灰色)　　　　　　　(灰色)　　　　　　　(红色或绿色)
300ms　　　33ms　　　　134ms　　　133ms　　　直到做出命名反应

② 实验 1B。被试分为两组,一组进行单作业(辨认颜色),另一组进行双作业(辨认颜色和监测听觉道的数字串)。每个试次的刺激呈现顺序如下:

空白 ⇨ GREEN 或 RED ⇨ &.&.&.&.&.&.&.
(灰色)　　　　　　　(红色或绿色)
300ms　　　300ms　　　　直到做出命名反应

实验 1A 和实验 1B 的结果如图 12-1 所示:

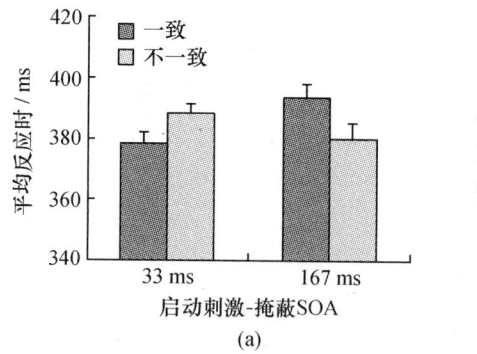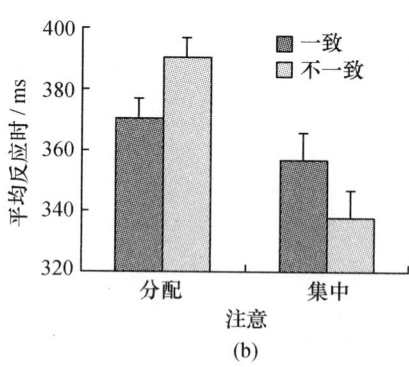

图 12-1　实验 1A 和实验 1B 的 Stroop 干扰模式

注:图中实验 1B 分配注意条件下的各个反应时均被减去了 250ms。(来自 Merikle & Joordens,1997)

实验结果显示,两种不同的操作引起了非常类似的行为结果。实验 1A 中,在短 SOA 条件下出现了典型的 Stroop 效应,而在长 SOA 条件下出现了 Stroop 效应的反转;实验 1B 中,在分配注意的条件下出现了典型的 Stroop 效应,而在集中注意的条件下出现了 Stroop 效应的反转。Merikle 和 Joordens 认为这些结果反映了意识知觉和无意识知觉的质的差异,两个实验只是操纵意识觉知的方式不同而已,实验 1A 操纵了刺激特性(色词-掩蔽 SOA),实验 1B 操纵了注意(集中与分散)。他们认为改变刺激特性和改变注意这两种操作影响了同一个内部过程——即信息表征的激活水平,而表征的激活水平达到一定程度后才能产生意识。如果真是这样,那么在决定一个刺激能否被有意识知觉到时,刺激特性和注意之间应该存在相互补偿。耿海燕等人(2001,2002)的研究进一步考察了这一问题。

耿海燕等人(2002)的研究发现,当刺激短暂呈现而被无意识知觉到的时候,增强刺激特性(延长呈现时间)或提高注意水平都能使得对它的知觉变为有意识的。而一个处于分散注意状态下被无意识知觉的刺激,既可以通过集中注意的方法使之达到有意识知觉,也可以通过增强刺激特性使之达到有意识知觉。这些结果有力地说明了,在决定一个刺激能否被有意识知觉到时,刺激特性和注意之间存在相互补偿。

实验 1 设置了三个实验条件:① 色词-掩蔽 SOA 50ms 与无线索条件;② 色词-掩蔽 SOA 400ms 与无线索条件;③ 色词-掩蔽 SOA 50ms 与有线索条件。三个实验条件下所有的刺激都呈现在屏幕中央,实验流程如下所示:

① 色词-掩蔽 SOA 50ms 与无线索条件:

空白 ⇨ "红"或"绿" ⇨ ## ⇨ ##
          ##   ##

(灰色) (灰色) (红色或绿色)
1000ms 50ms 450ms 直到做出反应

② 色词-掩蔽 SOA 400ms 与无线索条件:

空白 ⇨ "红"或"绿" ⇨ 空白 ⇨ ## ⇨ ##
             ##   ##

(灰色) (灰色) (红色或绿色)
1000ms 50ms 350ms 100ms 直到做出反应

③ 色词-掩蔽 SOA 50ms 与有线索条件:

空白 ⇨ □ ⇨ "红"或"绿" ⇨ ## ⇨ ##
             ##   ##

(方框内 灰色) (灰色) (红色或绿色)
500ms 500ms 50ms 450ms 直到做出反应

可以看出:条件②和条件①的唯一差别是延长了色词-掩蔽 SOA(50ms 与 400ms),而条件③和条件①的唯一差别是,在色词呈现之前先呈现一个小方框(大小为

32×32像素),接着色词(大小为30×30像素)在小方框内出现。在这里,小方框对于色词的知觉起到一种空间和大小线索的作用,可以使色词从刺激序列中突显出来,以提高被试对色词的注意水平。实验结果如图12-2(a)所示,显示了刺激特性(呈现时间)的改变和注意的改变引起了非常类似的行为上的质差模式,条件②和条件③都出现了Stroop效应的反转。

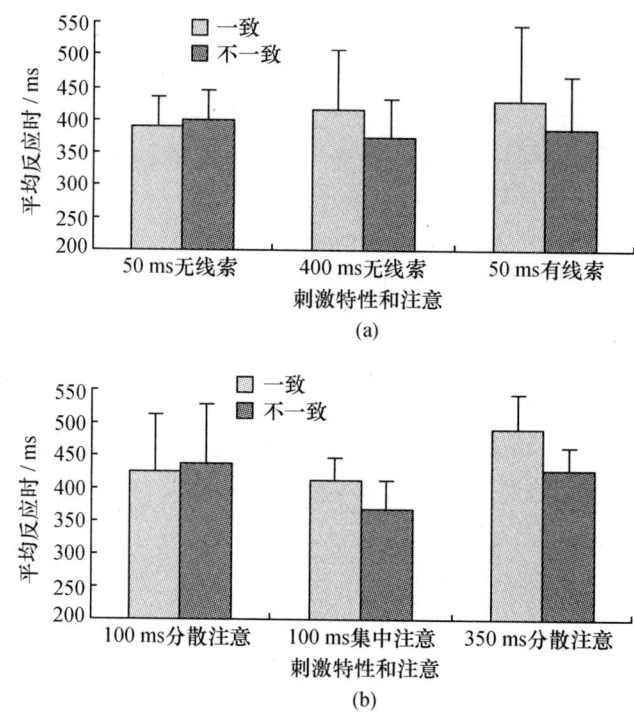

图12-2 刺激特性和注意在决定意识时的补偿作用

实验2也设置了三个实验条件:① 分散注意与色词-掩蔽 SOA 100ms;② 集中注意与色词-掩蔽 SOA 100ms;③ 分散注意与色词-掩蔽 SOA 350ms。三个实验条件的实验流程如下所示:

① 分散注意与色词-掩蔽 SOA 100ms:

空白	⇨	"红"或"绿"	⇨	## ##	⇨	## ##
(有大框)		(在大框内随机位置呈现)				
		(灰色)		(灰色)		(红色或绿色)
1000ms		100ms		450ms		直到做出命名反应

② 集中注意与色词-掩蔽 SOA 100ms：

空白 ⇨ □ ⇨ "红"或"绿" ⇨ ## ## ⇨ ## ##

（有大框）　（小方框在大框内　　（在小框内呈现）
　　　　　　随机位置呈现）

　　　　　　　　　　　　　　　（灰色）　（灰色）　（红色或绿色）

500ms　　　　500ms　　　　　100ms　　450ms　　直到做出命名反应

③ 分散注意与色词-掩蔽 SOA 350ms：

空白 ⇨ "红"或"绿" ⇨ ## ## ⇨ ## ##

（有大框）　（在大框内随机位置呈现）
　　　　　　　　　　　　　　　（灰色）　（灰色）　（红色或绿色）

1000ms　　　　350ms　　　　　200ms　　直到做出命名反应

在实验 2 的分散注意的条件下，实验开始时首先在屏幕上画一个宽 17.5cm、高 15cm 的大框，色词在大框内出现的位置是随机的，以达到分散注意的目的；而在集中注意的条件下，呈现色词之前先呈现一个小方框引导被试的注意，接着色词在小方框内呈现，以达到集中注意的目的（针对色词的知觉而言）。可以看到，条件②和条件①的唯一差别是增加了小方框作为色词出现位置的线索，起到集中注意的目的；而条件③和条件①的唯一差别是延长了色词-掩蔽 SOA（100ms 与 350ms）。实验结果如图 12-2(b)所示，显示了在分散注意条件下被无意识知觉的刺激，通过集中注意的方式或增强刺激特性的方式都可以使它的知觉变为有意识的。

（三）视盲现象

视盲（blindness）是视觉觉知（visual awareness）研究中的一种奇特现象：在特殊的情境下，视觉机能正常的个体对于眼前的显著刺激或刺激变化视而不见，其中最典型的例子包括不注意视盲（inattentional blindness）和运动诱发视盲（motion-induced blindness）（Rees, Russell, Frith & Driver, 1999; Bonneh, Cooperman & Sagi, 2001）。这些视盲现象都是一些视错觉现象，它们的共同点是：呈现于观察者单眼或双眼的刺激引起了可以测量到的效应（内隐加工），但这些刺激或刺激的变化却并没有或只是偶尔被观察者觉知到。这些视盲现象的发现为视觉意识和无意识加工的研究提供了很好的实验范式。

1. 不注意视盲

20 世纪 70 年代，心理学家进行了一系列关于选择性注意机制的研究，Neisser 和 Becklen(1975)在一项研究中将两组球员玩球类游戏的录像透明处理后叠加在一起，一组球员穿着白色制服而另一组穿着黑色制服，被试的任务是数出某一组球员传球的次数。实验结果发现,只有21%的被试报告他们看到了在录像中间意外出现的穿过球场的撑伞女子,大多数被试都因关注于任务而彻底忽略了这一意外刺激。为了研究知觉与注意的关系问题,Mack和Rock(1998)在20世纪90年代陆续进行了一系列实验,并且再次发现了被试对意外出现物体的忽略现象,他们将这一现象首先定名为"不注意视盲"。自此,更多的研究者涉足这一研究领域。对这一现象的研究使我们更深入地理解知觉、注意、意识等加工过程的机制及相互关系。

上述Neisser等人使用录像进行的实验被称为选择注视范式(selective-looking paradigm),是最早对不注意视盲现象的实验研究。Simons等人重复并改进了Neisser的实验范式(Simons & Chabris,1999;Simons,2000),他们分别拍摄了两组队员打篮球的录像,透明化后重叠在一起,要求被试数出某一组队员的传球数。录像开始45s后,一个撑伞的女子走过屏幕,5s后从另一边走出(如图12-3(a)所示)。正如前人研究所得,大部分观察者没有注意到这个女子。此外,他们还在另一组实验中将女子换成了一个穿着大猩猩服装的人,同样,约有73%的人没有注意到他。为了使得实验更接近真实的情境,研究者取消了重叠录像的方式,球员和意外刺激都由一台摄像机拍摄完成(如图12-3(b)所示)。如果之前的不注意视盲是由于透明处理后图像的奇异效果导致的,那么在非透明的场景中被试应该能够很容易地注意到撑伞女子或大猩猩。结果却表明,仍有35%左右的观察者没有注意到意外刺激。在随后的一组实验中,大猩猩走到场中央,停下来面朝着摄像机,并且拍打胸膛,此时仍有超过半数的观察者没有注意

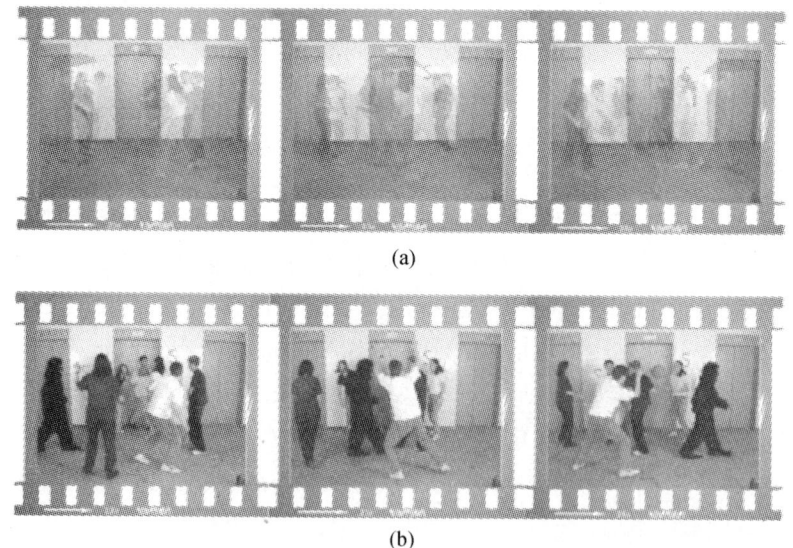

图12-3 Simons和Chabris的选择注视范式中的静止画面

(a)透明处理的"撑伞女子"事件中的三帧画面(撑伞女子从左侧进入,横穿屏幕,从右侧走出);(b)不透明处理的"黑猩猩"事件中的三帧画面。在以上两种情景下,意外客体横穿屏幕的呈现时间都为5s。(来自Simons & Chabris,1999)

到它。当他们随后被告知这一意外刺激的出现时,自己也表示了惊讶。

Mack 和 Rock 在 1998 年发表了关于不注意视盲现象的论著,其中对不注意视盲现象进行了多角度的探究,考察了不注意视盲现象和知觉组织(grouping)、注意区域(the zone of attention)以及内隐知觉(implicit perception)等的关系。他们的研究主要采用了基于电脑屏幕呈现的静态研究范式。在一个典型的实验中,屏幕中央呈现"十"字图形,呈现时间为 200ms,被试的任务是判断十字图形的两臂(横线和竖线)哪一条更长。在开始呈现的若干试次中,没有任何意外刺激出现。在关键试次(critical trial)中,屏幕的某一象限内会同时出现一个意外刺激(如图 12-4)。

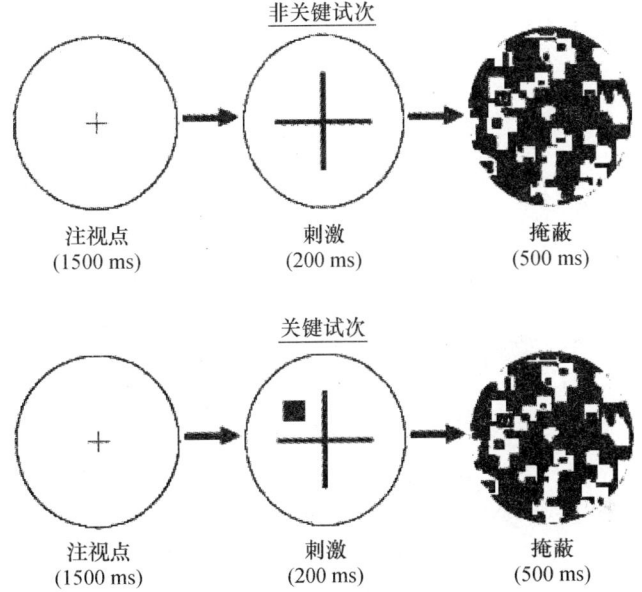

图 12-4　Mack 和 Rock 研究不注意视盲的静态实验范式
(来自 Mack & Rock, 1998)

该试次结束后,被试回答除了"十"字之外是否看到了其他的图形。Mack 和 Rock 在实验中变换了该意外刺激的颜色、方向、运动情况等,结果发现在各种情况下,大约有 25% 的被试未看到意外刺激。而令人惊讶的是,当"十"字呈现在屏幕的边缘而非中央时,有更多的被试(75%)发生了不注意视盲现象。此外,若出现的意外刺激是人名或者笑脸,注意到该刺激的人数将大大提高。一些研究者认为这一发现证明了注意捕获发生在意义分析之后,刺激的重要性或熟悉性在很大程度上决定了它是否能够被觉察到。

Mack 和 Rock 采用的静态范式的优点在于对实验条件的控制非常严格,它可以对许多变量进行操控,从而能够得到许多有意义的研究结果。而该范式的弊端在于并不一定模拟了真实情境下的注意过程,现实世界中事物呈现的时间很少有短于 200ms 的,而且它们很少被掩蔽。

结合以上两种实验范式的优点,Most 等人(2001)采用了一种持续的(sustained)和动态的实验范式。在一个典型的任务中,屏幕上的任务窗口中会出现四个黑色图形和四个白色图形,它们按随机路线运动并且经常碰撞窗口壁被弹回(如图 12-5 所示)。在持续时间为 15s 的试次中,被试需要紧盯着注视点并数出白色物体或黑色物体撞击窗口壁且弹回的总次数。在最先的两个试次中,没有任何意外刺激出现,在第三个试次中,一个意外的刺激(红色十字)将从窗口的右侧进入,水平地运动穿过整个窗口,最后从左侧出去。这一范式可以有效地产生不注意视盲的现象,即使当意外刺激具有极其醒目的颜色和形状时,仍有 30% 左右的被试看不见意外刺激。这一实验范式结合了静态范式和选择注视范式的优点,同时具有严格控制实验条件和动态情景的特点,这不仅使对各种变量的操纵成为可能,同时也使研究更贴近于实际情境。

第一、二个试次（非关键试次）

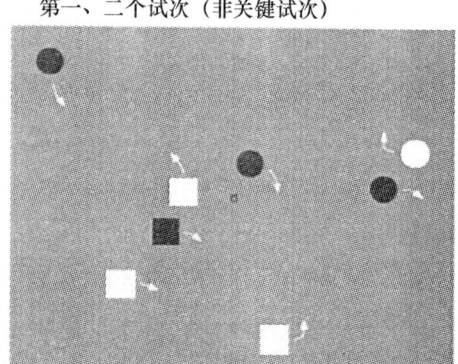

第三个试次（关键试次）

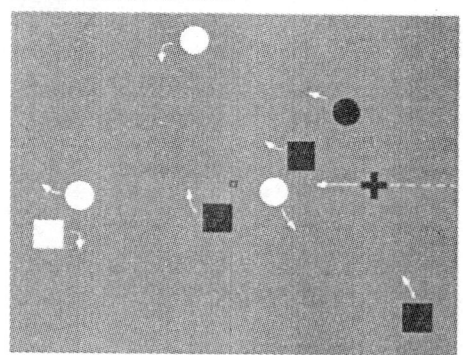

图 12-5　Most 等人的实验范式的静止画面

图中箭头表示运动方向,在实际显示中并不出现。(来自 Most et al.,2001)

与不注意视盲紧密相关的一个概念是注意捕获。注意捕获是一种与不注意视盲相反的现象,它指的是当某些刺激突然呈现时,人们的注意会被自然地吸引以至于对当前任务的完成产生影响。这就引起人们去思考一个问题:一个意外刺激在什么情况下会引起不注意视盲,而又在什么情况下会捕获注意进而被觉知呢？Folk 和 Remington 等人(1993)的理论似乎为这一问题提供了答案。他们假设是刺激与目标任务的关联性导致了注意捕获的发生。这一假设认为,当刺激的某些性质与所要探测的目标的特征有所关联,即该刺激符合被试基于目标任务的特点所形成的注意图式(attention set)时,该刺激才会吸引注意。这一理论假设指出,注意选择过程中存在一种受目标指向的加工方式,观察者的意图和目的起到了决定性的作用。而那些与注意图式偏离的事物则不会被注意到,因此导致了不注意视盲现象的产生。

2. 运动诱发视盲

Bonneh 等人(2001)报告了另外一种视错觉现象——运动诱发视盲:在黑色屏幕上呈现一个或几个对比度较高的、静止或缓慢运动的目标刺激,由多个对比度较低的背景刺激(如圆点或"十"字)组成的背景图形(moving pattern)层叠于目标刺激之上,并围绕着空间中一点做匀速圆周旋转运动。当被试盯着注视点并忽略背景的运动时,会发现原本显著的目标刺激会从觉知(awareness)中消失,然后在一段时间(数十至数千毫秒)后又重新出现。这种"消失—重现"的现象会重复发生,虽然在此期间目标刺激的真实物理属性并没有发生任何的改变。这种由背景图形的运动引起的"消失"错觉现象被命名为运动诱发视盲(motion-induced blindness,MIB)。

大量研究表明,视盲的发生与注意的脱离和缺失有着不可分离的紧密联系,如不注意视盲中所述。但与其他的视盲现象比较,MIB 显然有其独特的产生机制(Bonneh, et al.,2001),它不是由于整个注意加工被引导偏离目标(如不注意视盲任务)或被显著的干扰刺激中断(如变化视盲任务)而引起的,而是发生在外显的知觉层面的一种"抹去"现象。类似的知觉"抹去"现象常见于双眼竞争(binocular rivalry)、双稳态(bi-stable)图形或是 Troxler 图形衰退(Stürzel & Spillmann,2001)等知觉竞争现象之中。在这些现象里,视觉"觉知"在参与竞争的多个物体上转换(switch),竞争中输掉的一方在觉知中被"抹去",这种转换本身被认为是竞争物体之间相互抑制的结果(Wilson, Blake & Lee,2001)。

为了探讨 MIB 的机制,研究者通过操纵目标刺激和背景的各种属性,考察影响 MIB 发生的因素。主要研究方法为考察固定时间内发生 MIB 的情况,具体指标包括从实验开始到初次诱发视盲现象的时间长度(initial fading time)、发生 MIB 的累计时间(accumulated invisibility period)和 MIB 占总实验时间的比例(the percentage of accumulated invisibility period)。在背景图形保持较低对比度和恒定运动速度的情况下,研究的主要发现包括:① 背景图形中的局部元素形成的整体图形结构越完整(如均匀、密集分布的刺激平面,或有良好的知觉组织特性),诱发视盲的可能性越高(Bonneh, Cooperman & Sagi,2001;Graf, Adams & Lages,2002);② 物理属性越显著的目标刺激越容易引起视盲(Bonneh, Cooperman & Sagi,2001;Hsu, Yeh & Kramer,2004)。以上研究结果说明:① 背景图形是作为一个整体被加工并参与知觉竞争的;② 在诱发 MIB 的时候对目标刺激的注意加工机制可能与正常状态下不同;在通常情况下，越显著的刺激越难以消失(Stürzel & Spillmann, 2001)；但在 MIB 现象中，目标刺激越显著则越容易消失。

在这些实验中，研究者排除了一些可能的原因(Bonneh et al., 2001; Hsu, Yeh & Kramer, 2006)，包括感觉加工的抑制或适应、基于视网膜区域的抑制以及由背景刺激引起的感觉输入掩蔽等，一致认为 MIB 是一种知觉竞争现象(perceptual rivalry)——不同(类)的知觉元素互相竞争和抑制(Wilson, Blake & Lee, 2001)，各部分元素在竞争中获胜时可以被觉知到，失败时则被排除在觉知以外。随着视觉"觉知"在参与竞争的多个元素间转移，个体也相应地感觉到知觉对象在不断地发生变化。在此基础上，一部分研究者认为，MIB 知觉竞争与注意有关(Bonneh et al., 2001)，另一部分研究者则认为与注意关系不大(Graf, Adams & Lages, 2002; Hsu, Yeh & Kramer, 2004)。

认为 MIB 是纯粹的知觉竞争现象的研究者关注 MIB 现象中的知觉竞争问题本身，因此他们的研究也大多从知觉加工的角度出发。Graf 等人(2002)研究发现，将背景图形和目标刺激分别投射在两个不同立体深度的平面上时，对背景图形所在平面的加工会干扰对目标刺激所在平面的加工，从而诱发更多 MIB。另一些研究(Bonneh et al., 2001; Hsu, Yeh & Kramer, 2004)则发现，目标刺激越显著(如对比度越高，或者是一个"pop-out"的刺激)，MIB 的发生率就越高。Hsu 等人(2004; 2006)对此的解释为，目标刺激与背景图形之间的知觉组织(如相似性、连续性、亮度一致性等)良好与否是影响 MIB 的重要因素：目标与背景的知觉组织越不好(目标越显著)，知觉竞争元素之间的不相容性越高，目标刺激就越容易被觉知排除。

虽然这些研究提出了非注意的知觉竞争假设，但事实上这些知觉因素都多少与注意的加工有间接的联系。比如，上述实验结果似乎可以解释为，当注意被某种线索引导偏向竞争的某一方(如 MIB 的背景图案)时，能够加强这一方在知觉竞争中的优势(Chong & Blake, 2006; Blake, Yu & Lokey, et al., 1998; Mitchell, Stoner & Reynolds, 2004)。联系来自单侧忽视症研究的结果，Bonneh 等人(2001)提出这样一种假设：MIB 现象可能反映了一种基于"胜者全取"注意模式(winner-take-all, WTA)的注意转换(attentional switching)机制。研究表明，正常状态下，选择性注意能够以一种隐蔽的方式在多个刺激或者刺激属性之间快速转换(switching)(Ivry & Hazeline, 2000; Erickson, Colcombe & Wadhwa, et al., 2005)，通过这种快速转换使注意资源的调用效率最大化，从而使同时对一个以上的刺激或刺激属性进行"平行加工"成为可能。而一旦这种快速的注意转换由于某种因素被减缓甚至中断，注意就容易表现为滞留在注意竞争中获胜的元素上，致使同一时刻只能觉知到这一个对象，即"胜者全取"。只有在背景图形发生运动的时候，MIB 才会发生，并且背景图形永远处于能被有意识觉知的优势地位，而目标刺激则处于被觉知—消失—重新被觉知的循环状态。研究者据此认为，与其说是背景图形本身，不如说是组成这个图形的局部元素的整体一致的运动(motion)，与目标刺激产生了注意竞争。正是这种"整体的运动"对正常状态下注意在目标刺激和背景图形之间的快速转换产生了干扰,使转换被减缓或中断,并促使视觉系统采取"胜者全取"的注意模式;在注意转换停滞的瞬间,被"运动"所吸引的注意难以从背景图形回到目标刺激上,我们就认为目标刺激从视野中消失了。

那为什么目标刺激越显著,越容易引起 MIB？Geng 等人(2007)提出,显著的刺激容易获得外源性注意,但这种注意很可能被导向了竞争发生的空间区域,然后再在竞争元素之间转移。换言之,显著的目标刺激引起自下而上的空间注意,但这种增加的注意同时被导向目标刺激及其周围空间,使该范围内的所有刺激(包括目标刺激和运动背景)获得的知觉加工都增加,从而使竞争双方的反应强度都有所提高。由于运动捕获注意的特殊性,这种增加可能会优先偏向运动背景图形,从而扩大运动背景相对于目标刺激的竞争优势,导致目标刺激的 MIB 增加。

Geng 等人(2007)通过内源性的注意线索来操纵空间注意分配,考察注意在运动诱发视盲现象中的调控作用,实验结果进一步证实了上述想法。他们发现,在上视野和左下视野中,被试在集中注意条件下(注意单侧视野目标)比在分散注意条件下(注意双侧视野目标)体验到更多的 MIB 现象。以下视野为例,实验在被试的左侧和右侧视野中分别同时呈现一个目标刺激,要求被试同时报告对双侧目标刺激的觉察状况,或者只要求被试报告对其中指定的一侧目标刺激的觉察状况,重点考察这两种不同的注意分配方式(分散与集中)下 MIB 的差异。

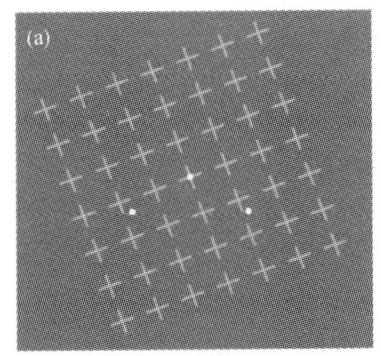 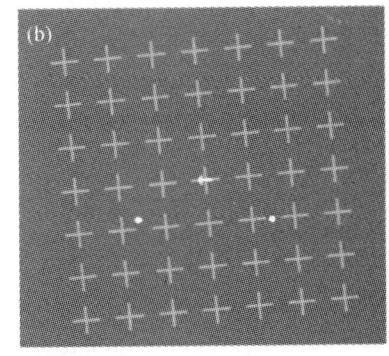

图 12-6　实验刺激示例
(a) 注意双侧视野的目标;(b) 注意左侧视野的目标。(Geng et al.,2007)

在注意双侧视野任务中,注视点为圆点,被试需要同时觉察注视点下方两侧的明亮圆点,对它们的消失和出现的情况都做反应(如图 12-6(a)所示);如果感觉左侧圆点消失,用左手食指按下"Z"键,直到左侧圆点重新出现松开;如果感觉右侧圆点消失,用右手食指按下"?"键,直到右侧圆点重新出现松开,如此不断重复,直到实验任务结束。在这种条件下,被试必须同时注意双侧视野的目标刺激,并用左右手分别对之做出反应,因此可以分别针对左侧目标和右侧目标记录到两组数据。在注意单侧视野任务下,注视点为水平指向的箭头,被试仅需要对箭头所指那一侧的目标圆点的消失和出现的情况做反应(如图12-6(b)所示):箭头向左指时,被试如果感觉左侧圆点消失,用左手食指按下"Z"键,直到左侧圆点重新出现松开;箭头向右指时,被试如果感觉右侧圆点消失,用右手食指按下"?"键,直到右侧圆点重新出现松开,如此不断重复,直到实验任务结束。

在上视野的实验中,除了将MIB目标刺激在上视野(与下视野实验位置对称)呈现外,其他所有实验参数设置同下视野实验。

实验结果如表12.1所示,结果显示,集中注意条件下发生MIB的时长比例显著高于分散注意条件,而且这种效应主要表现在左下视野和上视野。该研究证实,注意对知觉竞争的影响是显著的。在该实验中,目标刺激的知觉属性(如物理强度和知觉组织等)并没有发生任何变化,实验操控的只是被试分配注意的方式。因此MIB时长比例的变化是由注意的变化引起的,或者说,至少是注意的变化引起了知觉加工的变化,进而对MIB中的知觉竞争产生了影响。

表12.1 不同实验条件下发生MIB的时长比例

视野		空间注意		差异
		分散/(%)	集中/(%)	
下视野	左	14.35 (9.52)	17.94 (9.30)	3.59*
	右	12.54 (9.83)	13.99 (10.73)	1.45
上视野	左	22.24 (9.71)	26.15 (9.55)	3.91*
	右	19.85 (9.65)	23.34 (11.07)	3.49*

注:括号内为标准差;*表示在0.05水平上差异显著。

该研究中,在注意双侧视野目标的条件下,任务要求被试必须同时兼顾两个目标,这种自上而下的注意规则迫使被试的注意不得不在背景图形和两个目标刺激之间进行转换。这时的注意转换将倾向于一种较不稳定的模式:一方面注意在目标刺激和背景图形之间转换,这种转换的延迟是导致视盲的原因;另一方面注意还在两个目标刺激之间进行转换。后一种注意转换将干扰前一种注意转换(即干扰运动对注意的吸引),即干扰目标刺激和背景图形之间的注意竞争,从而破坏运动引起的注意向运动图形的偏移,注意就容易被切换回目标刺激上来,引起MIB现象的减少。这一推测在实验中得到了证实:与注意单侧视野相比,注意双侧视野时每次发生MIB的平均时间长度显著地缩短了。这说明运动图形争夺注意的优势虽然一直存在,但视盲总是被更早地中断了。此外,空间注意的集中提高了被注意空间内所有元素的加工,使目标刺激与背景图形之间的相容性降低,注意竞争加剧,优势更多地偏向运动背景,因此目标刺激从觉知中被排除的概率(如MIB发生的时长比例)也随之增加了。Schölvinck和Rees(2009)的研究通过操纵空间注意,对比了目标刺激和干扰刺激的MIB发生概率,实验结果显示目标刺激引发了更多的MIB,支持了Geng等人(2007)的研究结果。

Mitroff和Scholl(2005)还通过实验证明了MIB期间,"知觉组织变化"的无意识加工。Mitroff和Scholl设计了一个新颖的实验范式来验证发生视盲期间仍然存在对目标刺激的知觉组织的内隐加工。他们向被试呈现 MIB 刺激,背景是多个"十"字图形构成的网栅在做逆时针旋转,一个"哑铃"式的刺激(两个圆盘之间用线连接)作为目标刺激,观察者通过分别按压两个键来报告两个圆盘从觉知中消失,持续按压一直到刺激被重新觉知才松键。当两个目标刺激都产生视盲的时候(两个键都被按压),均匀地变化它们的连接性,如图 12-7 所示:在缩短的条件下(图 12-7(a)),"哑铃"的连接线的两端在 1000ms 内逐渐缩短、消失;而在增长的条件下(图 12-7(b)),连接线的两端在 1000ms 内逐渐增长、出现。如果这个"变化"的过程没有被觉察到(即被试发生视盲的时间大于变化刺激所需要的时间,这可能需要诱发多次 MIB 才能达到),他们就要求被试报告两个目标刺激在视盲结束时,是否是同时重新出现的。

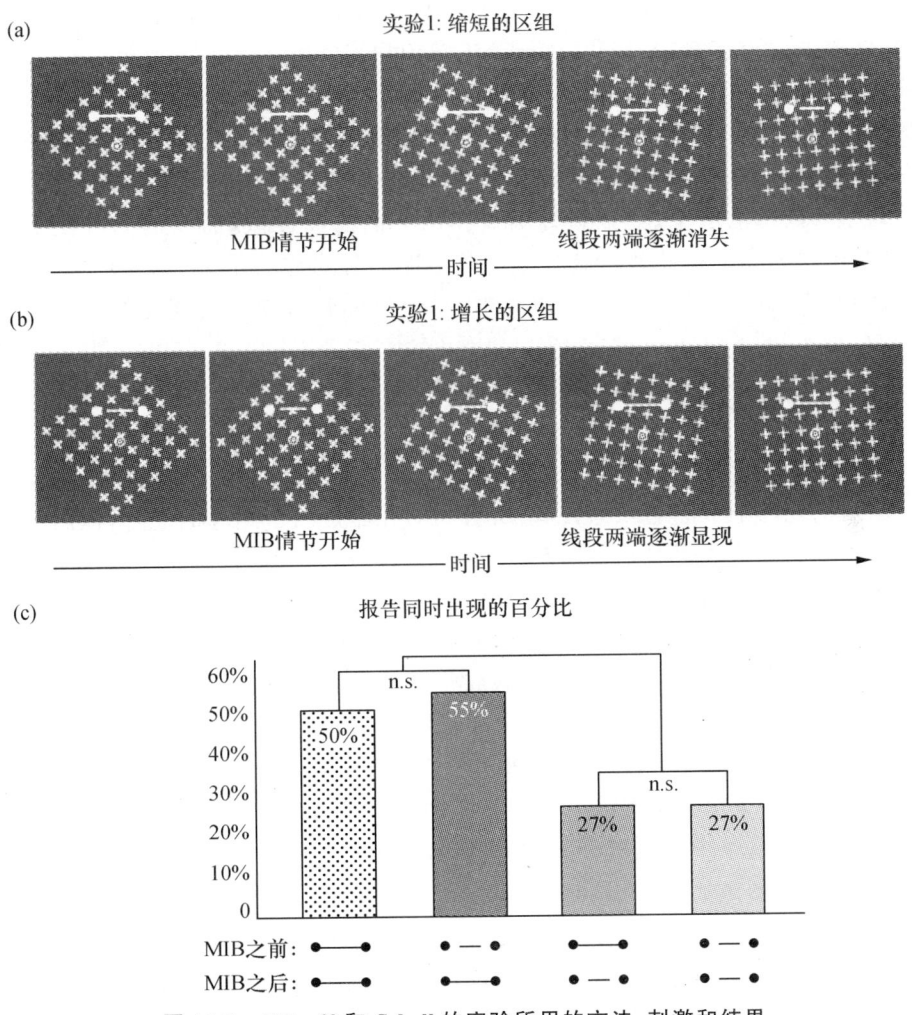

图 12-7 Mitroff 和 Scholl 的实验所用的方法、刺激和结果

(a)缩短条件;(b)增长条件;(c)实验结果,以报告"同时出现"的百分比作为因变量指标。

Mitroff 和 Scholl 指出,在目标连接性没有发生变化(消失前后)的情况下(基线条件),当两个目标圆盘没有被连接起来的时候,作为两个相互独立的知觉物体,它们在同时或相继消失后又同时出现的概率是较小的(27%);但当它们被细的线段连接起来的时候,就组成了一个类似于"哑铃"的整体物体,两个圆盘将倾向于作为"哑铃"整体的部分,共同参与和背景图形的知觉竞争,此时它们在 MIB 期间同时出现的概率会显著地增高(50%)。这种觉知差异体现了目标刺激消失前对连接性组织的有意识加工。而如果在诱发 MIB 期间,目标的连接性发生了变化,这种变化就可能对消失前的已经形成的知觉组织形式造成影响。影响是否产生取决于对"变化"是否有同步的阈下加工。被试虽然不能觉察到连接线段长度发生了变化,但在目标的连接性发生和没有发生变化的两种情况下,如果行为结果(被试知觉到两个目标刺激同时出现的概率)表现出差异,就说明被试对连接性的"变化"进行了无意识加工。

实验结果(图 12-7(c))验证了上述猜测:当两个圆盘一直保持连接状态时,同时出现的比例大约是一直不连接时的两倍;如果目标圆盘在消失前没有连接,而在消失过程中变化为连接时,与一直不连接相比,同时出现的比例有显著的升高(55%),并升高至与一直连接时同样的水平;如果目标圆盘在消失前已经连接,而在消失过程中断开连接,则同时出现的比例将显著降低至与一直不连接时同样的水平(27%)。这一结果说明在目标刺激从觉知中消失的这段时间里,对于目标刺激连接性变化的阈下加工是持续进行的。

(四)双眼竞争

双眼竞争是近年来研究视觉意识比较常用的一种实验范式。实验中给观察者的两只眼睛分别呈现两个不同的图像,他们所看到的并非是两个图像的混合,他们的知觉体验反映了两个刺激输入间的一种动态竞争,即体验(experience)是以一种双稳态形式在一只眼睛的输入优势和另一只眼睛的输入优势间交替转换的。因为视网膜输入始终保持不变,变化的是知觉体验,因此双眼竞争为探索知觉意识的神经相关物提供了一个极好的实验范式,从而避免了视网膜的刺激变化所造成的混淆。

在一系列的经典实验中,Logothetis 和其同事(1998)记录了猴子在观看双眼竞争呈现时大脑视觉区域单个神经元的活动。猴子被训练通过拉一个杠杆来报告它们在每一时刻看到的是两个刺激中的哪一个。实验中选择了各种各样的刺激,如移动的栅条、面孔等,它们或者是某个特定神经元的适宜刺激(能强烈激活该神经元),或者是非适宜刺激(对该神经元的激活非常微弱)。Logothetis 等人发现,在视觉通路中某些神经元的反应是独立于猴子的觉知状态的,而另外一些神经元的活动与猴子的觉知报告相关。例如,给猴子的一只眼睛呈现移动的刺激,另一只眼睛呈现静态的刺激,对运动敏感的神经元在猴子报告看到运动时其活动比没有报告时更强烈。此外,在视觉通路的不同阶段,与觉知相关联的神经元数量是不同的,在 V1 和 V2 区大约有 20%,而在颞下皮层大约有 90%。这些结果提示,视觉通路的晚期阶段与猴子的觉知状态的关联比早期阶段更紧密。

Tong 等人(1998)对人类被试的 fMRI 的研究得到了类似的结果。他们记录了两个视觉皮层区域,这两个区域对特定的刺激类别具有高度选择性的反应。其中一个纹外皮层区域叫作梭状面孔区域(fusiform face area,FFA),这一区域对面孔刺激的反应要比非面孔刺激强两倍以上;另外一个区域在大脑的腹侧表面,叫作旁海马地点区域(parahippocampal place area,PPA),这一区域对地点图像(包括房子)的反应很强烈,但对非地点刺激的反应很弱,对面孔刺激根本不反应。给被试一只眼呈现面孔刺激,另一只眼呈现房子刺激,Tong 等人通过 fMRI 监视了双眼竞争中对于每个刺激的神经反应。即在整个扫描的过程中,被试观看一个单一的面孔-房子竞争性刺激(如图 12-8 所示),通过红绿滤光器,每只眼睛只能看到其中的一个图像,他们通过按一个键来报告他们觉知内容的每一次转换。被试的报告表明,每几秒钟他们的觉知内容转换一次,从面孔到房子或从房子到面孔。通过时间锁定于按键来叠加每个被试的 FFA 和 PPA 两个

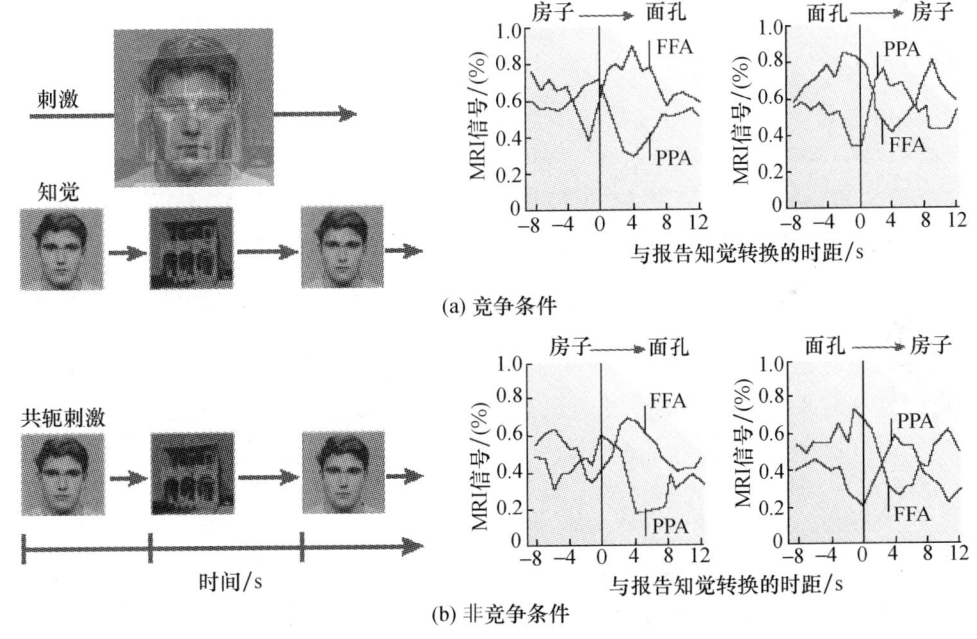

图 12-8 双眼竞争中觉知的神经相关物

(a) 产生双眼竞争的刺激是由两个分别呈现于两眼的不同图像构成的(呈现的刺激与红绿滤光器结合使用以得到这一效果)。被试报告的知觉内容是在两个单眼刺激间交替转换的,这种转换每几秒钟发生一次。(b) 神经成像研究比较了双眼竞争中的交替知觉和共轭的单眼刺激物理转换所分别对应的神经活动,后者(共轭刺激)使用的时间序列得自于双眼竞争中的知觉报告。

区域在所有面孔—房子转换中的 MR 信号,以及所有房子—面孔转换中的 MR 信号,结果发现每个被试的上述两个区域都对它们的适宜刺激的觉知表现出更强的神经活动(FFA—面孔,PAA—房子),每个区域当它的适宜刺激脱离觉知的时候都表现出神经活动的下降(如图 12-8 所示)。所以,尽管在整个实验过程中刺激保持不变,但这两个区域的活动与被试的觉知内容密切相关。

图 12-8 右图给出了 FFA 和 PPA 区与竞争性的房子-面孔刺激的知觉转换相关的 MRI(magnetic resonance imaging)数据,当转换是从房子到面孔时,FFA 的活动增强,PPA 的活动减弱;而当转换是从面孔到房子时,出现了颠倒的模式(图 12-8(a))。因此,这些功能特异化的视觉皮层区域的活动是与报告的知觉体验的内容相关的。这些活动的调制强度与刺激的物理交替所引发的活动模式非常相似(图 12-8(b))。

对于知觉意识的神经相关物研究目前一条比较盛行的研究思路是:将意识内容和相应的神经活动的变化独立于刺激本身的变化,典型的实验范式是刺激保持恒定不变,但被试的主观体验以及相应的神经活动发生了变化。上述提到的运动诱发视盲、双眼竞争等视错觉现象就符合这样的特点。

(五) 持续闪烁抑制

Tsuchiya 与 Koch(2005)提出了一种可操控性更强的实验范式,他们将之命名为"持续闪烁抑制"(continuous flash suppression, CFS)。实验中向观察者的一只眼睛连续、快速地闪现一系列不同的随机色块拼成的图像(被称为 Mondrian 图形,见图 12-9),同时向另一只眼睛的相对应位置呈现一个保持不变的图像(通常是目标,如面孔),大部分观察者看不到这个静止图像,即使它被呈现了很长时间(有时可以达到几分钟)。因此这种实验范式就为无意识加工过程的研究提供了便利的手段。实验证明,这种范式可以出色地克服通过双眼竞争、前后掩蔽等方式实现视觉刺激的无意识加工时所面临的抑制效果不稳定、抑制时间短且不可预期等问题。Tsuchiya 等人证明,CFS 所能实现的抑制时间至少 10 倍于双眼竞争所能实现的无意识加工时间(Tsuchiya, Koch, Gilroy & Blake, 2006)。

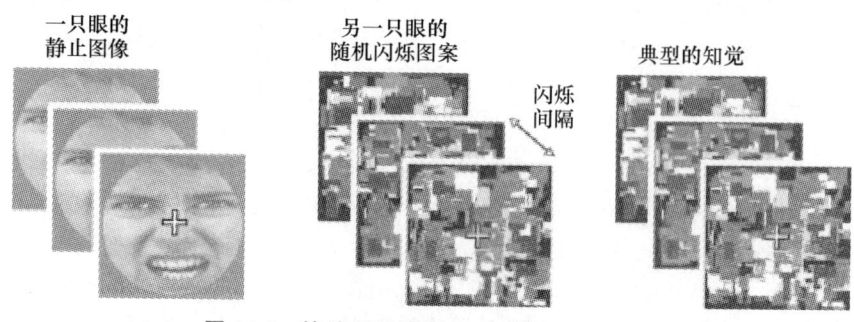

图 12-9 持续闪烁抑制(CFS)基本实验流程
(来自 Tsuchiya & Koch, 2005)

Jiang 等人(Jiang & He,2006;Jiang,Costello,Fang & He,2007)采用类似的实验范式考察了被抑制刺激的无意识加工对空间注意分配的影响。实验流程如图 12-10 所示,将一对高对比度的、动态变化的噪声图形分别呈现于被试一只眼睛的注视点的左右两侧,而在另一只眼睛的对应位置分别呈现一张色情图片及其打碎的控制图片,由于两眼间连续闪烁抑制的作用,色情图片以及它的打碎控制图片在呈现过程中被试是看不到的。在上述双眼呈现之后,一个 Gabor 刺激(一小块光栅刺激)作为探测刺激随机呈现于注视点的左侧或右侧,对应于之前色情图片或打碎图片的位置。被试的任务是通过按压两键之一来指出短暂呈现的 Gabor 刺激的方向(顺时针或逆时针倾斜1°)。实验的目的是要考察被抑制的图片刺激(色情图片)能否引起空间注意分配的效应。这一注意效应是以被试在以下两种条件下对 Gabor 方向辨别的准确性差异作为指标的:Gabor 呈现在完整图片一侧(一致条件)与 Gabor 呈现在打碎图片一侧(不一致条件)。在实验的过程中,如果被试觉察注视点两侧的噪声图形有任何差异,可随时按另外一个键中止实验试次,以保证有效的实验试次中色情图片是被无意识加工的。

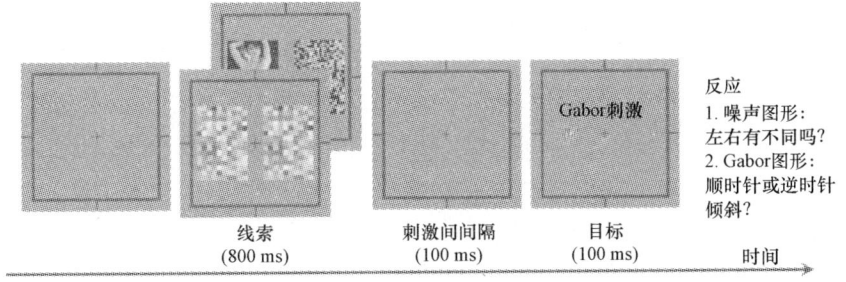

图 12-10 Jiang 等人的实验中无意识条件的实验图示

实验结果如图 12-11 所示,证明了色情图片的无意识加工确实影响了空间注意分配,而且色情图片中人物的性别和观察者的性别在影响注意效应中存在交互作用。对于异性恋男性观察者,当 Gabor 刺激出现在阈下女性裸体图片的位置时,方向辨别任务的准确性得到提高(以不一致条件,即 Gabor 出现在打碎图片的位置作为基线条件,下同),出现正的注意效应(注意获益);而当 Gabor 刺激出现在阈下男性裸体图像的位置时,则出现了负的注意效应(注意代价)。这说明即使裸体图像没有被有意识知觉,异性恋男性观察者的注意仍然可以被女性裸体图像吸引,而对男性裸体图像却有排斥。图 12-11(a)给出了 10 名异性恋男性观察者的各自的注意效应以及他们的平均结果。另外的 10 名异性恋女性观察者也出现了类似的结果(图 12-11(b)),她们对阈下男性裸体图像表现出正的注意效应,而对阈下女性裸体图像表现出负的注意效应。

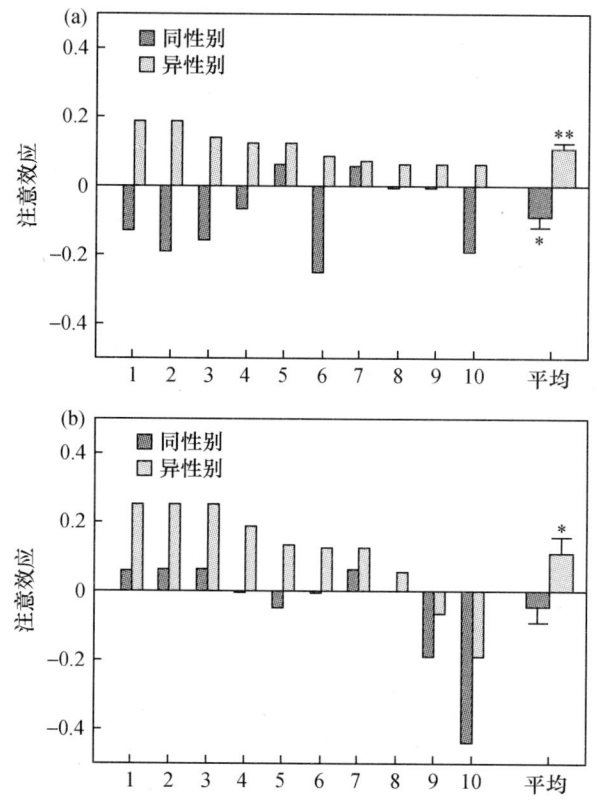

图 12-11 异性恋男性观察者(a)和异性恋女性观察者(b)由阈下色情图像所引起的注意获益和注意代价

二、意识的神经机制研究

意识领域的研究者们除了从行为水平上将意识与无意识过程、意识与其他心理过程进行区分,意识产生的神经机制也得到广泛的关注,这其中以视觉意识的神经机制研究最为突出。近十几年来对于视觉意识的神经机制的讨论,主要集中在两种模型上:层级模型(hierarchy models)和交互作用模型(interactive models)(Tong, 2003)。

层级模型认为原始的视觉输入在复杂性和特异性逐渐增加的各级皮层水平上依次得到分析,而只有信息到达高级视觉皮层时才能产生觉知。该模型比较强调高级视觉皮层在意识产生中的重要地位,只有高水平的纹外区域才直接参与视觉觉知,V1 区的损伤仅仅是阻断了信息流到达这些高水平的纹外区域,从而引起视觉觉知的丧失(Rees, Kreiman & Koch, 2002; Crick & Koch, 1995)。一些纹外区域,诸如 V4、MT

和颞下皮层,被认为分别直接表征了有关颜色、运动和客体识别的有意识信息,而 V1 区只是提供了必要的视觉输入,就如眼睛的功用一样,可以认为它们对于表征有意识的视觉信息没有作用。Crick 和 Koch(1995)进一步提出,只有向前额叶皮层有直接投射的纹外视觉区域才能直接作用于意识,因为 V1 区没有向前额叶皮层的直接投射,所以这一理论认为 V1 区不能直接作用于视觉觉知。后来有一些研究认为额叶和顶叶与注意有关的区域对产生意识很重要,从这些区域到纹外区域的自上而下的信号对于选择特定视觉表征进入意识是很关键的(Leopold & Logothetis, 1999)。因此,层级模型预言,觉知与纹外区域活动的关联应该比 V1 区更为紧密,如果纹外区域活动保持完好,V1 区活动的破坏不应该损害觉知。

交互作用模型认为,V1 区通过与纹外区域形成动态循环回路而直接参与视觉觉知(Pollen, 1999; Lamme & Roelfsema, 2000; Bullier, 2001)。V1 区和很多纹外区域都有相互联系,例如 V2、V3、V3A、V4、MT 区等。根据交互作用模型,一个特定的纹外区域与 V1 区之间的持续活动对于保持一个视觉表征处于意识之中是必需的。因此,尽管 V1 区与前额叶区域没有直接的前摄联系,但通过支持或不支持中间的纹外区域所表征的信息,V1 区可以决定什么样的纹外信息可以到达前额叶区域,也就是说,V1 区对高层区域有否决权。高层区域与 V1 区的循环联系还有其他功用,高层区域可能发出反馈信号来确认它们从 V1 区所接受的信息的可靠性,或者基于自上而下的知识、知觉组织或注意选择来调节 V1 区的活动。与 V1 区的循环联系还可以为在各个单独的视觉区域或通路进行分析的各类信息的知觉捆绑提供一个线索系统。知觉捆绑是指大脑如何将各种不同的信息,如颜色、朝向、运动、形状等,整合为一个单一凝聚的知觉表征(Treisman & Gelade, 1980)。由于 V1 区包含一个有关几乎所有相关特征信息的高分辨率的地图,而且与纹外区域形成了组织良好的联系,因此 V1 区可以为多个区域的知觉信息的捆绑提供一个"主导地图"(master map)或者叫空间—特征索引(spatial-featural index)。交互作用模型认为,甚至在纹外区域的活动保持完好的情况下,V1 区活动的阻断也会损害觉知的产生。

层级模型的一个预言是:如果在视觉信息通过 V1 区后对 V1 区的活动加以抑制或破坏,视觉觉知不会被影响。近年来,层级模型的这个推论与越来越多的实验结果产生了冲突。人们在实验中发现,从高级视觉皮层到 V1 区的反馈过程对视觉意识的产生是必不可少的。越来越多的直接或间接的证据支持这一看法。

动物电生理研究发现,在猴子的视觉皮层中,除了前摄神经连接,还存在很多反馈连接(Salin & Bullier, 1995)。但由于动物无法进行言语报告,这类实验无法为理解反馈过程与意识的关系提供帮助,因此人类被试的研究必不可少。在以人类为被试的此类研究中,最常用到的工具是穿颅磁刺激(Transcranial Magnetic Stimulation, TMS)。研究证明,对特定脑区施加 TMS 可以扰乱该脑区的活动,而当刺激的强度达到一定的阈限值时,施加于 V1 区的 TMS 可以引发静止的"光幻觉"(phosphene),而施加于 V5

区的TMS则会引发运动的光幻觉(Cowey & Walsh,2000;Kammer,1999)。

Cowey和Walsh(2000)的一项涉及V1区受损的脑外伤病人的研究中,就利用了施加于V5区的TMS所引发的运动光幻觉。由于被试对光幻觉的觉知不依赖于外界输入的视觉刺激,该实验得以对比盲人(P. S.,视神经截断,但皮层完好,没有任何残留视觉)、脑损伤病人(G. Y.,左侧纹状区完全损毁)和正常人对其觉知情况的差别,从而考察V1区在视觉觉知中起到的作用。实验发现,正常被试可以觉知到光幻觉;皮层完好的盲人被试P. S.也可以感受到光幻觉;而脑外伤病人G. Y.,只有在TMS施加于右侧V5区时才可以觉知到光幻觉,即V1区受损一侧的V5区TMS刺激无法引发光幻觉的觉知。由于实验中的运动光幻觉是TMS刺激V5区产生的,根据层级模型,一旦刺激已经到达高级的V5区,V1区与这个刺激的觉知就没有关系了。但是这个实验的结果表明,即使对于直接产生于高级皮层的视觉觉知,V1区的存在仍然是必要的。这一结果暗示了从高级视觉皮层向低级视觉皮层传输的信号,即反馈过程与视觉觉知有着紧密的联系。

脑外伤研究有一些固有缺陷,例如在上面的实验中,V1区损伤的被试很少,损伤区域不确定。另外脑外伤无法恢复,而光幻觉并非在所有被试中都能得到,因此研究者实际上无法确定光幻觉缺失的原因是V1区的损毁还是操作不当、定位不准或被试选择不当等其他原因。Pascual-Leone和Walsh(2001)利用两个TMS线圈分别刺激V1和V5区的办法,将这一结果扩展到了正常被试。

在Pascual-Leone和Walsh的实验中,他们使用两个TMS线圈分别对正常被试的V5区和V1区进行单脉冲的TMS(single pulse TMS),其中V5区的TMS刺激用来产生运动光幻觉,在相对于V5区TMS刺激的不同时间间隔点上对V1区进行阈限下的TMS刺激(不足以产生光幻觉),用以抑制V1区活动。通过系统地改变两个刺激脉冲之间的时间间隔,研究者希望捕捉到从V5区到V1区的反馈过程在视觉觉知产生中的作用。被试的任务是在一个四点量表上对于光幻觉的觉知情况进行评估(图12-12):1=清晰的、移动的光幻觉;2=微弱的、移动的光幻觉;3=稳定的光幻觉;4=没有光幻觉。由于运动光幻觉直接产生于V5区的TMS刺激,因此不存在正常视觉情况下的前摄过程的混淆,如果在某一时刻,对于V1区的抑制可以降低运动光幻觉的觉知水平,就说明在这一时刻有信息从V5区逆向地传播到了V1区,并且这种信息的反馈传播对于意识的产生是必要的。实验结果表明,当V1区的TMS出现在V5区TMS之后5~45ms之内,被试的觉知受到了损害,其峰值出现在约25ms处。这一实验不仅把脑外伤研究的结果推广到了正常被试,进一步确证了反馈过程与视觉觉知之间的因果关系,并且说明了反馈过程需时很短。

沿着这一研究思路,研究者又将这一结果从内生的光幻觉推广到真实的视觉刺激。Silvanto等人(Silvanto,Lavie & Walsh,2005)在实验中给被试呈现运动的光点,并在视觉刺激呈现后间隔不同时间向被试的V1区或V5区施加双脉冲TMS(double pulse

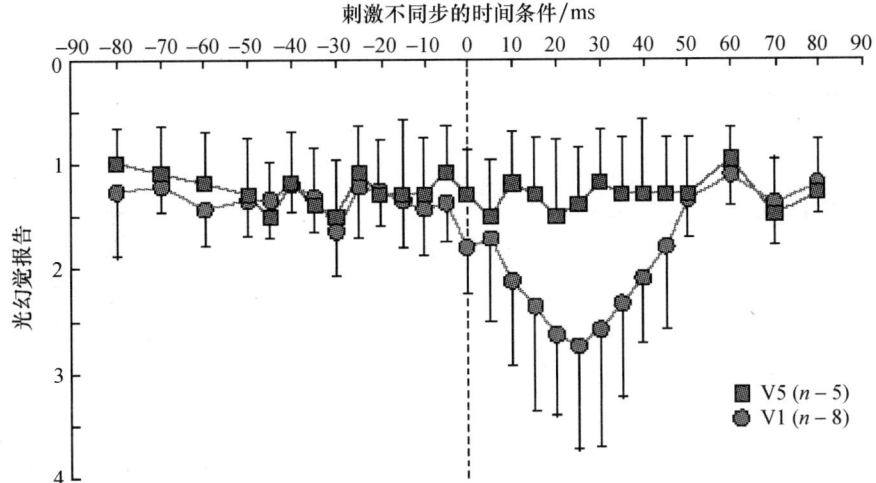

图 12-12　初级视觉皮层阻断的时间与视觉觉知的关系

TMS,dTMS)以抑制其活动。被试的任务是探测屏幕上的光点是否运动。实验结果表明,在视觉刺激呈现结束后 40~60ms 施加于 V1 的 dTMS(实验三)、60~80ms 施加于 V5 的 dTMS(实验二)以及 80~100ms 施加于 V1 的 dTMS(实验一)对于探测任务的成绩产生了显著的损害。实验所捕捉到的这三个时间点明确地显示了信息先通过前摄传播由低级皮层区域到达高级皮层区域,再通过反馈过程回到低级皮层区域的过程。

在研究意识产生的神经过程时,TMS 有着极大的技术优势,例如对特定脑区进行可逆性的抑制、较好的时间分辨率等。此外,一些事件相关电位和功能磁共振成像的研究也得到了一些有意义的结果。例如,Sterzer 等人(2006)使用 fMRI 研究了似动路径对应脑区的激活情况。首先,他们使用了曲线似动技术(如图 12-13(a)所示),使两个真实刺激(闪烁的倾斜棒)和似动的路径(图中的灰色双向箭头)处在不同的象限,以方便对 V1 中相应的皮层区域分别进行分析。结果发现,相对于似动路线没有经过的空象限,似动路线经过的象限(具体来说就是图 12-13(a)中小圆圈标出的似动路径中点)所对应的脑区有更大的激活,这一点与前人的研究结果是一致的。同时,研究者还使用了一种新的数据分析方法——动态因果性建模(dynamic causal modeling,DCM)(Friston,Harrison & Penny,2003)——对产生这一激活的不同模型(图 12-13(b))进行了比较。路径对应区域的激活可能有两种原因:模型Ⅰ假定视觉刺激引起的激活传播到 V5,再由 V5 通过反馈过程引起 V1 区中似动对应区域的活动;模型Ⅱ则考虑了 V1 区内部的横向传播对于似动路径相应区的激活。分析的结果明确地支持了模型Ⅰ,即反馈过程引起了 V1 区中似动路径相应区域的激活。

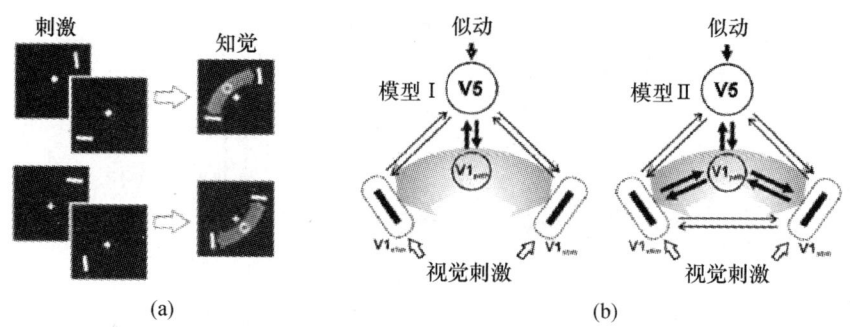

图 12-13　Sterzer 等人实验中的视觉刺激及模型分析示意图

(a)似动路径；(b)使用 DCM 进行比较的两个模型。(引自 Sterzer，Haynes & Rees，2006)

另外，也有研究者利用高密度事件相关电位（high-density ERP）为反馈加工过程与视觉意识的关联提供了证据（Kotsoni et al.，2007）。他们发现在同时呈现掩蔽（common-onset visual masking，COVM）的实验条件下，有一个 220ms 左右的枕区的成分 P2，其波幅与觉知情况相关。研究者认为这个成分反映了低级视觉皮层的重新激活，与反馈加工过程有关，与 Enns 等人（2000）提出的用反馈过程来解释 COVM 的理论相一致。

以上所列举的研究，通过各种途径验证了反馈加工过程的存在及其对视觉意识的作用，这类实验通常是通过捕捉低级皮层区域在前摄传播结束后的晚期神经活动来说明反馈加工的作用。虽然其具体时间进程有一些差异，但思路与结果大体是一致的。

意识问题是近年来实验心理学和认知神经科学领域研究的一个热点课题。由于实验方法和技术的不断进步，对于意识产生的心理及脑机制的研究已积累了相当多的实验证据。本章主要从三个方面概述了该领域的主要研究进展：首先对充满争议的"意识"的基本概念进行了综述，明确意识是一个多层次、多侧面的概念，需要根据不同情景进行分析和讨论。其次，对意识的实验研究方法进行了系统的概述，从比较经典的任务分离的研究范式、质的差异的研究范式，到近年来涌现的一些新的实验方法和技术，如各种视盲现象、双眼竞争、连续闪烁抑制等。最后，我们概述了有关意识产生的神经机制方面的实验研究，主要从目前意识领域最受关注、也是相对被研究得更为充分的"视觉意识"入手，重点介绍了一些在该领域较有成效的 TMS 研究及相关成果。总而言之，随着实验技术的进步，对视觉信息加工的时间进程以及相对应的神经活动进行实时的监控和操纵已成为可能，这将大大推动对产生意识的心理及脑机制的进一步深入认识。

问　题

1. 什么是意识的内省测量和行为测量？
2. 结合实验说明质的差异的研究范式。
3. 什么是不注意视盲，它与注意捕获的区别是什么？

4. 什么是运动诱发视盲？举例说明它在无意识加工研究中的应用。
5. 举例说明双眼竞争的实验范式。
6. 什么是持续闪烁抑制，这一实验范式的优点是什么？

参 考 文 献

耿海燕，朱滢．(2001)．Stroop效应及其反转：意识和无意识知觉．心理科学，24(5)，553～556．

耿海燕，李云峰．(2002)．分散和集中注意条件下的Stroop效应：意识的影响．北京大学学报(自然科学版)，38(3)，421～426．

Blake, R., Yu, K., Lokey, M., & Norman, H. (1998). Binocular rivalry and motion perception. Journal of Cognitive Neuroscience, 10(1), 46～60.

Bonneh, Y. S., Cooperman, A., & Sagi, D. (2001). Motion-induced blindness in normal observers. Nature, 411(6839), 798～801.

Bullier, J. (2001). Integrated model of visual processing. Brain Research Reviews, 36(2～3), 96～107.

Chong. S. C., & Blake, R. (2006). Exogenous attention and endogenous attention influence initial dominance in binocular rivalry. Vision Research, 46(11), 1794～1803.

Cowey, A., & Walsh, V. (2000). Magnetically induced phosphenes in sighted, blind and blindsighted observers. Neuroreport, 11(14), 3269～3273.

Crick, F., & Koch, C. (1993). 意识问题．科学(中译本)，84～91.

Crick, F., & Koch, C. (1995). Are we aware of neural activity in primary visual cortex? Nature, 375(6527), 121～123.

Enns, J. T., & Di, L. V. (2000). What's new in visual masking? Trends in Cognitive Sciences, 4(9), 345～352.

Erickson, K. I., Colcombe, S. J., Wadhwa, R., Bherer, L., Peterson, M. S., & Scalf, P. E., et al. (2005). Neural correlates of dual-task performance after minimizing task-preparation. NeuroImage, 28(4), 967～979.

Farber, I. B., & Churchland, P. S. (1995). Consciousness and the neurosciences: philosophical and theoretical issues. //Gazzaniga, M. (ed). The cognitive neurosciences. Cambridge, MA: MIT Press, 1295～1306.

Folk, C. L., Remington, R. W., & Johnston, J. C. (1993). Contingent attentional capture: a reply to yantis (1993). Journal of Experimental Psychology: Human Perception & Performance, 19(3), 682～685.

Friston, K. J., & Harrison, L. W. (2003). Dynamic causal modelling. NeuroImage, 19(4), 1273～1302.

Geng, H. Y., Song, Q. L., Li, Y. F., Shan, X., & Ying, Z. (2007). Attentional modulation of motion-induced blindness. Chinese Science Bulletin, 52(8), 1063～1070.

Graf, E. W., Adams, W. J., & Lages, M. (2002). Modulating motion-induced blindness with depth ordering and surface completion. Vision Research, 42(25), 2731～2735.

Hsu, L., Yeh, S., Kramer, P. (2004). Linking motion-induced blindness to perceptual filling-in. Vision Research, 44(24), 2857~2866.

Ivry, R. B., & Hazeltine, E. (2000). Task switching in a callosotomy patient and in normal participants: evidence for response-related sources of interference. Attention & Performance, 18, 400~423.

Jiang, Y., Costello, P., Fang, F., Huang, M., He, S., & Purves, D. (2006). A gender- and sexual orientation-dependent spatial attentional effect of invisible images. Proceedings of the National Academy of Sciences, 103(45), 17048~17052.

Jiang, Y., & He, S. (2006). Cortical responses to invisible faces: dissociating subsystems for facial-information processing. Current Biology, 16(20), 2023~2029.

Joordens, S., & Merikle, P. M. (1992). False recognition and perception without awareness. Memory & Cognition, 20(2), 151~159.

Kammer, T. (1998). Phosphenes and transient scotomas induced by magnetic stimulation of the occipital lobe: their topographic relationship. Neuropsychologia, 37(2), 191~198.

Kotsoni, E., Csibra, G. D., & Johnson, M. (2007). Electrophysiological correlates of common-onset visual masking. Neuropsychologia, 45(10), 2285~2293.

Kunstwilson, W. R., & Zajonc, R. B. (1980). Affective discrimination of stimuli that cannot be recognized. Science, 207(207), 557~558.

Lamme, V. A. F., & Roelfsema, P. R. (2000). The distinct modes of vision offered by feedforward and recurrent processing. Trends in Neurosciences, 23(11), 571~579.

Leopold, D. A., & Logothetis, N. K. (1999). Multistable phenomena: changing views in perception: trends in cognitive sciences. Trends in Cognitive Sciences, 3(7), 254~264.

Logothetis, N. K. (1998). Single units and conscious vision. Philosophical Transactions of the Royal Society B Biological Sciences, 353(1377), 1801~1818.

Mack, A., & Rock, I. (1998). Inattentional blindness. Cambridge, MA: MIT Press.

Marcel, A. J. (1983a). Conscious and unconscious perception: experiments on visual masking and word recognition. Cognitive Psychology, 15(2), 197~237.

Marcel, A. J. (1983b). Conscious and unconscious perception: an approach to the relations between phenomenal experience and perceptual processes. Cognitive Psychology, 15(2), 238~300.

Merikle, P. M., & Joordens, S. (1997). Parallels between perception without attention and perception without awareness. Consciousness & Cognition, 6(2~3), 219~236.

Merikle, P. M. (1984). Toward a definition of awareness. Bulletin of the Psychonomic Society, 22(5), 449~450.

Mitchell, J. F., Stoner, G. R., & Reynolds, J. H. (2004). Object-based attention determines dominance in binocular rivalry. Nature, 429(6990), 410~413.

Mitroff, S. R., & Scholl, B. J. (2005). Forming and updating object representations without awareness: evidence from motion-induced blindness. Vision Research, 45(8), 961~967.

Most, S. B., Simons, D. J., Scholl, B. J., Jimenez, R., Clifford, E., & Chabris, C. F. (2001).

How not to be seen: the contribution of similarity and selective ignoring to sustained inattentional blindness. Psychological Science, 12(1), 9~17.

Murphy, S. T., & Zajonc, R. B. (1993). Affect, cognition, and awareness: affective priming with optimal and suboptimal exposures. Journal of Personality & Social Psychology, 64(5), 723~739.

Neisser, U., & Becklen, R. (1975). Selective looking: attending to visually specified events. Cognitive Psychology, 7(4), 480~494.

Pascualleone, A., & Walsh, V. (2001). Fast backprojections from the motion to the primary visual area necessary for visual awareness. Science, 292(5516), 510~512.

Pasley, B. N., Mayes, L. C., & Schultz, R. T. (2004). Subcortical discrimination of unperceived objects during binocular rivalry. Neuron, 42(1), 163~172.

Pollen, D. A. (1999). On the neural correlates of visual perception. Cerebral Cortex, 9(1), 4~19.

Polonsky, A., Blake, R., Braun, J., & Heeger, D. J. (2000). Neuronal activity in human primary visual cortex correlates with perception during binocular rivalry. Nature Neuroscience, 3(11), 1153~1159.

Rees, G., Russell, C., Frith, C. D., & Driver, J. (1999). Inattentional blindness versus inattentional amnesia for fixated but ignored words. Science, 286(5449), 2504~2507.

Rees, G., Kreiman, G., & Koch, C. (2002). Neural correlates of consciousness in humans. Nature Reviews Neuroscience, 3(4), 261~270.

Salin, P. A., & Bullier, J. (1995). Corticocortical connections in the visual system: structure and function. Physiological Reviews, 75(1), 107~154.

Sch?lvinck, M. L., & Rees, G. (2009). Attentional influences on the dynamics of motion-induced blindness. Journal of Vision, 9(1), 1~9.

Silvanto, J., Lavie, N., & Walsh, V. (2005). Double dissociation of V1 and V5/MT activity in visual awareness. Cerebral Cortex, 15(11), 1736~1741.

Simons, D. J. (2000). Attentional capture and inattentional blindness. Trends in Cognitive Sciences, 4(4), 147~155.

Daniel J. Simons. (2000). Current approaches to change blindness. Visual Cognition, 7(1), 1~15.

Simons, D. J., & Chabris, C. F. (1999). Gorillas in our midst: sustained inattentional blindness for dynamic events. Perception, 28(9), 1059~1074.

Sterzer, P., Haynes, J. D., & Rees, G. (2006). Primary visual cortex activation on the path of apparent motion is mediated by feedback from HMT+/V5. NeuroImage, 32(3), 1308~1316.

Sturzel, F., & Spillmann, L. (2001). Texture fading correlates with stimulus salience. Vision Research, 41(23), 2969~2977.

Tong, F. (2003). Primary visual cortex and visual awareness. Nature Reviews Neuroscience, 4(3), 219~229.

Tong, F., Nakayama, K., Vaughan, J. T., & Kanwisher, N. (1998). Binocular rivalry and visual awareness in human extrastriate cortex. Neuron, 21(4), 753~759.

Treisman, A. M., & Gelade, G. (1980). A feature-integration theory of attention. Cognitive Psychology, 12(1), 97~136.

Tsuchiya, N., Koch, C., Gilroy, L. A., & Blake, R. (2006). Depth of interocular suppression associated with continuous flash suppression, flash suppression, and binocular rivalry. Journal of Vision, 6(10), 1068~1078.

Tsuchiya, N., & Koch, C. (2005). Continuous flash suppression reduces negative afterimages. Nature Neuroscience, 8(8), 1096~1101.

Weiskrantz, L. (1986). Blindsight: A case study and implication. Oxford, England: Oxford University Press.

Wilson, H. R., Blake, R., & Lee, S. H. (2001). Dynamics of travelling waves in visual perception. Nature, 412(6850), 907~910.

13

眼动实验法

一、眼的结构及眼动

(一) 人眼的结构

眼是完成人视功能的主要部分。人眼的结构如图 13-1 所示。

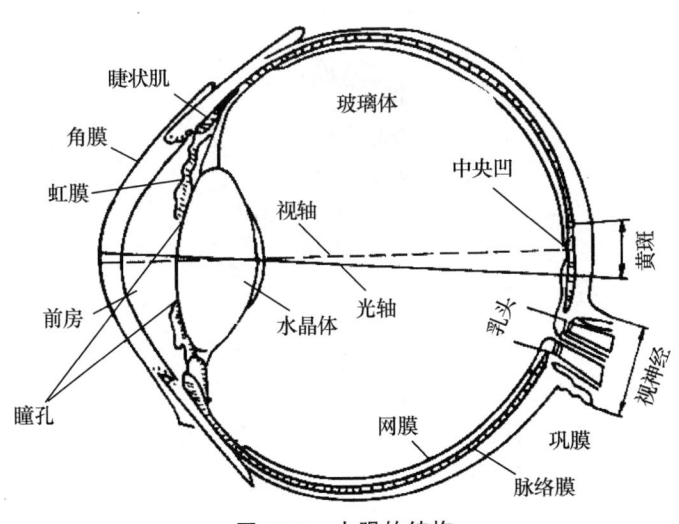

图 13-1 人眼的结构

从图 13-1 中可见,人眼的最外层为巩膜,其主要是维持眼球的形状并保护眼睛。在巩膜的前方形成透明的角膜。角膜是人眼中最重要的屈光介质,它的屈光力占眼球总屈光力的 73.33%。在角膜后是虹膜。瞳孔是指虹膜中央的开孔,是调节光线射入眼内强度的重要部分。水晶体紧贴瞳孔之后,是一个有弹性的、曲率可变的"又凸透镜"。水晶体是人眼的重要屈光单元,对人眼的屈光和调节起着重要作用。玻璃体位于人眼后部的玻璃体腔内,占眼球体积的大部分,是支持视网膜、脉络膜、巩膜及晶状体的主要组织,可缓和眼球运动所受的冲击,保护视网膜免受温度改变的影响。玻璃体是屈光单元之一,其透明性的维持对视功能有重要作用。来自外界的光经瞳孔后由水晶体聚集于眼球内壁的视网膜,形成缩小的倒像。视轴和视网膜在中央凹处相交,中央凹是视网膜中视敏度最高的区域。

(二) 眼动的生理机制

人类眼球的运动,简称眼动,在人们的视觉活动中起着重要的作用。人类眼球能向左右两侧偏转各达60°,上下各达40°,以此来改变视线。通过眼动可使物像在视网膜上处于最佳位置。

1. 眼肌的作用

人眼为什么会运动呢?这主要是由三对眼外肌控制的。三对肌肉的协同活动能使眼球以角膜顶端后方13.5 mm处为中心转动。每对眼肌控制眼球在一个平面上转动。人眼中的三对眼外肌分别是内直肌和外直肌、上直肌和下直肌、上斜肌和下斜肌。图13-2是三对眼外肌的示意图(闫国利,白学军,2012)。

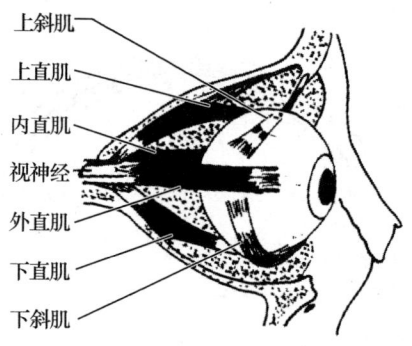

图13-2 眼外肌的结构

眼球的每一个运动都是几条眼肌的共同作用来完成的。当内直肌和外直肌收缩时,眼球向内外方向转动;上直肌收缩,眼球向上内方向转动,下直肌收缩,眼球向下内方向转动。上斜肌收缩,眼球向下外方回转,下斜肌收缩,眼球向上外方回转。

2. 眼动的基本形式

眼动有注视、跳动和追随运动三种基本形式。

人为了看清周围环境,通过眼动,使物体的像正好处于视网膜的中央凹上,这样才能获得清晰的视觉。眼睛的中央凹对准物体的活动被称为注视(fixation)。为了实现和维持眼睛对物体的注视,眼睛还要做跳动和追随运动。

(1) 注视(fixation)是眼睛的中央凹对准物体以获得物体最清晰的像。在注视过程时,眼睛还做震颤、闪动和漂移三种微小的运动。

第一,震颤(tremor)是不规则的、高频率(峰值80Hz)的运动。运动幅度极小,仅约20秒视角。研究表明:眼震颤的振幅为20~40秒度。

第二,闪动(flicks)又称微型扫视运动。其幅度为几分视角。以不太规则的时间间隔,大约每隔 1 秒钟,出现于固视期内。

第三,漂移(drifts)是指闪动运动中间存在的较慢的、不规则的偏移运动。偏移范围可达 6 分视角。

(2) 眼跳(saccades)指从一个注视点移向另一个注视点。眼跳这一现象首先是由法国学者 Javal 于 1878 年发现的,具体形式见图 13-3 所示(闫国利,白学军,2012)。

图 13-3　眼跳示意图

通常个体是感觉不到眼跳的,且觉得是在平滑地运动。实际上,当个体用眼搜索和观察物体时(或当个体主动地把视线由一个物体转移到另一个物体时),都会出现眼跳。眼跳有两个特点:① 双眼的每次跳动几乎是完全一致的;② 眼跳的速度很快,在眼跳过程中视觉是模糊不清的。

(3) 追随运动(tracking)有两种形式:一种是个体在注视运动物体时,如果头保持固定,眼睛要追随该物体移动;另一种是当个体的头(或身体)运动时,为了注视运动的物体,眼睛要做与头(或身体)相反的运动。实际上,在这种条件下,眼动是在补偿头(或身体)的运动,因此,也被称为补偿眼动。上述两种追随运动目的是让注视物体的像落在中央凹上。

(三) 人眼的视觉范围

在阅读的过程,读者的视觉范围可分为三个部分:外周区域、副中央凹区、中央凹区。见图 13-4 所示:

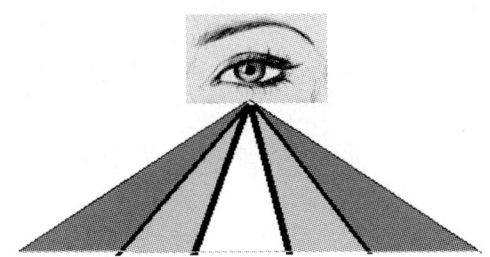

外周区域　副中央凹区 中央凹区

图 13-4　人眼的视觉范围

(1) 中央凹区(图 13-4 中白色区部分)。即视觉中央的 2°视野范围,是人类视敏度最高的区域,能够辨认所注视对象的细节。

(2) 副中央凹区(图 13-4 中浅灰色区部分)。即视觉中央 2°~5°左右的区域,是人类视敏度比较低的区域,能够获得注视对象的一些信息。

(3) 外周区域(图 13-4 中深灰色区部分)。即副中央凹以外的所有区域,是人类视敏度非常差的区域。

二、眼动记录方法

眼睛是心灵的窗户。通过记录个体的眼动过程来了解其心理活动,这是人们的梦想之一。通过使用眼动记录仪,可以得到人们在完成不同任务时的眼动轨迹。有研究者以 1 个月大婴儿与 2 个月大婴儿为被试,记录了他们观察母亲面孔时的眼动轨迹,如图 13-5 所示(Salapakek,1975)。

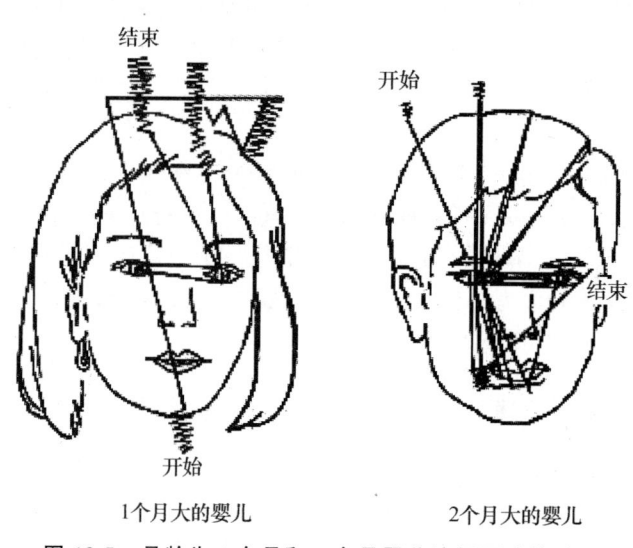

图 13-5　月龄为 1 个月和 2 个月婴儿注视面孔的过程

从图 13-5 中可以看出,2 个月大的婴儿对面孔的注视轨迹已经接近于成人的模式。

还有研究者要求被试带着不同的任务观察俄罗斯画家列宾的油画《意外归来》,结果发现人们的任务不同,眼动轨迹明显不同,如图 13-6 所示。

图中第一行是油画原图;第二行从左到右依次是读者分别带着"大家感到奇怪吗?""家里的经济条件如何?"和"估计一下人物的年龄?"的问题时的眼动轨迹。

记录眼动的方法有四种,它们分别是:

(一) 电流记录法

人类的眼球运动会有生物电产生。角膜和视网膜的新陈代谢不一样,角膜的代谢率较小,而视网膜的代谢率较大,这样角膜和视网膜之间就形成了电位差(corneo-reti-

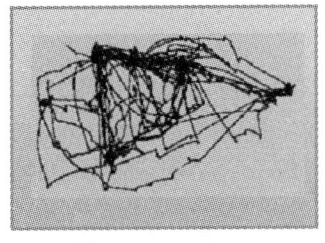 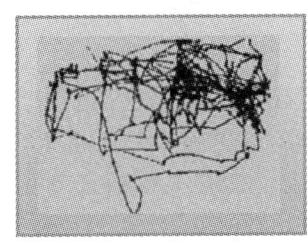 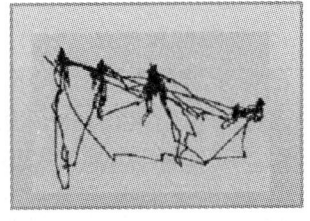

图 13-6　不同任务下被试看列宾《意外归来》油画的注视轨迹

nal potential difference)。角膜对视网膜来说是带正电的,视网膜对角膜来说则是带负电的。当不发生眼动时,通过眼电记录仪(electrooculography,EOG)可记录到稳定的基线电位(baseline potential)。当眼球做水平方向运动时,眼睛左侧和右侧之间的电位差会有变化;当眼睛在垂直方向上运动时,则在眼睛上侧和下侧的电位差会发生变化。在具体测定时安放电极的位置见图 13-7 所示(闫国利,白学军,2012)。

图 13-7　记录 EOG 时电极放置

在图 13-7 中,电极 1、2、3、4 是用于记录垂直方向眼动的,电极 5、6、7、8 是用于记录水平方向眼动的,G 是位于耳朵后面的乳突区的接地电极。

EOG 是将两对电极装在眼部周围相应的位置上,然后将电信号放大在灵敏的电流计上读出来或显示在阴极射线示波器上进行照相记录,也可以通过记录仪直接描记下来。

由于眼动与电位变化之间存在着对应关系,所以通过分析记录结果,可以很容易地了解读者的眼动情况。

(二) 光学记录法

1. 角膜的反光法

根据角膜反光这一原理可用来记录眼动。角膜反射着落在它表面上的光,因为角膜是从眼球体的表面凸出来的,所以在眼球运动过中,角膜对来自固定光源的光的反射角度也是变化的,即眼球运动时,角膜反光也随之变化,通过记录角膜反光来分析读者的眼动。

图 13-8 头盔式眼动仪

2. 虹膜—巩膜反射法

虹膜—巩膜反射法(iris-scleral reflection method)是依据虹膜和巩膜之间存在着明显的界线,使它们对红外线的反射也存在差别。巩膜比虹膜能够反射更多的外界入射光,被反射的光线通过红外探测器来监测,探测器可以检测到读者垂直方向的眼动和水平方向眼动。

3. 普金野图像法

Cornsweet 和 Crane(1973)利用普金野图像来记录眼动。普金野图像是由眼睛的若干光学界面反射所形成的图像。角膜所反射出来的图像称为第一普金野图像,从角膜后表面反射出来的图像比较微弱,称为第二普金野图像,从晶状体前表面反射出来的图像称为第三普金野图像,第四普金野图像是由晶状体后表面的反射所构成的图像。当眼睛转动时,第一和第四普金野图像也跟着运动,但它们所运动的距离不同。而当眼睛移动时,它们运动的距离相同。因此,追踪这两个图像,根据这两个图像之间的距离变化可以精确地测量眼球的转动而不受移动的影响。经过红外线照射后所反射的第一和第四普金野图像通过两面镜子反射到两个光探测器上。通过对这两个普金野图像的测量可以确定眼注视的位置。用普金野图像进行眼动测量的仪器叫双普金野眼动仪(Double-Purkinje eye tracker)。

三、眼动记录与分析的指标

(一) 兴趣区

兴趣区(areas of interests, AOIs)是眼动研究过程中相关刺激的界定,与研究者的假设有关。如果在研究过程中,改变兴趣区,则意味着研究假设也发生变化(Holmqvist et al, 2011)。在具体的研究中,兴趣区的界定要根据研究内容和研究假设而定。

兴趣区的界定可小可大。例如在阅读过程中,小的兴趣区可能是单词中的一个字母或汉语的一个部件;大的兴趣区可能是一个单词(或汉字或词)、一个句子、一段语句等。

兴趣区的界定一般是根据研究假设来进行的。下面从小到大给出几种类型兴趣区的界定。

1. 以词的某一部分界定的兴趣区

在语言阅读的研究中,假设研究者只对汉语词或字的某一部分感兴趣,这时,可将兴趣区定界得更小,如汉语词或字的一部分(如偏旁或部首)。例如,有研究者以中文为第二语言的留学生为对象,探讨他们在阅读中文双字词句子时,注视点更倾向于落在双字词的哪一部分。具体定界的兴趣如图 13-9 所示(白学军等,2012)。研究者将双字词划分为四部分,每一部分为一个兴趣区。

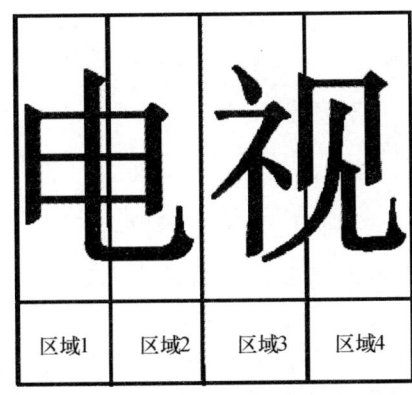

图 13-9　将双字词的一部分划分为一个兴趣区

2. 以词来界定的兴趣区

在语言阅读的研究中，研究者可将兴趣区界定为一个词（或字）。例如，研究者为了探讨副中央凹信息是否会影响中央凹信息的加工，将汉语双字词界定为兴趣区，如图13-10所示（白学军，胡笑羽，闫国利，2009）。

政府组织了相关部门，调查**工厂**被破坏的恶性事件。
政府组织了相关部门，调查**铁路**被破坏的恶性事件。
政府组织了相关部门，调查**马匹**纠纷引发的恶性事件。
政府组织了相关部门，调查**牌楼**被破坏的恶性事件。

图13-10　界定的兴趣区为词的示例

在图13-10中兴趣区为楷体字部分，即"调查"，这是研究者重要关注的目标词。句子中的黑体字"工厂""铁路""马匹"和"牌楼"分别为高频少笔画、高频多笔画、低频少笔画、低频多笔画四种类型的关键词。研究者想要探讨的问题是，注视目标词"调查"后的词（如"工厂""铁路""马匹"和"牌楼"）的频率与笔画数是否会影响读者对目标词（即调查）的加工。

3. 以句子来界定的兴趣区

在语言阅读的研究中，研究者可将兴趣区界定为一个句子。例如，有研究想探讨在中文句子阅读过程中，插入词空格是否会促进读者的阅读，于是设置了四种条件，界定的兴趣区是句子，见图13-11所示（Bai, Yan, Liversedge, Zang & Rayner, 2008）。

（1）正常无空格
科学技术的飞速发展给社会带来了巨大的变化。

（2）字间空格
科 学 技 术 的 飞 速 发 展 给 社 会 带 来 了 巨 大 的 变 化。

（3）词间空格
科学 技术 的 飞速 发展 给 社会 带来 了 巨大的 变化。

（4）非词空格
科学 技术的 飞 速发 展给 社 会带来 了 大的 变化。

图13-11　界定的兴趣区为句子

在图13-11中，研究者想探讨大学生阅读正常无空格、词间空格、非词空格和字间空格四种条件下句子时的效率。研究者界定的兴趣区为句子。通过研究发现，插入词间空格显著促进大学生的阅读效率，插入非词空格则显著干扰大学生的阅读效率。

4. 以图形的某一部分界定为兴趣区

在图形加工的研究中，研究者可将兴趣区界定为图形的某一部分。例如，有研究者想探讨自闭症儿童对人面孔搜索与加工的特点,设置了两种条件,即在正常的图片中插入人的面孔或地球仪,具体见图 13-12 所示(陈顺森,白学军,沈德立,张灵聪,2012)。

(a) 兴趣区为面孔

(b) 兴趣区为地球仪

图 13-12 中性面孔的图片

在图 13-12 中,图(a)中界定的兴趣区为人的面孔,图(b)中界定的兴趣区为地球仪。这样比较自闭症儿童对人的面孔和地球仪的搜索与加工过程,揭示出自闭症儿童对人的面孔加工的特点。

(二) 眼动指标

1. 时间维度的眼动指标

(1) 以字或词为兴趣区的眼动指标。

单一注视时间(single fixation duration)指读者开始从左到右的句子阅读中,兴趣区内有且只有一个注视点的注视时间,如图 13-13 中注视点(3)(4)(7)(9)(10)和(11)(闫国利等,2013)。单一注视时间被认为是字词识别中语义激活阶段的良好指标。

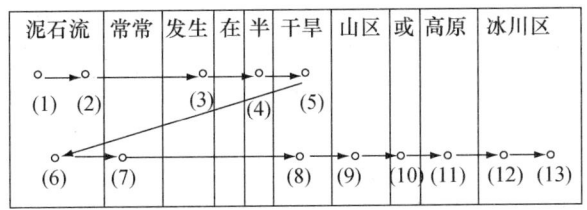

图 13-13 阅读一句话时的注视过程

首次注视时间(first fixation duration)指在首次通过阅读中某兴趣区内的第一个注视点的注视时间。不包括该兴趣区内有多少个注视点。如图 13-13 中的注视点(1)(3)(4)(5)(9)~(12)。在当前的阅读眼动研究中首次注视时间是使用最普遍的指标之一,能有效反映词汇通达的早期阶段特征。

当一个兴趣区在首次加工过程中被多次注视的时间被称为第二次注视时间(second fixation duration），如图 13-13 中的注视点(2)和(13)。如果首次加工过程中还有第三次、第四次注视，那么这些注视点的持续时间也包括在第二次注视时间中。

凝视时间(gaze duration)指从第一个注视点开始到注视点首次离开当前兴趣区的持续时间，包括兴趣区内的回视，如图 13-13 中的注视点(1)和(2)的时间之和即为兴趣区"泥石流"的凝视时间。凝视时间是反映词汇通达早期阶段的指标。如果在注视点跳出兴趣区之前对该区域只有一次注视，那么凝视时间就等于该区域的首次注视时间，如图 13-13 中兴趣区"山区"和"高原"等。

离开目标后的首次注视时间(first fixation duration after leaving)指注视点离开当前兴趣区后的首次注视时间，如图 13-13 中注视点(3)和(6)分别为兴趣区"泥石流"和"干旱"的离开后首次注视时间。该指标反映的是词汇加工的后期阶段特征。

回视时间(regression time)指所有回视到当前兴趣区的注视时间之和，如图 13-15 中注视点(6)的注视时间即为兴趣区"泥石流"的回视时间。

总注视时间(total fixation duration)指是落在兴趣区的所有注视点的时间的总和，又被称为总停留时间(total dwell time)、总阅读时间(total reading time)或总观看时间(total viewing time)。在图 13-13 中兴趣区"干旱"的总注视时间为注视点(5)和(8)的注视时间之和。回视时间是反映词汇后期加工过程的指标，而总注视时间指标对较慢和较长时间的认知加工过程敏感。

（2）以短语或句子为兴趣区的眼动指标。

第一遍阅读时间(first-pass reading time 或 first pass fixation time)指读者的注视点首次跳向另一兴趣区之前对当前兴趣区的所有注视点的注视时间之和，也被称为"第一次通过总时间"(first run dwell time)。它的计算方法与之前提到的凝视时间相同，只是在对较大区域的眼动研究中更多使用"第一遍阅读时间"这一名称。

向前眼跳时间(forward reading time)指从兴趣区的第一个注视点开始到首次离开，且以一个向前眼跳的方向离开该兴趣区之间的持续时间，包括兴趣区内的回视。在图 13-14 中第一个兴趣区的第一遍阅读时间即为向前阅读时间，等于(1)、(2)、(3)、(4)、(5)等 5 个注视点的时间之和。可见，向前阅读时间指标区别于第一遍阅读时间指标的唯一之处在于前者仅包括以向前眼跳方式离开兴趣区的第一遍阅读时间。

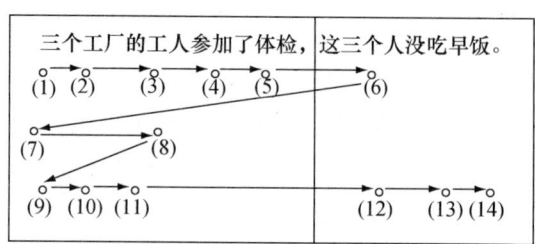

图 13-14　以句子为兴趣区的示意图

第二遍阅读时间(second pass reading time)指对某兴趣区第一遍阅读之后注视点再次回到该兴趣区的所有注视点的持续时间之和,包括第二次,甚至第三次离开该兴趣区后又再次回到该兴趣区的注视时间,又被称为"回看注视时间"。如在图 13-14 中,第一个兴趣区的第二遍阅读时间为第(7)~(11)五个注视点的时间之和,第二个兴趣区为注视点(12)~(14)的时间之和。如果首次通过后兴趣区没有被再注视,那么对该兴趣区的第二遍阅读时间为零。该指标通常被看作是反映信息加工后期阶段的指标。

回视路径阅读时间(regression path reading time)指从某个兴趣区的第一次注视开始,到注视点落到该兴趣区右侧的区域为止(不包括这一注视点),之间所有的注视点的持续时间的总和,又被称为回看时间(go-past reading time)、总体通过阅读时间(total-pass reading time)、累计阅读时间(cumulative region reading time)和扩展的第一遍阅读时间(extended first pass fixation time)。如在图 13-14 中,第二个兴趣区的回视路径阅读时间等于第(6)~(14)注视点的时间之和。这个指标包含与回视行为相关的阅读时间,反映了被试用于探测到问题,并重读前面文章的加工过程。换言之,该指标不仅可以反映词汇通达的加工过程,而且还能反映后期句子整合的加工过程。

选择性回视路径阅读时间(selective regression path reading time)指从某个兴趣区的第一次注视开始,到注视点落到该兴趣区右侧的区域为止(不包括这一注视点),之间所有落在该兴趣区的注视点的持续时间之和。该指标与回视路径阅读时间的区别在于,选择性回视路径阅读时间只包括兴趣区内的注视点。如图 13-14 中,第二个兴趣区的选择性回视路径阅读时间等于第(6)和第(12)~(14)注视点的时间之和。可见,选择性回视路径阅读时间整合了兴趣区的第一遍和第二遍阅读时间,因此该指标不仅能反映早期与词汇通达有关的认知加工效应,而且能反映后期与句子整合有关的认知加工效应。

重读时间(re-reading time)指对某兴趣区的回视路径阅读时间减去第一遍阅读时间后的持续时间,又被称为再检查时间(re-inspection time)、首次通过回视时间(first-pass regression time)。如在图 13-14 中,第二个兴趣区的重读时间就等于第(7)~(14)注视点的时间之和。这一指标主要反映被试在目标区遇到困难后的再分析过程,因此不包括对目标区首次加工的注视时间。

总阅读时间(total reading time)指读者对兴趣区的所有注视点时间的总和。与前面词汇分析中提到的"总注视时间"(total fixation duration)实质一样。

平均注视时间(mean fixation duration)指兴趣区内所有注视点的持续时间的平均值。

2. 空间维度的眼动指标

(1) 眼跳距离(saccadic amplitude, saccadic length, saccadic size)指从眼跳开始到此次眼跳结束之间的距离。眼跳距离大,说明读者在眼跳前的注视中所获得的信息相对较多。因此,该指标是反映读者阅读效率和材料加工难度的指标。

(2) 注视位置(landing position)指注视点所处的位置,当前的注视位置既是前一次眼跳的落点位置(landing site)也是下一次眼跳的起跳位置(launch site)。在眼动记录数据时,注视位置一般都是以二维的(x,y)坐标系统采样,单位为像素,在数据分析时需要对注视位置数据进行转换,普遍的做法就是将一个词语平均划分为若干个兴趣区,对兴趣区进行编码后,根据各注视点位置的像素值和对应兴趣区的像素范围计算每个注视点在词内的位置。

(3)注视次数(number of fixations)指兴趣区被注视的总次数。该指标能有效反映阅读材料的认知加工负荷。认知负荷较大的阅读材料,读者阅读时的注视次数也较多。

(4)跳读率(skipping rate)指首次阅读中兴趣区被跳读的概率。即首次阅读中兴趣区被跳读的频率与该兴趣区被跳读和被注视的频率之和的比值。

(5)再注视比率(refixation rate)指首次阅读中兴趣区被多次注视的概率。它等于首次阅读中兴趣区被多次注视的频率与该兴趣区被单一注视和多次注视的频率之和的比值。

(6)回视次数(regression count)指读者对之前阅读信息的再加工过程的次数。在阅读的眼动研究中,有两种不同的回视:词内回视和词间回视。词内回视指读者注视点在一个单词内由右向左的眼跳,反映词汇的通达过程。词间回视指读者注视点从当前注视词向之前某个词语的眼跳,反映句子整合的加工过程。

针对某个特定的兴趣区,回视有两种可能,一种是落进该兴趣区的回视,一种是从该兴趣区引发的回视。回视入比率(regression-in proportion)指在阅读中,读者的注视点从后面区域回视到当前兴趣区被试的比率。如图 13-15 中,共有四个被试的眼动轨迹,只有被试 1 引发了对兴趣区 1 的回视入现象,因此该兴趣区的回视入比率为 25%。

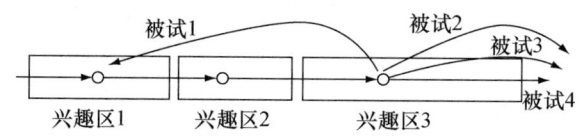

图 13-15　被试回视入和回视出示意图

回视出比率(regression-out proportion)指在阅读中读者的注视点从当前兴趣区引发回视(越过当前兴趣区左侧边界)的被试比率,又被称为第一遍回视率(first-pass-regression proportion)。如图 13-15 中被试 1 在兴趣区 3 引发回视出眼跳,即该兴趣区的回视出比率为 25%。回视出比率可以反映读者在兴趣区的早期加工阶段遇到的加工困难状况,一般与回视路径阅读时间指标结合使用,共同反映读者对兴趣区早期加工遇到困难和后期信息整合的加工过程

3. 瞳孔直径

原始的瞳孔直径(pupil dilation)数据记录是在当前刺激情境下读者的瞳孔直径大小。一般在数据分析时多采用瞳孔直径的变化值。具体计算方法:首先计算瞳孔直径大小的基线值(在眼动实验中,刺激呈现前会先出现校准注视点,将读者注视点的瞳孔

直径大小进行记录,取得平均值,以此作为基线值)。刺激呈现期间读者的瞳孔直径平均值减去基线值,就是瞳孔直径的变化值。影响瞳孔直径的因素有:疲劳、亮度、颜色、视觉刺激的空间频率等。在实验中要尽可能控制这些因素。

四、呈现随眼动变化范式

呈现随眼动变化技术(eye-movement-contingent display-changes paradigm)是 McConkie 和 Rayner(1975)提出的实验范式。该技术通过追踪眼动行为来引发呈现内容的变化,从而实现了对视觉语言信息的有效控制。利用该技术可以很方便地确定一个注视点能够提取到多少有效的视觉信息,并且可以精确地确定所提取何种类型的信息。

随着研究的深入,呈现随眼动变化范式包括以下几种范式:移动窗口范式(moving window paradigm)、移动掩蔽范式(moving mask paradigm)、边界范式(boundary paradigm)、快速启动范式(rapid priming paradigm)和消失文本范式(disappearing text paradigm)。

(一)移动窗口范式

1. 移动窗口范式简介

移动窗口范式(moving window paradigm)是在被试的注视点附近设定一个窗口,窗口内的课文内容是可视的,窗口外的内容用其他无关文字或符号(比如"×")代替。

当读者阅读时,在其注视点周围将呈现一个正常的文本区域,形成一个可视窗口。窗口内的文本是正常显现的,而窗口外的内容则被掩蔽,并且窗口会随着眼睛注视点而相应地移动,而先前注视的字(或词)则又被掩蔽。因此,读者注视句子的哪个位置,哪里就有一个窗口内正常呈现的句子可供阅读。由于呈现内容的变化发生在注视过程中,所以读者会意识到这种变化。但是,由于这种变化非常快,所以对读者的影响不大。利用这种方法可以较为准确地测定读者阅读时的知觉广度。

图 13-16 所示的是以 13 个英语字母为窗口大小时,连续两次注视的移动窗口范式示意图(Rayner, Shen, Bai & Yan, 2008)。

正常的句子	Where do people while reading versus looking at
13 个字母窗口	×××××　××　×eople while r××××××　××××××　××××××××××××
注视点	×
13 个字母窗口	××××××××××××××ile reading v××××××　××××××××××
注视点	×

图 13-16　移动窗口范式(13 个英语字母窗口)

2. 范式的逻辑

移动窗口范式的逻辑是：当窗口大小比读者的知觉广度小时，阅读会受到影响。通过改变窗口大小及位置，可以确定读者从文章的哪个区域上获得有用信息。通过改变窗口外区域的信息种类，保持或破坏各种在阅读中可能起作用的信息，就可以分析出读者在视野区域内获得信息的种类。

3. 移动窗口范式研究案例

闫国利、王丽红、巫金根和白学军(2011)使用移动窗口范式，以 20 名小学五年级学生和 20 名大学生为被试，探讨了不同年级学生在阅读过程中，一眼能够获得多少信息，即知觉广度。汉语阅读的知觉广度指读者在阅读文本过程中每次注视能获取有用信息的范围，它的大小反映了读者一次注视所获得信息的数量。阅读知觉广度的大小通常是以汉字的个数来衡量的。

研究者设定了 8 种可视窗口条件：无预视条件(R0)、R1、R2、R3、R4、L1R4、L2R4 及整行条件。无预视条件为当前被直接注视的汉字可见；R1、R2、R3、R4 分别为注视汉字及右侧呈现 1 至 4 个汉字可见；L1R4、L2R4 分别对应于注视汉字左侧呈现 1 至 2 个汉字可见，而右侧均 4 个汉字可见；整行条件即句子全部呈现。各窗口条件见图 13-17 所示。

```
这篇文章表达了群众对总理的敬爱之情。          整行条件
               *
※※※※※※群※※※※※※※※。              R0 条件
               *
※※※※※※群众※※※※※※※。              R1 条件
               *
※※※※※※群众对※※※※※※。              R2 条件
               *
※※※※※※群众对总※※※※※。              R3 条件
               *
※※※※※※群众对总理※※※※。              R4 条件
               *
※※※※※了群众对总理※※※※。              L1R4 条件
               *
※※※※达了群众对总理※※※※。              L2R4 条件
               *
```

图 13-17 八种可视窗口

* 代表注视点，※ 代表掩蔽材料，没有被 ※ 掩蔽的文字为窗口内容可见汉字。

根据研究的需要，共进行了三类比较：一是将最大窗口条件即 L2R4 条件和整行条件相比较，以确定本研究所设定的最大窗口是否有效。二是确定知觉广度的左侧范围，比较了 R4 与 L2R4 条件以及 L1R4 与 L2R4 条件；如果读者从注视点左侧获得有用信息，那么 L2R4 条件下阅读应比 R4 条件下的阅读更顺畅，在 L2R4 条件下阅读要比

L1R4条件下阅读更顺畅。二是确定知觉广度的右侧范围,以R4条件为基准,分别与无预视、R1条件、R2条件及R3条件相比较,和基准条件相等的最小右侧窗口的大小就是知觉广度的右侧范围。眼动分析指标包括:阅读速度、平均注视时间、向右眼跳幅度。研究结果:大学生阅读的知觉广度是左侧1个汉字,右侧为2~3个汉字,但可对右侧2个汉字进行较为精细的加工;小学生阅读的知觉广度是左侧1个汉字,右侧为1~2个汉字,但可对右侧1个汉字进行较为精细的加工。

Rayner(1986)以小学二年级、四年级、六年级学生和大学生为被试,采用移动窗口范式进行研究,结果发现:初学阅读者(小学生)的知觉广度大约为注视点右侧11个字符空间,熟练阅读者(大学生)的知觉广度约为注视点右侧14~15个字符空间。小学四年级学生和大学生阅读两种句子,其中一种符合小学生阅读水平的句子,另一种是适合大学生阅读的句子。发现句子难度影响知觉广度大小:当句子难度较大时,小学的知觉广度明显变小。

(二)移动掩蔽范式

1. 移动掩蔽范式简介

移动掩蔽范式(moving mask paradigm)是Rayner和Bertera(1979)为了研究中央凹视觉区在阅读中的作用而开发出来的。读者当前注视点区域的文本被掩蔽,而正常的文本呈现在掩蔽区域外。由于视觉掩蔽与读者的眼睛注视点同步,因此读者注视哪里,哪里的文本就被掩蔽,而掩蔽区外则呈现正常文本,所以读者在中央凹视觉区无法获得有用信息,这正好与移动窗口范式相反。图13-18所示的是以6个英语字母为窗口大小时,连续两次移动掩蔽范式示意图。

正常的句子	Where do people while reading versus looking at
6个字母窗口	Where do people w××××××ading versus looking at
注视点	×
6个字母窗口	Where do people while re××××××ersus looking at
注视点	×

图13-18 移动掩蔽范式(6个英语字母窗口)

2. 范式的逻辑

移动掩蔽范式的逻辑是:在阅读过程中,如果读者不能从副中央凹获得信息,那么当中央凹的视觉信息被掩蔽后,就会严重影响读者的阅读,从而导致阅读成绩的下降;如果读者能够从副中央凹获得视觉信息,那么当中央凹的视觉信息被掩蔽后,读者因能够从副中央凹获得信息,从而导致阅读成绩部分下降。

3. 移动掩蔽范式研究案例

Rayner和Bertera(1979)采用移动掩蔽范式,探讨了英语读者在中央凹视觉信息被掩蔽多大后会对其阅读产生干扰。

在实验过程中,研究者操纵掩蔽窗口的大小,探讨中央凹视觉被掩蔽多少个字母后,会影响阅读。图13-19是中央凹视觉信息被掩蔽7个字母空间的例子。

正常句子	An experiment was conducted in the lab.
掩蔽7个字母的句子	An exp××××××× was conducted in the lab.
注视点	*
掩蔽7个字母的句子	An experi××××××× conducted in the lab.
注视点	*
掩蔽7个字母的句子	An experimen×××××××nducted in the lab.
注视点	*

图 13-19 移动掩蔽范式连续性 3 个注视点的示意图

* 代表注视点的位置。

研究结果发现:① 当中央凹视觉信息被掩蔽到7个字母时(即注视点周围7个字母),读者仍可以通过副中央凹进行阅读,但是其阅读速度每分钟仅为12个字。② 当中央凹视觉被掩蔽到11~17个字母时(这时不仅掩蔽了中央凹视觉,也掩蔽了副中央凹视觉),读者几乎无法进行阅读。在这种条件下,读者只是知道在中央凹视觉和副中央凹视觉之外有一些单词,或至少知道有一些字母串,但无法说出它们是什么。③ 读者能够辨别出短小的功能词,如the、and 和 a,尤其是当这些功能词在句首或句尾时。④ 通过分析在掩蔽中央凹视觉和副中央凹视觉的条件下读者阅读所犯的错误,研究者发现读者利用副中央凹视觉,不仅能获取字母形状和单词长度信息,而且还能获取单词的开始字母的信息(或有时是单词结尾时字母信息),读者试图利用所获得的信息来建构句子的含义。

(三) 边界范式

1. 边界范式简介

边界范式是 Rayner(1975)为研究阅读过程中,中央凹视觉区域外的信息线索对阅读的影响而设计的,可以很精确地考察阅读过程中注视点右侧获取信息的范围、类型(如音、形、义)和副中央凹处信息加工情况。

边界范式的具体程序包括以下几步,如图 13-20 所示:

正常的一句话	Where do people while I reading versus looking at
注视点没有过边界前	Where do people while I feeding versus looking at
注视点	*
注视点过边界后	Where do people while I reading versus looking at
注视点	*

图 13-20 以英语句子为材料的边界范式示意图

图中的"I",在实际实验中不出现,此处标出仅是为了好理解。

① 在句子中确定一个目标单词所在的位置,如图 13-20 中 reading。

② 在目标位置的左侧设定一个边界位置,被试开始阅读句子时,一个预视单词 (preview word) 出现在目标位置,如图 13-20 中 feeding。当被试眼跳经过这个看不见的边界位置时,目标位置上的单词发生了变化(即目标词替代了预视词),如图 13-20 中 reading 替代 feeding。

③ 由于这种变化在被试眼跳的过程中发生的,因此被试一般不会意识到呈现发生了变化,但是这种变化会对后继的加工产生影响。

与移动窗口范式相比,边界范式可以在副中央凹处对一个单词或一个汉字进行操控,如音、形、义等信息。

2. 范式的逻辑

边界范式的逻辑:如果读者对位于副中央凹位置上的信息已经进行加工,那么把预视条件(即与目标刺激具有相关特征)和控制条件(即与目标刺激不存在任何共同语言信息)下的目标刺激处的眼动指标相比较时,预视条件下会存在促进效应;反之,如果无差异,则表明读者从副中央凹视觉区无法获得预视信息。

3. 边界范式研究的案例

闫国利、王丽红、巫金根和白学军(2011)采用边界范式探讨不同年级学生在副中央凹预视中获得信息的类型。研究选择了小学五年级学生和大学生各 20 名被试。采用 2(被试类型:大学生、小学生)×4(四种预视:等同、音同、形似、控制)的两因素混合实验设计。其中,被试类型为被试间变量,四种预视条件为被试内变量。实验中的目标字均是合体字。每一个目标字对应四种预视条件:等同条件、音同条件、形似条件和控制条件。对四种预视条件下汉字的平均字频(单位为百万分之一)、笔画数进行了匹配。

实验材料使用白底黑字显示,字间没有空格。每个汉字在屏幕上的大小为 30×30 像素,对应约 0.9°的视角。实验采用边界范式,读者开始阅读时,预视字出现在目标字位置,当读者眼跳经过看不见的边界时,预视字马上变成目标字。具体如图 13-21 所示。

妈妈小时候的最大理/理想是做个老师。(等同条件)
妈妈小时候的最大理/李想是做个老师。(音同条件)
妈妈小时候的最大理/埋想是做个老师。(形似条件)
妈妈小时候的最大理/春想是做个老师。(控制条件)

图 13-21　边界范式的实验材料举例

在图 13-21 中,"|"代表不可见的边界。第一个字"理"是目标字,第二个字"理""李""埋"和"春"为预视条件。

在等同条件下,当注视点没有跳过"|"边界时,句子中呈现的字为"理",当注视点跳

过"|"边界时,句子中呈现的字为"理"。

在音同条件下,当注视点没有跳过"|"边界时,句子中呈现的字为"李"(其与目标字"理"同音。当注视点跳过"|"边界时,句子中呈现的字为"理"。

在形似条件下,当注视点没有跳过"|"边界时,句子中呈现的字为"埋"(其与目标字"理"形似)。当注视点跳过"|"边界时,句子中呈现的字为"埋"。

在控制条件下,当注视点没有跳过"|"边界时,句子中呈现的字为"春"(其与目标字"理"既不音同,又不形似)。当注视点跳过"|"边界时,句子中呈现的字为"理"。

结果发现大学生在预视中获得了字形和语音的信息,小学生群体在预视中只获得了字形的信息,没有获得语音信息。

还有一项研究(崔磊,王穗苹,闫国利,白学军,2010)也是采用边界范式,探讨了预视字与当前句子语义连贯的情况下,频率是如何影响副中央凹—中央凹效应。所谓副中央凹—中央凹效应(parafoveal-on-foveal effect)指副中央凹预视效应获得的信息对中央凹的加工产生的即时影响的影响。被试为30名大学生。在实验过程中,不同频率的预视字跟中央凹字的意义都是连贯的,与整个句子的意义也是连贯的。下面是实验材料的例子:

1a　苏芮认为在红酒里加点糖味道会更特别。
1b　苏芮认为在红酒里加点醋味道会更特别。

在上面两个句子中,"加"作为中央凹字,"糖"和"醋"作为预视字呈现在副中央凹位置上。预视字分为高频和低频两种。例句1a为高频预视条件,例句1b为低频预视字条件。需要指出的是,预视词仅存在频率差异,在笔画数和结构上不存在差异。

图13-22是实验中采用边界范式的示意图。

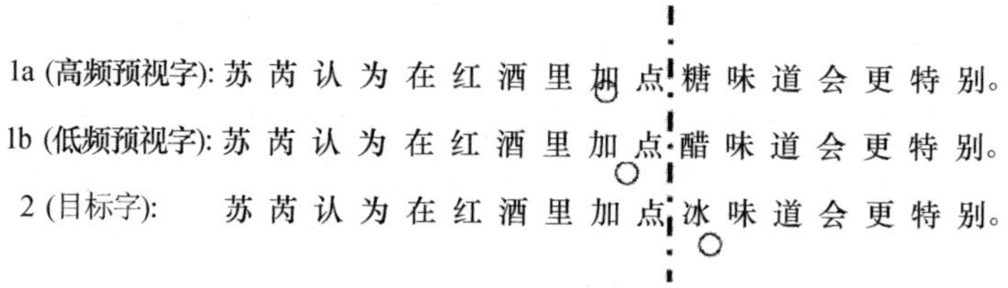

1a(高频预视字):苏 芮 认 为 在 红 酒 里 加 点 糖 味 道 会 更 特 别。
1b(低频预视字):苏 芮 认 为 在 红 酒 里 加 点 醋 味 道 会 更 特 别。
2 (目标字):　　苏 芮 认 为 在 红 酒 里 加 点 冰 味 道 会 更 特 别。

图13-22　边界范式的示意图

在图13-22中,"○"为注视点,"|"为看不见的边界。1a是高频预视字条件,1b为低频预视字条件。1a和1b句子中的注视点在边界左侧。当注视点跳过边界时,两种条件下的目标字均为"冰"。换言之,"冰"所在位置定义为"预视字位置",简称为n,把边界设在该字左侧。如果读者的眼睛没有跳过边界,该位置呈现两种类型预视字之一(如"糖"或"醋");一旦读者的注视点刚好落在边界之上或越过边界时,该位置上的预视字立即变为目标字"冰"。结果发现:在预视字的意义与句子语义意义连贯的条件下,当预视字是低频时,中央凹的首次注视时间和凝视时间更短,表明副中央凹的词汇属性会对

中央凹的加工产生一定的影响,但这种影响比较微弱。

(四) 快速启动范式

1. 快速启动范式简介

Sereno 和 Rayner(1992)为了研究阅读任务中启动时间的进程而设计出快速启动范式(fast priming paradigm)。在该范式中,句子中的目标刺激位置前设有边界,该边界只在实验程序中设定,不在屏幕上呈现,因此,在实际的实验过程中读者是看不见的。在读者的眼跳越过边界之前,目标刺激位置起初是一个掩蔽刺激(如字符"×");当读者的眼跳越过该边界时,启动刺激代替掩蔽,但呈现的时间很短暂,之后目标刺激代替启动刺激。

快速启动范式与边界范式既存在相同点,又存在不同点。第一,相同点。两者都设置不可见的边界。第二,不同点。在边界范式中,只有目标刺激替代预视刺激;在快速启动范式中,启动刺激先替代首先呈现的掩蔽刺激,之后启动刺激又被目标刺激替代,因此目标刺激位置处刺激变化的次数更多和更复杂。因此,也更有利于实验者进行操纵和开展研究。图 13-23 是快速启动范式示意图。

原始句子	英语老师正在认真填写志愿者申请书。
读者注视点没有跳过边界	英语老师正在认真|×写志愿者申请书。
当前注视点所在位置	*
读者注视点跳过边界	英语老师正在认真|慎写志愿者申请书。
当前注视点所在位置(35 ms 之内)	*
读者注视点跳过边界	英语老师正在认真|填写志愿者申请书。
当前注视点所在位置(35 ms 之后)	*

图 13-23 快速启动范式材料举例

2. 范式的逻辑

快速启示范式的逻辑是:如果读者获得目标位置上启动刺激的信息,那么通过对启动条件下目标区域的眼动指标与控制条件(启动刺激与目标刺激不存在任何语言信息)相比较会存在促进效应,相反,如果不存在差异,则表明启动效应未出现。

3. 快速启动范式的研究案例

王文静和闫国利(2006)采用快速启动范式,以大学生为被试,考察在 35 ms、43 ms 以及 57 ms 的启动时间下,他们在句子阅读过程中能否获得快速的、自动的字形启动效应。实验采用 2(启动类型:字形启动、无关启动)×3(启动时间:35 ms、43 ms、57 ms)被试内设计。实验材料及过程见图 13-24 所示。

每周末这里都有│×干免费讲座向广大市民开放。

——*——*

每周末这里都有│苦干免费讲座向广大市民开放。

—*

每周末这里都有│若干免费讲座向广大市民开放。

*

每周末这里都有│若干免费讲座向广大市民开放。

——*——*——*———*

图 13-24　快速启动范式的示意图

结果发现：首次注视时间和凝视时间两项指标上，启动类型主效应不显著、启动时间主效应不显著，两个因素的交互作用也不显著。表明在最短的 35 ms 条件下，被试不能获得字形信息。

（五）消失文本范式

1. 消失文本范式简介

消失文本范式是由 Rayner 和 Liversedge 等人（2003）提出的。在阅读过程中，如果读者正在注视的单词呈现某一时间（如 60 ms），之后所注视的单词就会消失。如果读者注视点转移到另外一个单词时，这个单词又会呈现。同样地，当另外一个单词呈现某一时间（如 60 ms），之后所注视的单词又会消失。依次类推。图 13-25 是汉字呈现 60 ms 后消失的一个例子（Zang, Liversedge, Bai & Yan, 2011）。

正常句子	陈教授的精彩讲评赢得了与会代表的阵阵掌声	
A	陈教授的精彩讲评赢得了与会代表的阵阵掌声	注视开始
	*	
B	陈教授的精彩　评赢得了与会代表的阵阵掌声	60 ms 之后
	*	
C	陈教授的精彩讲评赢得了与会代表的阵阵掌声	下次注视
	*	
D	陈教授的精彩讲　赢得了与会代表的阵阵掌声	60 ms 之后

图 13-25　消失文本范式材料举例

2. 范式的逻辑

消失文本范式的逻辑是：通过对不同消失时间条件下的眼动指标与正常阅读条件下的眼动指标相比较，可以得出读者在阅读过程中视觉刺激的获得和在阅读过程中信息的提取时间。

3. 消失文本范式的研究案例

Rayner 和 Liversedge 等人(2003)以英语读者为被试,要求他们在正常阅读条件下或消失文本条件下(注视某词 60 ms 后,此词消失)阅读包含高频或低频目标词的句子。结果发现:① 尽管注视词在 60 ms 后消失,仍存在明显的词频效应,读者对低频词的注视时间长于对高频词的注视时间。② 当前注视词 N 在出现 60 ms 之后消失,几乎不会干扰正常的阅读过程;③ 当单词 N+1 消失(在注视单词 N 时消失或者 60 ms 之后消失),结果对阅读过程产生相当大的干扰,表明注视点右侧词的加工对顺利阅读的重要性。

闫国利等人(2008)使用消失文本范式考察了词频效应。共进行了两项实验。在实验一中,主要考察当以双字词为消失单元时,需要呈现多长时间不会影响读者的正常阅读。实验二是在实验一的基础上,进一步探讨消失文本下的词频效应,目的是探讨阅读过程中影响眼动的因素。

实验一以大学本科生 12 人(男 5 名和女 7 名)为被试。实验的材料为 90 个句子,平均每个实验条件下 15 个句子。每个句子均由 5 或 6 个双字词组成,句长为 10 或 12 个字。实验设计为单因素被试内实验设计,即延迟时间,分别设为 40 ms、60 ms、80 ms、100 ms、120 ms,另加一个控制组,6 种延迟条件采用拉丁方排列,呈现顺序在被试间平衡。实验采用消失文本实验范式。消失窗口为 1 个词,如图 13-26 所示。

句子	(a)	垃圾通道需要及时清理。
注视点	(开始注视)	*
句子	(b)	通道需要及时清理。
注视点	注视 40/60/80/100/120 ms 之后	*
句子	(c)	垃圾通道需要及时清理。
注视点	下一个注视开始	*
注视点	注视 40/60/80/100/120 ms 之后	垃圾通道　及时清理。

图 13-26　为汉语双字词为单位的消失文本范式示意图

结果发现:材料呈现 80 ms 后消失,并不影响读者的正常阅读。

实验二考察在消失文本条件下是否存在词频效应。被试为大学本科生 16 人(男 4 名和女 12 名)。根据《现代汉语频率词典》和《现代汉语分类词典》挑选词义相近、笔画数匹配但词频差异较大的名词词对,共 40 组。实验采用 2(呈现条件:正常文本、消失文本)×2(词频:高频、低频)重复测量拉丁方实验设计,呈现条件和词频均为被试内因素。4 种实验条件采用拉丁方排列,呈现顺序在被试间平衡。结果发现,不论是正常阅读还是消失文本条件,高频词的首次注视时间、凝视时间和总注视时间均显著低于低频词,表明在消失文本条件下仍存在显著的词频效应。

五、伴随言语范式

1. 伴随言语范式简介

伴随言语范式（contingent speech paradigm）是 Inhoff 等人（2002）提出的，在视觉呈现目标词的同时，伴随听觉形式的呈现。该听觉刺激的呈现时间有三种，在注视目标词之前、之后或者同时呈现。这种方法可以获取有关工作记忆里语音、语义加工的时间进程的眼动数据，可以记录下在阅读过程中听觉刺激出现后，读者对目标词的注视时间。图 13-27 是伴随言语范式示意图（Inhoff et al., 2004）。

边界位置

Please hold the expensive drups carefully and store it in a safe place.

*   *   *

视觉改变

Please hold the expensive plate carefully and store it in a safe place.

*   *   *   *   *

语言

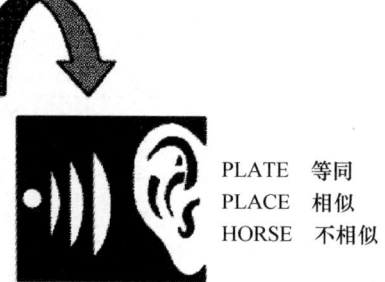

PLATE　等同
PLACE　相似
HORSE　不相似

图 13-27　伴随言语范式示意图

在图 13-27 中，句子下面的"*"代表连续的注视点。边界位置和视听变化发生在"↓"处。注视点移动到边界右侧前目标词不被掩蔽。眼动与口语（即语音）同步。在具体实验中，每一个试次中，目标词只使用一种口语词来触发（如等同的，或相似的，或不相似的）。

2. 范式的逻辑

伴随言语范式的逻辑是：在阅读时，高相似的语音会干扰读者阅读单词后要提取其语音，因为阅读到的单词与基于语音编码很难辨别。因此，与语音不相似条件相比，语音相似条件下，读者会更长时间地注视视觉目标词。如果在目标词识别后，视觉词的音码和口语词的音码都保持激活,则增加工作记忆的负荷,从而影响目标词之后词的加工,即读者注视目标词之后词的时间会增加。

3. 伴随言语范式的研究案例

有一项研究采用伴随言语范式,探讨了在句子阅读过程中,工作记忆在单词语音表征中的作用(Inhoff et al, 2004)。被试为66名大学生。每个视觉目标词有三种形式的口语(即语音)词(名词或形容词):第一种,口语词与视觉目标词在发音和语义上完全相同,如图13-27中,视觉目标词"plate",口语词也是"plate"。第二种,口语词与视觉目标词在发音上相似,如图13-27中,视觉目标词"plate",口语词是"place"。第三种,口语词与视觉目标词在发音和语义上完全不同,如图13-27中,视觉目标词"plate",口语词也是"horse"。研究者划分的兴趣区包括:视觉目标词,用N表示,在图13-27中是"plate"。视觉目标词之前的单词词,用N-1表示,在图13-27中是"expensive"。视觉目标词后的第一个单词,用N+1表示,在图13-27中是"carefully"。视觉目标词后的第二个单词,用N+2表示,在图13-27中是"and"。视觉目标词后的第三个单词,用N+3表示,在图13-27中是"store"。采用的眼动指标凝视时间。结果如图13-28所示。

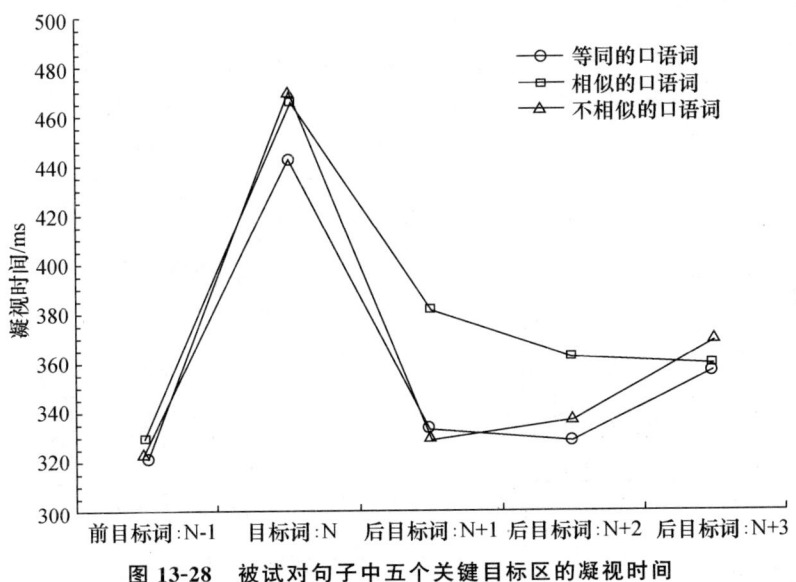

图 13-28 被试对句子中五个关键目标区的凝视时间

通过对结果的分析发现,口语词增加对视觉目标词加工的时间,在相似条件下和无相似条件下的效应显著大于等同条件下的。对于视觉目标词后的内容,也发现相似条件下的干扰比较大,不相似条件和等同条件下的干扰小。语音的干扰效应表明,在句子阅读过程已识别单词的语音表征是保持激发状态的。

六、场景知觉的研究范式

(一) 刺激物觉察范式

在刺激物觉察范式,通常是把快速呈现情景中目标刺激的觉察准确性作为刺激物识别的测量指标(白学军,康廷虎,闫国利,2008)。在研究中设计两类情景:第一种情景为正常情景(normal scenes),即描述一般环境的图片;第二种情景是错乱情景(jumbled scenes),即将一张照片剪切成 6 个矩形的图片,然后重新组合而成。在后一情景中,目标刺激物的位置是一致的,但图片的结构却发生了变化。在实验过程中具体步骤包括:第一,给被试呈现一个掩蔽刺激和一个表示刺激物位置的线索;第二,快速呈现不同的情景。比较被试在两种情景下觉察目标刺激物的准确性。

有研究者依据此范式进行研究发现,被试对正常情景中的刺激物的觉察更加准确,而对错乱情景中刺激物的觉察准确性较差。

(二) 闪烁范式

闪烁范式的操作过程是:首先给被试呈现初始情景图片(可以包含靶刺激信息,也可以不包含靶刺激信息),持续呈现 5s;之后,呈现一个空屏,持续时间 100 ms;最后呈现变换情景图片,持续时间为 5s。具体见图 13-29、图 13-30 所示。

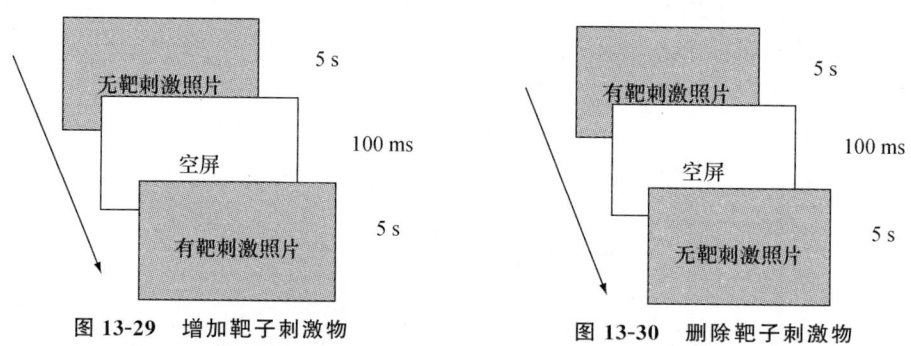

图 13-29　增加靶子刺激物　　　　图 13-30　删除靶子刺激物

对于靶刺激变换方式的操作是通过改变情景图片组中不同图片呈现的顺序实现的。情景变换的控制采用了眼动呈现关联技术,在试验开始 5s 之后,当注视的位置超出了以注视试点为圆心的 2 度视角的圆的边界,情景即发生变换。

图 13-31、图 13-32、图 13-33 所示了有靶刺激的照片和无靶刺激的照片。图 13-31 中小轿车是靶刺激,它出现在情景图片的左侧位置;在图 13-32 中,小轿车出现在右侧位置;图 13-33 中没有靶刺激(即无小轿车出现)。

图 13-31　靶刺激在左边的情景图片示例

图 13-32　靶刺激在右边的情景图片示例

图 13-33　无靶刺激在右边的情景图片示例

白学军、康廷虎和闫国利(2010)采用此范式,将兴趣区界定为每一个情景中靶刺激出现或者消失的区域,即情景改变区域。眼动指标是首次注视启动时间、前3次注视持续时间。其中,首次注视启动时间指从实验材料呈现至被试对情景改变区域开始第1次注视的时间;前3次注视持续时间指从呈现实验材料开始,被试注视点进入情景改变区域的前3次注视持续时间。结果发现:与靶刺激增加相比,靶刺激的删除更易引起被试的优先注意,而且会抑制首次注视过程中的信息提取。

有研究者(Simons & Levin,1998)将此范式改变应用于现场研究之中,如图13-34所示。

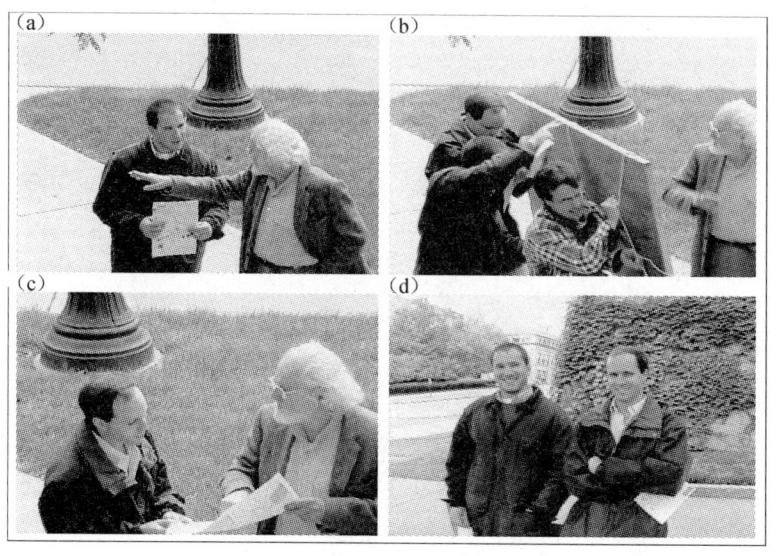

图13-34 用录像记录下的实验过程

实验是在美国康奈尔大学校园中进行的。有一位年轻人(假被试)手拿地图向白发老者问路(如图13-34(a)所示)。此时恰好有两个人扛着一块木板经过,并穿过年轻人与白发老者之间,即木板挡住了他们彼此的视线(如图13-34(b)所示)。这时木板后两名年轻人迅速更换,在扛木板的人经过后,另一名年轻人出现在白发老者面前(如图13-34(c))。结果发现:白发老者并没有意识到问路的年轻人是另外一个人。图13-34(d)给出了两位参加实验者年轻人。全部实验中,被试能够觉察到变化的人数为33%。

问 题

1. 人眼的视觉范围包括哪三个区域?各自的视觉特点是什么?
2. 记录眼动的方法有哪几种?
3. 什么是兴趣区?兴趣的类型有几种?
4. 早期认知加工的眼动指标有哪些?
5. 后期认知加工的眼动指标有哪些?

6. 举例说明移动窗口范式和移动掩蔽范式的区别与联系。
7. 举例说明边界范式。
8. 比较快速启动范式与边界范式的特点。
9. 消失文本范式的实验逻辑及操作程序。
10. 应用伴随言语范式设计一个实验。
11. 举例说明闪烁范式的操作步骤。

参 考 文 献

白学军, 胡笑羽, 闫国利. (2009). 非注视词特性对注视词加工作用的眼动研究. 心理科学, 2, 308～311.

白学军, 康廷虎, 闫国利. (2010). 靶刺激变换对情景知觉过程中注视控制的影响. 心理科学, 4, 770～774.

白学军, 康廷虎, 闫国利. (2008). 真实情景中刺激物识别的理论模型与研究回顾. 心理科学进展, 16(5), 679～686.

白学军, 梁菲菲, 闫国利, 田瑾, 臧传丽, & 孟红霞. (2012). 词边界信息在中文阅读眼跳目标选择中的作用：自中文二语学习者的证据. 心理学报, 44(7), 853～867.

陈顺森, 白学军, 沈德立, & 张灵聪. (2012). 背景性质对7～10岁自闭症谱系障碍儿童面孔搜索与加工的作用. 心理科学. (4), 778～785.

崔磊, 王穗苹, 闫国利, & 白学军. (2010). 中文阅读中副中央凹与中央凹相互影响的眼动实验. 心理学报, 42(5), 547～558.

王文静, & 闫国利. (2006). 中文阅读过程中字形快速启动的眼动研究. 心理与行为研究, 4(3), 213～217.

闫国利, 白学军. (2012). 眼动研究心理学导论. 北京: 科学出版社.

闫国利, 姜茜, 李兴珊, & 白学军. (2008). 消失文本条件下词的预测性效应的眼动研究. 应用心理学, 14(4), 306～310.

闫国利, 王丽红, 巫金根, & 白学军. (2011). 不同年级学生阅读知觉广度及预视效益的眼动研究. 心理学报, 43(3), 249～263.

闫国利, 熊建萍, 臧传丽, 余莉莉, 崔磊, & 白学军. (2013). 阅读研究中的主要眼动指标评述. 心理科学进展, 21(4), 589～605.

Bai, X., Yan, G., Zang, C., Liversedge, S. P., & Rayner, K. (2008). Reading spaced and unspaced Chinese text: evidence from eye movements. Journal of Experimental Psychology Human Perception & Performance, 34(5), 1277～1287.

Cornsweet, T. N., & Crane, H. D. (1973). Accurate two-dimensional eye tracker using first and fourth purkinje images. Journal of the Optical Society of America, 63(8), 921～928.

Holmqvist, K., et al. (2011). Eye tracking: a comprehensive guide to methods and measures. Oxford: Oxford University Press.

Inhoff, A. W., Connine, C., & Radach, R. (2002). A contingent speech technique in eye movement research on reading. Behavior Research Methods Instruments & Computers, 34(4), 471～

480.

Inhoff, A. W., Connine, C., Eiter, B., Radach, R., & Heller, D. (2004). Phonological representation of words in working memory during sentence reading. Psychonomic Bulletin & Review, 11(2), 320~325.

Liversedge, S. P., Gilchrist, L., Everling, S. (2011). The Oxford handbook of eye movements. Oxford: Oxford University Press.

Mcconkie, G. W., & Rayner, K. (1975). The span of the effective stimulus during a fixation in reading. Attention Perception & Psychophysics, 17(6), 578~586.

Rayner, K. (1975). The perceptual span and peripheral cues in reading. Cognitive Psychology, 7(1), 65~81.

Rayner, K. (1986). Eye movements and the perceptual span in beginning and skilled readers. Journal of Experimental Child Psychology, 41(41), 211~236.

Rayner, K., & Bertera, J. H. (1979). Reading without a fovea. Science, 206(4417), 468~469.

Rayner, K., Liversedge, S. P., White, S. J., & Vergilino-Perez, D. (2003). Reading disappearing text: cognitive control of eye movements. Psychological Science, 14(4), 385~388.

Rayner, K., Shen, D., Bai, X., & Yan, G. (2009). Cognitive and cultural influences on eye movements. Tianjin: Tianjin People's Publishing House.

Salapakek, P. (1975). Pattern perception in early infancy. // In L. B. Cohen, & P. Salapatet, (eds.). Infant perception: from sensation to cognition. New York: Academic Press.

Sc Sereno, K. R. (1992). Fast priming during eye fixations in reading. Journal of Experimental Psychology Human Perception & Performance, 18(1), 173~184.

Simons, D. J., & Levin, D. T. (1998). Failure to detect changes to people during a real-world interaction. Psychonomic Bulletin & Review, 5(4), 644~649.

Zang, C. L., Liversedge, S. P., Bai, X. J., Yan, G. L. (2011). Eye movements during Chinese reading. // In Liversedge, S. P., Gilchrist, L., Everling, S. (eds). The Oxford handbook of eye movements. Oxford: Oxford University Press.

14

脑认知成像技术

自心理学从自然哲学中分化出来后,众多心理学家都在思考两个核心问题:① 心理学应该研究什么(内容);② 心理学应该怎样来研究(方法)。20世纪以来,从曾占据心理学主导地位达半个世纪之久的行为主义,到强调心理内部状态与信息加工过程的认知科学,再到最近蓬勃发展的认知神经科学,心理学的研究内容、研究方法在每一次变革中都发生了质的变化。而每一次的变革,都是结合当时科学技术的最新进展、融合其他新兴学科的优势,在之前基础上做出的革命性的进步。

认知神经科学作为当前心理学研究的前沿方向,采用脑成像技术直接、无创地观察人大脑的神经活动,从而揭示大脑是如何实现各种认知功能的。本章将介绍各种脑认知成像技术,尤其是功能磁共振成像技术(functional Magnetic Resonance Imaging, fMRI)在实验心理学研究中的相关知识。具体而言,第一节将从心理学研究发展的角度来介绍认知神经科学与行为主义、认知科学相比,有哪些革命性的进步,即为什么要用认知神经科学的方法来回答"大脑是如何实现认知功能的"这一问题。第二节将简单地介绍各种脑认知成像技术。而作为现在使用最广泛、最有发展前景的脑认知成像技术,fMRI的成像原理、实验设计等相关内容将在第三节予以详细介绍。第四节的内容是关于如何将fMRI应用于心理学的研究之中。第五节将介绍最近新兴的基于非任务态下的多模态磁共振成像的相关知识。最后,第六节将介绍脑成像技术的未来发展趋势。

一、心理学研究的变革

(一)关注内在的认知过程:认知科学对行为主义的挑战

20世纪初,美国心理学家华生(John B. Watson)创建了行为主义。行为主义认为,心理学的主题应该是客观的、可观察测量的外在行为,而非主观的、无法检验的主观体验,驳斥了当时的内省主义,推动心理学走上了科学实证研究的道路。行为主义试图用"刺激—反应"的模型解释人类的所有行为,认为人与其他动物一样,都是受到外部刺激进而产生特定反应的机器,而学习则是通过外部环境的强化反馈而建立起的对新刺激进行反应的过程。行为主义强调外在环境的塑造作用,彻底否定人的主观意识体验以及遗传和神经基础。行为主义在近半个世纪的时间里占据了心理学的主导地位,并对社会科学以及教育产生了很大的影响。

然而,心理学家逐渐发现,这种"刺激—反应"模型并不能解释人类的所有行为。例如,行为主义认为语言的产生与发展是环境强化反馈的结果,即当儿童模仿成人说话时,成人对儿童予以正强化反馈。而语言学家乔姆斯基(Norm Chomsky)指出:儿童在语言学习的过程中,并非只是简单地重复他们曾听到过的词汇或表达方式;相反,他们会基于先天就拥有的语言内在结构和规则,即通用语法(universal grammar),创造新的、甚至是语言使用历史过程中完全没有出现过的句子。因此,突破行为主义桎梏显得十分必要。

恰逢其时,基于信息加工理论的计算机科学的出现给心理学家带来了一种全新的模型。计算机不仅可以输入(刺激)和输出(反应),还可以对信息进行处理和存储,即拥有内部状态。在计算机科学的启发下,心理学家也开始用信息加工的观点来研究人的智能——心理学家将大脑比作计算机:在刺激输入后,大脑负责对刺激进行处理和存储,最后再输出反应,而注意、记忆、思维、推理等都是在大脑这台计算机上运行的程序。通过吸收计算机科学的最新理念,心理学将信息加工的观点用于心理学研究,从而诞生了认知科学。

认知科学的研究主题是诸如感知、注意、记忆、思维等人类的内在状态和过程。在研究方法上,认知科学将内在状态和过程比作复杂、神秘的"黑匣子"。研究者将信息加工分解为多个相对独立的阶段,通过观察和记录外在行为反应(如反应时)来推测内在认知加工过程,最后提出信息加工的认知模型。经典例子可参见唐德斯三成分认知模型(F. C. Donders' ABC of reaction time),其提出的减法原则仍然是当今心理学研究的核心法则。此外,研究者也大量采用计算机模拟的方法,即对认知模型进行计算机模拟,然后通过比较计算机的输出与人类行为的异同来验证认知模型。

(二) 对"黑匣子"的直接观察:从认知科学到认知神经科学

对脑损伤病人的认知障碍研究使心理学家意识到:如果把作为认知过程生理基础的大脑与认知过程对应起来,那么将有助于阐明认知过程和验证认知模型。例如,将患者在行为上的认知障碍与大脑的损伤区域相对应,就可以推测参与这些认知过程的大脑结构。通过这种方式,早期的认知神经科学定位了参与语言产生的布罗卡区(Broca's area)和参与语言理解的威尔尼克区(Wernicke's area)。经典例子可参见对脑损伤病人 H. M. 的个案研究(他因为治疗癫痫而切除了海马、旁海马和杏仁核;对他的研究形成了记忆的认知神经模型,并促使了认知神经心理学的诞生)。这些发现促使心理学家将关注认知过程的认知科学与关注大脑结构、功能的神经科学相结合,产生了认知神经科学。

然而,由于脑损伤病人的稀少性和大脑损伤的复杂性,对认知障碍个体的研究只能为揭示正常人的认知规律提供有限的线索。以脑电图(electroencephalography, EEG)、脑磁图(magnetoencephalography, MEG)和 fMRI 等为代表的脑认知成像技术的出现为解决这一难题提供了可能。这些脑认知成像技术能够在对被试无损伤的情况下,直接观察正常人在进行某种认知活动时的大脑活动,从而为探索正常人认知过程的神经基础提供了工具。不夸张地说,脑认知成像技术对于心理学的重要性,就如同显微镜对于生物学、望远镜对于天文学一样。

脑认知成像技术通过测量个体在完成某认知任务时的大脑活动,来探索该认知过程的神经基础和认知特征。例如,借助 EEG 的高时间分辨率(毫秒级),研究者通过测量大脑在完成某一认知活动时的脑电波,将该认知过程与某脑电波成分关联起来,就可以得知该认知过程发生的时间信息。借助 fMRI 的高空间分辨率(毫米级),研究者通过记录在完成某一认知过程时的大脑激活状况,从而定位完成该认知过程所必需的大脑脑区和神经环路。基于对认知过程在时间和空间上的约束,可以将一个复杂的认知过程分解成多个独立的成分,比较多个认知过程的异同和验证认知模型等。

(三) 小结

通过上述两次变革,心理学的研究内容和研究方法都发生了革命性的变化(图 14-1)。在研究内容方面,行为主义关注的是"人类的行为科学",认知科学关注的是行为背后的"内在状态和认知过程",而认知神经科学开始关注实现认知加工的物质基础,是"大脑的科学"。在研究方法方面,行为主义强调对外在行为表现的观察,认知科学通过实验设计分离不同的认知加工过程和用计算机模拟大脑的认知过程,而认知神经科学则采用先进的脑成像技术,试图直接观察到大脑的活动。研究主题的拓展和深化、研究方法改善和直接化,都极大地推动了心理学的发展。

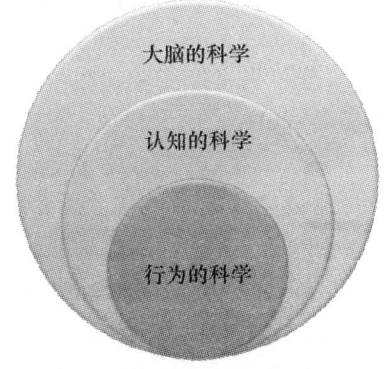

图 14-1 从行为主义到认知科学到认知神经科学

二、脑认知成像技术一览

近二十多年来,随着现代物理、电子信息和计算机技术的迅速发展,在脑认知成像技术领域出现了令人振奋的进展,涌现出了一批功能强大且无创的脑认知成像手段。这些技术被迅速应用到心理学研究的各个领域,产生了大量突破性成果。可以说,这二十年来我们对人类心理的了解,可能超过了过去上百年来基于行为研究所获得的知识的总和。以下分别从功能定位、时间进程以及神经调控三个方面来简单介绍目前最为广泛应用的脑认知成像技术。

(一) 功能定位

正如 15~17 世纪的航海家们对新世界的标定和对地图的精细描绘,当代认知神经科学家的一个主要目标就是人类大脑功能图谱的绘制(Human Brain Activity Atlas)。最早对脑损伤病人的研究发现不同脑区负责不同的认知功能,但是这种功能定位手段由于受到实验对象的约束,有很大的局限性。而脑认知成像技术的出现,使得研究者能够对正常人的大脑进行全面的脑功能区定位。其中常用的有正电子发射层析照相术(Positron Emission Tomography, PET)、fMRI 和功能近红外光谱技术(functional Near Infrared Spectroscopy, fNIRS)。

1. PET

PET 技术的成像原理是:① 含有放射性同位素的造影剂通过静脉注射或吸入气体进入体内后,随血液进入脑组织;② 同位素释放出的正电子与脑组织中的电子相遇时发生湮灭而产生一对方向相反的 γ 射线;③ 这对 γ 射线被专门的装置探测到,并据此推断出同位素在大脑的位置分布;④ 神经活动的增强会导致附近代谢的增多,因此含有同位素的脑血流会增加。所以,通过检测同位素的分布,可以间接地反映神经活动的分布情况。对 PET 成像原理的经典著作可参考 Phelps、Mazziotta 和 Schelbert 编著的 *Positron Emission Tomography and Autoradiography*(1986)。

在 PET 成像中,采用不同的造影剂可以测量大脑活动的不同方面。例如,用含 ^{18}F 的氟化去氧葡萄糖(^{18}F-fluoro-deoxyglucose,^{18}F-FDG)测量葡萄糖代谢,用含 ^{15}O 的水测量脑血流量(cerebral blood flow,CBF)等。在实验中,研究者在实验条件和对照条件下分别得到一幅脑血流图(对照条件除了不包括要研究的实验因素外,其他方面都尽可能与实验条件相同)。然后将两幅图像相减,所得到的图像即是与要研究的实验因素相关的脑血流图,而图中"亮"的区域则是由实验因素所激活的区域。

PET 在视知觉、听觉、心理表象、记忆、注意等多个领域都取得了重要的成果。但是,这项技术还存在若干固有的局限性。首先,成像所需时间较长,从几十秒到数分钟,所以在实验范式上选择余地很小,通常只能采用组块设计(blocked design)。即为了使脑血流处于稳态,需要在一段时间内只反复执行一种任务,而在另一段时间里则反复执行另一种任务。因此基于 PET 的研究容易受到练习或者疲劳等干扰因素的影响。其次,虽然 PET 属于无创性技术,但因为造影剂包含放射性物质,所以同一被试不宜频繁参加 PET 实验,这不利于那些需要被试多次参加实验的研究(如知觉学习)。最后,PET 造价高昂,这是因为 PET 需要配备一台粒子加速器,用以制备半衰期只有 123s 的 ^{15}O 等同位素。

2. fMRI

与 PET 所反映氧与葡萄糖的代谢不同,fMRI 反映的是基于血氧水平依赖(blood oxygenation level dependent,BOLD)的大脑神经活动。其成像原理是:① 在大脑活动过程中,局部脑血流(regional CBF)大幅度增加,而同时耗氧量却只有极小的增加。这就导致了在毛细血管和静脉中的脱氧血红蛋白(deoxy-hemoglobin)浓度减少;② 脱氧血红蛋白由于其独特的磁化性质(更强的顺磁性)在大脑活动区域周围产生一个局部的磁场,而该局部磁场会使采集到的 MRI 信号减弱;③ fMRI 对基于这种局部磁场强度的变化进行检测,从而间接地测量大脑的活动水平。即在脑活动增强时,脱氧血红蛋白浓度减少,因此局部磁场对 MRI 信号的干扰减弱,使得采集到的信号随之增强。关于 fMRI 的早期经典著作可参考 Ogawa 等人的 *Brain Magnetic Resonance Imaging with Contrast Dependent on Blood Oxygenation*(1990)。

在过去的二十年间,fMRI 已成为认知神经科学中最为广泛使用的脑认知成像技术,给心理学研究带来了革命性的变化。与其他成像方法相比,fMRI 具有如下显著优点:① 信号直接来自大脑的神经活动,无须注入造影剂和同位素等其他试剂,因此适用于各个年龄段的被试,而同一被试可以在短时间里多次参加实验;② 它的空间分辨率非常高,可以达到 1mm,因此可以进行精确的功能定位;③ 有大量成像参数供实验者自由控制,以完成各种特定需求的扫描和多种实验范式。目前 fMRI 的主要不足之处在于它不是直接检测神经活动,而其所记录的血氧信号通常滞后于神经活动 5~8s,因此它的时间分辨率远低于后面将要讲述的 EEG 和 MEG。

3. fNIRS

与 fMRI 类似,fNIRS 也是对 BOLD 进行成像。fNIRS 利用特定波长的近红外光与脑组织中脱氧血红蛋白和氧合血红蛋白(oxy-haemoglobin)之间的吸收和散射关系,通过检测被试在执行任务时,局部脑血流中脱氧血红蛋白和氧合血红蛋白的浓度变化,进而间接测量脑区的神经活动。关于 fNIRS 成像原理的早期经典著作可参考 Jobsis 等人的 *Noninvasive, Infrared Monitoring of Cerebral and Myocardial Oxygen Sufficiency and Circulatory Parameters*(1997)。

fNIRS 对大脑活动的测量是通过附在被试头上的传感器检测近红外光的变化来实现的,因此是无创性的。此外,fNIRS 对头动的容忍度较高,加上设备可以自由移动,对测试环境没有特殊要求。因此,fNIRS 较好地解决了 PET 和 fMRI 在婴幼儿、老人和特殊病人等特定群体研究中存在的问题。此外,相对于 PET 和 fMRI,fNIRS 价格相对低廉,适合经费相对短缺的实验室使用。但是,fNIRS 也有较大的局限:① 由于近红外光穿透性较弱,因此只适用于对大脑表层神经活动的研究,而对大脑深处的神经活动不敏感;② fNIRS 的空间分辨率很低,无法对大脑的神经活动进行精细定位。

简而言之,fNIRS 作为一种新兴的脑认知成像技术,尚未在心理学研究中得到较广泛的应用和认同,但是它已经开始在发展认知神经科学中展现出较好的应用前景。

(二) 时间进程

在探索认知过程的神经基础时,除了脑区的功能定位外,了解认知过程的时间进程是另一个重要的问题。而上文所提及的 PET,fMRI 和 fNIRS 都是对滞后于神经活动的脑血流成像,因此无法达到描述神经活动时间进程所需要的毫秒级分辨率。下面分别介绍对神经电活动直接测量的脑电图(EEG)和脑磁图(MEG)。

1. EEG

EEG 是最早被广泛使用的脑认知成像技术之一,其工作原理是:① 大脑工作时,神经元的发放引起带电离子的运动从而产生微电流;② 微电流在头皮表面形成微弱的电位差(微伏级),而 EEG 装置通过高灵敏的电极和放大器来探测这些电位差。EEG 主要是通过波幅(amplitude)、潜伏期(latency)、电位的空间分布(脑地形图,topographical map)和频谱(frequency spectrum)等指标提供大脑对信息的加工过程。关于 EEG 的工作原理的详细阐述可以参见 Regan 的 *Human Brain Electrophysiology*(1989)。

由于脑电信号中所混杂的生理信号(如心跳等)和实验环境的噪音(如照明电路的电流等)远大于认知过程所诱发的脑电信号,因此认知科学研究中通常采用事件相关电位(event-related potential,ERP)的范式,即对同一认知事件进行多次重复测量,然后对在相同事件下记录到的脑电信号按照事件发生点对齐然后做叠加平均,以去除噪声,留下与事件相关的电信号。ERP 的信噪比与叠加次数的平方根成正比,即试次(trial)越多,得到的与认知过程关联的脑电信号就越好。

在 fMRI 出现之前,EEG 的另外一个重要功能就是脑区定位。具体而言,研究者首先建立一个关于大脑形状和结构的物理模型,然后根据脑电记录到的头皮电位的分布,采用逆向算法计算出大脑神经电兴奋源的位置、强度和方向。为了提高定位精度,就需要提高头皮电位分布的测量精细度。因此,自 1990 年起,脑电的导联(电极)个数很快由 16 导发展到 64、128 甚至 256 导。但是,因为对多个兴奋源定位的逆向算法在数学上本身存在无穷个解,因此其定位的结果只具有参考价值,而非真正参与认知加工的脑功能区。因此在 fMRI 出现后,EEG 的功能定位功能就越来越少地被研究者所使用。但是,在信号源单一且信号很强的情况下,如癫痫脑区,EEG 的脑区定位还在被广泛使用。

脑电的长处在于它直接反映了神经的电活动,有着极高的时间分辨率。此外,它的造价较低,使用、维护也较方便,而且也是完全无创的,适用于各个年龄段的被试。不足之处在于其缺乏功能定位能力,因此在对脑电数据的解释上存在较大的不确定性。

2. MEG

根据电磁感应原理,大脑在进行认知加工时产生的电流能够在头颅外表产生感应磁场。MEG 通过捕捉这种磁信号来推测大脑内部的神经活动。由于该磁信号极为微弱(信号强度大约是地球磁场的百万分之一),不仅需要屏蔽地球磁场和其他电磁噪声(如手机信号),同时需要超导线圈来检测神经磁场。关于 MEG 对人脑磁场的首次记录参见 Cohen 的 *Magnetoencephalography: Evidence of Magnetic Fields Produced by Alpha Rhythm Currents*(1968)。

除了 EEG 记录电信号而 MEG 记录磁信号外,MEG 的突出优点是对神经兴奋源的定位更为直接和准确。这主要是因为大脑是电的不良导体,所以在皮层上记录到的脑电信号受颅骨和各种脑组织的导电性和形状的影响很大;而神经电活动所引起的感应磁场则具有不受介质干扰的特性,因此它能不受干扰地穿透脑组织和颅骨到达头皮表面。但是近年来,随着 fMRI 在功能定位上的应用,而且 MEG 在功能定位上也存在和 EEG 一样的逆向问题,所以 MEG 没有能如预期一样在功能定位上成为主流方法。此外,MEG 造价高昂(与 fMRI 的价格类似),不具有可移动性,因此 MEG 难以在研究中被大量使用。

(三) 神经调控

无论是前面所介绍的用于功能定位的 PET、fMRI 或 fNIRS,还是用于时间进程描述的 EEG 和 MEG,它们都只能回答与认知过程关联的神经基础是什么,即哪些脑功能区参与了该认知过程(充分条件),而不能回答哪些脑功能区是该认知功能所必需的(必要条件)。而神经调控则是专门用于回答认知神经科学研究中的第二个问题,即脑功能区与认知过程间的因果关系,其主要的思路是暂时地、有选择地干扰脑功能区,使得被试出现短暂的与脑损伤病人类似的症状。这里主要介绍两种常用的神经调控手段:经颅磁刺激(transcranial magnetic stimulation,TMS)和光遗传学技术(optogenetics)。

1. TMS

TMS 的工作原理是:① TMS 用电容器储存电能然后放电,当放电电流脉冲通过贴近头皮的线圈时形成瞬变磁场;② 瞬变磁场在大脑内诱发出感应电流,从而改变该处神经元的兴奋性,起到兴奋或抑制神经元活动的作用,从而暂时抑制该脑区的功能。因为诱发的感应电流时间短,强度弱,因此不会对被试的大脑造成器质上的损伤,因此是无创的。关于 TMS 原理的早期系统性介绍可参见 Barker,Jalinous 和 Freeston 的论文"Non-Invasive Magnetic Stimulation of Human Motor Cortex"(1985)。

在具体实验时,通常会先利用磁共振来获取大脑的结构信息,从而为 TMS 提供较为精确的靶区。TMS 具有很高的时间分辨率(毫秒级)和较好的空间分辨率

(0.5~1cm)。出于安全的考虑,TMS产生的瞬变磁场只能深入皮层1~2cm,因此无法调控大脑深处的神经回路。虽然TMS是无创的,但是TMS有可能会诱发出一些副作用,比如头痛、恶心等。此外,TMS不能用于有癫痫病史的被试。因此TMS实验需要经验丰富的实验者来进行,并做好潜在危险预案准备。

2. 光遗传学

光遗传学是一种结合了光学和遗传学的神经调控技术。该技术的最初构想于1979由Francis Crick提出:为了了解大脑是如何工作的,我们需要一种每次只让某一特定形态的神经元活动被抑制,而不影响其他神经元的活动的方法。直到2005年,研究者第一次通过基因技术,将光敏通道表达在神经元里,然后用蓝光准确控制神经元的活化。关于光遗传学的经典文献可参见Lima和Miesenböck的论文"Remote control of behavior through genetically targeted photostimulation of neurons"(2005)。

使用光遗传学技术,研究者可以选择性地激活某一类神经元,并直接观察神经元激活后所表现出的行为结果。例如,利用光遗传学可以用光来调控小白鼠的大脑,让一只患有帕金森症的小白鼠重新站立起来,甚至是重新走路。此外,光遗传学技术具有较高的时间和空间分辨率,能够允许研究者在不干扰被试其他行为的同时精确地改变特定脑区在特定时间上的神经活动。2010年光遗传学被 *Nature Methods* 选为年度方法,同年被 *Science* 认为是近十年来最重要的突破之一。目前还没有光遗传学技术在人类脑认知成像上的应用,但是它在老鼠、猕猴上的成功应用,使其成为继fMRI后又一个能够给认知神经科学研究带来革命性推动的新技术。

(四)脑认知成像技术的融合

从上面的介绍可以得知,现有的脑认知成像技术都有自己独特的优势和明显的局限(图14-2),并没有绝对的优劣之分。它们之间不是取代关系,而是各有其用。因此,研究者应该根据所研究的问题,根据科研经费的多寡,选择合适的技术,以达到更好的实验效果。换而言之,没有万能的技术,只有合适的技术。

进一步,脑认知成像技术具有较高的互补性:相较于EEG和MEG,PET和fMRI在功能定位上有着不可替代的优势;而EEG和MEG则具有PET和fMRI缺少的时间分辨率;TMS则能阐明认知过程与脑功能区之间的因果关系。因此,研究者更应当综合使用这些技术,取长补短,才能得到关于大脑的尽可能完整的知识。例如,可以在对被试进行fMRI扫描的同时,用EEG记录其脑电活动,从而得到参与该认知任务的脑功能区以及该脑功能区的时间进程(EEG-fMRI融合);类似的,也可以在对被试进行fMRI扫描的同时,对特定脑功能区进行TMS刺激,从而比较在该脑功能区被抑制的情况下,参与该认知任务的神经网络的变化。

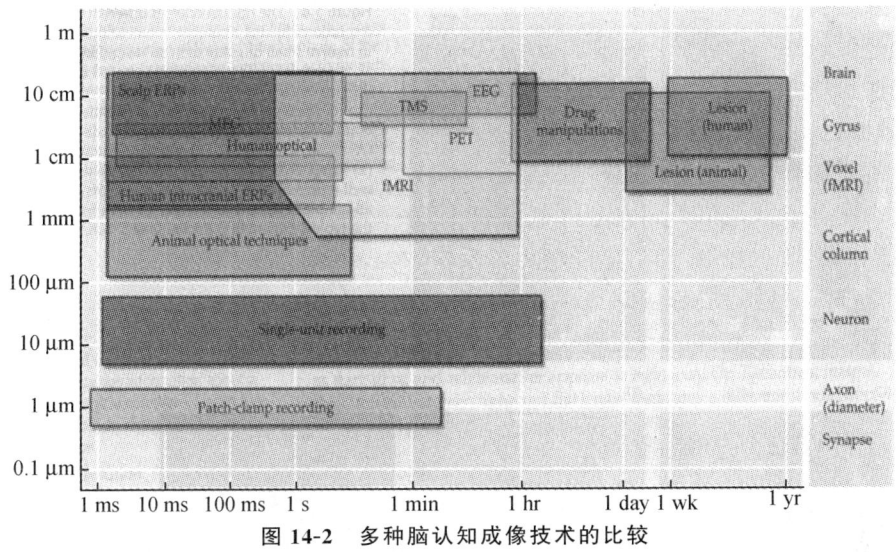

图 14-2 多种脑认知成像技术的比较

三、功能磁共振成像

fMRI 是当今心理学研究最主流的脑认知成像技术。本节将介绍 fMRI 的成像原理以及如何利用 fMRI 进行认知实验。

(一) fMRI 原理

fMRI 主要利用氢原子核在不同的磁场环境中能量释放时间的变化来测量神经元活动所引发的血流变化,进而间接获得大脑神经活动的信息。由于其成像原理较为复杂,限于篇幅,这里只做简单的概念性描述。

1. 血液动力学

在 1890 年,人们就已知道脑血管中血流与血氧的改变(两者合称血液动力学)与神经元的活动有着密不可分的关系。神经元活动时会消耗氧气和葡萄糖,而它们需依靠红细胞(红细胞通过血红蛋白结合氧,形成氧合血红蛋白来携带氧)经由神经元附近的血管运送过来。因此,当神经元活动时,其附近的血流会增大以补充消耗掉的能量。一般而言,从神经元活动到引发血液动力学的改变,通常会有 1~2s 的延迟,然后在第 4~5s 时达到血流量的最大值,之后再回到基线。同时,神经活动不仅改变了附近血管的血流量,也改变了局部血液中氧的含量。

2. BOLD 效应

前面提到大脑神经元活动时,局部脑血流会大幅增加。伴随局部脑血流增加,血液中氧含量增大,同时耗氧量却只有极小的增加。这就导致在毛细血管和静脉中脱氧血红蛋白浓度的减少。红细胞中血红蛋白的磁状态仅依赖于氧的饱和度:氧合血红蛋白是抗磁性物质(即不容易被磁化),而脱氧血红蛋白属顺磁性物质。1990年,Ogawa等人发现,根据血液中血红蛋白的氧化比率不同(含顺磁性血红蛋白比率不同)可以轻易分辨出不同的磁共振信号:血液中脱氧血红蛋白的浓度下降,相对的MRI信号也会随之增强。这种磁共振信号随血液含氧量变化而改变的性质称为血氧依赖,即BOLD。

在神经活动过程中,经由血液动力学反应,神经元兴奋引起的局部毛细血管和静脉中血流量增大,使得脱氧血红蛋白浓度减小。根据BOLD效应,这使得该区域MRI信号相对神经元未兴奋的区域更强。这种信号的增强可以表现出对应脑区的神经活动强度。

(二) fMRI 认知成像方法

1. 实验装置

要进行fMRI认知成像的研究,仅有fMRI机器是不够的,还需要与之相配套的实验控制系统,以及数据后处理系统。以视觉实验为例,一套典型的fMRI实验装置如图14-3所示。

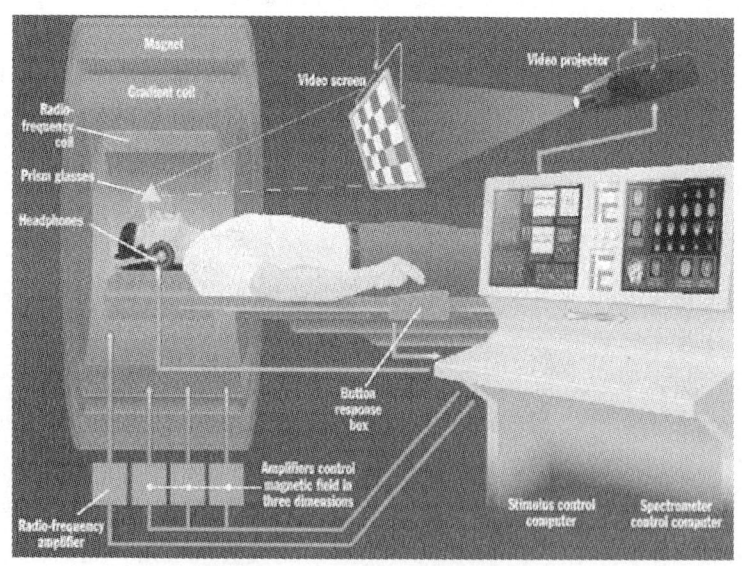

图 14-3　fMRI 在认知实验中应用

在实验中,被试躺在磁共振设备中,通过置于眼前的反光镜观看屏幕上的视觉刺激,并根据实验指示使用反应按键做出反应。在实验进行中,磁共振设备采用回波平面成像序列(echo-planar imaging, EPI)扫描序列扫描大脑的$T2^*$像,并将扫描图像存入计算机中,用于后续分析处理。

2. 实验设计

与所有的心理学研究一样,实验变量和实验范式的选取原则以及干扰因素的控制等也都适用于 fMRI 实验研究,所以在此不再赘述。这里仅讨论针对 fMRI 本身特性的三种实验范式:区组设计(blocked design)、事件相关设计(event-related design)和混合设计(mixed design)(图 14-4)。

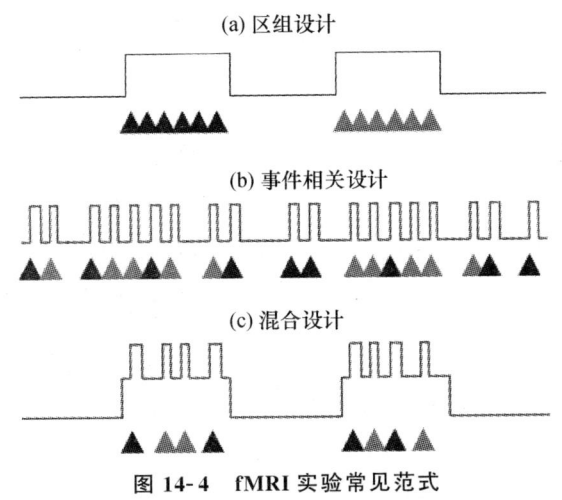

图 14-4 fMRI 实验常见范式

在区组设计(a)中,研究者将同一实验条件的刺激在一个区组中呈现,然后通过磁共振成像记录大脑对这一类刺激所产生的反应,那是效应维持时间较长的稳态反应和维持时间较短的瞬态反应的混合累加,一般用于检测对实验条件具有特异反应的脑区。常见的实验分析方法是通过直接比较大脑的每个体素(voxel)对实验条件和控制条件反应的差异,即用实验条件下的反应值减去控制条件下的反应值,进而确定哪些体素对实验条件具有特异反应。

事件相关设计(b)则可用于检测大脑对某一个特定实验刺激的瞬态反应。在事件相关设计中,实验条件与控制条件随机交错出现,可以较好地避免诸如练习、适应等干扰因素对脑成像结果的影响。

混合设计(c)综合了区组设计和事件相关设计的优点,即不同类的刺激放在不同的区组里;而在同一区组里,单个刺激之间的间隔随机化,使得同时获得大脑对刺激的稳态反应和瞬态反应成为可能。混合设计的出现,使功能磁共振技术不仅可用于检测特定功能脑区的位置,同时也可根据脑区对不同实验刺激的反应模式,深入探索各个脑区的功能意义。但是混合设计因为实验设计复杂,在实际使用中的效果差强人意。

3. 数据处理

fMRI 数据处理的核心内容是从海量的 fMRI 数据中提取与认知过程相关的信号。一个经典的数据处理流程一般包括数据预处理、标准化和统计分析三个部分(图 14-5)。

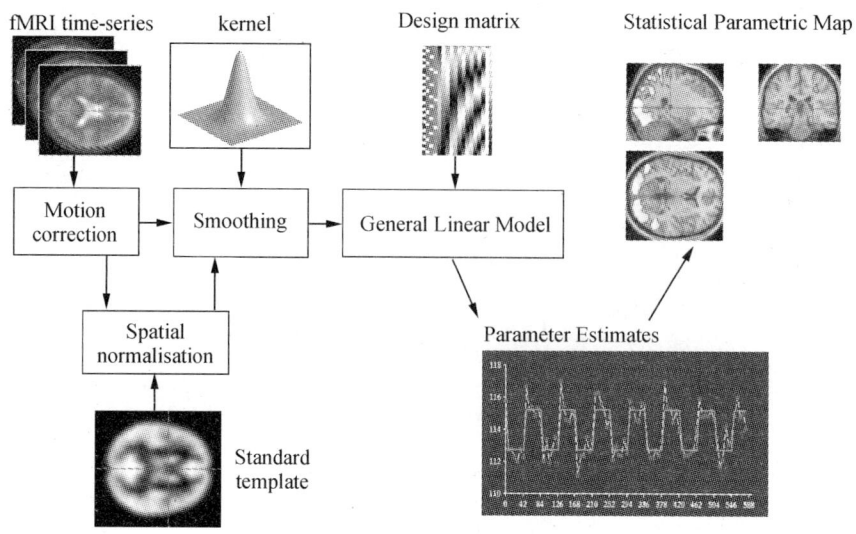

图 14-5 fMRI 数据处理流程(SPM tutorial)

(1) 数据预处理：包括头动矫正、滤波和平滑等操作。

① 头动校正(motion correction)。fMRI 实验面临的一个重要问题就是头动：因为 fMRI 图像中相邻体素信号强度的差别可以非常大，因此轻微的头动都可能使原来很低信号的地方变成高信号，严重影响到统计结果。在实际操作中，可以通过使用特制的面具等固定被试的头部来减少头动。但用任何物理方法都难以彻底消除头动，所以还需对原始数据做头动的校正处理。好的校正算法不仅要考虑头的平移运动，还应考虑头的转动乃至三维运动，同时要兼顾计算速度。

② 数据滤波(filtering)。因为 fMRI 所测量的信号实质上是由神经反应引起的血流变化，那么实际检测到的信号就会受到呼吸、心跳等生理因素的影响。为了尽可能获得较纯净的神经反应信号，可以通过进行时域滤波消除特定频段的信号，提高信号的信噪比。

③ 空间平滑(spatial smoothing)。因为各个体素上的噪声是随机出现的，所以可以通过空间平滑来提高数据的信噪比。

(2) 图像标准化。

标准化指的是对 fMRI 图像进行合理的变形，使之符合标准的大脑模板。这是因为每个人的大脑形状、大小千差万别，只有在标准化后，不同被试的数据才可以做横向比较。此外，对标准化后的大脑，还可以根据标准图谱标定其各个脑结构的空间坐标。标准化可用不同的方法实现。目前被广泛接受的是由 Talairach 和 Tornoux 提出的三维模型法。

(3) 统计分析。

这是 fMRI 数据处理的主体部分。因为 fMRI 是对由实验刺激所诱发的神经反应的测量,因此在统计分析时采用一般线性模型(general linear model,GLM);通过度量实测信号与根据实验设计获得的理论预测信号的相似性,进而得到各个体素对实验刺激的反应情况,即和特定刺激的理论预测信号相似度越高,则该体素的神经元参与对此特定刺激加工的可能性就越大。之后利用减法原则,把实验条件和控制条件下的大脑激活图像相减,所得的差便是与认知过程相关的fMRI的激活图像。根据具体需要,对实验结果还可以做进一步处理,如被试间的平均、提取时间曲线等。

因为统计分析是对每个体素独立进行的,这就必然出现多重比较(multiple comparison)问题。一般可以使用错误发现率(false discovery rate,FDR)或蒙特卡洛模拟(Monte-Carlo simulation)等方法对得到的显著结果进行校正以减小结果出现误报的可能。

四、fMRI在心理学研究中的应用

心理学的研究主题是人的内在心理状态和认知过程。传统的心理学家通常采用信息加工的观点来推测认知功能的实现过程,建立认知理论。本节将介绍如何利用fMRI来提出和检验认知理论,推动心理学研究的进展。

心理学试图回答的核心问题是"人类的心智和大脑是如何工作的"。想要回答这个问题,不仅需要了解认知功能在大脑何处发生(where),而且需要了解大脑如何实现认知功能(how)。目前,fMRI在心理学研究中最广泛的应用方式是将特定的认知功能定位于大脑中的特定脑区,从而回答where的问题。这种特定脑区参与特定认知加工过程的定位,对于心理学有重要意义:① 这些发现有助于将内在的认知过程分解为一系列可分离的认知功能,这是心理学提出各种认知理论的前提;② 这些发现告诉我们特定认知功能在大脑中定位于何处,揭示实现认知功能的物质基础。

除此之外,心理学家更为关心的是认知功能如何实现,即how的问题。根据信息加工的观点,认知功能的内在实现过程是对心理表征进行一系列认知加工的过程,因此认知理论通过对认知加工过程和心理表征的描述来回答how的问题。在定位研究的基础上,把fMRI进一步用于研究认知加工过程和心理表征,将有助于心理学研究者回答认知功能如何实现的问题。具体而言,fMRI可以通过回答以下四类问题为认知理论提供启示。

(一)哪些认知功能能够被定位于特异性的脑区

关于人类心智如何工作的一个根本争论是:特定认知功能的加工是由相对独立的、负责不同认知功能的认知模块负责,还是由通用于多种认知功能的认知加工机制完成?与此相应,在神经层面上,关于大脑是如何工作的也存在类似的争论,即大脑是由相对独立的功能特异性模块组成,还是由参与多种认知功能的通用部件组成?fMRI为回答上述争论提供了绝佳的技术。例如研究者发现在人脑视觉腹侧通路皮层上存在一些脑区对特定类别的视觉刺激有选择性反应。具体而言,Downing 等人(2006)考察了视觉皮层脑区在呈现 20 种不同类别视觉刺激时的反应水平(图 14-6(a)),发现面孔加工区(fusiform face area,FFA)对面孔刺激的反应水平高于所有其他 19 类刺激类别(图 14-6(b)),表现出对面孔刺激的选择性反应。类似地,也发现了躯体加工区(extrastriate body area,EBA)对躯体刺激的选择性反应,空间加工区(parahippocampal place area,PPA)对空间信息的选择性反应等。该结果表明,即使采用非常广泛的、甚至在视觉上或者语义上与偏好刺激类别类似的控制刺激,这些脑区仍然显示出稳定的对偏好刺激类别的选择性反应。这些对视觉刺激体现高选择性的脑区不仅阐明了大脑对于面孔等刺激的加工在何处完成,更重要的是,这些结果暗示了人类的心智和大脑对于特定的认知加工过程有着特异性的加工机制,支持了关于心智和大脑的"模块化"假设。

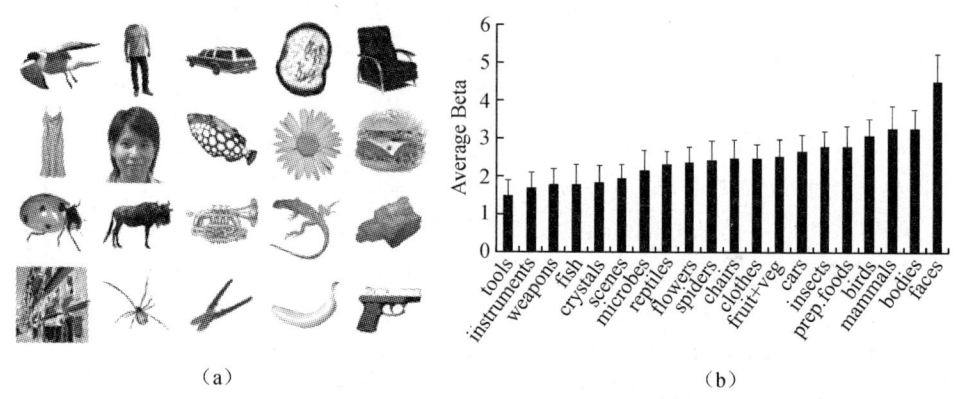

图 14-6 (a) Downing 等人(2006)的研究中采用的 20 种不同类别视觉刺激;(b) 面孔加工区 FFA 对面孔刺激的反应水平高于所有其他 19 种刺激类别,表现出对面孔的选择性反应

(二) 在某个任务中是否涉及某个认知加工过程的参与

在 fMRI 的定位研究发现一些高度特异化的脑区(如 FFA)并明确这些脑区的功能特性之后(如对面孔有选择性的反应),可以将这些脑区的活动作为某一认知加工过程的神经标记,然后探讨在某个任务中是否涉及某个认知加工过程的参与。例如,O'Craven 等人(1999)采用 fMRI 技术探讨认知心理学的一个经典问题:注意选择的基本单元是位置、特征还是客体?实验刺激由面孔和房屋透明叠加构成,面孔和房屋交替运动(图 14-7(a)),要求被试分别注意面孔、房屋或运动方向。研究中将 FFA、PPA 以及参与运动加工的 MT/MST 脑区的反应水平分别作为对面孔、房屋和运动加工的神经标记。结果发现,虽然面孔和房屋占据同一空间位置,FFA 在注意面孔条件下的反应水平显著高于注意房屋条件,而 PPA 在注意房屋条件下的反应水平则显著高于注意面孔条件(图 14-7(b),灰色框),这种注意调控效应很难用基于空间的选择理论进行解

释。进一步,如果注意选择的基本单元是基于客体而不是特征,那么当注意选择了客体的一个任务相关特征时,该客体的任务无关特征也将同时被选择。该研究发现,当被试注意运动特征时,FFA 在人脸运动的刺激条件下的反应水平高于房屋运动的刺激条件(图 14-7(b),黑色框),表明人脸这一任务无关特征也一起被选择,因此这一结果表明注意选择的单元不是特征,而是客体。这个研究所关心的注意选择的基本单元问题与客体刺激和运动所激活的具体脑区无关,但是这些脑区的定位使得研究者得以了解注意任务中的认知加工过程。

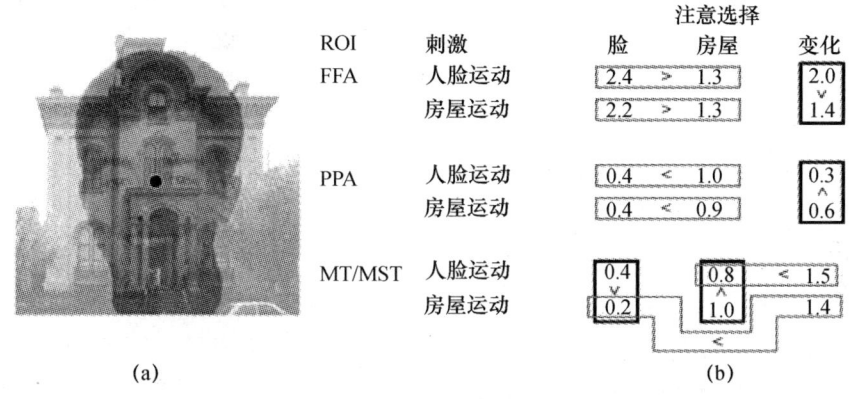

图 14-7　(a) O'Craven 等人(1999)的研究中采用的实验刺激;
(b) FFA、PPA 以及 MT/MST 脑区在不同刺激条件和注意状态下的反应水平

(三) 不同的刺激或者任务的表征有何区别

除关注认知加工过程之外,心理学的另一个核心任务是描述对刺激或任务的心理表征。描述表征的关键在于确定表征的不变性,即哪些个体具有相同的表征,哪些具有不同的表征。例如,对同一客体不同视角的相同表征是一种形状不变性表征,对"狗"的图片和文字的相同表征则是一种抽象的语义表征,这正是心理学行为研究中启动范式的基本逻辑。在 fMRI 的研究范式中,fMRI 适应(adaptation)范式和多元模式分析(multivariate pattern analysis,MVPA)也采用了类似逻辑,即通过检验特定脑区对哪些刺激反应相同,对哪些刺激反应不同来描述该脑区的神经表征。例如,Serences 等人(2009)采用 MVPA 技术探讨工作记忆的信息是储存在对刺激进行感知觉加工的脑区,还是存在工作记忆专属的储存区。在实验中,彩色光栅刺激被呈现给被试,要求被试在 10s 的时间间隔内记住光栅的颜色或朝向。结果发现,当被试记忆光栅颜色时,初级视觉皮层的反应模式可以区分颜色,不能区分朝向;相反,当被试记忆光栅朝向时,初级视觉皮层的反应模式可以区分朝向,不能区分颜色。该结果表明工作记忆的视觉刺激信息是储存在初级视觉皮层,而不是在专门的工作记忆储存区。

(四) 任务 A 和任务 B 采用的加工机制是否相同

最后,fMRI 可以用来回答认知心理学的一类经典问题:任务 A 和任务 B 是否采用了相同的加工机制? 具体而言,如果 fMRI 发现两个任务激活大脑同一个脑区,表明这两个任务可能采用了相同的加工机制;反之则表明两个任务采用了不同的加工机制。例如,Fedorenko 等人(2011)利用 fMRI 为语言和思维的分离提供了证据。在研究中首先定位出参与语言加工的脑区,然后观察这些脑区在被试完成其他多种思维任务和高级认知任务时的活动状态,如数学任务、工作记忆任务、认知控制任务、音乐任务等。结果发现,参与语言任务的八个脑区在实验测量所有非语言加工任务中都没有激活,表明语言和思维采用了不同的加工机制。

(五) 小结

一方面,fMRI 通过对上述四个问题的回答,将为认知理论提供多角度的启发。在另一方面,认知理论对于设计脑成像实验、理解人类大脑,也具有重要的指导意义。人脑具有高度的复杂性,想要真正理解人脑的结构和功能组织,需要研究者基于对心理表征和认知过程的精细的理论描述来设计脑成像实验。心理学家只有把 fMRI 与心理学理论相结合,才能将心理学的研究视野从关于行为和心智的科学扩展到关于大脑的科学。

五、多模态的磁共振成像

近年来,大量研究发现,除了大脑在认知过程的神经响应之外,大脑的解剖结构(如灰质皮层的厚度、白质纤维的连接)以及在静息时的自发电活动等也与认知过程相关联。为全方位地了解大脑信息处理和工作机制,有必要采用多模态的磁共振成像技术来测量大脑的不同特征。这些多模态的成像技术包括:结构磁共振成像(structural MRI,通常也简称为 MRI)、弥散张量成像(diffusion tensor imaging,DTI)和静息态 fMRI(resting state fMRI,rs-fMRI)。MRI 和 DTI 描述的是大脑的解剖结构,而 rs-fMRI 可以测得大脑静息状态活动信号并用来考察大脑功能连接情况。这些成像技术因其重复性好、操作便捷和易于模态间整合分析等优势在心理学和临床医学中得到越来越多的重视和应用。下面将简单介绍这三种成像技术。

(一) MRI

MRI 能够提供很好的脑灰质(神经元胞体)和白质(神经元纤维)对比信息,在疾病诊断、跟踪疾病进展和科学研究中都有着重要的作用。在传统的大脑结构形态学分析方法中,要想得到整个大脑或感兴趣脑区的结构参数,往往是由经验丰富的解剖专家对照扫描图像进行肉眼评估和手动测量,然而这种方法会耗费大量时间,而且只能得到相对比较大的脑区的测量值。随着 MRI 技术的不断完善以及对大脑的立体结构特性(卷折二维平面)的深入认识,出现了两类结构形态学分析方法:一类是基于体素的方法,称为基于体素的形态学分析(voxel-based morphometry, VBM);另一类是基于表面的(surface based)的方法。

VBM 具备自动化、易用性和结果可靠等特点,自 2000 年来就得到广泛关注。该方法主要包括:① 将个体结构像配准到标准空间(以匹配来自不同结构像的解剖位置以做被试间比较分析);② 将大脑分割成灰质、白质和脑脊液;③ 对局部体积进行膨胀、压缩调整。基于这个处理流程,VBM 测量的是每个体素灰质或白质的集中程度或体积,所以通过这个指标可以反映出大脑组织发育或萎缩的信息。

基于大脑表面的分析方法首先根据扫描数据抽取脑皮层表面,进而将皮层模型化为一个由三角网格表示的表面模型,最后从这个脑皮层表面的几何模型中提取参数。主要脑几何结构指标包括:皮层厚度,反映皮层柱状结构信息;皮层表面面积,即指定脑区皮层面积总和;表面曲率,测度皮层卷折急剧程度;皮层沟深和沟宽等。

脑结构参数已在认知神经科学研究中得到了较好的应用,例如研究者发现由于出租车司机需要很好的空间导航能力,他们的海马后部灰质体积显著大于一般人(Maguire et al., 2000)。但是,基于 MRI 的研究还存在一些问题:① 脑结构参数的生物学意义尚不清楚,需进一步探索宏观的脑结构参数与微观神经元形态和组织的关系;② 参数(如皮层厚度)与参数(如灰质密度)之间的关系还有待进一步研究;③ 成像硬件和软件有待发展,以提供更高分辨率的数据和更精确的分析方法。

(二) DTI

DTI 是一种利用弥散加权成像技术来测量宏观轴突组织结构的方法。具体而言,与 MRI 追踪水分子中的氢原子不同,DTI 是对水分子移动方向成像,以测量大脑的白质结构和纤维连接。弥散是指分子的随机不规则运动,分为两种:一种是分子处于完全均匀的介质中,分子向各个方向运动的距离是相等的,称为各向同性弥散,如水分子在人脑组织中的脑脊液和大脑灰质中的弥散近似各向同性弥散;另一种是各向异性弥散,如在白质中,水分子的弥散会受到白质纤维束的约束,使得水分子沿着纤维束的方向弥散更快。

DTI 在认知神经科学研究中有两个主要的应用:定量白质分析和纤维追踪。定量参数主要有:平均弥散率(mean diffusivity, MD),表示弥散的大小,与弥散的方向无关;各向异性分数(fractional anisotropy, FA),表示弥散各向异性的大小。这些参数与大脑的认知加工有紧密关联,如有研究发现言语智力和 Broca 区的 FA 值显著负相关,而与 MD 值显著正相关(Konrad et al., 2012)。

在测量神经纤维走向方面,以往有关大脑白质纤维束的研究主要依赖于活体动物或尸体的结构研究,现在随着算法的不断发展,可以通过 DTI 所提供的各向异性弥散方向得到每个体素的纤维走向,然后再通过追踪技术构建出白质纤维连接形式。

作为一种新兴的成像方式，DTI 还有许多悬而未决的问题，如在纤维追踪中，如何追踪交叉纤维等。因为白质纤维将大脑分离的脑功能区连成了一个整体，因此 DTI 在认知神经科学中的作用将会越来越大。

（三）rs-fMRI

rs-fMRI 是被试在无任务的静息状态下进行的 fMRI 扫描。被试进入扫描仪后，主试指导被试在整个扫描过程中不要想特别的事情，并保持清醒和放松的状态。近年来，rs-fMRI 受到了越来越多的关注，主要是因为：① 静息态是与任务无关的状态，因此不受制于实验设计，实施简单；② 数据具有可重用性；③ 静息数据可以做功能连接分析；④ 对于那些不适宜做任务 fMRI 的被试，如认知障碍病人、婴儿等，rs-fMRI 更易实施；⑤ 更重要的是，人脑在静息状态下代谢量占总代谢量的 95% 以上，远高于脑在任务相关活动中所消耗的能量，因此 rs-fMRI 可能比任务态的 fMRI 更能反映大脑的功能。

随着对静息脑活动的生理意义理解的不断深入，rs-fMRI 已成为当今认知神经科学领域研究的热点。研究者主要从两个方面进行 rs-fMRI 研究：关注 rs-fMRI 的局部信息，如局部一致性（regional homogeneity，ReHo），用以衡量目标体素与其临近体素之间的波动一致性，以及低频振幅（amplitude of low frequency fluctuation，ALFF），用以衡量低频段波动幅值的大小。关注脑区之间的连接信息，即通过计算不同脑区之间信号的相关来得到自发电活动的同步性。这些静息态局部和连接参数能够：① 更全面地研究患脑部疾病病人大脑活动和连接的变化，帮助诊断和评估病情；② 考察大脑自发活动和认知能力的关系，如梭状回面孔区（fusiform face area，FFA）和枕侧面孔区（occipital face area，OFA）之间的静息功能连接和面孔识别能力显著正相关（Zhu et al.，2011）。

（四）总结

大脑可能是宇宙中最复杂的物体。因此，对其的研究就必须采用多种技术，从多个角度来开展研究。对任何一种技术（如 fMRI）的过分强调而忽略其他技术（如 MRI）都是盲人摸象。作为把人当作研究对象的心理学，有必要保持开放的心态，对各种新兴的技术持开放而不是怀疑的态度，才能使心理学不断与时俱进，领导研究潮流，做出原创的工作。

六、脑认知成像的未来发展方向

大脑是一个极其复杂的系统，而任何复杂系统均包含两个基本的组成元素：一是系统的单元，二是这些单元之间的交互关系。正是这些内部单元各司其职的同时又相互协作，才产生了系统整体具有的复杂功能。因此想要深入透彻地理解大脑功能，不能仅仅停留在局部区域的层面上，将各脑区当作孤立对象进行研究，而是要在研究单个脑区的同时,注重脑区与脑区之间协作关系的研究。脑区之间协同工作关系通过脑区与脑区间的连接产生,因此研究脑区之间的连接是研究大脑整体功能的有效手段。以前的脑认知成像更多地关注构成大脑的单元(即脑功能区),而忽视了单元之间的连接(即脑网络)。近年来,随着 rs-fMRI 和 DTI 等强调脑网络的脑认知成像技术的兴起,对脑网络的研究已经成为当前的研究热点。下面将对脑网络分析做简单的介绍。

(一) 脑连接定义

正如我们可以从微观到宏观的多个层面研究大脑一样,连接也可分为微观连接和宏观连接。微观连接指神经元级别的连接,比如突触、轴突构成的信号通路等,而宏观连接则指脑成像体素级别的连接。根据脑连接是否直接反映解剖学上的真实连接,脑连接可分为结构连接(structural connectivity)和功能连接(functional connectivity)。

结构连接往往是对实际存在的解剖学连接进行测量。在宏观水平,DTI 已成为测量结构连接的主要技术手段。在微观水平,标记突触连接目前主要利用大规模电子显微镜对脑皮层进行成像,然后借助计算机图像识别软件半自动式地对突触、轴突进行追踪与标识。

功能连接并不直接反映解剖上的连接,它所测量的是脑区或神经元活动信号之间的协同程度。在宏观水平,主要利用 rs-fMRI 来测量人脑功能连接。尽管 rs-fMRI 不能直接测量脑区之间的结构连接,但是很多具有功能连接的脑区在解剖上也存在着连接。在微观层面,功能连接被定义为不同神经元神经活动信号的相关,这些活动信号一般可通过微电极生理记录等手段获得。

(二) 脑连接网络

为了对脑连接进行定量研究,需要对其进行数学建模。网络分析是当前使用最广泛的一种复杂系统建模方法。在最近的十几年中,网络分析已广泛应用到了从社会科学到物理、生物科学等多个学科的数据建模与分析中。

1. 脑网络的构建

当研究多个脑区及其协作关系时,这些脑区及其之间的连接构成了一个脑网络。利用网络方法对脑成像数据进行建模主要包括两个要素,分别为网络节点(node)和边(edge)。节点代表了被建模系统的基本元素。在脑成像领域中有多种定义节点的方法,比如脑解剖模板中的解剖区域,以往研究已确定的脑功能区域,或者是脑激活数据的激活极大值位置等均可以用来定义网络的节点。网络的边指节点和节点的连接,它反映了节点间的交互关系。当前边的常用定义方法包括上文提到的结构连接与功能连接。当点和边的定义完成后,脑网络就可以用数学中的图来进行描述,在此基础上即可利用图论提供的理论方法定量分析脑网络(图 14-8)。

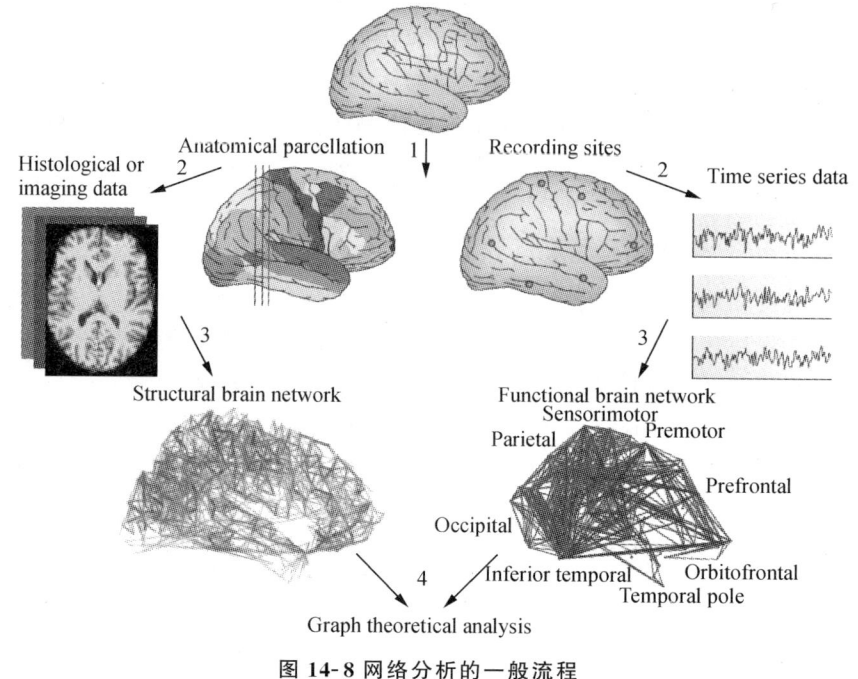

图 14-8 网络分析的一般流程
(Bullmore & Sporns, 2009)

2. 脑网络分析参数

为了定量研究脑网络的结构特征,研究人员常常需借助一系列图的测量参数。根据这些参数所反映的网络特性,可将它们分为三类。第一类网络参数测量了网络的分隔性,即网络在多大程度上可以被分解成相对独立的子模块,这些模块内部需具有高度紧密的连接。第二类网络参数衡量网络的整合性,比如网络内任意两个节点间的通信效率等。第三类网络参数旨在评价节点和边的影响力,即它们在网络产生的动态加工过程中所起到的重要性。这些具有高影响力的节点被称为中心节点(hub)。

(三) 脑网络应用与成果

利用网络方法研究大脑,可以向我们提供一系列分析手段来探究大脑是如何将其各个元素组合出多样的、复杂的神经网络,从而极大地扩展基于单个脑区研究中所获得的对大脑的理解。此外,脑网络可以定义为在多个空间尺度上,从神经元网络到脑功能区网络。这些不同层次的网络并不孤立工作,而是通过多层次网络之间的交互协作,分子、神经元细胞才最终产生了认知和行为。因此,研究这些不同层次网络之间的交互对理解脑功能同样十分重要。

到目前为止,网络分析已在脑成像领域取得了一系列研究成果。例如研究者发现由 DTI 追踪获得的脑结构网络具有较高的模块化倾向,即网络内节点趋向于聚集成一些局部的集体。同时,较高的全局效率及较短的节点间通路长度又体现出这些网络较高的全局通信能力。这种高聚类性与短通路长度并存的现象是小世界(small-world)网络的一个主要特征。在脑结构网络中发现的小世界属性具有重要意义,因为这种网络结构既有利于功能的全局分化又促进局部功能的整合,这正是复杂神经活动的一个显著特点。

在由静息连接构建的功能网络中,研究者同样发现了结构网络中出现的这些特性,例如功能网络也呈现出明显的模块化小世界结构。此外,对这些网络进行的模块化分析还发现了参与不同认知任务的功能子网络。尤其,在静息网络中一个重要的发现是默认网络(default mode network,DMN),该网络中的脑区在静息状态下的激活程度高于其在任务态下的激活。DMN 的发现促使研究人员重新审视大脑静息活动对理解大脑功能的重要意义。

除了以上介绍的应用之外,脑网络分析还被用于分析常见脑疾病的神经基础、脑损伤的影响及恢复、个体差异、可遗传性、发展与衰老等众多脑科学的研究领域。

(四)脑网络研究面临的挑战

1. 节点与连接的识别

对于脑网络研究,最重要的一步在于网络节点和边的定义。这两者的定义决定了构建出的网络是否能在某些方面反映出大脑的真实活动模式。理想的节点应该充分而又不冗余地体现脑区与脑区之间的连接模式:如果节点过大,将使得不同区域的连接混合在一起;而如果节点过小,则会导致同一个区域的连接被重复呈现。由于人脑与人脑之间的变异性,用基于解剖特征的一个标准模板并不能很好地刻画某个被试脑区的真实分布情况。目前,利用脑区之间的结构或功能连接模式等新的脑区分割思路正在被积极研究。在连接的定义方面同样存在着挑战。DTI 提供了有关白质纤维束的走向信息,但目前的分辨率还不足以完全解析出复杂的纤维结构,尤其是当纤维束相互交叉时就更加困难。

2. 方法学上的挑战

未来脑网络研究需要关注的一个重要问题即结构网络与功能网络之间的关系,而回答这个问题需要借助多模态成像数据和跨模态网络比较方法。此外,脑网络研究还常常需要面对不同被试或被试组间网络的比较。如果网络与网络的节点和边难以一一对应,这些比较就更加难以进行。只有在不同网络统计比较方法学的研究上取得突破,这些问题才可能迎刃而解。

(五)人类连接组计划

在 2005 年,Olaf Sporns 等人提出了人类脑连接组(connectome)的概念。类比基因组,脑连接组指对脑上任意灰质位置及这些位置间连接的一个完整描述。对人脑连接组的研究,必将推动人类对脑的理解及认识,而这些研究得以进行,需要有高质量的脑成像数据作为基础。为此,美国国立卫生研究院于2009年批准了一项大规模人类被试脑连接组数据采集项目,称为人类脑连接组计划(Human Connectome Project, HCP)。该项目计划在五年时间内投资三千万美元用于采集1200名被试(300名双生子及他们的非双生子兄弟姐妹)的多模态脑成像数据,包括DTI、rs-fMRI、fMRI和MEG等多模态。与此同时,还将对这些被试进行广泛的行为测查并采集他们的血样用作今后的基因型研究。最后,项目采集的所有数据都将公开在一个用户友好的数据平台上,供全世界的研究者免费使用。

HCP旨在在宏观连接水平上对脑连接进行研究,而研究微观水平上的连接对理解脑的工作原理同样不可或缺。2012年,Alivisatos等人提出了一项新的脑连接研究计划——脑活动图计划(Brain Activity Map Project)。该计划的目标是记录神经环路内所有神经元在一段时间内的所有动作电位。这种记录方式可以看作是对某个神经环路的完整功能描述,因此被称为脑活动图。该计划将利用钙离子成像、电压成像、光学成像等多种新兴技术和尚未发明的技术。短期内项目将集中在较为简单的神经环路,比如线虫的所有神经元。项目的中期目标是达到百万神经元级别的神经环路,比如斑马鱼的神经系统、老鼠的视网膜等。项目的长期目标是重建老鼠的完整新皮层活动,并开始进行灵长类动物神经环路的研究。项目的终极目标是对人类神经环路进行记录。目前,该项计划已引起广泛关注,美国奥巴马总统2013年国情咨文把此计划比作里根时期的星球大战计划,期望它能给美国的科技和经济注入新的活力。

(六) 小结

如果没有连接,脑区所产生的行为只会随着脑区的数量线性增长。正是脑区之间的相互协作,使得有限数量的脑区产生了指数级增长的系统行为。研究脑网络能帮助我们从全新的角度理解脑与认识脑,也向科学家们提出了从技术到方法论等各个层面的挑战。正是由于这些挑战,新技术才得以不断出现,推动着科学不断向前发展。

在一个更广的背景来看心理学研究,可以发现认知神经科学已经从传统心理学中破茧而出,具有全新的特点:① 非常不同的学科:认知神经科学研究涉及诸如心理学、神经科学、信息科学、遗传学和教育学等多个学科的最新进展;② 非常不同的研究领域:对认知过程的研究涉及基因水平、神经元水平、神经核团与神经环路水平、行为表现、以及计算模型等多个水平;③ 非常不同的研究技术:认知过程的复杂性要求在研究中同时使用诸如心理物理测量、磁共振脑成像(结构、静息、任务)、脑电图与脑磁图、基因组关联分析等多种技术。因此,推动当代心理学研究的已经不再是理论或者哲学思辨,而是新的技术以及对多模态的海量数据的挖掘。

现代心理学的奠基人之一William James认为心理学不是Thomas Kuhn所说的一门规范科学,而只是"一系列简单的事实,一些漫谈和意见上的争吵,在简单描述水平上做一些归类和概括,但是没有一条规律足以够得上物理学意义上的规律。这不是科学,而只是具有成为一门科学的希望"。而脑认知成像技术的出现,则有可能使希望的种子萌芽并成长为参天大树。

问 题

1. 认知神经科学是如何进化而来的？其相对于行为主义和认知科学有什么革新？
2. 脑成像的手段对于心理学的研究而言的意义是什么？
3. 脑认知成像技术有哪些？请说出成像原理及优缺点。
4. 请简述脑功能数据的处理流程。
5. 功能磁共振在心理学研究中的应用包含哪些方面？
6. 请找到一个利用磁共振技术的心理学研究,并分析该研究中磁共振技术在解决心理学问题时有何帮助？如果只用行为手段能否回答这一问题。
7. 磁共振成像有哪些模态,其测量的大脑特征是什么？
8. 简述人类脑连接组计划的内容。
9. 请找到一个自己感兴趣的认知行为研究或问题,并思考如果要利用磁共振技术来研究这一问题,应如何设计实验,其相对行为研究有哪些优势。

参 考 文 献

Bullmore, E., & Sporns, O. (2009). Complex brain networks: graph theoretical analysis of structural and functional systems. Nature Reviews Neuroscience, 10(3), 186~198.

Downing, P. E., Chan, A. W. Y., Peelen, M. V., Dodds, C. M., & Kanwisher, N. (2006). Domain specificity in visual cortex. Cerebral Cortex, 16(10), 1453~1461.

Fedorenko, E., Behr, M. K., & Kanwisher, N. (2011). Functional specificity for high-level linguistic processing in the human brain. Proceedings of the National Academy of Sciences of the United States of America, 108(39), 16428~16433.

Konrad, A., Vucurevic, G., Musso, F., & Winterer, G. (2012). VBM - DTI correlates of verbal intelligence: a potential link to Broca's area. Journal of Cognitive Neuroscience, 24(4), 888~895.

Maguire, E. A., Gadian, D. G., Johnsrude, I. S., Good, C. D., Ashburner, J., Frackowiak, R. S., & Frith, C. D. (2000). Navigation-related structural change in the hippocampi of taxi drivers. Proceedings of the National Academy of Sciences of the United States of America, 97(8), 4398~4403.

O'Craven, K. M., Downing, P. E., & Kanwisher, N. (1999). fMRI evidence for objects as the units of attentional selection. Nature, 401(6753), 584~587.

Serences, J. T., Ester, E. F., Vogel, E. K.; & Awh, E. (2009). Stimulus-specific delay activity in human primary visual cortex. Psychological Science, 20(2), 207~214.

Zhu, Q., Zhang, J., Luo, Y. L. L., Dilks, D. D., & Liu, J. (2011). Resting-state neural activity across face-selective cortical regions is behaviorally relevant. Journal of Neuroscience, 31(28), 10323~10330.

附录 1　猴子的大脑调弦分享美味*
——博弈理论测验探索社会互动的神经回路

两只猴子坐在计算机屏幕前彼此注视着去等待奖励：苹果汁。每只猴子有一个选择——它或者选择六边形导致平等地分享果汁，或者选择三角形它将独自喝大部分果汁。但自私自利是要冒风险的。如果它的搭档也选择三角形，那么谁也别想多喝果汁（见图附1-1）。

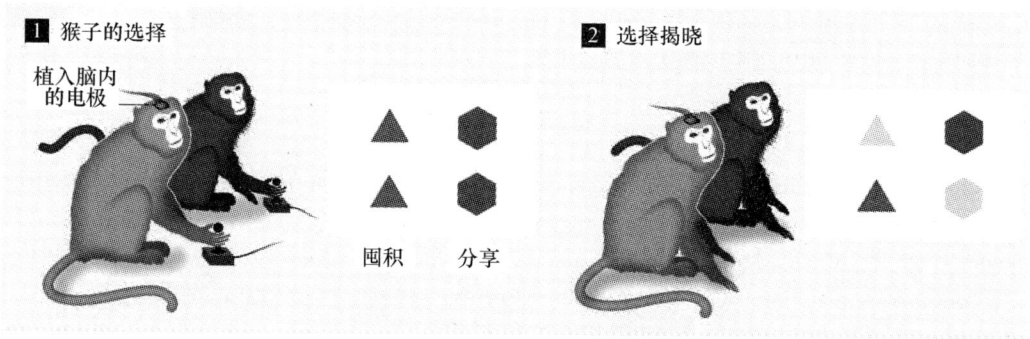

图附 1-1　果汁实验

研究者已经能够监视玩囚徒两难游戏的猴子的大脑。如果两只猴子都挑六边形（分享），那它们平分苹果汁；如果它们都挑三角形（囤积），谁也得不到太多果汁。如果一只猴子挑三角形（囤积）而另一只挑六边形（分享），那挑三角形的猴子得到大部分果汁，但下一次它的搭档就不会挑六边形（分享）了。

---

* 朱滢译自 Sara Reardon, 2014. Monkey brains wired to share. Nature, 506: 416～417.

这个游戏叫囚徒两难游戏,是一项关于策略的经典测验:两个囚徒同时评估对手的想法。研究者现在已经发现,并能操纵恒河猴(the rhesus macaques)的特定脑回路,这些脑回路似乎涉及动物自身的选择以及评估搭档的选择。研究这些神经联结将阐明社会情景(social context)怎样影响人的决策,以及影响社会技巧的疾病(如各类孤独症病症)怎样中断了这些神经联结。

"一旦我们确认存在着特定的神经信号来驱动选择过程,我们就能够修补受损的神经过程",Michael Platt 说,他是北卡罗来纳州杜克大学的神经科学家。

来自波士顿哈佛医学院的神经科学家 Keren Haroush 和 Ziv Williams 专注研究恒河猴的神经联结,他们把电极排列在背侧前扣带回(dACC),那是一个负责奖偿与决策的脑区。用这种办法他们记录下数以百计的单个神经元的放电。当猴子同计算机程序玩囚徒游戏时(类似于一个人在计算机上玩扑克牌),它们很少选择合作。但是,当它们同另一只猴子玩这种游戏并且彼此看得见时,它们选择合作共享果汁的次数增加了几倍。

当猴子决定选择合作时,dACC 特定的神经元就会放电,这样,研究者能预期猴子 2/3 的决策。如果猴子认为(thought)它的搭档将会合作,另一组神经元通常会放电,这类预期的准确率达 80%。

研究者早就知道镜像神经元(mirror neurons)与模仿其他个体的行为有关,但猴子的实验是首次发现神经元可以预测另一个体尚未知晓的行为。研究者还发现,当他们电击 dACC 从而干扰合作回路时,猴子选择合作的次数就减少了,这表明负责社会互动的神经回路正常工作时,它优先满足与生俱来的自我放纵的欲望(以得到享受)。

宾夕法尼亚大学的心理学家 Robert Seyfarth 认为,当猴子彼此评估时能够追踪特定的神经回路是一项重要的研究进展,但他也告诫对这样的发现要持谨慎态度,因为真正的社会互动要复杂得多。他补充说,一只猴子愿意合作可能依赖于另外一只猴子——例如,它是否是一只占优势的公猴,或者是一只有亲戚关系的猴子。Seyfarth 说,"我们真是需要询问,猴子对搭档有多少了解?"

耶鲁大学的心理学家 Steve Chang 说,更仔细地检查这类神经回路有可能提示这些回路是怎样对荷尔蒙或药物起反应的。特别是,神经激素(垂体)后叶催产素一直被说成是潜在的治疗孤独症的处方,因为它有助于形成社会联结。例如,男人在吸入后叶催产素后在囚徒两难游戏中更多地选择合作。

Chang 和 Platt 研究在另一种游戏中猴子的大脑,在该游戏中,猴子可以选择奖偿另一只猴子,而它自己没有任何损失。他们发现自身接受奖偿导致一组神经元放电;而注视(接受奖偿的)猴子激发了另外的一组神经元放电。这如同在囚徒两难游戏中,猴子奖偿另一只猴子只发生在该猴子在场的情况下,而不可能去奖偿计算机(程序)。Chang 现在正研究后叶催产素怎样影响负责合作的神经回路。

除了药物和神经激素外,电刺激也能改变大脑。Platt 的实验室正在绘制合作的神经回路,以显示它们怎样对电刺激作反应。过去的工作已经表明,刺激大脑的特定部位能够增强人们实行共情任务的能力,例如,评估他人知道什么或喜欢什么。

但是 Platt 说,科学家刚刚开始理解这些方法是怎样奏效的。他补充道,监视猴子神经回路的反应是一个好办法来了解应该应用多少电刺激或荷尔蒙,以及在脑的何处应用。他说,"如果你是父母,并且正考虑为你(患病)的孩子应用后叶催产素或脑刺激,你会想知道所有这些问题的答案"。

附录2 检验"水稻理论"*

跨文化心理学和文化神经科学对生活在东方文化(East Asian)或西方文化(West)的人们的心理差别进行过许多的比较研究(Han & Northoff, 2008; Markus & Kitayama, 1991; Nisbett, 2003; 2005)。这些研究揭示出东西方人在思维方式,自我结构等方面有重要差别。例如,西方人偏重分析性思维,东方人偏重整体性思维;西方人的自我是独立型的(independent),自我不包括任何其他人,东方人的自我是互倚型的(interdependent),中国人的自我包括母亲;西方人倾向于用人格特点(内因)来解释人的行为,而东方人倾向于用环境因素(外因)来解释人的行为,等等。

最近,T. Talhelm 等人挑战上述东西方的对比研究,因为这些对比研究是建立在比较畜牧业与农业的生态基础上的。他们认为,种植小麦与种植水稻的差别才是东西方人心理差别的主要生态基础。种植小麦与种植水稻有重大差别。前者需要的劳动量小,且不需与人合作也可独立完成;而后者劳动量大,必须与人合作才能完成。例如,灌溉系统是种植水稻必不可少的,不仅灌溉时要与邻居协调用水时间等,而且修建、维护灌溉系统也不是一个家庭能够完成的。这样,种植小麦的农业造就了一种文化,这种文化塑造了人的独立性。而种植水稻的农业造就了另一种文化,这种文化塑造了人的相互依赖。这就是 Talhelm 等人提出的"水稻理论"。中国长江以北主要是种植小麦的区域,长江以南主要是种植水稻的区域。他们认为中国南方人与北方人在心理上有重大差别(Talhelm et al., 2014)。

他们是这样证明"水稻理论"的:

(1)他们选取中国被试进行研究,认为这样做可以避免东西方对比研究中,东西方政府不同、宗教不同造成的混淆。

(2)1162 名被试来自中国的 6 个地区:北京(北方)、辽宁(东北方)、福建(东南方)、广东(南方)、云南(西南方)、四川(西部中心)。实际上,这些被试来自 28 个省市。例如,北京某被试如果来自江西,那么他的数据属于水稻区,因为江西以种植水稻为主;如果北京的另一被试来自河南,那么,他的数据属于小麦区,因为河南以种植小麦为主。其余地区的被试也按照其籍贯分类。但 1162 名被试中,没有来自内蒙古、西藏和新疆

---

* 朱滢的这篇文章介绍了 *Science* 2014 年 5 月的一篇研究报告,该报告根据三项心理学测验提出了"水稻理论",认为中国南北方文化有重大差别,这些差别影响到中国南方人与北方人在心理上的差别。文章最后提出,检验"水稻理论"是中国心理学家的一个任务。原文刊登在《心理科学》(2014,37(5),1261~1262)。

的。还有,一个省份属于小麦区还是水稻区以种植的面积为准,而不是以产量为准。作者以国家统计局网址上 1996 年的资料为根据。

(3) 作者使用了三类量表来测量小麦区与水稻区人们的差别。① 分析性或整体性思维的测量。例如,呈现一幅图画包含三样东西:狗、兔子和胡萝卜。主试指出一件

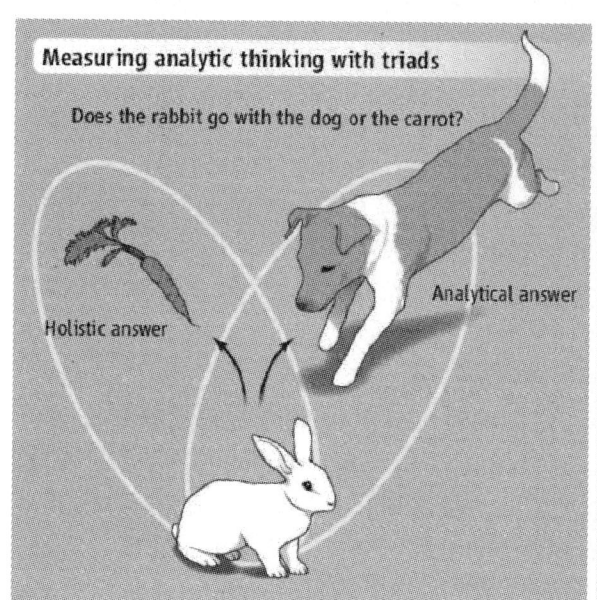
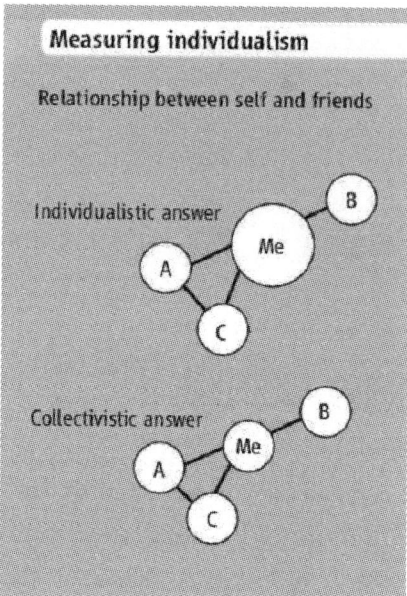

图附 2-1

东西,如兔子,要求被试回答,其余两件东西中哪一件与兔子更合适,或可以归成一类? 分析性思维的人,倾向于说兔子与狗归成一类,因为它们都是动物,有共同的属性;而整体性思维的人则倾向于说,兔子与胡萝卜更适合归成一类,因为兔子吃胡萝卜,被试是在匹配两者的关系。② 个人主义的测量。要求被试画圆圈来代表自己(自我)和三位朋友(图附 2-1),最后测量圆圈的直径,看代表自我的圆圈比朋友的圆圈(三个朋友的圆圈的平均值)大多少来代表被试个人主义的强烈程度。③ 测量裙带关系(nepotism, or in-group loyalty)。设想被试做生意时要与 a. 诚实的朋友,b. 不诚实的朋友,c. 诚实的陌生人和 d. 不诚实的陌生人打交道。如果朋友或陌生人说谎导致被试亏钱,或者朋友或陌生人忠诚导致被试赚钱,那么,在各种情况下,被试会花多少钱来奖励他们,或者会罚他们多少钱。

(4) 测量结果。

① 来自水稻区的被试比小麦区的被试更多地显示了整体性思维。

② 小麦区被试画的自我圆圈大于朋友圆圈 1.5mm,显示了一定的自我膨胀(self-inflation)。但以往的研究显示:欧洲人的自我圆圈平均大于朋友圆圈 3.5mm,美国人 6mm;来自水稻区的被试相应结果为-0.03mm,即自我圆圈小于朋友圆圈。

③ 水稻区被试更倾向于裙带关系,即他们更喜欢奖励他们的朋友,而不是惩罚他们,这表明他们偏爱自己人。但是,水稻区被试与小麦区被试在对待陌生人上无差别。

T. Talhelm 等人(2014)根据这些测量得出结论:"这项研究表明,中国的小麦和水稻区有不同的文化。中国的水稻区有东方文化的几个标记:更多的整体性思维,更多的互依型自我结构,和更低的离婚率。小麦区的北方人,看起来在文化上更类似于西方,他们有更多的分析性思维,个人主义和离婚率。"

Talhelm 等人(2014)指出:"关于水稻理论有一点要澄清的是,该理论是应用于水稻种植区的,而不仅仅是应用于种水稻的人。实际上,我们 1000 多名被试中没有一个人是以种植水稻或小麦为生的。水稻理论指的是文化,是千百年来人们种植水稻和小麦所形成与传递的水稻文化或小麦文化,这些文化甚至在大多数人不再耕种水稻或小麦以后,也继续存在。简单说来,你自己不必耕种水稻却可以继承水稻文化。"他们还认为,"心理学家,经济学家和人类学家一直在研究生存方式(subsistence style)和灌溉对人的影响。我们使用心理测量检验了水稻农业和小麦农业造成的差别,从而扩展了生存方式和灌溉的研究。水稻理论提供了一个理论框架来解释,为什么按照富裕程度来说东亚应该发展出个人主义(例如,日本、韩国、中国台湾地区和新加坡都很富裕——朱注),但实际上东亚的个人主义这么少。最后,水稻理论能够解释中国国内巨大的文化差别,从而加深对东亚文化细微差别的认识"。

Talhelm 等人(2014)勇敢地挑战已有的东亚与西方的对比研究,用水稻农业与小麦农业的差别来解释中国国内文化的差别。但水稻理论是否成立,有待检验。这不仅是他们测量的结果需要重复验证,而且,他们所用的测量任务还比较单一,仅限于量表测量,缺乏更为严格的行为实验和神经科学的证据。

水稻理论给予了中国心理学家一个机会,来研究中国国内文化的差别。

参 考 文 献

Markus, H., & Kitayama, S. (1991). Culture and self: Implications for cognition, emotion and motivation. Psychological Review, 98(2), 224~253.

Nisbett, R. E., & Masuda, T. (2003). Culture and point of view, Proceeds of the National Academy of Sciences, 100(9), 11163~11170.

Nisbett, R. H. & Miyamoto, Y. (2005). The influence of culture: holistic versus analytic perception. Trends in Cognitive Sciences, 9(10), 467~473.

Han, S., & Northoff, G. (2008). Culture-sensitive neural substrates of human cognition: A transcultural neuroimaging approach. Nature Review Neuroscience, 9, 646~654.

Talhelm, T., Zhang, X., Oishi, S., Shimin, C., Duan, D., Lan, X. & Kitayama, S. (2014). Large-scale psychological differences within China explained by rice versus wheat agriculture. Science, 344, 603~607.

附录3 《科学》和《自然》杂志2015年的两篇心理学文章[*]

一、评估心理科学的重现性

以美国弗吉尼亚大学心理学家B. Nosek为首的一群研究人员约270人(他们所在的125个大学或中心遍布全球),从2011年11月起至2014年12月进行了大规模的复制心理学实验的工作,2015年以"开放的科学协作"组(Open Science Collaboration)名义在 Science 上发表了他们的研究结果《评估心理科学的重现性》(Open Science Collaboration,2015)。

他们一共复制了100项心理学实验性(experimental)和相关性(correlational)研究,原始的实验和研究是从2008年的三个心理学杂志中挑选出来的:《心理科学》(*Psychological Science*)、《人格与社会心理学杂志》(*Journal of Personality and Social Psychology*)和《实验心理学杂志:学习、记忆和认知》(*Journal of Experimental Psychology:Learning,Memory,and Cognition*)。这些研究人员事前与原始结果的作者沟通,获取原始的材料、了解研究的方法,并且使用了具有高检验能力的设计(high-powered designs)进行重现性研究。

为什么要进行这样的复制研究?他们说,"我们研究心理学重现性比例不是因为有什么特别事情发生在心理学,而是因为这是我们的专业领域。事实上,重现性是各个科学领域都关心的。重现性没有得到很好地理解,因为鼓励个体科学家进行研究的是创新而不是复制"。(Open Science Collaboration,2015)。这项重现性研究结果见表附3.1。

---

[*] 本文原载《心理科学》,(2),474~478。作者为朱滢(北京大学心理学系)、伍锡洪(中国人民大学心理系)。本文写作中得到范津教授(Mount Sinai School of Medicine in New York)和陆岩女士的大力帮助,特此致谢。

表附 3.1 原始研究与复制研究按整体和杂志/领域的实验效果(effect sizes)和重现性比率(reproducibility rates)小结

	复制的 $P<0.05$/原始的 $P<0.05$	百分比	平均的原始效果大小(SD)	原始 df/N 的中位数	平均的复制效果大小(SD)	复制 df/N 的中位数	平均的复制检验能力(power)	元分析估计平均值(SD)	元分析($P<0.05$)的百分比	原始效果大小落在复制的95%CI内的百分比	主观评定
总体	35/97	36	0.403 (0.188)	54	0.197 (0.257)	68	0.92	0.309 (0.223)	68	47	39
人格与社会心理学(社会)	7/31	23	0.29 (0.10)	73	0.07 (0.11)	120	0.91	0.138 (0.087)	43	34	25
实验心理学学习,记忆与认知(认知)	13/27	48	0.47 (0.18)	36.5	0.27 (0.24)	43	0.93	0.393 (0.209)	86	62	54
心理科学(社会)	7/24	29	0.39 (0.20)	76	0.21 (0.30)	122	0.92	0.286 (0.228)	58	40	32
心理科学(认知)	8/15	53	0.53 (0.2)	23	0.29 (0.35)	21	0.94	0.464 (0.221)	92	60	53

说明:① df/N 指效果(effect)测验的基础信息(如 t 测验的 df,F 测验的分母 df,Z 测验的分母 df,Z 和 x^2 的样本大小)。
② 4 种原始结果的 P 高于 0.05,但在原始文章中被认为是阳性结果,在这里我们也作同样的处理。
③ 排除的情形:复制的 $P<0.05$ 中排除了原始的三项,$n=97$ 研究;平均的原始效果和平均的复制效果中排除了 3 项($n=97$ 项研究);平均估计的元分析估计排除了 27 项原始研究($n=73$ 项研究);元分析($P<0.05$)的百分比排除了 25 项原始研究($n=75$ 项研究);以及原始效果大小落在复制的 95%的置信区间内排除 5 项研究($n=95$ 项研究)。

从表附 3.1 我们可以看到：

(1) 重现研究的平均效果（Mr=0.197，SD=0.257）是原始研究平均效果（Mr=0.403，SD=0.188）的一半。

(2) 97% 的原始结果达到显著差异水平（$P<0.5$），而只有 36% 的重现结果达到显著差异水平。

(3) 47% 的原始效果大小处在重现效果大小 95% 的置信区间。

(4) 39% 的原始效果大小被专家组主观评定为可以重现。

(5) 如果假定原始结果没有偏差，那么，将原始结果与重现结果结合会有 68% 的部分达到统计上的显著水平。

(6) 大体说来，认知方面的重现性高于社会方面的。

上述结果说明，心理学研究重现比例大约只有 1/3 左右（35/97）。怎样解释这样的结果呢？该协作组指出由投稿到审稿和出版的三层偏向。首先是研究员为了使投稿成功，只会选择有显著效果的项目做报告；杂志审稿员多倾向支持有首次显著效果的稿件，而不热衷复制显著效果的稿件或没有显著效果的稿件；这两层偏向导致在出版的文章中，很少有报告不显著结果的。相对而言，协作组的报告大幅度地降低了这三层偏向，不单单报告显著的效果，也全面地报告了不显著的效果。此外，Regina Nuzzo 在《自然》（Nature）杂志指出一个更深层次的原因："就 100 篇心理学文章的情形而言，如果假定原始研究的绝大多数研究者是诚实的和勤奋的，那么大部分问题只可以解释为是由无意识偏向（unconscious biases）造成的"（Nuzzo,2015）。无意识偏向的例子可以追溯到 20 世纪 50 年代。那时科学家已认识到，实验者与被试通常会无意识地改变他们的行为以符合实验预期，这也就是为什么后来实验中采用双盲法的由来。如今的科学研究环境愈来愈富于竞争性，人们强调多多发表达到显著性差异（正性结果）的文章。这样，低检验效力的研究设计（容易通过统计检验）与偏好正性结果结合起来，形成了一种无意识偏向，产生了很多经不起检验的文章。而重现研究的效应大小不受发表或报告的影响，因而造成重复的效应要小于原始的效应。

重现性问题不仅仅是心理学特有的现象。据 Nuzzo（2015）报道，2012 年一项研究表明，肿瘤学和血液学（oncology and haematology）53 项里程碑式的研究只能重现 6 项；2009 年一项研究表明，18 项芯片的基因表达研究（microarray-based gene-expression studies）只有 2 项能够重复。

那么，我们怎样认识研究的重现性？

该协作组认为，创新是科学发现的引擎，是科学事业的生命线。然而，创新的想法很快就变成过时的新闻。杂志审稿人和编辑不会考虑对非原创的、已发表的想法进行检验。但实际上，宣称"我们早已知道这点"与科学证据的不确定性是冲突的。正如该协作组所言："创新指出了有哪些途径是可能的；而复制则指出了在这些可能的途径中哪些是可行的；科学的进步依赖于两者。"（"Innovation points out paths that are possible; replication points out paths that are likely; progress relies on both." Open Science Collaboration，2015）。当发现被重新产生，重现的实验增加了它的确实性，而当发现未被重复产生，重复的实验就会促进创新。成功重复也不意味着原来发现的理论解释就是对的，它主要是提供证据表明原始结果的可靠性。如果对原来的发现有另外的解释，那它也能解释重复的结果；不能重复也不意味着原来的证据是假的，由于各种原因重复可能失败：重复的方法不同于原来的方法，实验样本、实验场景的设置或实验程序的微小偏差都会影响观察的效应大小。正因为如此，"协作组"的结论之一就是：

"在我们特别努力来重现已发表的心理学发现之后，我们确立了多少效应是真的？零。那我们确立了多少效应是假的呢？零。那是否这就是本研究大纲设计的局限性呢？不是。这就是做科学的实情（It is the reality of doing science），即使这样的科学实情在正常实践得不到赞扬。人类想要确定性，而科学通常不提供确定性……科学的进步是不确定性减少的累积过程，只有科学自身保持着对它的解释的最大怀疑，它才能够成功"（Open Science Collaboration，2015）。

协作组最后的结论是："本研究提示，仍然有改善心理学重现性的空间。但是，任何想要把我们的结果解释为心理学的挫折，或广义地说科学的挫折，那就是不了解科学应当是怎样的……我们进行此项研究，因为我们深切地关心我们领域的健康，并且相信人类行为的累积知识能够增进人类生存的质量。重现性对实现这样的目标是至关重要的。累积证据就是科学大家庭自我纠错的方法，而且是到达终极目标——真理——的最好的可能选择"（Open Science Collaboration，2015）。

我们认为，这篇心理学重现性检验的实验报告，其意义更多地不在数据本身，即重现研究的平均效果（effect sizes）只是原始研究的一半左右，它的意义更多地在于它传递的科学精神：科学的本质在于它的不确定性，因而它永远处于探索的征途中。细读该文，不难发现心理学在这征途中已迈出的三小步。其一是协作组查不出这 100 项心理学研究有不当的数据操纵或虚假的报道，诚信是维护科学精神的基本操守。二是研究团队的声望或地位与研究效果的重现性的关系不大，说明了权威在科学精神中地位的微小。三是在众多未能重现显著效果的研究项目中，大部分结果的方向与先前的研究结果一致，这就令人再深思统计学上的显著性（P 值）对心理学家在探索心理现象和过程的征途中的影响。

二、P 值仅仅是冰山的一角

《自然》杂志文章《P 值仅仅是冰山的一角》的作者 J. T. Leek 和 R. D. Peng，在文章一开头就批评了 Basic and Applied Social Psychology 杂志从 2015 年 2 月起禁止使用零假设显著性检验（NHST）及其统计参数，如 P 值。他们认为"在实践中抛开统计显著性就有意无意地敞开大门，用更多形式，甚至是游戏统计方式（game statistics）来获得结果"（Leek & Peng，2015）。

附录 3 《科学》和《自然》杂志 2015 年的两篇心理学文章

两位作者的批评让我们想到了心理学界对应用统计显著性检验的激烈争论。这种争论 1970 年以来就一直存在，美国心理学协会（American Psychology Association，APA）2000 年 8 月在《美国心理学家》杂志（American Psychologist）发表近 30 页的长篇文章，评述了有关争论并对在心理学杂志上发表的文章中所用的统计方法部分提出了详细建议（李伟明，曹怡，2001）。但是不幸的是，15 年以后，这种争论非但没有停止反而进入"实际操作"阶段，即个别杂志禁用 P 值等统计参数。两位作者呼吁"统计学家，他们的学生及合作者们应该停止关于 P 值的争吵，而去预防冰山的其余部分搞垮科学"（Leek & Peng，2015）。

什么是两位作者说的"冰山的其余部分"？它们为什么如此重要？

原来，对一项成功的心理学研究全过程而言（参见图附 3-1），存在着许多不同的阶段。最后的阶段是计算一项推论统计值，如 P 值，并对它应用"决策标准"（例如，$P < 0.05$）。他们指出，"在数据的早期分析中已做出的决策对结果有大得多的影响——从实验设计到实验批次的影响（batch effects），未能剔出的混淆变量，或简单的测量误差。"因此，禁止使用 P 值这个最后步骤，并不能改善心理学的研究。而着重于心理学研究的"早期"步骤如实验设计和数据处理和分析——即两位作者所指的"冰山的其余部分"，才是成功研究的正确做法。

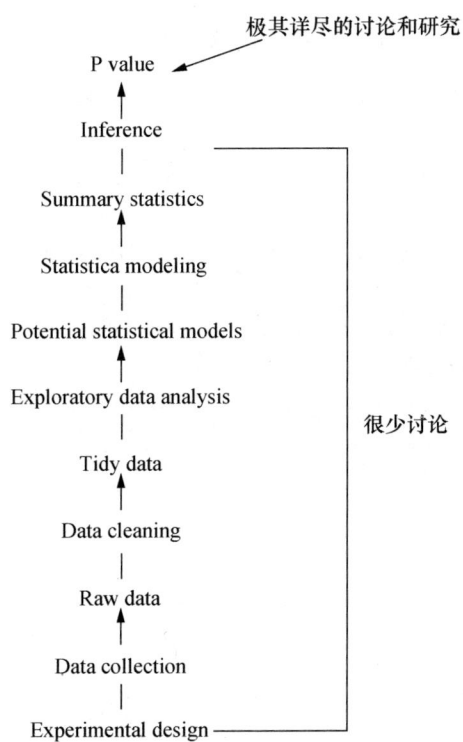

图附 3-1 数据管道：一项成功研究的设计与分析有许多步骤，这些步骤全都需要加以监控

据我们观察,时至今日国内不少心理系研究生,在实验中仍不能遵循规范的做法。例如,实验设计不是为了预定的实验目标或结果而定下各种参数,而是凭自己一时的兴趣随意选择;实验不是按部就班进行,而是图快,例如几个被试同时进行,因而相互影响,导致数据偏差;对个别极端数据熟视无睹,导致数据无规律,等等。我们认为,这些学生出现上述问题,是国内心理学相对来说忽略了对研究生的实验研究训练的结果。许多院系至今没有正规的研究生实验心理学课程,很多学生是通过进实验室工作向别人学习,来获得经验的。这是一种非正式、杂乱、片面和学徒工式的学习方式。正如Tung-Tien Sun 指出的那样:"我们专注于研究的智力方面(提出一个正确的问题),是完全恰当的,但它必须伴随着扎实的实验室研究的训练(获得高质量的数据)"(Sun,2004)。Leek 和 Peng(2015)的文章也提供了许多在线课程来优化统计教育,包括学习使用专业的计算机工具包。

Sun(2004)还引述了弗朗西斯·培根(Francis Bacon)的名言"如果一个人以肯定开始,必将以怀疑告终;假如他愿意以怀疑开始,将会以肯定告终",勉励学生要勇于踏上这条不确定性的科研道路,要自持,不要依靠由轻信权威而来的肯定。这条由怀疑通往肯定、循环不息的科研道路,在某种程度上呼应了我们在上面论述中对科学精神的一些看法,总结了我们对在《科学》和《自然》杂志发表的两篇心理学文章的评述。

参 考 文 献

李伟明,曹怡. (2001). 2000 年 APA 统计推断特别工作小组的建议对我国心理统计教学的启示. 心理科学, *24*(3), 286~289.

Leek, J. T., & Peng, R. D. (2015). Statistics: P values are just the tip of the iceberg. *Nature*, *520*, 612, doi: 10.1038/520612a.

Nuzzo, R. (2015). How scientists fool themselves-and how they can stop. *Nature*, *526*, 182~185, doi: 10.1038/526182a.

Open Science Collaboration. (2015). Estimating the reproducibility of psychological science. *Science*, *349*(*6251*), doi: 10.1126/science. aac4716.

Sun, T. T. (2004). Excessive trust in authorities and its influence on experimental design. *Nature Reviews Molecular Cell Biology*, *5*, 577~581, doi: 10.1038/nrm1429.

附录4 心理学与人类学对恐怖主义的研究

2015年11月13日晚,法国巴黎发生一系列由"伊斯兰国"(IS)策划的恐怖袭击事件,造成至少130人死亡,350多人受伤。人们惊呼世界仿佛又回到2001年9月11日美国遭劫持的航班撞击世贸大厦双塔后的情景中。

2015年1月《自然》杂志发表了简要综述,讨论了心理学和人类学研究恐怖主义的最新进展[*]。综述认为,人们一直企图了解恐怖主义的根源,但现在主要关注激进组织。心理学与人类学能做的,就是去发展有效的方法来干预激进过程(radicalization process)——甚至还可能帮助犯罪分子或将会成为恐怖分子的人恢复其正常生活。

马萨诸塞大学卢维尔分校(the University of Massachusetts Lowel)的心理学家John Horgan认为,大多数极端分子萌芽于社会的梦幻破灭,以及想要找到分享他们价值观的其他人。但心怀不满的人是否向一群狂热的信徒、一帮歹徒或拥有极端意识形态的人靠拢,取决于他/她的环境和社会网络。密西根大学(University of Michigan in Ann Arbor)人类学家Scott Atran说,有数以百万计的人拥护好战的激进组织如"基地"组织(al-Qaeda),但只有很小比例的人愿意为"基地"组织去杀戮。Atran已发表的两项研究认为,激进主义兴起部分源于所属的团体能够强化成员所深持的理念,令成员个人的认同(an individual's identity)融入团体的认同(S. Atran et al.,2014;S. Atran et al.,2014)。Atran说,"他们可能是低层民众,但他们一旦受困于这些观念就不再对此戒怀,因为他们变成了英雄般的斗士。"

Atran的小组在摩洛哥的两个社区随机访谈了260人。摩洛哥的恐怖分子异常多——包括2004年马德里火车爆炸案的5名主要策划者,该爆炸案共杀害了191人。许多居民说,他们愿意为了在叙利亚建立一个背靠"伊斯兰国"(恐怖组织)的伊斯兰政教合一的哈里发最高王权(the Caliphate)而战。相信伊斯兰教法(sharia)的人士表示,在某些方面他们愿意为它而牺牲,但潜在的牺牲程度随着个人融入具有同样信仰的团体而极速地增加。在极端的情况下,居民愿意使用暴力或让他们的儿女以死来坚持他们的价值观。

世界上有几十个中心企图使恐怖分子回归正常生活,但效果不一;沙特阿拉伯的一个中心称有88%的成功率。英国伦敦大学学院犯罪学家Noemie Bouhana说,对激进

---

[*] Reardom, S. (2015). Terrorism: science seeks roots of terror, Nature, 517(7535), 420~421.

化有更好的理解能够优化抵制它的努力。例如,治疗中心会让以前的恐怖分子谈谈他们为什么会放弃他们的"事业"。还有,恐怖分子通常是主动地离开极端团体的。心理学家 John Horgan 参考计算机战斗游戏的结果说,"恐怖分子最终认识到,这不是他们以前被引导相信的'使命召唤式'(Call of Duty style)的冒险"。当他们心力耗竭时会脱离组织,虽然不一定会同时放弃他们的激进信仰。有些人停止相信但不脱离组织是因为害怕报复。

英国伦敦大学学院犯罪学家 Noemie Boahana 基于心理学家 John Horgan 的研究,正领导他的团队发展一个计算机模型,尝试模拟激进化过程和随后的恐怖袭击。他说"这样的模型最终有可能预测恐怖袭击的高风险期。但仅仅依靠模型绝不能确定哪一刻事件将会发生。情报机构的情报是不可或缺的"。

反对与特定宗教相关的恐怖主义,决不意味着反对一切该宗教的信众。2015 年 12 月初美国共和党总统参选人唐纳德·特朗普发布了他 2016 年竞选中的一项建议,呼吁"全面彻底禁止"穆斯林进入美国。特朗普的说法遭到全世界的谴责,因为"你把穆斯林当敌人看待,他就会成为你的敌人"。《自然》杂志综述曾引用一名参与恐怖主义袭击的恐怖分子的话,说明恐怖分子的心路历程:该人的姐姐偶然在巴黎街头遇到一个男人,那人向地上吐唾沫并朝她喊"肮脏的阿拉伯人"。他对与之谈话的密西根大学人类学家 Scott Atran 说,"从那刻开始,我就知道我将来要成为一个什么样的人"。

朱　滢

附录5 随机序列生成中赌徒谬误的神经学习机制*

一、引　言

赌徒谬误(gambler's fallacy bias)指人们在产生随机序列时使用交替模式(alternation patterns)超过重复模式(repetition patterns)的偏见。赌徒谬误也称蒙特卡洛谬误,这个名称来自赌徒谬误的一个具体事例——1913年在蒙特卡洛赌场的轮盘赌上出现连续26次黑色导致人们在15次重复黑色后过度押注红色的事件。赌徒谬误一般被认为是一种人脑对随机序列(random sequences)的错误知觉(misperception),是由于"表征偏见"(representativeness bias)引起的。Sun等(2015)的文章"Latent structure in random sequences drives neural learning toward a rational bias"主要关注点是赌徒谬误偏见,研究了人脑对不确定性和随机性的认知。但Sun等(2015)则表明赌徒偏见的神经基础可以通过神经网络模型来解释。并且这一神经模型能够产生一个最优参数,来最优拟合对生成随机序列的行为进行描述的一种贝叶斯模型。

对于投无偏硬币这一经典随机事件,一般人们会认为这之中没有复杂的统计结构(statistical structure),这是因为只考虑了投一次硬币这一事件中 $p=0.5$ 的结果(无论是H面还是T面)出现概率。但对于随机序列(即连续投多次硬币的情况),这只是其中一部分故事,即遇到一个结果的平均时间(the mean time statistics,相当于frequency)。而第一次遇到某种结果组合的等待时间(the waiting time statistics,正比于variance of mean time)则是另一个值得注意的统计量。举例来说,即使出现H和出现T的概率一样,首次遇到重复组合(HH或TT)的等待时间会大于首次遇到交替组合(HT或TH)的等待时间,其期望分别为6次和4次。从另一个角度来说,重复组合出现时总是一次出现多个(come in bursts,例如序列HHH包含了2个重复组合HH),但两次出现之间的间隔更大,如Sun等(2015)图附5-1(a)。如果 p_A(probability of alteration,出现交替组合的概率)$=1/2$,那么离开当前一状态后再次出现重复组合的最

---

* 原文刊登在《心理学进展》(2015, 5(10), 604~608),作者过继成思(清华大学心理学系),朱滢(北京大学心理学系)。本文评论的文献(Sun et al., 2015)的作者Sun, Y.、Wang, H.曾是北京大学心理系学生。

短路径(如 HH→HT→TH→HH)比再次出现交替组合的最短路径长(如 HT→TH→HT)。图附 5-1(b)则描述了 p_A 和再次出现某一状态的次数之间的关系:如果重复组合和交替组合的平均时间一样,则 $p_A=1/2$ 到达平衡态;如果重复组合和交替组合的等待时间之和一样,则 $p_A=1/3$ 到达平衡态;如果重复组合和交替组合的平均时间和等待时间一样,则 $p_A=3/7$ 达到平衡态。因此,从等待的角度讲,即使在一个 $p=0.5$ 的经典随机过程中,也存在一定的潜在结构(latent structure):重复组合(HH 或 TT)的等待时间大于交替组合(HT 或 TH)的等待时间,与赌徒谬误偏见印合。

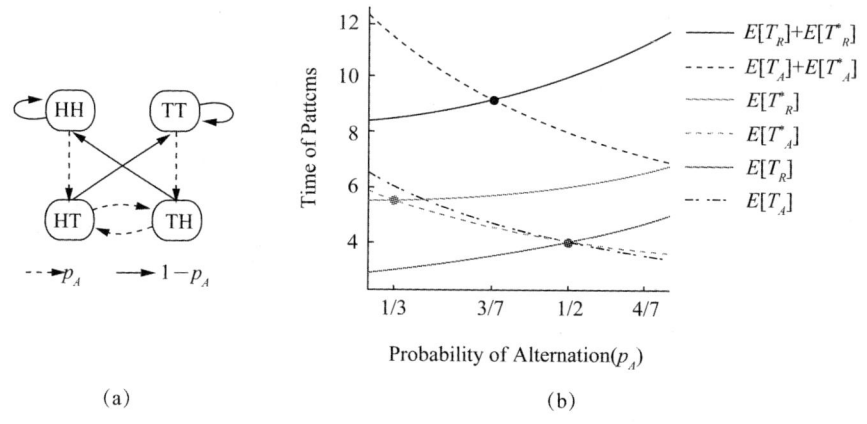

图附 5-1 重复和交替组合的生成路径,以及重复和交替组合出现时间随交替组合出现概率(p_A)的变化(来自 Sun et al.,2015)

二、时间整合的神经网络模型

基于随机序列中的统计结构,Sun 等(2015)提出了解释人类生成投多次硬币这样的随机序列时的神经网络模型。他们的神经网络模型包含两层,一层是记录 H 和 T 序列的感觉输入层(sensory input layer),第二层是编码感觉输入并整合对下一次序列做出预测的内部预测层(见图附 5-2(a))。这种神经网络的结构类似于新皮层神经元的整合时间信息的结构特征(如 layer 5b 和 layer 6)。

Sun 等(2015)这一模型的最主要假设是脑皮层对于产生随机序列的过程同时对平均时间和等待时间这两个特性敏感。这一假设使得这一模型产生的预测会基于对神经网络式学习并且对输入序列的统计结果具有充分的敏感。这些特性使得模型中的参数不是随机拟合的产物,而是在产生随机序列的行为中有着重要意义的参数。

他们的模型在不同的 p_A 条件下进行了每一条件 10000 次投硬币事件的训练,这些训练以重建序列的准确性为指标,并在训练后进行 1000 次测试。经过这样的训练和测试,得到长度为2的重复组合辨识器(repetition detectors)或交替组合辨识器(alteration detectors)通过神经网络模型中重复组合辨识器的数目,可以得到预测的重复组合出现的次数(R),同样的,通过交替组合辨识器的数目可以得到预测的交替组合出现的次数(A)。

在Sun等(2015)的模型中,如果$p_A=1/2$(即无偏硬币),那么模型产生的R/A比(预测重复组合/预测的交替组合)为0.70。这一结果是令人惊奇的,因为在一个无偏硬币随机序列中,重复组合和交替组合出现的期望数次应该是一样的,换句话说,R/A比应是1。模型R/A比小于1说明模型学到了其他关系而使重复组合辨识器比交替组合辨识器少。

从$R/A=0.7$进而可以计算得到主观感受的交替组合出现概率为

$$p'_A = \frac{R}{R+A} = \frac{1}{1+R/A} = 0.59 \quad \text{(公式1)}$$

而实证研究中发现在这种情况下的主观感受概率在0.58~0.63之间(Falk & Konold, 1997),与这一概率接近。

Sun等(2015)在总结p_A和R/A比的关系后得到图附5-2(b),并且发现这一关系是一条光滑的曲线,而在$p_A=3/7$时,R/A比达到1的平衡态。回顾图附5-1(b)可知,$p_A=3/7$达到平衡态说明产生随机序列的过程受到平均时间和等待时间之和的影响,这也说明Sun等(2015)的神经网络模型中产生随机序列的行为(即R/A比)受到平均时间和等待时间之和的影响,并且这种影响可以用

$$\frac{R}{A} = \left(\frac{E[T_A] + E[T_A^*]}{E[T_R] + E[T_R^*]} \right)^2 \quad \text{(公式2)}$$

描述。

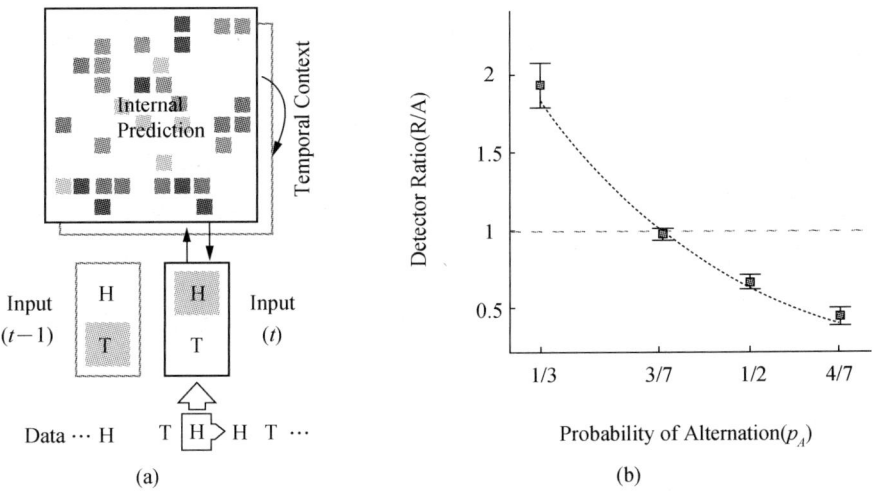

图附5-2 基于时间整合的神经网络模型,以及模型受随机序列中交替组合出现概率的影响(来自Sun et al., 2015)

三、随机序列生成的贝叶斯模型

要说明神经模型与生成随机序列的人类行为的联系,就需要先介绍一下研究生成随机序列的行为的贝叶斯模型。Griffiths 和 Tenenbaum(2001)使用了贝叶斯模型

$$P(R_k = H) = \frac{1}{1 + e^{-\lambda L_k}} \quad (公式3)$$

来对"Zenith 比例实验"(Goodfellow,1938)的数据进行拟合。"Zenith 比例实验"共有 20099 人参加,参与者要求依次生成 5 个二进制标记的随机序列。Griffiths 和 Tenenbaum(2001)的贝叶斯模型对 16 个可能序列中的 15 个都有着较好的拟合(图附5-3(a)),但是对于序列 HTHTH 却出现了高估。Sun 等(2015)认为这是因为 HTHTH 看似为交替组合,其实有高阶的重复组合的成分(即 HT 交替组合出现重复),因此他们在 Griffiths 和 Tenenbaum(2001)的模型基础上加入 M_k 项

$$M_k = \log\left(\frac{O_T + 1}{O_H + 1}\right) \quad (公式4)$$

得到新的贝叶斯行为学模型

$$P(R_k = H) = \frac{1}{1 + e^{-\lambda L_k M_k}} \quad (公式5)$$

更重要的是,无论公式 3 还是公式 5 都需要一个参数 λ 来拟合数据。从图附 5-3(a)和图附 5-3(b)中可以看出,Sun 等(2015)的新模型在 λ=0.51 的最优情况下,对实证研究的数据的拟合程度比 Griffiths 和 Tenenbaum(2001)好。对于这一行为模型和神经网络模型的联系需要从 λ 的意义入手。通过公式 3 或公式 5 可以得到

$$p'_A = P(R_2 = T \mid R_1 = H) = \frac{1}{1 + 2^{-\lambda}} \quad (公式6)$$

p'_A 表示主观感受到的随机序列中交替组合出现的概率,因此公式 6 说明 λ 为调节赌徒谬误偏见的一个参数。此时考虑神经网络模型中 p'_A 的意义(即公式 1),可以得到

$$\lambda = -\log_2 \frac{R}{A} \quad (公式7)$$

代入无偏硬币的情形($p_A = 1/2$),在神经网络模型中得到 $R/A = 0.7$,而由公式得到 λ=0.51,恰好是行为模型中的最优参数值。λ 是行为学模型中的一个自由参数,在行为学模型中用于调节模型和真实数据的拟合程度。但是在由神经网络中无偏硬币情形下的 R/A 得到 λ 正好是行为学模型的最优拟合参数值。这一结果揭示出神经网络模型中自然出现的性质与行为模型中自由参数的紧密联系。这就表明不同层次的分析最终汇聚到同一点,证明了 Sun 等(2015)基于随机序列自身统计结构的神经学习模型能对应人类在生成随机序列的行为模型,表明这些神经网络模型和行为模

型确实有效地反映了人们生成交替序列偏好的本质和根源。

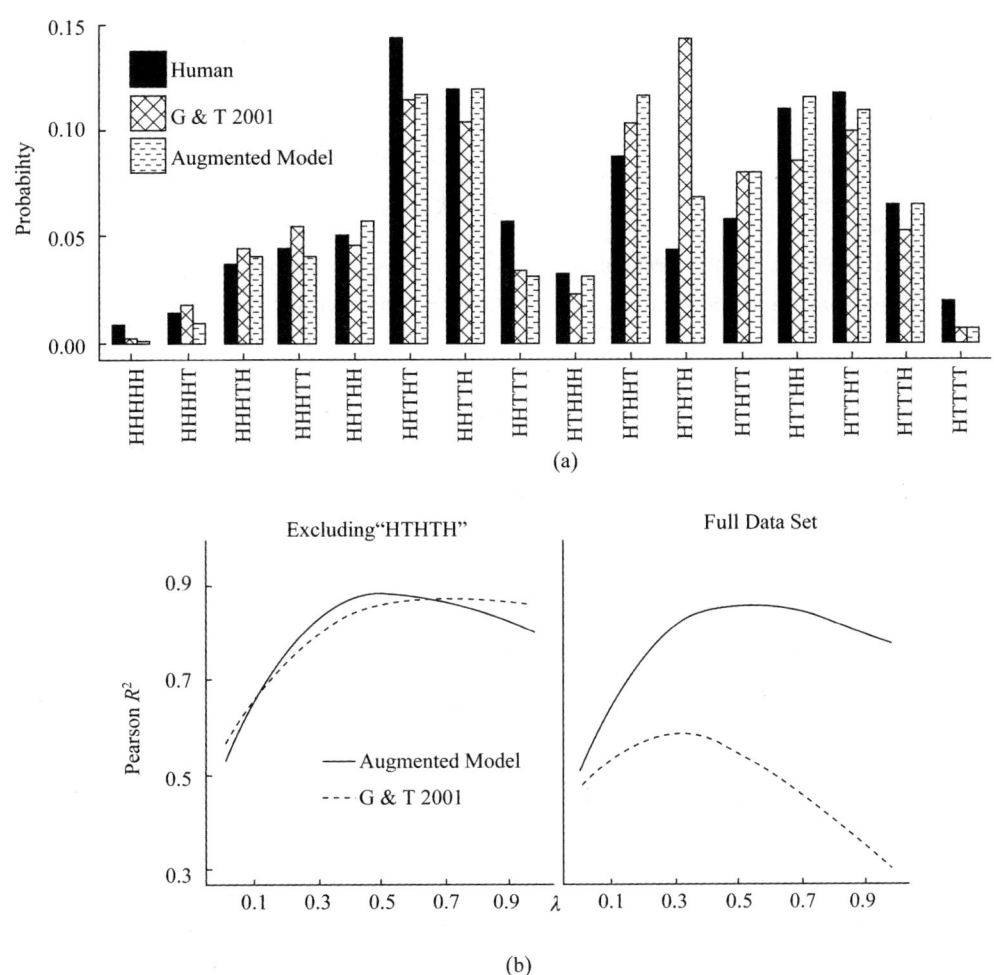

图附 5-3　贝叶斯模型对真实随机序列生成数据的似合（来自 Sun et al.，2015）

四、总　　结

Sun 等（2015）指出他们从简单随机序列中隐含的概率统计结构出发，找到了解释赌徒谬误的神经学习机制。这一发现表明人类心智可能在进化中对这类随机序列后的概率特征有着准确的学习机制。并且，Sun 等（2015）认为他们的结果揭示了时间分布式预测学习（temporally distributed predictive learning）和抽象结构式表征（abstract structured representation）之间的联系。并且强化了神经网络模型中的时间整合能对人类基于时间的信息之间提供解释的这一思路，而这一思路似乎为赌徒谬误偏见提供了一种理性的解释，也为人脑对不确定性和随机性的认知过程提供了一种新的数学描述。

基 金 项 目

国家自然科学基金项目 31371017 资助。

参 考 文 献

Falk, R., & Konold, C. (1997). Making sense of randomness: Implicit encoding as a basis for judgment. Psychological Review, 104, 301～318. http://dx.doi.org/10.1037/0033-295X.104.2.301

Goodfellow, L. D. (1938). A psychological interpretation of the results of the Zenith radio experiments in telepathy. Journal of Experimental Psychology, 23, 601. http://dx.doi.org/10.1037/h0058392

Griffiths, T. L., & Tenenbaum, J. B. (2001). Randomness and coincidences: Reconciling intuition and probability theory. Proceedings of the 23rd Annual Conference of the Cognitive Science Society, 370～375.

Sun, Y., O'Reilly, R. C., Bhattacharyya, R., Smith, J. W., Liu, X., & Wang, H. (2015). Latent structure in random sequences drives neural learning toward a rational bias. Proceedings of the National Academy of Sciences, USA, 112, 3788～3792. http://dx.doi.org/10.1073/pnas.1422036112

附录6 集体记忆*

本文分为两部分。第一部分介绍集体记忆(collective memory)的形成,脸谱网(Facebook)、假新闻和朋友怎样改变我们的记忆;第二部分介绍集体记忆的遗忘,美国人是怎样遗忘他们的总统的。

一、集体记忆的形成

集体记忆有时也称为历史或公众记忆,指一个群体分享的代表过去的记忆。例如,中国人对"七七"事变的历史记忆是指,1937年7月7日夜,日军无端挑起事端,进攻北平郊区宛平城,遭到中国守军的奋起反击。

又例如,有一篇文章的标题是《带鱼:单位的集体记忆》,文章回忆了三四十年前在计划经济下,由于食物短缺,那时候的企事业单位常常在冬季发放带鱼作为福利。当母亲在厨房油炸带鱼时,带鱼的香味带给大人、小孩的是高兴,还有油脂带来的暖烘烘的热量。的确,这就是各单位群众的一种集体记忆(北京晚报,2017年6月2日)。

众所周知,记忆是不可靠的。它不仅容易遗忘,而且"记忆一致"(memory conformity)的现象还表明,一个人关于某事的记忆很容易受到另一个人关于同一事件的报告(记忆)的影响。例如,目击证人记忆的研究发现,在与共同目击者交谈之后,目击者很难将自己的记忆与从其他人那里听来的信息区分开来。如果他们与共同目击者的关系密切,这个效应就更强烈。在网络时代,我们与家人、朋友、熟人和陌生人的交流大大增加,但一些专家担心一种新的现象正在出现。"记忆正以新的方式通过社交网络和照片分享(一款运行在iOS平台上的应用程序)这些网站在群体间分享,模糊着个人和集体记忆的界线""互联网错误消息的传播发展(例如最近的假新闻网站)有潜在可能以令人不安的方式扭曲个人和集体的记忆"。研究记忆的哈佛大学心理学家Schacter这样说(Spinney,2017)。

记忆具有高度的可塑性,因此,同另外一个人共同回忆过去常常增加了交谈双方回忆的类似性。Coman等人(2016)研究了集体记忆在网络时代是怎样形成的。他们的研究表明,集体记忆的形成依赖于个体记忆中的强化效应(amnemonic reinforcement

---

* 作者感谢刘嘉、陆岩对本文写作的大力帮助。

effect)和提取诱发遗忘机制(retrieval-induced forgetting，参阅本书第 8 章"提取诱发遗忘"一节)以及交谈的网络结构(the conversational network structure)。

在甲乙两人的交谈中，甲重复了一些事情是甲或乙，或甲乙都已知的事情，那么由于重复使得甲乙以后能更好地记住已存在的记忆，这称为记忆的强化效应；还有提取诱发遗忘的现象，即由于回忆出(提取)某项目而导致另一项目不能被回忆出来。例如，在交谈中被提到的项目或事情称为 Rp＋(提取练习＋，如苹果)，在交谈中未被提及的项目或事情，但同提到过的项目或事情有关，称为 Rp－(提取练习－，如鸭梨)，在交谈中未被提及的项目或事情，而且同提到过的项目或事情无关，称为 Nrp(无提取练习，如桌子)。当然，苹果、鸭梨和桌子这些项目或事情都曾经学习过。当一个人回忆出"苹果"时常常会忘记"鸭梨"，这称为提取诱发遗忘；但是，回忆出"苹果"时，不妨碍回忆"桌子"。

Coman 的实验是这样进行的：① 140 名普林斯顿大学的学生被分为 10 个小组，每名学生独自学习同样的 4 个虚构的志愿者的信息；② 每名学生独自回忆所学的信息；③ 进行交谈和回忆。每名学生同自己小组的其他 3 个人交谈——在线聊天，每次几分钟，聊天时他们合作地回忆信息。交谈的网络结构分两类：一类是小组分成两个子群(sub-clusters)，几乎所有的交谈都发生在子群；另一类是小组形成了一个大群(one large cluster)(参见彩插图附 6-1，圆圈代表被试，连线代表对话，连线上的数字代表对话的顺序)。

图附 6-2 是个体水平上(1 名大学生)强化效应与提取诱发遗忘示意图(见彩插)。

图附 6-2 的左边显示：被试 5 单独回忆时记住了队员 Rachel Calhoun 的第 1 和第 3 个项目信息。图的中间显示：被试 5 与被试 6 交谈时提到的信息与 Rachel Calhoun 的所有 4 项信息无关，记为(0,0,0,0)；被试 5 与被试 4 交谈时提到第 2 项与第 3 项信息，记为(＋1,＋1)，未提到第 1 项和第 4 项信息，但它们均同第 2 项、第 3 项信息有关，因此记为(－1,－1)。被试 5 与被试 3 交谈时提到第 2 项和第 4 项信息，记为(＋1,＋1)，未提到第 1 项和第 3 项信息，但第 1 项与第 3 项均同第 2 项、第 4 项有关，记为(－1,－1)。小结，被试 5 与 3 人交谈后，第 1 项信息两次未被提及，但它与提到的信息有关(－2)；第 2 项信息两次被提及(＋2)；第 3 项信息在第 2 次谈话时提及，第 3 次谈话未被提及，结果为 0；第 4 项信息在第 2 次谈话未被提及，但第 3 次谈话时提及，结果为 0，即"R/S CUMULATIVE SCORE －2,＋2,0,0"一栏。这里 R 代表 reinforcement，而 S 代表 suppression。图的右边显示：被试 5 与被试 6、4 和 3 交谈之后回忆的结果：记住了 Rachel Calhoun 的第 2、3、4 项信息(强化效应)，但遗忘了第 1 项信息(提取诱发遗忘)。可以认为，被试 5 单独回忆时记住了第 1 项信息(图左)，但与 3 个人交谈后，记住了(提取了)第 2、3、4 项信息，而(压抑)遗忘了第 1 项信息，即提取诱发遗忘。这就是图中"POST-PRE DIFFERENCE SCORE＝－1"的含义。所有被试的结果的计算参见 Coman 等人(2016)的文章。

我们每个人经历不同,知识不同,因而对同一件事,同一项目的信息会有不同的认识和记忆,其中包含一些虚假的东西,经过交谈,这些虚假的东西进入集体记忆,对集体记忆造成影响。据报道,至少 2010 年以来网上群体分享了一条明显的虚假回忆,即纳尔逊·曼德拉(前南非总统)于 20 世纪 80 年代在狱中去世,而不顾以下事实:他活到 2013 年,于 1990 年出狱,后来成为南非首位黑人总统(Spinney, 2017)。

Coman 等人研究中交谈的网络结构对集体记忆的影响如下:

(1) 大群的结构比两个子群的结构使交谈形成的集体记忆(回忆)更多。

(2) 虽然在一个大群里人们同意同一组信息,但在两个子群里的人们通常聚焦在关于虚构志愿者的不同的"事实"上。这种效应在真实世界里也很明显。生活在以色列的巴勒斯坦人和生活在约旦河西岸的巴勒斯坦人在 1948 年和 1967 年的阿以战争中被分隔开来,他们逐渐对各自的过去有了不同的看法,尽管他们共享阿拉伯-巴勒斯坦人的身份。在建造柏林墙(Berlin wall)之后类似的有分歧的真相也出现了。

(3) 两种交谈网络结构的比较揭示了"薄弱链接"(weak lines)在信息传播中的重要性。这些是网络间(熟人)的连接而不是网络内(朋友)的连接,这些网络间的连接帮助各分隔的网络所持的看法趋向一致。Coman 说,"它们可能就是驱使全社区性的集体记忆形成的东西"。

薄弱链接的一种功能可能就是提醒人们关于(通过记忆融合)删掉了的信息。但是,时间选择是重要的。在未发表的工作中,Coman 已经证实由"薄弱链接"带来的信息极有可能去塑造网络的记忆,如果这些信息在网络成员交谈之前引入;一旦网络对发生了什么事情有一致看法,集体记忆就变得相对地抑制另外的看法。

Coman 从他的发现中提出两个建议。第一个是针对司法系统的。在美国的某些州,陪审员在审判进入议事房间时被禁止做笔记。事实上,Coman 认为使用笔记可以保护陪审员以免陷入提取诱发偏向(retrieval-induced biases)以及集体水平的社会影响。

他的第二个建议关注在紧急情况下,如传染病暴发时,关键信息扩散到公众的问题。他已观察到提取诱发遗忘在高焦虑状态下有所提升,因此他向官员提出了一些建议:起草一份简短而又综合的要点清单,确信所有官员都有同样的清单,经常重复这些要点,并密切关注不良信息的传播。例如,在 2014 年埃博拉病毒疫情期间,一种误解引发了美国公民的担忧,即和一个感染者身处同一房间就足以接触到埃博拉病毒。Coman 说,杜绝这种谣言最好的办法是解释,通常埃博拉病毒的传播只有通过体液才能发生。他说,"如果你理解虚假信息的性质,仅仅在概念上提及相关并准确的信息,就可以杜绝它"(Spinney, 2017)。

2011 年以色列雷霍沃特魏茨曼科学研究所的 Edelson 等人(2011)给 30 名志愿者观看关于目击者的纪录片,他们 5 人一组观看纪录片。3 天以后志愿者回到实验室分别进行记忆测验,以这项记忆成绩作为基线值;7 天以后志愿者再次回到实验室进行同样的记忆测验,并同时对志愿者头部进行功能核磁共振成像(fMRI)扫描。但在记忆测验和头部扫描之前,志愿者看一看他们小组其余4人的记忆答案,这些答案都是虚构的。结果,看了虚构答案之后志愿者70%的回答与看到的假答案一致——尽管最初几天他的回答是正确的。但是,当志愿者得知给他们看的答案是随机生成的时,志愿者翻转他们的不正确答案仅为60%。"我们发现,最初暴露于错误信息中发生的过程使得后来纠正这些影响更加困难",Edelson 说。脑成像的结果表明,杏仁核(amygdala)参与了交流信息导致的记忆扭曲(Edelson et al.,2011)。

二、集体记忆的遗忘

Roediger 和 DeSoto(2014)研究了美国总统在集体记忆中是怎样被遗忘的。他们假定,总统在位时能够100%地被人们回忆出来,而下台离职以后逐渐被人们忘记。问题是,随着时间的推移美国公民忘记总统的速率有多大?为了回答这个问题,他们进行了两项研究。

(1) 415 名大学生分别在 1974 年、1991 年和 2009 年尽可能回忆美国总统的名字并把它们排序,结果得到一条标准的系列位置曲线,即远期的一些总统名字,如华盛顿、亚当斯记得好,这是系列位置曲线中的首因效应。最近的一些总统名字记得很好,如奥巴马、布什、克林顿、尼克松等,这就是近因效应。在首因效应和近因效应之间的中间部分的总统名字记得最差,这就是曲线中的渐近线部分。但渐近线中有一个例外,就是林肯的名字记得很好,这在系列位置曲线中也属正常,它叫作隔离效应(the isolation effect),因为林肯处在美国内战(the U. S. Civil War)时期这个特殊事件中。

(2) 这 415 名大学生同样分别在 1974 年、1991 年和 2009 年自由回忆美国总统的名字而不要求排序,也得到了系列位置曲线(参见彩插图附 6-3(a))。2014 年他们使用 497 名成人(18~69 岁)进行了类似研究,即让他们自由回忆美国总统的名字而不必排序,也得到了系列位置曲线(参见彩插图附 6-3(b))。497 名成人实际包含了三代人:婴儿潮时代出生的人(Baby Boomer)、X 一代(Generation X,被遗忘的一代,出生于 20 世纪 70 年代)、千禧一代(Millennials,1981 年后出生)。图附 6-3(a)三类数据分别与图附 6-3(b)三类数据相关,达到显著水平。直观上就是相同颜色的曲线十分类似。这些结果表明,自由回忆美国总统名字得到的系列位置曲线即使跨越 35 年,年龄在 18~69 岁之间,依然是十分类似和稳定的。

有了这些数据,Roediger 等人怎样描绘一条美国总统被遗忘的曲线呢?首先,他们确定使用幂函数(a power function)描绘这样一条曲线是合适的。对遗忘过程是使用对数函数还是幂函数来描绘曾经有过争论,但直接比较之后人们认为幂函数更适合描绘遗忘过程。

其次,使用哪些数据来拟合一条总统被遗忘的曲线呢?挑选 6 位近期下台的总统,即杜鲁门、艾森豪威尔、肯尼迪、约翰逊、尼克松和福特。这样，每一位总统就有三个数据，即 1974 年、1991 年和 2009 年大学生对总统回忆的百分比。而布什、奥巴马这样的总统是不会有 1974 年和 1991 年的数据的；还有，图附 6-3 系列位置曲线中部渐近线上的总统也不适合作为样本，因为对他们的回忆率太低，各年代之间的差距太小。假定上述 6 位总统在位时有 100% 的回忆率，而且使用 1974 年、1991 年和 2009 年的数据作为不同年代的回忆率。这样，6 位总统每人就有 4 个数据来拟合一条幂函数曲线。系列位置曲线中部渐近线是回忆最差的部分。图附 6-3 渐近线上的总统在 1974 年、1991 年和 2009 年大约只有 26% 的回忆率。因此，落入渐近线上的总统可以认为是被遗忘了。

图附 6-4 是总统遗忘曲线（见彩插）。横坐标是历史年代，纵坐标是自由回忆概率。图附 6-4 上每条曲线的数据点采自图附 6-3(a) 相应的点，以杜鲁门为例（蓝色线），他任职时间为 1945—1953 年，所以横坐标 1953 年对应的纵坐标数据为 1.00(100%)；第二个蓝色点落在横坐标 1974 年，对应的纵坐标约为 78%；第三个蓝色点落在 1991 年，对应的纵坐标约为 62.5%；第四个蓝色点落在 2009 年，对应的纵坐标约为 41%。从杜鲁门的遗忘曲线可以预测，他大约在 2040 年被美国人遗忘（进入到渐近线 26% 的回忆率里了）。

Roediger 等人的研究构思巧妙，值得学习。① 系列位置效应是一个经典的现象，但 Roediger 等人并不使用单词等材料来研究它，而是使用美国总统的名字作为回忆材料。这再次证明，一项实验如果所用材料有所创新，该实验必有新意。由于美国总统的名字早已经过多年的"学习"，达到了熟练程度，所以，实验中的"学习阶段"也省略了。② 这是一项跨度达 35 年（1974—2009 年）的记忆研究，似乎之前并未有时间跨度这样大的记忆研究。③ 根据时间跨度 35 年的研究，提出美国总统遗忘的幂函数规律。这一记忆规律预测，杜鲁门将在 2040 年被美国人遗忘，艾森豪威尔将在 2090 年被遗忘，等等。人们到时候可以验证，这些预测是否成功，就像验证天文学家的预言，某个小行星是否在某年某月某日掠过地球一样。因此，美国总统遗忘的幂函数规律是可以证伪的。

朱滢

参 考 文 献

Coman, A., Momennejad, I., Drach, R., & Geana, A. (2016). Mnemonic convergence in social networks: The emergent properties of cognition at a collective level, PNAS, 113(29), 8171~8176.
Edelso, M., Sharot, T., Dolan, R. & Dudai, Y. (2011). Following the crowd: Brain substrates of long-term memory conformity, Science, 333, 108~111.
Roediger III, H. & DeSoto, K. (2014). Forgetting the presidents, Science, 346(6213), 1106~1109.
Spinney, L. (2017). The shared past that wasn't, Nature, 543, 168~170.

附录 7　怎样面对来自人工智能的威胁？*

近年来人工智能发展神速。无人驾驶汽车已在城市的马路上进行实测检验,无人机已应用于各经济领域和军事领域,各种用途的工业机器人、特种机器人和服务机器人已进入工厂、战争和救灾现场、医院、商场和家庭。2016 年关于人工智能的头条新闻是,谷歌公司研制的人工智能程序 AlphaGo(人们戏称其为"阿尔法狗")打败了围棋世界冠军李世石,世人称为人机大战。由于围棋的复杂程度远胜于国际象棋,因此,这个战绩比 1997 年美国深蓝计算机打败国际象棋世界冠军卡斯帕罗夫要辉煌得多。还有报道说,微软公司已实现了与人同等水平的语音识别技术。

人工智能正以超出很多人想像的速度取得重大突破的事实,引发了人们对人工智能的担忧。美国白宫 2016 年 10 月 12 日发布报告,讨论聪明机器人可能具有的对人类的威胁。2016 年 11 月在浙江乌镇召开的世界互联网大会上,人们也在热议人工智能是否会威胁人类。受人尊敬的思想家比尔·盖茨和斯蒂芬·霍金都表示了对人工智能会具有自我觉知(self-aware),具有意识(consciousness)的忧虑。霍金说,人工智能可能是人类面对时最大的灾难。如果不加以恰当管理,会思考的机器可能终结人类文明。未来人工智能可能开发出它自己的、与我们相违背的意愿。

但是,认知科学家戴维斯(Davies,2016)指出,当我们忧虑人工智能时,机器意识(machine consciousness)并不像人们认为的那么重要。我们必须认识到,阻止人工智能发展意识同阻止人工智能发展伤害人类的能力不是一回事。不要用人工智能发展意识的问题来掩盖人工智能面临的真正需要解决的现实迫切问题。

意识在人类认知(human cognition)中的作用有不同的看法,有些研究者认为它很重要,有些研究者则认为它无足轻重。即使我们承认意识对人类的智力十分重要,那也不清楚它对人工智能是否重要。实际上,人工智能已经足够聪明地威胁我们而不需要意识,换句话说,危险的东西或过程可以是无意识的。例如,病毒没有意识,也没有智力,但它十分危险。再设想,如果一个人工智能的主要野心是制造愈来愈多的曲别针,它没有道德原则但有超强的智力,那它就会追求控制世界的资源来达到它的目的,而人类就会无处跻身。还有,如果一个人工智能想要计算 π(圆周率)的无穷位数,那它就会用完地球上的所有物质作为计算资源。这些过程是危险的,但不是因为它有意识,而是

---

* 本文原载《心理与行为研究》,2017(1),1~2.

因为它没有恰当的伦理观念。

当前,全世界正掀起发展人工智能的竞争,2016年10月在北京召开了世界机器人大会。第一个超级智慧的人工智能系统将由我们这一代建造,它会自我改进并开始按照它的意愿来改造世界。这样的系统一旦建立,想要控制它是十分困难的。因此,我们要保证建造的首个超级智慧的人工智能系统对人类是友善的,它能击败任何恶意的人工智能,这需要我们更多地考虑该系统的目标、价值观和伦理规则。

那么,怎样把人类的价值观和伦理规则植入人工智能,并且为它设立恰当的目标呢?克劳福德和卡洛(Crawford & Calo,2016)提出了人工智能的社会系统分析途径(social-systems analyses)。他们指出,人工智能的设计者和研究者需要评估人工智能对社会、文化和政治环境的冲击和影响,以及社会、文化和政治环境对人工智能的影响。他们对已有的一些研究从社会系统分析途径进行了评估。

(1) 人们以为,在做出预测和指导决策方面,人工智能将不比人类(操作)系统差,但事实上相反,工程师们过于乐观地相信了人工智能觉察和减少人的偏见和歧视。有研究指出,人工智能系统的缺点不成比例地影响到由于种族、性别和社会经济背景的原因而形成的弱势群体。例如,2013年谷歌开发了一款搜索人名的系统,它想把嫌犯的名字与标记有犯罪前科的人名做比对,以查明嫌犯的犯罪历史。但结果表明,该系统查出黑人常用的名字比查出白人的名字多出25%。类似的例子还有,2016年5月一项调查发现,法官广泛使用一个专用算法来帮助他们决定罪犯再次犯罪的风险,但结果表明,错误标记黑人被告的概率是白人被告的两倍。

(2) 1967年著名的道德两难问题——电车难题,现在看来对无人驾驶汽车的研制帮助不大。电车难题是指,一辆失控的电车正在沿轨道向前滑行,前面有五个工人正在干活,而司机也可以拉杠杆重新定向,滑向另一轨道——该轨道上有一个人在干活。克劳福德和卡洛认为,电车难题权衡"杀死决定"(kill decisions)的可能性为道德推理仅提供了一个狭窄的框架。我们在研制无人驾驶汽车时,要同时考虑广泛的社会问题:大规模投资在自动汽车而不是公共交通的价值;在允许无人驾驶汽车上路以前,它应该有多安全(以及应该使用什么样的工具来确信它安全);自动汽车对交通拥挤、环境和就业的潜在影响。我国新闻记者指出,研制无人驾驶汽车要考虑我国特有的复杂路况,还有,如果无人驾驶汽车出事,谁来负责?这就涉及修定有关法律的问题。

(3) 2015年一项研究显示,用来预测哪一类住院病人将会患有肺炎并发症的一项机器学习技术在大多数情况下工作得很好。但它犯过一个严重的错误:它指示医生将哮喘病人送回家,即使这样的病人属于医院的高危患者。这是因为医院自动地把哮喘病人送往重症监护室,这些病人很少有"需要进一步护理"的记录,因此机器学习技术也没有这方面的训练。而社会系统分析将考虑医院潜在的指导方针,以及影响病人记录的一些其他因素,如医疗保险政策。

(4) 一项算法产生的"热点图"用来识别美国芝加哥地区哪些人最有可能涉及枪

击。2016年9月公布的一项研究指出,这样的地图是无效的:地图增加了某些人被警察当作靶子的可能性,但并没有降低犯罪率。采取社会-系统的途径来考虑这个问题,就会考虑"热点图"赖以构成的资料的社会和政治历史。这可能要求咨询社区的成员和权衡警察的报告数据。还要考虑由监督委员会和法律机构提供的一些调查结果。最后,还要评估警察的行为,即对警察是否也使用了类似的技术来识别某些公务员的渎职行为,或暴力行为。

　　社会系统分析途径需要利用哲学,法律,社会学,人类学和科学技术研究的成果。它要研究社会的政治和文化的价值与人工智能的交互影响。最后,我们还应该认识到,人工智能是一种变更文化的技术! 就像打字机的出现,铁路的出现一样,它们不仅仅是技术的突破,它们也带来了文化的变革!

附录 8　记忆测验可预测阿尔茨海默病^①

——医学杂志《柳叶刀》2018 年的一篇文章

阿尔茨海默病（AD）是危害老年人健康的"凶残杀手"——令一个人面目全非。患者实际上是在跟自己（自我）、亲人和周围的世界做痛苦而漫长的告别。目前，所有逆转症状的药物试验都失败了，大多数科研人员现在认为，这一病症只有在不可逆转的损伤发生前才能得到控制。因此，如果能实现对阿尔茨海默病的准确预测和诊断，就能为预防和治疗赢得宝贵的时间。菲利普·韦斯顿等人在众多研究的基础上巧妙地设计实验，使简单的记忆测验有可能预测阿尔茨海默病的发生，即使当时其他症状还没有显现（Philip et al.，2018）。

记忆损伤是阿尔茨海默病最早期的症状之一，韦斯顿等人查阅了 1980 年到 2016 年的相关文献发现，以往的研究最多只测验学习后 30 分钟的记忆成绩，但 30 分钟记忆保持的成绩并不能将潜在病人和身体健康者区分开来。后来，他们从一项 APP 转基因小鼠（APP transgenic mice，指携带家族性 AD 突变的淀粉状蛋白前体蛋白工程改造转基因小鼠，用来研究 AD 的病理学特征）的研究中得到启发，非常年轻的转基因小鼠具有正常的短期记忆保持能力，但与野生型小鼠比较，7 天后记忆成绩显著变差。因此，他们决定除了采用通常运用的 30 分钟作为间隔时间检测记忆外，同时采用 7 天间隔作为检验记忆的时间长度。这项实验研究被其称为加速长时遗忘（accelerated long-term forgetting）测验，过程大致如下：

1. 被试

从 19 个常染色体显性阿尔茨海默病家族（autosomal dominant Alzheimer's disease families）招募 35 名无症状被试。这些家族此前参与了伦敦大学学院阿尔茨海默病研究中心的研究工作。这 35 名被试由于家族遗传的影响，都有 50% 的概率携带突变基因。经基因检测，35 名被试中有 21 人为突变基因携带者。基因检测的情况对被试和实验者都是保密的。只在最后处理实验结果时，统计人员才知道基因检测情况。实验研究包括两组被试——突变基因携带者组和非突变基因携带者组，被试情况见表附 8.1。

---

① 感谢隋洁和陆岩对本文写作的大力帮助。

表附 8.1 被试信息

	突变基因携带者组(21 人)	非突变基因携带者组(14 人)
男性	11(52%)	6(43%)
女性	10(48%)	8(57%)
平均年龄/岁	38.0(SD=5.9)	39.2(SD=7.9)
平均受教育时间/年	13.8(SD=2.5)	14.2(SD=2.2)

另外,相关分析结果显示,两组被试在智力、情绪等方面没有显著差异。

2. 方法

记忆测验的学习材料有三种:词表、短故事和复杂图形。以被试正确回忆出 80% 的学习材料为达到学习标准,达到学习标准后 30 分钟与 7 天分别进行回忆测验,第 7 天还要对三种学习材料进行再认测验。以第 7 天的回忆成绩除以 30 分钟的回忆成绩为主要结果(the primary outcome)。

3. 结果

(1) 主要结果。经统计检验,突变基因携带者组在词表、短故事和复杂图形三种学习材料上的回忆成绩都显著地比非突变基因携带者组低。

(2) 长时遗忘的评估(见图附 8-1)。

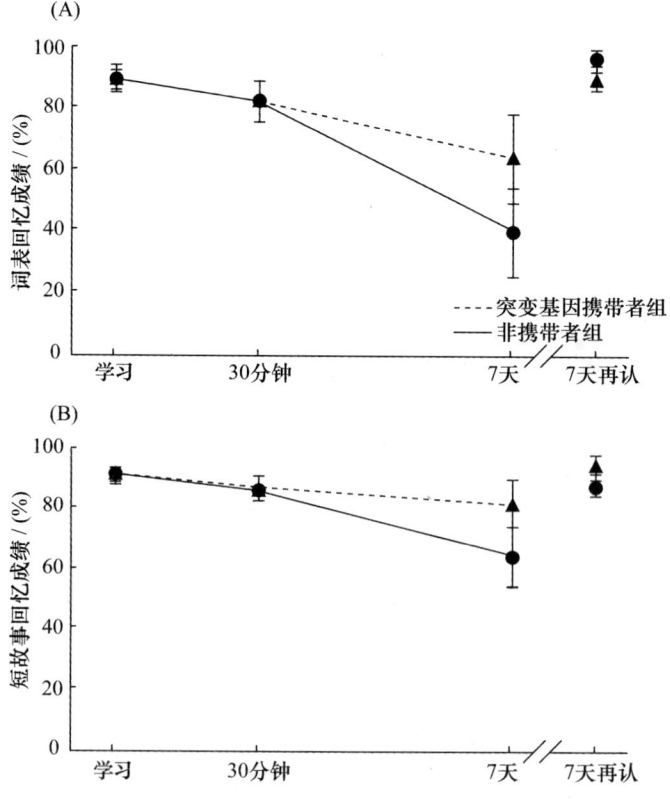

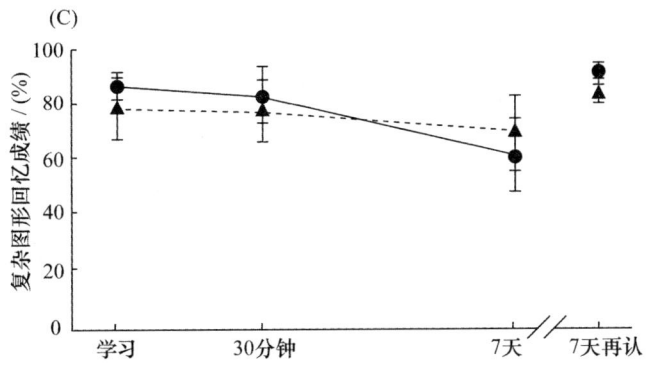

图附 8-1　长时遗忘的评估

（A）词表的回忆成绩，（B）短故事的回忆成绩，（C）复杂图形的回忆成绩。纵坐标为回忆百分比，横坐标中，学习指经过学习达到正确回忆80%以上的学习标准；30分钟指学习完毕30分钟后的正确回忆率；7天指7天后的正确回忆率。7天再认指7天后的再认成绩。

经统计检验，如图附 8-1 所示，突变基因携带者组第 7 天的词表和短故事的正确回忆率都显著地比非突变基因携带者组低；突变基因携带者组第 7 天的词表、短故事和复杂图形再认成绩都显著地比非突变基因携带者组低。

（3）阿尔茨海默病的预计发病时间（见图附 8-2）。

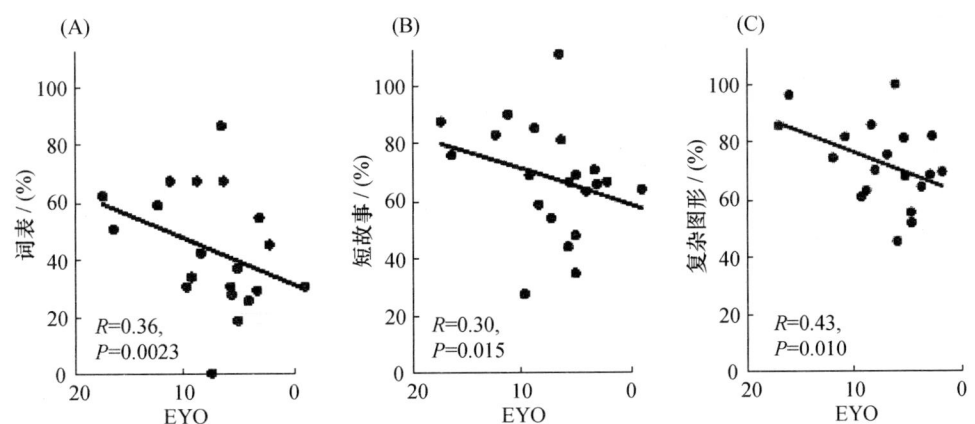

图附 8-2　突变基因携带者针对长时记忆得分的 EYO 散点图

（A）词表的回忆成绩，（B）短故事的回忆成绩，（C）复杂图形的回忆成绩。纵坐标为正确率；横坐标为 EYO (estimated years to onset)，是指阿尔茨海默病的预计发病时间，单位为年。每位突变基因携带者阿尔茨海默病预期发病时间，等于被试父母第一次发病年龄减去被试参与记忆测验时的年龄。

如图附 8-2 所示，突变基因携带者的长时遗忘（包括词表、短故事和复杂图形）和预期未来发病时间是有联系的，随着预期未来发病时间的临近，长时遗忘现象愈加严重。

（4）突变基因携带者的主观遗忘抱怨。通过施测日常生活记忆问卷（Everyday Memory Questionnaire，EMO）得知，突变基因携带者组比非携带者组有（显著）更多的主观遗忘抱怨（主要是指记不住物品和事情）。突变基因携带者组更多的遗忘抱怨与更差的长时记忆保持（主要结果）之间存在联系。

（5）韦斯顿等人的研究以人类被试为研究对象，所得结果与一项 APP 转基因小鼠的研究类似（Beglopoulos et al.，2016）。在 APP 转基因小鼠的研究中，具有正常空间定位学习能力与正常短时记忆保持能力的很年轻的小鼠与野生型小鼠比较，7 天后的记忆测验成绩显著地变差。还有，小鼠的长时遗忘症状可以使用抗 β-淀粉免疫法来治疗。

人类的阿尔茨海默病正是脑部的 β-淀粉样蛋白斑块造成的。因此，韦斯顿等人的研究为阿尔茨海默病发病前的治疗提供了极有价值的参考，因为学习完毕 7 天后的长时遗忘测试有助于药物效果的检测。

4. 结论

（1）加速长时遗忘出现在常染色体显性阿尔茨海默病突变基因携带者身上，这些突变基因携带者平均 7 年之后可能患上阿尔茨海默病。因此，加速长时遗忘可能是阿尔茨海默病相关的认知衰退中最早的一个特征。

（2）逐渐增加的主观遗忘抱怨（记不住物品和事情）也是常染色体显性阿尔茨海默病发病前几年就出现的一个特征，它可能是加速长时遗忘造成的。

总之，阿尔茨海默病家族的成员如果携带突变基因，则其 45 岁患阿尔茨海默病的风险就要大得多，而加速长时遗忘测验可能是最早的预判阿尔茨海默病发病的方法，从而让科研人员大大提早测试药物效果的时间，这也许能预防阿尔茨海默病的发生。

1997 年，研究者在《柳叶刀》杂志发表了德国精神病医生阿洛伊斯·阿尔茨海默（Alois Aizheimer）与他的病人在 1901 年 11 月 26 日的对话。1910 年"阿尔茨海默病"正式命名，经过 108 年漫长的探索，2018 年《柳叶刀》发表韦斯顿等人的研究发现，为预测阿尔茨海默病提供了可能，可以说这是阿尔茨海默病研究进展中一项里程碑式的贡献。当前迫切的任务就是使用更多样本来检验这一研究发现。

朱 滢

参 考 文 献

Beglopoulos, V., Tulloch, J., Roe, A. D., Daumas, S., Ferrington, L., & Watson, R., et al. (2016). Early detection of cryptic memory and glucose uptake deficits in pre-pathological app mice. Nature Communications, 7, 11761.

Weston, P. S. J., Nicholas, J. M., Henley, S. M. D., Liang, Y., Macpherson, K., & Donnachie, E., et al. (2018). Accelerated long-term forgetting in presymptomatic autosomal dominant Alzheimer's disease: a cross-sectional study. Lancet Neurology, 17(2), 123~132.

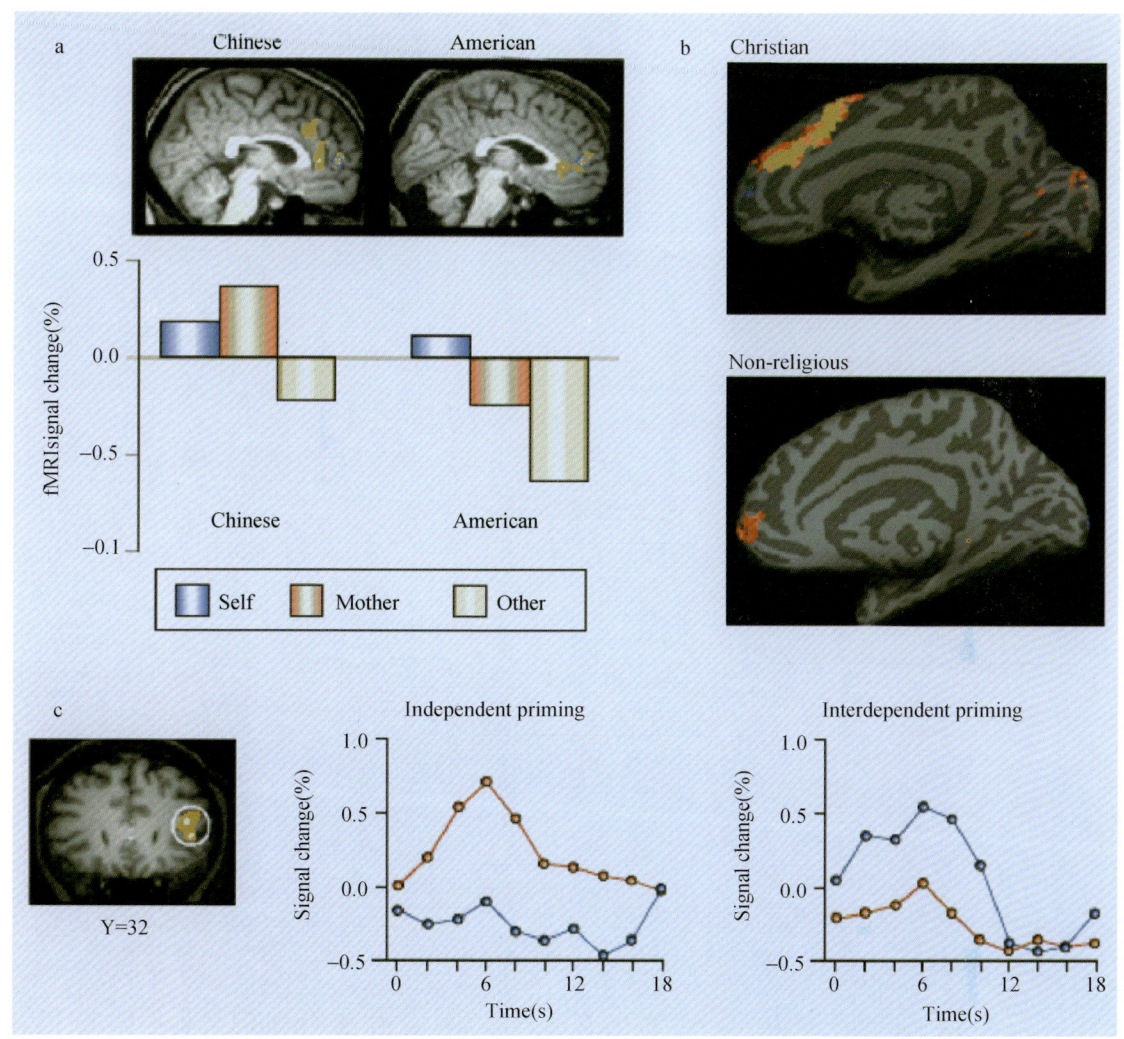

图11-7 文化对自我表征和自我觉知的神经基础的影响

a. 在一项研究中,中国与西方被试对人格形容词是否适合描写自我、母亲及他人作判断。腹侧内侧前额叶(VMPFC)和扣带回(ACC)(见脑剖面图中小蓝圆圈)在中国与西方自我减他人条件下均有显著激活。但是,基于血氧水平(BOLD)的VMPFC的信号变化在中国被试的自我与母亲之间无差别,而在西方被试的自我与母亲之间有显著差别(自我增强VMPFC激活而母亲降低VMPFC激活)。b.在另一项研究中,基督徒与非信徒对人格形容词是否适合描写自我与他人作判断。在基督徒,背侧内侧前额叶(DMPFC)在自我减他人条件有显著激活,而在非信徒,同样条件下腹侧内侧前额叶(VMPFC)有显著激活。c.在第3项研究中,在启动自我结构后(self-construal priming),中国被试辨认自我面孔、他人面孔和熟悉面孔的朝向。启动独立型自我结构后增大了自我面孔与熟悉面孔在激活右侧额叶方面的差别,基于血氧水平的信号变化显示,启动独立型自我结构后增大了自我与熟悉面孔的差别(左图),但启动互依型自我结构后两者无显著差别(右图)。(Han S & Northoff G. 2008,作者准许使用)

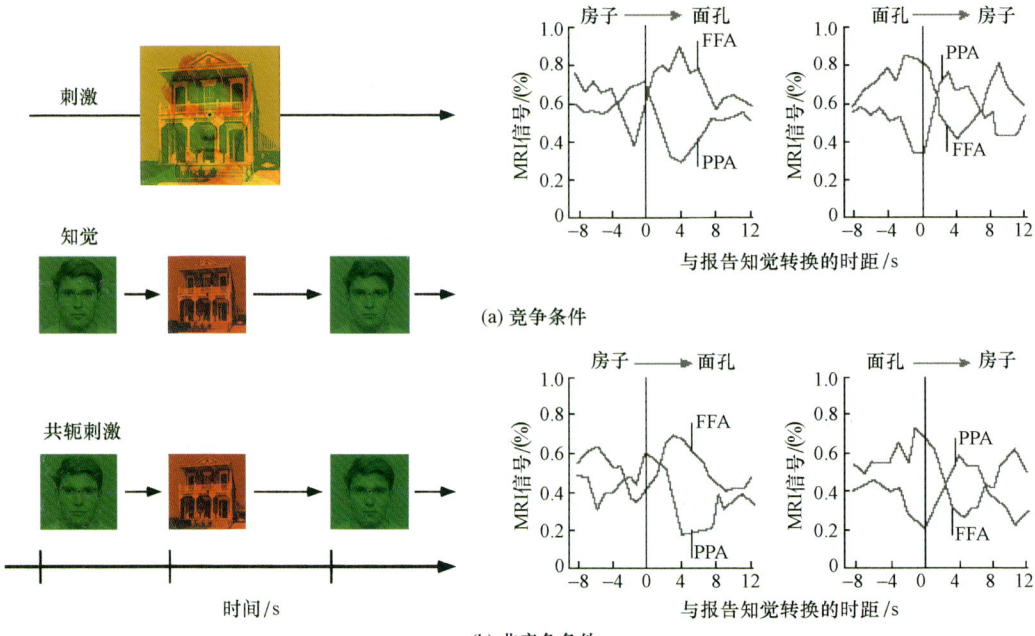

图12-8 双眼竞争中觉知的神经相关物

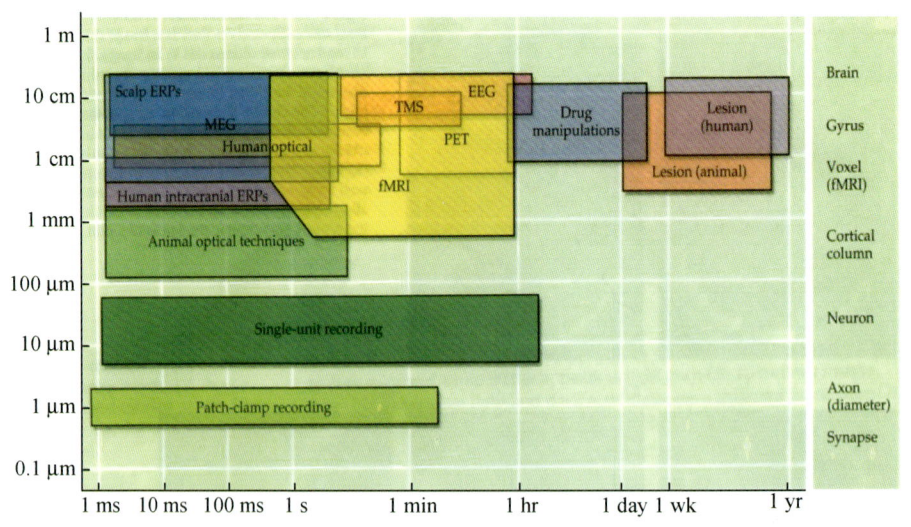

图14-2 多种脑认知成像技术的比较

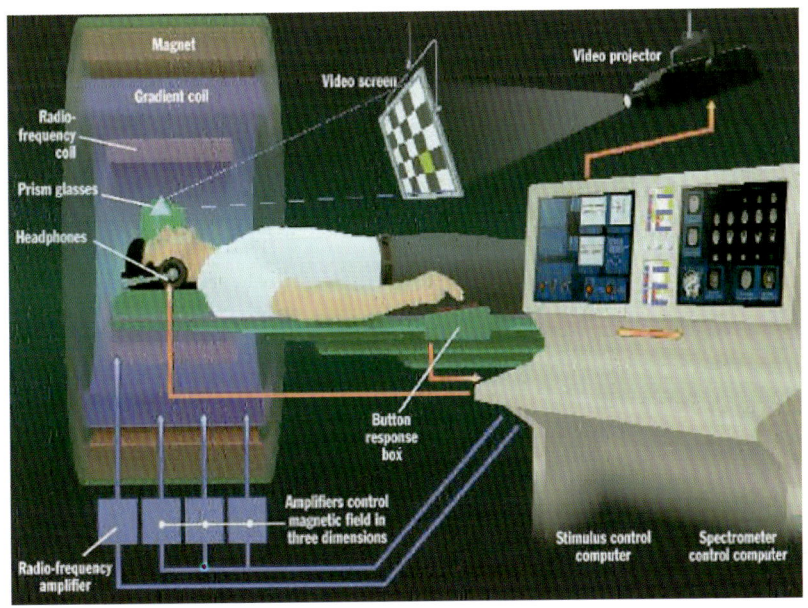

图14-3　fMRI在认知实验中应用

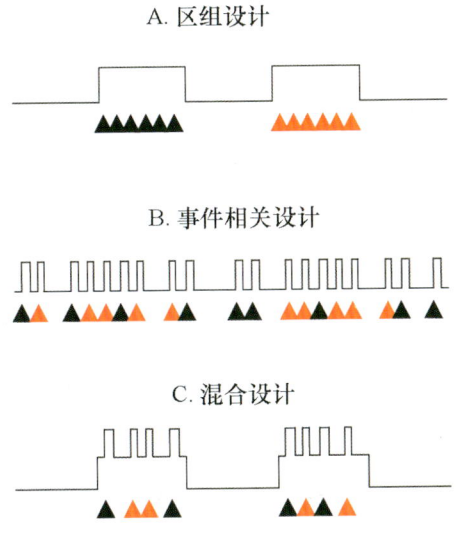

图14-4　fMRI实验常见范式

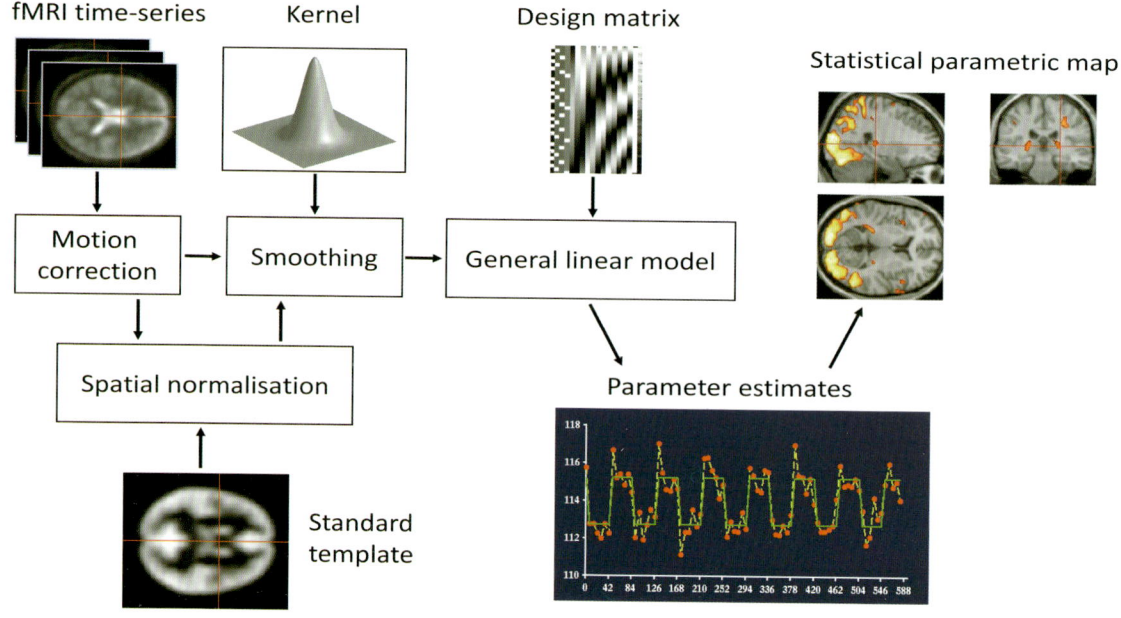

图14-5 fMRI数据处理流程（SPM tutorial）

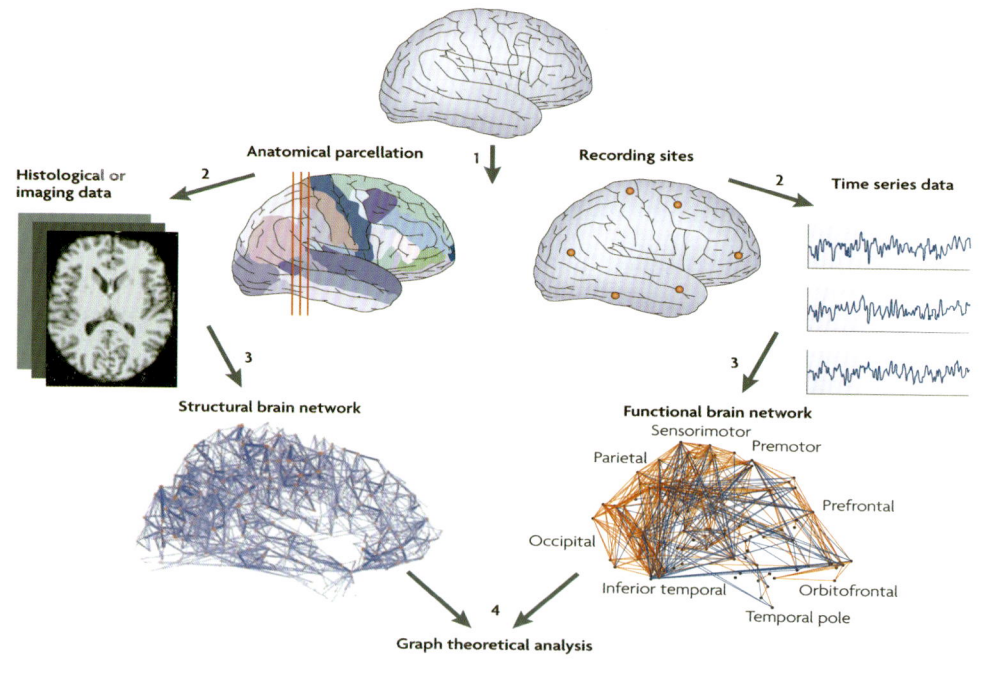

图14-8 网络分析的一般流程

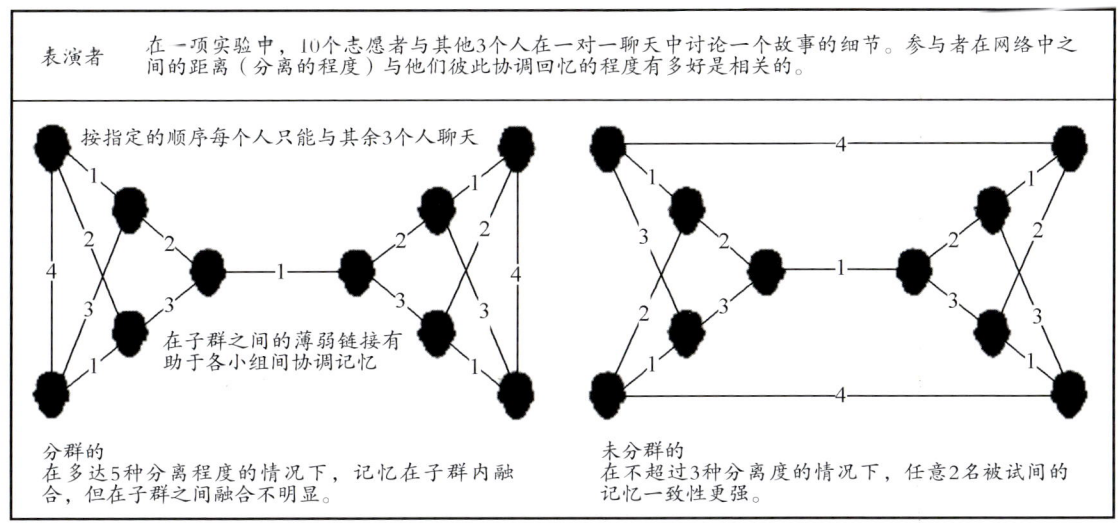

图附6-1　集体记忆图1

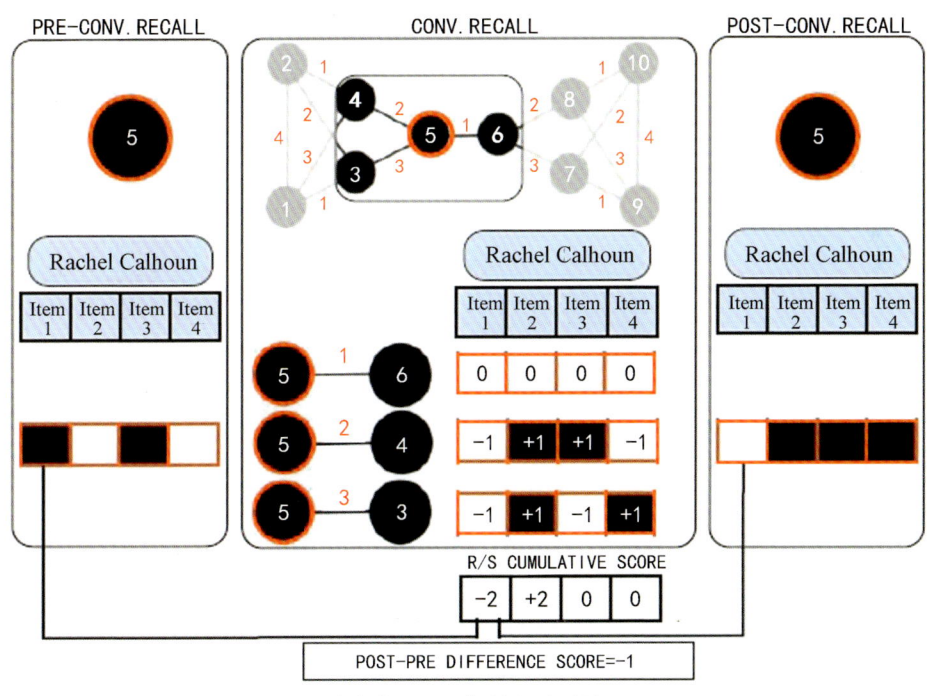

图附6-2　集体记忆图2

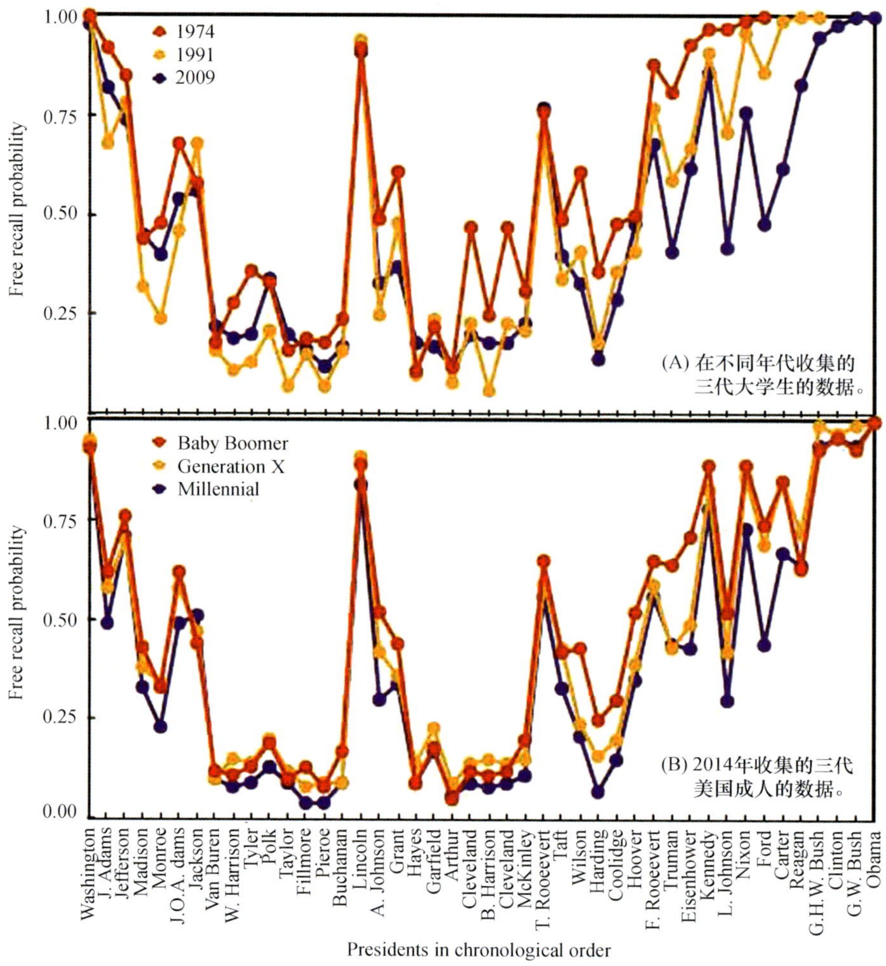

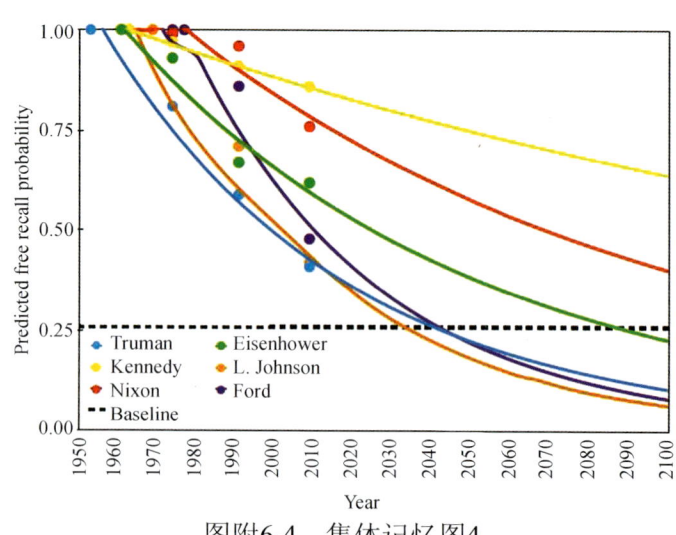

图附6-3　集体记忆图3

图附6-4　集体记忆图4